COURS

DE

PROCÉDURE CIVILE.

———

TOME SECOND.

PARIS. — TYPOGRAPHIE DE HENRI PLON,

IMPRIMEUR DE L'EMPEREUR,

8, RUE GARANCIÈRE.

COURS

DE

PROCÉDURE CIVILE

PAR

JACQUES BERRIAT-SAINT-PRIX

Doyen de la Faculté de Droit de Paris
membre de l'Académie des Sciences morales et politiques
et de la Légion d'honneur

SEPTIÈME ÉDITION

REFONDUE EN PARTIE ET MISE AU COURANT DE LA LÉGISLATION

PAR

FÉLIX BERRIAT-SAINT-PRIX

AVOCAT, DOCTEUR EN DROIT

TOME SECOND

BIBLIOTHÈQUE IMPÉRIALE

PARIS

HENRI PLON, LIBRAIRE-ÉDITEUR

8, RUE GARANCIÈRE

1855

COURS
DE PROCÉDURE CIVILE.

LIVRE SECOND.

Des voies contre les jugemens. (1)

Nous avons dit (2) qu'un jugement est considéré comme la vérité (3); mais on sent bien que ce n'est là qu'une fiction légale fondée sur des considérations purement politiques (4), puisqu'il est très possible que, soit par erreur, soit par prévention et partialité, ou faute des renseignemens ou de l'instruction nécessaires, etc., le juge donne une décision injuste. Ces considérations ont engagé le législateur à permettre de se pourvoir contre les jugemens. Il accorde pour cela deux sortes de moyens ou voies (4 *a*); les voies ordinaires, c'est-à-dire l'opposition et l'appel, et les voies extraordinaires, ou la tierce-opposition, la requête civile, la prise à partie, la cassation. (4 *b*)

Nous traiterons de ces voies dans deux sections différentes (5); nous remarquerons auparavant :

1º Qu'on ne peut en employer chaque espèce qu'une seule fois contre le même jugement (6); qu'il n'est pas permis d'en cumuler deux dans le même temps (7); qu'on ne doit se servir des dernières qu'au défaut des premières (8);

2º Que les voies extraordinaires sont des mesures d'exception dont il n'est permis d'user que dans les circonstances précises indiquées par la loi (9), sinon l'on s'expose à être condamné à des dommages et à des amendes considérables. (10)

(1) Ce livre correspond aux livres 3 et 4, et à plusieurs articles du tit. 8, livre 2, et du tit. 3, liv. 1, part. 1 du Code.

(2) *V.* ci-dev. § ou tit. des juges et des jugemens, p. 21 et 284.

(3) Res judicata pro veritate accipitur. *L.* 207, *ff. reg. jur.*

(4) . . . . Ne aliter modus litium multiplicatus, summam atque inexplicabilem faciat difficultatem... *L.* 6, *ff. de exceptione rei jud.*

(4 *a*) Arg de la rubrique du livre iv du Code, ainsi conçue: *Des voies extraordinaires contre les jugemens.*

(4 *b*) On peut y ajouter le DÉSAVEU. V. en le titre, *n. iij, p.* 394.

(5) La première section comprendra les voies ordinaires, la deuxième, les voies extraordinaires.

(6) Ainsi l'on n'attaque qu'une fois par appel un jugement en premier ressort, et par requête civile ou par cassation, un jugement en dernier ressort; tout comme on ne peut qu'une fois s'inscrire en faux contre un acte authentique, se faire restituer pour lésion contre un engagement (v. *M. Merlin, rec. alph.*, mot *triage*.... v. aussi *Espagne*, mot *appel, n.* 66; CUJAS, *parat. C., si sœpius, etc.*), et s'opposer à un jugement de défaut. V. *ci apr., tit.* 1, *n.* 1, *p.* 445.

(7) Ainsi on ne peut tout-à-la-fois former opposition à un jugement et en appeler, ou l'attaquer par requête civile. V. *C-pr.* 455, 480.—Cela est fondé sur le principe d'après lequel il ne peut exister successivement deux instances sur un même objet. *Quœlibet controversia,* dit Pothier, in pand., ad. *L.* 6, sup., *actione unicâ peragitur, et cuilibet actioni unus finis, nempe judicatum. Quo peracto, nullus amplius alteri de eadem re actioni locus est.* — V. aussi ci-dev., tit. des reprises d'instance, § 1, p. 382; et ci-après, tit. de la requête civile, note 10.

(8) Ainsi, 1. quand on a la voie de l'opposition, on ne peut se servir ni de l'appel, ni de la tierce opposition, ni de la requête civile, ni de la cassation. Voyez *art.* 455, 480; *arr. cass.* 4 *floréal. ix*; *arr. de Montpellier et Turin, février et août* 1809, *J-C-pr. iij,* 402, et *avoués, i,* 46; ci-apr., *tit. de l'opposit.,* note 28 *a, n.* 3; et *de l'appel,* note 30, *n.* 1 (dr. anc.. voy. d. note 30). — 2. Quand on a celle de l'appel, on ne peut employer la requête civile, ni la tierce opposition, ni la cassation (v. pour la cassation, *rej. civ.* 26 *mai* 1825, *avoués, xxxj,* 106). — 3. Quand on a la requête civile, on ne peut sur le même moyen, user de la cassation, etc. V. *sur ces points, la sect.* 2, *surtout tit. de la requête civile,* note 10, *et de la cassat., note* 1. —Nous ne parlons point ici de la prise à partie, qui est une voie d'un genre particulier. V. *en ci-apr. le tit.*

(9) Ainsi, dans le doute, il faut prononcer contre la voie extraordinaire et en faveur de la voie ordinaire. Par exemple, lorsqu'on est dans le délai utile, on peut réitérer une opposition et un appel nuls (voy. p. 450, *note* 23, *n.* 3, et *tit. de l'appel,* note 60), tandis qu'il n'en est pas de même du recours nul (pour défaut de consignation d'amende, et pour irrégularité dans la notification de l'arrêt d'admission ou l'assignation. V. *rec. alph.*, mot *cassation,* § 19; *arr. cass.* 11 *frim. ix, ib.*; ci-apr., tit. de la cassat., notes 25, 33 et 34.

(10) C'est là une des principales différences entre les voies ordinaires et les voies extraordinaires. L'opposition mal fondée n'est assujétie ni à une amende, ni à des dommages; l'appel illégitime n'est puni que d'une amende très légère; la tierce opposition, la requête civile, la prise à partie et la cassation sont réprimées par de fortes amendes, et les trois premières presque toujours par des dommages. *C-pr.* 479, 494, 516.

SECTION PREMIÈRE.

Des voies ordinaires contre les jugemens. (1)

TITRE PREMIER.

De l'opposition. (1 a)

On nomme opposition l'empêchement que met une *partie* à l'exécution d'un jugement qui la condamne (2). Quels sont les jugemens auxquels on peut s'opposer? à quel tribunal porte-t-on l'opposition? Comment et dans quel temps doit-elle se former? Quels effets produit-elle?... Nous allons jeter un coup-d'œil rapide sur ces questions.

(1) Pour cet intitulé, *voy. p.* 441 *et* 442, *et note* 4 *a, ib.*

(1 *a*) Ce tit. correspond aux articles du tit. 8, liv. 2, et tit. 3, liv. 1 du Code, qui sont relatifs à l'opposition.

(2) On donne aussi ce nom , 1. à l'acte par lequel on forme l'opposition ; 2. à toute espèce d'empêchement apporté à un acte judiciaire ou extra-judiciaire. Telles sont les oppositions à des délivrances ou ventes de meubles ou deniers , à des levées de scellés, des nominations de tuteurs, mariages, etc... V. *ci-apr. tit. des saisies-arrêt et revendication, scellés et avis de parens; et (pour les oppositions au mariage) C-c.* 176; *répert. xvij,* 237 *et suiv.* , *mot opposition, n.* 4.

En général tout particulier peut s'opposer à un acte qui lui est étranger, et dont l'exécution lui cause quelque préjudice. Mais les voies qu'il doit suivre varient selon la nature de l'acte. V. *p.* 127, *note* 31, *n.* 2, *et ci-apr. note* 6 , *p.* 444 *et* 445.

I. JUGEMENS. En règle générale on peut s'opposer aux jugemens où l'on n'a pas été entendu (3) , et par conséquent à ceux où l'on a été condamné (4) en défaut (5). V. *Lange, liv.* 4, *ch.* 43.; *M. Merlin, rép.,* *mot opposition,* § 1. (6)

Ainsi l'opposition est une voie accordée aux défaillans (7) pour attaquer ces jugemens (*v. pour les motifs, leur chapit., p.* 289); et une voie *de droit commun,* de telle sorte qu'on la répute admissible dans tous les cas où elle n'est pas interdite par la loi d'une manière expresse. *Arr. rej. ou cass. cr.* 29 avr. 1817, 7 déc. 1822, 25 fév. 1823 (*B. c. cr.*); *arg. d'avis cons. d'état*, 18 févr. 1806. — V. aussi *arr. cass.* 2 avr. 1811, *et* 12 *mars* 1816.

(3 et 4) Le Code ne parle expressément que des jugemens de première instance; mais on n'a pas moins le droit de s'opposer aux jugemens de dernier ressort, parce que les règles d'instruction des premiers leur sont applicables. V. *C-pr.* 470 *et le tit. suivant*, *ch.* 4 *in f.*; *C-c.* 265, et surtout le principe énoncé au texte, *p.* 443, *in f.*, *et* 444.

Dr. anc. L'ordonnance (*tit.* 35, *art.* 3) ne parlait que des jugemens en dernier ressort (on n'avait pas le dessein de permettre de s'opposer aux autres... *v. pr. verb.*, *tit.* 6, *art.* 5), mais l'usage y avait dérogé.—V. *Jousse*, *d. art.* 3; *Pothier*, *part.* 3, *sect.* 2; *Rodier*, *tit.* 5, *art.* 5, *qu.*3; *M. Merlin*, *rec. alph.*, *mot opposition*, § 1.

(5) *Observations.* 1. Il résulte de la règle du texte, qu'on n'a pas le droit de s'opposer à un jugement contradictoire. V. *Pothier*, *sup.*; *Rodier*, *d. art.* 5, *qu.* 3; *ci-apr.*, *note* 7.

2. Le jugement rendu après qu'un défenseur a déclaré ne pouvoir plaider, soit faute de pièces, soit parce qu'on lui a retiré ses pouvoirs, est-il contradictoire?... Il faut distinguer : ou les conclusions ont été, ou elles n'ont pas été respectivement prises à l'audience sur le *fond*. Dans le premier cas, le jugement est contradictoire. Outre que cela résulte surtout de l'effet que doivent produire les conclusions, et qu'une révocation d'avoué non accompagnée de constitution est inutile, il serait trop facile d'éloigner la décision d'une cause si de semblables déclarations obtenaient quelque succès. V. *au surplus* § *ou tit. des avoués*, *n.* 3 *et note* 25, *des conclus.*, *n.* 4, *et des reprises*, *note* 24, *p.* 79, 268 *et* 586; *M. Merlin*, *rec.*, *mot opposition*, § 6, *t.* 3, *p.* 545, *t.* 6, *p.* 606; *mot inscript. de faux*, § 4, *et addit. à id.*, *iij*, 39, *v*, 581; *arr.* 17 *vend. xiij*, *ibid.*; *rép.*, *mot opposition*, § 3, *art.* 1, *n.* 11, *et arr. cass. cités ib.*; *autre*, 1 *août* 1810, *avoués*, *ij*, 204; *arr. d'Aix*, 31 *mai* 1808, *J-C-pr. ij*, 380; *ci-dev. p.* 437, *note* 19, *n.* 1; *arr. cass.* 11 *mars*, *ibid.*; *arr. de Trèves*, 2 *déc.* 1812, *J-C-c. xx*, 440; surtout *rej. requ.* 22 *mars* 1825 *et* 17 *mai* 1830, *avoués*, *xxix*, 191, *xxxix*, 233. — V. aussi *M. Chauveau*, *d. p.* 233.

Dans le second cas, le jugement est en défaut, parce que la cause n'est pas encore engagée contradictoirement sur le fond. V. *dd. autorités*; *Bruxelles*, 9 *déc.* 1830, *et Bordeaux*, 12 *août* 1831 *et* 20 *juin* 1832, *avoués*, *xl*, 371, *xlj*, 674, *xliij*, 562, surtout *M. Merlin*, *répert. xvij*, 236, *mot opposition*, § 3, *art.* 1, *n. xj.*

3. *Autre hypothèse.* Un premier jugement a admis le demandeur à une preuve malgré les conclusions prises à l'audience par l'avoué du défendeur. Celui-ci assiste à l'enquête, et refuse ensuite de se défendre sur le fond, et est en conséquence condamné par un second jugement... On a décidé que ce second jugement est en défaut, et par là même passible d'opposition. V. *arr. cass.* 12 *mars* 1816, *et d. rec. alph. vj*, 611.

(6) *Observations.* 1. Ainsi lorsqu'on a été *partie*, c'est-à-dire condamné *nommément* dans un jugement de défaut, on a la voie de *l'opposition simple*, et cela quand même on n'y a pas été appelé régulièrement.

2. Si l'on n'a été ni appelé, ni partie (ou condamné *nommément*), on a la

tierce opposition.—V. en ci-apr. le tit. , note 8 ; Denisart et Ferrière , h. v·
—*Mais v. aussi* tit. des avis de parens, in f.

3. Quant aux décisions sur *requête* , c'est-à-dire , rendues sur l'exposé
d'une seule partie, on a vu (*p.* 196, *note* 28) qu'on peut les attaquer... De
quelle voie devra-t-on user dans ce cas ?.. de l'opposition , *suiv. Colmar,* 15
avr. 1807, *Sirey*, 7, 2, 785; *Toulouse, Bourges et Bordeaux*, 1813, 1832 *et*
1833, *avoués, xxv*, 15, *xlv*, 483 *et* 537 ; *M. Boncenne , ij*, 162. — Opposition qu'il faudra notifier à la partie , *suiv. Rodier , xxxv*, 2, 4. — Et porter
au tribunal dont un des membres a rendu la décision, *suiv. dd. arr. de Toulouse, etc*....—Au contraire, c'est de l'appel, *suiv. Rouen* , 1807, *rép. xiij*,
765; *Nîmes, Colmar, Pau, Poitiers, Bruxelles et Bourges* , 1812, 1827 ,
1830 *et* 1832, *avoués, vij*, 44, *xxxiv*, 103, *xxxviij*, 349, *xxxix* , 336, *xlv* ,
448 *et* 619 ; *M. Chauveau , ib*., 537 ; *Carré, lois* , n. 827, 2575, 2576 *et*
3192.

3 *a.* Mais il n'est pas même nécessaire de les attaquer, parce que ce ne sont
que des actes de juridiction *gracieuse.* On peut agir par la voie *contentieuse*
et par une simple demande comme s'ils n'existaient pas. *Voyez à ce sujet* ,
B. c. 18 *juill.* 1826 *et* 3 *juin* 1834 ; *Turin,* 29 *juill.* 1809 *et rej. requ.* 3
déc. 1834, *avoués, i*, 113, *Sirey* , 1835, 1, 2, 39 ; *Pigeau, i*, 541 ; *ci-apr.
tit. des avis de parens, note* 8, *n.* 1 *a.*—V. aussi *Colmar,* 28 *juill.* 1821,
rej. requ. 22 *nov.* 1825 *et Nancy*, 13 *juin* 1826 (pour les jugemens d'adoption), *avoués, xxiij*, 252, *xxxj*, 267 ; *ci-apr.* part. 3, *tit. de l'envoi en possession des biens d'un absent, note* 3.

(7) A eux seulement, de sorte que celui qui a été partie dans le jugement
rendu contre eux , ne peut profiter de leur opposition. V. *Jousse , tit.* 55 ,
art. 3; *B. c.* 2 *juin* 1806 *et* 25 *janv.* 1831 ; *arr. de Paris et Limoges ,* 20
nov. 1809 *et* 20 *févr.* 1810 , *avoués, i*, 21 *et* 270. — Cela est conforme aux
principes déjà exposés, surtout en la note 5, et à C-pr. 153.

Les jugemens à l'égard desquels la loi interdit l'opposition d'une manière expresse , sont les jugemens
rendus :

1. En défaut après une première opposition (8);

2. En défaut de produire dans une instruction par
écrit (**9**) ;

3. En défaut après un jugement de jonction, ou de
profit-joint (**10**)... V. sur ces trois points , *C-pr.* 22 ,
165, 113, 153; *d. ch., notes* 7, 11 (*p.* 286, 288) *et* 19,
n. 1 *b, p.* 289 (pour leur péremption); *M. Faure* ,
p. 221.

4. En défaut sur des incidens de saisie-immobilière
et d'ordre. V. *ci-apr. tit. de la saisie immobil., chap.*
2, § 3, *n.* 4, *et de l'ordre, note* 19, *n.* 3.

(8) Procédure de commerce.—*Idem.*—V. ce tit., note 12, *p.* 428.
Observations. 1. **Dr. anc...** Idem.—V. *Jousse, sup.* ; *Rodier, d. qu.* 3 ;
Pothier, sup. ; *L.* 26 *oct.* 1790, *tit.* 3, *art.* 4 ; *B. c.* 18 *mars* 1806.—D'où la

maxime *rétractement sur rétractement,* ou *opposition sur opposition n'a lieu.*—V. *Rodier, ib.*

1 *a.* Une seconde opposition est non recevable lors même que l'opposant dont l'avoué est décédé, n'a été assigné en constitution de nouvel avoué (après le 1er jugement de défaut) que par un exploit irrégulier. V. *Grenoble,* 28 août 1824, *avoués, xxvij,* 100.—V. aussi *Paris,* 6 août 1813, *ib., ix,* 270, *ci-dev., p.* 388 *et ci-apr. note* 24.

2. Au reste, on admet l'opposition, 1° contre un jugement de défaut qui rejette une pièce soumise à une *vérification,* ou la tient pour reconnue... V. *ce tit., notes* 21 *et* 22, *p.* 303;—2° contre un arrêt de défaut sur l'appel d'un *référé...* V. *ce tit., note* 10, *p.* 424; — 3° contre un jugement de défaut qui nomme un commissaire... V. *ci-d. p.* 371, *note* 28.

3. Admettrait-on celle du demandeur au jugement de défaut obtenu contre lui sur l'opposition du défendeur à un premier jugement rendu au profit du demandeur?... OUI, *suiv. Metz,* 1823, *Sirey,* 26, 2, 99, *Poitiers,* 1827, *avoués, xxxiij,* 337, *et,* au moins implicitement, *B. c.* 10 août 1825..... NON, *suiv. Riom,* 1827, *Paris et Colmar,* 1828, *et Bordeaux,* 1828 *et* 1833, *avoués, xxxiv,* 133, *xxxvj,* 93 *et* 220, *xxxviij,* 113, *xlv,* 554; *M. Chauveau, observat. à d. p.* 554.—Voyez sur une question analogue, *ci-dessous, note* 10, *n.* 4.

(9) Parce qu'on ne peut point supposer, dans ce cas, que le défaillant n'a pas été instruit de la procédure. V. *ci-d.*, *p.* 286, *note* 7.

Observations. 1. Mais l'opposition est admissible dans ce même cas, si l'instruction par écrit avait lieu de plein droit. V. *arr. cass.* 4 *mars* 1807; *rép., viij,* 763, *h. v.,* § 3; *ci-dev.*, *note* 19, *p.* 437.

2. Jadis à Toulouse et Grenoble, les rapporteurs, avant de faire juger, invitaient verbalement les procureurs en retard, à remettre leur production. V. *Rodier, tit.* 11, *art.* 12; *Saint-André, tit.* 35.

(10) Idem, arr. de Paris, 20 déc. 1814, *avoués*, xj, 121. — *Dr. anc...* Règle contraire. V. *Jousse, d. art.* 3, *n.* 2.

Observations. 1. Le système actuel n'offre aucun inconvénient, parce que le jugement de jonction est notifié par un huissier commis, et qu'on ne peut exécuter un jugement de défaut contre un tiers qu'après avoir constaté qu'on n'y a pas formé opposition (sur le registre indiqué ci-apr. p. 449, n. 3). — V. *C-pr.* 20, 153, 164, 163; *ci-dev.*, *d. ch.*, *p.* 288, *note* 10; *tarif* 29, 90; *Faure*, *p.* 220.

2. *Dr. anc.* On ne pouvait s'opposer à un jugement rendu après un appel à tour de rôle (*Jousse, sup.*). Mais cela fut abrogé par la loi du 24 août 1790. V. *arr. cass.* 9 *fruct. xiij,* 4 *mars* 1807.

3. *Dr. act.* La loi ne faisant que les exceptions indiquées au texte, on peut s'opposer aux jugemens de défaut de tout genre, soit préparatoires, soit provisoires, soit définitifs, soit de reprise (v. *p.* 389), etc. — La décision suivante paraît une conséquence de ce principe combiné avec celui qu'on a exposé *ci-dev. p.* 443 (*in f.*) *et* 444.

4. Le défendeur d'abord défaillant, mais qui après la signification du jugement de jonction a constitué avoué et conclu, et ensuite fait un second défaut à l'audience (sans doute sur le *fond*) peut former opposition au jugement rendu sur le second défaut, parce que sa première coutumace a été purgée par sa comparution, *suiv. arr. de Bordeaux,* et rej. requ., 24 *juin* 1813 *et* 27 *mai* 1814, *avoués, x,* 155.

5. La partie qui a comparu au jugement de *profit-joint,* et ensuite fait défaut au jugement définitif, peut-elle s'opposer à celui-ci? OUI, *suiv. Grenoble et Lyon,* 8 déc. 1818 *et* 25 *janv.* 1821, *Villars,* 372, *avoués, xxviij,* 49... NON, *suiv. Orléans, Gênes, Riom, Rouen, Montpellier, Toulouse et Grenoble,* 1809, 1811, 1812, 1821, 1822, 1825 *et* 1830, *et rej. requ.* 13 *nov.*

1824, *Hautefeuille*, 113, *avoués*, *vj*, 159, *vij*, 57, *xxiv*, 228, *xl*, 199, *Sirey*, 25, 2, 90, 79 *et* 422, *et* 1, 94.—Ce dernier système semble contraire aux mêmes principes (v. *Coffinières*, d. p. 159, et *Pigeau*, i, 472). Mais la crainte de voir augmenter les frais et retarder les jugemens, a fait appliquer l'art. 153 dans son sens le plus strict (v. *dd. arr.*).

II. **Tribunal**. L'opposition se porte au tribunal même qui a rendu le jugement contre lequel elle est dirigée (**11**). *Pothier sup.; Rodier, tit.* 14, *art.* 5 ; *Rebuffe, de sentent. provis., art.* 3, *gl.* 9.

III. **Délai** et **Mode**. 1. *Délai* (**11** *a*). L'opposition n'est recevable que pendant huitaine (**12**), à compter de la signification du jugement faite (**13**) à l'avoué du condamné, s'il avait un avoué (**14**)... Elle l'est jusqu'à l'exécution, s'il n'en avait point. *C-pr.* 157, 158.

Pour déterminer le terme précis où finit ce second délai, on décide que le jugement est réputé exécuté, lorsqu'il y a quelque acte duquel il résulte nécessairement que l'exécution a été connue de la partie défaillante. *C-pr.* 159 (**15**); *M. Faure, p.* 220.

(**11**) Même en cas d'opposition incidente. *Pigeau*, i, 546.
(**11** *a*) L'inobservation du délai n'est pas proposable après les défenses. V. p. 242, *note* 8, *n.* 1.
(**12**) *Observations.* 1. Cette phrase montre, 1° que la huitaine n'est pas franche, et que si l'on doit en exclure le jour *a quo*, il faut y comprendre le jour *ad quem* (même *férié*); 2° que ce délai ne doit point être augmenté à raison des distances. V. *ci-dev.* § *des délais*, *note* 8 *a*, 11 *et* 18, *p.* 162 à 165; *rec. alph.*, mots *délai et opposition*, § 9; *Rodier, tit.* 5, *art.* 5, *qu.* 5; *arr. rej.* 5 *fév.* 1811, *rép.*, *xv*, 17 *et* 179, *addit. à appel et délai; arr. de Liége*, 27 *avr.* 1812, *avoués*, *vij*, 162.
2. *Jugemens d'appel...* Même délai. V. *ci-dev. not.* 3 *et* 4, *p.* 444; *arr. de Montpellier*, 28 *fév.* 1810, *avoués*, *i*, 350.
3. *Déclaration de faillite.*—V. C·com. 457; arrêts à Nevers, et Sirey, 1810, 2, 69 *et* 202; avoués, iv, 352, v, 309, ix, 118, xx, 144, xxviij, 248, xl, 202, etc.
4. *Justice de paix.* Trois jours... Mais le juge peut proroger ce délai (c'est-à-dire accorder le délai qu'il estimera convenable), ou même en *relever*, lorsqu'il sait (par lui-même, par un parent, un voisin ou un ami), ou que l'on prouve que le défaillant a ignoré la procédure. *C-pr.* 20 *et* 21; *tarif* 21; *ci-dev.*, p. 417.
4 *a.* *Liquidation de dépens.* Trois jours. V. en *ci-apr.* le §, *note* 17.
5. *Police d'audience...* Dix jours après le jugement. *C-pr.* 91.
6. *Dr. anc.* Huitaine.. Ce délai, trop court (*obs. du p. de Grenoble, de Saint-André et du Tribunat*), avait été (*abusivement*) étendu jusqu'à trente ans. V. *B. c.* 25 *brum. et* 6 *therm. xj*, 3 *pluv. xij*, 16 *mars* 1814, 19 *juin* 1832.

(13) Pourvu que cette signification soit régulière. V. *arr. de Colmar*, 25 *avr.* 1807 *et* 26 *mars* 1808, *J-C-pr.*, *i*, 50, *ij*, 411. — Quelles en sont les formes ?. v. *ci-dev.* p. 181 *et* 182, *note* 11, *n.* 2, 2 *a et* 2 *b.*

(14) *Quid juris* si l'avoué a été simplement constitué par la partie, et s'il déclare à l'audience qu'il n'a reçu ni avis, ni pièces ; en un mot, s'il n'a fait aucun acte de son ministère? La partie doit-elle alors être considérée comme *ayant un avoué?*... NON, et par conséquent son opposition est recevable jusqu'à l'exécution; *suiv. arr. de Nîmes*, *Limoges, Colmar et Rennes*, 1808 *et* 1809, *J-C-pr.* i, 385, *iij*, 128 *et* 367, *avoués*, *i*, 64. — Décision contraire de Turin, Bruxelles, Lyon et Limoges, 1810 à 1812, *ib.*, *ij*, 375, *iij*, 513, *iv*, 45, *v*, 308, 310, *vj*, 310; de cassation, 4 mai 1812, *B. c.*; et rej. requ. 17 mai 1830, *avoués*, *xxxix*, 233. — V. au reste sur cette question et d'autres questions analogues, *répert.*, *viij*, 761, *conf. avec xvij*, 233 *et suiv.*, *h. v.*, § 3, *art.* 1, *n.* 6.

(15) La loi (*d. art.* 159) donne les *exemples* suivans. Paiement des frais du jugement, incarcération ou recommandation du condamné, vente de ses meubles saisis, notification de la saisie d'un de ses immeubles.

Observations. 1. La déclaration du tiers-saisi, faite en vertu du jugement de défaut qui valide la saisie, n'est pas un acte d'où résulte la connaissance de l'exécution, *suiv. Turin*, 17 *janv.* 1810, *avoués*, *ij*, 90. — Ni à plus forte raison, la simple signification du jugement au défaillant. *B. c.* 24 *juin* 1834.

1 *a.* Au contraire, on a regardé comme un acte de ce genre la simple dénonciation de la saisie-arrêt (v. *ce titre*, § 2, *n. j*) au débiteur. V. *Nîmes*, 1809, *Nevers*, 1812, *supp.* 12; *Metz*, 1822, *avoués*, *xxiv*, 198, *et rej. requ.* 1er *mai* 1823, *B. c.*, *n.* 47 (contra... *M. Merlin*, *rép. xvij*, 356, *n. ij*). — Surtout quand le débiteur a constitué un avoué sur l'assignation qui accompagne cette dénonciation. *B. c.* 30 *juin* 1812 ; *M. Merlin*, *ib.*, *n. iv.*

1 *b.* Même décision pour la vente des meubles suspendue sur la demande du débiteur, ou empêchée par lui. V. *arr. Paris et Montpellier*, 23 *juin et* 20 *août* 1810, *avoués*, *ij*, 142 *et* 354.

1 *c. Quid* pour le procès-verbal de *carence* des meubles? Le débiteur ne pourra plus former opposition au jugement s'il est certain qu'il a eu connaissance de ce procès-verbal, si, par exemple, il a été signifié à lui-même ou à sa femme, en son domicile. V. *rej. requ.* 23 *avr.* 1816 *et B. c.* 21 *mai* 1834, *avoués*, *xxvij*, 503, *xlvij*, 430 : MM. *Chauveau*, *ib.*, *et Boncenne*, *iij*, 81 ; — ou s'il l'a signé, ou si seulement il y était présent. V. *Rouen*, 1 *juill.* 1826 *et Paris*, 8 *déc.* 1830, *avoués*, *xxxij*, 82, *xl*, 143. — Mais quoique non signifié, ce procès-verbal suffit pour empêcher le jugement de défaut de tomber en péremption. V. à ce sujet, et pour d'autres questions, MM. *Merlin*, *rép.*, *xvij*, 363 *et suiv.*, *mot péremption*, *sect.* 2, § 1, *n.* 11 ; *Chauveau*, *d. p.* 430, *et les arréts qu'il cite* ; *Boncenne*, *iij*, 76 *et suiv.* (il y donne une nouvelle explication de l'art. 159).

2. L'exécution contre un débiteur empêche-t-elle le jugement de défaut d'être anéanti à l'égard de ses co-débiteurs solidaires?... OUI, *suiv. Montpellier et Poitiers*, 1810 *et* 1821, *et rej. civ.* 7 *déc.* 1825, *avoués*, *ij*, 354, *xxiij*, 216, *xxx*, 276 (contra... v. *Limoges*, 1822, *Sirey*, 22, 2, 169).

3. *Procédure de commerce.* Mêmes règles que ci-devant au texte.. Mais v. *ce tit.*, *note* 12, p. 428.

2. *Mode.* Il faut en outre, dans le premier cas (**16**), d'une part que l'opposition soit formée d'avoué à avoué, par une requête (**17**), autrement elle n'est pas

recevable... et, de l'autre, que cette requête contienne les moyens de l'opposant (18), ou se réfère à des moyens déjà signifiés (19), sinon elle n'arrête pas l'exécution, et elle doit être rejetée sur un simple acte (sans autre procédure). V. *C-pr.* 160, 161; *tarif* 75, *in pr.; arr. de Limoges*, 20 *févr.* 1810, *avoués*, *i*, 270. (**20**)

Dans le second cas (**21**), on *peut* la former par un acte extrajudiciaire, ou par une déclaration sur un commandement ou acte d'exécution (**22**); mais il faut ensuite la réitérer dans la huitaine (plus tard elle ne serait pas recevable, et l'exécution pourrait être continuée (**23**) sans nouvel ordre), par une requête avec constitution d'avoué (**24**). *C-pr.* 162; *tarif* 29. (**24 a**)

3. Dans tous les cas elle est inscrite au greffe sur un registre. *C-pr.* 163; *ci-dev. note* 10, *n.* 1.

(16) C'est-à-dire ,lorsque le défaillant *a un avoué.*

(17) Signée de l'avoué, sous peine de nullité, *suiv. arr. de Toulouse ,* 2 *nov.* 1808, *Nevers,* 1809, *supp.,* 89.

Observations. 1. Si les vacances s'ouvrent avant l'expiration de la huitaine, comme on ne peut pendant ce temps présenter une requête, du moins d'après l'acception donnée jadis à ce mot dans les provinces (*ci-dev. p.* 230 , *note* 1 *a*), un simple acte devrait suffire pour l'opposition , sauf à donner la requête dans la huitaine de la rentrée. V. *arr: du p. de Grenoble,* 29 *déc.* 1675, *Saint-André, tit.* 35; *M. Merlin,* rec. alph., mot opposition, § 10. —Mais, ainsi qu'on l'a observé (*d. note* 1 *a*), une requête, prise dans un autre sens, n'a pas besoin d'être présentée au juge, et par conséquent cette décision est aujourd'hui inapplicable.

2. *Dr. anc.* En Dauphiné on ne pouvait notifier les jugemens de défaut pendant les vacances. *Réglem. du 7 sept.* 1785 *, affich. du Dauphiné et rép., dd.* § 10.

(18) Les moyens signifiés après la requête n'entrent en taxe , ni dans le 1er ni dans le 2e cas. *Arg. de C-pr.* 162, *in f. et* 161; *combinés.* —V. aussi *M. Chauveau, tarif, i,* 232, *n.* 33.

(19) Même dans un acte d'appel. V. *Bruxelles,* 1808, *J-C-pr. ij ,* 333 *, et Toulouse,* 1834, *avoués, xlvij,* 712.—Ou simplement plaidés en première instance, mais énoncés dans le jugement signifié... V. *Bourges,* 14 *mars* 1809, *J-C-c., xij,* 415.—Autre quest. : V. *Lyon, Aix et Bruxelles,* 1816, 1827 *et* 1830, *avoués, xix,* 297, *xxxiv ,* 343, *xl ,* 41; *ci-dev. p.* 155 *, note* 10 , *n.* 1 *a.*

(20) Il n'est pas nécessaire que la requête soit signifiée, il suffit qu'elle soit *présentée* dans la huitaine pour que l'opposition soit formée en temps utile, *suiv. arr. de Grenoble,* 1668 *et* 1673, *S.-André, t.* 35, *art.* 3.—M. Merlin, *sup.* § 9, soutient avec raison le contraire. La décision précédente tient d'ail-

leurs à la fausse idée qu'on se faisait des requêtes, dans les provinces. (ci-dev. note 17, n. 1).

(21) C'est-à-dire si le défaillant n'a pas d'avoué.

(22) Tels qu'une saisie, une arrestation. V. C-pr. 162.

(23) V. aussi arr. de Limoges (1812), ci-d. note 14, Lyon, ci-après, n. 1 ; rej. requ., 15 juin 1826, avoués, xxxj, 310.

Observations. 1. Si on ne la continue point alors, le jugement est non avenu au bout de six mois, *suiv. arr. de Lyon*, de 1810, *cité*, p. 399, *note* 12, *n.* 4.

2. Mais il est juste que la *huitaine* accordée pour réitérer, soit augmentée, à raison des distances, parce que le défaillant ne peut réitérer l'opposition avant d'avoir reçu avis qu'elle a été notifiée, ce qui exige nécessairement un intervalle proportionné aux distances. — V. *Jousse, tit. 35, art. 3, n. 6; Rodier, tit. 5, art. 5, qu. 3 ; arr. de Toulouse, ib. ; de Rennes, Trèves, Nîmes et Colmar, 16 mars 1809, 12 janv., 23 juin et 9 août 1810, J-C-pr. iij, 371; avoués, ij, 345, 381 ; surtout arr. cass. 16 mars 1813, rép., xv,* 179. — L'arrêt de Toulouse admit même l'augmentation d'après le simple motif que la neige ayant rendu les chemins impraticables, l'opposant n'avait pu donner de bonne heure l'ordre de présenter (ou plutôt de notifier... v. d. note 17, n. 1) la requête.

3. L'opposition nulle ne peut être refaite dans le délai. V. *Grenoble*, 12 *mars, et cass.* 18 *avr. et* 25 *juin* 1811, *avoués, iv,* 3 *et* 257; *rép. viij,* 760, *h. v.,* § 3 (contra... *Trèves,* 14 *nov.* 1810, *avoués, iij,* 349; *M. Merlin, dans Sirey,* 22, 2, 249).—Et si on ne l'a pas refaite, on peut appeler. Voyez *Paris,* 11 *nov.* 1813, *avoués, ix,* 346.

(24) Il est également nécessaire de réitérer l'opposition par requête lorsque la partie qui a obtenu le jugement a notifié une nouvelle constitution d'avoué dans le cas indiqué à la note 17, p. 385. — Voy. *C-pr.* 162, ỷ. 1; *ci-devant* p. 446, *note* 8, *n.* 1 *a.*

Observations. 1. L'art. 162 dit seulement qu'on *peut* former l'opposition par un acte extrajudiciaire, etc. (*ci-dev.* p. 449); il n'exclut donc pas du droit de la former par un autre acte accompagné d'ajournement... Est-il dans ce cas, nécessaire de réitérer l'opposition par requête ?.. Non, *suiv. arr. Nîmes,* 24 *nov.* 1807 *et* 13 *juin* 1810, *avoués, ij,* 203... Oui, *suiv.* M. *Coffinières, ib.,* et *Bordeaux,* et *Pau,* 1829 *et* 1834, *ib., xxxviij,* 181 , *xlvij,* 711. — Mais on peut, dans ce même cas, faire la réitération (par requête) après la huitaine.... Voy. *Riom, Colmar et Paris,* 1820, 1825 *et* 1830, *Sirey,* 25, 2, 373; *avoués, xxxij,* 245, *xxxviij,* 296. — V. aussi *ci-dessous,* note 24 *a, n.* 3.

2. *Justice de paix.* L'opposition contient les moyens sommaires de la partie avec assignation : au surplus, elle se fait dans la même forme que la citation. *C-pr.* 20, *in f.; ci-dev.* p. 417.

(24a) *Observations.* 1. S'il y a eu un commandement et un commencement de saisie-exécution, arrêté par la déclaration d'opposition sur le procès-verbal, déclaration non suivie de requête dans la huitaine, l'opposant ne peut ensuite former une nouvelle opposition (c'est que dès qu'il a eu connaissance du jugement par le procès-verbal, le délai d'opposition est expiré pour lui...) V. *Riom,* 2 *août* 1818, *avoués, xviij,* 249.

2. La première opposition au cas ci-dessus, est constatée par le procès-verbal, tant qu'il n'est pas attaqué en faux. *D. arr.* 2 *août.*

3. L'opposition formée par acte extrajudiciaire peut être réitérée par requête après la huitaine, s'il n'y a pas eu de commencement d'exécution, *suiv. rej. requ.* 18 *avr.* 1811, *et Turin, Colmar, Metz, Nîmes et Bourges,* 1809 *à* 1823, *répert. viij,* 760 *et xvij,* 229 *et suiv.;* M. *Merlin, ib.; Bourges,* 1832, *avoués, xliij,* 576.

IV. Effets. L'opposition a deux effets principaux,
1. Elle suspend l'exécution du jugement (25). *C-pr*. 159, *in f.*, 161, *in f.*; *Rebuffe*, *sup.*

2. Elle donne à celui qui l'a formée, le droit de plaider (26) sur *l'incident*, c'est-à-dire sur la question de savoir si l'opposition est recevable (27); et en cas d'affirmative, sur le *fond*, ou, en d'autres termes, sur sa demande en rétractation du jugement de défaut. (28)

(25) A moins qu'on ne l'ait déclaré exécutoire nonobstant opposition (par le même jugement et en cas de péril). V. *C-pr*. 155, 159; *ci-dev*. p. 289, *et note* 16, *ib.*

Puisque l'opposition suspend l'exécution du jugement de défaut, il ne peut plus avoir de l'effet qu'à l'aide du jugement suivant qui rejette l'opposition; et en conséquence, pour exercer une contrainte par corps (v. *en ci-apr. le tit.*, *note* 3, *n.* 2), il ne suffit pas de signifier le jugement qui l'a prononcée, il faut encore signifier le jugement qui a rejeté l'opposition formée contre celui-là, *suiv. Limoges*, 26 *mai* 1823, *Sirey*, 23, 2, 272. — Mais voy. *ci-apr. tit. de la cassation*, *note* 40, *n.* 1.

(26) Mais il faut qu'il soit prêt sur-le-champ. V. *Pothier*, *sup.*; *Rodier*, *tit.* 5, *art.* 5, *qu.* 3; *M. Merlin*, *sup.*, § 14, *t.* 3, *p.* 557.

Observations. 1. Cela est conforme à la maxime, que c'est toujours le réclamant qui doit se présenter. V. *Pigeau*, *ij*, 97.

2. *Dr. anc.* Il fallait aussi autrefois qu'il *refondît*, ou en d'autres termes, payât préalablement les frais du défaut. V. *L.* 15, *C. judiciis*; *Guenois sur Imbert*, *liv.* 1, *ch.* 11, *n.* 8; *Jousse*, *tit.* 5, *art.* 3; *Pothier et Rodier*, *sup.*; *Bornier*, *tit.* 6, *art.* 1; *régl. de* 1758, *part.* 2, *t.* 2, *art.* 10; *ci-après tit. de la cassation*, *note* 37. — M. Merlin (*rép.*, *sup.*, § 5, *art.* 1) soutient que cette règle est abrogée tacitement par l'art. 1041, parce qu'elle n'a pas été reproduite par le Code.

(27) *Observations.* 1. Sans l'opposition le jugement, s'il est en dernier ressort, aurait acquis, et s'il est en premier ressort, aurait pu (faute d'appel) acquérir l'autorité de la chose jugée, et il n'aurait plus été permis au défaillant de contester sur la condamnation (v. *p.* 283, *note* 34, *n.* 2 *a*).

2. *Péremption de l'opposition...* V. (pour ses effets par rapport au jugement) p. 399, note 12, n. 5.

(28) *Observations.* 1. Dans ce cas de *l'affirmative*, le jugement *reçoit l'opposition*, et statue ensuite au fond ou principal, ou bien renvoie à une autre audience pour la discussion du principal... Cette discussion a pour objet d'examiner si l'opposition est *fondée*, c'est-à-dire, si le jugement de défaut doit être rétracté. Si l'on juge qu'elle n'est pas fondée, on en *déboute* l'opposant, ou bien l'on maintient la disposition du jugement de défaut. Si l'on juge qu'elle est fondée, on rétracte ce jugement, et bien l'on *décharge* l'opposant des condamnations qu'il contient (excepté des frais du défaut); et, statuant ou *faisant droit au principal*, on *déboute* l'autre plaideur de sa réclamation, ou on le déclare non recevable dans cette réclamation, si c'est un demandeur; ou bien, on le condamne directement à ce qui était réclamé, si c'est un défendeur.

Nous disons excepté *des frais du défaut*, parce qu'il est de toute justice que le défaillant les supporte (v. d. L. 15 ; *Rebuffe, expensis* , art. 5. n. 46, et art. 8, n. 23; *Ferrière, mot dépens* ; *Guenois et Rodier, sup.*; *Bézieux*, *liv.* 2, *ch. iv*; *arr. ib.* ; *Despeisses, tit.* 2, n. 2 ; *C-cr.* 187 *et* 478; d. note 37 ; *ci-dev. note* 26, *n.* 2, *et p.* 354, *note* 20), et que le silence du Code sur ce point ne nous paraît pas suffire pour autoriser une dérogation à une règle d'équité ; enfin, c'est ce qui a été jugé par la cour de Caen, *arr. du 4 juill.* 1826, *avoués, xxxiij*, 79 (décision contraire... v. *arr. de Rome, Limoges et Paris*, 1811, 1821 *et* 1823, *avoués, v*, 233, *xxiij*, 237, *xxv*, 94).... V. aussi M. *Coffinières, à d. p.* 233.

2. Dans le cas de la *négative*, le jugement *annulle* l'opposition, ou la déclare non recevable (et condamne l'opposant aux frais de l'incident), de sorte que le jugement de défaut est maintenu avec tous ses effets. — Doit-il alors attaquer le premier ou le deuxième de ces jugemens, ou tous les deux ?.. V. sur cette quest. et autres, *ci-dev. note* 25; *ci-apr. tit. de la cassation*, note 40, *n.* 1.

3. L'opposition exclut l'appel, etc... V. p. 442, *note* 8.

APPENDICE AU TITRE PREMIER.

De l'opposition d'exécution.

On nomme ainsi une opposition par laquelle on demande au tribunal chargé d'ordonner l'exécution des jugemens d'*arbitres*, la nullité d'un acte qualifié jugement arbitral. On a le droit de la former lorsque ce prétendu jugement a été rendu dans les circonstances suivantes (**28 *a***) : défaut de compromis, ou compromis nul ou expiré; prononciation sur choses non demandées ou hors des termes du compromis (**28 *b***); si enfin tous les arbitres n'ont pas été présens ou consultés. V. *C-pr.* 1027, 1028, *et p.* 40 *à* 49.

(28 *a*) Mais non pas dans d'autres. V. *arr. de Rouen*, 24 *mai* 1810, *Nevers*, *supp.*, 127. — S'agit-il même du cas d'inobservation des formes ordinaires, indiqué à l'art. 1027. — V. *à ce sujet*, *arr. cass.* 17 *oct.* 1810, *Nevers*, 559; *rép.*, *i*, 346, *mot arbitres*, n. 45; *rej. requ.* 1 *mars* 1830, *avoués*, *xxxviij*, 304.

Observations. 1. L'opposition et la demande en nullité peuvent se former séparément, et ont chacune l'effet de suspendre l'exécution du jugement, même rendu en dernier ressort, suivant la cour de Bruxelles, tandis que, suivant celle de Paris, l'une et l'autre, même réunies, n'ont pas cet effet. V. *arr.* 4 *mai* 1809 *et* 14 *sept.* 1808, *Nevers*, 1810 *et* 1808, *supp.*, 57 *et* 191, *et J-C-pr.*, *t.* 3, *p.* 56. — Mais la cour de Paris a ensuite changé d'avis quant à l'opposition d'exécution. V. *arr.* 9 *nov.* 1812 *et* 11 *avr.* 1825, *J-C-c. xx*, 428; *avoués*, *xxxij*, 231. — Idem, *Rome*, 5 *oct.* 1810, *Nevers*, 1812, *supp.* 47.

2. On n'est pas astreint à former cette opposition dans les délais indiqués ci-dev., p. 447, *suiv.* *Turin*, 7 *fév.* 1810, *Nevers*, 1811, *supp.* 27 ; *Colmar et Paris*, 22 *janv.* et 17 *mai* 1813, *avoués*, *viij*, 316 *et* 156.—Et elle est recevable jusqu'à l'exécution, *suiv. d. arr.* 22 *janv.*

3. Cette voie exclut le recours. V. *arr. cass.* 18 *déc.* 1810, *ib.*, 62. — Et l'appel. V. *Poitiers et Douai*, 1833, *ib.*, *xlv*, 434, *xlvij*, 471 ; *autres cités ib.*

3 a. On ne peut y renoncer d'avance, *suiv. Grenoble*, 14 *août* 1834, *Sirey*, 35, 2, 202.

4. La *simple opposition* n'est pas admissible contre les jugemens d'arbitres. V. *C-pr.* 1016, *et ci-dev.*, p. 47.

5. La nullité ne peut être proposée pour la première fois en appel. *Arr. cass.* 5 *nov.* 1811, *avoués*, *v*, 69.

(28 *b*) On assimile à ce cas celui où les arbitres ont jugé sans s'arrêter à la récusation de l'un d'eux, ni eu attendre le jugement. *B. c.* 1 *juin* 1812. — Autres questions. V. *Aix*, 1817, *et rej. requ.* 30 *nov.* 1834, *avoués*, *xvij*, 244, *xlviij*, 231.

TITRE II.

De l'appel. (1)

Observations préliminaires.

« L'appel, dit Hermogénien, est l'attaque dirigée «contre un jugement, à cause de son injustice. » — L. 17 *in f.*, *ff de minoribus.* (2)

Ajoutons que cette attaque doit être portée devant un juge supérieur. On peut donc dire que l'appel est un moyen de remédier à l'injustice (3) d'une première décision (4), en la soumettant à l'examen d'un second juge (5). C'en est un aussi de réparer les omissions ou erreurs (6) commises par les plaideurs en première instance.

On distingue deux sortes d'appel; l'appel *principal* et l'appel *incident*. L'appel principal est le premier qui a été interjeté par une des parties (*l'appelant*) : il est nommé principal parce que, relativement au juge supérieur, il est la demande primitive qui lui soumet l'examen du jugement de première instance. L'appel incident est l'attaque dirigée contre le même jugement par l'autre partie (*l'intimé*) pendant l'in-struction de l'appel principal. (7)

Nous allons examiner, 1. de quoi on peut appeler; 2. qui peut appeler; 3. dans quel temps on doit appeler; 4. ce qu'il faut faire pour que l'appel soit reçu et jugé (ou quelle est la procédure d'appel); 5. quel est l'effet de l'appel; 6. ce qui peut être soutenu en cause d'appel (ou quelles demandes on peut y former); 7. enfin, nous parlerons du jugement d'appel. (8)

---

(1) Ce titre correspond au livre 3, partie première du Code.

(2) On nomme *appelant* celui qui forme cette *attaque*, et son adversaire *intimé*. Ce dernier mot vient d'*intimare*, dénoncer, déclarer; et en effet l'appelant déclare à l'intimé qu'il recourt à un autre juge, de la sentence obtenue contre lui.

(5) Que cette injustice soit relative au fond ou à la forme... Au *fond*, comme si la décision est contraire au droit ou à l'équité, accorde plus ou moins, ou autre chose que ce qu'on réclamait ; si, en un mot, le juge n'a pas fait ce qu'il devait faire (v. *Rebuffe, de appellationibus, prœf.*, *n.* 18) ; à la *forme*, comme si la décision a été rendue par un juge incompétent, ou sans observer les règles de la procédure, etc. V. *les chap. suiv.*, *surtout l'appendice du* 6e ; *rec. alph.*, *mot appel*, § 14, *n.* 2.

(4) Ulpien dit : « à l'iniquité, ou à l'impéritie du juge » (v. *L.* 1, *in pr.*, *ff. de appellat. et relat.*) ; ce qui n'est pas tout-à-fait exact, car l'injustice de la sentence peut provenir d'autres causes, telles que les erreurs ou omissions du juge ou même des parties, l'absence de celles-ci, etc... C'est donc fort mal-à-propos que Balde (*cité par Rebuffe, d. prœf.*, *n.* 76), enchérissant sur Ulpien, déclare que *contra venenum judicum data est* THERIACA *appellationis.*

Ulpien, *sup.*, dit aussi que l'appel est un moyen *nécessaire.* Cependant il arrive quelquefois, ainsi qu'il l'avoue, que le jugement d'appel vaut moins que celui de première instance. Mais il suffit que ce soit un moyen de plus de s'assurer que la justice distributive sera bien administrée, pour qu'on ait dû conserver cette forme de procéder. V. *Bigot-Préameneu*, p. 52.

(5) Quant à la jurisdiction des juges d'appel de divers genres, *voyez* part. 1, sect. 1, ch. 2 et 3, p. 16, 39, 57, 65, etc.

(6) *V.* Pussort, procès-verbal, tit. 16, art. 4 ; arr. cass. 13 niv. x ; Albisson, p. 279.—*Au reste, voyez également ci-apr.*, ch. 6.

(7) *Observations.* 1. Telle est l'idée qu'on peut donner à présent de l'appel incident, d'après les dispositions des articles 443 et 456 combinés et interprétés par la jurisprudence. V. *cinq arr. d'Aix, Rennes et Montpellier*, 1808 à 1811 ; *Carré, anal. ij*, 25 ; *arr. rej.* 26 mai 1814, *Jalbert*, 465, *et cass.* 18 *juill.* 1815, *et* 27 *juin* 1820, *B. c.* ; *ci-dev.* p. 405, note 10, *n.* 1. — C'est aussi la doctrine du nouveau *Denisart, mot appel*, § 1, *n.* 5, et de Carré, *ib., et quest., ij*, 2223.

Pigeau (*i*, 555) admet au contraire un appel incident d'un jugement dont il n'y a pas encore d'appel principal, et dont une des parties tire avantage contre son adversaire. Il en rapporte deux exemples, et l'on en trouve un 3e dans un arrêt de Nîmes (7 *janv.* 1812, *avoués, vj*, 232), qui adopte le même système. Mais comme dans tous ces cas, l'appelant serait forcé, d'après l'art. 456, d'agir par une assignation (v. *ci-apr.*, ch. 4), il interjetterait dans la réalité un appel principal ; et s'il voulait que l'appréciation en fût faite dans la première cause, il serait obligé d'en demander la jonction ; ce qu'il devrait obtenir, il est vrai, si le tribunal saisi de l'appel du premier jugement était aussi le juge d'appel du tribunal qui a rendu le second.

2. On distinguait jadis quelques autres espèces d'appel, mais qui rentraient dans celles-là. On nommait, par exemple, 1. *appel verbal*, l'appel qu'on discutait à l'audience ; 2. *par écrit* ou *édictal*, celui qu'on discutait par appointement (Rebuffe, *art.* 19, *gl.* 1, réprouve cette qualification) ; 3. *simple*, celui qu'on dirigeait contre le fond ; 4. *qualifié*, celui qui était relatif à la forme, et qui comprenait, 5 à 7, les appels pour *incompétence*, *déni de renvoi* et *déni de justice.* —V. *Denisart, sup.*, § 1 et 4, *n.* 3 ; *Espagne, dans Prost de Royer, mot appel, n.* 80 à 82.

(8) Quant à l'histoire de l'appel, *voyez* Espagne, sup., n. 2 et suiv.

CHAPITRE PREMIER.

De quoi l'on peut ou doit appeler.

Il résulte, 1° de la définition de l'appel, qu'on ne peut appeler que d'un jugement. (9)

2° De l'effet attribué à ce dernier acte (10), que lorsqu'il est de premier ressort, il faut nécessairement en appeler si l'on veut le faire réformer (11), à moins qu'on ne puisse l'attaquer par la voie de l'opposition ou de la tierce opposition. V. *ci-dev. p.* 441 *et* 442, *et p.* 406, *note* 10, *n.* 3. (12)

3° De la règle des deux degrés, qu'on a le droit d'appeler de toutes espèces de jugemens qui ont été ou qui devaient être (13) rendus en premier ressort.

Cette dernière maxime, quoique générale et absolue (14), reçoit exception à l'égard des jugemens qui ont force de chose jugée ; des jugemens préparatoires ; de ceux qui ont dû se rendre en dernier ressort (15) ; et de ceux de défaut.

(9) *Observations.* 1. *Dr. anc.* On pouvait appeler d'autres espèces d'actes, tels que des nominations de tuteurs, exécutions de jugemens, dénis de justice, contraintes par corps, saisies, etc. V. *Rebuffe, d. præf.*, n. 53 *et seq.*; *Expilly*, pl. 5 ; *Rodier, tit.* 25, *art.* 4, qu, 2 ; *rec. ulph.*, *mot appel*, § 1, *n.* 2 ; *surtout Espagne, n.* 78 *et suiv.*

2. *Dr. int. et act...* Règle contraire... 1° Les lois relatives aux tribunaux d'appel ne leur attribuent que les appels des jugemens ; 2° on ne pourrait étendre leur jurisdiction à d'autres actes, sans déroger à la règle des deux degrés. V. *L.* 24 *août* 1790, *tit.* 4, *art.* 4 ; 3 *brum. ij, art.* 7 ; 27 *vent. viij, art.* 7 *et* 22 ; *C-pr.* 889 ; *B. c.* 15 *vent. xiij,* 27 *août* 1806 ; *ci-dev. p.* 16. —Il est vrai que le Code autorise l'appel des *ordonnances* rendues par les présidens civils ou de commerce, ou par les juges–commissaires en matière de référés, de brefs délais, d'enquêtes, etc. Mais on peut les considérer comme des espèces de jugemens. V. *C-pr.* 809, 517, 263, 276, 403 ; *ci-dev. p.* 423, 431 *et* 534. — V. aussi *B. c.* 22 *août* 1815 ; *Carré, cité ci-dev. p.* 445, *note* 6, *n.* 3.

(10) C'est-à-dire de la présomption de vérité que la loi y attache. V. *part.* 1, § *des juges, p.* 21 ; *et ci-dev., p.* 441.

(11) *Observations.* 1. Jugement nul... *Dr. rom.* Il n'était pas nécessaire d'en appeler ; il suffisait d'en demander la nullité au juge devant lequel il était produit, et ce juge, quoique inférieur au juge *a quo* pouvait la prononcer, ou bien connaître de la cause comme si ce jugement n'existait pas. V. *LL.* 23, § 1, *ff. de appellationib.*; 1, *ff. quæ sentent. sine appellat.*;

1, *C. sent. et interlccut.; Pothier, ff. de re judic., n.* 2, *et seq.; M. Merlin, rép., mot appel, sect.* 1, § 5.

2. *Dr. français.* On a adopté depuis long-temps un système contraire, parce que les voies de nullité n'ont pas lieu en France (*ci-dev. p.* 154, *n. iij*). —V. *Rebuffe, de sentent., in f., par arg. d'ord.* 1539, *art.* 90; *id., de appell., art.* 1, *gl.* 2, *n.* 19; *art.* 8, *gl.* 3, *n.* 32; *Imbert, liv.* 1, *ch.* 3, *n.* 3; *Despeisses, ordre jud., tit.* 12, *sect.* 1, *art.* 1; *Espagne, sup., n.* 69; *M. Merlin, sup., et arr. cass.* 3 *flor. xiij, ib.; autres,* 7 *oct.* 1812, 25 *mai* 1813 *et* 30 *nov.* 1824, *B. c.*—V. aussi *arr. de Riom et Nîmes,* 22 *déc.* 1810 *et* 30 *déc.* 1812, *J-C-c. xix,* 115, *avoués, vij,* 184; *rép. viij,* 677, *mot nullité,* § 7, *n.* 4; surtout *obs. cass.* 100.

Ce système n'est point en contradiction avec le principe déjà exposé (*p.* 20), que l'on ne considère comme jugement que la décision d'un tribunal formé légalement et prononçant légalement. On distingue dans tout acte la forme extérieure de la forme intérieure. Si l'acte produit a la forme extérieure d'un jugement en premier ressort, si surtout il a été prononcé comme tel (voyez *ci-dev., note* 29, *p.* 281; *Pothier, sup., sect.* 2, *art.* 1; *M. Merlin, sup. et mot jugement,* § 1; *rec., mot date,* § 5, *et appel,* § 9; *B. c.* 14 *flor. ix et* 11 *juin* 1811; *Bruxelles,* 7 *janv.* 1808, *J-C-pr. ij,* 333, *et Toulouse,* 1821, *ci-dev. p.* 38, *note* 67, *n.* 3), il ne peut plus être réformé que par la voie de l'appel, appel qu'on est libre alors de fonder sur la nullité. Mais si cet acte pèche par cette forme, il faut appliquer les principes du droit romain. Voyez *obs. cass.* 174. — Et il en est de même si le prétendu jugement a été rendu par un individu sans *pouvoir* (tel qu'un arbitre après le délai du compromis). — V. *à ce sujet, arr. cass.* 14 *août* 1811, *J-C-c. xvij,* 72; *autres,* 10 *prair. v et* 12 *prair. x, B. c., et rec. alph. mot arbitres,* § 4; *ci-dev. p.* 228, *note* 47, *in f.; Lange, liv.* 4, *ch.* 32; surtout *réq. et arr. cass. cr.* 12 *févr.* 1813, *rép. x,* 763, *mot rébellion,* § 3, *n.* 19, *et* 24 *oct.* 1817, *B. c. cr.*

3. Quelle que soit la modicité de l'objet du jugement, l'appel n'est pas moins nécessaire. *L.* 20, *C. appellat. et consult.*

(12) A moins aussi qu'on n'ait été *amené* en cause d'appel, par une assignation en déclaration de jugement commun. V. *p.* 362, *note* 17, *n.* 2. — Ou qu'on n'ait la voie du désaveu. V. *p.* 442, *et p.* 394, *n. iij.*

(13) *V.* ci-apr., 3e exception, *p.* 461 *et* 462, et note 26, ibid.

(14) On a vu que la règle des deux degrés (*part.* 1, *sect.* 1, *ch.* 2, *n.* 2, *p.* 16) n'admet d'exceptions que dans les cas exprimés par la loi (les exceptions indiquées au texte sont de ce genre).. Donc la faculté d'appeler est de droit général et commun... Donc toutes les fois qu'il y a du doute, on doit soumettre un jugement à l'appel. V. *B. c.* 14 *mess. viij,* 17 *mars* 1806; *rec. alph., mot dern. ressort,* § 1; *Rebuffe, art.* 8, *gl.* 2, *n.* 57; *ci-dev., p.* 56, *note* 59, *et p.* 372, *note* 38; *B. c. cr.* 22 *nov.* 1833.

(15) Il y a toutefois des jugemens en dernier ressort des *juges de paix,* dont on peut appeler. V. *ci-dev., note* 19, *n.* 3, *p.* 402.

Observation. Un jugement ne peut être valablement rendu en partie en premier et en partie en dernier ressort. V. *B. c.* 3 *brum. et* 5 *fruct. ij,* 24 *th. et* 13 *fruct. viij; M. Merlin, rec., mot dern. ressort,* § *xj.* — V. surtout *B. c.* 17 *févr.* 1812, *extrait à note* 16, *tit. de la tierce opposition.*

1re *Exception.* Jugement qui a acquis l'autorité de la chose jugée (**16**)... Un jugement acquiert cette autorité,

1. Lorsque les parties n'en ont pas appelé dans le délai légal (**16** *a*);

2. Lorsqu'elles y ont acquiescé;

3. Lorsque leur appel est périmé (**17**);

4. Lorsqu'elles ont renoncé à en appeler. *Voy.* pour ces divers points, *Bigot-Préameneu, p.* 67; *obs.-cass.* 100.

On a déjà traité de la seconde et de la troisième circonstance (**18**); on parlera de la première au *chapitre* 3, *p.* 466.

A l'égard de la quatrième, ou de la renonciation à l'appel, elle peut se faire avant ou après le jugement.

La faculté de renoncer d'avance à l'appel, fondée sur les lois romaines, avait été enlevée aux parties par la jurisprudence française; mais elle leur a été rendue par les lois nouvelles, et le Code n'a point dérogé à ces lois. (**19**)

La renonciation postérieure n'étant au fond qu'un acquiescement ou un désistement, doit à plus forte raison être admise et avoir les mêmes effets.

(16) *Observations.* 1. Il n'est excepté que *relativement*, c'est-à-dire, lorsqu'on oppose à l'appel qu'il y a *chose jugée* (v. *Pothier, des oblig., sect. de la chose jugée, n.* 57); car on est libre de faire valoir contre l'appel cette fin de non-recevoir, tout comme de l'abandonner, et on ne la rangeait pas au nombre de celles que, suivant certains auteurs, le juge pouvait jadis suppléer. (v. *p.* 244, § 1, *et p.* 249, § 2).

2. Il résulte de là qu'on n'est pas recevable à demander l'annulation d'un jugement qui a statué sur une question déjà décidée par une sentence passée en force de chose jugée, lorsqu'on n'a pas fait valoir avant ce jugement, l'autorité de la chose jugée. V. *rép., iij,* 348 *et xiij,* 111 *et* 115, mots *chose jugée,* § 20, *et substitut. fidéicomm.*, *sect.* 7, § 3, *art.* 4; *arr. cass.* 15 *pluv. xiij,* 3 *mars* 1808, *ib.*

3. A l'égard de quelles personnes, de quelles choses, de quelles causes peut-on se prévaloir de cette autorité?... V. *C-c.* 1351; *Pothier, sup.; M. Merlin, id., mots succession, sect.* 1, § 2, *art.* 3, *et chose jugée; ci-apr., tit. de la tierce opposition,* § 1 *et* 4.

4. On dit qu'un jugement de dernier ressort a *force* de chose jugée (*art.* 5, *infrà, et C-c.* 2052 *et* 2056, *conf.*), mais il est plutôt réputé avoir cette *force* qu'il ne l'a réellement (v. *obs.-cass.* 103), puisque il peut être attaqué (par requête civile, par exemple) tandis que la chose jugée résultant d'un acquiescement ne peut jamais l'être... V. *notes* 10 *et* 14, *p.* 362 *et* 364.

5. On dit aussi qu'un jugement de première instance a l'autorité de la chose jugée tant qu'on n'en a pas appelé. Voy. *Bigot-Préameneu, p.* 67; *d. note* 10. — Mais cette autorité n'est que conditionnelle; elle cesse lorsque l'appel est interjeté, s'il l'est dans le délai légal.

(16a) V. Riom, 1810, J.-C-c. xix, 115; B. c. 7 oct. 1812; Nimes, 1812, rej. requ. 21 juin 1827, et Grenoble, 1829, avoués, vij, 184, xxxiij, 278, xlj, 654. — V. *aussi* ci-apr. tit. de la cassation, note 10, n. 1; *surtout* C-c., 264 et 265, confér.

(17) V. *d. ord.* 1667, *tit.* 27, *art.* 5; *Pothier, d. sect. de la chose jugée.* L'ordonnance (*d. art.* 5) dit « lorsque l'appel a été *déclaré péri* »... C'est que la péremption n'a pas lieu de plein droit. V. *en le titre, texte et notes*, ci-dev. p. 398 *et* 399.

(18) *V.* tit. de l'acquiescement et de la péremption, p. 401 et 403; et quant au *jugement convenu*, ci-apr., note 30, n. 2.

(19) *V.* L. 1, § 3, ff. à quib. appell.; Despeisses, sup., n. 4 et 5; C-pr. 7; C-com. 639, †. 2; L. 24 août 1790, tit. 4, art. 6; arr. cass. 22 flor. viij; M. Merlin, rec. alph., mot appel, § 7; ci-apr. note 30 (*jugement convenu*); ci-dev. p. 278, n 5, et notes ib.

Arbitrage. On peut renoncer à l'appel lors du compromis, et même après. V. *C pr.* 1010, *et part.* 1, *art. des arbitr.*, p. 47, *note* 29.

2ᵉ *Exception.* Jugemens préparatoires proprement dits. — Ils diffèrent, comme on l'a fait remarquer (*tit. des jugemens, p.* 276), des jugemens interlocutoires, en ce qu'ils ne préjugent pas le fond de la cause, tandis que les interlocutoires le préjugent (20); voici une différence non moins importante.

On peut appeler des jugemens interlocutoires (21) avant le jugement définitif (22), tandis qu'il faut suivre une règle contraire pour les préparatoires (23), et en joindre l'appel à celui du jugement définitif (24). *C-pr.* 451. (25)

(20) *Observations.* 1. Cette différence est souvent fort embarrassante à saisir, parce que les préparatoires semblent quelquefois préjuger le fond, et les interlocutoires, quelquefois ne pas le préjuger. Voy. *obs. d'Aix et Bordeaux, art.* 447 *du proj., prat. fr. iij,* 71. — La définition du Code, observe M. Chauveau (*revue, à avoués, xliv*, 258), offre tant de difficultés dans son application, que les meilleurs esprits reconnaissent qu'il est très souvent impossible de distinguer un jugement interlocutoire d'un jugement préparatoire.

2. Les formules *avant dire droit*, etc., par lesquelles les tribunaux caractérisent leurs jugemens préparatoires (voyez *d. tit.*, *note* 41, *p.* 285), ne font point cesser l'embarras parce qu'il ne doit pas dépendre d'un tribunal de donner à sa décision, par un qualificatif inexact, un caractère que peuvent démentir les résultats de cette décision. V. *arr. cass.* 24 oct. 1808, *J-C-pr.* ij, 477; arr. de Grenoble (*sect. réunies*), 22 *juill.* 1809, *J-C-c., t.* 13, p. 145; arr. cass. 8 *janv.* 1817, *Jalbert,* 192, et 27 *avr.* 1830, *avoués, xxxix*, 141 : surtout M. Merlin, rec. alph., *vj*, 610, *addit. à opposition*, § 6. — Et ce qu'on vient de dire des formules, s'applique aussi aux motifs. V. *rej. requ.* 29 *mai* 1828, avoués, xxxv, 255.

3. Le meilleur parti à prendre est donc d'examiner si en effet le jugement

présenté comme préparatoire, contient ou non des dispositions qui préjugent le fond ; c'est ce que nous semble prescrire l'article du Code où l'on fait la distinction précédente , ainsi que l'a reconnu la cour de Grenoble dans l'arrêt du 22 juillet (l'auteur était un des juges), et que l'a reconnu depuis la cour de cassation (*B. c.* 15 *avr.* 1828).

Par exemple , le jugement qui ordonne la mise en cause d'un tiers est *interlocutoire*, si l'intervention de ce tiers peut avoir de l'influence sur le fond de la cause. V. *d. arr. de Grenoble* ; *arr. cass.* 1 *juin* 1809 *et* 27 *juin* 1810 , *J-C-pr. iij* , 376, *et avoués* , *ij* , 257 ; *arr. cass. cr.* 2 *août* 1810 ; *Paris* , 1823 , *Sirey*, 25, 2, 210 , *et Poitiers* , 1831 , *avoués*, *xl*, 326. — V. aussi *M. Merlin*, *rec. alph.*, *mot appel*, § 1, *et répert.*, *xvj*, 514 (*n. ij*) *et suiv.*; *arr. Colmar*, 5 *mai et* 6 *déc.* 1809, *et cass.*, 17 *août* 1811, *J-C-c. xiij*, 228, *xvij*, 77, *avoués*, *i*, 208; *ci-apr.* , *tit. des curateurs aux successions vacantes* , *note* 4 ; *etc.* — V. toutefois *B. c.* 7 *août* 1833, *n.* 76.

4. Mais le jugement qui déclare régulière une enquête décisive, est définitif , et non pas préparatoire. *B. c.* 1 *mai* 1811. — *Idem*, celui qui sur une demande d'un compte, charge des arbitres de le faire, parce qu'il juge ainsi que le compte est dû. *B. c.* 28 *août* 1809. — V. aussi *id.*, 21 *juill.* 1817. — Tandis que le jugement qui ordonne simplement la production d'un compte, n'est que préparatoire. *D. arr.* 21 *juill.*

4 *a*. Est également *préparatoire* un jugement qui ordonne une remise de pièces sur le bureau. Voyez *arr. cass.* 12 *fév.* 1822 , *B. c.*, et pour d'autres exemples, *rej. requ.* 8 *avr.* 1828, *et* 17 *juin* 1834, *avoués*, *xxxv*, 226 , *Sirey*, 34, 496.

4 *b*. Est au contraire *interlocutoire* le jugement qui, faute de documens, ordonne dans une question de mitoyenneté, un accès de lieux et un arpentage auxquels on n'avait pas consenti. *B c.* 25 *juin* 1823 (v. aussi motifs de *B. c.* 23 *nov.* 1824, *et de rej. requ.* 20 *juill.* 1830, *avoués*, *xl*, 116). — On a toutefois décidé qu'un jugement qui admet une preuve contestée est *définitif* et non *interlocutoire*. *B. c.* 29 *mai* 1827 (v. sur ce point *M. Chauveau*, *avoués*, *xliv*, 259 à 261).

4 *c*. Quid du jugement qui ordonne un interrogatoire sur faits et articles (voyez *en le tit.*, p. 351)?.. Il est préparatoire, *suiv. Paris*, 9 *août* 1833, *et Liège*, 15 *mai* 1834, *avoués*, *xlv*, 745 *et xlvij*, 581 *et* 582, *et Carré, lois*, *ij* , 168, *n.* 1620.. Il est au contraire interlocutoire, *suiv.* Grenoble, 5 *janv.* 1826, *avoués*, *xxxj*, 81 , et plusieurs autres cours ou auteurs, *cités* , *ibid.*, *xlviij*, 582.

5. Quoique en général les jugemens interlocutoires soient réparables en définitive (v. *p.* 284, *note* 40), il n'est pas moins nécessaire d'en appeler , et cela précisément pour que le juge soit en quelque sorte obligé de les réparer, c'est-à-dire pour qu'on ne fasse pas l'opération qu'ils ordonnent, et qu'ensuite il pourrait vouloir prendre pour base de la décision définitive. V. *rép.* , *xvj* , 517 *et* 518. — V. aussi *ci-apr.*, *note* 22, *n.* 2 *a*.

(21) Ainsi que de ceux qui accordent une provision. *D. art.* — Ce n'est pas qu'ils préjugent le fond de la cause , mais ils peuvent causer un préjudice irréparable. V. *tit. des jugem.*, *notes* 8 *et* 9, *p.* 277.

(22) *Observations.* 1. Mais toujours dans le délai légal (trois mois.. *ci-apr. ch.* 3). Le mot *pourra* de l'art. 451 est destiné à exprimer une faculté qu'on n'avait pas précédemment (v. *ci-apr.*, *note* 24) ; et non pas à énoncer que l'appel des interlocutoires sera toujours admissible *avant* le jugement définitif, quelle qu'en soit l'époque. D'ailleurs la loi sur le délai ne fait aucune exception. V. *d. ch.* 3, *n.* 5, *p.* 470 ; *surtout*, *arr. rej. civ.* 25 *nov.* 1817 , *Sirey*, 18, 182 ; *Angers, Amiens, Limoges et Rennes*, 1821 à 1824, *avoués*, *xxiv*, 75 *et* 118, *xxv*, 159, *xxvij*, 279 *et* 284 ; *Pigeau, Hautefeuille, Le-Page et Démiau* , *cités*, *ib.*, 278 ; *de Nevers*, 1811 , 2 , 130 ; *M. Merlin*,

sup., *p.* 516 *à* 521 ; *Carré, quest., n.* 2275 ; M. *Chauveau, xliv,* 259 *à* 261 (ces deux derniers jurisconsultes avaient d'abord adopté un système différent). Mais v. *ci-apr. n.* 2.

2. Au contraire, l'appel des interlocutoires est admissible tant que le jugement définitif n'est pas rendu, quoiqu'il se soit écoulé plus de trois mois, *suiv. rej. req.,* 22 *mai* 1822, *Bourges,* 1823 *et* 1824, *Poitiers et Grenoble,* 1823, *et B. c.* 26 *juin* 1826.

2 *a.* Observons au sujet de ces dernières décisions, en premier lieu, que dans aucune, on n'a réfuté l'interprétation du mot *pourra* donnée ci-devant, n. 1.. Cette interprétation paraît toutefois d'autant plus décisive que le projet du Code (*art.* 431) ne permettait pas plus que la loi du 3 brumaire, l'appel des interlocutoires avant le jugement définitif, et qu'on n'a donné la faculté de l'interjeter que sur la demande de quelques cours. V. *Pratic. franc. iij,* 78 *et suiv.*

En 2ᵉ lieu, elles se fondent sur ce que les mots « *pourra être* interjeté avant « le jugement définitif », de l'art. 451, expriment une faculté dont on est libre de ne pas user. Mais le même article décide qu'il en sera de même « pour les jugemens qui accordent une provision »... Il faudrait donc également admettre l'appel de ceux-ci après le délai de trois mois : Or, dit M. Merlin (*sup., p.* 517), qui est-ce qui oserait le soutenir ?

En 3ᵉ lieu, plusieurs observent que les interlocutoires étant réparables en définitive, il n'y a pas nécessité d'en appeler. Or, c'est à quoi répond aussi M. Merlin dans le passage extrait (*ci-dev., note* 20, *n.* 5).

3. Ou peut appeler des interlocutoires même après le jugement définitif si l'on est encore dans le délai, *suiv.* Grenoble, 6 *déc.* 1823, *Sirey,* 24, 2, 319.

(23) *Justice de paix.* — Même règle. C-*pr-* 31.

(24 et 25) *Observations.* 1. Cette règle importante, établie par les lois romaines, avait été abrogée mal-à-propos par la jurisprudence française. V. *Cujas, obs., xij,* 3 ; *Rebuffe, sup., art.* 8, *gl.* 3, *n.* 28, *Despeisses, sup., n.* 3 ; *Espagne, n.* 73. — Elle a été rétablie par la loi du 3 brumaire an ij, qui, seulement, ne distinguait pas, comme le Code, entre les jugemens préparatoires, et les interlocutoires. V. *d. L. art.* 6 ; *arr. cass.* 1 *niv. viij,* 4 *frim. x,* 24 *mars* 1806, 4 *déc.* 1811, *etc.*

2. On peut appeler des jugemens *préparatoires,* quoique on les ait exécucutés, même *sans réserves...* le délai d'appel court de la signification du jugement définitif. V. *C-pr.* 451 *et* 31 ; *ci-dev., tit. de l'acquiescement, p.* 405, *et* 409, *notes* 10 *et* 18.

3. Mais l'appel n'est pas nécessaire quand ils ont été rétractés (v. *p.* 284, *note* 40) par le jugement définitif, *suiv.* M. *Merlin, rec. alphab., mot appel,* § 1, *n.* 7.

4. Si un jugement contient deux dispositions, l'une préparatoire et l'autre définitive, il est susceptible d'appel, au moins pour la dernière disposition. V. *B. c.,* 23 *frim. x,* 11 *brum. xj,* 19 *vend. xij*; *prat. fr., iij,* 68.

3ᵉ *Exception.* Elle embrasse les jugemens *non qualifiés en dernier ressort,* ou bien *mal-à-propos qualifiés en premier ressort,* lorsqu'on avait le droit de les rendre en dernier ressort. *C-pr.* 453 *in f.; C-com.* 646. (**26**)

Au contraire les jugemens mal-à-propos qualifiés

en dernier ressort, sont sujets à l'appel. *C-pr.* 453, *in pr.; Bigot-Préameneu, p.* 61. (26 *a*)

A plus forte raison en est-il de même des jugemens rendus sur des questions de *compétence*, quelle qu'en soit la qualification, puisqu'il s'agit alors d'une valeur indéterminée. *C-pr.* 454; *réquis. et arr. rej. cr.* 25 *févr.* 1813, *rép. xv*, 20, *addit. à appel, sect.* 2, § 3, *n.* 6. (27)

(26) *Observations.* 1. L'exception tendante au rejet de leur appel est proposable en tout état de cause. V. *Toulouse,* 24 *nov.* 1823, *Sirey,* 24, 2, 94.—Mais il faut au moins qu'elle soit proposée en appel. *Rej. requ.* 27 *juill.* 1825, *Sirey,* 26, 1, 123.

2. L'appel des jugemens *mal à-propos qualifiés en* PREMIER RESSORT, n'est recevable que pour faire réformer ce prononcé (le reste du jugement subsistera). V. *obs. cass.* 133.

(26 *a*) Jadis, ils n'étaient passibles que du recours en cassation. V. *prat. fr. iij,* 88 à 93; *B. c.* 26 *janv.* 1825. — A présent, tant qu'on a la voie de l'appel, on ne peut en recourir. V. *rej. requ. et civ.* 9 *juill.* 1812 et 31 *déc.* 1821, *avoués, vj,* 274, *xxiij,* 392. — Autre question... V. *B. c.* 22 *avr.* 1823.

(27) V. aussi *ci-dev. p.* 33, *note* 56.—Mais on ne peut en appeler, même en cas d'incompétence *ratione materiæ,* que dans le délai ordinaire (ci-apr. ch. 3, p. 466).—V. *arr. cass.* 25 *fév.* 1812, *Nevers,* 285, et *B. c.* 62. — V. aussi *Paris),* 27 *mars* 1813, *avoués, vij,* 352.

Observations. 1. *Dr. anc...* On le pouvait, même après le délai fatal, *suiv. arr. du parl. de Grenoble,* 16 *mai* 1778, *aff. du Dauph.*

2. *Dr. interm...* Tribunal... V. *ci-dev. note* 26 *a.*

3. *Jugement de paix...* Même règle qu'au texte... V. *arr. cass.* 22 *avr.* et 22 *oct.* 1811, et 22 *juin* 1812, *B. c.*; et *arr. rej.* 10 *févr.* 1812, *avoués, vj,* 263.

4. Le tribunal saisi de l'appel pour incompétence, d'un jugement rendu en dernier ressort, ne peut retenir et juger le fond; il ne peut connaître que des moyens d'incompétence puisque l'appel n'est recevable que sous ce rapport. D'ailleurs dans le système inverse il n'y aurait pas de jugement en dernier ressort qui ne pût être réformé par un tribunal d'appel. V. *d. arr.* 21 *juin,* et *ci-apr. note* 113.

5. Autres règles sur les *déclinatoires* et *incompétences,* leurs espèces, leurs temps, mode, tribunal, etc. *Voyez* p. 30 à 38 (surtout celle-ci); 251 à 254; 379 et note 5, n. 3, ib.; 429 et note 15, ib.; etc.

4° *Exception.* On ne peut appeler des jugemens de défaut, du moins de ceux qui ne sont pas rendus en matière de commerce (28), pendant le délai de l'opposition (29). V. *C-pr.* 455; *C-com.* 645; *B. c.* 24 *juin* 1816, *Metz,* 1826, *et Bordeaux,* 1817 et 1829, *Jalbert,* 1817, 2, 127, *avoués, xxxiv,* 305, *xxxvij,* 176 (30); *ci-apr. note* 58, *p.* 471.

Observation. On peut, si l'on veut, n'appeler que d'une partie d'un jugement, et par conséquent l'on peut acquiescer à quelques-unes de ses dispositions (31) et réclamer contre les autres. (32)

(28) V. aussi *arr. de Liège*, 20 *juill.* 1809, *Nevers*, 1810, *supp.* 9.—Plusieurs cours avaient d'abord adopté un système différent. V. *arr. de Colmar, Paris et Limoges*, 1808 *à* 1810, *et* 1814, *J-C-pr., iij,* 298; *Nevers, sup.; avoués, iij,* 174, *xij,* 53.

(29) Pendant les deux délais.V. *d. arr. Colmar et ci-d. tit.* 1, *p.* 447, *n. iij.*

Observations. 1. Peut-on en appeler alors, s'ils sont exécutoires par provision?.. oui, *suiv. Paris,* 1810, *avoués, ij,* 244, *par arg. de C pr.* 449... non, parce que l'art. 455 est absolu. *Rej. requ.* 17 *juin* 1817 *et Bourges,* 1 *août* 1829, *ib., xviij,* 7, *xxxix,* 99.

2. *Justice de paix.* On ne pouvait d'abord appeler en aucun temps, de ses jugemens de défaut. *L.* 26 *oct.* 1790, *tit.* 3, *art.* 4.—Mais cette probibition a été tacitement levée par le Code. V. *arr. cass.* 22 *avr.* 1811, 8 *août* 1813, 7 *nov.* 1820.

(30) *Dr. anc.* Les lois romaines défendaient l'appel des jugemens de défaut (*L.* 1, *C. quorum appellat.*); l'ordonnance de 1667 le permit et prohiba l'opposition; la jurisprudence autorisa indifféremment l'opposition et l'appel. V. *Jousse et Rodier, tit.* 14, *art.* 4 *et* 5; *arr. cass.* 12 *vend. ix,* 11 *pluv. x; Bigot-Préameneu, p.* 62; *ci-dev., p.* 444, *note* 4.

Observations. 1. Lorsqu'on a formé une opposition, on ne peut en abandonner la poursuite pour prendre la voie de l'appel. V. *arr. de Lyon,* 14 *déc.* 1810, *avoués, iij,* 226; *ci-dev. p.* 442, *note* 8.

2. On ne peut pas appeler d'un jugement convenu, parce qu'il est la suite d'un acquiescement. V. *rec. alph., i,* 60, *mot appel,* § 1, *n.* 3; *Turin, Paris et Poitiers,* 1809, 1811, 1813 *et* 1826, *avoués, i,* 113, *iij,* 206, *viij,* 85, *xxxiij,* 276; *M. Coffinières, d. p.* 85; *arr. cass.* 14 *juill.* 1813, *ib.,* 133, *et B. c.* (il annulle un arr. de Turin, du 13 fév. 1810, *ib. ij,* 105, qui avait jugé l'appel admissible); *surtout ci-dev.p.* 410, *note* 4, *n.* 1 *et* 2; *Carré, lois, ij,* 181 à 186.

Dr. anc. On pouvait en appeler, à moins qu'il n'eût été rendu sur les propres conclusions de l'appelant, *suiv. Espagne, sup., n.* 61.

3. *Dr. anc.* Le jugement où il y avait *erreur de calcul* n'était pas sujet à l'appel (*L.* 1, § 1, *ff. quæ sentent.*); il suffisait de demander par un mémoire la réparation de l'erreur... *Espagne, n.* 69; *Despeisses, n.* 23 (le parlement de Grenoble avait douté qu'on pût suivre cette méthode sans violer l'art. 1, tit. 35 de l'ordonn., sur les requêtes civiles.. v. *arr.* 18 *mars* 1672, *S.-André, ib.; Rodier, ib.,* qu. 2).—Dr. actuel... V. *C-c.* 2058; *ci-devant* § *des juges, p.* 22, *note* 21, *n.* 3; *ci-apr. tit. des redditions de comptes, note* 25.

(31) Le juge d'appel ne peut pas même les discuter, puisque aucune réclamation ne l'en a saisi. V. *M. Merlin, rec., mot appel,* § 5; *ci-apr., chapit.* 5 *note* 82.

(32) *V.* les autorités citées à la note 11, n. 2. p. 406.

Observations. On peut réclamer lors même qu'il ne s'agirait que des dépens (le droit romain était contraire. V. *L.* 10, *in pr., C. quando provocare*) *Despeisses, n.* 9; *Rebuffe, gl.* 2, *n.* 55; *Espagne, n.* 77; *Amiens et Bourges,* 1822, *avoués, xxiv,* 204 *et* 328. — V. toutefois *ci-apr.* § *des liquidat. de dépens, note* 19.

CHAPITRE II.

Des personnes qui peuvent appeler.

« I. *Dr. anc.* On n'admet à l'appel, dit la loi 1, *in*
« *pr.*, *ff. de appellat. recip.*, que ceux qui ont intérêt
« à la chose, ou qui ont reçu un pouvoir à cet effet,
« ou qui gèrent les affaires d'autrui. » (33)

De cette loi et des lois 4 et 5, *ff. de appellat. et relat.*,
on avait tiré la règle générale que toutes les personnes à qui un jugement porte préjudice, pouvaient
en appeler (34), lors même qu'elles n'y avaient pas
été parties, et à plus forte raison lorsqu'elles y avaient
été parties. (35)

Dr. act. Aujourd'hui, d'après les principes du Code
(*art.* 464 *et* 466) et la règle des *deux degrés*, on ne
peut admettre les tiers intéressés que lorsqu'ils sup-
pléent une partie, et que cette partie avait le droit
d'appeler. V. *à ce sujet M. Merlin, rec. alphab., i,*
80 *et* 81, *et vj,* 4, *mot appel,* § 2, *et addit. à id.*—
En un mot la voie de l'appel n'est ouverte qu'aux
parties ou à leurs représentans ou ayant-cause : toutes
autres personnes n'ont que celle de la tierce opposition ou de l'intervention. *Arg. de C-pr.* 474, 466 *et*
444.—V. aussi *ci-apr. ch.* 6, 5ᵉ *exception.* (35a)

Bien plus, si quelqu'un de plusieurs *consorts* a négligé d'appeler, l'appel des autres ne pourra lui profiter, à moins qu'il ne s'agisse d'un objet indivisible.
B. c. civ. 14 *déc.* 1813 *et* 30 *nov.* 1825, *n.* 138, *et*
crim. 16 *mars* 1815, *n.* 18; *rej. requ.* 30 *mars* 1825
et 27 *mai* 1829, *avoués, xxix,* 180, *xxxviij,* 169;
autres, ci-apr. tit. de la tierce opposition, note 24. (36)

---

(33) Un procureur *ad lites*, chargé de la poursuite d'une affaire jusqu'à jugement définitif, a qualité pour appeler. V. *M. Merlin, rec. alph., mot ap-*
pel, § 3; *et ci-dev.,* § *des avoués, note* 27, *p.* 80.

(34) On accordait même ce droit aux proches parens du condamné. « Si
« une mère, dit la loi 1, § 1, *sup.*, mue par un motif de piété, appelle d'une

« sentence qu'elle reconnaît préjudiciable à son fils, son appel doit être reçu,» (v. aussi L. 35, ff., et 12 in pr., C. de procurat.; arr. de Grenoble, dans Papon, liv. 19, tit. 1, n. 7, et Basset, t. 1, liv. 2, tit. 33, ch. 8). Mais cela n'est point admis parmi nous. V. Besançon, 1808, J-C-pr. ij, 239.—V. toutefois arr. rej. cr. 2 juin 1821, n. 106.

Au reste, il résulte de la règle ci-dessus exposée, que celui qui est sans intérêt ne peut appeler. V. Despeisses, sup., n. 16; M. Merlin, rec. alph., mot appel, § 2; ci-dev., tit. de l'assignation, p. 213.—V. aussi p. 410, note 4, et p. 411, note 2.

(35) On citait comme tiers intéressés qui pouvaient appeler, le cohéritier par rapport à la succession, le vendeur par rapport à l'acquisition, le légataire par rapport au testament, la caution par rapport à l'obligation principale. L. a sententia 5, in pr. et § 1 à 3, ff. appell. et relat.—Mais voyez la note suivante.

(35 a) Ainsi l'héritier, le créancier, le cessionnaire, l'acquéreur peuvent appeler du jugement rendu contre leurs auteur, débiteur, cédant ou vendeur, si ces derniers en avaient eux-mêmes le droit. V. ci-apr. tit. de la tierce opposition, notes 9 à 11.

Jugemens de rectification d'actes de l'état civil, et d'homologation d'avis de parens... v. en ci-apr. les paragraphes ou titres, part. 3. — Déclaration de jugement commun... v. en le §, ci-dev. p. 362, note 17 n. 2, et ci-dev. ch. 1, p. 457, note 12.

(36) Dr. anc... V. M. Merlin, rép., iij, 868, mot domaine public, § 5, n. 6.

Dans la même hypothèse d'un objet indivisible, l'appel d'un seul des condamnés suffisait également pour tous, d'après les lois 1 et 2, C. si unus ex plur. (id, Turin, 9 mars 1811, avoués, v, 29). Mais ces lois avaient ensuite été abrogées par l'usage; et l'on considérait les appels comme purement personnels, selon Espagne, n. 58, et les auteurs qu'il cite.—On est enfin revenu à l'ancien système dans les arrêts cités ci-dessus au texte.

II. Les tuteurs, syndics et autres administrateurs peuvent et doivent appeler pour leurs administrés. L. si bonam 11, C. administ. tut. (37)

Observation. On appelle contre ceux qui ont été parties dans la cause (v. C-pr. 894), ou contre leurs représentans, sauf à suppléer les formalités nécessaires, en cas de changement de qualités. (58)

(37) Observations. 1. Le conseil judiciaire ne peut pas appeler, suiv. arr. de Trèves, 4 et 13 avr. 1808, J-C-c. xj, 322, non plus que le tuteur nommé en vertu d'un jugement d'interdiction dont le défendeur a lui-même appelé, parce que son appel suspend l'effet de ce jugement. V. C-pr. 894; Berlier, p. 153; ci-apr. tit. de l'interdiction, notes 1 et 6, et pour l'effet suspensif, ci-apr., ch. 5.

1 a. Quid du subrogé-tuteur du mineur..? Il ne peut pas non plus appeler suivant la cour de Limoges (1810, avoués, ij, 373) qui se fonde sur ce que le droit d'appel ne lui est point expressément accordé (v. C-c. 420 et suiv.); à quoi l'on pourrait ajouter que celui de représenter le mineur n'est accordé qu'au tuteur (C-c. 450). Toutefois on a jugé le contraire, et avec raison sui-

vant nous, en argumentant, soit de l'exposé des motifs, soit de l'obligation imposée par la loi, de signifier au subrogé tuteur (v. p. 468) le jugement. *Montpellier*, 19 *janv.* 1832, *ib., xliv,* 249.

2. Le tuteur n'est pas tenu de prendre l'autorisation du conseil de famille. V.*arr. cass.*17 *nov.*1813; *Pigeau*, *i*, 563 (décision contraire..v. *Riom*, 1806, *J-C-c. vij*, 46).—Ni le maire, celle du conseil de préfecture. V. *arr. cass.* 28 *brum. xiv*; *ci-apr., tit. de l'autorisation, note* 18. — Ni les syndics d'une faillite, celle du juge-commissaire. V. *arr. de Paris* 23 *avr.* 1812, *avoués, v,* 351.

(38) Ainsi ce sera au mineur devenu majeur depuis le jugement, qu'il faudra notifier l'appel. *Voy. ci-dev. tit. des reprises d'instance, note* 6, *p.* 587; *ci-apr. tit. de la cassation, note* 33 *a.*

CHAPITRE III.

Du délai d'appel. (39)

I. Le délai général est de trois mois, pour toute espèce de jugement *C-pr.* 443, *in. pr.* — V. aussi *C-com.* 645, *in-pr.; Bigot-Préameneu, p.* 52 *à* 56. (40)

(39) *Dr. anc.* DIX ANS; mais ce temps pouvait être réduit; il suffisait de notifier la sentence au condamné et de le requérir trois ans après, d'en appeler; car il n'avait plus alors que six mois (dix-huit, s'il n'était qu'héritier). V. *ord.* 1667, *tit.* 27, *art.* 12 *et* 17.—Quoiqu'à l'aide de ces mesures, le délai d'appel fût encore bien long, puisqu'il était encore au moins de trois ans et demi, dans plusieurs pays on autorisait l'appel pendant trente ans. V. *Espagne*, n. 98; *Bigot-Préameneu, p.* 52 *et* 54; *B. c.* 30 *janv.* 1817, *aux motifs, p.* 37.

Dr. int. TROIS MOIS pour les jugemens contradictoires seulement. — **V.** *L.* 24 *août* 1790, *tit.* 5, *art.* 14; *arrêté* 9 *mess. iv.*

(40) Ce temps suffit pour délibérer si l'on doit interjeter appel et pour s'y préparer... Mais on a dû le limiter ainsi pour que le sort de celui contre qui l'on peut appeler, ne reste pas trop long-temps incertain. *Bigot-Préameneu, p.* 54 *et* 55.

Observations. 1. *Jugement de paix.* Même délai, à dater de la signification. V. *C-pr.* 16; *tarif* 21, 27.

2. *Déclinatoires...* Idem.. v. *ci-dev.* note 27, *p.* 462.

3. Comment compte-t-on ces trois mois ?... v. *ci-dev. p.* 164, n. *iij.*— Ce délai est franc... v. *ci-apr. p.* 469.

II. Ce délai court pour les jugemens contradictoires, du jour de leur signification (41) à personne ou à domicile (42), et pour ceux de défaut, du jour où l'opposition n'est plus recevable (43). *C-pr.* 443, *in pr. et* ¶ 1; *C-com.* 645, *in f.; ci-dev., tit. de l'opposition, n° iij, p.* 447. (44)

(41) *Observations.* 1. La signification d'un jugement a pour but de le faire connaître d'une manière certaine (v. *part.* 1, *ch. dern.*, *p.* 180) au condamné, et par une suite nécessaire, d'autoriser l'autre partie à faire exécuter ce jugement : ce n'est donc au fond qu'un acte d'exécution étranger à l'appel. V. *arr. cass.* 1er *août* 1808.

2. *Conséquences de ce principe.* 1° On peut appeler d'un jugement, quoiqu'il n'ait pas été signifié (même en matière de douanes). V. *arr. cass.* 17 *mars* 1806.—2° La signification n'a d'autre influence par rapport à l'appel, que d'en faire courir le délai (v. *d. arr.* 1 *août*), et en faveur seulement de celui qui signifie. V. *§ des délais*, *note* 5, *p.* 159 ; *ci-apr. note* 44. — 3° Ce n'est point au domicile élu dans la signification qu'il faut notifier l'appel. V. *arr. de Liége*, 8 *mai* 1808, *J-C-pr. iij*, 201 ; *M. Merlin*, *rép.*, *mot loi*, § 5, *n.* 9.—V. aussi *ci-dev. p.* 234, *n.* 1 et *note* 17, et *p.* 427, *note* 10 *a* ; *ci-apr.*, *ch.* 4, *n.* 4, *p.* 473, et *note* 68 , *p.* 474; et pour une exception, *le tit. de la saisie-exécution*, *note* 6.

3. On ne peut après trente ans, appeler d'un jugement qui n'a pas été signifié, ou dont la signification était irrégulière (*ci-apr.*, *note* 44), s'il a été exécuté. V. *rej. requ. et civ.* 14 *nov.* 1809, *Nevers*, 1810, 105; 29 *mars* 1830, 12 *nov.* et 5 *déc.* 1832, *avoués*, *xl*, 98, *xliij*, 753 ; *ci-dev. tit. des jugemens*, *n.* 5 et *note* 42, *p.* 284, 285 ; *ci-apr. tit. des règl. génér. d'exécution*, *n.* 6.

4. Délai pour l'appel des jugemens interlocutoires, ou préparatoires... V. *p.* 460 et 461, *notes* 22 et 24, *n.* 2.

(42) Faut-il qu'elle ait été précédée d'une signification à l'avoué?... OUI, *suiv. prat. franc.* (*J-C-pr. iij*, 199), *Pigeau*, *i*, 562, et *MM. Boncenne et Chauveau*, *avoués*, *xl*, 193, *xliv*, 521... NON, *suiv. Carré*, *anal. ij*, *n.* 1424, *lois*, *ij*, 116, *n.* 1558, *arr. de Liége*, 1808, *d. p.* 199, et plusieurs autres cités, *d. p.* 521. En un mot, on en convient (*M. Chauveau*, *ib.*), la jurisprudence est constante sur ce point ; et elle nous semble aussi plus conforme à la loi que le système opposé, puisque le Code ne parle point de cette signification préalable, si ce n'est dans un but tout différent. V. *C-pr.* 147, et *ci-apr. tit. des règl. génér. d'exécut.*, *n.* ij.

(43) *Observations.* 1. Les trois mois courent de l'échéance du délai d'opposition. V. *arr. d'Orléans et cassat.*, 16 *mars* 1808 et 11 *oct.* 1809, *Hautefeuille*, 250.

2. Si le défaillant avait un avoué, courent-ils de l'expiration de la huitaine qui suit la signification du jugement, faite à cet avoué?... OUI, *suiv. Pigeau*, *édit. de* 1807, *t.* 1, *p.* 566 ; *arr. de Riom*, *Bordeaux*, *Amiens et Poitiers*, 1812 et 1813, *avoués*, *vij*, 41, *x*, 63 et 110, *xj*, 144; *rej. requ.* 5 *août* 1813 et 21 *déc.* 1814, *ib*, *vij*, 327, *xj*, 144.

Mais le système opposé, c'est-à-dire celui qui ne fait courir le délai que de la signification au défaillant lui-même, déjà adopté par cinq arrêts de Paris, Nancy et Bruxelles, 1810 à 1814, *ib.*, *iv*, 275, *v*, 289, *vij*, 367, *ix*, 360, et par Carré, *anal.*, *ij*, *n.* 1437, a été enfin consacré par deux arrêts de cassation, des 18 déc 1815 et 24 avril 1816, insérés au Bulletin officiel. Néanmoins Pigeau a dans la suite (*édit. de* 1819, *i*, 592) reproduit son premier avis sans parler de ces arrêts qui l'avaient depuis long-temps rejeté... Il a, il est vrai, été depuis adopté par plusieurs arrêts de cours royales (*Montpellier et Paris*, 1825, et *Nîmes*, 1832 et 1833, *avoués*, *xxix*, 221, *xxx*, 10, *xlij*, 291, *xlv*, 567) ; mais plusieurs autres également postérieurs (*Montpellier*, 1825, *Poitiers*, 1827, *Bourges*, 1830, *Corse*, 1831 et 1834, *Toulouse*, 1832, *Nancy*, 1833, *ib.*, *xxix*, 221, *xxxiij*, 177, *xlij*, 126, *xliv*, 279, *xlvj*, 57, *xlvij*, 229) se sont tenus à la jurisprudence de la cour suprême (v. aussi *M. Chauveau*, *d. p.* 229).

(44) Le délai d'appel court pour tout jugement, non de la signification

qu'une partie en a faite (avec réserves), mais de celle qu'on lui en a faite (v. § *des délais, n.* 1 *et note* 5, p. 159; *rec. alph.,* 2e *éd., i,* 130 *et* 470; *arr. cass., ib.*) et d'une signification régulière. V. *Turin,* 30 *janv.* 1811, *Nevers,* 1812, *supp.* 6.—V. aussi *ci-dev. p.* 159, *n.* 1 *et note* 5, *in f.*—V. toutefois, *ci-dev. note* 41, *n.* 2 *et* 3.

Mais 1° si le condamné est un mineur non émancipé, c'est du jour de la signification à son tuteur et à son subrogé tuteur (45). *C-pr.* 444, *in f.*

2° Si le jugement a été rendu sur une pièce fausse ou faute de représentation d'une pièce décisive retenue par l'adversaire, c'est du jour seulement où le faux a été reconnu (46) ou juridiquement constaté (47), ou que la pièce retenue a été recouvrée (48). V. *C-pr.* 448; *Bigot-Préameneu, p.* 59.— V. aussi *Cod. civ.* 2057. (49*)

(45) Lors même que celui-ci n'était pas en cause. *D. art.*—V. aussi p. 465, note 37, *n.* 1 *a.*

Observat. 1. *Interdit...* Même règle. *Arg. de C-c.* 509; *Pigeau, i,* 563.

2. Si le mineur ou l'interdit était en procès avec son tuteur ou son subrogé tuteur, le délai ne courrait que de la signification faite à un tuteur *ad hoc,* ou à un subrogé tuteur *ad hoc.*—V. *Grenoble, Angers, Toulouse, Colmar et Orléans,* 1822, 1825, 1831 *et* 1833, *Sirey,* 25, 2, 131; *avoués, xxviij,* 191, *xliv,* 273, *xlvij,* 426; *B. c.* 1 *avr.* 1833.

3. Mais pour le faire courir, il n'est pas besoin de signification au tuteur et au subrogé tuteur du mineur qui est devenu majeur avant le jugement; il suffit de lui en faire une à lui-même. V. *Nîmes,* 11 *juin* 1819, *avoués, xxj,* 62; *M. Chauveau, xliv,* 526.

(46) C'est-à-dire avoué par la partie qui a produit la pièce, ou par l'auteur du faux, *suiv. Pigeau, t.* 1, *p.* 566.

(47) C'est-à-dire, suivant le même auteur, *ibid.,* à dater du jugement qui déclare l'acte faux, et non pas des actes tels que l'inscription, le rapport d'experts, etc., qui constatent la découverte du faux. Mais cette interprétation nous paraît sujette à bien des difficultés. L'esprit de la législation moderne est de restreindre l'usage de l'appel à un délai très court, dont on ne puisse excéder les limites (v. *p.* 470, *n. v*). Elle fait exception à cette règle dans les deux circonstances énoncées au texte, parce qu'elle présume que c'est l'ignorance du faux ou de l'existence de la pièce qui a empêché le condamné d'appeler; par conséquent il semble que dès qu'il est prouvé que cette ignorance a cessé, le délai d'appel doive courir, comme le décidait l'art. 12, tit. 35 de l'ordonnance, où l'on a puisé l'art. 448 du Code. Si le délai ne commençait à courir que du jugement sur le faux, il dépendrait du condamné de l'étendre beaucoup, puisqu'il lui suffirait de prolonger la procédure du faux incident ou du faux principal. — Le Tribunat, il est vrai, avait observé que le faux n'était constaté que par un jugement; mais si l'on eût adopté cet avis, au lieu d'insérer les mots *juridiquement constaté* dans l'art. 448, on eût mis *constaté par un jugement.* — V. toutefois à ce sujet, *Carré, anal., ij, n.* 1464, *et quest., ij, n.* 2262; *M. Chauveau, xliv,* 526.

(48) Pourvu que le jour du recouvrement soit prouvé par écrit. V. *C-pr.* 448; *Paris*, 1832, *avoués, xliij*, 566.

(49*) *Requête civile.*—Mêmes règles.— *C-pr.* 488. — Cet article les applique aussi au cas où le jugement a été obtenu par un dol personnel de la partie ; et Pigeau, *sup.*, pense qu'il faudrait les étendre au délai d'appel de ce jugement. V. *ci-apr. tit. de la requête civile, note* 40.

III. Le même délai est augmenté de celui des ajournemens pour les individus qui habitent hors de la France continentale (**49 *a***), et d'une année pour les militaires, ou agens diplomatiques employés hors du royaume (**50***). *C-pr.* 445, 446 *et* 73. — V. aussi *d. ord., tit.* 27, *art.* 14; *Bigot-Préameneu, p.* 58.

Il n'est pas augmenté à raison des distances (v. *ci-dev. art. des délais, note* 18, *n.* 3, *p.* 166), mais il est FRANC.—V. *B. c.* 22 *juin* 1813, 15 *juin* 1814, 20 *nov.* 1816, 9 *juill.* 1817 *et* 4 *déc.* 1822. (**51**)

(49a) C'est-à-dire qu'on ajoute aux trois mois les délais à eux accordés en matière d'ajournement et que nous avons indiqués ci-dev. tit. de l'assignation, note 43, p. 226.

(50*) *Requête civile.* — Mêmes règles.— *C-pr.* 485, 486.

(51) Il y avait d'abord eu plusieurs décisions contraires. V. *entre autres, arr. de Bruxelles, Turin* (2 *arr.*) *et Gènes*, 1807, 1809, 1812, *avoués, i*, 83, *iij*, 418, *Nevers*, 1812. *supp., p.* 8 (v. aussi *nos additions finales*). — Le délai est-il *franc* en matière de référé ?. V. *p.* 163, *note* 10.

IV. Le délai d'appel est suspendu par la mort du condamné (**52**)... Il reprend son cours après la signification du jugement faite (à son domicile) à ses héritiers (**53**), et après les délais pour faire inventaire et délibérer (**54**). *C-pr.* 447. (**55**)

(52) C'est qu'il serait possible qu'à l'époque de la mort, il ne restât plus qu'un intervalle de temps trop court pour que les héritiers acquissent la connaissance du jugement.

(53) « Avec les formalités prescrites à l'art. 61 », dit *C-pr.* 447, sans doute par erreur.. On aura voulu renvoyer à l'art. 68 qui prévoit le cas où personne ne se trouve au domicile de l'assigné. — V. *obs. mss. du Tribunat.* — V. aussi ci-dev. p. 221.

Observations. 1. On peut signifier aux héritiers *collectivement* et sans désignation de noms et qualités (l'appelant peut les ignorer). *D. art. et tar.* 29... V. aussi, p. 225, note 58, n. 3 ; *surtout arr. cass.* 15 *fév.* 1815, *B. c.*, *et* 6 *sept.* 1813, *Jalbert*, 1815, 14.

2. Une signification au fondé de pouvoir du défunt est insuffisante, *suiv.* *Colmar*, 25 *janv.* 1818, *avoués*, *xvij*, 306.

(54) Si la signification du jugement a été faite avant l'expiration de ces derniers délais. V. *C-pr.* 447 ; *ci-apr.*, *tit. du bénéfice d'inventaire*, *note* 4 ; *Pigeau*, *i*, 564.

(55) *Dr. anc.* Mêmes règles que ci-dessus au texte, sauf pour l'étendue du délai. *L.* 6, *C. si pendente appellat.*; *d. ord.*, *tit.* 27, *art.* 15.

V. Ce délai est de rigueur ; il emporte la déchéance ; il court envers toutes personnes (56), sauf le recours contre qui de droit. *C-pr.* 444; *surtout arr. cass.* 2 *mars* 1814.

Néanmoins l'intimé peut appeler incidemment en tout état de cause. *C-pr.* 443, *in f.; et ci-dev. tit. de l'acquiescement*, *note* 10, *p.* 405. (57)

(56) Et par conséquent contre le mineur, la femme, l'interdit, les corporations, etc... *Jadis* il était plus considérable (20 ans) pour les corporations, et il ne courait à l'égard des mineurs que de leur majorité, etc.— V. *d. tit.* 27, *art.* 16 *et* 17; *Jousse*, *ib.*; *Bigot-Préameneu*, *p.* 56 ; *rép.*, *mots curateur*, § 1 , *et appel*, *sect.* 1, § 5.

(57) Pourvu que *ce soit dans les trois mois* de la signification du jugement lorsqu'elle lui a été faite par l'appelant , *suiv. Prat. fr. iij*, 30, 31. Mais , dans ce cas, outre que l'exception précédente serait tout-à-fait inutile, le mot *néanmoins* de C-pr. 443, montre qu'il faut adopter un système contraire , comme l'ont fait les cours de Paris , de Turin et de cassation. V. *arr.* des 25 *août* 1807, 9 *fév.*, 19 *mars et* 26 *oct.* 1808, *J-C-pr.*, *ij*, 17 *et* 425.— V. aussi *avoués*, *i*, 66.

Au reste, d'après l'expression *en tout état de cause*, on pourrait interjeter cet appel pendant, mais non pas après les plaidoiries. Voy. *rép. xj*, 351 ; *B. c.* 20 *déc.* 1815; *ci-d. p.* 199, *note* 44 *a* ; *p.* 273, *note* 12, *n.* 1 ; *p.* 350, *n.* 3; *p.* 26, *note* 32.

Observations. 1. La faculté accordée à l'intimé est-elle restreinte aux seuls chefs du jugement dont il y a déjà un appel principal?... OUI, *suiv. Nîmes et Rennes*, 18 *mai* 1806 *et* 1 *août* 1810, *J-C pr. ij*, 344, *avoués*, *iij*, 345 , *Carré*, *an. ij*, 21, *quest.*, *n.* 2224, *et Sirey*, 20, 2, 528... NON, *suiv. Rennes*, 11 *mars et* 20 *août* 1817, *au d. n.* 2224. — Cette dernière décision nous paraît plus conforme, et au texte de la disposition finale de l'art. 443, qui ne restreint point la faculté accordée à l'intimé, et à son esprit, tel qu'il nous est développé par le Tribunat, qui a proposé et fait ajouter cette disposition « Il arrive souvent, observait-il, que celui qui n'a obtenu qu'*une partie de ses conclusions* préfère d'exécuter le jugement plutôt que de s'exposer à de nouvelles chances. Mais , si son adversaire fait appel , pourquoi lui serait-il « interdit de se porter appelant ?... Souvent les jugemens contiennent une « espèce de transaction ; il ne faut pas que celui qui est prêt à s'y soumettre « soit victime de l'inquiétude de son adversaire. » — *Id.*, *obs. mss.* — *Voy.* d'ailleurs pour notre opinion, que nous reproduisons ici telle qu'elle était dans nos éditions de 1821 et 1825, *Amiens*, 29 *mars et* 10 *mai* 1822, *Bourges*, 11 *fév.* 1823 *et Agen*, 10 *juin* 1824, *Sirey*, 23, 2, 323, 328, *et* 24, 2, 357; *rej. requ.* 16 *juin et* 8 *juill.* 1824, *avoués*, *xxx*, 419; *B. c.* 22.

mars 1826, *et rej. civ.* 13 *janv.* 1824, *B. c. p.* 309, où l'on en cite deux autres (quelques-uns de ces *arrêts* reproduisent aussi, à peu de chose près, ce que nous avions dit).

1 *a.* L'appel incident peut être interjeté par un ameué en déclaration de jugement commun, par une partie non intimée en appel ; et enfin, il peut l'être contre un appelant qui s'est désisté, *suiv. les arr. cités ci-dev. p.* 360, *note* 11, *p.* 362, *note* 17, *n.* 2, *et p.* 413, *note* 8, *n.* 2 *a.*

1 *b.* Mais il ne peut l'être par un premier intimé contre un second intimé condamné principalement envers lui sur un chef, et qui n'a pas appelé quant à ce chef. V. *Bourges, ci-dev. n.* 1.— Ni par l'intimé qui a accepté le désistement de l'appel. V. *d. n.* 2 *a.*

2. L'appel incident n'est pas recevable lorsqu'on a défendu à l'appel principal ou conclu à la confirmation du jugement. V. *arr. cass.* 31 *oct.* 1809, *Nevers*, 465, *et* 23 *janv.* 1810, *id.*, 79; *Agen*, 16 *févr.* 1813, *J.-C-c. xxj*, 25; *Amiens*, 1824, *ci-dev. p.* 273, *note* 12, *n.* 1 ; *Poitiers et Agen*, 1824, *et Aix*, 1826, *avoués, xxvij*, 318, *xxviij*, 335, *xxxj*, 237.

2 *a.* Il l'est au contraire, lorsque dans les défenses ou conclusions on a fait à cet égard, des réserves. *B. c.* 20 *déc.* 1815 ; *rej. civ. ou requ.* 26 *août* 1823, 30 *déc.* 1824, 15 *juill.* 1828, *Sirey*, 25, 51, *avoués, xxvij*, 314, *xxxv*, 288 (on a vu, *d. note* 10, *p.* 405, que l'intimé n'a pas besoin d'en faire en signifiant le jugement).

3. *Mode* de cet appel... *V. ci-apr. note* 67, *p.* 474.

VI. Quelque pressant que l'appel paraisse d'après ces règles, on ne peut valablement l'interjeter (excepté quant aux décisions de commerce (**58**) et de référé, et à celles dont on a ordonné l'exécution provisoire) pendant la première huitaine, à dater du jour du jugement (**59**). Si on l'a interjeté pendant ce temps il faut le réitérer avant l'expiration du délai général. V. *C-pr.* 449, 809; *C-com.* 645. (**60**)

Au reste, cette prohibition temporaire de l'appel faite pour forcer le condamné à la réflexion, ne lui est point nuisible, parce que l'exécution des jugemens (**61**), lorsqu'elle n'a pas été ordonnée par provision, est suspendue pendant le même intervalle (**62**). *C-pr.* 450; *Bigot Préameneu*, *p.* 60; *d. ordonn., tit.* 5, *art.* 14.

(**58**) On peut appeler de celles-ci le jour même du jugement (*C-com.* 645) et par conséquent pendant toute la huitaine, et pendant le délai de l'opposition. V. *Paris*, 1812 et 1813, *Caen, Bourges et Poitiers*, 1830, 1831 et 1832, *avoués, vj*, 365, *viij*, 33, *xlj*, 625, *xlij*, 279; *B. c.* 24 *juin* 1816; *Bordeaux*, 14 *févr.* 1817, *Jalbert*, 2, 127; *observat., ibid.*—Mais voyez *M. Chauveau*, *avoués, xliv*, 133.

(**59**) Le jour du jugement n'est donc pas compté... V. *arr. rej. civ.* 9 *nov.*

1808, *J-C-pr. iij*, 58; *Caen*, 6 *mai* 1825, *avoués, xxx*, 322; *M. Chauveau, xliv*, 328.

(60) V. aussi *L.* 24 *août* 1790, *tit.* 5, *art.* 14; *L.* 21 *frim. vj*; *arr. cass.* 1 *prair. xiij.*

Observations. 1. On peut aussi le réitérer s'il est nul, pourvu qu'on soit encore dans le délai, et cela même quand on l'a interjeté avant la signification. V. *M. Merlin, rec. alph.*, 2ᵉ *édit., mot appel*, § 10, *art.* 4; *arr. cass.* 11 *mars* 1808, *ib.*; *id., Paris*, 4 *janv.* 1812, *avoués, v*, 21; *ci-dev., note* 41, *n.* 2, *p.* 467; *note* 9, *p.* 442.

Règle contraire pour le recours en cassation... V. *d. note* 9.

2. *Dr. anc.* On pouvait faire l'appel sur-le-champ, *a facie judicis*, ou à la barre, ou par acte au greffe. Cela fut abrogé par la jurisprudence des derniers siècles. *L.* 2, *ff. de appell. et rel.*; *Pothier, pand., h. t., n.* 31; *Espagne, n.* 99; *nouveau Denisart*, § 8, *n.* 6; *arr. cass.* 21 *therm. viij, aux motifs, p.* 286.

(61) Cette prohibition ne s'applique point aux jugemens interlocutoires et préparatoires. V. *arr. cass.* 6 *mars* 1816; *Bourges*, 1831, *avoués, xlj*, 631.
— Ni à ceux dont l'appel est réduit à un court délai, tels que les jugemens sur des matières d'ordre ou de saisie immobilière. Voy. *Bordeaux et Paris*, 1826 *et* 1834, *ib., xxxiij*, 309, *xlvij*, 606; *ci-apr. note* 63. — V. aussi *avoués*, 2ᵉ *édit., xx*, 263.

(62) *Dr. anc...* Si l'intimé n'avait pas demandé la déchéance d'un appel interjeté après le délai, et s'il avait même contesté sur cet appel, le juge pouvait la prononcer d'office, parce qu'il s'agissait d'une exception d'ordre public, *suiv. M. Merlin, rec. alph., mot appel*, § 9. — *Quid juris*, aujourd'hui? V. *ci-dev. p.* 249, *note* 21, *n.* 1.

VII. Il faut encore observer que, dans quelques circonstances, le délai général d'appel est moins considérable que celui que nous avons indiqué. (63)

(63) *Exemples...* 1. *Cinq jours* après le jugement, en matière de récusation et de renvoi. *C-pr.* 392, 377.

2. *Huitaine* après la même époque, lorsqu'il s'agit de nullités de procédures postérieures à l'adjudication préparatoire faite sur saisie immobilière. *Id.* 736.

3. *Huitaine* après la signification, en matière de douanes. V. *L.* 14 *fruct. iij, art.* 6; *B. c.* 19 *frim. viij*, 17 *mars* 1806; *rej. requ.*, 1 *déc.* 1830, *avoués, xl*, 27.

4. *Dix jours* après le même acte, s'il s'agit de difficultés sur distribution et ordre entre créanciers. *C-pr.* 669, 763; *arr. Nîmes*, 27 *août* 1807, *J-C-pr., i*, 180.

5. *Quinzaine*, soit en matière de saisie immobilière, pour les subrogations et distractions, et pour les nullités des procédures antérieures à l'adjudication préparatoire, soit pour les référés. *C-pr.* 723, 730, 734, 809; *d.* § *des délais, note* 10, *n.* 3, *p.* 163.

6. *Un mois* pour les jugemens d'adoption et pour certains jugemens d'absence des militaires. V. *C-c.* 357; *L.* 13 *janv.* 1817, *art.* 8.

Voyez au surplus *les titres relatifs à ces matières, et le chap. des incidens de saisie immobil.*, § 1.

CHAPITRE IV.

De la procédure d'appel.

I. *Acte d'appel.* «Cet acte, dit le Code (64), con-
« tiendra une assignation dans les délais de la loi, et
« sera signifié à personne ou domicile, sous peine de
« nullité ». — *C-pr.* 456... V. aussi *tarif* 29.

Il résulte de là que l'appel n'est pas valable:

1. Lorsque l'acte n'en est pas accompagné d'une
assignation (65);

2. Lorsque l'assignation dont il est accompagné
n'est pas valable (66);

3. Lorsqu'il est simplement signifié à l'avoué (67);

4. Lorsqu'il n'est pas signifié à la personne ou au
domicile réel de l'intimé. (68)

(64) *Observations.* 1. *Dr. anc.* L'appelant était tenu de *relever* son appel
dans trois mois, c'est-à-dire de citer l'intimé pour procéder sur cet appel;
faute de quoi l'intimé pouvait *anticiper*, c'est-à-dire le citer lui-même; et
après trois mois faire déclarer son appel *désert* ou abandonné; mais l'appelant
pouvait ensuite le réitérer en *refondant* les dépens de la désertion. V. *au surplus, Despeisses, sup., sect.* 2, *art.* 2; *Rodier, tit.* 27, *art.* 5; *Rebuffe, de
appellat., art.* 4 *et* 5.

2. *Dr. intermed.* On jugea d'abord que la *désertion* était abrogée, et que
l'appel n'était assujéti à aucune forme particulière. *Arr. cass.* 15 *niv. et* 4
fruct. xj; rec. alph., h. v., et appel, § 10. — On supprima ensuite les formalités précédentes. *Bigot-Préameneu, p.* 64.

3. *Dr. act.* Voyez pour ce qui concerne, soit une anticipation, soit une indication de délais trop longs ou trop courts (l'indication du *délai de la loi*
suffit), *p.* 226, *note* 46, *p.* 228, *note* 48.

(65) Cette règle et la suivante ont été consacrées par une foule d'arrêts,
qui ont par conséquent jugé que la peine de nullité se rapporte à toutes les
dispositions de l'art. 456. V. *Toulouse, Amiens, Liège, Montpellier, Grenoble, Turin, Bruxelles, cassat., etc.,* 1807, 1811, 1832, *etc.; J-C-pr., i,*
70, 74, 80, 156, 333, 348, *avoués, i,* 363, *iij,* 365, *xlv,* 473, *etc.; rec. alph.
vj,* 10.

(66) Parce que c'est la même chose que s'il n'y en avait point.

Observations. 1. Ainsi elle doit contenir ou désigner : 1o La constitution
d'avoué... V. d. arr. *Liège, Montpellier, Turin et Grenoble; id., Pau et
cass.* 1809, *et Bruxelles,* 1833, *avoués, xlvj,* 361, *Nevers, id.* 319 *et
18*12, 2, 18; *rej.* 1815, *id.* 48. — 2o Le domicile de l'appelant.. V. *Gênes et
Riom,* 1808, *J-C-pr. ij,* 569 *et* 215; surtout *ci-dev. p.* 218, *note* 21 , *n.* 2.
— 3o La date... v. *p.* 168, *et Bastia,* 1835, *avoués, xlviij,* 295. — 4o Le délai... V. *ci-dev. note* 64, *n.* 3, *et*(☞) *ci-apr. nos additions finales.* — 5o
Le tribunal... v. *p.* 219, *n.* 3.

1 *a.* Cependant il n'y aurait pas nullité, si le constitué n'était plus avoué
depuis peu de temps, surtout si l'on ignorait qu'il eût cessé ses fonctions. V.

Trèves, 1809, *Nîmes*, 1810, *Bordeaux*, 1824, *et Rennes*, 1827, *avoués, i,* 335, *ij,* 357, *xxvij,* 157, *xxxiij,* 212.—V. aussi *tit. de l'assignat., ci-dev.* p. 221, *note* 28, *n.* 2.

2. Mais il n'est pas nécessaire que l'assignation soit *libellée*, parce que fa loi n'exige la communication des griefs, qui forment proprement la *libellation* en appel, que huitaine après la constitution d'avoué, et qu'on a même retranché du projet du Code (sur la demande du Tribunat) un article qui prescrivait cette formalité pour l'assignation. V. *d. arr. Liège et Montpellier; autre, Trèves, J-C-pr., i,* 118; *obs. de Grenoble, Nancy et Orléans, sur ce proj., prat.. fr. iij,* 127 ; *arr. cass.* 15 *mai et* 4 *déc.* 1809 *et* 1 *mars* 1810, *Nevers,* 508 *et* 118; *J-C-c. xiv,* 249, *etc.; M. Chauveau, xliv,* 328; *B. c.* 11 *mai* 1831.

Dr. int. Même règle... V. *arr. cass.* 4 *et* 24 *frim. et* 26 *niv. iij.*

Exception à cette règle. V. *ci-apr., tit. de la distribution, note* 30.

(67) V. *Turin,* 1807, *Montpellier,* 1820, *et Lyon,* 1828, *J-C-pr., i,* 328; *avoués, xxij,* 61, *xxxv,* 377.

Observations. 1. L'usage contraire se pratiquait autrefois au Châtelet et dans plusieurs autres jurisdictions. *Nouv. Denisart, mot appel, § 8, n.* 4; *Espagne, h.-v., n.* 99.—Pigeau (*édit. de* 1787, *t.* 1, *p.* 509) avait blâmé avec raison cet usage.

2. APPEL INCIDENT... La signification à avoué suffit. V. *Paris, Bruxelles, Cassation et Turin,* 1807, 1808 *et* 1809, *J-C-pr. ij,* 423 ; *Nevers,* 1808, 513 ; *J-C-c. xiv,* 362, *et xv,* 195; *Colmar,* 1832, *avoués, xliij,* 528; *ci-d.* p. 470 (formes de cette signification... v. *ci-d.* p. 181, *note* 11). — Et même de simples conclusions verbales à la barre. V. *Bruxelles, Colmar et Montpellier,* 31 *mars* 1808, 24 *déc. et* 31 *juill.* 1812, *et* 30 *déc.* 1816, *J-C-c. xv,* 193, *avoués, vij,* 361, *viij,* 349, *xv,* 297; *rec. alph., i,* 131, *mot appel, § xj; M. Chauveau, avoués, xlv,* 390.

Règle contraire lorsqu'il n'y a pas d'appel principal. Voy. *arr. ci-devant* p. 455, *et note* 7, *n. 1, ib.*

(68) V. *Liège, Turin, Montpellier, Bordeaux, Poitiers, etc.,* 1808, 1809, 1810, 1826, 1833 *et* 1834, *J-C-pr. iij,* 201, 205, 395; *Nevers,* 1811, *supp.,* 88, *avoués, xxxj,* 201, *xlvij,* 688, *xlviij,* 296; *ci-dev. note* 41, p. 467; app. du domicile, p. 234, *et* (*pour des exceptions*), *tit.* de la saisie exécut., note 6; arr. de Paris, 27 août 1812, *avoués, vj,* 154.

Observations. 1. L'intimation doit être communiquée au greffier, lorsque il s'agit du jugement en vertu duquel on fait une saisie immobilière. V. *en le tit., ch.* 2, *n.* 2.

2. La nullité d'une signification faite à un domicile élu, est *couverte* par les actes d'exécution que l'intimé déclare faire *nonobstant l'appel, suiv. d., arr. de Turin, J-C-pr., iij,* 436.

2 *b.* Quand l'appel peut-il être signifié à ce domicile? V. *ch. du domicile,* p. 235, *note* 19, *n.* 3.

3. Autres cas où la nullité de l'appel *se couvre...* V. *ch. des exceptions,* p. 243, *notes* 9 *et* 10.

4. L'appel nul à l'égard d'une partie n'est pas validé par la signification régulière faite à d'autres parties co-intéressées. V. *arr. de Grenoble,* 14 *août* 1811, *J-C-c. xvij,* 305.

5 Il faut une copie à chacun des intimés. V. *arr. cass.* 1815 *et répert., cités à note* 52, *n. 1, p.* 86; *Grenoble,* 1822, 1831, *Dijon,* 1827, *et Bruxelles,* 1829, *Sirey,* 25, 2, 307; *avoués, xxxviij,* 256 ; *xl,* 272; *xliij,* 36. — Exception à cette règle... V. p. 161, *note* 11, *n. 1 a.*

6. Y a-t-il nullité si la signification n'a pas été faite au mineur devenu majeur, qui n'a point indiqué sa nouvelle qualité? OUI, *suiv. Nîmes,* 15 *mai* 1812, *et Pau,* 5 *mai* 1824, *avoués, viij,* 348, *xxvij,* 87... NON, *suiv.*

Lyon (il était qualifié *mineur* dans le jugement), 17 *avr.* 1822., *Sirey,* 24, 2, 159.—V. à ce sujet, *ci-apr.*, *tit. de la cassation, note* 33 *a, et les renvois. de cette note.*

7. La notification d'appel faite à un étranger chez le procureur du roi de première instance, est nulle dès que son tribunal ne doit pas connaître de la cause. V. *Nancy,* 26 *mai* 1834, *avoués, xvlij,* 713, *et ci-dev. tit. de l'assignation, note* 35 *a, p.* 223.

La loi ne dispose rien sur l'appel considéré indépendamment de l'assignation; mais d'après la nature et le but de cet acte (**69**.), on peut dire qu'il doit désigner (**70**), 1. l'appelant, 2. l'intimé, 3. le jugement qu'on attaque (**71**). V. *L.* 1, § 4, *ff. appell. et rel.; Rebuffe, præf., n.* 29; *Paris,* 11 *mars et* 28 *août* 1813, *avoués, viij,* 28, *ix,* 121; *B. c.* 7 *nov.* 1821.

(69 et 70) Par les motifs de la note 6, n. 2, p. 153.

Observations. 1. Il n'est pas nécessaire sans doute que ces désignations soient exprimées en termes *sacramentels (d. rec. , d.* § *xj*); mais elles doivent résulter des termes et tournures de l'acte, autrement on ne peut dire que ce soit un appel. V. *d. L.* 1, § 4; *ci-dev.* p. 151.

2. Par exemple, une erreur dans la date n'annulle point, si les circonstances de la cause constatent quel est le jugement dont on a voulu appeler. Voy. *Turin,* 1808, *J-C-pr. iij,* 203. — V. aussi *Amiens,* 1821, *Sirey,* 23, 2, 42; *B. c.* 2 *avr.* 1823; *Paris,* 1813, *ci-dessus, texte.*—Et en général, les erreurs dans la désignation soit de l'appelant, soit du jugement n'annullent pas si elles sont réparées par d'autres désignations suffisantes. Voy. *B. c.* 7 *nov.* 1821 *et* 18 *févr.* 1828; *rej. civ.* 26 *avr.* 1830, *avoués, xxxix,* 40.—V. aussi *tit. de l'assignation, note* 20, *n.* 5, *et note* 21, *n.* 2, *p.* 218.

(71) Il n'est pas nécessaire que l'appel soit signé (et à plus forte raison qu'il le soit par tous les appelans)... V. *arr. Besançon et Trèves,* 24 *avr.* 1809 *et* 5 *avr.* 1810, *J-C-pr. iij,* 396; *avoués, i,* 346.

Observations. 1. On a dit (*p.* 142 *et* 143, *note* 4, *et p.* 193) que l'appel tient lieu d'une demande : c'est peut-être par ce motif qu'on a prescrit d'y joindre une assignation ; ou peut-être aussi parce qu'on aura voulu comme jadis, contraindre l'appelant à poursuivre son appel.

2. *Amende.* Il faut en consigner une... V. *ci-apr., note* 121, *p.* 493.

II. *Instruction de l'appel* (**72**). 1. Dans la huitaine après que l'intimé a constitué avoué, l'appelant signifie ses griefs; l'intimé y répond (**73**) dans la huitaine suivante; l'audience est poursuivie sans autre procédure. *C-pr.* 462. (**74**)

On nomme *griefs* le mémoire où l'on énonce les injustices que le jugement contient suivant l'appelant.

2. Dans les matières sommaires et commerciales, de

référés et de distribution de deniers saisis (**75**), la
procédure est encore plus simple : il suffit d'un acte
qui porte la cause à l'audience. V. *C-pr.* 463, 809 *in
f. et* 669; *C-comm.* 648; *ci-dev. tit. des matières sommaires et des référés*, *p.* 419 *et* 423.

On voit par ces décisions que les appels sont tous
portés à l'audience (**76**) : il n'y a pas d'exception
même pour ceux des jugemens rendus sur une instruction par écrit (**77**), à moins que le tribunal ne
juge utile d'ordonner une instruction de ce genre (**78**).
C-pr. 461.

Au reste, toutes les règles propres aux tribunaux
inférieurs doivent être suivies devant les tribunaux
d'appel, à l'exception de celles auxquelles le livre
troisième du Code a dérogé, et que nous exposons
dans ce titre. *C-pr.* 470. (**79**)

(72) *Dr. anc.* L'ancienne procédure d'appel était assez compliquée (pour
les procès par écrit), et ses délais trop courts (*v. d. ord., tit.* 11) : aussi les
règles prescrites étaient fort peu observées. *Saint-André, d. tit.* — Le Code
a adopté un système plus simple.
(73) Si ces deux écrits ne sont pas signifiés dans les délais indiqués ils ne
doivent être rejetés que quant à la taxe, puisque la loi ne rappelle ni la forclusion ni la nullité que prononçait l'ordonnance, et qui déjà n'avaient plus
lieu dans l'usage. V. *d. tit.* 11, *art.* 20, *et Jousse; Rodier, art.* 12;
ci-dev., ch. des dép., note 7, *p.* 174; *arr. de Turin*, 13 *août* 1811,
avoués, v, 237.
(73 *a*) Dans les affaires urgentes telles que les poursuites de saisie-immobilière, surtout lorsqu'elles ont été entravées par des incidens (v. en le chap.,
ci-apr.), le tribunal peut abréger ces délais , *suiv. rej. requ.* 21 *mai* 1834,
Sirey, 34, 1, 446.
(74) *Observations.* 1. L'appelant est obligé de commencer la discussion
dans la procédure d'appel, soit parce qu'on présume toujours que la sentence
est juste (v. *ci-d.* § *des juges, p.* 21), d'où il suit que c'est à lui d'en prouver
l'injustice (*Rebuffe, art.* 22, *gl.* 1, *n.* 4, *et ult., n.* 28); soit parce qu'il
est demandeur dans son appel. Aussi lorsqu'il ne fournit pas des griefs l'intimé peut-il, sans faire vérifier ses propres conclusions, obtenir un jugement
de défaut contre lui. V. *arr. cités p.* 286, *note* 4.—Il faut néanmoins excepter le cas où la cause est d'ordre public, *suiv. Poitiers,* 1834, *avoués,*
xlvij, 617.
2. Quant aux *moyens* proposables en appel, *voy.* ci-apr., ch. 6, p. 480 et
suiv., surtout, p. 482.
(75) *Idem,* causes d'absences des militaires. *L.* 13 *janv.* 1817.
Observations. 1. Lorsque l'intimé fait *défaut* , la cause est également
portée à l'audience, sans aucune procédure. *C-pr.* 463.
2. *Quid* si l'appelant fait lui-même défaut ? V. *p.* 286, *note* 4, *n.* 1.

5. Pour les causes d'*opposition à mariage*, v. *C–c.* 178 ; *Nîmes* , 1806 , *J–C–c. viij*, 296.

(76) Questions pour lesquelles plusieurs chambres sont réunies à l'audience. V. p. 66,*note* 83, *n.* 2.

(77) *Dr. anc.* Règle contraire... Mais elle avait été abrogée par la loi du 3 brum. an ij. V. *rec. alph.*, *mot appel*, § 13, *n.2.*

(78) *Dr. anc.* Une ordonnance de Charles VII avait prescrit aux parties de remettre leurs pièces dans les trois jours qui suivraient la plaidoirie ; mais ce délai était évidemment trop court, aussi ne l'observait-on point. « Hæc ordinatio, dit le bon Rebuffe, art. 19, *parum* servatur in parlamento , in quo non solum dantur tres dies, *sed tres menses, sed aliquando tres anni*, et *interdum* TRIA LUSTRA. »

(79) *Observations.* 1. Pigeau (*i* , 588) ne compte que trois points où la procédure d'appel diffère de celle de première instance. Le premier et le second sont relatifs à la prohibition des nouvelles demandes , et à la défense d'intervenir si l'on n'a pas le droit d'être tiers opposant.... Le troisième , à l'effet de la péremption qui est plus considérable (v. *ci–dev. p.* 401)... Mais il faut bien y ajouter les règles qui concernent le mode et l'instruction de l'appel , indiquées *ci–dev.* , *p.* 475 *à* 476, les arrêts d'exécution et de défenses, la manière de vider les partages, les amendes et l'exécution des jugemens. V. *les chap. suivans, et pour les partages, ci–dev. p.* 280, *note* 26, *et p.* 369, *note* 21, *n.* 1.

2. Au reste, nous pensons avec lui que, d'après cet article, il faut appliquer à la procédure d'appel les règles propres à l'assignation, à la constitution d'avoué, au jugement de défaut, à l'opposition , aux défenses , exceptions , instructions par écrit, voies d'instruction, incidens, etc.—V. *en ci–dev. les tit.*, *au liv.* 1.

CHAPITRE V.

De l'effet de l'appel.

L'appel a deux principaux effets : un effet *suspensif* et un effet *dévolutif.*

I. *Effet suspensif.* L'appel suspend l'effet du jugement (80) qu'il attaque, et par conséquent aussitôt après l'appel, et jusqu'à ce que l'on y ait statué , les choses doivent demeurer dans l'état où elles étaient à l'époque de l'appel; en un mot, on ne peut rien innover. V. *C–pr.* 457, *in pr.* (81)

(80) Même interlocutoire. *C–pr.* 457.
Dr. anc. Règle contraire (*d. ord., tit.* 22 , *art.* 2), mais qui n'était guère observée. *Rodier, ib.*

(81) *V.* aussi L. un., pr. et § 1, ff. nihil. innov.; 3, C. appell. et cons.; 32, pr., C. transaction.; Rebuffe, art. 16, gl. 1, n. 4 et 7 ; C–pr. 376, 549 ; Despeisses, art. 5, n. 2 ; Angers, 1808, J–C–pr. ij, 324 ; Bordeaux , 1810, Sirey , 11, 2, 185 ; surtout B. c. 7 août 1811.

Observations. 1. Il résulte de cette règle, que le délai fixé par le juge—

ment est suspendu, et ne court plus que de la signification de l'arrêt confirmatif. V. *arr. cass.* 12 *juin* 1810; *ci-apr. note* 119, *p.* 492, et pour le délai d'enquête, *ci-dev. p.* 305, *note* 27, *n.* 2, *et p.* 413, *note* 10, *n.* 2.

2. Tout acte qui enfreint cette règle est dans l'usage, qualifié d'attentat,
et doit être révoqué (on le regarde comme un outrage envers le juge d'appel).
V. *Rebuffe, ib.*; *Espagne, n.* 105; surtout *ci-d. p.* 144, *note* 10, *n.* 1.

3. *Désistement* d'appel; questions diverses... v. *p.* 412 *et* 413, *notes* 8 *et* 10,
n. 2.

II. *Effet dévolutif.* L'appel a un effet dévolutif
en ce qu'il transmet au juge supérieur la connaissance de la cause (82), dont le premier juge avait été
saisi jusque-là. V. *L. un. et* 3, *citées note* 81 ; *Rebuffe,*
art. ult., n. 15; *tit. de l'assignat., p.* 227, *n.* 4.

L'appel est simplement dévolutif, lorsque le premier jugement est exécutoire par provision (83). *D.*
art. 457, *in pr.* (84)

Bien plus, si l'exécution provisoire n'a pas été ordonnée, quand elle pouvait l'être, l'intimé a le droit
de la faire prononcer à l'audience sur un simple acte
et avant le jugement d'appel. *C-pr.* 458. (85)

Il en est de même, à plus forte raison, s'il s'agit
d'un jugement qui pouvait être rendu en dernier
ressort, et qu'on a omis de qualifier comme tel, ou
qu'on a qualifié « en premier ressort ». *C-pr.* 457, *in*
f. — V. *ci-dev. ch.* 1, 3ᵉ *exception, p.* 461.

Si, au contraire, le premier juge a mal-à-propos
déclaré son jugement exécutoire, ou s'il l'a illégalement qualifié « en dernier ressort », l'exécution peut
être suspendue par le juge d'appel. *C-pr.* 459, *in pr.,*
457, *f.* 1. (86)

Cette suspension, nommée jugement ou arrêt de
défenses, ne peut, sous peine de nullité, être prononcée que dans ces seuls cas; on exige même qu'elle le
soit à l'audience et parties appelées (87). *Dd. art. et*
460; *C-com.* 647. (88)

(82) *Observations.* 1. Seulement de la partie de la cause à laquelle l'appel a rapport. C'est l'appel qui *saisit* le juge supérieur ; mais l'appel peut être
limité à certains points de la sentence... Donc le juge d'appel n'a le droit de
connaître que de ces points ; ce qui est conforme à la maxime « tantum devo-

« Intum quantum appellatum. » V. *avis cons. d'état*, 12 *nov.* 1806, *in pr.*; *Albisson, p.* 291 ; *B. c.* 18 *fév.* 1835 ; *ci-d. note* 31, *p.* 463.

2. Nous disons que l'appel *saisit.* Il est tellement nécessaire pour attribuer une jurisdiction au tribunal supérieur, que jadis si l'acte d'appel *tombait* en désertion, ce tribunal ne pouvait valablement juger la cause. V. *Despeisses, tit.* 10, *sect.* 1, et pour d'autres exemples, *ci-apr.*, *note* 116, *p.* 490, surtout *B.c.* 19 *janv.* 1829 *et* 6 *avr.* 1830.

3. Mais aussi il saisit tellement le juge d'appel, que le premier juge n'a pas même le droit d'examiner s'il est non recevable. V. *arr. cass.* 7 *janv.* 1818, *et d. p.* 154, *note* 10, *n.* 1.

(83) Même lorsqu'il prononce (sous caution... v. *Montpellier*, 1816, *avoués, xv,* 165) une contrainte par corps. V. *C-c.* 2068 ; et surtout *ci-apr. tit. de la contrainte, note* 3, *n.* 4.

(84) Dans ce cas, quoique la connaissance de la cause appartienne au juge d'appel, le premier jugement doit avoir son effet jusqu'à ce qu'il ait été réformé ou annulé.

(85) Même par un arrêt de défaut, et quoique il ne l'ait pas demandée en première instance, *suiv. Bruxelles, Toulouse, Limoges, Nîmes, Montpellier et Liège,* 1813, 1821, 1823, 1828, 1833 *et* 1834, *avoués, viij,* 108, *xxv,* 359, *xxxvj,* 119, *xlvij,* 476, 625, *Sirey,* 25, 2, 91. — Il faut au contraire, alors, l'y avoir demandée, *suiv. Bruxelles,* 14 *déc.* 1808 *et* 25 *juin* 1811, *J-C-pr. iij,* 133, *avoués, iv,* 300 ; *Limoges,* 13 *mars* 1816, *ib., xiij,* 124, *Sirey,* 24, *supp.,* 124.

(86) V. aussi Bordeaux, Limoges et rej. requ. 1828, avoués, xxxvj, 122 et 191, et xxxvij, 116.

A moins que la cause ne soit en état sur le fond, parce qu'alors la surséance est inutile. V. *arr.° d'Aix,* 1807, *J-C-c. viij,* 462.

(87 et 88) *V.* aussi d. ord., tit. 17, art. 16 , et Jousse; Bigot-Préameneu, p. 63; arr. de Nîmes, 5 janv. 1808, J-C-pr. ij, 386.

Observations. 1. Les parties sont appelées par une citation à bref délai. DD. art.

Selon un commentateur (*prat. fr. iij,* 142), l'intimé n'a pas besoin d'avoué dans cette circonstance ; mais le Code n'a point affranchi les assignations à bref délai, de la constitution, ni dans aucun cas, dispensé les parties de l'assistance d'avoué exigée impérieusement par l'art. 75. L'art. 76 suppose même le contraire; et le tarif (76, 81, 148) le dispose indirectement. V. § *des avoués,* p. 76, *et tit. de ces assignat.*, p. 431.

1 *a.* La permission du président est-elle nécessaire pour cette citation ? V. ci-dev. d. p. 431, note 1.

2. S'il s'agit d'affaires de *commerce* (même en cas d'incompétence) , il est défendu, sous peine de nullité et de dommages , d'accorder la suspension ; mais les cours peuvent permettre de citer extraordinairement à jour et heure fixes pour plaider sur l'appel. V. *C.com.* 647 ; arr. *de Paris,* 6 *fév.* et 1 *déc.* 1813, *avoués, vij,* 214, *ix,* 39.

3. L'usage des arrêts de *défenses* donnait jadis lieu à de grands abus qu'on a voulu prévenir par les précautions ci-devant exposées.

4. L'appel est toujours *suspensif* quant au paiement des frais accordés par un jugement , même exécutoire. V. arr. cass. 19 *prair. vij, n.* 167. — Cette règle, fondée sur l'usage (v. *Espagne, n.* 103, *art.* 8, *qui la critique*), a été confirmée indirectement par le Code, *art.* 137, puisqu'il défend d'autoriser l'exécution provisoire pour les dépens. V. *ci-dev. art. des trib. civ., note* 71, *p.* 61.

5. Quant aux jugemens de faux incidens, v. en le tit., ci-dev. p. 315, 316.

CHAPITRE VI.

De ce qui peut être soutenu en cause d'appel.

On ne peut, en général, former et soutenir en
appel une *demande nouvelle*, c'est-à-dire, une demande qui n'a pas été soumise au premier juge (**88a**)...
Nous allons jeter un coup-d'œil sur les fondemens de
cette règle, sur les exceptions dont elle est susceptible,
sur le mode de procéder relatif à ces exceptions.

I. *Fondemens de la règle.* 1. On a vu (*p.* 454) que
l'appel est une attaque dirigée contre un jugement *à
raison de son injustice;* on doit en conclure que les
juges d'appel n'ont été institués que pour remédier à
cette injustice, et que par là même leurs fonctions se
réduisent à examiner si le tribunal de première instance a bien ou mal jugé, *an bene an male judicatum
sit,* dit un ancien adage. (**89**)

Mais le tribunal de première instance ne pouvait
statuer que sur les demandes qui lui avaient été soumises (**90**)... Donc le juge d'appel n'a le droit d'examiner le bien ou le mal jugé que par rapport (**91**) à
ces mêmes demandes; et, par une conséquence nécessaire, on ne peut lui en soumettre d'autres, ou de
nouvelles demandes. V. *C-pr.* 464, *in pr.* (**92**)

2. On a également vu (*p.* 16) que toute cause doit
parcourir deux degrés de jurisdiction... Donc aussi
l'on n'est pas admissible à former une nouvelle demande en cause d'appel, puisque cette demande ne
subirait l'épreuve que d'un seul degré. (**93**)

(88 *a*) Il ne faut pas la confondre avec une nouvelle production de pièces,
production qui est permise tant que l'instruction n'est pas consommée (*ci-
dev.* p. 199; *n. vj et note* 44 *a, ib.*) et notamment avant les conclusions du
ministère public. V. *rej. requ.* 26 *nov. et* 23 *déc.* 1834, *avoués, xlviij,* 153,
156.—V. aussi *ci dev.* p. 273, *note* 12.

(89) V. ord. 1539, art. 31 et 128; Rebuffe, art. 12, gl. 1; Prost-de-Royer,
mot *an bene;* arr. cass. 23 prair. viij; Bigot-Préameneu, p. 65.

(90) V. part. 1, § des juges, p. 21 ; append. des conclusions, p. 267.

(91) Soit que le mal jugé procède d'injustice, ou d'omission, ou d'erreur, etc. V. *ci-dev.,* p. 454 *et* 455.

(92) *V. aussi* Espagne , n. 108 ; L. 3 brum. ij, art. 7 ; arr. cass. 6 janv. 1806.

(93) *Observations.* 1. La demande primitive étant constatée et détermi-née par les conclusions prises en première instance, il semble que pour re-connaître si quelqu'une des demandes formées en appel est nouvelle, il suffise d'examiner si elle s'écarte de ces conclusions. Mais cette manière d'agir serait en opposition avec le principe d'après lequel les parties ont le droit de recti-fier, diminuer ou *additionner* leurs conclusions (v. *leur appendice, p.* 268 ; *C-pr.* 465, *et,* pour une exception, *ci-apr. tit. de l'ordre, note* 21, *n.* 2.

2. Néanmoins, ce dernier principe ne doit pas être pris à la lettre, car il serait lui-même en opposition avec la règle qui proscrit toute demande nou-velle. Il faut l'entendre dans ce sens, qu'il est permis de modifier les conclu-sions, pourvu que les objets auxquels on les restreint se trouvent toujours compris dans ceux qui avaient été réclamés en première instance. Si, en effet, il était permis, sans réserve, d'additionner ces conclusions, il le serait aussi de former des demandes nouvelles. V. d. p. 268, *et* p. 205, *note* 9 ; *rép., mot sieur.*—V. aussi *des exemples à B. c.* 1 *sept.* 1813 , *et rej. requ.* 14 *juill.* 1824 *et* 7 *mars* 1826, *avoués, xxviij,* 28, *xxxj,* 52.

II. *Exceptions.* Cette règle reçoit des exceptions, ou plutôt des modifications (94) lorsqu'il s'agit de demandes accessoires, de moyens nouveaux, de com-pensations, de défenses, et d'interventions.

1ro Il est permis de réclamer des *accessoires* dont il n'était pas question en première instance, lorsqu'ils sont une dépendance de la demande primitive (95) ; tels, par exemple, que des intérêts, arrérages et loyers échus, et des dommages soufferts depuis le premier jugement (96). *D. L.* 3 *brum., art.* 7, *in f.; C-pr.* 464, *in f.*

(94) Car les exceptions ne sont qu'apparentes, ainsi qu'on va le voir, dans le texte et les notes.

(95) Parce qu'ils ont été compris tacitement dans l'instruction et la déci-sion de la demande primitive. Le juge, par exemple , en reconnaissant , d'a-près l'instruction , que le demandeur était réellement créancier de la somme principale qu'il réclamait, a pu en même temps reconnaître qu'il avait droit aux intérêts qu'elle produirait dans la suite... Au reste , cela est aussi fondé , 1. sur la maxime que l'accessoire doit toujours suivre le sort du principal. V. *C-c.* 546 *et suiv.*—2. Sur ce que la réclamation primitive d'un objet est censée comprendre tous les accessoires de cet objet. V. *d.* append., *p.* 268 ; *ci-apr., tit. des liquidations, note* 2.

(96) Et par la même raison , les fruits échus. V. *M. Merlin, rec. alph.,* mots *appel,* § 14, *n.* 8, *et revendication,* § 1 ; *et d. note* 2. — Ainsi qu'une provision alimentaire, dont le droit est d'ailleurs fondé sur un préjudice. V. *arr. cass.* 5 *juill.* 1809, *Nevers,* 181.

2ᵉ A plus forte raison doit-on avoir la faculté de modifier les anciens *moyens* et d'en présenter de nouveaux, parce que des moyens ne sont que l'appui d'une demande (97) et non pas une demande. (98)

(97) *Observations.* 1. *Exemples :* 1º Attaquer comme faux un testament dont on avait seulement demandé la nullité pour imbécilité du testateur. *Montpellier*, 28 *fév.* 1810, *avoués*, *i*, 275. — 2º Soutenir qu'on a droit comme porteur de traite, à des intérêts réclamés primitivement en vertu d'un acte d'adjudication. *Rej. requ.* 26 *juill.* 1825, *Sirey*, 26, 1, 148. — 3º Ou qu'on a aussi droit à titre de servitude, à ce qu'on ne prétendait d'abord qu'à titre de propriété. *Id.*, 7 *mars* 1826, *avoués*, *xxxj*, 32. — 4º Demander une séparation de patrimoines afin d'être colloqué avant un créancier qu'on avait prétendu primer par un autre moyen. *B. c.* 17 *oct.* 1809.—5º et 6º. V. *ci-apr. tit. de la séparation de corps*, note 7, *n.* 5, et note 9, *n.* 4 ; *arr. rej. requ. cités ib.*

2. On conçoit que les nouveaux moyens seront en quelque sorte plus facilement admissibles s'ils sont présentés comme l'appui d'une *défense*, puisqu'il y aura lieu dans ce cas, à l'application de la 4ᵉ règle exposée au texte, *ci-apr. p.*483.
Exemples : 1º Produire une quittance. *Arr. de* 1583, *dans Papon*, *liv.* 9, *tit.* 11, *art.* 1. — 2º Soutenir qu'un des actes pris en considération par le premier jugement, est faux. V. *Paris*, 30 *août* 1810, *avoués*, *ij*, 296. — 3º Ou qu'on n'est pas sujet à la contrainte par corps en vertu d'un billet dont on s'était borné à contester l'effet obligatoire. *Bordeaux*, 9 *mars* 1809, *Nevers*, 2, 230. —V. pour d'autres exemples, *B. c.* 22 *pluv. x*, et 16 *juill.* 1816.

3. Dans les hypothèses énoncées au nᵒ 2, ou indiquées à la suite par de simples renvois, les arrêts cités décident qu'il s'agit *de moyens nouveaux* employés pour obtenir gain de cause sur les prétentions primitives, et non point réellement *de demandes nouvelles.*
Il faut observer à ce sujet, que dans la jurisprudence on confond parfois les *moyens nouveaux* avec la *défense* dont nous parlons, p. 483, exception 4º (v. *notes* 100 *a* et 101) ; mais cela est assez indifférent puisqu'on arrive dans les deux cas, au même résultat.

4. Cette confusion est surtout sans importance lorsqu'il s'agit de contestations telles que les instances en réglement de compte, où chacun des plaideurs peut être regardé comme étant tout à-la-fois demandeur et défendeur. Ainsi, celui qui, dans un semblable procès, avait d'abord réclamé la réduction d'une rente par le motif que le capital n'en avait pas été intégralement fourni, pourra, en appel, demander la nullité du contrat de constitution de la rente en se fondant sur ce qu'il est usuraire.. *Voy.* à ce sujet *rej. civ.* 31 *déc.* 1833, *avoués*, *xlvij*, 560.

(98) V. L. 4, C. temporib. et reparat.; proc.-verb., tit. 16, art. 4 ; Despeisses, tit. 12, sect. 2, art. 6, n. 1 ; Rodier, tit. 11, art. 26 ; rép., mot intervention, § 1, n. 3, t. vj, p. 495 et suiv., *surtout*, p. 496 ; Pigeau, i, 561, 585 ; arg. de C-c. 2224 (c'est ce que jadis on appelait ordinairement des *faits nouveaux.* v. *Papon et Rodier, sup.*).
Ajoutons, 1. que le plaideur, en soumettant sa réclamation au juge, fait tout ce qui lui est prescrit ; peu importe qu'il y joigne (excepté quand la loi l'exige, comme en cas d'assignation) ou non, et qu'on lui oppose ou non les moyens qui la soutiennent ou combattent. V. *M. Merlin, ib.* (on peut

fonder ceci en partie, sur l'obligation imposée au juge de suppléer les moyens de droit. — v. *tit. des jugemens*, *note* 30, *p.* 282). — 2. Qu'un des buts de l'appel est la réparation des erreurs ou omissions des parties.—V. *ci-dev.*, *p.* 454.

Mais il en serait autrement si les moyens nouveaux formaient ou comprenaient une nouvelle demande. V. *ci-apr. p.* 484, *note* 101, *n.* 8-10.

3e On peut aussi proposer une *compensation* (*d. art.* 464, *in pr.*), parce que la compensation se formant de plein droit, et même à l'insu des débiteurs (*v. C-c.* 1290), ce n'est point faire une (99) nouvelle demande que de l'opposer à la partie adverse.

4e La nouvelle demande est également admissible (**100**), lorsqu'elle n'est qu'une défense (**100** *a*) à l'action principale. *D. art.* 464, *in pr.* (**101**) — C'est qu'on porterait en quelque sorte atteinte au droit naturel si l'on restreignait le droit de défense (**101** *a*) tant que la décision définitive n'est pas rendue.

(99) C'est plutôt proposer un moyen de défense qu'on avait omis.

(100) *Observations.* Si la partie qui réclame la cassation d'un jugement par le motif qu'il a statué sur une demande nouvelle, avait elle-même formé cette demande, elle est non recevable dans son recours. V. *M. Merlin, rép.*, *mot bâtard, sect.* § 3, *in f.*; *ci-apr.*, *tit. de la cassat.*, *note* 21. — V. aussi pour d'autres questions du même genre, *ci-dev.*, *tit. de la conciliat.*, *note* 9, *in f.*, *et* 24, *n.* 4, *p.* 205 *et* 208.

(100 *a*) Il faut se rappeler (*v. note* 97, *n.* 3) que les expressions *défense*, et *moyens nouveaux* sont parfois employées l'une pour l'autre.

(101) *Exemples.* 1. Lorsqu'un cohéritier demande en appel que le demandeur primitif soit tenu de prendre dans la succession, des biens autres que ceux qu'il avait réclamés, ce n'est point une nouvelle demande, mais une *exception* (c'est-à-dire, une *défense*... v. p. 236, *note* 5) à la demande primitive. *B. c.* 23 *frim. ix, n.* 27.

2. Il en est de même lorsqu'un héritier légitime, qui a soutenu en première instance que le testament où on léguait l'usufruit d'un domaine était nul, produit en appel un arrêté, dont il résulte que le domaine n'appartenait pas au testateur. V. *M. Merlin, rép., mot testament, sect.* 3, *et arr. cass.* 5 *niv. xiij, ib.*

3. *Idem,* quand un créancier demande en appel soit la nullité, soit la péremption de l'inscription d'un autre créancier placé avant lui par le jugement d'ordre de première instance. V. *rej. requ. et civ.* 26 oct. 1808 *et* 3 *févr.* 1824, J-C-pr., *ij,* 432, *avoués, xxvj,* 92 ;—ou bien d'être placé avant ce créancier après avoir demandé (en général) son élimination de l'ordre. V. *id.,* 30 déc. 1828, *avoués, xxxvj,* 248.

4. *Idem,* si sur une demande en délaissement de biens formée contre lui à cause de la nullité d'un premier testament où il est institué, l'héritier en produit, en appel, un second où il est aussi institué. *Rej. requ.* 23 *janv.* 1810, *Nevers,* 59.

5. *Idem*, si lorsque le premier juge a déclaré un fond hypothéqué aux créances de l'intimé, l'appelant propose une nullité contre l'inscription. — V. *id.*, 6 *juin* 1810, *Nevers*, p. 275, *et rép.*, *vj*, 236, *mot inscription*, § 5, *n.* 9.

6. *Idem*, si, lorsque condamné à des dommages pour avoir passé sur un terrain, il prétend qu'il n'a fait qu'exercer un droit de servitude. V. *rej. requ.* 1 *févr.* 1830, *avoués*, *xxxviij*, 168.

7. V. d'autres exemples à J-C-c., t. 11 et 12, p. 135, 159; *arr. cass.* 17 *oct. et* 7 *nov.* 1809, *au B. c.*; *id. de Metz et Limoges*, 16 *févr.* 1812 *et* 20 *mai* 1816, *J-C-c. xix*, 353, *avoués*, *xiij*, 136; *rej. requ.* 29 *août* 1826, 1 *mai* 1827, *avoués*, *xxxij*, 251, *xxxij*, 140; *B. c.* 23 *avr.* 1827; *arr. à avoués*, *xxvj*, 109, *xxvij*, 20.

8. Mais si l'on convertit en demande *en nullité* (d'une vente), la demande en simple *rescision* formée en première instance, c'est une nouvelle demande non admissible. V. *M. Merlin*, *rép.*, *mot nullité*, § 9; *arr. cass.* 5 *nov.* 1807, *ib.*, et à *J-C-pr.*, *i*, 210; *arr. de Paris*, 13 *juill.* 1810, *avoués*, *ij*, 293.

9. *Idem*, si l'on change en demande en résiliation une demande en nullité de bail. V. *arr. cass.* 8 *pluv.* 13; *M. Merlin*, *ib.*

10. *Idem*, si l'on demande qu'un individu poursuivi en première instance comme héritier bénéficiaire, soit condamné comme héritier pur et simple. V. *rej. requ.* 29 *janv.* 1835, *Sirey*, 276.

(101 *a*) Puisqu'il est fondé sur le droit naturel. V. *chap. des règles général.*, p. 180, *note* 9, *n.* 1.

5° L'apparition d'une *nouvelle partie* suffit-elle pour constituer une demande nouvelle? Oui, si cette partie n'avait aucun droit de paraître en première instance; mais, dans le cas contraire, c'est-à-dire, lorsque elle a le droit de former une tierce opposition au jugement (**102**), elle peut être reçue intervenante (**103**) en cause d'appel (**104**)... *C-pr.* 466; *Bigot-Préameneu*, p. 66; *B. c.* 28 *janv.* 1835; *ci-apr. tit. de la tierce opposition*, *note* 16.

(**102**) Soit au jugement de première instance, soit à celui d'appel qu'on doit rendre. V. *arr. de Turin*, 19 *août* 1807, *J-C-pr.*, *ij*, 371. — V. aussi pour des exceptions, *arrêts à ci-dev.* p. 360, *note* 11.... à l'égard du droit de former *tierce opposition*, voy. en ci-apr. le titre, § 2, p. 495, et ci-dev. p. 361 et 464.

(**103**) Même lorsque après sa demande en intervention, l'appel principal a été déclaré non recevable, *suiv.* Lyon, 31 *août* 1826 *et rej. civ.* 16 *juillet* 1834, *avoués*, *xlvij*, 584. — Décision contraire... V. *Poitiers*, 5 *juillet* 1826, *ib.*, *xl*, 56.

(**104**) Ce droit d'intervenir est une exception à la règle des deux degrés, exception qui était déjà dans l'esprit de la loi du 3 brumaire an 11. V. *M. Merlin*, *rép.*, *mot intervention*, § 1.

Observations. 1. Cette exception ne s'applique pas à un garant (c'est-à-dire qu'il ne peut, malgré lui, être cité *de plano*, en appel), quoi qu'en disent plusieurs commentateurs... 1° La garantie n'est, il est vrai, qu'un incident, par rapport à la demande primitive; mais considérée par rapport à la discussion qui s'élève entre le garanti et le garant, elle est une demande principale. V. *arr. cass.* 7 mess. *xij* (*autres, cités ib.*), 20 *mars* 1811, *et de Paris et Nîmes*, 1810, 1813, *avoués, i*, 33 *et* 216, *iij*, 262, *ix*, 40... V. aussi *rec. alph.*, *t.* 5, *p.* 378, *et t.* 6, *p.* 820, *mot tribunal d'appel*, § 2; *arr. de* 1811, *et* 1819, *ib.*; *rép.*, *mot garantie*, *in f.*; *rej. requ.* 11 *fév.* 1819, 27 *févr.* 1821, 11 *juin* 1824, *et* 12 *nov.* 1834, *avoués, xx*, 74, *xxiij*, 65, *xxvj*, 322, *xlviij*, 157; *M. Chauveau*, *d. p.* 65; *obs. mss. du Tribunat*; *ci-dev.* p. 258, *note* 49. — 2° Le demandeur primitif peut, en appel, repousser la mise en cause du garant, en soutenant que le défendeur aurait dû la proposer en première instance, puisque la loi n'accorde qu'un seul délai pour cela, et qu'elle autorise la poursuite séparée de la demande principale, si le défendeur n'a pas profité de ce délai. *Arg. de C-pr.* 33 *et* 178.. v. p. 259, *n.* 1.

2. Mais la même exception s'applique au garant si, en appel, il est déjà en cause, ou bien s'il n'a pas réclamé contre sa mise en cause. V. *rej. requ.* 9 *déc.* 1829 *et* 20 *juill.* 1830, *avoués, xxxviij*, 135, *xxxix*, 192.

III. *Mode.* La forme à suivre pour les nouvelles demandes autorisées, telles que des demandes accessoires, ou pour les *exceptions* (v. p. 236, note 5) se réduit à les proposer dans de simples actes de conclusions motivées. *C-pr.* 465, *in pr.* (**105**)

Cette dernière règle s'observe aussi lorsque les parties changent ou modifient leurs conclusions. *D. art.* 465. (**106**)

(105) Il n'y a pas de nullité si, au lieu d'employer cette forme, on les a remises par écrit au greffier, *suiv. arr. cass.* 1 *sept.* 1813.

(106) Pigeau, *t.* 1, *p.* 585, pense que, comme ces demandes sont incidentes, on a le droit de répondre (par un simple acte) aux conclusions motivées où on les propose. *Arg. de C-pr.* 337.

APPENDICE AU CHAPITRE VI.

De la retenue, ou évocation (**106** *a*) *du fond.*

Les principes exposés au chapitre sixième nous ramènent naturellement à la première conséquence que nous avons tirée de la règle des deux degrés (**107**), c'est-à-dire au droit accordé aux juges d'appel de retenir le fond d'une cause sur laquelle le premier juge n'a pas donné une décision complète ou régulière.

Ce droit est fondé non-seulement sur la même règle
(103), mais encore sur le but de l'institution de l'appel. Si en effet pour atteindre ce but, le juge supérieur
doit réparer l'injustice du premier juge, il est évident
qu'il faut qu'il puisse statuer lui-même sur toutes les
demandes agitées devant le juge inférieur, lorsque
celui-ci ne les a pas jugées (108 *a*), ou bien les a
jugées irrégulièrement, puisque dans l'une et l'autre
hypothèse, on peut dire à la rigueur qu'il n'a pas
donné une décision juste sur le fond de la cause (109) :
c'est ce qu'on énonce par cette maxime généralement
admise : *le juge d'appel peut* (110) *faire ce que le
premier juge aurait dû faire et n'a pas fait* (111).—
V. *arr. cass.* 26 *vend. viij*, 22 *mess. et* 2 *fruct. xij*,
27 *août* 1806, 20 *janv.* 1808; *rép. viij*, 437, 438, *mot
moulin*, § 8, *et xv*, 416, *addit. à jugement*, § 7 *bis*.

(106 *a*) Le mot *évocation*, plus usité en jurisprudence que celui de *retenue*, est cependant moins exact. Le juge supérieur, en effet, *n'appelle pas
à lui* (*ci-dev. p.* 15, *note* 12) une cause soumise, ou qui devait être soumise au juge inférieur : il *retient* une cause qui lui est soumise à lui-même
et qu'il pourrait renvoyer pour la décision du fond, au juge inférieur.
(107) *V.* cette règle, part. 1, p. 16 et 17 et note 5, *ib.*
(108) *Dr. interm.* Ce n'était point un *droit accordé*, mais une *obligation
imposée* au juge d'appel. V. *rép.*, *mots déni*, *et triage*, *t.* 3 *et* 13, p. 535 *et
168; rec. alph.*, 2e éd., *mot appel*, § 14, *n.* 3, *in f.* (idem, à présent, en
matière de provision... v. *ci-d.*, *p.* 277).
Ce système était plus conforme à la règle des deux degrés, que le système
actuel, parce qu'en le suivant aucune cause ne passait par plus de deux degrés, tandis que dans le système du Code, elle est exposée à en parcourir
trois et même quatre, dans le cas où le tribunal d'appel ne jugera pas à propos d'user du droit de retenir le fond. Mais le système du Code offre aussi
de grands avantages. Il peut en effet arriver que lorsque la cause est trans-
mise au juge d'appel sur un interlocutoire, etc., l'instruction n'en ait pas été
réellement complète en première instance, et dans cette circonstance, que le
juge d'appel est à portée d'apprécier, il vaut mieux l'autoriser à renvoyer au
premier juge que de le forcer soit à statuer sans les documens nécessaires,
soit à se les procurer directement en faisant procéder lui-même à des actes
d'instruction, tels que des enquêtes, plus coûteux pour les parties que si le
premier juge y présidait.
(108 *a*) *Observations.* 1. Ainsi il peut et doit même statuer sur une demande en garantie subsidiaire que le premier juge a omis de décider. *Rej.
civ.* 4 *juin* 1833, *avoués*, *xlv*, 618.
2. Mais si au contraire le premier juge a statué définitivement sur tout le
ond de la cause, il est clair que le juge d'appel n'aura rien à retenir ou à évoquer,

et que par conséquent la règle d'après laquelle (*v. ci-apr.*, *lig.* 13 *du texte*) il doit lorsqu'en infirmant il retient ou évoque le fond, y statuer par un seul et même jugement, n'est pas applicable à cette hypothèse. V. *rej. requ.* 18 *avr.* 1818, *avoués, xix*, 135; 16 *juill.* 1822, *au B. c.*; *arr. cass.* 2 *févr.* 1825, *Sirey*, 25, 403; *rej. requ.* 26 *avr. et* 15 *déc.* 1825, 17 *janv.* 1826 *et* 21 *févr.* 1832, *et rej. civ.* 21 *mai* 1833, *avoués, xxxj*, 101 *à* 104, *xlij*, 63, *xlv*, 453.

3. Il résulte de là qu'en infirmant le jugement de première instance, il pourra ordonner soit qu'il sera plus amplement contesté sur un certain point du fond, soit qu'une enquête ou une expertise seront faites. V. *dd. arr.* — V. aussi *ci-apr. note* 111.

(109) *V.* ci-dev., note 3, p. 455.

(110) Sous le droit intermédiaire, ou disait *doit.* — *V.* note 108.

(111) D'après cette maxime, qui n'est point contraire à la règle des deux degrés, le tribunal d'appel pourra, en réformant la sentence, procéder à l'opération qu'elle avait rejetée, par exemple, faire (jadis) une enquête en matière de divorce, nommer un curateur à une hoirie vacante, etc. V. *rej. requ.* 25 *mai* 1807 *et* 7 *févr.* 1809, *rép.*, *iv*, 655, *mot enquête*, § 4, *art.* 3, *n.* 2; *J-C-pr.*, *iij*, 244; *ci-apr. tit. des curateurs aux success. vacantes, note* 4; *Carré, quest., ij, n.* 2431.

Mais si une demande n'a pu être jugée en première instance, parce qu'elle n'y a pas été agitée, il est également évident que le juge d'appel ne pourra en connaître, et par conséquent retenir **(112)** à cet égard le fond de la cause. En effet, il violerait dans ce cas les deux règles précédentes, puisqu'il restreindrait les deux degrés à un seul, et ferait ce que le premier juge n'avait pas dû faire. V. *arr. cass. civ.* 29 *niv. xj*, 2 *fruct. xij*, 6 *janv.* 1806; *id. crim.* 23 *mars* 1810, *p.* 82.

Au contraire on s'est conformé à ces règles, et on les a maintenues, en autorisant **(112 *a*)** le juge d'appel à statuer définitivement sur le fond et par un même jugement, lorsqu'il *infirme*, 1° un jugement *définitif* pour vice de forme ou *pour toute autre cause* **(113)**; 2° un jugement interlocutoire, si la matière est disposée à recevoir une décision définitive. *C-pr.* 473. — V. aussi *Bigot-Préameneu et Albisson*, *p.* 68 *et* 293; *arr. rej. et cass.* 17 *et* 18 *juin* 1817, *B. c.* **(114)**

(112) En un mot on ne peut juger sur l'appel, que les questions qui auraient pu être décidées par le jugement dont il y a appel. V. *arr. cass.* 50

nov. 1814.—V. aussi *id.* 3o *vent. xij*, *Bruxelles et Paris*, 1812, *avoués*, *vj*, 366, *vij*. 97.

Même règle quoique la demande ait été agitée devant le premier juge, s'il ne l'a pu juger, parce qu'il a été forcé de statuer sur une question préalable qu'il ne pouvait joindre au principal. V. *d. arr. cass.* 29 *niv. xj*, 6 *janv.* 1806; *obs. cass.* 186; *Carré, quest.*, *ij*, *n.* 2425 (il avait d'abord embrassé un avis différent).

Observations. 1. Il résulte de là que si le tribunal d'appel annulle le premier jugement pour incompétence, il est obligé de renvoyer la cause au tribunal qui devait former le premier degré, puisque dans ce cas il n'y a pas eu de premier degré, suffisamment rempli. V. *arr. cass.* 27 *fruct. xj*, 7 *frim. xiij*, 12 *juill.* 1809; *M. Merlin, rec. alph.*, *mot appel*, § 14, *n.* 4; *rép.*, *h. v.*, § 9, *n.* 6; *arr. cass.*, *ib.*; *d. rép.*, *mot moulin*, § 8, *et autres arr. ib.* —Mais voyez sur ce point la note 113.

2. *Règle contraire*, si le premier juge s'est mal-à-propos déclaré incompétent (à moins que le fond de la cause n'ait pas été agité devant lui). V. *d. mot moulin*; *arr. cass.*, *ib.*; *autres*, 21 *brum. et* 11 *vent. x*, 29 *niv. xj*, *et* 27 *août* 1806, *au bull.*, *et ib.*, *et au mot déni de justice*, *n.* 5; *arr. Turin*, 20 *mai* 1807, *J-C-pr.*, *i*, 219; *obs. cass.* 186. — Si en effet l'on y a agité le fond, le premier degré a été suffisamment rempli; si on ne l'a pas agité, il n'y a point eu, par la même raison, de premier degré, et par conséquent le juge d'appel ne peut retenir le fond, puisqu'il priverait les parties d'un degré.

3. Au reste, lorsqu'on a conclu, même implicitement, à la retenue du fond, l'on n'est pas recevable à recourir du jugement qui l'a faite. V. *arr. rej. civ.* 4 *mai* 1819, *B. c.*

(112 a) *Pourront*, dit l'art. 473.. le juge d'appel n'y est donc pas forcé. Par conséquent, lorsqu'en infirmant un interlocutoire en ce qu'il chargeait le demandeur d'une preuve, et en la mettant lui-même à la charge du défendeur, il n'a rien dit sur le fond, le défendeur devra s'adresser pour son enquête, au juge inférieur. V. *Lyon*, 13 *déc.* 1820, *et rej. civ.* 8 *févr.* 1825, *Sirey*, 25, 1, 386.

(113) *Observations.* 1. D'après cette expression indéfinie, on avait décidé que l'art. 473 autorise le juge à retenir le fond, même lorsqu'il annulle pour incompétence, le jugement de première instance, s'il trouve la matière en état de recevoir une décision définitive. *Voy. arr. rej. civ.* 23 *janv.* 1811, *Nevers*, 124, *et ci-dessous*, *n.* 4.

2. Dans nos 2ᵉ et 3ᵉ éditions (p. 385 *et* 391, *note* 113) nous avions présenté sur ce point les remarques suivantes. 1o L'art. 473 n'emploie pas le mot *annulle*, mais le mot *infirme*, qui ne s'applique pas à l'anéantissement d'une décision pour cause d'incompétence, ou qui du moins autorise à présumer que la rédaction de l'art. est vicieuse; 2o le Tribunat, qui a proposé cette partie de l'art. 473, la motivait sur des principes opposés à ceux de l'arrêt du 23 janvier : il observait que dans le cas où le tribunal inférieur *qui* DEVAIT *juger le fond* ne l'avait pas fait, il était injuste de lui renvoyer les parties...Mais peut-on dire qu'un premier tribunal, incompétent *ratione materiæ*, ait dû ou même pu juger le fond ?... 3o La cour de cassation, dans ses observations sur le projet du Code de procédure (*tit.* 8, *art.* 186), avait adopté ces derniers principes.

3. Dans nos 4ᵉ et 5ᵉ éditions (p. 434, *note* 113) nous dîmes à l'appui de nos remarques, que ces mêmes derniers principes avaient été consacrés depuis, par deux arrêts de cassation, de 1814 (3o *nov.*, *B. c.*) et de 1812 (*ci-dev.*, p. 462, *note* 27, *n.* 4).

4. Il faut observer à présent qu'on est dans la suite revenu à la décision de l'arrêt (*ci-dev.*, *n.* 1) de 1811 (au moins pour le cas où le premier juge

n'était incompétent que *ratione personœ*). *Voy*. rej. requ. et civ. 1819, 1821, 1825, 1826, 1827, 1832 et 1835, avoués, xxj, 27, xxiij, 369, xxix, 258, xxxj, 92, xxxv, 89, xlij, 361, xlviij, 34.

Mais quelque constante que soit cette jurisprudence, nous croyons pouvoir persister dans nos remarques, d'autant plus que l'art. 473 parle seulement de l'infirmation d'un jugement *définitif*. Or, d'après ce qui a été dit dans les discussions préparatoires du Code, nous ne croyons pas qu'on ait employé cette qualification pour désigner un pur jugement de compétence (v. entre autres, *ci-dev. n.* 2).

5. Si on *confirme* le jugement interlocutoire et si on renvoie pour les opérations, au commissaire nommé par ce jugement, on ne peut ensuite connaître, *omisso medio*, des questions qui y avaient donné lieu; il faut qu'elles soient d'abord décidées par le premier juge. V. *arr. cass.* 18 *févr.* 1835.

(114) *Observations*. 1. *Motifs de ces deux règles*. Dans le premier cas, l'instruction a été complète en première instance; et dans le deuxième, on doit aussi la supposer telle, puisqu'en ordonnant un interlocutoire on a préjugé le fond, et que d'ailleurs le tribunal d'appel a pensé que l'interlocutoire était inutile au complément de l'instruction.

2. Les décisions suivantes sont des conséquences des mêmes règles.

Lorsqu'en première instance, le défendeur s'est borné à soutenir l'assignation nulle, la cour, sur l'appel du jugement qui déclare l'assignation régulière, ne peut retenir le fond, si, loin de le juger définitivement, elle est obligée de compléter l'instruction par des interlocutoires. V. *arr. cass.* 9 *oct.* 1811.

3. Même décision, lorsqu'on n'a eu en appel qu'à prononcer sur un incident, et qu'en le jugeant l'on a ordonné une plus ample instruction sur le fond... et la cassation de l'arrêt qui, en statuant sur l'incident, ordonne la retenue du fond, entraîne la cassation de l'arrêt suivant rendu sur le fond. V. *arr. cass.* 25 *nov.* 1818, *B. c.*, p. 285.

4. Même décision, lorsqu'il n'a été question en appel que de statuer sur la régularité d'un désaveu et qu'il restait encore en première instance à examiner si le désaveu était fondé; puisque alors la matière n'était pas, en appel, disposée à recevoir une décision définitive. *B. c.* 1 *fév.* 1820.

5. Lorsqu'on réforme un jugement pour avoir statué sur une demande de possession sans un examen suffisant des immeubles auxquels elle s'étendait, on ne peut retenir le fond et en même temps ordonner un accès de lieu; il fallait statuer sur le fond par un même jugement. V. *arr. cass.* 28 *avr.* 1823.

6. Au contraire on peut le retenir (s'il est en état) quand on annulle un jugement, soit parce qu'il n'y est pas constaté pourquoi un suppléant, un avocat, etc., y ont concouru. V. *Nîmes*, 19 *août* 1824, *et ci-dev.* p. 156, *note* 12, *n.* 1. — Soit parce qu'un avocat y a remplacé le procureur du roi. V. *Aix*, 1824, *ci-dev.*, p. 23, *note* 22, *n.* 4. — V. aussi *rej. requ.* 28 *févr.* 1828, *avoués, xxxiv*, 299.

7. Bien plus, on peut ordonner un interlocutoire lorsqu'on statue sur l'appel d'un jugement qui en avait rejeté la demande (on réclamait une seconde expertise), puisqu'il était par là même définitif... Et dans ce cas, on n'a pas eu besoin de déclarer expressément qu'on l'infirmait. V. *rej. civ.* 4 *janv.* 1820, *avoués, xxj*, 154.—V. aussi *rej. requ.* 1825 *et* 1826, *ib., xxxj*, 101; *B. c.* 19 *nov.* 1828.

8. Enfin on peut avant de statuer sur l'appel d'un interlocutoire, ordonner une instruction, telle qu'une expertise, et ensuite évoquer et statuer par un seul jugement sur l'interlocutoire et sur le fond, *suiv. rej. requ.* 22 *déc.* 1824, *ib., xxviij*, 154.

9. Exception aux deux mêmes règles. V. *p.* 486, *note* 108 *a*.

II.   7

CHAPITRE VII.

Du jugement d'appel.

Nous traiterons, dans ce chapitre, du mode de prononciation (115) et des effets du jugement d'appel.

I. *Prononciation.* Il faut d'abord examiner quelle est la nature de l'appel.

1. Lorsque l'*appel* est nul ou non recevable, le tribunal le déclare tel, et peut borner là sa prononciation (116). *Arr. d'Angers*, 11 avr. 1821, *Sirey*, 22, 2, 175.

2. Lorsque au contraire l'appel est régulier et recevable, le tribunal, pour y faire droit (116 *a*), doit examiner le jugement attaqué.

(115) Quant aux règles relatives à la délibération et au partage, *voyez ci-devant* titres des jugemens, chap. 1er, p. 279, et de la récusation, note 21, n. 1, p. 369.

(116) Parce qu'à la rigueur le juge d'appel n'est pas saisi de la cause. Rebuffe (*art.* 14, *gl.* 1, *n.* 14) cite un arrêt qui réforma un jugement du deuxième degré, où l'on avait ordonné un interrogatoire, avant de prononcer si l'appel du premier juge était recevable. V. *aussi ci-devant, note* 82 *et ses renvois*, p. 478 *et* 479; *arrêts, ibid.; et surtout titre des exceptions, note* 13, *n.* 1 *et* 2. *p.* 246.

Si dans ce cas le tribunal supérieur ajoute, comme cela se fait le plus souvent, que le jugement dont est appel *sortira* (obtiendra ou aura) son effet, ce n'est que *per modum styli*, en un mot une formule surabondante. Voy. *arr. rej. req.* 10 *avr.* 1813, *cité dans Jalbert*, 1817, 73.

On a observé (*d. note* 82) que c'est l'appel qui saisit le juge supérieur (voy. *aussi arr. de Montpellier et cass.*, 28 *fév. et* 26 *mars* 1811, *B. c., et avoués, iij*, 305) : voici encore des conséquences de cette règle.

1. Le juge d'appel peut, dans certains cas, connaître d'une demande connexe à celle dont il est saisi, mais non pas quand cette demande est soumise à un premier tribunal, ou même quand elle y a été jugée, s'il n'y a pas appel. V. M. *Merlin, conclus. dans Nevers*, 1810, p. 250, *pour l'arr. du* 7 *juin cité ci-dev.*, p. 228, *note* 47.

2. *Dr. anc.* Le premier juge perd le droit qu'il a de réformer ses jugemens de pure instruction (v. *ci-dev., tit. des jugemens, note* 40, p. 284), aussitôt qu'on en a émis appel, parce que dès-lors le juge supérieur en est saisi. V. *id.*, rép., *mot nullité*, § 7, *n.* 3.

Dr. act. Cette règle ne paraît plus susceptible d'application depuis qu'il est défendu d'appeler des jugemens préparatoires avant le jugement définitif (ci-devant p. 459).

(116 *a*) De sorte que si l'intimé a soutenu que l'appel est irrégulier ou qu'il est non recevable, le tribunal doit, dans l'hypothèse ci-dessus, prononcer préalablement qu'il reçoit l'appel.

D'après cet examen, ou l'appel lui paraît fondé, ou il lui paraît mal fondé.

Si l'appel est mal fondé, c'est-à-dire si le jugement est tout à-la-fois régulier en la forme, et juste au fond, le tribunal met l'appel au néant (**116** *b*), confirme le premier jugement, et renvoie au premier juge pour son exécution.

Lorsque l'appel est au contraire fondé, c'est-à-dire lorsque le jugement de première instance est ou irrégulier, ou injuste, ou tout à-la-fois irrégulier et injuste, on prononce de la manière suivante dans ces trois hypothèses.

Si ce jugement est irrégulier en la forme, et injuste au fond, on l'annulle, et on statue sur la cause par un jugement nouveau ; s'il est seulement irrégulier en la forme, mais juste au fond, on l'annulle encore, mais on en reproduit les dispositions dans le nouveau jugement (**116** *c*). S'il est régulier en la forme, et injuste au fond, on l'infirme, et l'on substitue d'autres dispositions à celles qu'on réforme (**117**). *M. Merlin, rec. alph., mot appel,* § 14, n. 2.

3. Enfin, s'il y a de nouvelles demandes recevables, telles que des demandes d'accessoires (*ci-d. p.* 481), on doit les examiner et y statuer (avec motifs)... V. *B. c.* 12 *août* 1823, 22 *fév.* 1825. (**118**)

(116 *b*) Du moins, si ce tribunal est une cour supérieure... Si c'est un tribunal civil ou de commerce, il prononce simplement (v. *ci-après, note* 120, *p.* 493) qu'il a été *bien jugé, mal appelé*.

(116 *c*) Pour un exemple, *voy.* Angers, 1816, maintenu par rej. req. 29 janv. 1818, avoués, xix, 17.

(117) C'est ce qu'on annonce par le mot *émendant*, qui vient du latin *emendare*, corriger, et que dans le principe on prononçait *amender.*—Voy. *Rebuffe, sup.*, n. 2. — Si le jugement n'est injuste qu'en partie, la réformation partielle qu'on en fait est annoncée par l'expression *émendant quant à ce*, et l'on ordonne que le surplus de ce jugement *sortira son plein et entier effet.*

Style de la prononciation... Voyez ci-dev. notes 41 et 114, n. 7, p. 285 et 489 ; Pigeau, t. 1, p. 588 et suiv.

(118) Les anciens auteurs expriment en termes précis et énergiques tous ces modes de prononciation. « Appellatio, disent-ils, habet naturam « annullandi, confirmandi, emendandi, dividendi, supplendi.» (Ces deux der-

niers mots indiquent une réformation partielle, et une adjudication de nouvelles demandes). — V. *Rebuffe, sup., art. ult., n.* 33.

Observations. 1. Le juge d'appel doit prendre pour règles les lois qui
étaient en vigueur au temps de la sentence, quant à la *forme*, et au temps
du fait qui a donné lieu au différend, quant au *fond*; et non point les lois
postérieures. V. *nov.* 115, *cap.* 1, *in pr.; Rebuffe, ibid., n.* 44; *Despeisses,
d. art.* 6, *n.* 3 *à* 5; *Espagne, n.* 111. — Mais il peut la confirmer par d'autres motifs que ceux qu'elle exprime, et il doit même la confirmer si elle est
juste, quoique les motifs en soient injustes. V. *ci-dev. tit. des jugemens,
note* 35, *p.* 283.

2. Il peut refuser de statuer sur l'appel jusqu'à ce qu'on produise une expédition régulière de la sentence; et cette expédition ne peut être délivrée régulièrement, tant qu'on n'a pas statué sur l'opposition (v. *p.* 289) aux qualités, *suiv. Colmar,* 27 *nov.* 1810, *avoués, iij,* 221.

II. *Effets.* 1. Le jugement d'appel anéantit totale-
ment le premier jugement, lorsqu'il l'infirme. V. *L.*
1, § *ult., in f., ff. (lib.* 48, *tit.* 16) *ad senatus-cons.
Turpyllian.* (**119**)

2. Dans le cas contraire, c'est l'appel qui est
anéanti, et le premier jugement reprend toute sa force
à l'égard des parties. (**120**)

3. Dans ce même cas l'appelant est condamné à une
amende. *C-pr.* 471. (**121**)

4. Dans l'un et l'autre cas, la partie qui succombe
doit aussi être condamnée aux dépens. *C-pr.* 130,
470. (**122**)

(**119**) *Observations.* 1. Par une conséquence nécessaire, la cour royale
doit faire exécuter (entre les mêmes parties) la décision définitive. *C-pr.,*
472, *in f.; Bigot-Préameneu, p.* 68. — Par exemple, lorsqu'elle a ordonné
la réalisation d'offres incomplètes, on peut s'adresser à elle pour être autorisé
à retirer les sommes déjà consignées. V. *arr. cass.* 24 *avr.* 1812, *Nevers,*
607.

Cette règle reçoit exception dans le cas où elle charge de l'exécution un *autre* tribunal de première instance (v. *à ce sujet, ci-dev., chap. des tribun.
des actions, n.* 8 *et note* 13, *p.* 134 *et* 135), et dans celui où il s'agit d'une
matière dont la juridiction est attribuée spécialement, comme une nullité
d'emprisonnement, une expropriation forcée. V. *d. art.* 472, *in-f.; Bigot-
Préameneu, sup..* — V. aussi *C-pr.* 794; *C-c.* 2210; *ci-apr., tit. de la contrainte, notes* 31 *et* 47; *de la saisie-exécution, note* 47, *n.* 5; *avoués, ij,*
317 *et* 350; *arr. ibid.; arr. cass.* 16 *août* 1809, *Nevers, sup.,* 168; *ci-dev.
p.* 344, *note* 27.

2. Si au contraire le premier jugement est confirmé, l'exécution appartient
au juge (à moins que ce ne soit un tribunal de commerce., v. *p.* 59, *n.* 4)
qui l'a rendu. V. *C-pr.* 472, *in pr.* — V. aussi *d. n.* 8 *et note* 13, *p.* 134; *Loiseau, abus des justices; Despeisses, tit.* 11, *sect.* 3, *n.* 10. — C'est que la

confirmation anéantissant l'appel, rend à ce jugement toute sa force primitive. V. *toutefois, ci-dev.*, *note 81, n. 1, p.* 478, *et note 27, p.* 325.

3. Si le juge d'appel infirme seulement en partie, l'exécution totale lui appartient, *suiv. Bourges et Rennes*, 1824, 1827, *avoués, xxvj*, 309, *xxxiij*, 238. — A moins que le chef infirmé n'ait été volontairement exécuté , *suiv. Amiens*, 15 *juin* 1822, *Sirey*, 23, 2, 350.

(120) Il est vrai que les cours supérieures sont les seules qui, dans ce cas , usent de la formule de *mettre l'appel au néant*; mais la règle précédente n'en est pas moins conforme aux principes pour toute espèce de jugement en dernier ressort. En effet, les tribunaux du second ordre, lorsqu'ils *confirment*, prononcent qu'il a été *mal appelé* (v. *ci-dev. note* 116 *b* , *p.* 490)…. Donc ils rendent par là au premier jugement , l'effet que l'appel avait seulement suspendu.

(121) Pour un appel, 1. de jugement de paix, *cinq francs*; 2. de jugement civil, arbitral ou de commerce, *dix francs.* — *C-pr.* 471, 1025.

Observations. 1. *Dr. anc.* En pays de droit écrit l'amende était d'abord à la volonté du juge. L'ordonnance de 1539, art. 116, décida qu'elle serait fixe, comme en pays coutumier; or, dans ces pays, elle était *de soixante livres parisis*, en cas d'appel de sentence des bailliages , à moins que le parlement ne jugeât à propos de la modérer. *Rebuffe, de appellationib., art.* 9 , *gl.* 1 *et* 12.

1 *a.* *Dr. int.* Pour un appel , 1. de jugement de paix , neuf francs ; 2. de jugement de district ou de commerce , soixante francs. V. *L.* 24 *août* 1790, *tit.* 10, *art.* 10; *arrêtés des* 27 *nivose x et* 10 *flor. xj.*

2. *Dr. act.* L'appelant qui ne succombe point tout-à-fait ne doit point d'amende, parce qu'il suffit qu'il obtienne gain de cause dans quelque chef pour que le premier juge soit censé avoir mal jugé V. *id., n.* 17 , *et de litteris civil., gl.*, 4, *n.* 1; *Pigeau, i,* 590; *arg. de C-pr.* 248.

2*a.* Il en est de même, en premier lieu, de l'appelant qui a transigé sur l'appel avec l'intimé avant le jugement de l'appel. *D. arrêté* 27 *niv. x* , *art.* 2.

En 2ᵉ lieu, de l'appelant qui s'est désisté de l'appel , *suiv. arr. de Bruxelles*, 28 *janv.* 1808, *J-C-pr., ij* , 331.

2 *b.* Quoi qu'il en soit, l'omission d'avoir condamné à l'amende, ne donne pas ouverture à la cassation dans l'intérêt des parties ; ce serait tout au plus dans celui du trésor public. V. *rép., i*, 225, *h. v.*, § 4; *arr. ib.*

3. Il faut, sous peine de 500 fr. d'amende , consigner à l'avance, l'amende d'appel, excepté pour les matières sommaires. *Arg. du tarif* 90; *arr. du* 10 *flor. xj; décis. des min. de la just. et des financ.,* 31 *juill.* 1808, 12 *sept.* 1809 *et* 6 *mars* 1824, *dans Nevers*, 1809, 2, 200 *et avoués, xxvj* , 194; *l'instruction sur les amendes , du direct. de l'enregis., n.* 10 (*est aussi à avoués, i ,* 59). — Même pour l'appel d'un jugement de paix. V. *rép., d. p.* 225.

3 *a.* Au reste, il suffit de consigner avant le jugement pour être affranchi de l'amende de 500 fr. dont on vient de parler. V. *même instruction.*

Dr. int. Il fallait consigner en faisant enregistrer l'appel. V. *d. arrêté du* 27 *niv. x , art.* 1.

(122) Voyez à ce sujet, les règles exposées *au ch. des dépens , p.* 170, *et note* 1, *n.* 7, *p.* 171 ; *et ci-dev. note* 88, *n.* 4, *p.* 479.

SECTION SECONDE.

Des voies extraordinaires contre les jugemens. (1)

TITRE PREMIER.

De la tierce-opposition.

On nomme *tierce-opposition*, l'opposition que forme à un jugement un tiers, c'est-à-dire un particulier qui n'a pas été appelé à ce jugement, ou qui n'y a pas été partie. Quelles en sont les espèces ? et à quel tribunal est-elle portée ? quelles personnes ont droit d'en user ? et contre quels jugemens ? comment et quand en use-t-on ? quels en sont les effets ?.. Ces questions seront l'objet du présent titre. (**2**)

(**1**) On a vu ci-devant, livre 2, p. 441, qu'il y a quatre sortes de voies extraordinaires, la tierce-opposition, la requête civile, la prise à partie, la cassation, à quoi il faut ajouter le *désaveu*... On y a aussi exposé (*note* 10, p. 442) les caractères principaux de ces sortes de voies.
(**2**) Ce titre correspond au tit. 1, liv. 4 du Code.
Le *droit ancien* n'avait établi que deux règles relativement à la tierce-opposition ; il a fallu presque entièrement créer la législation sur cette matière importante. *Albisson, p.* 294.

§ 1. *Des espèces de tierce-opposition et des tribunaux qui en connaissent.*

Il y a deux espèces de tierce-opposition ; la principale et l'incidente.

La tierce-opposition principale a lieu lorsqu'on s'oppose par une action directe et distincte à un jugement. Elle est portée au tribunal, quel qu'il soit, qui a rendu le jugement, parce que c'est une espèce d'intervention (**3**) dans l'exécution de ce jugement. (3 *a*) — *C-pr.* 475 *in pr.; Bigot-Préameneu*, *p.* 70. — V. aussi *arr. cass.* 14 *oct.* 1806. (4)

La tierce-opposition incidente est celle qu'un plaideur forme pendant le cours d'une instance, à un jugement dont son adversaire veut tirer avantage contre lui pendant cette même instance; elle se porte au tribunal saisi de la cause, s'il est égal ou supérieur à celui qui a rendu le jugement : dans le cas contraire, elle doit se porter à ce dernier tribunal. *C-pr.* 475, *in f.*, 476 ; *Bigot-Préameneu, ib.* (5)

(3) V. en le § ci-dev., p. 358.

(3 *a*) C'est d'ailleurs le tribunal le plus à portée de statuer en connaissance de cause.

(4) Si l'on veut s'opposer à un jugement confirmé en appel, c'est au tribunal de première instance qu'il faut porter la tierce-opposition, parce que l'arrêt qui confirme, anéantissant l'appel, les parties se trouvent au même état que s'il n'y avait point eu d'appel ; et que, dans ce cas, c'est le même tribunal (v. *p.* 492 *et* 493, *notes* 119 *et* 120), qui connaît de l'exécution, *suivant Bruxelles et Douai*, 9 *avr.* 1808 *et* 14 *janv.* 1825, *J-C-pr. iij*, 181, *avoués, xxviij*, 58.

Mais 1° ce système est en contradiction avec le texte de l'art. 475, car c'est l'arrêt qu'on attaque plutôt que le jugement ; 2° il a l'inconvénient d'exposer un tribunal de première instance à rétracter un arrêt. V. *Limoges*, 13 *févr.* 1816, *avoués, xiij*, 120 ; *Florence*, 26 déc. 1809, *à d. p.* 58 ; *rép. viij*, 823, *mot opposition* (*tierce*), § 4, *n.* 2 ; *Bourges*, 7 *juill.* 1824, *Sirey*, 25, 2, 120; *Paris et Rennes*, 1825, 1829 *et* 1835, *avoués, xxxj*, 183, *xxxvj*, 280, *Sirey*, 35, 2, 262.

(5) Si l'une ou l'autre espèce de tierce-opposition est portée à un tribunal qui a statué en dernier ressort et sur l'appel d'un autre tribunal, il n'en doit pas moins connaître en premier et dernier ressort de la tierce-opposition. Il est vrai que, dans ce cas, on viole un peu la règle des deux degrés ; mais en suivant une autre marche, on s'exposerait à un plus grand nombre d'inconvéniens. V. M. *Merlin, rec. alph., mot opposition* (*tierce*), § 2 ; *et rép.*, *h. v.*, § 4. — V. aussi *arr. cass.* 21 *brum. an v.*

§ 2. *Des personnes qui peuvent et des jugemens auxquels on peut s'opposer.*

D'après les notions générales que nous avons données des jugemens, on conçoit que l'équité serait blessée s'ils pouvaient nuire à celui qui n'a pas été à portée d'y faire valoir ses droits ; c'est pour obvier à cet inconvénient qu'on a imaginé d'accorder au tiers, qui en souffre un préjudice réel, la faculté de se pourvoir par la tierce-opposition (6). *C-pr.* 474; *Bi-got-Préameneu et Albisson, p.* 69 *et* 294; *Rebuffe, de arrestis, gl.* 1, *art.* 1.

Mais cette faculté pourrait dégénérer en licence, nuire à des droits légitimes, et arrêter le cours d'une procédure justement faite, ou la prolonger mal-à-propos, si l'on n'en réglait pas l'exercice, et si on ne le réprimait pas lorsqu'il n'est point justifié par des droits et un préjudice réels : tel est le motif pour lequel le tiers opposant qui succombe, est condamné à une amende (7) et peut l'être aussi à des dommages. *C-pr.* 479. — Et tel est aussi le principe sur lequel sont fondées les décisions suivantes.

(6) Même lorsque le jugement a été exécuté par les *parties*, cette faculté n'étant restreinte, ni par l'ordonnance, ni par le Code. V. *d. art.* 474; *arr. cass.* 26 *frim. iv*, 6 *pluv. vj* (mais v. *ci-dev.* p. 407, *note* 14).

Observations. 1. On a soutenu que la tierce-opposition n'est pas admissible contre un jugement qui statue sur une *question d'état*, entre autres motifs, parce que l'état est indivisible; et en conséquence, on a rejeté (*arr. de Poitiers,* 23 *juill.* 1806, *J-C-pr., iij*, 1 à 43) la tierce-opposition formée par un émigré amnistié, à un jugement rendu pendant son émigration, et qui déclarait un particulier *fils* de sa femme, contradictoirement avec celle-ci. Mais l'arrêt a été cassé (7 *déc.* 1808, *B. c.*), surtout parce que l'émigré ni sa famille n'avaient été appelés au jugement, ni en personne ni par leurs représentans (on avait soutenu qu'il était représenté de droit par sa femme). V. au reste *avoués, xxxj,* 139.

2. Par la même raison, le jugement qui déclare un particulier parent d'un individu, ne peut pas être opposé à un autre parent de celui-ci, qui n'y a pas été partie. V. *rec. alph., mot religionnaires,* § 2.

3. Bien plus, si un jugement passé en force de chose jugée, qui déclare un individu *fils légitime* d'un autre, peut être opposé, quant à ses effets sur les *biens*, à un troisième individu qui se trouve et fils et héritier du condamné, il ne le peut point quant aux *droits de* FAMILLE, *suiv. B. c.* 9 *mai* 1821, *p.* 125, *Montpellier,* 24 *janv.* 1822, *Grenoble,* 1831, *et rej. requ.* 21 *avril* 1835, *Sirey,* 23, 2, 53 *et* 35, 1, 354. — V. aussi *répert. xvij,* 478, *mot question d'état,* § 3, *art.* 1, *n.* 7.

(7) V. aussi *ord.* 1667, *tit.* 27, *art.* 10; *Jousse et Rodier, ib.; Pigeau, i,* 677; *arr. rej. requ.* 25 *mars* 1823, *B. c., n.* 58.

Observations. 1. L'amende *ne pourra être moindre* de 50 francs, dit l'article 479... Donc elle peut être plus considérable, quoi que en disent M. Hautefeuille, *p.* 286, et Carré, *Lois, ij,* 261.

2. *Dr. anc...* 150 liv. pour les tierces oppositions contre les arrêts, et 75 liv., pour celles contre les sentences. *Ord., d. art.* 10. — Le parlement de Grenoble avait fortement réclamé contre cette amende; il observait que lorsque le premier jugement était exécuté, il ne semblait pas juste de soumettre l'opposant à une amende, puisqu'il ne causait aucun préjudice à son adversaire. *Saint-André, d. art.*

1. On a le droit d'attaquer par cette voie un jugement où l'on n'a pas été appelé (**8**); mais non pas un jugement où l'on a été appelé, soit en sa personne, soit en celle des particuliers qu'on représente (**9**), soit par l'intermédiaire d'un représentant légitime agissant régulièrement (**10**). Dans ces cas, on doit se pourvoir par les voies ordinaires, et si elles sont épuisées, par la requête civile, ou par la cassation. (**11**)

3. *Dr. act.* L'amende est due lorsque la tierce-opposition est *rejetée*, et non pas lorsque, pour incompétence, elle est renvoyée à un autre *juge, suiv. arr. de Bruxelles, à note 4, p.* 495. — Pigeau, t. 1, p. 677, paraît embrasser un système différent ; mais le premier est conforme à la maxime *odiosa sunt restringenda.* — Autres questions. V. *Besançon*, 1808, *et* Paris, 1810, *J.-Cpr. iij,* 185, *avoués, i,* 95.

(8) *Observations.* 1. Faut-il aussi avoir dû y être appelé ?... OUI, *suiv. rej. req.* 10 déc. 1812, *et* 28 *fév.* 1822, *avoués, viij,* 3, *Sirey,* 22, 217 ; *B. c.* 12 *et* 21 *fév.* 1816 (v. surtout leurs motifs), *et Pau,* 1824, *avoués, xxviij,* 86... NON, il suffit d'en éprouver un préjudice, *suiv. B. c.* 15 *juill.* 1822, *Agen,* 9 *août* 1827, 20 *nov.* 1829, *et Bordeaux,* 4 *janv.* 1830, *avoués, xxxv,* 178, *xxxix,* 58 *et* 158.

Mais peut-être y a-t il erreur de rédaction dans les motifs de l'arrêt du 15 juillet 1822, qui peut avoir influé sur les trois autres, parce que dans la cause qu'il a jugée, le créancier ayant attaqué des actes comme frauduleux, avait par là même le droit de former une tierce-opposition en vertu de C-c. 1167, comme nous l'exposons, p. 499, *note* 11. Ce qui porterait à le penser, c'est que depuis (*B. c.* 21 *août* 1826), on a cassé un arrêt pour avoir admis une tierce-opposition d'un créancier non fondée sur une fraude (il n'avait allégué la fraude qu'en cassation).

1 *a.* Dans l'article du projet (le 463) dont on a fait l'art. 474 du Code, on exigeait que le tiers eût dû être appelé : cette condition fut supprimée, non pour en dispenser formellement, mais parce que la suppression parut être la conséquence de celle d'un autre article (464) discuté ensuite et où l'on n'admettait à l'opposition le tiers dont la mise en cause n'avait pas été nécessaire, qu'à la charge de prouver que le jugement était la suite d'une collusion ou d'une fraude ou d'un dol entre les parties primitives.

Autant qu'on en peut juger par la rédaction peu claire et assez confuse du procès-verbal, lors de la discussion de ce dernier article (le 464) presque tous les opinans reconnurent d'une manière expresse que lorsqu'on avait intérêt et *qualité* (par conséquent lorsqu'on avait dû être appelé) on était admissible à la tierce-opposition. Ils ne furent pas contredits sur ce point important, et ils le devaient d'autant moins l'être qu'on avait d'abord adopté dans son intégrité, et sans remarque, l'article (le 463) qui exigeait cette condition (d'avoir dû être appelé). V. *M. Locré, législat. civile, xxij,* 42 *et* 48 *à* 52. — En un mot, on ne peut induire de la suppression de cette condition, que l'intérêt, ou, en d'autres termes, le préjudice causé par un jugement soit suffisant pour faire admettre la tierce-opposition.

Il est des causes, il faut l'avouer, où l'extrême gravité du préjudice dispose à s'en contenter dans cette hypothèse ; par exemple dans la cause jugée par la cour d'Agen, où l'on avait déclaré septuagénaire le père du dernier conscrit appelé, ce qui entraînait une dispense pour ce conscrit (*L.* 10 *mars* 1818, *art.* 14), et forçait par là même l'appelé qui avait le numéro suivant à partir à sa place, on dut être porté à admettre la tierce opposition de celui-ci et en conséquence lui permettre de prouver que le père du précédent n'était pas septuagénaire.

Mais, d'autre part, si le seul préjudice suffit, aucun jugement ne pourra procurer des droits irréfragables à un créancier contre son débiteur, puisque un semblable jugement cause toujours un préjudice aux autres créanciers du même individu, et que la tierce-opposition est admissible pendant trente ans. (*ci-apr.* p. 5o1, *n. ij*).

1 *b*. Observons d'ailleurs au sujet de la même cause, que les questions judiciaires d'état ou de droit civil dont la solution peut influer sur les listes de recrutement, doivent être jugées contradictoirement avec le préfet (*d. L.*, *art.* 16), et que, par conséquent, il peut former tierce-opposition au jugement qui les résout lorsqu'il n'y a pas été appelé. V. *requ. et rej. civ.* 6 *mars* 1827, *B. c.*

2. *Quid juris* si l'on a été irrégulièrement appelé, et néanmoins condamné *nommément* par défaut?... On doit alors agir par *simple opposition* ou par *requête civile*, parce qu'on a été *partie*, et que ce sont les voies accordées aux parties. V. *note* 6, p. 446, *et* § 1, p. 5o5; *Nancy*, 23 *nov.* 1812, *avoués*, *vij*, 245; *surtout B. c.* 3o *août* 1824 *n.* 85, p. 3o5 (cet arrêt le décide formellement). — V. aussi *Paris*, 31 *août* 1813, *avoués*, *vij*, 284, *et cass.*, 11 *janv.* 1815, *B. c.*, p. 5 *et suiv.*

(9) V. *d. art.* 474. — Tels sont ceux auxquels on a succédé à titre universel ou particulier, ou bien dont on est *ayant-cause* à titre de cession, subrogation, vente, créance, etc. — V. *Rodier*, *xxxv*, 2; *B. c.* 9 *niv. iv*; ci-après, *note* 11, *et titre de l'autorisation*, *note* 12, *n.* 3.

Observations. 1. On admet néanmoins à la tierce-opposition, l'héritier bénéficiaire, parce qu'il ne confond point son patrimoine avec celui du défunt, *suivant M. Desmasures*, *ch.* 12, *n.* 86.

2. On y admet aussi l'acquéreur ou cessionnaire, etc., qui est devenu *ayant-cause* avant le procès où son auteur a succombé, car il n'a pu être représenté par lui au jugement. V. *L.* 11, § *ult.*, *et L.* 29, § 1, *ff. except. rei judic.*; *arr. cass.* 14 *juin* 1815 *et* 21 *févr.* 1816, *B. c.*; *Poitiers*, 2 *mars* 1832, *et rej. requ.* 11 *mars* 1834, *avoués*, *xliij*, 439, *xlvj*, 3o8.

3. Bien plus, on admet également cet acquéreur ou cessionnaire, s'il l'est devenu pendant le procès, pourvu que ce soit avant le jugement. Voyez *arr. cass.* 8 *mai* 1810, *Sirey*, 265; *id.*, 19 *août* 1818, *B. c.* —Et cela lors même qu'il a eu connaissance du procès, parce que rien ne le forçait à y intervenir. V. *d. arr.* 19 *août.*

4. Il résulte des observations précédentes, que le vendeur non appelé en garantie dans les cas des n°ˢ 2 et 3, n'a pas lui-même la tierce-opposition. D'une part, il a été représenté lors du jugement par l'acquéreur; de l'autre, ce jugement ne lui cause point de préjudice, puisqu'il pourra repousser l'action postérieure en garantie en faisant valoir la disposition de l'art. 164o du Code civil. V. *B. c.* 3 *févr.* 1829.

(10) Tel qu'un administrateur légal, un tuteur, un curateur (v. *arr. cass.* 27 *brumaire v*; ci-apr. *tit.* 2, *note* 36), un mandataire.

Observations. 1. Ainsi l'héritier légitime n'est pas recevable à s'opposer comme tiers, aux jugemens rendus, en premier lieu, contre le *curateur à la succession vacante* (v. ci-apr. *ce tit.*) occupée ensuite par cet héritier. V. *arr. de* 1702, *rej. civ.* 1816, *et autres*, au *d. tit.*, *note* 7, *n.* 3. — En second lieu, contre l'état, qui en a joui à titre de déshérence. V. *arr. cass.*, 5 *avr.* 1815.—En troisième lieu, contre l'héritier apparent, qui en était aussi en possession , *suiv. M. Merlin*, d. *rec. ij* , 65o, *mot héritier*, § 3 ; *arrêts*, *ib.*; *Metz*, 29 *mai* 1818 , *avoués*, *xix* , 3o3. — Et par la même raison, il ne pourrait pas attaquer la vente faite par l'héritier apparent, à un acquéreur de bonne foi, *suiv. B. c.* 11 *frim. ix et rej.* 3 *août* 1815, *Jalbert*, 431.—Voy. aussi *Pau*, 4 *juill. et Paris*, 12 *avr.* 1823 , *Sirey*, 24, 2, 4o *et* 49 ; et quant aux hypothèses relatives à l'héritier *apparent*, M. Toullier (*ix*, 541 *à* 588), qui soutient un système différent.

2. Observons également que si le mandataire n'avait pas le pouvoir de plaider, le mandant aura le droit d'agir par tierce-opposition. V. *arr. cass.* 10 *août* 1807 ; *rép.*, *h. v.*, § 2, *art.* 4, *t.* 8, *p.* 8o5.

3. *Cessionnaire...* V. ci-apr. tit. des règles générales d'exécution, note 16, n. 1.

(11) *Observations.* 1. Il résulte de ces règles et des remarques faites aux notes 9 et 10, que, comme le créancier est un *ayant-cause* de son débiteur, il a été représenté par lui dans les jugemens rendus contre ce même débiteur, de sorte que quand il veut (en vertu de *C.-c.* 1166) attaquer ces jugemens, il doit agir par appel ou par requête civile, à moins qu'il n'y ait eu une collusion (prouvée) entre le débiteur et la partie qui a obtenu gain de cause. V. *B. c.* 12 *fruct. ix* ; *rec. alph.* , *iij*, 561 , *h. v.*, § 1 ; *rép. viij*, 8oo, *art.* 2 ; *arr. rej.* 15 *févr.* 18o8, *ib.*, et 11 *juin* 1822, *Sirey*, 23, 49 ; *L.* 5, *C. pignorib. et hypoth.*; *tot. tit.* , *ff. quæ in fraud. creditor.*; *Paris*, 20 *mars* 181o , *avoués*, *i*, 285.—V. *aussi*, quant à l'exception , *ci-apr. tit. de la séparat. de biens, in f.*, et *C-pr.* 873 ; *Carré, quest.*, *ij*, *n.* 2439, et arrêts, *ib.* ; *arr. rej.* 16 *juin* 1811, *Sirey*, 11, 337 ; *rép. xvj*, 152, *mot collusion* ; *rej. requ.* 11 *déc.* 1834 (on y admet la tierce-opposition d'une caution solidaire , contre un arrêt rendu par collusion entre le créancier et le débiteur), *Sirey*, 1835, 1, 376.

2. On excepte encore en faveur des créanciers hypothécaires , le cas où leur droit d'hypothèque a été altéré par le jugement; comme si l'on a ordonné le rétablissement d'une hypothèque rayée , *suiv. Turin et Paris*, 3 *mai* 18o9 *et* 15 *avr.* 1811 , *Sirey*, 181o, supp., 3o1 ; *avoués*, *iij*, 283.—V. aussi *Nîmes*, 14 *août* 1812, *avoués*, *viij*, 366.

3. On peut motiver toutes ces exceptions sur ce que les créanciers agissent alors de leur *chef*, en vertu de l'art. 1167 du Code civil , et non pas comme représentans de leurs débiteurs. — V. *à ce sujet* , Bourges , Nîmes , Paris et Bordeaux , 1822, 1826, 1832 et 1833, avoués, xxiv, 216 , xxxv, 369, xliij, 592, xliv, 45.

2. On a le droit de se servir de la tierce-opposition, contre toute espèce de jugement rendu par quelque juge que ce soit. *Arg. du d. art.* 474. — V. aussi *Albisson*, *p.* 294. (12)

(12) Contre un jugement en premier ou en dernier ressort, rendu par un juge ordinaire ou d'attribution, un juge de paix ou civil , etc. , car la loi ne fait aucune distinction. V. *rép.*, *ib.*, § 1 ; *arr. de cass. et de Colmar*, 23 *juin* 18o6 *et* 19 *déc.* 181o, *ib.*, et *avoués*, *iij*, 297 ; *Albisson*, *sup.*—Et elle n'excepte que les jugemens d'arbitres , parce qu'ils ne sont dans aucun cas opposables à des tiers. V. *C-pr.* 1022, *et leur art.*, *p.* 47, surtout , *note* 3o , *ib.* (*dr. int...* règle contraire pour ceux des arbitres forcés... v. *M. Merlin* , *d. rec.*, § 4, *et d. art.*, note 36, n. 4, *p.* 49).

3. On n'a point ce droit si l'on ne souffre pas un préjudice réel du jugement (13), et par conséquent si l'on n'avait pas un intérêt direct à la cause dans laquelle il a été rendu. (14)

(13) V. d. art. 474. — C'est à l'opposant à prouver ce préjudice. V. Re-buffe, sup., art. 2, gl. 1, n. 7.

(14) D'après ce principe, la cour de Riom (9 janv. 1808, J-C-c. xij, 312) a pensé qu'un donataire ne peut attaquer par tierce-opposition, le jugement qui interdit le donateur, entre autres motifs parce que le donataire n'aurait eu le droit d'être appelé à la cause d'interdiction qu'autant qu'elle eût pu porter atteinte à son état personnel... Elle décide donc que pour être admissible à s'opposer comme tiers, il faut *avoir dû être appelé* (v. sur ce point *ci-dev. p. 497, note* 8).

Autre exemple... V. *ci-apr. tit. de l'interdiction, note* 11, *n.* 4.

Il en est autrement à l'égard des membres du conseil de famille. — V. *ci-apr., tit. des avis de parens, in f.*

Mais, 1° l'on n'est point forcé d'agir par la tierce-opposition contre un jugement, pour empêcher que celui en faveur de qui il a été rendu ne fasse valoir l'autorité de la chose jugée (15); on peut se borner à soutenir que c'est *res inter alios judicata*. — *Arg. du d. art.* 474. (16)

2° Au lieu d'user de cette voie on peut agir par action principale devant le juge compétent pour connaître en première instance de l'objet litigieux. V. *M. Merlin, rec. alph., i,* 395, *mot chose jugée,* § 11, *et pour un exemple, arr. cass.* 22 *mai* 1811, *B. c., et rép. xiv,* 540, *n.* 4 *ter.*

(15) Au contraire, si le jugement a force de chose jugée contre un tiers (comme s'il y a acquiescé), il ne peut s'y opposer. V. *sur ce point, d. rec., h. v.,* § 2; *ci-dev. p.* 407, *note* 12, *n.* 3.

Mais si un jugement condamne un tiers non intéressé, tel qu'un conservateur d'hypothèques, un tiers-saisi, un héritier bénéficiaire, un séquestre, à faire quelque chose de préjudiciable à un autre tiers, et si ce dernier veut en empêcher l'exécution, il est bien forcé alors d'agir par tierce-opposition (v. *à ce sujet, arr. de Toulouse,* 17 *janv. et* 21 *mars* 1811, *rép. xiij,* 808 *et* 811; *rej. civ.* 22 *août* 1827, *avoués, xxxiv,* 70).

(16) *V.* aussi L. 2, C. quib. res judicata; C-c. 100, 1351; rép. viij, 833, h. v., § 6, et mot délit; B. c. 14 juin 1815; ci-dev. § de la déclarat. de jug. comm., p. 362, note 16, n. 3.

Observations. 1. *Quid juris* s'il s'agit d'une décision rendue sur une simple requête?.. V. *ci-dev. p.* 445, *note* 6.

2. Le tiers peut intervenir en appel (v. p. 484) et y être cité en déclaration de jugement commun (mais v. d. note 16, n. 3). — S'il a procédé devant un tribunal civil sur l'appel d'un jugement de paix, sans requérir de renvoi, il ne pourra appeler du jugement civil, parce que le juge d'appel peut statuer sur les incidens de sa compétence, et qu'un jugement ne peut être rendu, partie en premier, partie en dernier ressort. V. au reste B. c. 17 févr. 1812, et ci-dev. p. 457, note 15.

§ 3. Mode et délai de la tierce-opposition.

I. *Mode.* La tierce-opposition principale et la tierce-opposition incidente portée à un tribunal autre que celui qui connaît de la cause (v. § 1, p. 495), se forment par une assignation ordinaire; et la tierce-opposition incidente portée au tribunal de la cause (v. d. § 1), par une requête (**17**). *Arg. de C-pr.* 475, 476; *tarif* 75; *Pigeau, i,* 675. (**18**)

(17) *Par requête...* à laquelle on peut répondre. *Tarif,* 75.
Et non pas par un acte entre avoués, *suivant un arrêt de Turin,* 14 *mai* 1808, *J-C-pr. iij,* 410 ; tandis que suivant un arrêt de Colmar (9 *août* 1814, *avoués, xj,* 184), elle peut même être proposée dans de simples conclusions verbales à l'audience , parce que l'article 475 du Code ne prononce point de nullité.

(18) *Observations.* 1. Le Code ne dit rien de plus sur la procédure de la tierce-opposition ; mais les termes *action principale,* dont il se sert pour les deux premiers cas , annoncent qu'elle doit suivre les mêmes règles que toute procédure ordinaire.
2. Est-elle sujette à conciliation ? oui , *suiv. prat. fr. iij,* 274 , parce qu'elle est une action principale, et que la loi ne l'en exempte pas. — V. *aussi Paris,* 29 *prair. x, et* 5 *pluv. xj, ib.,* et 21 *pluv. x , Sirey,* 3, 2, 552; *Carré, lois, ij,* 255. — NON, *suiv. Pigeau, i,* 675, et *Rennes,* 1823, *avoués, xxix,* 31, parce qu'elle est une espèce d'intervention.... On pourrait faire valoir en faveur du premier système, la règle générale indiquée *au tit. de la conciliation, note* 5, *p.* 205.

II. *Délai.* La loi ne déterminant point le délai dans lequel on a le droit d'user de cette voie, il paraît naturel de n'assujétir ce droit qu'à la prescription ordinaire (**19**), prescription qui courrait du jour où le jugement a été connu de la partie (**20**). V. *Poitiers,* 2 *mars* 1832, *avoués, xliij,* 439.

(19) On a l'exemple de tierces-oppositions admises au bout d'une vingtaine d'années. V. *arr. cass.* 17 *germ. iv.*

Il en est autrement : 1° pour les jugemens de déclaration de *faillite*; on ne peut s'y opposer que dans les délais fixés par le Code de commerce (art. 457). V. *B. c.* 10 *nov.* 1824.—2° Pour ceux de *séparation* de biens.. V. *en ci-apr. le tit., n. ij, in f.*

(20) A moins que, pendant cet intervalle, la partie en faveur de laquelle le jugement avait été rendu, n'ait elle-même acquis par prescription la chose réclamée.—V. *Pigeau, i,* 673.

§ 4. *Des effets de la tierce-opposition.*

La tierce-opposition produit des effets divers, suivant qu'il s'agit de la procédure, ou bien de l'exécution, soit du jugement auquel on s'oppose, soit du jugement qui admet cette voie d'attaque.

1. *Procédure.* En cas de tierce-opposition incidente, le tribunal peut, d'après les circonstances, surseoir à l'instance principale (**21**) jusqu'à ce que cette tierce-opposition ait été jugée. *C-pr.* 477; *Bigot-Préameneu et Albisson*, *p.* 71 et 295.

(21) Si, par exemple, le jugement de la tierce-opposition peut influer sur celui de l'instance principale. V. *ci-dev.* p. 295, *note* 9.

Observation. La tierce-opposition, lorsqu'elle est admise, a aussi l'effet de remettre les parties et l'opposant dans le même état où ils étaient avant le jugement contre lequel on la dirige. Ainsi ce jugement homologuait-il un rapport d'experts ?... Il n'est pas nécessaire que le jugement qui en admettant la tierce-opposition, ordonne d'office un second rapport, fasse mention de l'insuffisance du premier. V. *rec. alph.,* 2ᵉ *édit., t.* 5, *p.* 471, *mot union,* § 2 ; *arr. cass.* 5 *avr.* 1810, *ib.* ; *ci-dev. tit. des expertises, note* 31, *p.* 546.

II. *Exécution du jugement auquel on s'oppose.* On fait à cet égard des distinctions.

1° Le jugement *passé en force de chose jugée*, et qui *condamne* au délaissement de la possession d'un immeuble (**21** *a*) est exécuté, nonobstant la tierce-opposition, et sans y préjudicier. V. *ord., tit.* 27, *art.* 11; *Boutaric et Rodier, ib.; C-pr.* 478, *in pr.* (**22**)

2° Si le jugement a un autre objet (**22** *a*) comme s'il s'agit d'un meuble, le tribunal a le droit, suivant les circonstances (**23**), de suspendre l'exécution. *C-pr.* 478 *in f.; Bigot-Préameneu, p.* 72.

(21 *a*) D'un *héritage*, dit l'art 478..V. pour ce mot, *tit. de l'assignation*, *p.* 220, *note* 27, *n.* 3.

(22) C'est que dans cette circonstance l'opposant ne souffre aucun préjudice et ne court presque aucun risque, et que d'ailleurs on a dû donner plus de force à la décision qui avait l'autorité de la chose jugée.

(22 *a*) Et par conséquent, dans toute hypothèse autre que celle qu'on a exposée dans l'alinéa précédent du texte... par exemple, il pourra refuser de surseoir à l'exécution du jugement qui a nommé un séquestre pour une succession. V. *rej. civ.* 4 *fév.* 1834, *avoués*, *xlvij*, 588.

(23) C'est-à-dire, s'il y a un risque ou un préjudice... Cette mesure sage du Code prévient les difficultés qui s'élevaient dans le droit ancien sur l'effet de la tierce-opposition, et dont parle Rodier, *tit.* 27, *art.* 11.

Mais si le tribunal saisi de la cause principale est inférieur à celui qui a rendu le jugement auquel on forme une tierce-opposition incidente, il ne peut en surseoir l'exécution. V. *Paris*, 7 *janv.* 1812, *Nevers*, 2, 62.—Il est naturel de s'adresser pour cela au tribunal saisi de cette opposition (ci-dev. § 1, *p.* 495).

III. Quant au *jugement qui admet* la tierce-opposition, ou, en d'autres termes, qui la déclare recevable et bien fondée, il doit rétracter le jugement contre lequel elle était dirigée, mais seulement en ce qui concerne le droit et l'intérêt personnel de l'opposant. V. *à ce sujet*, arr. cass. 23 germ. vj, 15 pluv. ix, 3 juill. 1810. — A moins qu'il ne s'agisse d'un objet indivisible. (**24**)

(24) C'est-à-dire quand il y a impossibilité absolue d'exécuter et le premier et le second jugement, car alors il faut bien que le premier soit tout-à-fait rétracté. V. *arr. cass.* 15 *pluv. ix*, 28 *août* 1811, 12 *janv.* 1814, 8 *avr.* 1829 ; M. *Merlin, rec. alph., sup.*, § 2 *et* 3 ; *arr. cass.* 6 *fruct. x, ib.*; *rép. viij*, 820, *h. v.*, § 3, *n.* 2 ; *arrêts cass., ib.*—V. *aussi ci-dev. tit. de l'appel, ch.* 2, *p.* 464 ; *arr. cass.* 14 *déc.* 1813 *et* 16 *mars* 1815, *et notes, ib.*; *arr. rej. civ.* 13 *oct.* 1812, *avoués, vij*, 82. —Exemple inverse, v. *ci-dev. tit. du désistement, note* 10, *n.* 3, *p.* 413.

TITRE II.

De la requête civile. (1)

La requête civile est une voie qu'on peut prendre pour attaquer un jugement en dernier ressort, devant le tribunal même qui l'a rendu, et le faire *rétracter*. (2)

On la nomme civile parce qu'on ne doit point, ainsi que dans un appel, y attaquer le jugement comme injuste et causant des griefs, mais comme étant en général le fruit de l'erreur, et parce que la réclamation doit être présentée avec *civilité* (3). V. *Maynard, liv. 4, ch.* 14; *Rodier, tit.* 35, *art.* 1, *quest.* 1; *arr. cass.* 11 *vent. ix; motifs d'arr. rej.* 9 *juin* 1814, *avoués, xiv,* 268.

Elle est fondée aussi, en général, sur ce principe qu'on ne peut considérer comme un véritable jugement celui qui a été déterminé par le dol ou l'erreur, ou qui n'a pas statué rigoureusement sur la demande, ou qui enfin n'a pas été rendu suivant les formes prescrites. V. *Rodier et Bigot-Préameneu, sup.* (4)

---

(1) Ce titre correspond au tit. 2, liv. 4 du Code.

(2) *Observations.* 1. On dit *rétracter* parce qu'on demande au juge auteur du jugement de se dédire en quelque sorte de l'opinion qu'il avait émise sur la contestation... On ne pourrait pas d'ailleurs lui demander de casser ou annuler son jugement parce qu'il n'en a pas le droit (l'exercice de ce droit suppose une sorte de supériorité).

2. Despeisses trouve la méthode de la rescision par requête civile assez mal imaginée, parce que, selon lui, il est honteux de rétracter ce qu'on a une fois ordonné ; maxime qu'il fonde naïvement sur plusieurs anecdotes sacrées et profanes, entre autres sur la fameuse réponse de Pilate : *quod scripsi, scripsi.* — V. *ord. judic., tit.* 12, *sect.* 2, *art.* 1.

(3) Rebuffe donne une autre étymologie à ce mot; mais elle n'est guère satisfaisante. *Tract. de litteris civilibus, prœf., n.* 2.

(4) *Observations.* 1. *Histoire.* La requête civile (*suivant* Cujas *ad. L. unic., C. de sentent. prœf. prœt.*) a été introduite en France à l'imitation de la faculté accordée à Rome, de présenter au préfet du prétoire un placet pour être admis à faire réviser un jugement qui avait été le fruit de la surprise ou du dol. V. *aussi Dolive, liv.* 1, *ch.* 25; *L.* 5, *C. de precibus imperatori ; nov.* 119, *cap.* 5.

2. **Dr. anc.** Il paraît que ces dernières lois avaient aussi donné l'idée des demandes anciennes en *révision, en proposition d'erreur*, et en *interprétation* contre les arrêts, demandes dout on trouve le mode dans Rebuffe, *sup.*, *prœf.*, *n.* 7, *et gl.* 2, *n.* 43 ; *Lange, part.* 1 , *tit. ult.*; *Rodier, sup., qu.* 2; *Louet et Brodeau, lett. E , somm.* 12.

Les premières furent proscrites par un arrêt du parlement de Paris, de 1455 ; les secondes, par l'ordonnance de 1667, *art.* 42; les troisièmes, par la déclaration du 21 avril 1671... D'où il résulte que la requête civile est actuellement le seul mode pour faire rétracter les jugemens. *Arr. du parlem. de Grenoble (chambres consult.)* , 18 *août* 1672, *S.-André* , *tit.* 35. — V. aussi *rép., mot révision; ci-apr.* , *note* 19, *p.* 509; *B. c.* 4 *déc.* 1822; *Nîmes,* 1829, *avoués, xxxviij,* 320.— V. toutefois pour les demandes en interprétation, *Amiens et Caen,* 24 *août* 1825, *et* 17 *mai* 1826, *avoués, xxx,* 318, *xxxij,* 172.

3. **ARBITRES.** On a contre leurs jugemens la requête civile, dans les mêmes cas et en observant les *mêmes délais et formes* que pour les juges ordinaires (*C-pr.* 1026), et sous les modifications indiquées *ci-après, notes* 21, 23 *et* 49 , *p.* 510, 511, *et* 519 (quant au *tribunal* où elle se porte, v. *d. note* 49).

Pigeau avait d'abord dit (*édit. de* 1807, *i* , 630) qu'on n'y suit pas les mêmes formes , à moins que les parties n'en soient convenues. Il a rectifié cette erreur dans son édition de 1819 (*i* , 656).

On distingue deux espèces de requêtes civiles, la principale, et l'incidente ; par la première, on attaque directement un jugement ; par la seconde, on l'attaque à l'occasion d'une instance dans le cours de laquelle une partie le fait valoir.

Nous allons examiner : 1. quelles personnes peuvent user de cette voie extraordinaire ;

2. Contre quels jugemens ;

3. Dans quelles circonstances ;

4. Pendant quel temps, suivant quelles formes et devant quel tribunal ;

5. Enfin quels en sont les effets, ainsi que les règles propres au jugement qui statue sur la requête.

§ 1. *Des personnes qui peuvent user de la requête civile.*

D'après les observations précédentes, on voit que la requête civile est une voie accordée à ceux qui sont lésés par un jugement (5), et qui en même temps

ont été *parties*, ou dûment appelés à ce jugement (6).
C-pr. 480, *in-pr.*

Il résulte de là que cette voie n'est point ouverte
aux tiers *non ouïs* (7); et qu'on en use contre les
parties ou leurs représentans.

Il résulte aussi des principes exposés dans les sections précédentes, qu'on ne peut user de la requête
civile qu'une seule fois dans la même cause (8);

Qu'on ne peut plus en user lorsqu'on a acquiescé
au jugement (9);

Que lorsqu'on en use, il ne faut pas en même
temps agir en cassation. (10)

(5) Qui par conséquent ont *intérêt* à le faire rétracter (*arr. cass.* 16 *août*
1808) et qui n'ont plus les voies ordinaires pour cela. V. *ci-dev.*, *part. ij*,
introduction, p. 188, note 10; *liv. ij, introduction*, p. 442, note 8; *surtout
ci-apr.* note 54, *p.* 521.

(6) Et par conséquent à leurs héritiers, successeurs ou ayant-cause. *Arg.
du C-pr.* 474. — V. aussi *d. ord.*, *tit.* 35, *art.* 1; *Rodier*, *art.* 2; *Bigot-
Préameneu et Albisson*; *ci-dev.*, *titre de la tierce-opposition*, *notes* 8 et
11, *p.* 497, 499, dont les décisions s'appliquent à l'objet exposé ci-dessus dans
le texte.

Observation... 1. On entend par *parties* ceux qui ont été condamnés
nommément... V. *notes* 5, *p.* 444, *et* 8, *p.* 497.

(7) C'est qu'ils ont la ressource de la tierce-opposition. V.*en le titre*, § 2,
p. 495.

(8) V. sur ce point, ci-apr., p. 508, au texte et note 18.—V. aussi ci-dev.
p. 442, note 6.

(9) A moins que l'acquiescement n'ait rapport qu'à quelques chefs, car
alors la requête civile est recevable pour les autres. V. *M. Merlin*, *rép.*, *mot
requête civile*, § 1; *ci-apr. note* 16, *p.* 508.

(10) V. sur ces divers points, tit. de l'acquiescement, p. 407; liv. 2, notes
6 à 8, p. 442; *Despeisses*, n. 15; M. *Merlin*, rép., mot requête civ., § 1;
Rodier, art. 1, qu. 4; ci-apr. note 18, p. 508.

Observation. La dernière règle est fondée sur ce que la requête civile est
exclusive de la cassation (v. *M. Merlin*, *rec. alph.*, *mot opposition*, § 14),
en ce sens, que lorsqu'on a un moyen de requête civile, on ne peut s'en servir
pour la cassation... On l'a décidé ainsi, notamment pour les 2e, 3e, 4e et
8e cas de requête civile, indiqués ci-après, § 3, p. 509 et suiv. — V. *id.*,
ibid., *mots cassation*, § 12 *et* 38, *vaine pâture*, § 2, *Velléien*, § 1; *arr.
cass. dès ans ix*, 1808, 1809 *et* 1811, *aux d.* § 12 *et* 38, *t.* 1, *p.* 344 *et* 356,
et t. 6, *p.* 56; *autres,* 26 *avr.* 1808 *et* 22 *mars* 1809, *J-C-pr.*, *iij*, 106 *et*
283; 5 *sept.* 1810, *B. c.*; *ci-apr. tit. de la cassation*, *note* 23, *n.* 2.

§ 2. *Des jugemens qu'on peut attaquer par requête civile.*

Les jugemens contre lesquels on a la voie de la requête civile, sont les jugemens rendus (11) en dernier ressort par les tribunaux civils, les cours royales et les arbitres (12), soit contradictoirement, soit par défaut (13), pourvu qu'à l'égard de ces derniers l'opposition ne soit plus admissible (14). *C-pr.* 480, *in pr.*, et 1026 ; *d. tit.* 35, *art.* 1 *et* 2.

(11) Et par conséquent prononcés, puisque jusque-là ils n'existent pas (*ci-dev.*, *tit. des jugem.*, *note* 29, *p.* 281), et que, observe le bon Rebuffe (*gl.* 2, *n.* 8), *illud quod non est* CASSARI *et rumpi non potest.*

(12) *Observations.* 1. La loi ne parle expressément que de ces tribunaux, d'où l'on a conclu que la requête n'est pas admissible, 1° contre les jugemens de paix ; 2° contre les jugemens de commerce (v. *Pigeau*, *i*, 599) ; 3° contre les arrêts de cassation qui rejettent un pourvoi. V. *régl.* 1738, *part.* 1, *t.* 4, *art.* 4 ; M. *Merlin*, *rec.*, *mot requ. civ.*, § 3 ; *arr. cass.* 2 *frim. x*, *ib.* ; *et* 29 *déc.* 1832, *avoués*, *xliv*, 180 ; *rép.*, *même mot*, § 3, *et mot cassation*, § 8.

1 *a.* On a depuis jugé qu'elle est admissible contre les jugemens de commerce. V. *Bruxelles*, 23 *janv.* 1812, *et Paris*, 28 *juill.* 1826, *avoués*, *v*, 304, *xxxiij*, 89 ; *B. c.* 24 *août* 1819 ; M. *Merlin*, *répert.*, *xvij*, 518, *mot requête civ.*, § 3, *n. xj.*

2 On peut se pourvoir, 1° en cassation contre l'arrêt rendu sur la requête civile. V. *des exempl. au rec. alph.*, *mot inscript. de faux*, § 4 ; *arr. cass.* 22 *mars*, *ci-dev. note* 10 ; *ci-apr. note* 57, *n.* 3, *p.* 522, *et tit. de la cassation*, *note* 23, *n.* 2.

2° Par requête civile contre les décisions administratives contentieuses du *conseil d'état*, dans les 9° et 10° cas (*ci-apr.* p. 513). V. *décr.* 22 *juill.* 1806, *art.* 32 *à* 36 ; — et contre les jugemens en matière d'enregistrement. V. *arr. cass.* 14 *mai* 1811, *Nevers*, 272 ;—ou qui sont *provisoires.* V. *rej. requ.* 10 *pluv. xj*, *Sirey*, 4, 256 ; *ci-apr. note* 14.

3. *Dr. anc.* Suivant quelques auteurs, elle était admissible contre les simples sentences, lorsque ces sentences avaient acquis l'autorité de la chose jugée. V. *Rebuffe*, *sup.*, *gl.* 2, *n.* 51. — Aujourd'hui on suit une règle différente. V. *rej. requ.* 1827 *et* Grenoble, 1829, *avoués*, *xxxiij*, 278, *xlj*, 654.

(13) Par *défaut* de tout genre. V. *Rodier*, *art.* 39.

(14) *V.* à ce sujet, liv. 2, note 8, p. 442.

Dr. anc. On n'admettait la requête civile contre les jugemens *préparatoires* et *interlocutoires* que lorsqu'ils causaient un préjudice qui, en définitive, n'était pas susceptible d'être réparé (v. *p.* 284, *note* 40). Telle était la doctrine de Dolive, *liv.* 1, *ch.* 25, doctrine qu'il fondait sur le droit romain et la jurisprudence, et qu'avaient adopté Bornier, *art.* 25 ; Despeisses, *sup.*, *n.* 17 ; Rodier, *art.* 1, *qu.* 4 ; Pothier, *part.* 3, *ch.* 5, *sect.* 3, *art.* 1 ; et Pigeau, *éd. de* 1787, *i*, 549. — Enfin, on suivait les mêmes règles à l'égard des jugemens provisoires. V. *Rebuffe*, *gl.* 6, *n.* 7 ; *Despeisses*, *n.* 17 ; *arr. de* 1544 *et* 1657, *d. n.* 7 *et* 17 (mais v. *ci-dessus*, *note* 12, *n.* 2)... Ni l'ordonnance, ni le Code ne s'expliquent sur ce point.

D'après l'ancienne maxime *causa judicati est indi-*
vidua, la rescision d'une partie d'un jugement devrait
toujours *entraîner* celle des autres parties. V. *Rodier,*
art. 1, *qu.* 4. — Mais il faut suivre une maxime inverse
lorsque le jugement est composé de parties ou dispositions distinctes et indépendantes les unes des autres (**15**), et relatives à des questions séparées (**16**).
V. *C-pr.* 482; *Pothier et Rodier sup., et Albisson,*
p. 277; *M. Merlin, rec. alph., v,* 286, *mot testament,*
§ 16. (**17**)

(**15**) Comme s'il s'agit de l'allocation de différentes créances... On suit
alors la maxime *tot capita, tot sententiæ.* — V. *Albisson,* p. 277. — V. aussi
la note suiv.

(**16 et 17**) C'est qu'on a modifié la maxime *causa judicati,* en ce sens, depuis l'ordonnance de 1667... elle ne donnait pas sur ce point de décision claire,
et le parlement de Grenoble en avait demandé une... (v. *Saint-André, tit.* 35,
art. 34).

Selon Cochin, 3ᵉ *consult.,* cette modification fut faite pour Paris, par un
arrêt de 1685. Elle eut lieu à Grenoble, en 1707, par un arrêt inscrit au livre vert; et long-temps auparavant, Cujas (*ad. L. ult. de jure patron., ij,*
1224, *édit.* de 1614) avait établi la vraie distinction à faire entre les axiomes
causa judicati et *tot capita.* — V. au reste sur ce point, *ci-dev. note* 9,
p. 506; *le texte, p.* 464; *surtout, p.* 406, *note* 11, *n.* 2.

On a dit (v. *p.* 506) qu'il n'est permis d'user de la
voie de la requête civile qu'une seule fois dans la
même cause : l'observation de cette règle est prescrite
sous peine de nullité et de dommages. *C-pr.* 503. (**18**)

(18) *V.* aussi ord., art. 41; Bornier et Rodier, ib.; Pothier, sup.; ord. de
Blois, art. 146; Bigot-Préameneu, p. 78; ci-dev. p. 506.

Ainsi l'on ne peut, sous ces peines (dont l'avoué est même passible), se
pourvoir, par cette voie, soit contre le jugement déjà attaqué, soit contre celui qui a rejeté la requête civile (même pour nullité ou fins de non-recevoir),
ou qui, après l'admission de la requête, a prononcé sur le fond de la contestation. V. dd. *autorités,* et surtout *C-pr.* 503, et *Pigeau, t.* 1, *p.* 635. —
Quant aux jugemens préparatoires et interlocutoires, voy. *ci-dev., note* 14,
p. 507.

C'est de là que vient la maxime *requête civile n'a lieu sur requête civile.*
Mais, dans ce cas, le moyen de requête civile se convertit en moyen de cassation. V. à ce sujet, arr. du cons. d'état, 18 *avril* 1785, *aux affiches de*
Dauphiné du 13 *mai.* — V. aussi *ci-apr., tit. de la cassation, note* 23,
n. 2 et 3.

Observations. 1. Le projet du Code permettait aux *mineurs* d'user une
seconde fois de la requête civile, mais cela ne fut pas adopté au conseil d'état.
V. *Pigeau, sup.*

2. Le même auteur (*ibid.*) pense que le défendeur contre qui la requête est admise, peut se servir de cette voie contre le jugement d'admission et contre celui du rescisoire ; et Rodier (*art.* 41) semble être du même avis. Mais les termes *aucune partie* de l'art. 503, rendent ces décisions fort douteuses ; d'autant plus qu'avec un pareil système le demandeur serait à son tour recevable à prendre la même voie contre le jugement d'admission de la requête civile du défendeur, et celui-ci réciproquement, de sorte que les contestations deviendraient interminables.

§ 3. *Des circonstances où il y a lieu à requête civile.*

On distingue onze cas ou circonstances, où il y a *ouverture* à requête civile. (**19**)

1. Dol personnel. — V. *d. ord.*, *art.* 34 ; *C-pr.* 480, ӯ. 1. (**20**)

(19) *Observations.* 1. L'ordonnance, *art.* 35, dit que les jugemens « *ne* « pourront être rétractés *que* par requête civile. » Le Code, *art.* 480, dit seulement *pourront être rétractés.* M. Merlin observe à ce sujet que la première disposition est *implicitement* renouvelée par la dernière. V. *rép.*, *mot jugement*, § 3, *n.* 4.

2. La décision de M. Merlin, si on ne la fondait que sur un semblable motif, nous paraîtrait susceptible de difficulté, parce qu'une disposition *facultative*, comme celle du Code, n'est pas la reproduction d'une disposition *prohibitive*, telle que celle de l'ordonnance. Mais d'autres raisons prouvent que les jugemens en dernier ressort ne peuvent être rétractés que par requête civile, et entre autres celle-ci : le jugement est considéré comme la vérité ; une fois rendu, il ne peut être rétracté, modifié ou réformé que par les seuls fonctionnaires, et en suivant les seuls modes indiqués par la loi ; or la loi, à l'égard des jugemens en dernier ressort, n'établit pour mode, du moins par rapport aux parties, que la requête civile : donc il n'est permis de les rétracter par aucun autre mode.

(20) *Observations.* 1. Rodier, *art.* 34, *qu.* 1, cherche à expliquer le mot *personnel*, en distinguant le dol en *réel* et en personnel, et appelant dol réel la lésion que cause l'injustice d'un arrêt. Mais cette explication est contraire aux principes du droit, qui ne confondent point le dommage avec la cause du dommage. Le mot *personnel* a, selon toute apparence, été employé pour énoncer avec plus de précision, qu'il s'agit d'un acte émané (v. *C-c.* 1116) de l'adversaire (non d'un tiers qu'il n'avait point autorisé), et d'un acte fondé sur un dol, qui aura influé sur le jugement. Au reste, quant à cette dernière condition, *voyez* Rodier, ibid. ; Bornier, *d. art.* ; Pothier, *sup.* ; et pour la définition du dol, ci-apr., tit. de la prise à partie, § 1, p. 523 *et* 524, *et note* 6, *p.* 525.

2. On a considéré comme un dol *personnel* l'allégation d'un fait faux jointe à celle de la preuve de ce fait, qu'on prétendait tirer d'un acte remis sur le bureau, et qui y était étranger. V. *Bruxelles*, 23 *juill.* 1810, *avoués*, *ij*, 339.—V. aussi pour d'autres exemples, *Colmar*, 18 *mai* 1820, *ib.*, *xxij*, 247. *et B. c.* 12 *fév.* 1827.

2 a. On a également considéré comme un dol personnel, une dissimulation de l'existence d'une pièce décisive, non retenue par la partie (il s'agis-

sait d'un arrêt qui avait rejeté un pourvoi contre une sentence d'arbitres forcés (v. *p.* 49, *note* 36, *n.* 4), ce qui excluait le demandeur ; de l'action qu'il avait exercée dans la suite).—V. au surplus , *rej. civ.* 19 *févr.* 1823, *B. c., n.* 18.

3. On doit aussi considérer comme tel un faux serment, *suiv.* **M.** *Merlin,* *rép., xij,* 503, *mot serment,* § 2, *art.* 2.

2. Violation, soit avant, soit pendant le jugement, des formes (**21**) prescrites sous peine de nullité, pourvu que la nullité n'ait pas été couverte. **D.** *art.* 480, ✻. 2. (**22**)

(**21**) Si cette violation est le fait des parties ; car si elle est le fait du juge, comme si un rapport n'a pas été lu à l'audience (v. *ci-d. p.* 271), il y a lieu à la cassation. V. *B. c.* 19 *déc.* 1831.

Observations. 1. Il faut bien distinguer la violation des formes , de la violation des lois (la violation, par exemple, de la règle des deux degrés); celle-ci est un moyen de cassation , mais non pas une ouverture de requête civile. V. *arr. cass.* 20 *brum. xiv.*

Quant aux nullités *couvertes*, v. *leur* §, *part.* 1, *p.* 154; *et le chap. des exceptions, note* 8, *p.* 242.

2. *Arbitres.* Cette ouverture n'est pas admise contre les jugemens *arbitraux*, lorsque les parties ont dispensé les arbitres de suivre les formes ordinaires. V. *C-pr.* 1027, *in pr., conféré avec* 1009 (il faut, dans l'art. 1027, supprimer une particule négative, qui est évidemment une faute de rédaction), *et ci-dev., note* 4, *n.* 5, *p.* 505.—*Quid,* si elles ne l'en ont pas dispensé?... V. *Nîmes,* 1833, *avoués, xlvj,* 235.

(**22**) *Dr. anc.* — L'ordonnance, *art.* 34, ne parlait que des formes en général, sans faire mention de la nullité, de sorte qu'il n'y avait guère d'arrêts qu'on ne pût attaquer par ce moyen. V. *Albisson, p.* 298; *et Rodier, sup.,* § 2.

3. Prononciation sur choses non demandées (**23**). *Dd. art.* 34 *et* 480, ✻. 3.

4. Adjudication de plus qu'il n'a été demandé (**24**). *Dd. art.* 34 *et* 480, ✻. 4 — V. aussi *avis du cons. d'état,* 12 *nov.* 1806.

5. Omission de prononcer sur un des chefs de demande (**25**). — *Dd. art.* 34 *et* 480, ✻. 5.

Observation. Les trois règles précédentes sont une conséquence des principes relatifs aux fonctions du juge , d'après lesquels celui-ci doit prononcer sur toutes les demandes des parties, et ne peut prononcer sur autre chose que ces demandes (**26**), V. § *des juges, p.* 21.

(23) *Observations.* 1. *Exemples.* Si l'on adjuge le prix au lieu de la chose demandée (*L. ult., citée à note* 26); la maintenue au lieu de la réintégrande, et réciproquement. V. *Bornier et Rodier,* art. 34.

Mais, lorsque les plaideurs demandent chacun la totalité, le jugement qui accorde seulement une partie ne prononce pas sur des choses non demandées. V. *arr. cass.* 5 oct. 1808.

2. *Jugemens d'arbitres.* Cette ouverture ne leur est point applicable : on a alors l'opposition d'exécution. V. *son append., ci-dev.,* p. 453 ; C-pr. 1027 ; *d. note* 4, *n.* 3, *p.* 505.

3. *Dr. anc.* L'ordonnance ajoutait, *et sur choses non contestées.* On a supprimé cette clause comme contraire aux principes du droit. *Albisson,* p. 298.—Il est vrai que, prise à la lettre, elle semble faire un crime au juge, de ce qui est précisément de son devoir, c'est-à-dire d'avoir prononcé sur une demande à laquelle on a adhéré. Mais ce n'est point ainsi qu'on l'interprétait; on l'entendait en ce sens, que le juge ne devait pas prononcer sur des *choses qui n'avaient pas subi la contestation en cause.*—V. *Rodier, sup.,* § 3 ; *et* pour cette contestation, *ci-dev.* p. 229, *note* 54, *n.* 3 *et* 4.—Quoi qu'il en soit, dès qu'elle offrait quelque obscurité, on a bien fait de la supprimer.

(24) C'est ce qu'on nomme un *ultra petita.*—*Exemples.* Si l'on accorde, 1o tous les dépens lorsqu'on n'a pas appelé de la sentence qui n'en adjuge qu'une partie. V. *arr. dans Rodier, sup.,* § 4.

2° Des alimens pour plus de temps qu'on n'en demandait. V. *Patru,* 10ᵉ *plaid.*

Mais un interlocutoire ordonné d'office ne peut fournir le moyen *d'ultra petita,* ni le précédent. V. *Cochin,* 125ᵉ *cause.*

Autre question... V. *ci-après, tit.* 4 (*de la cassation*), *note* 23, *n.* 2, *in f.; arr. cass.* de 1810, *ib.*

(25) *Observations.* 1. Il n'y a pas omission, dit Rodier, *sup.,* § 5, si l'on ajoute, suivant l'usage, à l'arrêt, que les parties sont mises, *sur les autres fins, hors de cour, etc.* (mais v. *ci-apr. n.* 2).

Le parlement de Grenoble demandait que l'omission pût être réparée sur une requête, afin d'éviter l'instance sur le rescisoire. *St-André,* art. 34.

2. Il y a omission quand l'arrêt ne parle pas d'un chef de demande, ou qu'il dit seulement qu'il n'y a pas lieu de s'en occuper... et l'omission donne lieu à requête civile (et non pas à cassation pour défaut de motifs). V. *arr. cass.* 30 juin 1824.

3. *Autres exemples.* V. rej. requ. 25 janv. et 5 févr. 1827, 16 janv. et 21 févr. 1834, avoués, xxxiij, 99 et 104, xlvj, 291 et 359.

(26) *Observations.* 1. Ils sont aussi exprimés par cet axiome, *sententia debet esse conformis libello* (v. Bornier, art. 34 ; Pothier, sup. ; Patru, sup., in pr.), axiome déduit de la loi *ut fundus* 18, *in f., ff. communi divid.,* où l'on dit : *ultra id quod in judicium deductum est excedere potestas judicis non potest;* et de la loi *ult., C. fideicommissar. libertat.,* où l'on traite de fou (*nullum quidem judicem ita esse stultum putamus*) le juge qui donne une décision différente de la demande (v. *note* 23).

1 a. C'est qu'en effet, dès que le juge est établi pour prononcer sur le différend des parties qui lui est soumis, il ne peut par là même prononcer sur des questions autres que celles qui naissent de la demande (v. *ci-dev. tit. des exceptions, note* 13, *n.* 3, *p.* 246, *et append. des conclusions,* p. 269). « Les conclusions du demandeur et du défendeur, observe Patru, *ib.,* sont les deux extrémités qui bornent le pouvoir du juge, et il ne peut légitimement franchir ces limites. »

2. Les 2, 3, 4 et 5ᵉ cas ne sont pas des moyens de cassation (v. *note* 10, *p.* 506), tandis que l'omission des motifs du jugement en est un. V. *arr. cass.* 9 juin 1818 ; *ci-dev. note* 25, *n.* 2.

6. Contrariété de jugemens rendus entre les mêmes parties (**27**), sur les mêmes moyens (**28**), et dans les mêmes tribunaux. *Dd. art.* 34 *et* 480, *ẏ*. 6.

Il faut remarquer à ce sujet, en premier lieu, que toutes ces conditions doivent concourir ensemble. V. *Rodier, sup.*, § 6.

En second lieu, que deux chambres d'un même tribunal ne doivent pas être considérées comme deux tribunaux différens. V. *Rodier, ibid.; M. Merlin, répert.,xj,* 694, *mot requête civile,* § 3, *n. xj; arr. du conseil,* 19 *juill.* 1790, *ibid.; rej. requ.* 17 *juill.* 1823, *B. c., n.* 83. (**29**)

En troisième lieu, qu'en *admettant* (v. *ci-apr.* § 5, *p.* 520) la requête civile contre un jugement, on doit ordonner que le premier jugement qu'il contrariait, sera exécuté. *C-pr.* 501 , *in f.* (**30**)

7. Contrariétés dans les dispositions d'un même jugement. *D. art.* 34 *et* 480, *ẏ*. 7. (**31**)

(27) Agissant dans les mêmes qualités. V. *Rodier,* § 6. — V. aussi *rej. requ.* 23 *nov.* 1824, *avoués, xxix,* 80.

(28) *Observations.* 1. C'est-à-dire sur les mêmes actes, raisons et *exceptions*, dit Rodier, *eod.*—Mais Cochin explique mieux ces termes. « C'est-à-dire, observe-t-il (3ᵉ *consultat.*), comme on l'interprète toujours dans ces occasions, sur le même état de cause : si depuis le premier arrêt il n'est rien survenu de nouveau qui ait pu donner lieu à une décision contraire.. » Car, observe aussi M. Merlin (*rec. alph., i,* 588, *mot contrariété de jugemens,* § 1), qui professe la même doctrine, d'après Tolosan ; car si la contestation avait changé de face... si l'on avait agité des questions nouvelles, il n'y aurait point de contrariété entre des dispositions qui seraient relatives à des demandes toutes différentes (v. aussi *id.,* rép. *xvj,* 146, *mot chose jugée,* § 1 *bis, n.* 1).—En conséquence on a décidé qu'il y avait lieu à requête civile pour contrariété de deux jugemens rendus entre les mêmes parties, agissant en la même qualité, quoique ce fût sur des moyens différens. V. *B. c.* 29 *janv.* 1821.

2. Exemples, 1º de contrariété, v. d. *B. c.* 29 *janv.*; a*utres,* 16 *vent. iv,* 20 *flor. x,* 14 *août* 1811... 2º De non-contrariété, v. *id.* 13 *th. vj*; *ci-après, note* 31.

3. « La contrariété, dit Boraier, *d. art.* 34, est un vice qui blesse les arrêts « au *cœur.* »

4. Au reste, il s'agit de la contrariété entre les *dispositifs*, et non pas entre les *motifs* des jugemens. V. *Rennes,* 6 *janv.* 1834, *avoués, xlvij,* 691, *et ci-apr. tit. de la cassation,* § 3, *n.* 3.

(29) Ferrière, h. v., était d'un avis contraire.

Observations. 1. On ne doit pas non plus regarder comme émanés de tribunaux différens, les décisions de deux tribunaux, dont l'un a été substitué à l'autre après une suppression. V. *rép.*, *iij*, 79, *mot contrariété d'arrêts* , *n.* 3 ; *arr. rej.* 8 *avr.* 1811, *ib.*

2. La contrariété entre des jugemens de tribunaux divers est un moyen de cassation (*v. ci-apr. tit.* 4, § 3, *p.* 535), lors même que l'un émane d'une cour royale et l'autre d'un tribunal de première instance, si celui-ci a l'autorité de la chose jugée. V. *Paris,* 3 *mars* 1835, *Sirey,* 35, 2, 193.

3. La contrariété entre des jugemens d'un même tribunal est aussi un moyen de cassation, quand elle n'est pas la suite d'une erreur involontaire (il y aurait alors requête civile), c'est-à-dire quand l'*exception* (la fin de non-recevoir.. v. *p.* 244, *note* 11) motivée sur ce qu'il y avait chose jugée par son premier jugement a été proposée et rejetée (mal-à-propos) lors du second. V. *arr. cass.* 8 *avr.* 1812, 18 *déc.* 1815, 19 *janv.* 1821.— V. aussi *arr. cass.* 21 *avr.* 1813, *Jalbert,* 1815, 494, *et M. Merlin, ib.*; B. *c.* 23 *févr.* 1824, *n.* 22.

(30) Voilà une disposition nouvelle. *Albisson, p.* 299.—C'est aussi dans ce sens que Rodier, *sup.*, § 6, interprétait l'ordonnance.

(31) *Observations.* 1. Il n'est pas nécessaire que la contrariété soit *littérale*, il suffit qu'elle se trouve en effet dans l'arrêt. V. *Bézieux , liv.* 3, *ch.* 4, § 1 ; *arr. d'Aix, ib.* — En un mot, elle existe lorsque les dispositions se combattent , pour ainsi dire , de telle sorte qu'elles ne puissent toutes être exécutées. V. *arr. cass.* 4 *germ. xiij.*

2. Mais c'est la contrariété dans le dispositif, et non dans les motifs , qui forme ouverture. V. *d. arr.* 4 *germ.* ; *M. Merlin, rép., mot contradiction*; *ci-dev. notes* 35, *p.* 283, *et* 28, *n.* 4, *p.* 512.

3. Exemples de non contrariété, *voyez* d. *arr.* 4 germ. ; et *arr. cass.* 4 fruct. viij, 2 sept. 1806 ; ci-dev., note 28, in f. ; arr. rej. civ. 26 mai 1813, Nevers, 1813, 560.

8. Omission de communication au ministère public lorsqu'elle est exigée (v. *d. art.* 34) et que le jugement condamne celui pour qui elle est exigée (32). *D. art.* 480, ϝ. 8 ; *rej. requ.* 4 *juin* 1818 , *avoués,* *xix,* 195.

(32) *Observations.* 1. Cette dernière condition , dont il n'était pas question dans l'ordonnance (on jugeait même dans un sens opposé. — v. *Rodier , sup.*, § 8), prévient beaucoup d'embarras , et est conforme aux principes du droit actuel. V. *L.* 4 *germ. ij, art.* 5 ; *C-c.* 225 , 1125; *Albisson, p.* 299 ; *ci-dev. p.* 24.

2. Elle tranche aussi les difficultés qui naissaient du silence de la loi (*art.* 34) à l'égard des mineurs. V. *rép., xj,* 688, *n.* 15.

3. *Quid* en matière d'ordre ? V. *en ci-apr. le tit.*, *note* 16 *a*.

4. Elle n'est plus un moyen de cassation. V. *arr. cass.* cités note 10 , *p.* 506; *rej. requ.* 23 *et* 25 *avr.* 1833, *avoués, xlv,* 450, 752.

9. Jugement *sur* pièces qui depuis ont été reconnues ou déclarées fausses. *D. art.* 489, ϝ. 9. (33)

10. Production de pièces décisives retenues lors du

jugement, par le fait de la partie adverse, et recouvrées depuis (54). *Dd. art.* 34 *et* 480 , χ. 10.

(55) Il faut, 1. que ces pièces aient servi de *base* au jugement. V. *L. fal-
sam* 3, *C. si falsis* ; *Despeisses, sup., n.* 5 ; *Rodier, sup.,* § 9 ; *Bornier et
Jousse, tit.* 35, *art.* 12 ; *Pothier, obligat., sect. de la chose jugée, n.* 6. —
2. Que la fausseté n'ait été reconnue qu'après le jugement ; condition omise
dans l'ordonnance (*d. art.* 54), mais indiquée par les auteurs. V. *Pothier,
eod.* ; *Jousse, tit.* 35, *art.* 34 ; *Rodier, sup.* ; *Albisson, p.* 298.

Remarquons aussi que c'est le faux des pièces et non celui du jugement lui-
même qui peut servir d'ouverture. V. *arr. cass.* 11 *vent. ix.* — Autres questions... V. *ci-dev., p.* 468, 469.

(54) Le concours de toutes ces conditions est absolument nécessaire. V.
Rodier, § 11; *B. c.* 17 *pluv. xij.* — V. aussi *L.* 4, *C. de re judicata* ; *Pothier, sup., art.* 3.—Le parlement de Grenoble demandait au contraire que
l'on se contentât de chacune de ces conditions prise séparément, et il assurait
que cela était conforme à l'équité et à la jurisprudence. V. *S.-André, d.
art.* 34 ; *et ci-dev. p.* 509, *note* 20, *n.* 2 *a.*

Observations. 1. On a jugé que quoique la pièce retenue et recouvrée
doive en définitive, faire rendre un jugement semblable au premier quant à
ses résultats, il ne faut pas moins rétracter celui-ci. V. *arr. de Grenoble,* 14
juill. 1779, *affich. du Dauph., et rép., mot requête civile,* § 1 ; *ci-apr.,
note* 54, *p.* 521 (il s'agissait d'un second testament découvert, qui, d'après les
règles du droit, révoquait un premier testament, mais qui conduisait au même
résultat, parce qu'il instituait le même héritier).

2. Dans le cas inverse, c'est-à-dire, si elle doit faire rendre un jugement
différent, il faut également suivre la même marche, ou en d'autres termes,
attaquer le premier jugement par requête civile, et non pas se pourvoir par
action nouvelle et principale. V. *M. Merlin, ib., mot succession, sect.* 1 , §
2, *art.* 3, *n.* 4 ; *et arr. cass.* 28 *juin* 1808, *ib.*

3. Autre question... V. *ci-dev. p.* 509, *note* 20, *n.* 2 *a.*

11. Défaut de défense, ou non valable défense,
dans les causes de l'état, des communes, des établissemens publics et des mineurs. *C-pr.* 481. · V. aussi
ordonn., tit. 35, *art.* 35 ; *B. c.* 21 *avr.* 1806. (55)

Il n'y a point de défense lorsqu'on a été condamné
par défaut ou par forclusion (55 *a*) : la défense n'est
pas valable lorsqu'elle n'a pas été telle qu'elle eût pu
ou dû être (56). V. *proc.-verb., tit.* 31 , *art.* 36 ; *Rodier,
art.* 35 , *quest.* 2 ; *Bigot-Préameneu , p.* 73 et 74. (57)

(55) Et par conséquent des interdits. *Arg. de C-c.* 509. — L'art. 55 de
l'ordonnance y comprenait les ecclésiastiques.

(55 *a*) Etymologie de ce mot.. V. *ci-apr. tit. de la distribut. par contrib.,
note* 18.

(56) *Observations.* 1. Si, par exemple, on a omis les principaux moyens

de fait et de droit, pourvu que ces moyens soient tels qu'ils eussent pu faire prendre une décision différente. V. *Jousse*, *d. art.* 35 ; *pr.-verb.*, *tit.* 31 , *art.* 36 ; M. *Merlin*, *rec. alph.*, *mot usage*, § 5.

2. La défense *n'est pas* non plus *valable*, et il y a par conséquent lieu à requête civile, lorsque ces personnes n'ont pas été assistées de leurs administrateurs.—V. *Jousse*, *ibid.*—Pigeau, qui avait d'abord adopté cet avis (*é. lit. de* 1787, *i*, 556), a ensuite soutenu qu'il n'y a lieu qu'à la tierce opposition , parce qu'il faut avoir été *partie* pour prendre la voie de la requête civile , et que ces personnes, un mineur, par exemple, ne sont pas *valablement parties* sans l'assistance de leurs administrateurs, et il a cité un arrêt du parlement de Paris (1767, *dans Denisart, mot tierce opposit., n.* 13), conforme à ce nouvel avis.

On peut répondre en faveur du premier avis : 1° le mineur est tellement considéré comme *partie* dans une cause , que , s'il a triomphé, ou a été condamné sans l'assistance de son curateur , le jugement n'acquerra pas moins l'autorité de la chose jugée dans le cas où il n'en appellerait pas pendant le délai légal (v. M. *Merlin* , *rec. alph.* , *v. curateur; rép.*, *iij*, 280 , *h. v.*, § 1, *n.* 8; *rej. requ.* 4 juin 1818 *et* 27 mars 1852, *avoués*, *xix*, 195 , *xlij*, 679), ce qui n'aurait point lieu s'il n'avait pas été *partie*, puisque l'autorité de la chose jugée n'a non plus lieu qu'entre les mêmes *parties* (v. *C-civ.* 1351, *et ci-d. p.* 457).

2° Une autre preuve qu'on le regarde comme *partie*, c'est que son adversaire n'a pas le droit d'attaquer par requête civile les arrêts rendus au profit du mineur, en se fondant sur ce que celui-ci n'a point eu de curateur ; de sorte qu'alors le mineur profite du bénéfice de ces arrêts, ce qui n'appartient qu'à une partie (v. *deux arrêts de Pau* , *ibid.*, *mot requête civile*, § 1 , *n.* 15).

3° Un arrêt de Paris de 1777, a statué d'une manière opposée à celui de 1767, dans une cause où l'on avait fait valoir les mêmes moyens (*id.* , *mot tierce-opposit.*, § 2, *art.* 5).

4° Dans une discussion d'une nature semblable, M. Merlin suppose expressément que le mineur peut se pourvoir par requête civile (v. *id.*, *mot requête civile*, § 1, *n.* 15).

5° Rodier, *d. art.* 35, déclare que ce défaut d'assistance *est une ouverture infaillible de requête civile*, et qu'il y a une foule d'arrêts à ce sujet.

6° Catelan (*liv.* 9, *ch.* 2 *et* 3), auquel Rodier renvoie, rapporte un arrêt de 1680, par lequel un mineur fut *débouté* d'une demande en cassation, fondée sur le même défaut, *et renvoyé à se pourvoir par requête civile*.

7° Despeisses (*ordre judic.*, *tit.* 11, *sect.* 2, *n.* 21) cite un autre arrêt qui admit une requête civile fondée sur le défaut d'assistance du tuteur. — V. aussi *Raviot*, *qu.* 323, *somm.* 5; M. *Merlin*, *d. rec.*, *mot curateur*, *t.* 1, *p.* 665 (il y décide que la demande du mineur non assisté de curateur, n'est pas *nulle* , qu'il n'est pas incapable *absolument* d'ester).

8° Ajoutons que ce système ne fait courir aucun risque au mineur, parce que le délai de requête civile ne court qu'après sa majorité (v. *p.* 516).

3. Il y a *défense valable* si le mineur a plaidé avec des co-litigans majeurs qui ont bien fait valoir leurs moyens communs. V. *arr.* 21 juill. 1695; *et* 13 avr. 1696, *journ. des audiences* (Albert, *mot mineurs, art.* 9, en cite un qui est contraire), *t.* 4, *p.* 588 *et* 638 ; M. *Merlin*, *même mot. requ. civ.*, *n.* 15.

(57) On voit que le Code ne parle point des jugemens rendus sur des consentemens désavoués, jugemens que l'ordonnance (*art.* 34, *in-f.*) déclarait susceptibles de rescision par requête civile ; c'est qu'on y a suppléé dans les règles relatives au désaveu. V. *ci-dev.*, *p.* 394, *et note* 19, *ib.*, *p.* 442, *note* 4 *b*, *p.* 494, *note* 1, *et Bigot-Préameneu, p.* 74.

§ 4. *De la procédure de requête civile.*

I. *Délais.* En règle générale, le délai pour agir par requête civile est de trois mois (38), à dater de la signification du jugement à personne ou domicile. *C-pr.* 483; *Bigot-Préameneu, p.* 74.

Cette règle reçoit plusieurs modifications.

1. Le délai ne court pour les mineurs que de la signification faite après leur majorité. *D. ord., art.* 5; *C-pr.* 484. (39)

2. En cas de contrariété de jugemens, le délai ne court que de la signification du dernier. *C-pr.* 489.

3 et 4. En cas de faux, dol ou découverte de pièces, ou de mort du condamné, ou si des militaires, agens diplomatiques et colons réclament, les délais courent, sont suspendus, reprennent leurs cours, ou reçoivent une augmentation d'après les règles exposées au chapitre 3 de l'appel. V. *C-pr.* 485-488 *et* 447; *et d. ch., n.* 2 *et note* 49 *et* 50, *p.* 469. (40)

---

(38) Même pour l'état, les communes et les établissemens publics. Voyez M. *Merlin, rec.,* 2e éd., *mots nation,* § 5, *et requéte civ.,* § 1.

Dr. anc. Avant l'ordonnance, 4, 10 et 30 années, suivant les cas (v. *Rebuffe, gl.* 2, *n.* 41); depuis l'ordonnance, 6 mois (v. *d. tit.* 35, *art.* 5)... Mais on pouvait, dans quelques circonstances, être *relevé* du *laps* du délai (cela n'est plus admis). V. M. *Merlin, rép., h. v,* § 3.

(39) *Observations.* 1. Ainsi leur condition est bien plus favorable que lorsqu'il s'agit du délai de l'appel. *Voyez en* le tit., p. 468, et, quant aux motifs de cette prérogative, Bigot-Préameneu, p. 74.

2. Au défaut de signification depuis la majorité, le délai s'étendrait jusqu'à 30 ans. V. M. *Merlin, rép., mot requéte civile,* § 3, *note sur C-pr.* 484. — Mais non pas au-delà. V. *Cochin, vj,* 107 (*édit. de* 1821).

3. *Quid,* s'il s'agit d'un objet indivisible entre un majeur et un mineur?.. Pussort (*proc.-verb., tit.* 31, *art.* 5) décide indirectement que le majeur profite du délai du mineur, s'il s'agit d'une matière réelle; Rodier (*art.* 5, *qu.* 2) étend même cette décision à toutes les matières. V. *au reste ci-dev. p.* 465, *note* 36, *et p.* 503, *note* 24.

(40) Il n'est pas question du dol dans ce n° 2; mais on conçoit que le délai doit courir du jour (constaté par écrit) où le dol a été reconnu. — V. *d. art.* 488, *et proc.-verb., tit.* 31, *art.* 11.— Quant à la définition du dol, *voyez* ci-apr., tit. 3, § 1, p. 523.

Observations. 1. *Dr. anc.* On avait retranché les clauses du dol, de la fraude et de l'erreur de fait, pendant la discussion de l'ordonnance. Voy. *d. art.* 11.

2. Suivant Pigeau, *t.* 1, *p.* 612 *et* 613, on doit suivre les règles de l'*appel* pour le point de départ du délai des requêtes civiles relatives aux jugemens de défaut, pour la durée de celui des requêtes civiles incidentes, et pour le temps où l'on peut attaquer par requête civile les jugemens préparatoires et provisoires. V. *ci-dev. tit. de l'appel, ch.* 3, *n.* 2 *et* 4, *p.* 466 *et suiv.; ch.* 1, *p.* 459.

3. Ce délai lorsqu'il s'agit de *retenue* de pièces doit aussi courir de la signification de l'arrêt attaqué, quoique elle soit postérieure à la découverte des pièces retenues *suiv. rej. civ.* 30 *avr.* 1834, *avoués, xlvj,* 360.

4. Questions sur ce délai pour le cas du *dol,* et sur la preuve de la découverte du dol.. v. *arr. cass.* 27 *août* 1835, *gaz. tr. du* 28; *ci-apr. addit. final.*

II. *Formes.* Il faut, 1. consigner deux sommes pour l'amende et les dommages auxquels le demandeur peut être condamné (**41**). *C-pr.* 494 *et* 500, *et ci-apr.* § 5. — V. aussi *d. ord., art.* 16 *et* 39.

2. Obtenir de trois avocats (**42**), une consultation approuvant la demande et énonçant les moyens d'ouverture, moyens qui seuls peuvent être discutés, soit à l'audience, soit par écrit. *C-pr.* 495 *inf. et* 499; *tarif,* 140. — V. aussi *d. ord., art.* 13. (**43**)

Observez que, faute de ces deux formes, la requête est inadmissible. *Dd. art.* (**44**)

(41) 300 fr. pour amende, 150 pour dommages : la moitié s'il s'agit d'un arrêt par défaut ou par forclusion, le quart si c'est un jugement de tribunal de première instance.... Les causes de l'état en sont affranchies. *C-pr.* 494 ; *ci-dev. p.* 438, *note* 19, *n.* 7; *arr. cass.* 17 *nov.* 1817.

Dr. interm. Il en était de même de celles des pauvres (v. *LL.* 1 *août* 1793 *et* 1 *therm. vj*); mais cela a été abrogé implicitement par le Code. Voy. *avis cons. d'état,* 20 *mars* 1810; *rec. alph.* iv, 460, *h. v.,* § 12.

(42) Exerçant depuis dix années au moins dans le ressort de la cour où le jugement a été rendu. *C-pr.* 495; *d. arr.* 17 *nov.* (jadis il y avait incertitude sur ce point... v. *Rodier, d. art.* 13).

Observations. 1. On ne doit point compter dans ces dix années le temps pendant lequel ces avocats ont été juges, *suiv. Poitiers,* 13 *août* 1834, *avoués, xlviij,* 56.

2. L'un d'eux peut ensuite plaider la requête. V. *arr. Bruxelles,* 10 *juill.* 1812, *avoués, viij,* 363.

3. Cette consultation qu'on avait d'abord supprimée (*L.* 19 *août* 1793; *arr. cass.* 21 *frim. ix*), est nécessaire même pour les causes d'enregistrement. V. *arr. cass.* 30 *août* 1809, *Nevers,* 324; *ci-dev.* § *des causes de contribut.,* *p.* 437, *note* 19, *n.* 3.

(43) *Observations.* 1. On n'est plus admis, comme autrefois, à proposer de nouveaux moyens par ampliation. *D. ord., art.* 29 ; *Rodier, ib.; Bigot-Préameneu, p.* 78.

Mais on n'a pas renouvelé la prohibition *d'entrer* dans les moyens du fond de la cause, prohibition qui n'était point observée, et dont le parlement de

Grenoble avait déclaré impraticable l'observation. **V.** *d.* *ordonnance*, *art.* 37 ; *Rodier*, *Bornier et Saint-André*, *d.* *art.* 37; *procès-verb.*, *tit.* 31 , *art.* 34 ; *et Albisson*, *p.* 299.

2. Pigeau 1ᵒᵉ *édit.*, *i*, 650, et 5ᵉ, *i*, (655) prétend que si l'on découvre de nouvelles *ouvertures*, on peut les proposer par un simple acte, avec une seconde consultation, et sans réitérer la requête et la consignation d'amende. Il est très difficile de concilier cette décision avec les termes des art. 495 et 499 , qui, d'après l'explication de Bigot-Préameneu, semblent proscrire ces nouvelles ouvertures dans la même instance. Il faut d'ailleurs observer que les auteurs et la loi (*dd.* *art.* *combinés*) emploient en général ces deux mots, *ouvertures* et *moyens*, comme synonymes, de sorte que la prohibition de nouveaux *moyens* (*art.* 499) est la même chose qu'une prohibition de nouvelles ouvertures. **V.** *Bornier*, *d.* *art.* 29 ; *Despeisses*, *sup.*, *n.* 21; *Pothier*, *part.* 2, *sect.* 3, *art.* 1 , § 5.

(44) Il faut signifier en tête de la demande , la quittance du receveur et la consultation. *D.* *art.*

3. Présenter la requête et la faire suivre d'une assignation. *C-pr.* 483, *in pr.*, conféré avec 492, *in pr.* et 494, *in pr.*, et tarif 78. (45)

Cette assignation est donnée au domicile de l'avoué adverse, si la demande est formée dans les six mois du jugement, et à celui de la partie, après ce délai (46). *C-pr.* 492. -- V. aussi *d.* *ord.*, *art.* 6; *Rodier et Jousse*, *art.* 5 et 6; *rép.*, *mot désaveu.*

(45). *Observations.* 1. La nécessité de faire précéder l'assignation d'une requête, semble résulter de la combinaison de tous ces articles, ainsi que le remarquent Pigeau (*i*, 618), Desmasures (*ch.* 12) et Carré (*quest.*, *ij*, 2528), et que l'a décidé la section des requêtes (*arr.* 9 juin 1814, *avoués*, *xiv*, 267 *et suiv.*). — Néanmoins la section civile a jugé (*rej.* 3 juill. 1816, *ib.*) qu'il suffit d'une assignation.

2. *Dr. anc.* La requête était inutile (*v.* *Rodier*, *art.* 16).. Il fallait un pouvoir spécial pour agir par cette voie. V. *Despeisses*, *n.* 19.

3. *Id.* D'après un arrêt cité par ce dernier auteur, *n.* 22, le demandeur devait établir par écrit tous ses moyens de requête civile.

(46) Pendant ce délai, cet avoué est constitué de droit sans nouveau pouvoir. *C-pr.* 496, et § *des avoués*, *p.* 76 et note 18, *ib.*

Il n'est pas besoin de communiquer la requête au ministère public avant de la signifier : il suffit que la cause lui soit communiquée avant les plaidoiries. Voy. *Rennes*, 2 déc. 1824 , *avoués*, *xlvij*, *et ci-après*, *texte*, *n.* 4, *p.* 519.

On suit les mêmes règles pour la requête civile incidente à une contestation portée à un tribunal autre que celui dont on attaque le jugement; tandis qu'il suffit d'une requête d'avoué à avoué (47), si elle est portée au même tribunal. *C-pr.* 493, *conféré avec tarif* 75. — V. aussi *Pigeau, t.* 1, *p.* 621, *et ci-dev. note* 45, *p.* 518.

4. La cause est communiquée au ministère public (**48**). *C-pr.* 498. (**48** *a*)

(47) A laquelle on peut répondre. *Tarif*, 75.
Pigeau, *t.* 1, *p.* 623, induit de cette décision, qu'on doit avoir la même faculté pour la requête civile principale.
(48) C'est un moyen qu'on a pris pour prévenir l'abus des requêtes civiles. V. *Bigot-Préameneu, p.* 77; *d. ord., art.* 27 *et* 28. — Epoque de la communication, *voy.* ci-dev. note 46, p. 518. — Voy. aussi (pour son mode), p. 24 et 25, note 25.
(48 *a*) Voilà toutes les règles que le Code trace sur cette procédure. L'ordonnance décidait que la cause serait mise au rôle ou portée à l'audience sur deux actes seulement, l'un pour plaider, l'autre pour communiquer au parquet. V. *tit.* 35, *art.* 17; *Rodier, ib.*
On peut induire du silence du Code, qu'il faut suivre à-peu-près les formes ordinaires des instances (v. *Pigeau, i,* 622 *et suiv...* v. *aussi ci-après note* 52 *a*), et telle est sans doute la jurisprudence de la Cour de cassation. Elle a jugé en effet (*arr.* du 30 *août* 1809, *ci-dev.* note 42, *n.* 3, *p.* 517), que quoique on ne plaide pas dans les causes *d'enregistrement*, il n'en est pas de même en matière de requête civile, parce que la requête civile ne comporte pas le mode d'instruction sommaire établi pour ces causes. V. *en le §, ci-dev.* p. 436, *et p.* 437, *note* 19, *n.* 3.

III. *Tribunal.* C'est toujours celui qui a rendu le jugement attaqué (**49**), et les mêmes juges peuvent connaître de la cause. *C-pr.* 490 *et* 491', *in pr.* (**50**)

Il faut seulement observer qu'en cas de requête civile incidente, le tribunal saisi de la cause principale, peut, suivant les circonstances, passer outre ou surseoir (**51**). *C-pr.* 490, 491, *in f.*

(49) *Observations.* 1. Si ce tribunal ne subsiste plus, on s'adresse à la Cour de cassation, qui en désigne un autre. V. *M. Merlin, rép., mot requête civile,* § 1, *n.* 8.
2. *Arbitres.* La requête civile est portée au tribunal compétent pour connaître de l'appel. V. *leur art., p.* 47, *et C-pr.* 1026.
3. *Tribunal du rescisoire.* V. ci-apr., §5, texte, n. ij, p. 520, et note 57, n. 3, p. 522.
(50) *Dr. anc.* L'ordonnance, *art.* 21 *à* 26, avait établi des règles différentes; mais l'exécution en était si difficile, qu'elles n'étaient guère observées. *Bigot-Préameneu, p.* 75.
Dr. int. Ces règles avaient été modifiées par la loi du 18 février 1791, et ensuite rétablies tacitement par celle du 27 ventose viij. V. *B. c.* 1 *niv.* *vij,*

18 *therm. xij*; *rej. requ.* 10 *pluv. xij* , *Sirey*, 4, 256 ; *rec. alph.*, *iv*, 458 , mot *requête civile* , § 8.

(51) C'est-à-dire suivant que le jugement de la requête peut ou non influer sur celui du principal. V. *ci-dev.*, *p.* 295 , *note* 9.

§ 5. *Des effets et du jugement de la requête civile.*

I. *Effets.* Comme la requête civile est une me-sure extraordinaire qui ne doit être permise qu'en cas de justice évidente, on a cherché à en restreindre l'usage en décidant qu'elle n'empêche point l'exécu-tion du jugement attaqué (52). *C-pr.* 497; *Bigot-Préameneu* , *p.* 77. — V. aussi *ord.*, *art.* 18; *Bornier et Rodier*, *ib.*; *Rebuffe*, *sup.*, *gl.* 3, *n.* 3; *Despeisses*, *ordre judic.*, *tit.* 11 , *sect.* 3, *n.* 6.

(52) *Observations.* 1. On ne peut obtenir de défenses contre cette exé-cution, et le demandeur doit même, pour que sa requête soit reçue, justifier du délaissement d'*héritage* (v. p. 220, *note* 27 , *n.* 3) auquel il a été con-damné. V. *C-pr.* 497 ; *d. ord.*, *art.* 19; *Bornier et Rodier*, *ib.*
2. Si la condamnation est *personnelle*, c'est à celui qui l'a obtenue à faire ses diligences pour l'exécution. *Obs. du Tribunat, dans la législation de M. Locré*, *xxij*, 92, 93.

II. *Jugement.* Il admet (v. *ci-apr.* note 57, *n.* 5) ou rejette la requête civile.

Premier cas... Admission. Le jugement attaqué est rétracté, et les parties sont remises au même état où elles étaient avant ce jugement. *D. ord. art.* 33 ; *C-pr.* 501, *in pr.* (52 *a*)

Par une conséquence nécessaire, le (52 *b*) rescisoire (il est porté au même (52 *c*) tribunal... *C-pr.* 502) doit être de nouveau discuté (53), lors même qu'il ne s'agirait que d'une pure question de droit (54), parce que le rescindant et le rescisoire ne peuvent pas être cumulés. V. *d. art.* 33; *Bornier et Rodier*, *ib.*

Par une seconde conséquence, en admettant la re-quête civile, on ordonne de restituer les consigna-tions (v. *p.* 517, *n. ij*), ainsi que les *objets* perçus en vertu du premier jugement (55). *C-pr.* 501 , *in pr.*

(52 *a*) *Observations.* 1. On a conclu de cette décision qu'il faut ensuite porter la cause à l'audience par un simple acte d'avoué à avoué, et non pas assigner les parties à leur domicile, puisqu'elles s'étaient présentées par avoués avant le jugement rétracté, et que d'ailleurs les avoués sont tenus pendant une année d'occuper sur l'exécution. V. *arr. de Toulouse,* 29 *nov.* 1808, *Nevers,* 1809, *supp.,* 113.

2. La rétractation du jugement est la conséquence de l'admission de la requête, puisqu'on ne doit admettre la requête qu'autant qu'elle est régulière, recevable et fondée.

(52 *b*) C'est-à-dire le *fond* de la contestation. Voy. *C-pr.* 502; *ci-après,* *note* 53.

(52 *c*) Au tribunal qui a admis la requête. V. *C-pr.* 502; *Orléans, et rej. requ.* 1809, *Hautefeuille,* 294.

(53) *Observations.* 1. Le *rescindant* est la restitution envers un jugement contre lequel on s'est pourvu; le *rescisoire* est l'exécution du rescindant, c'est-à-dire l'examen et la décision du fond de la cause.

2. Quelques auteurs emploient les mêmes termes lorsqu'il s'agit de la rescision d'autres actes, mais mal-à-propos, ainsi que l'observaient déjà en 1579 et en 1583, Cujas (*Parat. C., inoff. testam.*) et Ragueau (*Indice,* mot *rescindant*), parce qu'on y statue en vertu d'une seule action et par un seul jugement (v. *ci-dev., p.* 442, *note* 7), tandis que dans la requête civile il en faut deux.

(54) *Observations.* 1. Ce sont les termes qu'emploie l'ordonnance, afin de montrer que quand même le jugement du rescisoire devrait être absolument semblable au premier jugement, il n'en faut pas moins rétracter ou rescinder ce dernier, s'il est vicieux en la forme.

2. Il résulte aussi des décisions précédentes, que l'injustice du premier jugement ne doit pas le faire rétracter s'il est régulier, c'est-à-dire s'il n'offre aucune ouverture de requête civile. La première règle, dont l'arrêt de Grenoble, cité à la note 34, p. 514, a fait une application frappante, a été introduite pour mieux assurer l'observation des formes, la seconde, pour garantir aux jugemens le respect qui leur est dû.

3. Mais il ne faut pas dissimuler, en premier lieu, que la première règle se concilie difficilement avec le principe général, « point d'intérêt, point d'action. » V. *tit. de l'assignat., p.* 213.—En second lieu, que la maxime d'où elles sont tirées (le rescindant et le rescisoire ne peuvent être cumulés) avait éprouvé de fortes objections. Le parlement de Grenoble entre autres, qui en suivait anciennement une différente, l'avait combattue comme inutile et ruineuse. *Saint-André, art.* 16, 19 *et* 37.

4. Observez toutefois que celui qui plaide sur le rescisoire ne peut plus attaquer le jugement du rescindant, puisqu'il est censé y avoir acquiescé. V. *Rej. requ.* 11 *mars* 1819, *avoués, xx,* 202.

(55) Si c'est un arrêt préparatoire qui est rétracté, on restituera les dépens faits depuis cet arrêt inclusivement; quant aux dépens antérieurs on y statuera par le jugement du rescisoire, parce que jusque-là on n'a point prononcé qui les devait. V. *Rodier, art.* 33, *qu.* 3.

Troisième conséquence... *Contrariété de jugemens...* Le premier doit être exécuté. V. *ci-dev.,* § 3, *n.* 6, *p.* 512.

Deuxième cas... Rejet. — 1. Le jugement qu'on attaquait est maintenu de droit.

2. Le demandeur est condamné aux amendes (56)

et dommages consignés, et même à de plus amples dommages, s'il y a lieu. *C-pr.* 494 *et* 500. (57)

(56) Mais non pas, 1° si le rejet n'est que partiel. V. *Rebuffe*, *sup.*, *gl.* 4, *n°* 1; *Rodier*, *art.* 39, *qu.* 2; *et ci-devant*, *tit. de l'appel*, *note* 121, p. 491.

2° Si le demandeur a acquiescé au premier jugement, ou s'est désisté de la requête. V. *Rebuffe*, *gl.* 6, *et arrêt de* 1542, *ib.*

3° S'il n'a pas présenté la requête. *Arr. cass.* 28 oct. 1808 *et* 12 oct. 1809, *J.-C-pr.*, *iij*, 127; *Sirey*, 15, 1, 72.

4° S'il a transigé sur la requête avant le jugement. *Arg. de l'arrêté* 27 *niv.* x, art. 2.

(57) *Observations.* 1. Quant au style de la prononciation dans les deux cas, *voyez* Pigeau, t. 1, p. 632, 633; et ci-dev., tit. des jugemens, note 41, p. 285, et de l'appel, note 117, p. 491.

2. A l'égard des règles à suivre pour le jugement de la requête civile, ce sont les mêmes qu'on a indiquées pour le jugement d'appel. V. *en le tit.*, *note* 118, *n.* 1, p. 492; *et Despeisses*, *sup.*, *n.* 12.

3. *Quid juris*, si l'arrêt qui rejette la requête est cassé, et si la cour à qui l'on a en conséquence renvoyé le rescindant, admet la requête? Ce sera à cette dernière cour qu'il faudra porter le rescisoire. V. *arr. cass.* 3 *août* 1809, *Nevers*, *supp.*, 131, *par arg. de* C-pr. 502.

4. *Majorats.* Délais et cas dans lesquels on peut attaquer, par requête civile, les jugemens qui les concernent, v. *décr.* 22 *déc.* 1812, *et*, pour la législation relative aux majorats, *rép.*, *vij*, 702 *et suiv.*, *h. v.*, § 6, surtout *L.* 12 *mai* 1835.

5. *Admission* ou *Entérinement.* Le Code, art. 501 (*ci-dev.* p. 520, *n.* ij) emploie ces deux expressions, *admettre* et *entériner* une requête civile... Mais la dernière est inexacte aujourd'hui qu'on n'agit plus en requête civile, au moyen de *lettres Royaux*, et qu'à plus forte raison l'on n'en demande plus l'entérinement comme on le faisait (v. *Ferrière*, *h. v.*) et devait le faire autrefois.

TITRE III.

De la prise à partie. (1)

On nomme *prise à partie*, une réclamation formée contre un juge à raison des dommages qu'il occasionne à un plaideur, soit en refusant de statuer, soit en statuant avec prévarication sur sa cause. C'est qu'alors le juge semble se mettre à la place de l'autre partie et s'en constituer le défenseur. (2)

Nous allons indiquer dans quels cas il y a lieu à la prise à partie, et quelles en sont les formes, ainsi que les règles propres au jugement qui y statue.

(1) Ce titre correspond au tit. 3, liv. 4 du Code.

(2) *Litem suam facit,* dit la loi romaine. V. *inst. de obligation. quæ quasi ex delicto, et Vinnius, in h. t.*

Observations. 1. La prise à partie est une voie extraordinaire, une mesure de rigueur, dont il ne faut permettre l'usage que dans les seuls cas, et en suivant toutes les formes prescrites par la loi (v. *Albisson, p.* 301, *et ci-dev., liv.* 2, *p.* 441); d'autant plus que, si l'on prend en considération les peines attachées aux fonctions du juge, et les risques qu'il court, à chaque instant, de s'attirer la haine du plaideur malheureux, sans en être dédommagé par la reconnaissance de celui à qui il a donné gain de cause, cette mesure doit sembler presque toujours odieuse. V. *Robin-de-Mozas et Savoie-de-Rollin, au rép., ix,* 783 *et* 791, *h. v.,* § 1 *et* 3.

2. *Histoire.*—*V.* Rodier, tit. 25, art. 1; le répert., sup.; l'Esprit des lois, liv. 28, ch. 27 et 28.

§ 1. *Des cas de prise à partie.*

Il y a quatre cas principaux où les *juges* (3) peuvent être pris à partie.

1. Dol, fraude ou concussion (4), commis pendant l'instruction ou lors du jugement. *C-pr.* 505 *in pr.* et *ℱ.* 1; *ord. de Blois, art.* 147, *in f.*

On entend, en général, par *dol* (5), toute espèce d'artifice employé pour tromper (*L.* 1, § 2, *in pr., ff. de dolo malo*); et en particulier, par rapport au juge, la faveur, la haine, ou la cupidité qui ont déterminé sa décision. V. *L.* 15, § *judex* 1 , *ff. de judiciis.* (6)

2. Prise à partie prononcée expressément par la loi (7). V. *d. art.* 5o5, v. 2.

3. Responsabilité prononcée par la loi, sous peine de dommages (8). *C-pr.* 5o5, v. 3.

4. Déni de justice. V. *ord. de* 1667, *tit.* 25, *art.* 2; *C-pr.* 5o5, v. 4.

Il y a déni de justice, en premier lieu, lorsque le juge refuse de juger même sous prétexte du silence, de l'obscurité ou de l'insuffisance de la loi (9). V. *C-c.* 4; *C-pén.* 185; *ci-dev.*, § *des juges, note* 16, *p.* 21.

En second lieu, quand il néglige de juger une cause en état, et dont le tour est venu. *C-pr.* 5o6 (10); *d. ord., art.* 2; *Jousse, ibid., n.* 4.

En troisième lieu, quand il refuse de répondre des requêtes (11). *D. art.* 5o6.

Le déni de justice est constaté par deux (12) réquisitions faites au juge en la personne du greffier. *C-pr.* 5o7; *tarif* 29; *d. ord., art.* 2 *et* 3. (13)

Après ces deux réquisitions, le juge peut être pris à partie (14). *C-pr.* 5o8.

---

(3) *Observations.* 1. C'est le seul terme employé par la loi. *C-pr.* 5o5, *in pr.*; *ord. de* 1667, *tit.* 25.

Néanmoins on doit en étendre le sens aux procureurs du roi, et il n'est pas besoin d'autorisation du gouvernement pour agir contre eux par la voie de la prise à partie. V. *Rodier, ib., art.* 2, *qu.* 2; *arr. cass.* 18 *flor. xij*; *arg. de C-cr.* 483, 486; *M. Merlin, rép., mot prise à partie,* § 3.

2. Si la prise à partie est fondée sur un jugement, peut-on ne la diriger que contre un des juges qui y ont concouru?... Robin-de-Mozas (v. *note* 2) établit très bien la négative.

(4) V. pour la *concussion*, notre cours crim., sect. 1, ch. 2, note 17.

Dr. interméd. — Au lieu de la concussion, on disait : « prévarication commise par inimitié personnelle. » — V. *C-brum.* 565.

(5) *Observations.* 1. La faute grossière étant assimilée au dol (*L.* 226, *ff. verb. signif.*), peut-on admettre la prise à partie contre un juge coupable d'une semblable faute? oui, *suiv. arr. cass.* 23 *juill.* 1806, *au rép., sup.*, § 1, *n.* 5... Non, il faut dol ou fraude, *suiv. rej. civ.* 17 *juill.* 1832, *avoués, xlij*, 373.

2. Quant à la résistance à une récusation fondée. V. *arr. cité, ci-apr., note* 14, *p.* 526.

(6) Ainsi cette explication de la loi romaine comprend dans le *dol*, le cas

de concussion, énoncé au Code de procédure, et ceux de la haine et de la faveur dont parle le Code pénal (*art.* 183), en ces termes : « Le juge ou administrateur qui se décide par faveur pour une partie, ou par inimitié contre elle, est coupable de forfaiture, et puni de la dégradation civique »... Et il faut bien adopter cette explication, puisque la loi française ne caractérise point le dol, ni ses diverses espèces, et que par là même elle est présumée s'en être référée sur ce point aux règles de la législation ancienne (v. *à ce sujet, ci-apr., note 25, n. 2, p. 528, et pour des cas de dol, ci-dev. p. 509 et notes ib.*).

(7) Pigeau, *t. 1, p.* 681, observe qu'on n'en trouve aucun exemple dans nos Codes sur les matières civiles... L'ordonnance était plus sévère. Elle prononçait la prise à partie en cas d'évocation illégale (*tit.* 6, *art.* 2) et dans d'autres circonstances (Rodier, *sup.*, en cite les articles); et l'on s'était vivement plaint de cette rigueur pendant les conférences... Savoie-de-Rollin (v. *note 2, p.* 503) en parle aussi.

En matière *criminelle*, la loi soumet à la prise à partie, 1° le juge d'instruction, s'il n'observe pas plusieurs des formes prescrites pour les mandats même règle pour le procureur du roi) et les dépositions des témoins...

2° Le président et le greffier du tribunal de police et le greffier et les juges d'assises, s'ils omettent de signer le jugement...

3° Le procureur-général, s'il porte à la cour d'assises une accusation non admise suivant les formes légales...

4° Le magistrat qui a fait une dénonciation calomnieuse. V. pour ces divers points, *C-cr.* 74 à 77; 112 ; 164; 271; 370; 593; et pour le dernier, *C-cr.* 358, et *B. c. crim. et rej. crim.* 12 *mai et* 22 *décemb.* 1827, *p.* 411 *et* 957.

(8) *Exemples.* Si le juge de paix laisse périmer une instance par sa faute, et s'il fait trop tôt la levée du scellé. V. *C-pr.* 15 *et* 928; *ci-dev. tit. de la péremption, note* 19, *p.* 359; *et ci-apr. tit. du scellé, note* 24. — Si un juge prononce la contrainte par corps hors les cas déterminés par la loi. V. *en ci-apr. le tit., note* 3, *et C-c.* 2063.

En général, on ne peut demander des dommages à un juge que par la voie de la prise à partie. V. *rej. requ.* 25 *août* 1825, *avoués, xxx,* 165.

(9) Mais il peut refuser de juger lorsqu'il n'est compétent que par le consentement que donnent les parties à la *prorogation* de sa jurisdiction. V. *M. Merlin et Daniels, rép., h. v., n.* 3, *t.* 10, *p.* 266; *arr. cass.* 11 *mars* 1807, *ib.; ci-dev., art. de la compétence, p.* 36.

(10) La loi (*d. art.*) par ces expressions, en état et à son tour, ne désigne évidemment que les causes dont l'instruction est terminée, et dont nous parlons, *p.* 199, *n. vj.*

A l'égard des tours de rôle, *voyez* décr. 30 mars 1808, art. 66 à 70; ci-dev. p. 266, note 10.

Observations. 1. *Dr. anc.* Lorsque la discontinuation des poursuites d'une instance provient du fait du juge, par exemple, d'un commissaire qui a négligé pendant trois ans de rapporter un procès, il n'y a pas moins péremption (v. *ce tit., note* 8, *n.* 3, *p.* 397) parce qu'on peut l'actionner en déni de justice, *suiv.* Lange, *liv.* 4, *ch.* 24. — Mais il paraît que cette règle ne s'appliquait jadis qu'aux juges inférieurs, attendu qu'on ne pouvait faire des sommations en déni de justice aux juges souverains. V. *Raviot, qu.* 345, *n.* 41 *à* 43. — V. aussi *obs.-cass.* 106.

1 *a.* En serait-il de même à présent, qu'aucun juge (*ci-apr.* note 14) n'est exempt de la prise à partie?... On semble avoir implicitement admis l'affirmative en décidant qu'il n'y a pas péremption si le retard du rapporteur vient de ce qu'il a prêté les pièces à l'avoué de la partie qui l'a ensuite demandée. *Voy.* à ce sujet, *rej. requ.* 7 *mars* 1830, *avoués, xxj,* 289. — V. aussi

M. Merlin, (il critique cet arrêt), *rép.*, *xvij*, 311, *mot péremption*, *sect.* 1, § 3, *n.* ij, 6º.

2. On considérait aussi autrefois comme un déni de justice le refus fait par un juge d'autoriser l'ouverture des portes d'un débiteur, au moment d'une saisie-exécution. V. *arr. du conseil,* 6 août 1668, *dans Jousse, tit.* 33, *art.* 5; *et ci-apr. tit. de cette saisie,* § 5, *n.* 1.

(11) Cette disposition n'était pas dans l'ordonnance. V. *Bigot-Préameneu,* p. 80.

(12) Jadis par des *sommations*... On a trouvé que le mot *réquisition* se concilie davantage avec le respect dû au juge. V. *id.*

Il faut deux réquisitions, parce qu'on ne peut reprocher de la négligence et de la mauvaise volonté au juge, tant que les parties ne manifestent pas le desir de voir statuer sur leur cause. V. *Rodier,* art. 4, *et Bornier, art.* 3.

(13) On les fait de trois jours en trois jours, si c'est à des juges de paix ou de commerce, et de huitaine en huitaine, si c'est à d'autres juges... Tout huissier est tenu de les notifier, sous peine d'interdiction. V. *dd. art.* — V. aussi *Rodier, sup.*, qu. 2.

(14) L'on n'excepte point, comme autrefois, les juges supérieurs. V. *Jousse,* art. 4; *arr. du cons. d'état,* 1ᵉʳ sept. 1733, *au tom.* 19 du *rec. de Giroud; Bigot-Préameneu,* p. 80; *et M. Merlin, mot prise à partie,* § 3, *t.* 9, *p.* 791.

Les arbitres de commerce y sont également sujets. V. *leur* §, *ci-dev.*, p. 46 *et arr. cass.* 7 *mai* 1817.

Observations. 1. On voit que la loi n'a pas compris dans les causes de prise à partie, la résistance mal fondée du juge à une récusation. V. *arr. cass.* 13 *nov.* 1809, *ci-dev. tit. de la récusation, note* 38, *n.* 2, *p.* 372 (contra... v. *Amiens,* 23 *mars* 1825, *avoués, xxix,* 274).

2. Quant à l'appel pour déni de justice, *voyez* ci-dev., tit. de l'appel, notes 7 et 9, p. 455, 456.

3. A l'égard du *tribunal* qui connaît des prises à partie, *voyez* ci-dev., p. 66, n. ij, et note 84, ibid., et Bigot-Préameneu, p. 82. — V. aussi rej. requ. 25 avr. 1827, avoués, xxxiij, 142.

4. La *simple* demande en prise à partie contre un tribunal (ainsi que la demande en renvoi pour suspicion légitime) n'a pas d'effet suspensif. V. *arr. cass. cr.* 18 *févr.* 1820, *n.* 28.

§ 2. *Procédure et jugement de la prise à partie.*

I. *Procédure.* Il faut d'abord que la prise à partie soit permise (**15**) sur une requête signée (**16**), et, en outre, appuyée des pièces justificatives (**17**), sous peine de nullité. *C-pr.* 510, 511.

Si la requête est rejetée, la partie est condamnée à une amende et à des dommages. *C-pr.* 513. (**18**)

Si la requête est admise, elle est signifiée au juge. Celui-ci est tenu, 1. de fournir ses défenses (**19**); 2. de s'abstenir de la cause, et même (**20**) de toutes les causes que le demandeur ou ses proches (**21**) peu-

vent avoir devant le tribunal dont il est membre,
sous peine de nullité des jugemens (**22**). *C-pr.* 5 14;
tarif 29.

(15) Expressément et par la cour qui doit en connaître. *C-pr.* 510.
Observations. 1. On doit même indiquer le magistrat qui en est l'objet.
V. M. *Merlin, répert., sup.,* § 2, *t.* 9, *p.* 790; *deux arrêts du parlement
de Paris, ib.*
2. Il n'est pas besoin de conciliation, mais bien de communication au ministère public. V. *C-pr.* 49, ⳾ 7; 83, ⳾ 5; *ci-dev.* § *ou tit. du minist. publ.
et de la conciliat., p.* 25, *note* 26, *et p.* 206, *note* 16.
(16) Par la partie ou son procureur spécial, et où l'on ne doit point employer des termes injurieux envers le juge, sous peine d'amende contre le demandeur, et d'injonctions ou suspension contre son avoué. V. *C-pr.* 511,512;
Demiau, dd. art.
(17) S'il y en a. *C-pr.* 511.—D'où l'on conclut qu'en cas de dol, par exemple, on n'est pas forcé d'en produire, parce que la preuve du dol ne peut ordinairement se faire que par témoins. *Pigeau, i,* 683.
On a vu au n° 4, p. 524, et note 12 et 13, p. 526, les actes qui doivent précéder la requête, en cas de *déni* de justice.
(18) Elle doit être rejetée, lorsque, dénuée de vraisemblance, elle ne paraît elle-même que le fruit de la passion et du ressentiment. *Bigot-Préameneu, p.* 81.
(19) Signification dans les trois jours de l'admission... Défenses dans la
huitaine de la signification (elles sont fournies par requête, à laquelle on
peut répondre). *C-pr.* 513; *tarif* 75.
(20) Jusqu'au jugement définitif de la prise à partie. *C-pr.* 514.
(21) Ses *proches*... nous entendons par là ses parens en ligne directe, ou
son conjoint. *C-pr.* 514.
(22) On n'a point adopté la règle ancienne qui l'autorisait à juger la cause,
si les parties y consentaient. V. *d. ord., art.* 5; *et Bigot-Préameneu,
page* 82.

II. *Jugement.* Lorsque la requête a été admise, la
prise à partie est portée à l'audience (**23**), et devant
une autre chambre que celle qui a statué sur la requête (**24**). *C-pr.* 515.

Si, en définitive, le demandeur succombe, il est
aussi condamné à une amende et à des dommages.
C-pr. 516.

S'il obtient gain de cause, on conçoit que c'est le
juge qui doit être condamné à des dommages envers
lui. V. *d. tit.* 25, *art.* 4. (**25**)

(23) Sur un simple acte. *C-pr.* 515.
(24) S'il n'y a qu'une chambre, on la porte à la cour la plus voisine... Telle
est la décision de l'article 515 du Code. Mais depuis la réorganisation des tri-

bunaux, faite trois à quatre ans après le Code, ou en 1810, toutes les cours ayant au moins trois chambres, soit civiles, soit criminelles (celles-ci sont considérées comme des sections des cours), cette règle a été abrogée de fait. V. *réquisit. et arr. cass.* 27 *févr.* 1812, *rép.*, *ix*, 792 *et* 793, *mot prise-à-partie*, § 4, *n.* 3.

(25) *V.* aussi arr. cass. cité au ch. des dépens, note 8, p. 175 ; et M. Merlin, rec. alph., 2e édit., mot tribunal d'appel, § 6.

Observations. 1. Le juge est condamné à indemniser du préjudice qu'il a causé par sa faute... Mais on ne peut prescrire aucune règle à cet égard ; la cour doit se décider d'après les circonstances, et même s'il y a délit, renvoyer le juge aux tribunaux criminels. Voy. *C-crim.*, *liv.* 2, *tit.* 4, *ch.* 3, *sect.* 2.—L'arrêt du 23 juillet 1806, cité, note 5, p. 524, condamna le juge à 6000 francs de dommages (v. pour un exemple fort curieux, *Brillon, h. v.*, *t.* 5, *p.* 475, *n.* 1).

2. Comme l'arrêt qui déclare valable la prise à partie contre un juge à raison du dol, etc., qu'il a commis dans un jugement où il a pris part, n'a aucun effet sur ce jugement, le condamné qui voudra empêcher que son adversaire ne s'en serve contre lui, sera obligé de l'attaquer... Mais par quelle voie ?... Si celui-ci a été complice du dol, on aura sans contredit l'appel ou la requête civile (v. *p.* 509, § 3, *n.* 1). S'il ne l'a pas été, Pigeau (*i*, 688) prétend qu'on peut encore prendre les mêmes voies, et cela d'après diverses considérations dont plusieurs sont purement morales, et presque toutes susceptibles d'objections sérieuses. Il n'a pas fait attention que ce *dol* du juge, tel qu'il est caractérisé par la loi romaine, entraînant FORFAITURE (voy. *ci-dev. p.* 524, *n.* 1, *et note* 6), il est tout simple de s'adresser à la cour de cassation, qui a le droit (v. *son* §, *ci-dev. p.* 67) d'annuler les actes où les juges ont commis ce délit.

TITRE IV.

De la cassation.

La cassation est en général l'action d'anéantir un acte quelconque, et en particulier celle d'annuler un jugement non susceptible d'être rétracté ou réformé. Prise dans ce sens spécial, elle est la dernière des voies extraordinaires par lesquelles on peut attaquer les jugemens (1)... Quelles sont les personnes qui peuvent en user et contre quels jugemens; dans quels cas; suivant quel mode; et quels sont les résultats de la procédure et de la décision?... Voilà ce que nous rechercherons en peu de mots.

(1) *V.* à ce sujet, liv. 2 , in pr., p. 441, 442, et notes ibid.
Observations. 1. Ajoutons à ce que nous y avons dit , « que le recours en cassation étant une voie extraordinaire, on ne peut la prendre qu'au défaut des recours ordinaires que la loi accorde... Et elle doit être restreinte plutôt qu'étendue ». *M. Merlin* , *rép.*, *mot cassation*, § 3 , n. 8 *; et rec. alph.*, 2ᵉ *éd.*, *h. v.*, § 19. — C'est pour cela qu'on ne peut recourir d'un jugement de défaut, tant que la voie d'opposition est ouverte. V*oy. ci-apr.*, § 2, 2ᵒ ex-cept., p. 531.
2. *Tribunal...* *V.* art. de la cour de cassat., *p.* 67.
3. *Dr. anc.* Le recours en cassation se portait au conseil privé (ou conseil des parties) du roi. V. *ci-dev. p.* 13, *n. iij.*

§ 1. Des personnes qui peuvent agir en cassation.

On distingue deux sortes de personnes qui peuvent demander la cassation d'un jugement : les parties et le procureur général à la Cour de cassation.

I. *Parties.* Les personnes qui ont été parties dans un jugement peuvent seules (1 *a*) en demander la cassation; les tiers doivent agir par tierce-opposition V. *arr. cass.* 21 *brum. et* 6 *et* 4 *vent. xj; M. Merlin, rec. alph., mot opposition (tierce),* § 4*; rép., mot cassation ,* § 4. (2)

Mais il faut que ces parties aient intérêt à la cassation (5), et qu'elles n'aient pas acquiescé au jugement (4), ou qu'elles n'en aient pas déjà recouru. (5)

(1 *a*) Ainsi le tiers-saisi dont le pourvoi est tardif ne peut profiter de celui
du débiteur. V. *rej. requ.* 25 mars 1833, *avoués* , *xliv*, 5o5.

A plus forte raison ne peuvent-elles recourir d'un acte qui n'est pas un jugement , tel qu'un réglement d'un tribunal ; sauf à l'attaquer par les voies légales si on veut le faire exécuter contre elles. Voy. *rej. requ.* 3o *avr.* 1834,
avoués, xlvij, 401.

(2) *Observations*. 1. Le demandeur peut attaquer le jugement qui a rejeté sa demande principale, quoiqu'il lui ait accordé une garantie, qu'il avait
exercée subsidiairement, parce que ces deux actions n'ont rien d'incompati-
ble. V. *arr. cass.* 25 *janv.* 1814, *Jalbert* , 198.

2. Les *avoués*, peuvent-ils recourir? V. *leur §*, note 27, p. 80.

(5) *V.* rép., *ibid.*, § 4 ; ci-dev., tit. de l'appel, ch. 2, p. 464.

(4) *V.* C-pr. 241 ; *arr. cass.* 5 fruct. xiij, au d. § 4 ; autre , 18 mars 1807 ;
autres , ci-dev. tit. de l'acquiescem., notes 10 à 12, 14 et 18, p. 4o5, 406 , et
pour des *exceptions*, dd. notes 12 (n. 4) et 18, et tit. du désistement, p. 411,
note 2, n. 1 et 2.

Nullités de saisie immobilière... V. *en le tit.*, note 116, *n.* 1.

(8) Qu'elles n'aient pas , par exemple, formé un *pourvoi* (rejeté), ou une
demande en cassation (après l'admission du pourvoi). — Voy. *régl.* 1758,
part. 2 , *tit.* 1 , art. 39; *rec. alph.*, *mots requête civile*, § 3 , et *contrariété
de jug.*; ci-dev. p. 441, 442, et 5o7, note 12.

Cette règle reçoit exception , 1° lorsqu'on ne s'est pourvu que contre une
partie d'un jugement , et qu'on s'est réservé d'attaquer les autres (pourvu
qu'on soit encore dans le délai utile). V. *arr. cass.* 22 *brum. xiij* ; M. *Merlin, rec. alph.*, mot *triage*, § 5.

2° Lorsque le pourvoi ou le recours rejetés avaient été faits par une personne qui ne représentait pas exclusivement en quelque sorte , le second demandeur... Ainsi le rejet du recours fait par le créancier comme exerçant les
droits de son débiteur, n'empêche pas ce dernier de recourir. V. M. *Merlin,
d. mot cassation*, § 8 , *n.* 3 ; *arr. cass.* 15 *avr.* 1806, *ib.* — Et le failli a le
même droit à l'égard du jugement que ses syndics négligent d'attaquer. Voy.
rej. requ. 7 *avr.* 1830, *avoués* , *xl*, 20.

II. *Procureur-général*. Ce magistrat peut attaquer
1° en tout temps, les jugemens de tout genre (6) qui
contiennent un excès de pouvoir (7). V. *sur tous les
points précédens, L.* 27 *vent. viij, art.* 80 *et* 88; *rép.,
mot cassation*, § 3, *main-morte*, § 5, *t.* 7, *p.* 631;
arr. rej. civ., 6 *prair. x, ib.; rec. alph., mots excès de
pouvoir et vente*, § 8.

2° Après que le délai légal est expiré sans recours
des parties, il peut aussi attaquer, mais seulement
dans *l'intérêt de la loi* (8), les jugemens en dernier

ressort, tant pour excès de pouvoir que pour contravention aux lois. *D. art.* 88 ; *rép., d. mot cassat.* § 4, *n.* 1. (9)

(6 et 7) Même rendus en premier ressort ; même un simple acte du premier juge... Mais il n'agit, dans ce cas, que d'après des ordres du gouvernement et dans l'intérêt de la loi. V. *autorit. citées au texte, p.* 530 ; pour des exemples, *B. c. 7 juill.* 1817, *et rej. crim.* 16 août 1833, *n.* 415 ; et pour la définition de l'excès de pouvoir, *ci-apr.* § 3, *p.* 534.

(8) *Observations.* 1. Lorsqu'on casse un jugement dans cet *intérêt*, c'est uniquement pour maintenir l'observation de la loi. Ce jugement conserve sa force à l'égard des parties ; il les oblige en un mot, comme une transaction. V. *d. L.* 27 *vent., art.* 88 ; *arr. cass.* 16 *therm. xj* ; *M. Merlin, rec. alph., mot (tierce) opposition,* § 5, *t.* 3, *p.* 587.

2. Il en est de même lorsque le pourvoi des parties n'est pas recevable (c'est-à-dire qu'alors on peut casser dans *l'intérêt de la loi*). V. *arr. cass.* 11 *juin* 1810.

3. Le droit de casser dans cet *intérêt* n'appartient qu'à la cour de cassation. V. *B. c. crim.* 13 *avr.* 1809 ; *notre cours de dr. criminel, tit. de la cassation, note* 21 , *n.* 3.

(9) *Observations.* 1. Les autres procureurs du roi n'ont le droit de se pourvoir contre les décisions de leurs compagnies, que quand ils y ont agi comme *parties* pour l'ordre public. V. *d.* § 4 ; *réquis. et arr. cass.* 3 *nov.* 1806, *id., mot chambre des avoués* ; *rej. requ.* 9 *déc.* 1819, *avoués , xxj ,* 257 ; *ci-dev.,* § *du minist. public, n.* 3 , *p.* 26 ; *ci-apr., note* 29, *p.* 538 ; *d. cours crim., d. note* 21, *n.* 2.

2. Mais ils le peuvent alors quoiqu'ils aient conclu dans le sens de l'arrêt : la loi ne les rend non recevables que dans le cas où ils se pourvoient après le délai. V. *B. c.* 20 *nov.* 1811 ; *id. cr.* 25 *fév.* 1813 ; *ci-d. p.* 27, *note* 33, *n.* 1.

§ 2. *Des jugemens dont on peut demander la cassation.*

Ce sont les jugemens en dernier ressort (**10**) rendus en matière civile, par les tribunaux de tout genre, sauf les exceptions suivantes.

Exceptions... 1re Les sentences arbitrales ordinaires... On ne peut recourir que des jugemens qui ont statué sur l'appel ou la requête civile relatifs à ces sentences. V. *C-pr.* 1028 ; *rép., sup.,* § 3, *n.* 6 ; *arr. cass.* 16 *prair. xiij, ib.; ci-dev. p.* 47, *note* 30, *et p.* 453, *note* 28 *a , n.* 3.

2° Les jugemens de défaut, pendant le délai de l'opposition. V. *d. rép., ib., n.* 8. — V. aussi *arr. cass.* 28 *niv. viij,* 1 *frim. xij,* 10 *frim. xiij, ib.; réglem. de* 1738 (**10 a**), *part.* 1, *tit.* 4, *art.* 5 ; *ci-d. p.* 442. (**11**)

3ᵉ Les jugemens préparatoires (12), pendant l'instance et avant le jugement définitif. *L.* 2 *brum. iv*, *art.* 14, *conf. avec C-pr.* 451. (13)

4ᵉ Les jugemens et arrêts sur des fautes de discipline. V. *ci-dev. p.* 59, *n. v.* (13 *a*)

(10) Non ceux en premier ressort, excepté dans le cas de la note 6, p. 531. — V. *arr.* 6 *prair. x*, *cité* p. 530, *n. ij.*

Observations. 1. Mais peut-on recourir d'un jugement en premier ressort dont on n'a pas appelé dans le délai légal (v. *ci-dev, tit. de l'appel, p.* 458, 459)? Non... lorsque ce jugement ne contient ni *excès de pouvoir*, ni délit commis par les juges, il n'est pas susceptible de recours, même dans l'intérêt de la loi. V. *d. arr.* 6 *prair.* — Et à l'égard des parties, il n'en est pas mieux susceptible, puisque faute d'appel il a acquis l'autorité de la chose jugée. *Arg. de constitut. an viij*, *art.* 65. — Voy. d'ailleurs *arr. cités*, p. 459, *note* 16 *a*.

2. Jugement de requête civile et d'enregistrement... V. *ci-dev. p.* 507, *note* 12, *n.* 2, *et* p. 508, *note* 18.

(10 *a*) Ce réglement a été *provisoirement* maintenu pour la procédure de cassation. *L.* 1 *déc.* 1790, *art.* 28.

(11) Mais on peut en recourir après le délai. *DD. autorités.*

(12 et 13) *Observations.* 1. Mais on peut en recourir si le tribunal était incompétent *ratione materiæ*, *suiv. rec. alph.*, *mot trib. de commerce*, § 5, *t.* 5, *p.* 424.

2. Peut-on à présent recourir des *interlocutoires ?*.. Ou𝗜, *suiv. arr. cass.* 21 *mars et* 16 *mai* 1809, *rép.*, 3ᵉ *édit.*, *xiij*, 581, *addit. à interlocutoire..* V. aussi *arr. cass.* 5 *févr.* 1825, *Sirey*, 25, 403... Non (à moins qu'ils ne causent un préjudice irréparable en définitive), *suiv. rép.*, 4ᵉ *édit.*, *vj*, 473, *h. v.*, *n.* 3; *et xv*, 403, *add. à id.*; *arr.* 22 *juin* 1810 *et* 18 *janv.* 1813, *cités ib.*; *d. rec.*, *mots interlocutoire*, § 5; *et préparatoire*; *arr. cass.* 12 *avr. et* 17 *mai* 1810, *ib.*; *et Sirey*, 1810, p. 274. — Voy. toutefois *arr. cass.* 8 *janv.* 1817, *Jalbert*, 192; et une nouvelle discussion sur cette matière, *au rép. xvj*, 518 *et suiv.*, *mot interlocutoire*, *n.* 3, *et xvij*, 454 *et suiv.*, *mot preuve*, *sect.* 2, § 3, *art.* 31, *n.* 26 *à* 33.

3. On ne peut d'ailleurs recourir d'un jugement définitif qui confirme simplement un jugement interlocutoire auquel on a acquiescé. Voy. *rej. civ.* 13 *mars* 1826 *et* 1 *fév.* 1832, *avoués*, *xxxj*, 56, *xliij*, 541; M. *Chauveau*, *ibid.*

(13 *a*) D'après toutes les lois sur la matière, ces décisions, même lorsqu'elles concernent des magistrats, ne sont que des mesures de police intérieure ; toute publicité y est interdite ; la plupart des formes judiciaires ne leur sont pas applicables ; elles n'ont ni les caractères, ni les effets de la juridiction ordinaire des tribunaux; d'où il suit qu'elles ne sauraient être rangées dans la classe des jugemens proprement dits, contre lesquels est ouvert le pourvoi. V. *rej. requ.* 4 *déc.* 1833, *avoués*, *xlvij*, 577. — Mais v. M. *Chauveau*, *obs.*, *ib.*

Observations. 1. Jugemens de paix... D'après la loi du 27 ventose an viij, article 77, on ne peut en recourir que pour incompétence ou excès de pouvoir.

2. On a ensuite décidé que s'il n'y a excès de pouvoir qu'en ce que le juge de paix a statué en dernier ressort dans une cause où il ne pouvait statuer

qu'en premier ressort (*ci-apr. note* 20, *n.* 2), il y a lieu à l'appel et non pas au recours. V. *arr. cass.* 5 *jév.* 1810 (*par arg. de C-pr.* 453), *Nevers*, 162 ; *ci-dev. p.* 461 ; *ci-après*, *n.* 3 *a.*

3. On a enfin reconnu que la voie de la cassation α est implicitement interdite par C-pr. 454, qui soumet les jugemens rendus en dernier ressort, à l'appel comme de juge incompétent; et c'est ce qu'ont jugé plusieurs arrêts de cassation. » V. *rép.*, 4ᵉ *édit.*, *ij*, 48, *mot cassation,* §. 3.—V. aussi *id., vj*, 584, *xv,* 84 *et* 633.

3 *a.* On a néanmoins admis le recours contre un jugement confirmatif d'un jugement de paix qui avait statué sur une valeur excédant 100 francs. V. *B. c.* 20 *mai* 1829; *avoués, xxxvij*, 142 ; *obs., ib.; et ci-dev. p.* 50, § *des justices de paix, n. j.*

3 *b.* Il faut d'ailleurs observer que le jugement en dernier ressort du juge de paix peut contenir un excès de pouvoir d'un autre genre que celui qu'on indique à ce nᵒ 2; comme si, quoique renfermé dans les limites du dernier ressort, il prononce une condamnation réprouvée par la loi. V. *en un exemple au cours criminel, art. des contraventions,* not. 6, *n.* 1 *a.*

4. On peut casser les jugemens de paix dans l'intérêt de la loi. V. *rép., d. p.* 84 ; *rec. alph., vj,* 106, *mot contribution.*

§ 3. *Des cas où il y a lieu à cassation.*

Il y a trois principaux cas où un jugement est susceptible de cassation, ou, en d'autres termes, il y a trois principales *ouvertures* (14) de cassation.

1. Contravention expresse à la loi (15). *L L.* 20 *avr.* 1810, *art.* 7; 1ᵉʳ *déc.* 1790, *art.* 3; 27 *vent. viij, art.* 76; *constit. an viij, art.* 66; *ci-dev. tit.* 2, *note* 21, *p.* 510.

Il y a contravention, etc., lorsque la disposition (16) « d'un jugement se trouve en opposition formelle avec « la disposition textuelle (17) d'une loi. » — *Avis cons. d'état,* 31 *janv.* 1806. (18)

_____

(14) C'est-à-dire trois cas où la voie de la cassation est *ouverte.*

(15) *Observations.* 1. Il n'en est pas de même d'une contravention à une décision consacrée par la jurisprudence et par l'usage, car ce ne sont pas des lois (v. M. *Merlin, rép., mots interlocutoire, sect.* 2, § 3, *art.* 1, *n.* 33, *péremption,* § 1, *et main-levée, t.* 7, *p.* 640; *arr. rej.* 5 *janv.* 1813, *ib.; autre,* 23 *janv.* 1816, 14 *août* 1817, *et* 13 *juill.* 1830, *Jalbert,* 309, *et avoués, xviij,* 118, *xl,* 116; *rec. alph., mots arrêt de réglem., séparation,* § 2, *testament conjonctif,* § 2)... Mais bien d'une contravention aux lois romaines (pour les procès anciens des pays de droit écrit) non abrogées par l'usage. V. *d. rép., mot cassation,* § 2.

1 *a.* Observez à ce sujet qu'on peut sur l'interprétation de ces lois, adopter une opinion controversée. V. *rej. requ.* 13 *déc.* 1830, *avoués, xlj,* 458.

2. Quant aux procès nouveaux de ces pays, il faut consulter le droit romain comme *raison écrite*; mais on n'y est pas forcé, et par conséquent sa violation ne donne point ouverture à cassation. Voy. M. *Merlin*, à *J-C-c.*, t, 13, p. 287.

3. Il n'y a pas non plus lieu à cassation pour une contravention à une décision ministérielle.V. *arr. rej. requ.* 11 *janv.* 1816, *Jalbert*, 1, 187, *avoués*, *xiv*, 68.

4. Ni pour une contravention à un ancien arrêt de réglement, à moins qu'il n'eût été approuvé par le souverain, ou qu'il n'eût pour objet l'exécution d'une loi. V. *arr. rej. requ.* 23 *janv.* 1816, *Jalbert*, 209; *arr. cass.* 29 *janv.* 1817, *B. c.*

5. A quelle loi faut-il qu'il y ait contravention?.., V. *ci-dev. tit. de l'appel*, *note* 118, n. 1, p. 492.

(16) Non pas les motifs. V. *rec. alph.*, *mot propres*; *arr. cass.* 4 g*erm.* *xiij*; *rej. requ.* 29 *janv.* 1824, *B. c.*, *p.* 29; *rej. crim.* 21 *déc.* 1831, *B. c. crim.*, *p.* 551; *répert.*, *xvij*, 201, *mot motifs*, *n.* 24; *ci-dev.*, *note* 55, *p.* 283, *note* 28, *p.* 512, *ncte* 31, *p.* 513.—Mais leur omission donne ouverture à cassation. V. *ib.*, *note* 34, *n.* 2, *d. p.* 283.

(17) Et non pas encore avec les motifs de la loi. V. *d. rec. alph.*, *mot notaire*, § 3.

(18) D'où il résulte qu'une application trop scrupuleuse de la loi ne saurait être un moyen de cassation (*v. d. avis*; *d. rec.*, *mot révocat. de donation*)... Non plus qu'un défaut d'extension de son texte, même par identité de raison. V. M. *Merlin*, *réquis.*, *J-C-c.*, *xiv*, 452; *id.*, *rec. alph.*, *mot testament*, § 15, *t.* 5, *p.* 272.

Mais, 1. une contravention *indirecte* à la loi renferme quelquefois une contravention *expresse*, et donne ainsi lieu à la cassation. V. *à ce sujet*, M. *Merlin*, *rép.*, *mot substitut. fidéicom.*, *sect.* 8.

2. Il en est de même d'une *fausse application* de la loi, si elle *entraîne* une contravention à une autre loi; mais non pas lorsqu'elle est une espèce de hors-d'œuvre, ou un mal jugé. V. *à ce sujet*, *rec. alph.*, *vj*, 57, *mot cassation*, § 48.

2. Excès de pouvoir. *D. L.* 27 *vent.*, art. 80, 88; *M. Merlin*, rép., *mot cassation*, § 2.

Il y a excès de pouvoir dans un jugement lorsque « le juge est sorti du cercle de ses attributions, et a « fait ce que la loi lui défend ou ne lui permet « pas (**19**). »—V. *rép.*, *mot excès*; *rec. alph.*, *iv*, 247.

Par conséquent cette ouverture de cassation embrasse tout à-la-fois et l'incompétence (**20**) et l'excès de pouvoir proprement dit. (**21**)

(19) Comme la jurisdiction vient entièrement de la loi, il est clair que dans l'une et l'autre circonstance, il y a excès de pouvoir.

(20 et 21) *Observations*. 1. Il n'est pas moins clair que le juge qui statue malgré son incompétence, commet par là même un excès de pouvoir, puisqu'il statue sur des différends dont il n'a pas le droit de connaître... D'après cela on peut distinguer deux sortes d'excès de pouvoir, l'incompétence et l'excès de pouvoir proprement dit.

2. Il y a excès de pouvoir *proprement dit* , lorsque dans les causes de sa compétence , le juge a statué au-delà des valeurs où la loi restreignait sa juridiction de dernier ressort, ou bien a créé des *nullités* et admis des fins de non-recevoir qui ne sont pas établies par la loi. V. *M. Merlin, réquis. à rép.*, *mot discipline* ; *arr. cass.* 5 déc. 1806, *ib.* ; id., *mot divorce, sect.* 4, § 9 ; *arr. cass.* 24 *juill.* 1806 (*sect. réunies*) *et autres, ib.*, *et au B. c.*, 13 *therm. viij*, 21 *brum. ix* , 21 *pluv. x...* Voy. aussi *ci-dev.* p. 152 , n. 1 ; *Henrion,* 2ᵉ *éd., ch.* 9.

M. Merlin , dans un réquisitoire de 1812, rapporté au répertoire, tome 14 (p. 480) imprimé en 1815 , attaque le système d'après lequel la création des nullités est regardée comme un excès de pouvoir. Il renvoie pour ses motifs, au tome 3 (p. 759 et 760) imprimé en 1812 , où il propose en effet des objections très fortes. Mais il convient que ce système est consacré par plus de 30 arrêts, et il y en a eu depuis de semblables (v. entre autres , *B. c.* 27 *février* 1815, 2 *avr.* 1823).

3. *Nullités.* Mais les nullités commises, soit par le tribunal dans le premier jugement, soit par le défendeur à la cassation, ne peuvent, non plus que les fins de non-recevoir qui devaient l'exclure , servir de moyens de cassation à son adversaire, si ce dernier n'en a pas argumenté en cause d'appel ; à moins 1° qu'elles ne tiennent tellement à l'ordre public , qu'il ne soit pas permis d'y renoncer. V. *M. Merlin, rec. alph., mots signature*, § 2, *testament*, § 13 , *nullité*, § 3, *arrêts cass., ibid.* ; *rép., mots renonciation à succès.*, § 3, *substitut. fidéicom., sect.* 7, § 3, *art.* 4, *testament, sect.* 2, § 3, *art.* 8, *divorce, sect.* 4, § 9 ; *ci-d.* p. 371 , *note* 27 ; *B. c.* 1 *août* 1810 ; *rej. req. ou civ.* 1827, 1828, 1831, 1832 *et* 1835 , *avoués*, *xxxiij*, 368 *,xxxvj,* 115, *xlïij*, 530, *xliv*, 110, *xlviij*, 378 ; et spécialement pour l'exception, *ci-d.* p. 249, *note* 21, *n.* 1 *a.* — 2° A moins aussi qu'elles ne soient relatives à l'acte formant le titre fondamental de l'action, V. *L.* 7 *niv. v* ; *rec. alph.* , *v*, 251, *mot testament*, § 13 ; *arr.* 13 *sept.* 1809, *ib.*; *rép.*, *v*, 872, *mot hypothèque, sect.* 2, § 2, *art.* 10, *n.* 5.

4. A plus forte raison , une partie ne peut-elle faire valoir comme moyens de cassation, les nullités qui résultent de son propre fait (ou de celui des fonctionnaires agissant à sa demande) fussent-elles d'ordre public : cela est incontestable. V. *à ce sujet, L.* 4 *germ. ij, art.* 4; *rép., mot cassat.*, § 2 ; *rec. alph., mots nullité, rente*, § 19, *section*, § 2, *trib. d'appel*, § 5; *ci-devant* p. 483 *et* 488, *notes* 100 *et* 112, *n.* 3.

3. Contrariété de jugemens **(22)** rendus entre les mêmes parties par des tribunaux différens (v. *C-pr.* 504), et quelquefois par le même tribunal. V. *ci-dev.*, *tit.* 2 , *p.* 512, *et notes citées ib.* **(23)**

(22) Les observations du titre de la requ. civ., note 28 à 31, p. 512, 513, s'appliquent à ce cas.

(23) *Observations.* 1. *Violation de contrat.* Comme les conventions sont la *loi* des parties contractantes (*L.* 1, § 6, *ff. depositi* ; 23 , *ff. reg. j.*; *C-c.* 1134), on a jugé long-temps que la violation d'un contrat était un moyen de cassation. On a ensuite abandonné cette jurisprudence après la loi du 16 septembre 1807 (relative aux 2ᵉ et 3ᵉ recours.—v. p. 67 *et* 68, *note* 89).—Voy. *M. Merlin, rép., xij*, 679, *mot société, sect.* 2 , § 3, *art.* 2 (où est une exception); *arr. cass.* 2 *fév.* 1808, *ib.*; *autres de cass. ou rej.*, 24 *août* 1812 ,

B. c.; 17 *août* 1815, *J-C-c.*, *xxj*, 112, *et* 8 *août* 1816, *Jalbert*, 509; *d. rec. alph.*, 2e *éd.*, *iij*, 592, *et iv*, 51 *et* 606.

Mais on l'a maintenue pour les arrêts qui par une fausse interprétation d'un acte, en dénaturent l'essence. V. *arr. cass.* 22 *juin et* 12 *août* 1812, 29 *juin* 1815, 26 *juill.* 1823.

2. *Violation des formes.* On a vu (*tit.* 2, *p.* 510) que la violation des formes de procédure prescrites sous peine de nullité, est un moyen de requête civile depuis l'ordonnance de 1667. Les lois *des* 1 *déc.* 1790, *art.* 5, *et* 4 *germ. ij*, *art.* 2 *et* 3, en ont fait un moyen de cassation, de sorte que cette violation a fourni dès-lors deux sortes de voies extraordinaires contre les jugemens. V. *M. Merlin*, *d. rec.*, *mot chose jugée*, § 2, *et arr. cass. ib.* —Mais il n'en est plus de même depuis que le code (480—v. *d. p.* 510) a placé spécialement cette violation au nombre des ouvertures de requête civile. V. *arr. rej.* 26 *avr.* 1808, *J-C-pr.*, *iij*, 106. — V. aussi *Pigeau*, *édit. de* 1807 *et* 1819, *i*, 638 *et* 664. — Néanmoins, 1° si la nullité a été proposée avant le jugement attaqué, et s'il y a statué, on peut agir en cassation (s'il n'y a pas statué, il faut d'abord user de la requête civile). V. *arr. rej.* 19 *juill.* 1809, *Nevers*, *supp.*, 135.—2° *L'ultra petita* devient moyen de cassation quand la loi s'opposait à la condamnation, lors même qu'il y eût été conclu. V. *arr. cass.* 18 *juin* 1810. — Enfin M. Merlin déclare qu'il y a également lieu à cassation quand les formes violées sont essentiellement constitutives des jugemens. V. *rec. alph.*, 2e *éd.*, *iij*, 494, *mot nantissement* (*pays de*), § 2, *et ci-d.*, *p.* 152, § 2.

3. Selon Pigeau, *p.* 645, 1° lorsque cette ouverture ne peut plus servir pour la requête civile (si, par ex., on a été *débouté* d'une première requête civile. — v. *ci-dev. p.* 508 *et note* 18, *ib.*), on a le droit de s'en servir pour une demande en cassation ; 2o il en est de même quand la forme violée n'est pas prescrite sous peine de nullité... il est vrai que cette dernière décision paraît une conséquence de la règle relative à la première ouverture, puisqu'il s'agit d'une contravention à la loi ; néanmoins le système contraire résulte de la loi du 4 germinal an ij et du Code de proc., *art.* 1030, et est adopté par M. Merlin, *rép.*, *mot cassation*, § 2, *n. ix*.

4. Quelques auteurs admettent des ouvertures autres que les trois exposées ci-dessus (outre la violation des formes), mais toutes, celles qu'ils ajoutent y sont indirectement comprises.

5. *Faits.* Il résulte de ce qu'on a exposé dans ce §, que la cassation ne peut être prononcée pour une erreur ou une injustice commise dans le jugement qu'on attaque ; et que cette voie (comme celle de la requête civile) diffère de la voie de l'appel, en ce qu'elle n'a pas pour but l'examen du *bien* ou du *mal jugé au fond*, du moins lorsqu'il ne s'agit pas de contravention à la loi. Par une conséquence nécessaire, on doit y tenir pour constans les *faits* de la cause, reconnus comme tels par le même jugement, et les admettre avec le caractère et l'influence qu'il leur a donnés. V. *à ce sujet*, *rép. iv*, 704, *vij*, 315, *xiij*, 124, *mots enregistrem.*, § 14, *legs*, *sect.* 3, § 3, *n.* 4, *substit. fidéicomm.*, *sect.* 8. — Exemple. On doit tenir pour constant qu'une partie a acquiescé, lorsque le jugement attaqué déclare que son acquiescement résulte de ces faits. V. *rej. req.* 12 *avr.* 1810, *avoués*, *i*, 166.—V. pour d'autres exemples, *B. c.* 12 *juill.* 1814, 11 *juin* 1822, 9 *déc.* 1828, 22 *mars et* 15 *nov.* 1831, 18 *nov.* 1834 ; *ci-dev. p.* 126, *note* 29, *n.* 2, *p.* 321, *note* 10 *a*, *n.* 2, *p.* 410, *note* 4, *n.* 2 *a* ; *ci-apr. tit. des partages*, *note* 3, *n.* 2 ; *rej.* 27 *avr.* 1830 *et* 11 *avr.* 1833, *avoués*, *xl*, 36, *xliv*, 274.

5 *a.* Mais la règle que les faits reconnus, etc., doivent être tenus pour constans, reçoit des exceptions, au sujet desquelles on peut voir *le rép.*, *mot fait*, § 7 *et* 8, *et le rec. alph.*, *vj*, 697 *et suiv.*, *mot responsabil. des commun.*, § 3.—Par exemple, la déclaration *en fait*, dans un arrêt, qu'il n'y a

pas eu d'appel signifié, n'empêche pas la cassation de cet arrêt, quand on prouve par l'exploit qu'il y a eu signification. — V. *B. c.* 30 *août* 1820. — V. aussi *id.*, 16 *févr.* 1814, 26 *juill.* 1823, 20 *janv.* 1826, 22 *juill.* 1829.

§ 4. *De la procédure de cassation.*

Nous avons à considérer dans cette procédure, 1° l'acte par lequel elle s'ouvre, c'est-à-dire le pourvoi; 2° ceux qui en composent ou complètent l'instruction, soit relativement au pourvoi lui-même, soit relativement à la demande en cassation lorsque le pourvoi a été admis.

I. *Pourvoi.* L'acte par lequel on recourt (24) d'un jugement se nomme *pourvoi.*

Le pourvoi doit être précédé d'une consignation d'amende (25), à moins que ce ne soit un indigent, ou bien l'état qui réclame. *LL.* 2 *brum. iv, art.* 17; 14 *brum. an v, art.* 1 et 2. (26)

(24) Sens divers du mot *recours...* voyez introduction de part. 2, note 57, p. 202.

(25) Faute de quoi il n'est pas recevable. V. *L.* 2. *brum. iv, art.* 17; M. *Merlin, rép., mots viduité et cassation*, § 5, *n.* 12; et pour une autre question, *ci-dev., p.* 442, *note* 9.—Bien plus, si par ce motif un arrêt de cassation l'a déclaré non recevable, on ne peut pas se faire restituer contre l'arrêt en rapportant la quittance d'une consignation même antérieure. V. *d. n.* 12; *arr.* 29 *mess. viij, ib.* — Mais s'il n'est point encore intervenu d'arrêt de ce genre, la consignation sera admissible tant que le pourvoi n'est pas jugé, *suiv.* M. *Hua, avoués, xlj,* 459.

Observations. 1. On n'encourt pas la déchéance par cela seul qu'on a omis de joindre à la requête en cassation la quittance d'une consignation antérieure, pourvu qu'on la produise avant l'arrêt qui statue sur la demande. V. *d. n.* 12; *arr. cass.* 6 *fruct. viij, ib.*

2. Il faut autant de consignations qu'il y a de demandeurs, dont les intérêts sont différens. V. *id.; arr., ib.; autres*, 30 *avr.* 1810, *B. c.*; 27 *févr.* 1815, *Jalbert*, 14; et, pour des exceptions, *B. c.* 10 *févr.* 1813 *et* 31 *janv.* 1827; *rej.* 3 *janv.* 1814, *Jalbert*, 109; *cass.* 26 *févr.* 1823, *Sirey*, 24, 1, 63.

L'amende est de 150 fr. pour les jugemens contradictoires, et de 75 fr. pour ceux de défaut. *Réglem., tit.* 4, *art.* 5; *d. L.* 14 *brum.*

3. *Dr. anc.*—Il fallait aussi produire une consultation de deux anciens avocats... Cela a été abrogé.—V. *L.* 19 *août* 1793.

(26) Le réglement (*tit.* 4 *et* 6, *art.* 19 *et* 2) exempte aussi les demandes en cassation pour appel mal-à-propos reçu, et pour contrariété. — Quant au certificat d'indigence, v. *d. L.* 14 *brum., art.* 2; *rec. alph., vj,* 54, *addit. à cassat.,* § 19; *arr.* 1811 *et* 1812, *ib.*

II.   13

Il faut le faire absolument (**27**) dans trois mois
après la signification du jugement attaqué. *LL.* 2
brum., art. 15; 1 *déc.* 1790 , *art.* 14; *C-c.* 263 ;
régl. 1738, *part.* 1, *tit.* 4, *art.* 3o. (**28**)

(27 et 28) Trois mois *francs* pour toutes sortes de personnes domiciliées
en France. *D. L.* 1 *déc., art.* 18; *L.* 1 *frim. ij, art.* 1; *M. Chauveau*,
xliv, 101.—Pour les jugemens rendus en Corse, six mois. *L.* 11 *févr.* 1793.
—Pour les absens et colons d'Amérique, une année; pour ceux qui demeurent
au-delà du cap de Bonne-Espérance, deux années , etc. — V. *au surplus d.*
tit. 4, *art.* 11 *à* 15.
   Observations. 1. En cas de mort du condamné le délai court de la signification aux héritiers (v *d. tit., art.* 14)... Mais comme le délai accordé par
cet article est égal au délai général ancien , c'est-à-dire est de six mois , il
semble qu'à présent on devrait le réduire au temps du délai général actuel, ou
à trois mois.
   2. Le délai ne court qu'autant que la signification est régulière... Et il n'est
pas besoin de permission pour la nouvelle signification aux héritiers. V.
M. Merlin, rép., mot cassation, § 5, *n.* 10, *et* § 6, *n.* 7 ; *deux arr. cass.,*
ib. ; *et* 26 *juin* 1810, *B. c.*
   3. Quand est-elle nulle ?... V. *id., d. rec.,* 2ᵉ *éd., iij,* 384.
   4. Il faut justifier de cette signification, et cela en produisant l'exploit qui
la contient. V. *B. c.* 13 *févr.* 1822.

Il se fait par une requête (**29**) signée d'un avocat
de cassation (**29** *a*) et déposée et enregistrée au greffe,
requête à laquelle on joint, soit l'expédition, soit la
copie signifiée du jugement qu'on attaque(**29***b*), et où
l'on énonce les moyens de cassation (**30**). La première
section ou chambre de la cour (celle des requêtes) y
statue sur le rapport d'un juge et les conclusions du
ministère public, et sans communication au défendeur... Si la requête est rejetée (**30** *a*), le jugement
est *maintenu* (**31**). *D. L.* 1 *déc., art.* 5 et 7; 27 *vent.*
viij, art. 60; 2 *brum. iv, art.* 16; *d. régl., tit.* 4, *art.* 1
à 5, 32, 39; *ordonn.* 15 *janv.* 1826, *art.* 7.

(29) Les procureurs du roi (*v. note* 9, *p.* 531) peuvent se borner à un simple acte remis à leur greffe, et transmis dans le délai fatal, à celui de cassation. V. *M. Merlin, d.* § 5, *n.* 12.
   (29 *a*) *Observations.* 1. Les avocats de cassation remplissent auprès de
la cour, les fonctions d'avoués, et par conséquent (v. *ci-dev. p.* 74 *à* 78) les
parties sont obligées de constituer chacune un de ces avocats. V. *d. réglem.,*
tit. 1, *art.* 2, 12, *etc.*; *d. répert., d.* § 5, *et mot avocats au conseil, in f.*
(ils ont aussi ces dernières fonctions , c'est-à-dire celles d'avocats au conseil

d'état); *lois et décr. cités, ib..* — V. aussi *ordonn.* 29 *juin (art.* 21.) *et* 10 *juill.* 1814, 13 *nov.* 1816.

Mais ils diffèrent des avoués, surtout en ce qu'ils ont le droit de plaider dans toutes sortes de causes. V. *p.* 99 *et* 100, § 5, *et les notes* (effet de leur signature.. v. *p.* 540, *note* 34, *n.* 2).

2. Les pourvois sont inscrits sur un registre général à mesure que les requêtes sont déposées. *Ordonn.* 25 *janv.* 1826, *art.* 7.

(29 *b*) Ainsi que la quittance de l'amende. V. *p.* 537, *note* 25, *n.* 1.

(30) *Observations.* 1. Le défaut d'énonciation des moyens (c'est une nullité) peut être réparé par une requête d'ampliation présentée dans le délai fatal.—V. *rép., sup., n.* 3; *rej. requ.* 7 *avr.* 1830, *avoués, xl;* 20; *d. rec., h. v.,* § 20.—V. aussi *id., iij,* 95, *mot inscr. hypoth.,* § 3.

1 *a.* Si l'on a donné des moyens pendant le délai, on peut après son expiration, en proposer de nouveaux. V. *arr. cass.* 4 *août* 1818, *Sirey,* 19, 124, *avoués, xviij,* 331; *ordonn.* 15 *janv.* 1826; *art.* 2.

2. Mais une requête en cassation reçue au greffe, ne peut être annulée par le motif qu'on a omis d'y énoncer la jonction des pièces, qui, dans le fait, y étaient annexées. V. *répert., ij,* 57, *mot cassation,* § 5, *n.* 9; *et rec. alph., h. v.,* § 20.

3. Si l'on ne produit qu'une copie, et si elle est irrégulière, le pourvoi n'est pas recevable. V. *rej. civ.* 16 *juill.* 1812, *J-C-c, xxij,* 160.

(30 *a*) Cet arrêt doit être motivé. *L.* 4 *germ. ij, art.* 6.

(31) On la *rejette* lorsque le pourvoi est irrégulier, tardif, non recevable, ou bien évidemment mal fondé... Quant au sens du mot MAINTENU, auquel on substitue mal-à-propos celui de CONFIRMÉ, v. *notre cours criminel, art. de la cassation, note* 27.

Le pourvoi n'a point d'effet suspensif, même lorsqu'il a été admis par la section des requêtes. *D. tit.* 4, *art.* 29; *d. L.* 1 *déc., art.* 16; *rép., mot cassat.,* § 6, *n.* 5, 4° *édit., t.* 2, *p.* 67; *arr. cass.* 23 *août* 1810, *avoués, ij,* 272; *rej. requ.* 15 *juin* 1826, *ib., xxxj,* 310. (32)

(32) *Observations.* 1. Cette règle reçoit exception quant à certains jugemens de faux. V. *ce tit., ci-dev., p.* 315, 316.

2. On n'est pas obligé de cautionner pour l'exécution du jugement, à moins qu'il ne s'agisse, 1° de recevoir de l'argent dans une caisse publique. V. *d. n.* 5; *arr. cass.* 4 *prair. an vij, ib.; L.* 16 *juill.* 1793. — 2° de se faire remettre des objets saisis par l'administration des douanes, et dont un jugement contre lequel elle s'est pourvu a accordé la main-levée. V. *L.* 9 *flor. vij, tit.* 4, *art.* 15, *maintenue par L.* 21 *avr.* 1818, *art.* 38; *B. c. cr.* 10 *août* 1833, *n.* 307.

II. *Instruction.* Si le pourvoi est admis, la première section (en l'admettant) autorise à assigner (33) devant la deuxième (la section civile), le défendeur; il faut en même temps lui notifier l'arrêt d'admission (33 *a*), dans les trois mois de sa date (34); et l'on n'est reçu à instruire la cause qu'en déposant la notification en original. *D. L.* 1 *déc. et* 2 *brum.*, *art.* 7 *et* 16; *d. tit.* 4, *art.* 30.

(33) *Observations.* 1. Il n'est pas nécessaire d'observer dans l'assignation toutes les formes indiquées (v. *ce tit.*, p. 217) pour cette espèce d'acte, parce que la signification de l'arrêt d'admission emporte sommation de se présenter et d'y satisfaire. V. *d. régl.*, *part.* 2, *tit.* 1, *art.* 6; *arr. cass.* 2 *nov.* 1807, *J-C-pr.*, *i*, 200.—Ainsi l'omission du domicile réel du demandeur, ou du délai ne l'annulle pas. V. *arr. cass.* 10 *avr.* 1811, *Nevers*, 204 *et B. c.* 1 *juill.* 1823.—Mais bien les irrégularités de la remise...V. *entre autres*, *arr.* 4 *nov.* 1811, *à note* 33, n. 4, p. 222; 10 *fév.* 1817, *à note* 38, p. 224; 25 *mars* 1812, *ci-apr. tit. de l'autorisation*, *note* 4, *n.* 1; 19 *juin* 1832, *avoués*, *xliij*, 694. — Ainsi que la notification au domicile élu. V. *ci-dev.* p. 234, n. 1, *et* p. 255, *note* 17 *a*.

2. Si pour cette irrégularité (de l'assignation à la section civile ou notification de l'arrêt d'admission), on est déchu du bénéfice de l'arrêt d'admission, et si l'on n'est plus à temps (les trois mois étant expirés) de la réparer par un nouvel acte régulier, l'on ne peut réitérer le pourvoi, quoique le délai n'en soit pas expiré. V. *arr. rej. civ.* 25 *therm. xij* (par arg. du réglem., *tit.* 4, art. 39), *Sirey*, 7, 2, 814; autre, *ci-dev.* p. 442, *note* 9 (dans ces deux hypothèses, l'arrêt attaqué n'avait pas encore été signifié). — V. *aussi* répert., mot *cassation*, §8, n. 4.

(33 *a*) *Observations.* 1. S'il est devenu majeur depuis le pourvoi, ce sera à lui qu'il faudra sous peine de nullité, notifier l'arrêt d'admission, quoique ce soit son tuteur qui ait obtenu le jugement attaqué. V. *rej. civ.* 27 *mai* 1834, *avoués*, *xlvij*, 597, *et ci-dev. tit. des reprises d'instance*, *note* 26, p. 387; *et de l'appel*, *note* 38, p. 466.

2. Mais la notification du même arrêt qu'on lui ferait au domicile indiqué dans l'arrêt attaqué et dans la signification de cet arrêt serait valable, quoiqu'il eût depuis changé de domicile, s'il n'avait pas fait connaître, surtout par un acte notifié, son nouveau domicile V. *arr. cass.* (*sect. civ.*) 5 *mai* 1834, *Sirey*, 34, 1,403.

3. Il en serait autrement, et il y aurait par conséquent nullité si le changement de domicile provenait d'un changement d'état, si, par exemple, il s'agissait d'une femme qui s'est mariée depuis l'arrêt attaqué et qui dès-lors n'a plus eu d'autre domicile que celui de son mari, parce que le pourvoi en cassation formant une instance nouvelle, c'est au demandeur à s'assurer de l'état (v. *ci-dev.* p. 215, *note* 12) et de la capacité du défendeur; il devait donc, dans l'espèce, notifier l'admission (aux deux époux) au domicile du mari. V. *d. arr. du* 5 *mai*.

4. Il y aurait également nullité si la notification était postérieure au décès du demandeur à la requête duquel on l'a faite. *Rej. civ.* 9 *déc.* 1834, *avoués*, *xlviij*, 298.

(34) *Observations.* 1. Ce délai qui est FRANC (v. *rép.*, *xv*, 102, addit. à *cassat.*, n. 7 *bis*) et FATAL (*d. art.* 30, *et rej.* 24 *nov.* 1823, *ci-apr. note* 40) n'est pas suspendu par la mort (v. note 28, p. 538) *suiv. d. rec.*, *i*,188). — Mais bien par la force majeure. *Colmar et cass.*, 1814, 1815 *et* 1816, *ci-dev.* p. 165, *n. iv*, *et note* 15 *a*, n. 1, *ib.*

2. L'omission du nom de l'avocat dans la notification est suppléée par la signature indiquée dans la copie de la requête en cassation. V. *arr. cass.* 8

vent. xiij, et 11 *mars* 1812, *rép. iij,* 12, *et xj,* 11 ; *id.,* 16 *mai* 1815, *Jalbert,* 306 ; *ci-dev. p.* 538, *note* 29 *a.*

3. L'omission ou la nullité de cette notification *entraîne* la déchéance du pourvoi. V. *B. c.* 7 *août* 1809 ; *ci-d. note* 53, *n.* 2.

4. Mais la déchéance ne profite point aux parties à qui l'on a notifié en temps utile. V. *rec. alph., sup.,§* 22 ; *arr. cass., ib.*

5. La comparution se fait par la signification et ensuite par le dépôt au greffe, de la requête du défendeur. S'ils ne sont pas effectués dans la huitaine après le délai (v. *ci-apr., n.* 6), le demandeur peut solliciter un arrêt de défaut. V. *d. L.* 2 *brum.*

6. *Délai de comparution.* Il est de quinze jours à deux mois, nous l'avons dit, suivant que le défendeur est domicilié dans la distance de dix lieues, ou dans le territoire de tel ou tel ancien tribunal supérieur, et d'un an, si c'est dans les îles de l'Amérique. V. *p.* 226, *texte, n. iij, et note* 45 ; *autorités citées ib. et à note* 46, *n.* 1.

A l'égard des défendeurs domiciliés dans les colonies situées au-delà du cap de Bonne-Espérance, en suivant la proportion établie pour le délai des assignations ordinaires (*d. p.* 226, *note* 43), le délai devrait être de deux ans ; mais la fixation précise en est abandonnée à la section des requêtes, qui la fait dans l'arrêt d'admission du pourvoi. V. *régl.* 1738, *part.* 2, *lit.* 1, *art.* 3 *et* 4 ; *dd. autorités* ; *M. Godart de Saponay, manuel de la cour de cassat.,* p. 29 *et* 30.

Cette dernière règle paraît devoir être suivie pour les habitans des colonies de Cayenne et du Sénégal, dont le réglement ne parle point. V. *M. Godart de Saponay, d. p.* 30.

Quant aux habitans de la Corse, département sur lequel le réglement est aussi muet, on pense que leur délai devrait être de deux mois. *M. Godart de Saponay, p.* 29, *par arg. de C-pr.* 73.

L'instruction se fait par simples requêtes ou mémoires déposés au greffe. L'arrêt est rendu sur le rapport public d'un des juges, après lequel on entend les plaidoiries des parties (34 *a*), et en toutes causes, les conclusions du procureur général. *Dd. L.* 2 *brum., art.* 16 *à* 21 *, et* 27 *vent., art.* 89. (35)

(34 *a*) Des avocats s'ils le requièrent, et des parties si on le leur permet... le président peut leur dire de présenter seulement des observations. *D. ord.* 15 *janv.* 1826, *art.* 37 *et* 38.

(35) *Autres règles de la procédure...* V. d. réglem., part. 2 ; d. L. 2 brum., art. 18 à 21 ; ci-dev., p. 587, note 25, n. 2 ; surtout M. Godart de Saponay, p. 21 à 35, et 95 à 100.

Si l'on y propose une inscription de faux, la cour peut l'admettre, mais elle en renvoie l'instruction à un tribunal égal à celui dont on attaque l'arrêt. V. *d. part.* 2, *lit.* 10, *art.* 4 ; *rép., mot inscription de faux, §* 7 ; *ci-dev., lit. du faux, p.* 307, 315, 306.

§ 5. *De l'arrêt de cassation.*

La section civile (36) *rejette* la demande, ou *casse* le jugement. (37)

Dans le premier cas, elle condamne le demandeur à des amendes envers l'état, à des indemnités envers le défendeur (37 *a*) et aux dépens.

Dans le second cas, elle fait restituer l'amende consignée (37 *b*); les parties sont remises au même état qu'avant ce jugement (37 *c*), et la cause est renvoyée à un autre tribunal. V. *d. tit.* 4, *art.* 35 *à* 38; *arr. cass.* 14 *oct.* 1812.

(36) Nous avons parlé au § 4, p. 538, des arrêts de la *section des requêtes,* c'est-à-dire de ceux qui sont relatifs au pourvoi.

(37) Si l'arrêt de la section civile est en défaut, on peut se faire restituer contre cet arrêt (en *refondant* les frais), et ensuite plaider sur la cassation. V. *d. régl.*, *part.* 2, *tit.* 2, *art.* 8 *et suiv.*; *rec. alph.*, *iij*, 597, *mot forclusion*, § 3; *rép.*, *ix*, 429, *mot poste*, § 4; *ci-dev. tit. de l'opposition*, p. 451, note 28, n. 1.

(37 *a*) 500 fr. d'amende (on y comprend les 150 fr. déjà consignés... voy. *p.* 537, *note* 25, n. 2) et 150 fr. d'indemnité... La moitié de ces sommes si le jugement attaqué était par défaut. V. *d. réglem.*, *tit.* 4, *art.* 35; *M. Godart de Saponay*, p. 52.

(37 *b*) Ce n'est que dans le seul cas de cassation; ainsi celui qui se désiste de son pourvoi, même après avoir obtenu un arrêt d'admission (*ci-d.* p. 539, *n. ij*), n'a pas droit à la restitution de l'amende. *Rej. civ. et requ.* 24 *févr.* 1835, *Sirey*, 35, 273 à 276.

La section civile condamne aussi le défendeur aux dépens; et cette condamnation doit avoir son effet de telle sorte que, si le tribunal auquel elle a renvoyé, rend une décision semblable à celle du tribunal dont le jugement avait été cassé, il ne peut lui-même condamner aux dépens de l'instance de cassation. V. *arr. cass.* 4 *août* 1818 (sect. civ.), *avoués*, *xviij*, 531; *Sirey*, *xix*, 1, 124.

(37 *c*) Voy. sur ce point plusieurs arrêts cités à avoués, *xlviij*, 267, 268, et M. Godart de Saponay, p. 69 à 72.

Observations. 1. Le compte de la gestion d'une succession doit se rendre à celui qui en est propriétaire d'après l'arrêt de cassation, et non à celui qui l'était d'après le jugement cassé. V. B. c. 14 oct. 1812.

2. Les paiemens faits entre le temps de l'arrêt cassé et celui de l'arrêt contraire de la cour à laquelle la cause avait été renvoyée, les paiemens faits, disons-nous, soit aux créanciers saisissans de celui à qui l'arrêt cassé avait adjugé certaines sommes, soit à lui-même par son administrateur qui l'y avait représenté, sont valables s'il n'y a point eu de fraude, sauf à son adversaire (celui qui a gagné par le second arrêt) à critiquer le compte de l'administrateur, ou même à en demander un nouveau. V. *rej. civ.* 13 *mai* 1823, *Sirey*, 24, 1, 302.

On peut casser, ou la procédure, ou le jugement.
Si c'est la procédure, elle est recommencée devant le
tribunal que la section charge de la connaissance du
fond (38), à partir du premier acte cassé : si c'est le
jugement (39), l'affaire y est portée, sans nouvelle
procédure, à l'audience; et l'on ne peut même y plaider sur un point réglé par un premier jugement (40).
— V. d. L. 1 déc., art. 20 et 21; et 2 brum. iv, art.
24; M. Merlin, d. rec. alph., mot rente foncière, §
11, 2ᵉ édit., t. 4, p. 376. (41)

(38) *Observations.* 1. La clause du renvoi pour le *fond* n'est que de pur
style... Elle ne signifie qu'un renvoi... Il est même arrivé qu'on l'a employée,
quoique l'on ne cassât que pour incompétence. V. *M. Merlin, rec. alph.,*
mot biens nationaux, § 1.
2. A l'égard de l'indication du tribunal à qui l'on renvoie, v. *cicd.* § *de la*
cour de cassat., p. 67.
3. Mais on n'ordonne pas de renvoi quand il n'y a point d'action ou qu'elle
est éteinte (v. *B. c.* 17 *juin* 1807; *id. crim.,* 29 *fruct. x* et 22 *vend. xj,* surtout *B. c. civ.* 6 *avr.* 1830), et en général quand le fond est de telle nature,
qu'il est jugé par l'arrêt même qui casse le jugement attaqué, comme si ce
fond consiste dans une question de compétence. V. *M. Merlin, rec., i,* 590,
mot contrariété de jugemens, § 2 (dans ce dernier cas la cour de cassation
renvoie pour le *fond* de la cause, mais non pas pour la question de compétence.
v. *ibid.*).
(39) Si un second jugement est cassé pour contrariété avec un premier jugement, la cour de cassation doit-elle ordonner elle-même l'exécution de celui-ci?... M. Merlin soutient l'affirmative, et atteste qu'un arrêt du 29 mars
1809 (*Nevers, supp.,* 64), n'est pas contraire à cet avis, comme on l'avait prétendu. V. d. mot *contrariété,* § 2.
(40) *Observations.* 1. Si un jugement contradictoire a *débouté* d'une opposition à un jugement de défaut, on peut se borner à attaquer le jugement
contradictoire, parce que, s'il est cassé, on sera renvoyé pour statuer sur l'opposition. Il ne suffirait pas au contraire de se pourvoir contre le jugement de
défaut, parce que le jugement contradictoire subsisterait (v. *d. rec., mots*
inscript. de faux, § 1, *et cassat.,* § 8; *arr. cass.* 22 *therm. ix, ib.*. Voyez
aussi *Limoges,* 1823, *ci-dev.* p. 451, *note* 25, *et Bourges,* 6 août 1824,
avoués, xxviij, 196.
La cour de Poitiers paraît adopter un système différent. Selon elle en effet,
lorsqu'un jugement contradictoire a rejeté l'opposition à un jugement de défaut, c'est de celui-ci qu'il faut appeler et non pas du contradictoire. V. *id.,*
4 *mai* 1824, *avoués, xxvj,* 272.
2. On suit une règle différente de celle du n. 1 (c'est-à-dire qu'il faut aussi
attaquer le jugement de défaut) lorsque le jugement contradictoire n'a rejeté
l'opposition que pour un défaut de forme et sans toucher au fond. Voy. *au*
reste arr. cass. 25 *juin* 1811; *Denevers, observ. sur cet arrêt,* p. 414, *et*
la note suivante.
(41) *Observations.* 1. En général, la cassation d'un jugement *entraîne*
celle des jugemens postérieurs auxquels il a servi de base. V. *arr. cass.* 28

br. xiv, 14 *mai et* 5 *juin* 1810, 4 *mars et* 9 *oct.* 1811, 13 *oct.* 1812 *et* 25 *oct.* 1813, *B. c.*; *d.* reo., *mot frais préjudiciaux*, § 1 ; *arr. cass.* 22 *th. x*, *ib.*; *rép.*, *mot cassation*, § 7 *in f.* ; et pour des exemples, *d. arr.* 13 *oct.* 1812; *autres*, 25 *nov.* 1818, *ci-dev. p.* 489, *note* 114, *n.* 3 ; 24 *avr.* 1833, *surtout B. c.* 14 *juill.* 1823 (il s'agissait d'un second jugement qui se fondait en partie sur un interrogatoire ordonné par le premier arrêt cassé , et auquel on avait procédé pendant l'instance de cassation). — V. *toutefois*, M. Merlin, répert., xvij, 185, mot motifs, n. 10.

2. Après une cassation, on peut, devant le tribunal du renvoi , 1o rétracter les conclusions prises devant celui dont le jugement est cassé. V. *id.*, *d.* § 7. — 2° Reproduire les moyens non rejetés dans le dispositif de l'arrêt de cassation, quoique réprouvés dans les motifs. V. *id.*, *ibid.*; *et mot récollement.* — 3° Quant à la conciliation, v. *en le tit.*, *note* 16, *ci-d. p.* 206.

3. A l'égard 1° des second et troisième recours, fondés sur les mêmes moyens , v. *ci-dev. p.* 67; *rép.*, *ix*, 292 , *mot pignoratif*; *arr. rej.* 1809, *ib.*;—2° Des liquidat. de dépens, v. *en ci-apr. le* §, *note* 12, *p.* 557.

FIN DU LIVRE SECOND DE LA SECONDE PARTIE.

LIVRE TROISIEME.

De l'exécution des jugemens et actes. (1)

INTRODUCTION.

L'exécution est l'action d'accomplir les dispositions d'un jugement, ou d'un contrat... Elle est volontaire ou forcée... Nous allons jeter un coup-d'œil général sur la nature et les modes de l'une et de l'autre. (2)

I. L'exécution est *volontaire* lorsque le condamné ou obligé accomplit de plein gré toutes les dispositions du jugement ou du contrat, et que son adversaire ou son créancier adhère à ce qu'il fait dans cet objet.

Si tous deux ont la libre disposition de leurs droits, il n'est besoin de suivre, pour l'exécution, aucune autre règle que celle de leur volonté. Mais, comme il est possible que le premier ne fasse pas régulièrement ou complètement la chose à laquelle il est soumis, ou que le second se refuse mal-à-propos à des actes qui remplissent tout ce qu'exige le jugement ou le contrat, ou enfin que leur situation oblige de constater légalement ce qu'ils font tous les deux en vertu de ces actes, on a tracé la marche qu'ils avaient à suivre alors ; et tel est le but des règles relatives, 1° aux réceptions de cautions, prestations de serment, redditions de comptes et liquidations de dommages, fruits et dépens (3) ; 2° aux offres réelles, consignations et cessions de biens. (4)

II. L'exécution *forcée* est celle qui a lieu malgré l'une des parties... Elle se fait sur la personne, ou sur les biens du débiteur ou condamné, ou même tout à-la-fois sur la personne et sur les biens. (4 *a*)

Elle se fait sur la personne par le moyen de la contrainte par corps ou emprisonnement. (5)

Elle se fait sur les biens par le moyen de la saisie,

ou action de prendre les biens, ou de les faire retenir par le détenteur. (6)

La saisie a pour objet de procurer au saisissant le paiement de ce qui lui est dû (7)... Elle se divise en plusieurs espèces, suivant qu'elle a rapport aux meubles ou aux immeubles.

1° L'exécution se fait sur les *meubles* en les saisissant, soit lorsqu'ils sont entre les mains d'un tiers ou du débiteur, soit lorsqu'ils sont encore attachés au sol (8). C'est ce qui se pratique par le moyen des saisies-arrêts, saisies-exécutions, saisies-brandons et saisies de rentes. (9)

Les meubles saisis sont, ou de l'argent monnayé, et alors le créancier est satisfait immédiatement; ou des meubles autres que de l'argent, et dans ce cas, il les fait vendre par le moyen d'enchères publiques, ponr se payer sur le prix (*ci-apr. sect.* 2.)

S'il y a plusieurs créanciers, et si l'argent saisi ou le produit des ventes ne suffit pas à leur paiement, on en fait la distribution proportionnelle entre tous. (10)

2° L'exécution sur les *immeubles* se fait également en les saisissant. On en exproprie le débiteur, aussi par une vente aux enchères, et le prix s'en distribue (10 *a*) entre les créanciers. Tel est le but de l'expropriation (10 *b*) forcée, ou *saisie immobilière*. (11)

Il résulte de ce coup-d'œil rapide sur les divers modes d'exécution autorisés en France relativement aux biens, qu'ils tendent tous à faire vendre ceux du débiteur pour procurer à ses créanciers leur paiement. C'est que nous n'admettons pas le paiement forcé du créancier en nature (11 *a*); la *dation* d'une chose en paiement, qui se pratiquait jadis, notamment pour les dots des femmes et au moyen de la procédure nommée *collocation*, ne peut plus avoir lieu que de gré à gré. V. *rec. alph., vj*, 234 *et suiv., mot expropriation,* § 8 (11 *b*).—En un mot, l'expropriation est la seule manière de déposséder le débiteur. V. *arr.*

cass. 8 *nov.* 1815 (**11** *c*) — Seulement, lorsque ses biens sont détenus légalement ou de son aveu par un tiers, tel qu'un dépositaire, un engagiste, on accorde quelquefois à celui-ci un droit de *retention* pour ses avances ou créances. V. *à ce sujet C-c.* 1948, 2082, 2087. — V. aussi 867, 1673, 1749; *ci-apr. tit. de la saisie-exécut., et de la distribution, notes* 77 *et* 12.

Quoi qu'il en soit, nous diviserons ce livre en deux sections, dont la première traitera de l'exécution volontaire, et la seconde de l'exécution forcée des jugemens et actes. (**12**)

(1) Ce livre correspond au liv. 5, part. 1 du Code... Nous avons ajouté le mot *actes* à l'intitulé du même livre, parce qu'on y donne aussi les règles de l'exécution des actes (*voyez en le tit. vj, à la rubrique*). — Au reste, il est évident que ce n'est pas l'*acte* qu'on exécute, mais bien les conventions ou dispositions qu'il renferme; s'il est d'usage de dire *exécuter* un *acte*, c'est qu'une convention purement verbale n'est pas susceptible d'exécution parce (v. *ci-apr. p.* 565, *note* 5); il faut même en général (v. *C-pr.* 557) que l'acte qui la contient soit authentique.

(2) *Observations.* 1. Lange (*livre 4, ch.* 38) la divise assez exactement en exécution *avec connaissance*, et exécution *sans connaissance de cause.* Dans la première (elle correspond en partie à notre exécution volontaire), le juge intervient directement; dans la deuxième (c'est notre exécution forcée), il n'intervient qu'indirectement.

2. *Dr. anc.* La législation ancienne sur l'exécution des jugemens et actes était fort incomplète. On ne trouve, en effet, dans l'ordonnance de 1667, aucune règle sur plusieurs espèces d'exécutions, dont on s'est occupé dans le Code, telles que les saisies-arrêts, les saisies de rentes, les saisies immobilières, etc., non plus que sur les distributions, sur les ordres, etc. V. *au surplus, Réal, p.* 86 *et suiv.*

3. *Droit romain.* Modes d'exécution... V. Gaius, iij, 78, 79; instit. de succ. sublat., in pr; Theophil. ib.; Dig., tot. tit. de reb. auctor. judic. F. B. S. — V. aussi Loiseau, liv. 3, ch. 1, n. 10, ch. 6, n. 27, et liv. 4, ch. 1, n. 4.

(5) *V.* C-pr., part. 1, liv. 5, et ci-après, sect. 1, p. 549.

(4) V. *C-procéd., part.* 2, *titres* 1 *et* 12.
Comme les offres et la cession (v. *leurs titres, ci-après, partie* 3, *tit.* 1 *et* 12) ont souvent lieu sans avoir été déterminées par un jugement, on a cru devoir les ranger dans la classe des procédures extra-judiciaires. Au surplus, les actes rangés dans celle des exécutions volontaires se rapportent aussi à l'exécution forcée, quand ils sont faits malgré l'une des parties... Telles sont les offres réelles elles-mêmes et la consignation, lorsque le créancier refuse de recevoir son paiement... Ainsi l'exécution forcée peut concerner la partie qui a obtenu gain de cause, tout comme celle qui a été condamnée.

(4 a) Ainsi l'on peut en même temps saisir, et la personne, et les biens soit meubles, soit immeubles, soit créances. V. *Colmar et Bordeaux,* 14 *juin* 1811, *et* 20 *déc.* 1851, avoués, *iv,* 246, *xliij,* 583; *ordonn. de Moulins, art.* 48; *Bornier, tit.* 34, *art.* 13; *C-civ.* 2069; *ci-apr., tit. de la contrainte par corps,* in pr., n. 2, et de l'ordre, *note* 46, n. 2.

(5) V. *C-c.*, *liv. 3, tit.* 16; *C-pr.*, *liv.* 5, *tit.* 15; *d. tit. de la contrainte.*

(6) *Dr. rom.* Même mode... V. *Pothier, pand., reg. j.*, *n.* 615-618.

(7) Ou de lui faire recouvrer un meuble qui lui appartient, et on la nomme alors *saisie-revendication* (v. *ce tit., ci-apr.part.* 3). — A l'égard des *immeubles* dont on revendique la propriété, le détenteur condamné au délaissement peut être contraint par corps à désemparer en vertu d'un second jugement. V. *C-c.* 2061. — V. aussi 2060, 2°.

(8) Mais séparables, comme des fruits non recueillis.

(9) *V.* C-pr., liv. 5, tit. 7 à 10; ci-apr., sect. 2.

La saisie *gagerie* et la saisie *foraine* peuvent se rapporter à cette classe; mais comme elles sont quelquefois des mesures purement conservatoires, on les a rangées dans celle des procédures extra-judiciaires. V. *ci-apr.*, *part.* 3, *liv.* 1.

(10) *V.* d. liv. 5, tit. 11; et d. sect 2.

(10a) Mais non pas proportionnellement, du moins lorsqu'il y a des créanciers hypothécaires. V. *ci-apr.*, *tit. de l'ordre.*

(10 b) Cette dénomination est assez improprement réservée à la saisie des immeubles, puisque les meubles sont aussi une espèce de biens. C'est que dans l'usage on dit souvent au lieu d'*immeubles*, propriété foncière, ou simplement *propriété*... V. la rubrique qui précède C-c. 2181.

(11) *V.* C-civ., liv. 3, tit. 19; d. liv. 5, tit. 12 à 14; d. sect. 2.

(11 a) Nous ne connaissons d'exception qu'à l'égard de l'engagiste : il peut se faire autoriser en justice à retenir en paiement le gage, mais d'après une estimation par experts. *C-civ.* 2078. — Tandis qu'un légataire universel ne peut au contraire retenir sur le pied de l'estimation, le mobilier d'une succession qui doit être vendu; il faut que la vente en ait lieu aux enchères. Voy. *B. c.* 19 *févr.* 1821; *ci-apr. tit. des ventes judiciaires*, § 2.

Les *prélèvemens* dans les partages et les communautés ne forment-ils pas aussi exception? V. *tit. des partages*, *note* 19.

(11 b) V. aussi rép. ij, 449, et iij, 307, mots collocation et dation; ci-ap. tit. de la saisie-exécution, note 77, n° 3; Turin, 21 juill. 1812, J-C-c. xx, 238; B. c. 8 févr. 1813.

(11 c) Cette expropriation doit-elle être faite par la voie de la saisie immobilière, ou peut-elle avoir lieu devant un notaire en vertu d'un mandat donné au créancier? *V. à ce sujet, tit. de cette saisie, note 2 a.*

(12) Cette division paraît naturelle, parce que les divers modes d'exécution forcée sont sujets à des règles générales (*celles du tit.* 6, *liv.* 5, *exposées ci-apr., sect. 2, tit.* 1, p. 565 *et suiv.*). Au reste, elle ne produit presque point de déplacement dans l'ordre des titres.

☞ Il y a quelques modes d'exécution dont il n'est pas question dans le Code, tels que les suivans.

1. *Discussion* du débiteur principal et des cautions... V. *à ce sujet*, *arr. de Turin, Limoges et cassation*, *J-C-c.* xiv, 376, 380, et xv, 60. — Elle doit aller jusqu'à la vente de ses biens, lorsqu'il en a. V. *rec. alph.*, *i*, 324, *mot billet de commerce*, § 2.

2. *Expropriation* pour cause d'utilité publique. V. *à ce sujet, ci-devant* p. 432, *note* 2. — V. aussi *ordonn.* 22 *mars* 1835.

3. *Ejection de meubles*, lorsque le condamné refuse d'évacuer une maison... V. *à ce sujet, Colmar, Bordeaux et Bourges*, 1809, 1827 et 1829, avoués, *i*, 37, *xxxiv*, 345, *xxxix*, 39; *Rodier, tit.* 27, *art.* 1, qu. 3.

4. Moyens *pour faire rentrer* une femme dans le domicile marital. Voyez *arr. de* 1805 à 1810, *cités par Jalbert*, 1817, *supp.*, 49; *autres de* 1817 à 1834, *avoués*, *xv*, 160, *xliv*, 105, *xlvij*, 673; *observ.*, *ib.*; *rej. requ.* 9 *août* 1826, *ib.*, *xxxij*, 92.

SECTION PREMIÈRE.

De l'exécution volontaire des jugemens et actes. (1)

TITRE PREMIER.

Des réceptions de caution. (2)

Les mots *réception de caution* indiquent, et l'action de présenter, et celle d'accepter une caution. (3)

On distingue trois sortes de cautions; la conventionnelle, la légale et la judiciaire (4). C'est pour la réception de celle-ci que le Code a tracé les règles dont voici la substance. (5)

1. Dans un délai déterminé (6), on dépose au greffe les titres de solvabilité (7) de la caution; on notifie le dépôt et l'on présente la caution par acte, à l'avoué de la partie, et au défaut d'avoué, à la partie elle-même (8). *C-pr.* 517, 518; *tarif* 29, 71, 91.

(1) Nature de cette exécution, *voy.* p. 545, n. 1.

(2) Ce titre correspond au tit. 1, liv. 5 du Code... Les règles en ont été tirées de l'ordonnance de 1667 (*tit.* 28), avec quelques modifications (v. *Réal*, p. 89) dont l'expérience a montré l'utilité, et que nous indiquerons. V. *notes* 6 *et* 7, p. 550.

(3) Le cautionnement est un contrat par lequel une personne qu'on nomme *caution*, se soumet envers une autre à remplir l'obligation d'un tiers, si ce dernier ne la remplit pas lui-même. *C-c.* 2011. — Il résulte de là que la caution doit être *recevable*, c'est-à-dire capable de s'obliger et suffisamment solvable. V. *à ce sujet, et pour les autres règles du cautionnement*, *C-c.* 2018 *et suiv.*, *et Rodier, tit.* 28.

(4) Plus la caution du jugé (*ci-d.*, *p.* 256), et la caution juratoire (*ci-ap.* note 5); mais elles se rapportent aux deux dernières classes.

(5) C'est ce qui résulte de la rédaction de l'art. 517.

Quid juris pour les autres ?... 1. *Caution conventionnelle.* Si la convention détermine le mode de réception, il faut s'y conformer (*arg. de C-civ.* 1134), et en cas de refus de l'une des parties, l'assigner pour la faire contraindre à l'exécution de ce mode... Si elle ne le détermine pas, il semble qu'on puisse d'abord demander extra-judiciairement que la caution soit reçue à l'amiable, et ensuite, dans le même cas de refus, observer les formes propres à la caution judiciaire, puisqu'en général les formes de procédure ont été imaginées pour mettre les particuliers à l'abri des dangers que leur font courir la négligence, la mauvaise volonté ou la mauvaise foi de ceux avec qui ils ont quelque relation d'intérêt.

2. *Caution légale.* On doit, à plus forte raison, suivre cette dernière marche pour la caution légale, parce qu'étant exigée par la loi (v. *C-pr.* 17, 542, 832, 992, *etc; C-c.* 601, 771, 1518, 1613, *etc.*), elle a plus d'affinité que la précédente avec la caution judiciaire.

3. *Caution de l'héritier bénéficiaire...* Mêmes formes... V. *C-pr.* 993; *ci-apr. tit. du bénéf. d'inventaire, n.* 3, *surtout Pigeau, ij,* 636.

4. *Caution juratoire.* C'est la garantie qui résulte d'une promesse solennelle. On l'exige de l'usufruitier pauvre. Comme elle peut être assimilée à un serment, il est naturel qu'elle soit prêtée d'après les formes du serment. *C-c.* 603.—V. *aussi Rodier, tit.* 15, *art.* 10. — A Grenoble, on se contentait de cette caution pour l'exécution provisoire des jugemens rendus en faveur des indigens. *Arr.* 6 *avr.* 1675 (*ch. consult.*), *S.-André, tit.* 21.

(6) Par le jugement... On y fixe aussi le délai dans lequel l'adversaire doit accepter ou contester la caution. *C-pr.* 517.

Observations. 1. S'il s'agit d'un surenchérisseur ou d'un héritier bénéficiaire, le délai est fixé à trois jours par l'assignation ou l'acte extra-judiciaire où l'on demande le cautionnement. V. *au reste C-pr.* 832, 992, 993; *ci-apr. tit. de la surenchère, n.* 4, *et du bénéf. d'inv., n.* 3. — S'il s'agit de matières de commerce, il l'est à jour et heure fixes, par une sommation accompagnée d'assignation. V. *C-pr.* 440, *conf. avec tar.* 29; *et,* pour le défaut de sommation, *ci-apr.* note 8, *n.* 2. — Le délai de l'héritier bénéficiaire est augmenté pour la distance qui sépare son domicile et le siège du tribunal. *C-pr.* 993.

2. *Dr. anc.* Point de délai fixé; mais il fallait indiquer le tribunal où la caution serait reçue. V. *d. tit.* 28, *art.* 1; *Réal, p.* 89.

(7) *Commerce.* On peut n'en pas exiger d'un négociant, parce qu'à cet égard il n'a souvent d'autres preuves à offrir que le crédit dont il jouit. Voy. *C-pr.* 440, 518; *C-c.* 2019; *Jousse, art.* 3; *Perrin, p.* 275; *obs. mss. du Tribunat.* — Mais alors il ne faut pas moins appeler le condamné à l'audience, pour discuter la caution et voir statuer sur son admission. V. *Paris,* 20 *oct.* 1813, *avoués, ix,* 125.

Dr. anc. — La caution n'était obligée d'établir sa solvabilité qu'en cas de contestation, et les pièces étaient communiquées sur simple récépissé. *D. tit.* 28, *art.* 3.

(8) *Observations.* 1. L'acte ou l'exploit doivent contenir sommation de paraître à l'audience pour voir prononcer sur l'admission en cas de contestation; cela résulte de l'ensemble du titre 1er du Code, et est décidé expressément pour les matières de commerce. *C-pr.* 440; *tarif* 29 *et* 21. — V. *toutefois,* quant à la sommation, *Carré, an., n.* 1670, *et lois, ij,* 319. — Au reste, après l'acte ou exploit, la partie (ou son avoué) a le droit de prendre au greffe la communication des titres déposés. *C-pr.* 519; *tarif,* 91.

2° Si le jugement qui autorise une contrainte par corps est exécutoire par provision sous *caution*, l'emprisonnement sera nul, quoique la caution ait été fournie, si le condamné n'a pas été interpellé de prendre communication des titres de la caution, *suiv. Paris,* 20 *oct.* 1813, *Sirey,* 14, 2, 129.

2. La caution est acceptée ou contestée (dans un autre délai).

Elle est acceptée, soit expressément par un simple acte (9), soit tacitement par le silence de la partie

pendant ce dernier délai (**9** *a*)., *C-pr.* 519, 517, 441;
tar. 71. — Elle est contestée aussi par un simple acte,
et la difficulté se juge comme en matière sommaire
(**10**). *C-pr.* 517, 519 *à* 521; *tarif* 71.

3. La caution acceptée ou admise fait sa soumission
au greffe (**11**). Cette soumission est exécutoire, par
elle-même (**12**). *C-pr.* 522, 519, *in f.; tarif* 91... V.
aussi d. tit. 28, *art.* 2 *et* 4.

(9) Fait par avoué. *Arg. de tarif*, 71.
(9 *a*) C'est-à-dire le délai indiqué, note 6, in pr., p. 550.
(10) *V.* en ci-dev. le titre, note 7, p. 421. — Le jugement qui y statue est
exécutoire, nonobstant appel. *C-pr.* 521.
Observations. 1. Celui qui présente la caution doit établir qu'elle est recevable; jusque-là son adversaire n'est pas obligé de prouver qu'elle est non
recevable. V. *Bornier, tit.* 28, *art.* 3. — C'est aussi ce que prescrit indirectement le Code (*ci-d., p.* 549, n. 1).
2. *Commerce.* Si l'appelant conteste la caution, l'on statue (au jour indiqué dans la sommation.. *Ci-dev., note* 6, *n.* 1); par un jugement exécutoire
nonobstant opposition ou appel... S'il ne paraît pas ou ne conteste pas, la caution fait sa soumission. *C-pr.* 441.
(11) Avec l'assistance d'un avoué. *Arg. de tarif,* 91.
(12) *Observations.* 1. Ainsi la caution peut être forcée sans jugement,
même au moyen de la contrainte par corps (s'il y a lieu), à remplir ses obligations. V. *C-pr.* 519, *in f.*
2. Mais, quand y a-t-il *lieu?* La caution est-elle contraignable par corps
lorsqu'elle ne s'est pas soumise à la contrainte?.. NON, v. *B. c.* 21 *juill.* 1824
et 20 *août* 1833.—Cette question était fort controversée, *voyez* Carré, anal.,
n. 1673.
3. Sa soumission la rend, à cet égard, justiciable du tribunal où elle l'a
faite, *suiv. Jousse, art.* 2, *et autorités, ib.*—Excepté de celui de commerce,
suiv. Poitiers, 29 *juill.* 1824, *avoués, xxvij,* 48.
5. Quant aux *certificateurs* des cautions, c'est-à-dire à ceux qui en attestent la solvabilité, v. *Lange, liv.* 4, *ch.* 34.
5. *Justice de paix.* Lorsque le juge de paix déclare son jugement exécutoire sous caution, cette caution doit être présentée à son greffe après avoir
appelé la partie adverse, au moyen d'une sommation. *Arg. de C-pr.* 17, *et de*
tarif, 21, *combinés.*

TITRE II.

Des prestations de serment. (**1**)

On désigne ainsi l'action de faire un serment, c'est-à-dire une affirmation solennelle de la vérité ou de la fausseté d'un fait allégué. (**2**)

Le jugement qui ordonne le serment énonce les faits sur lesquels il sera prêté (**3**). *C-pr.* 120. — V. *Despeisses, tit.* 10, *sect.* 4, *art.* 3, *n.* 7.

(1) Il n'y a point de titre correspondant dans le Code ; il nous a paru utile d'en faire un (il répond d'ailleurs aux articles 120 et 121, qui sont placés dans le titre des jugemens).

(2) Le serment est déféré pour en faire dépendre la décision d'un différend, ou déterminer le montant d'une condamnation, ou compléter une preuve (v. *C-c.* 1357 *et suiv.*); et on l'exige des tiers appelés à une procédure également pour une preuve, une opération, etc., ou chargés d'une conservation de biens, etc. — V. *les tit. des enquêtes, des expertises et des scellés.* — On ne peut le déférer sur un fait consacré par un jugement inattaquable. V. *rej. requ.* 22 *août* 1822, *avoués, xxiv,* 285.

(3) *Observations.* 1. Il faut que ces faits soient pertinens (v. *d. titre des enquêtes*, § 1, *p.* 320)... Il suffit qu'ils soient rappelés dans les questions de fait... Enfin, l'omission de les énoncer n'est pas une nullité. Voy. *sur tous ces points, Turin,* 20 *fév.* 1808, *J-C-pr., t.* 2, *p.* 10.

2. Si celui à qui le serment a été référé refuse de le prêter sur ces faits, exactement tels qu'ils ont été posés, le juge peut le déférer à son adversaire. V. *Douai,* 29 *juill.* 1816, *avoués, xiij,* 272.

3. Mais on peut refuser de le prêter lorsqu'il est déféré par un avoué sans pouvoir. V. *rej. requ.* 27 *avr.* 1831, *ib., xlj,* 390.

4. Il en est de même lorsqu'il est déféré sur des faits sans connexité avec la demande principale. V. *id.* 15 *fév.* 1832, *ib., xlv,* 532 ; *et ci-dev. n.* 1.

5. Si cette demande est rejetée, on peut appeler du jugement qui accueille des conclusions subsidiaires par lesquelles le serment était déféré. V. *Colmar,* 7 *mars* 1835, *ib., xlviij,* 313.

Le serment est prêté par la partie *en personne*, à l'audience, devant le tribunal de la cause, ou devant un juge par lui commis (**4**), ou devant le tribunal de la résidence de la partie, si elle est fort éloignée; et toujours après y avoir appelé son adversaire (**5**). *C-pr.* 121. — V. *aussi arr. d'Orléans*, 19 *déc.* 1807, *Hautefeuille,* 100. (**6**)

(4) En cas d'empêchement légitime et dûment constaté... et chez la partie. V. d. art. 121 ; *Despeisses , sup.*, n. 1.

(5) Par acte d'avoué à avoué, ou au défaut d'avoué, par exploit, avec indication du jour. — V. *C-pr.* 121 ; *tarif* 29, 70. — Jadis cela n'était pas nécessaire, suivant *Despeisses, sup.*, n. 11.

(6) *Observations.* 1. Le serment n'est pas nul, quoiqu'il n'ait été prêté qu'en la présence de l'avoué, *suivant arr. d'Aix* , 21 mai 1811, J-C-c., *xvij*, 100.—Mais dans ce même cas, si la partie n'avait été appelée que par acte d'avoué, elle pourrait appeler du jugement qui a déféré le serment, *suiv. Nîmes*, 30 janv. 1819, *avoués, xx*, 45. — En un mot, lorsqu'elle n'a pas été appelée, la présence de son avoué à la prestation du serment, n'emporte point un acquiescement à ce jugement. V. *Colmar*, 1828, *à note* 3, n. 5.

2. *Mode de prestation.* L'usage était jadis que les catholiques, en faisant leur affirmation, missent les mains sur l'Évangile, et que les protestans levassent la main vers le ciel, comme pour prendre Dieu à témoin de leur sincérité ; enfin, que les religieux et prêtres missent la main sur leur poitrine. V. *Despeisses, n.* 4, et *sect.* 2, *art.* 3, n. 21.—Mais depuis long-temps on s'en tenait à ces deux derniers modes. V. *les autorités suivantes.*

3. Les personnes, telles que les juifs et les quakers, qui professent un culte où l'on n'admet point ces mêmes modes, sont tenues de prêter serment en observant celui de leur culte. V. *L.* 5, § 1, *ff.* jurejur.; *arr. de Colmar, Nancy, Bordeaux et cassation*, 1782, 1808 à 1810, J-C-c., *viij*, 301, *xj*, 478, *xv*, 22 ; *Nevers*, 1810, 226, 370 ; *rép.*, *xij*, 506 et *suiv.*, *mot serment*; *Nîmes* , 1827, *xxxij*, 351 (décision contraire... v. *arr. Turin* , 14 *déc.* 1808, J-C-c. *xiij*, 105).

4. Le serment prêté selon un autre mode que le mode ordinaire , ou que celui qu'a désigné le juge, est nul. V. *Despeisses, art.* 3, n. 9.—Et le juge a, en effet, le droit de fixer ce mode , *suiv. Pau*, 11 *mai* 1830, *avoués*, *xlj*, 482.

5. *Questions diverses sur le serment, ses effets, etc.*—V. ci-dev. p. 98, note 87 ; p. 208, note 24, n. 3 ; p. 269, note 11 ; p. 404, note 4, n. 2 ; arr. de Turin, 1808, 1809, 1812, J-C-pr. ij, 375 ; J-C-c. xiv, 74 ; avoués , viij , 775 ; Trèves, 1813, J-C-c. xxj, 440 ; Colmar, 1817 et 1819 ; avoués , xvj , 240, xxj, 301 ; Montpellier, 1819, ib., xx , 191 ; Bruxelles, 1807, rép. xvj , 733 ; surtout rec. alph., iv, 613, h. v., § 2.

6. *Caution juratoire...* V. ci-dev., p. 550, note 5, n. 4.

TITRE III.

Des liquidations. (1)

La liquidation est l'action d'apprécier des objets dont la quantité ou la valeur ne sont pas encore déterminées... Elle est surtout nécessaire lorsqu'on adjuge à une partie des dommages, des fruits, ou des dépens. (2)

(1) Ce titre correspond aux tit. 2, 3 et 5, liv. 5 du Code, que nous avons réunis à cause de leur connexité.

(2) *Observations.* 1. Quoiqu'un propriétaire se soit borné à réclamer simplement la restitution de son bien, il n'est pas moins censé, en définitive, avoir demandé, *ab origine litis*, tout ce qu'il aurait eu si la chose lui avait été restituée au moment même où l'instance s'est engagée. V. *L.* 20, *ff. rei vindicatione* (*lib.* 6, *tit.* 1).

2. De ce principe, et de la loi 25, § 8, *in f.*, *ff. œdilit. edicto*, on conclut que les dommages accessoires à la restitution doivent être accordés par le juge *d'office*, à compter du commencement du procès. V. *M. Merlin, rép., mot revendication; rec. alph.*, *h. v.*, § 1; *arr. cass.* 13 *niv. xij*, *ib.*; ci-dev., *tit. de l'appel, note* 95, *p.* 481.

3. Les mêmes règles s'appliquent aux fruits perçus pendant l'instance (les fruits perçus auparavant doivent être demandés). *D. rec.*, *mot fruits*, § 5; *arg. ex L.* 15, *ff. usur. et fruct.*

4. Rebuffe (*appellat.*, *art. ult.*, *gl.* 1) soutient que ces règles ne peuvent être suivies en appel, où il faut toujours une réclamation expresse... Mais v. d. *note* 95.

§ 1. *Des liquidations de dommages-intérêts.* (3)

La liquidation des dommages est faite par le jugement, si cela est possible. *C-pr.* 128, *in pr.;* 523, *in pr.* (4)

Dans le cas contraire, celui qui les a obtenus en notifie (5) la déclaration ou évaluation, et communique les pièces (6)... Son adversaire fait ensuite sa *contre-déclaration* (7), c'est-à-dire une évaluation des dommages, à laquelle il joint des offres de leur somme (8). Le tribunal sanctionne enfin et avec dépens, celle des deux évaluations qui est juste et bien vérifiée (9). *C-pr.* 523 *à* 525.

(3) *Observations*. 1. On entend, en géuéral, par *dommages-intérêts*, l'équivalent du bénéfice dont on a été privé, ou l'indemnité de la perte qu'on a éprouvée. V. *C-c.* 1149.—V. aussi *L.* 13, *ff. ratam rem* ; CUJAS, *observat.*, *lib.* 9, *cap.* 31 ; *Cambolas*, *liv.* 1, *ch.* 19; *Bornier et Jousse*, *tit.* 32, *art.* 1, (pour abréger nous disons simplement *dommages*.)

2. Il est une foule de cas où la loi les adjuge expressément. V. *C-pr.* 15, 71, 107, 128, 132, 137, 244, 516, *etc...* *C-c.* 179, 554, 555, 772, 1120, 1205, 1768, *etc.* ; *Rebuffe*, *de expensis*, *art.* 3 et 4; *Lange*, *liv.* 4, *ch.* 36.; *arr. cass.* 1er *mai* 1815.

3. Elle permet aussi d'adjuger les dépens pour en tenir lieu. V. *C-pr.* 137; *ci-dev. p.* 61, *note* 71; *p.* 345, *note* 30, *n.* 1 ; *surtout, p.* 173.

(4) Voilà le principe général (déjà consacré par les ordonnances de 1539 et de Blois, *art.* 88 et 89, et 145): les décisions du titre 2, livre 5, qu'on va analyser; ne sont relatives qu'à l'exception... Elles ont été puisées presque entièrement dans l'ordonnance de 1667 (tit. 32). *Réal, p.* 90.

(5) A l'avoué du défendeur, s'il a un avoué. *D. art.* 523.—L'ordonnance, *ibid.*, *art.* 4, décide que cet avoué peut occuper, sans nouveau pouvoir, sur la liquidation; et il paraît par le procès-verbal, tit. 29, art. 2, que cette constitution tacite était indéfinie... Aujourd'hui on pourrait l'admettre en considérant la liquidation comme une exécution du jugement (v. *C-pr.* 1058, *et §* des avoués, *p.* 79); mais il faudrait la restreindre à une année (v. *d. art.* 1038), ce qui, d'ailleurs, préviendrait les inconvéniens graves attachés à une constitution de cette nature.

(6) Sur le récépissé de l'avoué ou par la voie du greffe. *D. art.* 523; *tarif* 91. — L'avoué du demandeur rédige la déclaration par articles. V. *tarif* 141.

(7) Par acte d'avoué, et huitaine après les délais des productions par écrit V. *C-pr.* 97, 98, 524; *tarif* 71; *tit. des rapports de juges*, *p.* 273 (il doit dans les délais de ces art. 97 et 98, restituer les pièces, et huitaine après leur expiration, faire ses offres.. *D. art.* 524).

Contre-déclaration.. Nous employons ce mot, qui n'est point dans le Code, par opposition au mot *déclaration*, dont il se sert.

(8) Cette évaluation se fait par des apostilles que l'avoué met sur les articles de la déclaration. V. *tarif* 142.

(9) A l'audience, sur un simple acte. *C-pr.* 524.

Quid juris si le défendeur n'a pas d'avoué? L'ordonnance ni le Code ne statuent point sur cette difficulté, quoique Lamoignon eût fait sentir la nécessité de la prévenir (v. *d. tit.* 29.. Mais il est naturel de substituer à l'acte d'avoué, un ajournement au défendeur pour voir homologuer la déclaration. —*Dr. anc. sur ce point.*. v. ci-apr. p. 557, note 16.

Observations. 1. Le défendeur n'obtient ses dépens que du *jour* des offres. V. *C-pr.* 525; *d. tit.* 32, *art.* 3.—Jusqu'alors il est censé débiteur ; et depuis, le demandeur n'a pas dû continuer la contestation , parce qu'on lui offrait tout ce qu'il avait droit de réclamer.

2. La cour de Grenoble demandait que le tribunal renvoyât à des experts lorsqu'il ne pourrait évaluer exactement les dommages sur les déclarations... Quoique le Code ne s'en soit point expliqué, cette mesure est légitime, puisqu'elle est conforme aux règles relatives au pouvoir du juge (v. *ci-d. p.* 195... mais v. aussi p. 345, *note* 30, *n.* 1).

3. On peut les liquider en appel. V. *ci-dev. chap. des trib. des actions,* *p.* 136, *note* 13, *n.* 6.

4. Question relative au dernier ressort. V. *arr. cass.* 17 *fevr.* 1812.

§ 2. *Des liquidations de fruits.*

Celui qui est condamné à restituer des fruits, en rend un compte, et fait juger ce compte d'après les règles exposées au titre suivant. *C-pr.* 526. (**10**)

La restitution des fruits de la dernière année se fait en nature (**10***a*), si cela est possible, et celle des autres années en argent d'après une évaluation. (**11**)

(10) L'ordonnance (*tit.* 3o , *art.* 2 à 5) fixait un autre mode dont l'expérience a montré les inconvéniens. *Réal, p.* 91.

Observations. 1. Le juge doit condamner à la restitution d'après le compte ci-dessus, et non pas la fixer lui-même, surtout en la cumulant avec des intérêts, *suiv. B. c.* 20 *déc.* 1819.—V. aussi *B. c.* 1822, *ci-apr. p.* 559, *note* 2, *n.* 2.—Au contraire, il peut, après le compte, faire l'évaluation sur d'autres documens, même sans s'astreindre aux mercuriales (*ci-apr. note* 11), *suiv. rej. civ.* 20 *mars* 1831 *et* 18 *avr.* 1832 , *avoués, xliij,* 652, 653 (M. Chauveau, *ib.,* tâche de concilier ces décisions).

2. *Questions diverses...* *V.* note 63, n. 1, p. 58 ; note 2, p. 554.

(10 *a*) C'est l'année qui a précédé le procès : On suppose que les fruits des années antérieures ont été consommés ou vendus.

(11) *Observations.* 1. Elle se fait sur les mercuriales du marché le plus voisin (par expertise, s'il n'y en a pas), en prenant en considération les saisons et les prix communs de chaque année. V. *C-pr.* 129.—V. aussi *Jousse, tit.* 3o, *art.* 1, *et tit.* 33, *art.* 2; *ci-dev.* p. 347, *note* 3; *rej. requ.* 10 *janv.* *et* 5 *févr.* 1828, *avoués, xxxv,* 93 *et* 96.

2. Le prix commun pour fixer l'enregistrement des donations de biens affermés en grains et denrées, se calcule d'après les mercuriales de 14 années, les deux plus fortes et les deux plus faibles déduites. V. *L.* 15 *mai* 1818, *art.* 75.—V. aussi *B. c.* 9 *mai* 1826.—V. surtout, *rej. requ.* 29 *nov.* 1830, *avoués, xlij,* 112.

3. Les mercuriales sont des registres tenus dans les mairies, et où l'on note le prix des *gros fruits* , c'est-à-dire des principaux grains. V. *d. ord.* , *tit.* 3o, *art.* 6 à 8; *Bornier et Rodier, ib.* ; *Lange, ch.* 35 ; surtout *répert., xj,* 156, *h. v.*

§ 3. *Des liquidations de dépens.*

Il faut distinguer les dépens faits en matières sommaires, des dépens faits en matières ordinaires.

I. *Matières sommaires.* Les dépens en sont liquidés par le jugement de la cause (**12**), sur un état de la partie qui les a obtenus. *C-pr.* 543 ; *décr.* 16 *fév.* 1807, *Bullet.,* n. 2241, *art.* 1. (**15**)

II. *Matières ordinaires.* La liquidation de leurs dé-

pens peut n'être pas insérée dans le jugement (14),
et être seulement comprise dans un *exécutoire* délivré
par le greffier (15)... C'est un des juges de la cause
qui la fait, sur un semblable état. (16)

L'adversaire peut y former une opposition (17), sur
laquelle il est statué sommairement, et même en dernier ressort (18), si l'on n'a pas appelé du jugement
du fond (19). *D. décr., art.* 2 *à* 6; *C-pr.* 544.

Il faut observer que l'exécutoire ci-dessus est un
titre suffisant d'exécution. V. *B. c.* 27 *déc.* 1820;
Bourges, 1832, *cité note* 15. (20)

(12) Il en est de même pour les dépens, 1. des difficultés pour collocations
d'ordre (leurs appels se liquident comme en matière ordinaire, *suiv. Paris*,
Nîmes et Lyon, 1809, 1824 *et* 1826, *avoués, xxvij*, 224, *xxxvj*, 3oo); 2.
de cassation. V. *C-pr.* 762, - 66; *rép., mot dépens, n.* 4; — 3. des appels
d'incompétence. V. *B. c.* 9 *févr.* 1813.

Observations. 1. Si la liquidation du jugement est excessive, ou si elle y
a été omise, il faut agir par opposition (*v. ci-apr. note* 17, *n.* 2) et non par
recours en cassation. V. *rej. requ.* 1825, 1826, 1827 *et* 1833, *avoués, xxxij*,
51 *et* 212, *xxxiij*, 120, *xlv*, 732, *xlvj*, 225.

2. Dans les causes du conseil d'état, en matière de contentieux, on suit
sous quelques modifications, le réglement de 1738. — V. *décr.* 22 *juill.* 1806,
art. 41, etc., *et d. n.* 4.

(13) Cet état est remis, dans le jour, par l'avoué au greffier qui tient la
plume à l'audience. *D. art.* 1. — Par conséquent il n'est pas nécessaire que la
taxe soit, et prononcée et contenue dans une expédition délivrée sur-le-champ;
il suffit qu'elle soit énoncée dans la minute. V. *arr. cass.* 2 *mai* 1810, *avoués*,
i, 315.

A l'égard, 1° de l'opposition, *voy. ci-apr. note* 17; 2° des matières sommaires, *v. en le tit., p.* 419.

(14) Ainsi, le jugement peut être *levé* avant la liquidation. V. *d. décr.*,
art. 2. — Il en est de même si c'est le condamné qui le veut *lever*; et il en
a le droit si l'autre partie, après une sommation qu'il lui en aura faite, et après
trois jours, a négligé ce soin. V. *id., art.* 7 *et* 8.

(15) Il n'en est pas besoin si la taxe a été comprise dans l'expédition du jugement. V. *art.* 2 *à* 6. — Il résulte de là que l'exécutoire n'est pas une condamnation, mais un acte simplement destiné à assurer l'exécution du jugement, en réglant la quotité des frais. — *Décis. du grand juge*, 16 *février*
1809, *J-C pr., iij*, 362. — Il est délivré après la signification de la condamnation. V. *arr. cass.* 27 *déc.* 1820. — Il peut l'être par le greffier seul, *suiv.*
Bourges, 9 *janv.* 1832, *avoués, xlij*, 346 (doctrine contraire... v. *M. Chauveau, ibid.*).

(16) Article par article, en marge de l'état, et il met (avec paraphe) le *taxé*
sur chaque pièce justificative, et le total au bas de l'état. V. *art.* 2 *à* 5. — Cet
état est dressé par l'avoué... V. *tarif, du d. décr., in f.*

Dr. anc. Lorsque l'avoué était décédé après le jugement, on devait assigner
son client en constitution de nouvel avoué pour voir taxer; et en cas de défaut, on pouvait valablement taxer sans arrêt ni nouvelle assignation. *Arr.*

du p. de Grenoble, Saint-André, tit. 31. — V. au reste, ci-dev. p. 589, note 37, et p. 555, note 9, in pr.

(17) *Observations.* 1... *Peut...* Même celui qui obtient et signifie l'exécutoire, *suiv. arr. d'Ajaccio*, 12 *sept.* 1811, *avoués*, *v*, 111.

2. *Opposition...* Soit à l'exécutoire, soit au chef du jugement qui est relatif à la liquidation... Et on doit la faire dans les trois jours de la signification, avec citation (*d. décr.*, *art.* 6), passé quoi elle est non recevable, même en matière sommaire. V. *arr. cass.* 28 *mars* 1810, *Nevers*, 210; *Paris*, 10 *juin* 1812, *J-C-c. xx*, 265; *B. c.* 16 *déc.* 1822; *Amiens*, 13 *janv.* 1826, *avoués*, *xxxij*, 258. — Et faute de citation elle est nulle. V. *Bourges*, 19 *juill.* 1821, *ib.*, *xxxviij*, 137.

2 *a.* On ne peut ensuite abandonner cette marche pour appeler du chef du jugement qui statue sur les dépens. V. *Limoges*, 21 *décembre* 1822, *avoués* *xxiv*, 370.

2 *b.* L'opposition précédente se porte, non au taxateur, mais au tribunal. V. *rej. requ.* 23 *août* 1830, *et Toulouse*, 19 *juin* 1832, *ib.*, *xl*, 156, *xliij*, 644.

3. On a huitaine, s'il s'agit d'une ordonnance d'un juge sur une taxe d'experts, *suiv. B. c.* 2 *avr.* 1811, *n* 21.—V. aussi *Lyon*, 1er *avril* 1830, *avoués*, *xlij*, 17.

4. Les arrêts sur des liquidations de dépens, sont passibles de recours. *B. c.* 12 *mai* 1812.

(18) A la chambre du conseil, sur plaidoirie et avec assistance d'avoué. V. *tarif du d. décr.*, *in f.*

(19) Ou au moins de quelques dispositions. *D. art.* 6. — Cette règle est contraire à celle des deux degrés, dans le cas où les dépens d'une cause de premier ressort, excèdent 1000 fr.; mais elle est fondée sur les principes de l'abréviation des procédures et de l'économie des frais. V. *part.* 1, *ch. de l'esprit des lois*, p. 148.

Observations. 1. A l'égard, 1. des parties qui doivent les dépens, *voy.* ch. des dépens, p. 170...; 2. des règles du droit ancien sur les taxes, *voy.* ordon. de 1667, tit. 31, et Rodier, ibid..; 3. de l'exécution provisoire, *voy.* tit. de l'appel, note 88, n. 4, p. 479...; 4. de la distraction des dépens, *voy.* le § des avoués, note 22, n. 2, p. 77 .. 5. De la taxe des diverses espèces d'actes, *voy.* le commentaire de M. Chauveau, sur le tarif.

2. *Enregistrement* (*matières d'.*)... Les dépens s'en taxent comme en matière ordinaire quand la partie a demandé qu'on procédât selon les formes ordinaires. V. *B. c.* 19 *mai* 1824.

(20) *Observations.* 1. De sorte que, si l'on fait une saisie immobilière, il suffira d'en donner une copie; il ne sera pas nécessaire d'y joindre celle du jugement. V. *B. c.* 27 *déc.* 1820.

2. Cet exécutoire suffit aussi à l'avoué pour demander la distraction (v. d. p. 77) des dépens. V. d. *arr.* 27 *déc.*

3. Sa signification entre avoués ne produit pas acquiescement. V. *Rouen*, 1824, *ci-dev.* p. 404, *note* 4, n. 2. — Et il en est de même du paiement fait par le condamné pour éviter une saisie mobilière dont le menaçait le porteur de l'exécutoire. V. *B. c.* 15 *juill.* 1818.

TITRE IV.

Des redditions de compte. (1)

On nomme *reddition de compte* l'exposé de ce qu'un administrateur a fait pour remplir son mandat, soit exprès, soit tacite.

Tout administrateur doit rendre compte ; c'est une obligation qui lui est imposée par le droit et par l'équité. *C-c.* 1993; *L. si quis* 2, *ff. negotior. gestor.* — En conséquence s'il ne l'accomplit pas, il doit y être forcé par un jugement. (2)

Bien plus, s'il ne rend pas son compte dans le délai fixé (3), il peut y être contraint (4) par saisie et vente de ses biens et même par corps. *C-pr.* 530, 534 *in f.; ord. de* 1667, *tit.* 29, *art.* 8. (5)

Nous allons exposer les règles principales relatives au mode, à la présentation, à la discussion et au jugement du compte.

(1) Ce titre correspond au tit. 4, liv. 5 du Code, dont les dispositions ont été prises dans l'ordonnance, *tit.* 29, mais avec diverses simplifications et améliorations (v. *Réal*, *p.* 91), que nous indiquerons en partie (*notes* 2, 4, 7, 9, 19, 25).

(2) *Observations.* 1. L'ordonnance, *art.* 3 *et* 4, fixait pour les instances en reddition de compte, une procédure plus abrégée que celle des autres instances. *Rodier, ib.*—Le Code ne décidant rien à cet égard, la procédure devra être ordinaire ou sommaire (voy. *ce tit.* p. 419) suivant la nature de la cause.

2. Pour l'instance même du compte, le tribunal ne peut se dispenser de suivre les formes du code (il faut qu'il y ait débats, soutenemens, etc.).. Il ne peut y suppléer par une évaluation, qu'il ferait lui-même des résultats du compte, *suiv. B. c.* 6 *août* 1822 *et* 25 *juin* 1832.— V. *aussi ci-dev.* p. 345, *note* 30, n. 1, *surtout* p. 556, *note* 10, n. 1, où sont des décisions contraires.

3. A l'égard du *tribunal* auquel on soumet les instances relatives à des comptes, on fait plusieurs distinctions que nous avons exposées (p. 133, n. 3 *et note* 8 *et* 9, *ib.*; p. 492, *note* 119) , et sur lesquelles l'ordonnance, *art.* 2 , était muette, ce qui donnait lieu à des difficultés de compétence. V. *rép., mot compte,* § 1 *et* 2; *Rodier et Jousse, d. art.* 2.

(3) Par le même jugement. *C-pr.* 530.

(4 et 5) Jusqu'à une somme arbitrée par le tribunal (disposition omise dans l'ordonnance)... On s'en rapporte encore à sa sagesse pour la contrainte. V. *C-pr.* 534; *Bornier et Rodier, art.* 8; *Favard,* p. 309; *Bruxelles,* 1813, *Nevers,* 2, 76 ; *Poitiers,* 1832, *avoués, xliij,* 439.

Observations. 1. **Dr. anc.** — C'est aussi par une conséquence de la règle du texte, que tout administrateur était réputé comptable, même après l'arrêté du compte, s'il n'en avait pas acquitté le reliquat. V. *d. ord.*, *art.* 1; *Bornier, ibid.*

2. Le comptable se nomme le rendant compte, et l'administré, l'oyant compte, et par abréviation le *rendant* et *l'oyant* (vieux participe d'*ouir*).

3. Si faute de *reddition* dans le délai fixé, le comptable a été déclaré contraignable jusques à une certaine somme par un jugement exécutoire, et ensuite exproprié, il peut encore présenter son compte, et même faire réduire la somme par suite de la présentation, mais non pas faire surseoir à l'adjudication sur folle enchère (son fils avait été adjudicataire) jusques au jugement de ce compte, *suiv. Colmar*, 20 *févr.* 1824, *avoués*, *xxvj*, 100.

§ 1. *Du mode ou de la dresse du compte.*

Comme but principal d'une administration est la perception des recettes et le paiement des dépenses, on énonce dans un compte les actes de gestion relatifs à ces deux objets, sauf à prouver ou justifier par les pièces dont on les appuie **(6)**, que ces actes ont été valablement faits. **(7)**

On voit qu'un compte doit contenir deux parties ou chapitres. Ces chapitres indiquent les recettes et les dépenses *effectives* **(8)**, et sont terminés par une balance de ces recettes et dépenses **(9)**; on peut faire un troisième chapitre, où l'on énoncera les objets à recouvrer. *C-pr.* 533. — V. aussi *d. ord.*, *art.* 7. **(10)**

(6) *Observations.* 1. La recette se justifie par les inventaires des biens, actes de ventes, etc.; la dépense, par des quittances (*mais voyez ci-apr.*, note 11); la reprise par les actes qui constatent les *diligences* du comptable, relativement aux objets à recouvrer.

2. Les pièces *justificatives* sont mises en ordre, cotées (v. *ci-apr.*, *tit. de l'inventaire*, note 7) et paraphées par l'avoué du rendant. On lui passe pour ce travail une vacation par 50 pièces. *C-pr.* 532; *tar.* 92.

3. Les quittances d'ouvriers, fournisseurs, maîtres de pension, etc., ne sont pas soumises à l'enregistrement. *C-pr.* 537; *Favard*, *sup.*

(7) On peut aussi en donner une preuve sommaire dans le préambule ou exposition générale de ce qui a donné lieu à la gestion... Il est vrai que l'étendue en est bien restreinte, puisqu'on la fixe à six rôles, en y comprenant la mention des actes qui ont commis le comptable ou ordonné le compte. *C-pr.* 531; *tarif* 75; *d. ord.*, *art.* 6. — L'ordonnance permettait de transcrire ces actes dans le compte, ce qui occasionait des frais inutiles. V. *d. art.*; *Rodier*, *ibid.*; *les observations des cours de Grenoble et Rennes*, *pratic. franc.*, *iv*, 37.

(8) *Observations.* On comprend dans le deuxième chapitre les dépenses *communes*, c'est-à-dire celles du voyage fait pour le compte (s'il est nécessaire); de la *dresse*, présentation et affirmation du compte...; dépenses qui

doivent être à la charge de l'administré. V. *C-pr.* 551 et 532, *conférés avec tarif* 75; *d. tit.* 29, *art.* 18, et *Bornier et Rodier, ib.* — On induit de cette règle, que le commissaire doit, à la fin du procès-verbal, taxer les frais du compte. V. *Pigeau, ij,* 371, 372.

Suivant un commentateur (*Prat. fr., iv,* 38) les dépenses *communes* sont celles qui intéressent les deux parties ; tout comptable est tenu de présenter son compte à ses frais ; la dresse du compte n'est point comprise dans les dépenses communes, etc... Tout cela est absolument contraire, soit aux principes du droit (v. *L.* 17, *ff. tutelæ et rat.; rej. civ.* 1 août 1832, *avoués, xliv,* 163); soit aux textes précédens, interprétés, ainsi qu'on doit le faire, par le tarif ou les lois anciennes, soit aux décisions des auteurs cités, etc.

3. Néanmoins les dépens de l'instance elle-même sont compensables si chaque partie a succombé sur quelques chefs. *D. rej.* 1 août 1832.

(9) *Dr. anc.* On comprenait dans le premier chapitre la recette qu'on avait dû faire, et par conséquent la recette qui n'avait pas été faite, aussi bien que la recette effective. V. *Rodier, d. art.* 7; *Ferrière, des tutelles, part.* 4, *sect.* 15.—C'était une véritable superfétation, puisque la recette non faite était rapportée dans le troisième chapitre, nommé chapitre de *reprise.*

(10) V. *aussi décr.* 30 *déc.* 1809, *art.* 82 (Bullet. de 1810, n. 5777).

Le compte est rédigé en forme de grosse (on n'en fait qu'une). *Arg. du tarif* 75.—On doit y distinguer les dépenses et recettes de diverses années ou natures, etc... V. *Rodier, sup.*

§ 2. *De la présentation du compte.*

1. Le compte est présenté et affirmé (**11**) par le rendant en personne devant un juge commissaire (**12**), les oyans présens ou appelés. *C-pr.* 530, 534 *in pr.; d. ord., art.* 8. (**13**)

Si la recette excède la dépense, l'oyant peut dèslors se faire payer l'excédant. *C-pr.* 535. (**14**)

2. Le compte est signifié et les pièces justificatives sont communiquées aux avoués des oyans (**15**) et des créanciers qui ont pu intervenir (**16**). *C-pr.* 536, 529.

(11) C'est-à-dire que le rendant assure que son compte est vrai... On exige cette précaution, parce qu'il y a des dépenses telles que les menus frais de voyage, etc., qu'on ne peut établir par des pièces justificatives, et pour lesquelles il faut par conséquent se contenter de l'affirmation du comptable (pourvu qu'elles soient spécifiées, raisonnables et vraisemblables)... *In his quæ sunt modicæ quantitatis sufficit juramentum rationem reddentis,* dit Dumoulin. —V. *au surplus, id., in consuet., tit.* 1, *des fiefs,* § 9, *gl.* 6, *n.* 27 à 29; *et arg. de tarif* 38.

(12) Nommé par le jugement qui ordonne le compte (*C-pr.* 530), parmi les membres du tribunal, *suiv. Rouen,* 1819, *avoués, xx,* 115.

(13) Cela se fait au jour indiqué par une ordonnance que rend le commissaire, sur une requête, et qui est signifiée aux oyans avec sommation, soit par acte d'avoué, soit à personne ou domicile, s'ils n'ont point d'avoué. *C-pr.* 534; *tarif* 29, 70, 76.

(14) Sans approbation du compte, et au moyen d'un exécutoire délivré

par le commissaire. *D. art.* ; *tar.* 92; *Réal, p.* 95.—Cette disposition (puisée dans l'ordonnance, *art.* 7) est fondée sur ce qu'il n'est pas à présumer que le comptable se déclare ainsi débiteur s'il ne l'est pas réellement.

(15) *Observations.* 1. On a déjà vu (§ *des avoués, p.* 76, *note* 17) que si les oyans, qui ont le même intérêt, choisissent des avoués différens, c'est à leurs frais ; en conséquence, la communication n'est faite qu'à l'avoué le plus ancien. V. *C-pr.* 536; *d. ord., art.* 11.

2. Les oyans ont un même intérêt lorsqu'ils ont des avantages ou inconvéniens semblables à réclamer ou éviter (v. *ci-dev. p.* 213); tels sont les mineurs cohéritiers par portions égales des mêmes biens..., d'où l'on peut facilement induire quels sont ceux dont l'intérêt est différent. V. *au surplus, Rodier, d. art.* 11 ; *ci-apr., tit. du scellé, note* 39.

3. Quant aux créanciers, on ne leur fait également qu'une seule communication, et au plus ancien de leurs avoués. *D. art.* 536. — 1o On a voulu prévenir les dépenses considérables que ces communications occasionaient; 2o par rapport au compte, les créanciers n'ont, au fond, qu'un même intérêt.

4. Au reste les pièces communiquées doivent être rendues, sous les peines indiquées au titre des rapports de juges (*p.* 274, *note* 18), dans un délai que fixe le commissaire. V. *C-pr.* 536, 107.

5. Si l'oyant n'a pas d'avoué, le compte doit lui être signifié à personne. *Arg. de C-pr.* 534. —V. aussi *d. ord., art.* 9; *Rodier, ib.* —Mais doit-on aussi lui communiquer les pièces *à personne*, ainsi que le prétend Rodier? Ni l'ordonnance ni le Code ne prescrivent une telle mesure, qui offrirait d'ailleurs trop d'inconvéniens. Nous pensons qu'il suffit alors de communiquer par la voie du greffe. V. § *de la comm. des pièces, p.* 263.

(16) Ils le peuvent pour empêcher que le compte ne soit rendu en fraude de leurs droits, en augmentant la recette, dans le cas où le rendant est leur débiteur ; et la dépense, si c'est l'oyant (v. *p.* 358).

§ 3. *Des débats du compte.*

Le compte doit ensuite être débattu, c'est-à-dire discuté par les parties devant le commissaire. *C-pr.* 538, *in pr.* (17); *arrêts à note* 2, n. 2, p. 559.

Les parties se présentent ou ne se présentent pas pour procéder à cette discussion.

I. *Parties présentes.* Si les parties se présentent, le commissaire ouvre un procès-verbal, l'oyant fournit ses débats, et le rendant ses soutenemens (18); le commissaire tâche de les concilier. En cas de doute ou de difficulté dans cette discussion, on insère avec brièveté les débats et soutenemens dans le procès-verbal (19). *C-pr.* 538, surtout *Réal et Favard, sup.*

Pendant cette même discussion, ou les parties s'accordent sur tous les articles du compte, ou elles ne s'accordent pas.

Si elles s'accordent, tout est terminé, sans qu'il soit besoin de jugement. (**20**)

Si elles ne s'accordent pas sur tous les articles, le commissaire ordonne et fait un rapport à une audience indiquée (**21**). V. *C-pr.* 539. — Et il le fait lors même que l'oyant ne paraît pas à cette audience. *C-pr.* 542, *in pr.*

II. *Partie absente.* Lorsqu'une des parties (**22**) ne se présente pas aux débats, l'affaire est portée à l'audience sur un simple acte. *C-pr.* 538, *in f.*

(**17**) Aux jour et heure qu'il indique. V. *d.art.*
Effet des débats par rapport à l'acquiescement.. v. p. 405, *note* 8.
(**18**) Les *débats*, c'est-à-dire les objections contre les articles du compte... Les *soutenemens*, ou les réponses à ces objections. — Le Code, art. 538, parle aussi de *réponses...* Ce sont sans doute les répliques de l'oyant aux soutenemens.
(**19**) C'est surtout dans l'institution de cette conférence, que le mode nouveau l'emporte sur la discussion par *écritures* et mémoires signifiés, établie par l'ordonnance, tit. 29, art. 14, etc... V. *Jousse et Rodier, ib.*— Le commissaire, en raison de son caractère et de juge délégué et de conciliateur, fera sans peine abandonner les soutenemens et débats évidemment mal fondés (v. *Réal*, p. 94), tandis qu'autrefois on n'en omettait aucun (quelque peu intéressant qu'en fût l'objet) dans ces mêmes écritures. On s'y croyait même obligé, en matière de tutelle, parce qu'on voulait empêcher que le mineur ne s'autorisât de quelque omission pour soutenir que le compte n'avait pas été suffisamment discuté, et qu'il avait ainsi le droit de faire casser la transaction par laquelle il avait pu le terminer (le parlement de Grenoble avait fortement réclamé contre le mode prescrit par l'ordonnance. — *Saint-André, art.* 23).
(**20**) Cela résulte indirectement du Code (*arg. de* 539*, et obs. mss. du Tribunat, relute*) et directement des principes du droit. Si en effet les parties sont majeures, elles sont libres de transiger ; et, s'il s'agit d'un compte de tutelle, elles le peuvent dix jours après qu'on a remis au mineur, devenu majeur, le compte et les pièces justificatives. V. *C-c.* 2045, 472. — Or, il est difficile que ce délai ne se soit pas écoulé avant la clôture des débats. V. *au reste, C-c.* 488, 819 *; d. ord., art.* 22 *; Jousse et Rodier, ib.*
(**21**) Par son ordonnance, et où les parties sont tenues de se trouver sans sommation. *C-pr.* 539.
(**22**) L'art. 538 dit *si les parties ;* mais cela doit s'entendre aussi du cas où une seule des parties ne se présente pas. Outre qu'il donne, sans distinction de l'une ou de l'autre des parties, la faculté de se pourvoir à l'audience, il faudrait que, dans le cas contraire, il eût exigé que l'on recommençât la procédure (*id., obs. mss. du Tribunat*)... La cour de Grenoble avait demandé qu'on s'expliquât sur ce point.

§ 4. *Du jugement du compte.*

On *alloue* dans ce jugement les articles justifiés (**23**);
on y insère le calcul des recettes et dépenses, et on
y fixe le *reliquat* précis (**24**). *C-pr.* 542, *in pr.,* 540;
d. ord., art. 20.

Ce jugement termine toute contestation. S'il y a des
erreurs, omissions, faux ou doubles emplois (**24 a**),
les parties peuvent seulement réclamer par une autre
demande devant les mêmes juges (**25**). *C-pr.* 541. —
V. aussi *rej. civ.* 19 *févr.* 1834, *avoués, xlvij,* 463.

(23) L'art. 542 ne le décide que pour le cas où l'oyant fait défaut à l'audience; mais il est clair qu'il en doit être de même pour celui où il se présente... C'est d'ailleurs ce qui se pratiquait jadis. V. *Rodier, art.* 20. — *Allouer,* c'est accorder, approuver un article d'un compte, le *passer,* soit en recette, soit en dépense.

(24) C'est-à-dire, ce qui reste entre les mains du comptable, la somme dont il est débiteur lorsque la recette excède la dépense... D'où l'on peut conclure qu'il faut aussi y fixer son *avance,* c'est-à-dire la somme dont il est créancier, quand la dépense excède la recette, et que Rodier, *sup.,* appelle mal-à-propos le *débet.*

Si l'oyant a fait défaut, le comptable consigne ou bien garde, sauf caution, et sans intérêts (même dans le cas de C-c. 474), le reliquat; il est même dispensé de la caution s'il s'agit d'un compte de tutelle. *C-pr.* 542. — La privation des intérêts est la peine de la contumace de l'oyant.. La dispense de la caution est accordée au tuteur, parce qu'à raison de ce qu'il est ascendant, ou bien choisi par les proches du mineur, il mérite plus de confiance que tout autre comptable.

(24 a) Quant au sens de ces quatre expressions, *voy.* une dissertat. au rec. alph. vj, 79, mot compte, § 1, et arrêts, ib.— *Voy. aussi* Bourges, 10 août 1831, avoués, xlij, 113.

(25) C'est encore une innovation heureuse (*Favard,* p. 311); car, bien que l'ordonnance (*art.* 21) proscrivit comme le Code, les révisions de compte, elle autorisait à appeler du jugement dans les cas d'erreurs, etc. — V. aussi L. 1, C. *errore calculi; ci-dev.* p. 463, *note* 50.

Observations. 1. La demande relative aux erreurs, etc., ne peut se former pour celles qu'on a relevées lors du compte, et sur lesquelles le jugement a statué; il faut alors se pourvoir par les voies de droit contre le jugement. V. *Pigeau, ij,* 380; *Carré, anal., ij,* n. 1723. — V. au reste, *rec. alph., d.* § 1.

2. *Comptes des deniers publics.* On y suit des règles particulières, et les révisions y sont admises. V. à ce sujet, *rép.,* mot *comptable; L.* 23 août 1793, 16 sept. 1807, n. 2792, *art.* 14; ordonn. 23 avr. 1823.—V. aussi *rej. requ.* 7 juin 1832, *avoués, xliv,* 300.

2 a. *Id. des copartageans...* v. ci-apr. tit. des partages, § 2.

3. *Priviléges sur les comptables... V.* tit. de la distribut., note 34, n. 2.

SECTION SECONDE.

De l'exécution forcée. (1)

TITRE PREMIER.

Règles générales sur l'exécution forcée. (2)

Les jugemens et actes sont exécutoires dans toute l'étendue du royaume, sans permission particulière (3), pourvu qu'ils soient accompagnés des formalités ci-après indiquées. *C-pr.* 547; *L. 25 vent. xj, art.* 19, 25; *ci-dev. § des notaires, p.* 97.

(1) Quant à la nature générale et aux divers modes de cette exécution, *voy.* ci-devant p. 545, et les titres de la présente section.
Nous aurions pu diviser cette section en deux parties, l'une relative à l'exécution sur la personne, et l'autre à l'exécution sur les biens ; et subdiviser celle-ci en exécution sur les meubles et exécution sur les immeubles; mais le nombre des titres qu'elle contient est trop peu considérable pour que ces divisions et subdivisions fussent de quelque utilité.

(2) Ce titre correspond au tit. 6 (livre 5 du Code), qui a été tiré presque en entier de l'ordonnance (titre 27). — V. *Réal, p.* 103. — Il contient les règles communes à toutes les espèces d'exécutions : les règles particulières à chacune d'elles seront exposées dans les titres suivans (v. *tit. de la saisie arrêt, de la saisie-exécution,* etc.)

(3) Par eux-mêmes, sur la simple représentation des expéditions (v. *ci-ap. note 4, p.* 566), sans qu'il faille comme autrefois (v. *ci-apr., n.* 1), obtenir des *visas* ou *pareatis,* même lorsque l'exécution se fait hors du ressort des fonctionnaires qui ont rendu les jugemens ou passé les actes. V. *C-pr.* 547. C'est ce qu'on nomme une exécution *parée* (terme *écorché* du latin , dit Loiseau, *garantie des rentes, ch.* 12 , où il explique l'origine de cette exécution, quant aux actes).

Observations. 1. Les *pareatis* étaient des lettres de la grande chancellerie ou de celles des parlemens ; les *visas* étaient des espèces de certificats (suivis de permissions) du juge des lieux d'exécution , sur l'authenticité d'un jugement d'un tribunal éloigné. Les uns ou les autres étaient jadis nécessaires pour exécuter une sentence ou un arrêt hors du ressort des juges qui les avaient rendus. V. *Ferrière, hh. vv. ; Despeisses, ord. judic., tit.* 11 , *sect.* 3, *n.* 8 ; *Rodier, d. tit.* 27, *art.* 6. — Cette jurisprudence vicieuse fut ensuite abrogée tacitement par les lois intermédiaires. V. *à ce sujet, B. c.* 8 août 1808, *n.* 101 , *p.* 224-226.

2. A plus forte raison n'est-il plus permis, à moins que la loi ne l'autorise, de suspendre par des arrêts de défenses, ou de toute autre manière, l'exécution des jugemens et actes. V. *ci-dev., tit. de l'appel , de la tierce-opposit.*

et de la requ. civile, p. 478, 502 et 520; et pour des exceptious, *ci-après* note 13, n. 3, p. 570; *ci-dev. § des notair., p.* 97.

3. A l'égard de la légalisation des actes, de l'ordonnauce d'exécution des jugemens arbitraux, de l'effet suspensif de l'appel, quant aux dépens, de l'*exécutoire* pour les mêmes dépens, et de la *contrainte* en matière de revenus publics, *voyez ci-dev., § ou titr. des notaires,* p. 97 ; *des arbitres, p.* 46; *des contributions, p.* 433 *et notes, ib.; de l'appel, note* 88, n. 4, *p.* 479; *des liquidations, p.* 557, *et note* 20, *p.* 558.

4. En général, nul ne peut être contraint sur sa personne et sur ses biens qu'en vertu d'un titre que la justice a rendu exécutoire (ou que la loi déclare tel). V. *rec. alph., mot amende, § 2, in f.*—Et qui porte une condamnation. V. *ci-d. p.* 300, *note* 11, n. 2. — V. toutefois, *p.* 551, n. 3, *p.* 557, *ligne* 9.

I. Il faut qu'ils aient le même préambule que les lois (3 *a*) et qu'ils soient terminés par un mandement du roi (4)... Il faut de plus, s'ils ont été rendus ou passés à l'étranger, et s'il n'y a point d'exception dans les lois politiques ou les traités, il faut qu'ils soient déclarés exécutoires par des tribunaux français. *C-pr.* 146, 545, 546; *C-c.* 2123, 2128; *ordonn. du* 16 *août* 1830; *Favard, p.* 314; *d. § des notaires; arr. de Riom,* 25 *mai* 1813, *avoués, ix,* 143.

(3 *a*) Excepté bien entendu, la mention de l'adoption de la loi par les chambres.

(4) Cette forme, qu'on appelle proprement la *forme exécutoire,* s'applique aux expéditions ; car c'est sur les expéditions que les jugemens sont exécutés (v. *C-pr.* 146, 545, 844, 854; *Despeisses, n.* 19 ; *ci-apr. jugem. part.* 3, *sect.* 1, *tit.* 5, § 1 *et* 2; *note* 10, *ib.; rép., v,* 22, *h. v.*); et même à une ordonuance (non urgente) d'un juge, *suivant Montpellier et Toulouse,* 1807 *et* 1824, *J-C-pr., i,* 148, *avoués, xxvj,* 185.—Voy. au reste pour les termes de cette forme ou formule, *ordonn.* 16 *août* 1830; et pour le droit trausitoire, *ordonn.* 30 *août* 1815; *Nancy,* 9 *juill.* 1829, *avoués, xxxvij,* 145.

Observations. 1. Les jugemens ne peuvent pas, comme les ordonnances sur *référés* (voy. *en le tit., p.* 423), être exécutés sur la *minute.* — *Arg. de C-pr.* 811 *et* 224 *in f.; arr. de Paris et Montpellier,* 27 *juin et* 18 *déc.* 1810, *avoués, ij,* 144, *iv,* 24. — On a néanmoins jugé le contraire pour une hypothèse où il y avait urgence. V. *arr. d'Orléans et cassat.* 1 *mai* 1812 *et* 10 *janv.* 1814, *Jalbert,* 142.

2. On était jadis dans l'usage de permettre l'exécution sur la *copie* notifiée d'une expédition. *Arr. du parl. de Grenoble,* 29 *août* 1674 (*chambres consult.*), *Saint-André, tit.* 35.—Cela peut-il encore se pratiquer?.. OUI, *suiv. Toulouse,* 17 *déc.* 1829, *avoués, xxxvij,* 203... NON, *suiv. MM. Carles, ib., et Chauveau, xxxiv,* 251.

3. Les actes *administratifs* sont exécutoires par eux-mêmes (v. *av. cons. d'état,* 24 *mars* 1812), quoiqu'ils n'aient pas la forme précédente, surtout s'ils ont été déclarés tels par un arrêté administratif, puisque l'autorité judiciaire ne peut pas le réformer. — V. *arr. de Colmar,* 23 *déc.* 1815, *avoués, xiv,* 179. — V. aussi *observat. d'Orléans, praticien fr., art.* 545 ; *ci-*

dev., *p.* 104, *n.* 1, *et* 105, *note* 5. — V. *toutefois arr. de Bruxelles*, 13 *fév.* 1811, *avoués*, *iv*, 40.

4. Il en est autrement des sentences arbitrales, même lorsqu'elles sont suivies d'ordonnances d'*exequatur* (v. ci-dev., art. des arbitres, p. 46 et note 28, *ib.*) ; il faut qu'elles soient revêtues de cette forme pour pouvoir être exécutées, *suiv.* Colmar, 11 *mars* 1835, *avoués*, *xlviij*, 253.

La déclaration précédente d'exécution n'est pas une pure formalité comme la légalisation. Le Français est admis en France à débattre de nouveau la demande jugée à l'étranger, lors même que c'est lui qui l'avait formée à l'étranger, ou qu'il y avait été condamné sur une demande reconventionnelle. *Arg. de l'ord. de* 1629, *art.* 21 ; V. *Despeisses, sup., n.* 13; *arr. cass.* 18 *pluv. xij*; *M. Merlin, rec. alph., mot jugement,* § 14; *rép., h. v.,* § 6, 8 *et* 9, *et mot réunion; arr. cass.* 7 *janv.* 1806 *et* 29 *mars* 1809, *ibid.; avis cons. d'état,* 4 *juin* 1806; *arr. de Gênes et cassat.* 8 *déc.* 1810 *et* 27 *août* 1812, *avec le réquisit., à rép., xij,* 761, *mot souveraineté,* § 6; *arr. rej. civ.* 19 *avr.* 1819, *au B. c.* (5)

(5) *Observations.* 1. En conséquence de cette règle, lorsqu'on lui demande l'exécution d'un jugement étranger, le tribunal français prononce par *jugement nouveau,* parce qu'il n'y a encore rien de jugé aux yeux de la loi, et que la requête en permission d'exécuter équivaut à une réclamation nouvelle (v. *rép., d.* § 8)... En un mot, il ne doit ordonner cette exécution qu'en connaissance de cause, et après l'examen du fond. V. *d. arr.* 19 *avr.* 1819 ; *Montpellier,* 8 *mars* 1822, *avoués, xxiv,* 76.

2. On avait d'abord pensé qu'il devait suivre des principes différens pour les jugemens étrangers rendus entre étrangers (v. d. arr. 7 *janv.* 1806, *sup.*); mais on a fini par les leur déclarer applicables. V. *d. arr.* 19 *avr.*; *arr. de Paris,* 27 *août* 1816, *Jalbert, supp.,* 128 ; *surtout rec. alph., vj,* 464 à 467, *addit. à jugement,* § 14, *n.* 2. — V. aussi *rej. requ.* 2 *fév.* 1832, *avoués, xlij,* 182.

3. Il n'en est pas de même pour les sentences arbitrales rendues à l'étranger : elles ont besoin d'une déclaration d'exécution, mais ne sont pas susceptibles d'une discussion nouvelle, quant au fond, *suiv.* M. *Merlin* (*réquisit. de* 1812) *et Mourre, et arr. de Paris,* 16 *déc.* 1809, *au d.* § 14, *n.* 3, *p.* 467 à 477.

4. Un jugement étranger, quoique rendu du consentement de toutes les parties, n'a pas l'autorité de la chose jugée en France, *suiv.* Colmar, 17 *févr.* 1824, *avoués, xxvij,* 117. — Mais on suit quelquefois une règle différente en matière criminelle. *Voy.* à ce sujet, *notre cours de droit criminel, chap. des personnes passib. des actions,* etc.

5. *Caution du jugé...* V. en le §, p. 256 et 257, et note 44, ib.

II. Les jugemens doivent être signifiés à l'avoué, sous peine de nullité (6), et en outre lorsqu'ils portent des condamnations (7), à la partie (à son domicile réel... v. *ci-apr. note* 11, *n.* 1), avec mention de la signification faite à l'avoué. Au défaut d'avoué, il suffit de signifier à la partie, en indiquant le décès ou la cessation de fonctions de l'avoué. *C-pr.* 147, 148; *ci-dev. p.* 72 *et* 73, *et note* 9, *ib.* (8)

(6) De l'exécution. — *Dr. anc.* Idem (*d. tit.* 27, *art.* 2.)
Cette signification est indispensable, parce que l'avoué peut savoir et reconnaître beaucoup mieux que sa partie, si le jugement est légal, si l'expédition est régulière, s'il est susceptible d'appel, etc., et lui donner en conséquence avis des mesures qu'elle a le droit de prendre par rapport à l'exécution. V. *Rodier*, *ibid*.

(7) Soit provisoires, soit définitives. V. *C-pr.* 147; *ci-dev. tit. des jugem.*, *p.* 277. — Il n'est pas besoin de signifier à la partie un jugement de pure instruction, dont l'exécution concerne son avoué (autre exception... v. *p.* 290, *note* 19, *n.* 8).

(8) *Observations.* 1. *Délais.* — La plupart des délais, tels que ceux d'appel, requête civile, etc., courent de la signification à la partie. V. *arr. cass.* 4 *flor. ix*; *part.* 1, § *des délais*, *n.* 1, *p.* 159, *et des règles générales*, *n.* 7, *p.* 180, *etc.*

2. A l'égard de la suspension d'exécution pendant les délais d'opposition et de grâce, et pendant l'appel, *v. ces titres ou §, p.* 167; *p.* 289 *et note* 19, *ib.*; *p.* 451 *n.* 4; *p.* 477, *note* 81.

3. Si le jugement ne fixe point de délai pour son exécution, il est exécutoire aussitôt après la signification (exception... voy. *ci-dev. p.* 471). C'est ce qui résulte de l'exécution *parée* qu'on lui attribue (v. *note* 3, *p.* 565). D'ailleurs l'ancienne jurisprudence française n'avait pas admis la constitution de Justinien (2, *C. usuris rei judic.*), d'après laquelle les intérêts ne courent contre la partie condamnée au paiement d'une somme d'argent, qu'après un délai de quatre mois à partir de la condamnation ou de la confirmation sur l'appel. V. *Rebuffe*, *præf. const. reg.*, § 5, *n.* 90; *Despeisses*, *sect.* 2, *n.* 23; surtout, *ci-apr. note* 11, *n.* 2.

4. *Signification.* Un commandement où l'on joint la copie du jugement en vertu duquel il se fait, équivaut à la signification de ce jugement. Voyez *rec. alph.*, *iv.*, 646, *mot signification de jugemens*, §3; *et ci-dev.*, *note* 11, *n.* 1, *p.* 181.

5. L'*opposition* de la partie n'arrête ni ne fait annuler une exécution faite en vertu d'un titre exécutoire. V. *arr. de Colmar*, 14 *janv.* 1815, *avoués*, *xij*, 117; *ci-apr. tit. de la saisie-exécution*, §5, *n.* 2.

III. Il arrive quelquefois que la simple signification suffit pour rendre un jugement exécutoire contre des personnes qui n'y ont pas été parties (9); mais, lorsque ces personnes n'ont pas intérêt à la cause (10), il faut produire de plus un certificat de la signification, et un autre constatant qu'il n'y a ni appel ni opposition (11). *C-pr.* 548, 550; *C-c.* 2157; *Réal*, p. 102; *arr. de Paris*, 14 *mai* 1808, *J-C-pr.*, t. 2, p. 296.

(9) Par exemple des garantis formels mis hors de cause. V. p. 262.

(10) Lorsque ce sont des *tiers*, comme des séquestres, conservateurs d'hypothèques, tiers-saisis, et que le jugement ordonne quelque chose à faire par eux ou à leur charge. V. *C-pr.* 548, 550. — V. aussi *B. c.* 2 *juill.* 1827. — Mais v. *ci-apr. note* 11, n. 3.

(11) Le premier est délivré par l'avoué, le deuxième par le greffier, d'après les registres d'opposition ou d'appel. *C-pr.* 548, 549, 163, 164; *tarif* 90; *ci-dev.*, p. 449, n. 3. — Le premier contient la date de la signification faite au domicile de la partie condamnée. *D. art.* 548.
   Observations. 1. A quel domicile faut-il faire cette *signification?* C'est au domicile *réel*, même quand il y a eu un domicile élu par un contrat. V. *ci-devant*, p. 235, *note* 19, n. 3. — De même, s'il s'agit d'un créancier inscrit, par exemple, c'est à son domicile *réel*, et non pas au domicile *élu* dans son inscription, qu'il faut signifier le jugement qui en ordonne la radiation. V. *décis. des minist. de la just. et des finances*, 21 *juin* et 5 *juill.* 1808, *Sirey*, 1810, *supp.* 499; *ci-apr., tit.* 7, *note* 14.
   2. *Sur* ces certificats, les tiers sont tenus de satisfaire au jugement (*d. art.* 550), même après les délais d'opposition et d'appel. V. *C-pr.* 548 *et* 550, *confér.*—D'où il résulte que pendant ces mêmes délais on peut les y contraindre. V. *Pigeau*, ij, 400; *M. Coffinières, avoués*, iij, 253, *par arg. des dd. art.; Paris*, 14 *avr.* 1829, *ib.*, xxxvj, 313 (contra... *M. Chauveau*, d. p. 313; *Hautefeuille*, p. 314).
   3. Mais pour une radiation d'hypothèque il faut un jugement en dernier ressort ou passé en force de chose jugée. *C-c.* 2157.—Et le conservateur peut opposer la péremption du jugement de défaut qui l'ordonne, *suiv. Pau*, 21 *janv.* 1834, *avoués*, xlvij, 492.

IV. On ne peut faire une saisie mobilière ou immobilière, qu'en vertu d'un titre exécutoire (12) et pour des choses liquides, certaines et exigibles. *C-pr.* 551, *in pr.; C-c.* 2213, *in pr.*, 1185; *Tarrible, au rép., v*, 40, *mot expropriation, n.* 1. (13)
   Si la chose due et exigible n'est pas de l'argent monnayé, il faut après la saisie et avant de continuer les poursuites, la faire apprécier (14). *C-pr.* 551, *in f.; C-c.* 2213; *Favard*, p. 315; *Tarrible, au rép., sup.* (15)

(12) *Exception.* Pour une saisie-arrêt, il suffit d'un titre privé ou d'une permission du juge. V. *C-pr.* 557 *et* 558; *ci-apr. tit. de la saisie-arrêt*, n. 575, *et note* 5, p. 756.

(13) *Observations.* 1. La dette est *certaine* lorsqu'elle n'est subordonnée à aucune condition suspensive, lors même qu'elle est soumise à une résolution conditionnelle. V. *C–c.* 1181, 1183, 2213; *Jousse, tit.* 33, *art.* 2 ; *et surtout Tarrible, rép., sup.*

2. La dette est *liquide* lorsque la *somme* à payer est déterminée par le titre, *dit Tarrible, ibid.*—Il entend sans doute par *somme*, non-seulement un certain nombre d'espèces monnayées, mais encore une certaine quantité d'autres *espèces* qu'on détermine au poids, à la mesure, etc., telles que des grains, etc., autrement il faudrait admettre une contradiction entre les deux dispositions de l'art. 551. La première, en effet, ne permet de saisir que pour choses liquides, et la seconde le permet pour dettes qui ne consistent pas en argent, sauf à les apprécier après la saisie. Donc la première comprend dans les choses liquides les *espèces* dont on vient de parler. D'ailleurs, 1. l'ordonnance de 1667, qui sert naturellement d'interprétation au Code, ajoute (*tit.* 33, *art.* 2) au mot *liquides*, ceux-ci *en deniers ou en espèces;* 2. l'ordonnance de 1539 (*art.* 76), où la précédente a puisé cette règle, permettait de saisir, sans appréciation « de moissons, de grains, *ou autres espèces* dues... »—V. *aussi Bornier et Rodier, art.* 1; *Lamoignon, pr.-verb., xix,* 2; *cout. de Paris,* 166; *C–c.* 1291 (autre explication... V. *ci-apr.* p. 574, *note* 24, *n.* 3).

3. Si la dette n'est pas *liquide*, l'acte n'est pas exécutoire, et on peut en conséquence surseoir à l'exécution, même en référé, *suiv. Agen et cass.,* 16 *janv. et* 27 *déc.* 1810, *avoués, ij,* 41, J–C–c. *xv,* 433. — Coutra.. elle fait seulement surseoir à l'adjudication. V. *B. c.* 21 *mars* 1827.

4. Autre question. V. *rej. requ.* 24 *mai* 1831, *avoués, xlj,* 456.

(14) *Exceptions.* Il faut faire cette appréciation *avant* la saisie-arrêt et la contrainte par corps. *C–pr.* 559, 552; *tit. de la saisie-arrêt,* § 1, *n.* 2, *p.* 578; *et de la contrainte, in pr.*

(15) Ainsi, lorsque la créance n'a pour objet que des espèces non appréciées, telles que des grains en certaine quantité (*v. note* 13), la saisie immobilière (c'est en ce sens qu'il faut entendre le mot poursuite de *C–c.* 2213... v. *Carré, lois, ij,* 371) sera valable, mais l'adjudication (définitive) de l'immeuble saisi n'est permise qu'après l'appréciation. V. *Tarrible, ib.*—V. *aussi d. ord., tit.* 33, *art.* 2; *Rodier, ib.*; *ci-d., tit. des liquidat.,* § 2, *p.* 556; *et ci-apr. tit. de cette saisie, note* 13.

Il en est autrement quant à l'adjudication préparatoire: on n'y peut surseoir sous ce prétexte, *suiv. arr. de Colmar,* 14 *juin* 1811, *avoués, iv,* 246; *et Bordeaux,* 8 *fév.* 1817, *Jalbert, supp.,* 105.

Observez, 1. qu'un titre exécutoire contre une personne l'est aussi contre son héritier, mais qu'il faut, pour en poursuivre l'exécution contre l'héritier, le lui avoir signifié huit jours auparavant (**15 a**). V. *C–c.* 877. — V. aussi *d. ord., art.* 15; *Rodier, art.* 17; *ci-apr., tit. de la contrainte, note* 4.

2. Que le cessionnaire d'une créance constatée par un titre exécutoire, est aussi tenu à la notification préalable de son transport (**16**). V. *C–c.* 2214, 1690.

3. Que celui qui a obtenu un jugement contre

une commune, est obligé, pour l'exécution, de s'adresser à l'autorité administrative. V. *avis cons. d'état,* 26 *mai* 1813, 29 *oct.* 1826; *Bordeaux,* 26 *août* 1833, *avoués, xlvij,* 491 ; *ci-apr., tit. de l'autorisation,* § 2 *et note* 17, *ib.*

(15 *a*) Sinon les actes d'exécution, tels que le commandement et la procédure de saisie immobilière, sont nuls. V. *Bruxelles,* 10 *mai* 1810, *et rej. civ.* 31 *août* 1825, *avoués, ij,* 384, *xxxiv,* 43. — V. aussi *Culmar,* 11 *mars* 1835, *ib., xlviij,* 256.

(16) Et à plus forte raison du titre originaire... Ce titre, son transport et sa notification doivent être authentiques. V. *Tarrible, id., mot saisie immobilière,* § 5, *n.* 2 ; *Bruxelles,* 15 *nov.* 1809, *Sirey,* 1810, *supp.,* 283. — Mais on a ensuite décidé qu'un acte sous seing-privé suffit pour le transport. *Pau,* 25 *janv.* 1832, *avoués, xlvj,* 253 ; *M. Chauveau, ib.*

Observations. 1. Tant qu'il n'y a pas de notification, le créancier primitif n'est pas dessaisi, et il continue d'avoir le droit d'*exécuter* le débiteur. V. *Besançon,* 17 *déc.* 1808, *J-C-pr. iij,* 522 ; *B. c.* 4 *déc.* 1827. — Et par la même raison, le cessionnaire ne peut former tierce-opposition au jugement rendu entre le cédant et le débiteur. V. *arr. cass.* 16 *juill.* 1816. — V. aussi *ci-d. p.* 498, *note* 9, *n.* 2 *et* 3.

2. Mais, lorsque le cessionnaire a notifié son transport au débiteur, il n'est pas tenu, sous peine de nullité, de le notifier aussi au tiers détenteur, en le sommant avant de le poursuivre en saisie immobilière (voy. *ce titre, note* 14), de payer ou délaisser, *suiv. B. c.* 16 *avr.* 1821.

3. La promesse de payer au défaut du *cédé* (lorsqu'elle n'a pas été consacrée par une condamnation) n'est pas un titre suffisant pour autoriser le *cessionnaire* à exécuter le cédant. V. *Bruxelles,* 1811, *J-c-c. xvij,* 121, *Agen,* 1824, *et rej. requ.* 22 *mai* 1828, *avoués, xxvij,* 225, *xxxv,* 251... mais bien à faire une saisie-arrêt contre lui, *suiv. Bordeaux,* 2 *juill.* 1813, *Sirey,* 15, 2, 11.

V. Tout acte d'exécution (**17**) doit être précédé d'un commandement ou avertissement de payer (**18**), fait au débiteur quelque temps à l'avance (**19**). *C-pr.* 583, 626, 636, 673, 674, 780, 819; *ci-dev., sect. des procéd. spécial.,* § 1, *p.* 434; *ci-apr. les tit. des saisies.*

Il doit aussi être accompagné d'une élection de domicile dans le lieu de l'exécution. *C-pr.* 559, 584, 634, 821, 825, 830 (**20**), *et ces titres.* (**20** *a*)

Enfin, il faut annoncer par des affiches, et souvent dans des journaux, la vente des biens, dont il est suivi (**21**). *C-pr.* 617, 629, 645, 646, 683, 684, *et. dd. titres.*

(17) Du moins les actes de saisie de biens et de contrainte par corps.

(18) Excepté dans la saisie-arrêt, dans la saisie-foraine, et la saisie-revendication, et quelquefois dans la saisie-gagerie; mais alors (sauf pour la saisie-arrêt) il faut avoir la permission du juge. V. *C-pr.* 557, 819, 822, 826; *et les titres de ces saisies.*

Observations. 1. Il était d'usage autrefois d'énoncer dans un commandement qu'il était fait *de par le roi,* mais ces expressions n'étaient exigées par aucune ordonnance; on les trouvait seulement dans le formulaire de 1667, (*tit.* 33, *p.* 313), formulaire qui étant simplement présenté comme un modèle, sans être consacré par un acte législatif, avait eu fort peu d'influence sur le *style* des provinces (v. *p.* 143, *note* 2, *n.* 3). On y a ajouté ensuite dans quelques pays ces autres expressions *de par la loi et la justice,* qui ne sont pas même dans le formulaire, de sorte que l'usage dont on parle, n'était ni constant, ni uniforme.

Les énonciations précédentes n'étant point prescrites par la loi et à plus forte raison (condition nécessaire pour l'annulation... v. *p.* 151 et 152) ne l'étant point sous peine de nullité, leur omission ne saurait être une irrégularité. C'est aussi ce qu'a jugé la cour de Bordeaux (1829, *avoués, xxxviij,* 130), avec d'autant plus de raison que jamais les formules et expressions sacramentelles n'ont été en usage parmi nous (*v. ci-dev. p.* 151, *et auteurs cités, ib., note* 3); aussi M. Chauveau (*d. p.* 130) observe-t-il que dans l'hypothèse la cour de Bordeaux n'a fait qu'appliquer des principes élémentaires.

En effet, le caractère essentiel d'un commandement, c'est qu'il ait et puisse avoir pour but une exécution. En vain le créancier porteur d'une promesse sous seing-privé enregistrée mais non reconnue, ferait-il à son débiteur une réquisition de payer; en vain l'huissier qui la notifierait, la qualifierait-il de commandement et y insérerait-il la formule de par le roi, la loi et justice, cet acte ne serait qu'une simple sommation, et il ne saurait avoir l'effet le plus considérable (*ci-apr. n.* 2) du commandement.

2. Un commandement interrompt la prescription. *C-c.* 2244; *ci-ap., not.* 23.

3. Commandement unique. V. *p.* 574, *note* 24, *n.* 4.

(19) Un jour avant les saisies mobilières et la contrainte par corps; trente jours avant la saisie immobilière. V. *dd. autorit.*

(20) Lorsque le créancier n'y demeure pas. V. *dd. art.*

Observations. 1. Cette mesure est prescrite afin que le débiteur ou le condamné puisse notifier rapidement des actes propres à prévenir l'exécution, ou au moins à en empêcher la consommation, ainsi que les excès ou irrégularités qu'on pourrait y commettre.

2. Dans la saisie de rentes et dans la saisie immobilière, l'élection se fait au lieu des ventes, et dans la contrainte par corps, au lieu de la détention. V. *en les tit.* et *C-pr.* 637, 673 *et suiv.,* 783. — Mais on peut dire qu'à la rigueur ce sont des lieux d'exécution.

3. *Dr. anc.* Cette élection était aussi exigée dans toutes les saisies; mais dans l'usage on en restreignait la durée à 24 heures, parce qu'on avait éprouvé qu'il était fort difficile de trouver dans les villages, des personnes auxquelles les saisissans pussent confier leurs intérêts... Passé ce temps, l'élection était faite chez le procureur du saisissant. V. *Rodier, tit.* 33, *art.* 1; *observat. des cours d'Agen, de Nancy, et surtout de Metz, prat. franc., art.* 584.— Cet usage paraît avoir été fondé sur l'article 1 du titre 33 de l'ordonnance, parce qu'il donne le choix d'élire le domicile dans le village, *ou* la ville la plus proche. On ne peut disconvenir que la règle du Code ne soit moins avantageuse.

(20 *a*) Il faut en outre pour la saisie immobilière et la contrainte par corps un pouvoir spécial. V. *ci-dev. p.* 83.

(21) Cela se pratique aussi pour des procédures qui peuvent intéresser

des tiers ou des mineurs, telles que les séparations, les ventes judiciaires, etc. *V. en ci-apr. les tit.* — V. aussi *C-com.* 512.

Observations. 1. Lorsque la loi ordonne que l'apposition de ces affiches soit constatée par écrit, on ne peut la prouver par témoins. V. *arr. cass.* 10 *déc.* 1810, *Nevers*, 1811, *p.* 46.

2. Les quittances des prix des ventes mobilières peuvent être mises à la suite des procès-verbaux de ces ventes ; mais il faut alors les rédiger en forme authentique. *Avis cons. d'état*, 21 oct. 1809, *n.* 4775.

VI. L'exécution peut se faire pendant trente années. V. *Despeisses, sup., sect.* 3, *n.* 9; *Faber, C., lib.* 7, *tit.* 13, *def.* 12; *arr., ibid.; rép., mot exécution, in f.; Bigot-Préameneu, p.* 52. (22)

(22) *V.* aussi titres des jugemens et de l'appel, notes 42 et 41, n. 3, p. 285 et 467.

Dr. anc. D'après les autorités citées par Despeisses, *sup.*, l'exécution était surannée au bout d'un an. Lorsqu'il y avait *surannation*, il fallait obtenir des lettres de chancellerie, ou la permission des juges pour pouvoir exécuter. V. aussi *Ferrières, h. v.; Loiseau, offices, liv.* 2, *ch.* 4, *n.* 43 *et suiv.; Bézieux, liv.* 3, *ch.* 12, § 3. — Mais cet usage (v. *Loiseau, ib.*) est abrogé tacitement par la loi du 30 *vent. xij, art.* 7, et par *C-c.* 2262. — V. M. *Merlin, d. mot exécution.*

VII. Il faut, autant qu'il est possible, y procéder avec douceur et avec les ménagemens que prescrivent l'humanité et la décence. (23)

(23) Cette règle, fondée sur la maxime *odia sunt restringenda* (v. Aug. Barbosa, ax. 146; Furgole, des donat., quest. 33), est adoptée par presque tous les auteurs de procédure, consacrée par plusieurs arrêts, et d'ailleurs conforme à l'esprit de notre législation constitutionnelle et pénale. V. *const. ans iij et viij, art.* 232 et 82; *C-pén.* 186; *C-crim.* 410; *B. c. crim.*, 20 *vend. xij; Jousse, Rodier et Bornier, tit.* 33, *art.* 16 et 19; *Papon, liv.* 18, *tit.* 5, *art.* 27; *Automne sur Imbert, liv.* 1, *ch.* 4, *n.* 6; *les arr. qu'ils citent, L.* 33, *in pr., ff. de usuris, etc.*

Observations. 1. Les commandemens et saisies ont l'effet d'interrompre la prescription. V. *C-c.* 2244; *ci-apr. tit.* 7, *note* 19. — Autre effet. V. *ci-apr. tit. de l'ordre, note* 37, *n.* 4.

2. Les saisies sont le principe d'une nouvelle procédure. V. *part.* 1, *ch. des lois, p.* 142; *ci-opr.; tit.* 2, *note* 17, *p.* 579.

3. Les officiers d'exécution doivent être respectés. V. *C-pr.* 555, 600, 785; *ci-dev.,* § *des huissiers, p.* 84; *ci-apr. tit. de la saisie-exécution,* § 5, *n.* 6, *et de la contrainte,* § 1, *n.* 3, *et note* 17. — V. aussi *cours de dr. crim., chap. des délits, note* 18.

4. *Cumulation d'exécutions.... V.* ci-dev., introduction, n. ij, p. 545, et note 4 *a*, p. 547.

VIII. On ne peut, en général, faire une exécution sur une exécution, c'est-à-dire, saisir un objet déjà saisi. (24)

(24) *Observations.* 1. *Cas sur cas*, c'est-à-dire, saisie sur saisie, ne vaut. V. *Imbert, liv.* 1, *ch.* 16, *n.* 12 ; *ci-apr. tit. des saisies immobilière, note* 33, *et exécution*, § 5, *n.* 5, *et note* 48, *ib.*; *Faber, de erroribus, dec.* 56, *err.* 8.

2. A l'égard, 1° des tribunaux qui peuvent déclarer les jugemens exécutoires par provision, v. *d. part.* 1, *p.* 53, 60 *et* 65; *tit. de l'appel, ch.* 5, *n.* 2, *et note* 88, *p.* 478 *et* 479.

2° De ceux qui connaissent de l'exécution des jugemens, v. *d. part.* 1, *p.* 134, *n.* 8; *tit. des référés, p.* 423 ; *de l'appel, note* 119, *p.* 492.

3° Des pouvoirs ou mandats dont ont besoin les officiers qui en sont chargés, v. *C-pr.* 556 ; *d.* § *des huissiers, p.* 83, *et note* 40, *ib.*

4° Des lois qu'il faut suivre pour l'exécution, v. *ci-dev. p.* 145, *note* 5, *n.* 1 *et ses renvois*; *rec. alph. vj*, 227, *in pr., h.v.*, § 4, *conf. avec id.*, *p.* 223. — V. aussi *Caen*, 6 *janv.* 1824, *avoués, xxviij*, 170.

3. Dette *liquide.* Explication de ce mot, renvoyée de la note 13, *n.* 2, *in f., ci-dev. p.* 570. Une dette est liquide, dit Pothier (*obligat., n.* 592), lorsqu'il est constant qu'il est dû et combien il est dû, *cum certum est an, et quantum debeatur...* Il conclut de là qu'une dette *contestée* n'est pas liquide à moins qu'on ne puisse la justifier. En rappelant cette doctrine, M. Merlin ajoute que quand le titre de la dette est exécutoire, elle est liquide et exigible par provision : toutefois, dans ce cas, elle n'est pas admissible en compensation d'une autre qui est actuellement liquide et exigible ; seulement le juge peut surseoir au paiement de celle-ci jusqu'au jugement de la contestation de l'autre. V. *rec. alph., vj*, 75 *à* 77, *mot compensation*, § 9 ; *arr. rej. requ.* 17 *mars* 1813, *ib.*

3 *a.* La Cour de cassation paraît considérer comme *liquide* la dette évaluée en argent. Par exemple, une dette en assignats, fondée sur un titre authentique et exécutoire, est certaine, mais non pas liquide. On peut, en vertu de ce titre faire une saisie immobilière (*ci-dev. p.* 569, *n. iv*) sauf à surseoir jusques à l'évaluation en argent. Voy. *B. c.* 21 *mars* 1827.

4. *Commandement unique* (v. p. 571, *n.* 5). Un seul commandement de payer sous peine d'y être contraint par les voies de droit, suffit pour faire successivement plusieurs saisies de différentes espèces, pourvu qu'elles aient toutes le même objet, et que le produit des premières n'ait pas acquitté la créance, *suiv. Turin*, 7 *août* 1809, *avoués, i*, 247.

TITRE II.

De la saisie-arrêt ou opposition. (1)

La saisie-arrêt ou opposition (2) est un acte par lequel un créancier (*le saisissant*) oblige un étranger (*le tiers-saisi*) de conserver les sommes ou meubles du débiteur (*le saisi*) qui se trouvent entre ses mains, jusqu'à ce que le juge en ait déterminé la destination.

Quelles choses peut-on saisir (3), et selon quelles formes? que doivent faire ensuite le saisissant et le tiers-saisi? Quels sont les résultats de la saisie?... Ces questions sont l'objet du présent titre.

Remarquons auparavant, 1. que pour pouvoir saisir, il faut avoir un titre, soit authentique, soit privé (4); ou bien obtenir la permission du juge du domicile, soit du débiteur, soit du tiers-saisi. *C-pr.* 557, 558. (5)

2. Qu'on peut saisir entre les mains de quelque personne que ce soit. *Arg. de C-pr.* 557 et 561. (6)

(1) Ce titre correspond au tit. 7, liv. 5 du Code.

Histoire. Ce titre 7 forme à-peu-près un droit nouveau sur cette institution importante, car l'ordonnance est muette sur ce point, et la jurisprudence et les usages offraient des variations, de l'incertitude et surtout bien des abus (on en indiquera quelques-uns). — V. *Réal*, p. 103, *et ci-apr., notes* 5, 17, 21, 23 *et* 29. — Elle était connue à Toulouse sous le nom de *banniment*; à Grenoble, sous celui d'*arrestation*; en Flandre, sous celui de *clain*, etc... Quant à ses *régles*, v. Rodier, instruction sur le *banniment*, placée avant le tit. 34. — V. *aussi Gui-Pape, qu.* 568.

(2) Ces deux termes sont synonymes... Le droit de former une *opposition* (par exemple, sur un cautionnement) comprend celui de faire une saisie-arrêt. — V. *arr. cass.* 11 *juin* 1811. — Autres sens du mot *opposition*, voyez p. 443, *note* 2.

Le nom de *saisie-arrêt* vient de ce qu'on fait *arrêter* ou rester chez le tiers-saisi les meubles ou deniers du débiteur, et celui d'*opposition* de ce que le saisissant s'oppose à ce que le tiers-saisi remette au débiteur ces effets ou deniers. Autrefois quelques personnes admettaient des différences entre la saisie-arrêt et l'opposition. V. *Journ. du palais, i*, 317.

(3) C'est-à-dire *saisir-arrêter...* Pour abréger on omettra le dernier mot.

(4) *V.* tit. 1, note 12, p. 569; et, pour d'autres questions, *ci-devant*, p. 426, *note* 7, n. 1; *p.* 571, *note* 16, *n.* 3.

Observations. 1. Une demande judiciaire, surtout *contestée*, n'est pas un titre suffisant pour la saisie. V. *Paris*, 9 *mai* 1812, *avoués, v*, 355. — V.

aussi *Bordeaux*, 23 *août* 1831, *ib.*, *xlij*, 165 (contra... v. *Bruxelles*, 2 *mai* 1829, *ib.*, *xxxviij*, 150).

2. On ne peut non plus la faire pour le reliquat éventuel d'un compte non réglé. V. *Bruxelles et Rouen*, 25 *juin et* 10 *févr.* 1829, *et Paris*, 27 *févr.* 1828, *ib.*, *xxxviij*, 148, *xl*, 59 *et* 61. — V. aussi *Bourges*, 6 *mars* 1826, *ib.*, *xxxj*, 359.

(5) *Observations*. 1. Cette permission, qu'on demande par requête, ne doit être accordée qu'à ceux qui ont un droit certain et évident (v. *dd. art.*; *tarif* 77 ; *Réal et Favard*, *p.* 104 *et* 316),... et l'huissier est tenu de justifier de leur existence au moment où ils lui ont donné le pouvoir de saisir. Voyez *ci-dev. p.* 83 ; *C-pr.* 562. — Par ces moyens on prévient les saisies sans cause, ou frauduleuses, ou de créanciers supposés, qui étaient jadis si fréquentes (*Réal, p.* 105).

2. Le président du tribunal de commerce peut autoriser la saisie en matière de commerce, et celui du tribunal civil le peut aussi en semblable matière. V. *Turin*, 1810 *et* 1813, *avoués, ij*, 90, *viij*, 306. — *Quid* pour la validité? V. *ci-dev. p.* 426, *note* 7, *n.* 1 *et* 2.

3. Saisies, 1º sur les communes, *voyez* tit. 1, n. 3, p. 571. — 2º Pour contributions directes, *voyez* ci-apr., note 32, n. 3, p. 585.

(6) *Observations*. 1. *Exceptions de droit ou de forme*... On ne peut, pour une créance sur l'état, saisir entre les mains de ses débiteurs ou receveurs; mais on le peut pour une créance sur un particulier qui a fait chez ces receveurs, un dépôt, un cautionnement, etc.. *Arg. de L.* 22 *août* 1791, *titre* 12, *art.* 9; *arr. cass.* 16 *therm. x*; M. *Merlin*, *rec. alph.*, mot *nation*, § 4; *rép.*, mot *saisie-arrêt*, § 4; *arr. cass.* 31 *mars* 1819.

2. *Iid.* Si le tiers-saisi demeure hors du continent français, on exige, par exception aux règles des ajournemens, que l'acte soit fait à personne ou domicile. *C-pr.* 560, 639 ; *ci-dev. p.* 223, *art.* 3, *n.* 2. — Jadis on suivait ces règles (des ajournemens) et en conséquence, l'acte pouvait être notifié au tiers-saisi chez le procureur du roi en France (v. *d. n.* 2); de sorte qu'il était fort possible que le tiers-saisi payât de bonne foi au débiteur, après la saisie et avant d'en avoir connaissance. *Rodier* (*ij*, 7) avait proposé le mode adopté par le Code.

3. Si c'est un caissier public, il faut suivre les formes spéciales tracées par le *C-pr.* 561 *et* 569, et développées dans les décrets *des* 13 *pluv. et* 28 *flor. xiij et* 18 *août* 1807. — *V.* ci-apr. notes 8 (nº 5), 13, 21, 24, 28.

4. Saisie sur soi-même... V. *ci-apr.* note 32, *n.* 2, *p.* 585.

5. Héritier bénéficiaire. V. *tit. du bénéf. d'inv.*, *not.* 4 (*n.* 5) *et* 25, *n.* 3.

§ 1. *Des choses saisissables et du mode de la saisie.*

I. *Choses saisissables.* — On a le droit de saisir toutes espèces de choses, excepté les suivantes. *Arg. de C-pr.* 580 *et* 581, *et de C-c.* 2092, 2093.

1. Les choses déclarées insaisissables par la loi (7). *C-pr.* 581, ₣ 1.

2. Les pensions et les traitemens publics, si ce n'est pour la portion déterminée par les lois et réglemens. *C-pr.* 580... V. aussi *L.* 19 *pluv. iij et* 21 *vent. ix.* (8)

3. Les provisions alimentaires adjugées par justice. *C-pr.* 581, *ʄ.* 2. (**9**)

4 *et* 5. Les dons ou legs de choses disponibles, déclarés insaisissables, ou d'alimens, même non déclarés insaisissables. *Id., ʄ.* 3. (**10**)

6. Les valeurs transportées par lettres de change et billets à ordre. V. *ci-dessous, note* 10, *n.* 4.

(7) *Observations.* 1. Par exemple, les rentes (ou cinq pour cent consolidé) sur l'état ; elles ne peuvent être saisies que par ceux à qui elles appartiennent. V. *LL.* 22 *flor. vij, art.* 8, *et* 8 *niv. vj, art.* 4 ; *Poitiers,* 16 *décembre* 1830, *avoués, xxxix,* 337.

1 *a.* Tels sont encore les deniers de la liste civile. V. *L.* 2 *mars* 1832, *art.* 29.

2. Les dettes transportées sont insaisissables après la signification du transport, *suiv. Paris,* 9 *fév.* 1813, *avoués, vij,* 156, *et* 15 *janv.* 1814, *Jalbert, supp.,* 53. — Mais si l'on a fait des saisies avant la signification du transport, elles servent à entretenir le droit des opposans postérieurs ; et en conséquence on admet alors ces derniers à la distribution, même en concours avec les cessionnaires et les opposans antérieurs, *suivant Paris, d. arr. de* 1814, *et* 28 *mars* 1820, *Sirey,* 23, 2, 47 (le tribunal de première instance avait adopté un autre système). *Voir aussi l'arrêt du* 2 *fév.* 1820, *ci-apr.,* p. 585, *note* 31, *n.* 4.

(8) On ne peut saisir que le cinquième des traitemens des fonctionnaires et employés civils, de 1000 fr. et au-dessous. — A l'égard des traitemens supérieurs, v. *d. L.* 21 *vent.; rép., mot appointemens.*

Observations. 1. Quant au traitement des militaires, le cinquième en est aussi réservé à leurs créanciers. V. *d. L.* 19 *pluv.*

2. Les pensions dues par l'état sont en général insaisissables, parce que depuis la déclaration (7 *janv.* 1779) qui le décidait, aucune loi n'a autorisé à en saisir une quotité. V. *rép. ix,* 240, *h. v.; B. c.* 28 *août* 1815. — V. aussi *arrêté* 7 *therm. x ; avis cons. d'état,* 2 *février* 1808. — Il en est de même pour les pensions sur fonds de retenue et les indemnités d'employés. V. *ord.* 27 *août* 1817!, 30 *avr.* 1823.

3. Néanmoins on peut retenir pour alimens de leur famille, jusqu'au tiers des pensions des militaires. V. *au surplus, avis cons. d'état,* 11 *janv.* 1808, *n.* 2937.

4. Les revenus des majorats ne sont saisissables que pour certaines portions et dans de certaines circonstances. V. *déc.* 1er *mars* 1808, *art.* 51 *et* 52, *n.* 3207.

5. Quant aux saisies des capitaux et intérêts des cautionnemens des fonctionnaires, *voy.* avis cons. d'état. 12 août 1807, *n.* 2661 ; ci-d. p. 69, note 1, *n.* 4 (surtout arr. de 1821 et 1823, ib.); p. 576, note 6 ; arr. de Bordeaux, 18 avr. 1833, *avoués,* xlvij, 413.

(9) A moins qu'on ne les saisisse pour cause d'alimens. *C-pr.* 582, *in pr.* — C'est que les fournitures d'alimens méritent la même faveur et sont représentatives des provisions.

Dr. anc. Des arrêts avaient déclaré saisissables les gages des domestiques. V. *Denisart, mot saisie-arrêt, n.* 28–30.

On pouvait saisir entre les mains d'un dépositaire les titres et papiers du déposant, *suiv. Lange, liv.* 4, *ch.* 38.—V. à ce sujet, *ci-apr., p.* 584, *note* 31, *n.* 1.

(10) A moins que la créance ne soit postérieure à l'acte de donation ou à l'ouverture du legs , et il faut alors que le juge autorise (sur requête) la saisie

II. 18

et en détermine l'étendue. *C-pr.* 582, *in f.*; *C-c.* 1981 ; *tarif* 77 ; *Favard*, p. 317. — Et le juge le peut (dans ces limites) lors même que le disposant a déclaré que des créanciers postérieurs ne pourraient pas faire la saisie, *suiv.* *Toulouse*, 18 nov. 1823, *et rej. requ.* 15 *févr.* 1825, *avoués*, *xxix*, 47.

Observations. 1. Les créanciers antérieurs ne peuvent saisir ces dons, parce qu'ils n'avaient pas dû compter qu'ils leur serviraient de gage, et que le donateur est libre de mettre des conditions à ses libéralités... Mais ils ont le droit de saisir les dons de choses indisponibles, ou faits à titre onéreux. *Favard*, p. 317.

2. Favard dit aussi que les dons indiqués aux n°s 4 et 5 du texte sont saisissables pour alimens. Le Code ne le décide pas d'une manière positive, mais cela est conforme aux principes du droit et de l'équité.

3. La cour de Turin a jugé que le mot *alimens*, du ỳ 3 ci-dessus, n'est point sacramentel ; que, s'il résulte de la disposition, qu'on a voulu faire le don pour alimens, cela suffit pour qu'il soit insaisissable.— V. *arr.* 3 *déc.* 1808, *J-C-pr. iij*, 424.

4. *Lettres de change et billets à ordre.* On ne peut en saisir la valeur entre les mains du débiteur, qu'en cas de perte de ces effets, ou de faillite du porteur. V. *C-com.* 144, 145, 149, 187 ; *arr. du parl. de Grenoble*, 9 *mai* 1781, *affiches du Dauphiné*; *Bruxelles*, 10 *mai* 1808, *J-C-pr. ij*, 208.— V. aussi *B. c.* 5 *avr.* 1826; *ci-dev. p.* 577, *note* 7, *n.* 2.

5. *Les intérêts dans une société* sont susceptibles de saisie. V. *Paris*, 2 *mai* 1811, *avoués*, *iij*, 335.—Mais non pas ce qui revient aux associés du débiteur. V. *B. c.* 11 *mars* 1806, *n.* 34.

II. *Mode.* — La saisie (*v. p.* 575, *n.* 1), est faite en vertu d'un titre, ou d'une permission. (**11**)

Dans le premier cas, elle contient l'énonciation du titre et de la somme (**12**) pour laquelle on la fait (**13**); dans le second, la copie de l'ordonnance (**14**), où doit être également l'énonciation de la somme, ainsi qu'une évaluation provisoire de la créance si elle n'est pas liquide. Dans l'un et l'autre cas, le saisissant élit domicile au lieu qu'habite le tiers-saisi (**15**)... Toutes ces formes sont prescrites sous peine de nullité. *C-pr.* 559; *tarif* 29.

(11) Sans commandement préalable. V. *tit.* 1, *note* 18, p. 572; *arr. Montpellier*, 5 *août* 1807, *J-C-pr.*, *i*, 143.

(12 et 13) *Observations.* 1. Indépendamment des formes communes à tous les exploits (*ci-dev. p.* 85).—*Arg. du d. décr.* 18 *août*, art. 1.

2. *Dr. anc.* On y suivait les formes des saisies-exécutions, sauf celles de l'assistance des témoins. V. *Rodier*, *d. instruct.*

5. *Saisie sur un caissier public.* Il faut de plus (à peine de nullité) la lui faire viser, et donner la copie ou l'extrait en forme du titre. *D. décr.* 18 *août*, art. 2 et 5; *C-pr.* 561.—Les saisies sur les receveurs d'enregistrement doivent encore être notifiées à leurs directeurs, et à Paris, au secrétaire de la régie. V. *décr.* 13 *pluv.* et 28 *flor. xiij.*

(14) Obtenue sur requête. V. *ci-dev. note* 5, p. 576.

(15) V. tit. 1, n. 4 et 5, p. 569 et suiv., et les notes, *ib.*
Questions diverses... V. arr. de Turin, Paris, Montpellier, Colmar et Aix,
17 janv., 18 juin et 18 déc. 1810, 10 déc. 1815 et 3 août 1832, avoués, ij, 90
et 138, iv, 24, xij, 317, xlv, 753.

§ 2. *Marche tracée au saisissant et au tiers-saisi.*

I. *Saisissant.* — Il doit, 1 et 2, dans le délai ci-après
indiqué, dénoncer la saisie au débiteur saisi, et (sous
peine de nullité de l'exécution) l'assigner (**16**) en validité de cet acte, devant le juge de son domicile (celui du débiteur). *C-pr.* 563, *f.,* 565, *pr.; tar.* 29. (**17**)

3. Il faut ensuite que dans un semblable délai il
dénonce la *demande en validité* (**17** *a*) au tiers saisi...
Jusque-là, celui-ci n'est tenu à aucune déclaration (**18**),
et il peut payer au débiteur. *C-pr.* 564, *in f.,* 565, *in
f.; tar.* 29. (**19**)

Le délai précédent est de huitaine (**20**) : il court
pour les deux premières formalités, à dater de la saisie, et pour la troisième, à dater de la demande en
validité. *C-pr.* 563, 564, *in pr.*

4. Le saisissant assigne le tiers-saisi (**21**) en déclaration de sa dette. *C-pr.* 568; *tarif* 29.

(16) On est, dans tous les cas, dispensé de conciliation. *C-pr.* 566; *Pigeau,* ij, 56 ; *rej. requ.* 17 juill. 1834, *avoués, xlvij,* 603.
(17) *Observations.* 1. Même tribunal, si le saisi forme une demande en
main-levée (v. *C-pr.* 567 ; *ci-dev. p.* 138 et 139, *n.* 18 ; *arr. de Paris,* 30
mars 1810, *avoués, i,* 181) ; c'est-à-dire une demande tendant à faire considérer la saisie comme non-avenue, et par conséquent à lui rendre la faculté
d'exiger sa propre créance, du tiers-saisi. Cette demande peut être fondée
sur la nullité de la saisie, le défaut de droit du saisissant, etc... Elle n'est
pas susceptible d'être décidée (même par provision) en référé. V. *d. arr.* ;
autre de id., 3 oct. 1810, *ib., iij,* 149 ; *et de Turin,* 15 *juill.* 1809, *Sirey,*
1810, *supp.,* 279.—Ni sommairement. V. *p.* 420, *note* 7, *in f.*
2. Mais, si la demande en validité est connexe et incidente à une question
principale soumise à un autre tribunal, elle doit être portée à celui-ci. V.
r'qu. et arr. cass. 29 août 1813, *rép., xv,* 50 ; *autre,* 1821, *ci-dev. p.* 141,
note 25, *n.* 2 *a.*—V. *toutefois arr. régl.* 17 *fév.* 1817, B. c.
3. La saisie faite ensuite d'une contrainte pour contributions, telles que
droits d'enregistrement (v. *p.* 436), se porte au tribunal qui doit connaître de
la contrainte. B. c. 14 déc. 1819; *ci-d. p.* 154, *note* 10, *n.* 1.
3 *a.* Lorsqu'il n'y a aucune contestation avec le tiers-saisi, le procès
n'existe au fond qu'avec le redevable, et ainsi les lois des 22 frimaire vij (art.
65) et 27 ventose ix (art. 17) sont applicables. D'où la conséquence, que la ci-

tation de la régie d'*enregistrement* en validité n'est pas nulle faute de constitution d'avoué. *B. c.* 2 *juin* 1823, *n.* 61.— V. aussi pour l'iustruction par *mémoires*, *id.*, 7 *janv.* 1818, et *ci-dev. p.* 436.

4. *Dr. anc.*— Si la saisie était faite en vertu d'un jugement, on assignait devant le tribunal qui l'avait rendu, sinon devant celui qui avait autorisé la saisie..., et dans quelques provinces c'était toujours devant celui-ci, de sorte que la saisie y était attributive de jurisdiction. V. *Rodier, sup.*; M. *Merlin, rép., mot clain,* § 2.—Cette prérogative, donnée à la saisie, est abrogée, comme on vient de le dire, savoir : dans le cas de la demande en validité (la saisie fût-elle faite en vertu d'un jugement d'un tribunal étranger au débiteur), parce qu'on a considéré la saisie comme une *instance nouvelle*; et dans le cas de la demande en main-levée, parce qu'on a pensé que le véritable demandeur était toujours le saisissant. V. *Réal, p.* 105, *et Merlin, sup.*; *ci-d. p.* 142 *et* 143.

(17 *a*) *Observations.* 1. La *péremption* de cette demande est jugée en *dernier ressort*, lorsque le principal est au-dessous de 1,000 francs, parce que la loi du 24 août (*ci-dev. p.* 57, *n.* 3) détermine la compétence eu dernier ressort d'après la valeur du *principal*.. or, la péremption d'une demande en validité d'une *saisie-arrêt* dont l'objet principal est, par exemple, de 416 francs, n'a *principalement* que le même objet... D'ailleurs, quant à la compétence, « il eu est de cette demande comme des dépens, exceptions, in« cidens et autres suites de la demande principale qui, étant une dépendance « de cette demande, doivent toujours en suivre le ressort, à moins d'excep« tion expresse. » *B. c.* 26 *févr.* 1823, *n.* 17.

2. Mais si la créance pour laquelle la saisie est faite, excède 1000 francs, y eût-il dans cette somme pour plus de 200 francs de dépens dout la distraction a été faite en faveur de l'avoué, la demande en validité sera jugée en premier ressort. V. *rej. requ.* 22 *nov.* 1832, *avoués, xliv,* 157.

2 *a.* Il en sera de même s'il y a contestation sur le point de savoir à qui appartiennent les fonds saisis, *suiv. Aix,* 22 *nov.* 1834, *ib., xlviij,* 315.

3. Le tribunal à qui l'on a soumis la demande en validité peut juger de celle du titre en vertu duquel la saisie a été faite, V. *au surplus, arr. réglem.* 11 *juin* 1823, *B. c., n.* 97.

4. Ce tribunal ne peut être celui de commerce. V. *p.* 426, *note* 7, *n.* 2.

(18) Nouveau moyen de prévenir des fraudes. *Réal, p.* 106.

(19) *Observations.* 1. Il ne suit point de là que le tiers-saisi puisse payer valablement pendant le délai accordé pour la dénonciation. En effet, la loi, après avoir indiqué ce délai, ajoute aussitôt, *art.* 565, que *faute de dénonciation* les paiemens seront valables ; d'où il est permis d'induire par argument *a contrario sensu*, que, lorsqu'il y a dénonciation, du moins pendant le délai, les paiemens antérieurs sont illégitimes. Au surplus, et cela doit trancher toute difficulté, en admettant un système opposé, la saisie serait presque toujours illusoire. V. *encore sur ce point, ci-apr.*, § 3 *et note* 31, *p.* 584.

2. Mais, si ce délai s'est écoulé, les paiemens faits, sont valables tant qu'il n'y a pas de dénonciation. *Arg. de C-pr.* 565; *Pigeau, ij,* 58; *prat. franç.*, *iv,* 113 ; *B. c.* 28 *déc.* 1813, *n.* 145.

3. S'il n'y a point eu de demande en validité, ou point de dénonciation de cette demande, on peut contraindre le tiers à payer au saisi. V. *rej. civ.* 4 *fév.* 1834, *avoués, xlvij,* 588.

(20) Outre un jour pour trois myriamètres de distance entre les domiciles du tiers-saisi et du saisissant, et un jour pour semblable distance entre ceux du saisissant et du saisi. *C-pr.* 563 *et* 641, *conf.*; *ci-d. p.* 165, *n.* 4.

Il faut observer que le délai ci-dessus (de huitaine) n'est pas franc, *suiv. arr. de Turin, ci-d., p.* 163, *note* 10, *n.* 1.

(21) Devant le tribunal saisi de la demande en validité (et sans conciliation); sauf au tiers à demander le renvoi à son tribunal, si sa déclaration est
contestée. V. C-pr. 570 ; ci-dev. p. 139, n. 18 et note 22, où est une exception ; Denisart, sup., n. 21 ; Jousse, tit. 33, art. 2... Mais v. aussi ci-apr.,
note 23, n. 2. — C'est que dans la première hypothèse il n'est qu'un simple
assistant dans la cause, tandis que dans la seconde il devient partie... Au
reste, il forme sa demande par une requête, à laquelle on peut répondre. ¬
tarif 75.

Mais le saisissant ne peut assigner en déclaration « s'il n'y a titre authen
« tique ou jugement » qui valide la saisie. C-pr. 568.—C'est encore un moyen
de prévenir des fraudes. V. Réal, p. 106.

Observations. 1. La conjonction alternative *ou* de l'art. 568, annonce
évidemment que lorsque la saisie est faite en vertu d'un titre authentique, on
peut assigner en déclaration, quoiqu'on n'ait pas encore obtenu un jugement
de validité (ce qui n'empêche pas qu'on n'ait également dû assigner le débiteur en validité... v. ci-dev. p. 579). On pourrait, en vertu d'un semblable
titre et sans jugement, faire vendre des meubles par la voie de la saisie-exécution ; à plus forte raison n'est-il point nécessaire d'obtenir un jugement
pour citer en déclaration un tiers-saisi. Mais il n'en est pas de même lorsque
la saisie-arrêt est faite en vertu d'un titre privé ou d'une simple permission ;
il faut obtenir un jugement pour constater que le saisissant a des droits légitimes.

2. *Tiers-saisis, caissiers publics.* On ne les assigne point en déclaration ;
il suffit de leur demander (par acte d'avoué) un certificat qui en tient lieu.
C-pr. 569; tar. 91 ; et d. décr. 18 août, art. 6 et 7.

II. *Tiers-saisi.* Il doit, 1. faire et affirmer en per-
sonne (22) sa déclaration. Il y énonce les causes et le
montant de la dette; les paiemens à compte; l'acte ou
les causes de la libération ; toutes les saisies-arrêts
formées entre ses mains. C-pr. 571, 573. (23)

2. Joindre à la déclaration un état des effets mobiliers saisis et les pièces justificatives de la déclaration.
C-pr. 578, 574, in pr.; tarif 92.

3. Déposer tout cela au greffe et notifier le dépôt,
avec constitution d'avoué. C-pr. 574, in f.; tarif 70.

4. Dénoncer les saisies ultérieures à l'avoué du premier saisissant. C-pr. 575. (24)

Si le tiers-saisi ne fait pas la déclaration, ou les
justifications précédentes (25), il est déclaré débiteur
pur et simple des *causes* (26) de la saisie. C-pr. 577,
conféré avec 573, *in f.*

Si sa déclaration n'est pas contestée (27), il n'est
fait aucune autre procédure, ni de sa part, ni contre
lui. C-pr. 576.

(22) Ou par procureur spécial... Au greffe (et par avoué), s'il est sur les lieux ; sinon devant son juge de paix , sans avoir besoin alors de la réitérer au greffe. *C-pr.* 571, *inf.*, 572 ; *tarif*, 70, 92.

Observations. 1. Un commentateur demande si l'affirmation ne doit pas être accompagnée d'un *serment*... Il est clair que *non*, puisqu'elle peut être faite par procureur, et qu'il faut toujours prêter le serment en personne. V. *C-pr.* 121, et *ci-dev., tit. du serment, p.* 552.

2. Il n'y a point de délai *fatal* pour la déclaration... V. *B. c.* 28 *décem-* _re 1813, Turin, 1808, et Paris, 1810, Sirey, 15, 2, 109 et 174 ; Colmar, 1830, avoués, xxxix, 26. — Mais le juge peut en fixer un. Voyez rej. civ.* 11 *juin* 1823, *ib., xxv,* 209.

(23) D'après ces mots *les saisies,* de C-pr. 573, il semble qu'il faille réité- rer la déclaration à chaque saisie ; mais ce serait un acte inutile ; il suffit de notifier aux nouveaux saisissans le dépôt au greffe (*ci-dev. p.* 581 , *n.* 3) ; la loi, par ces mots, n'a voulu sans doute parler que du cas où il n'y a point en- core eu de déclaration sur les saisies antérieures. V. *Pigeau, ij,* 70.

Au reste, grâce au même article, le tiers ne peut plus comme autrefois retar- der son paiement, en ne dénonçant les saisies que les unes après les autres. *Réal , p.* 106.

Observations. 1. Il résulte indirectement des textes ci-dessus, que le tiers-saisi est tenu à une déclaration, lors même qu'il se croit libéré. Or, on conçoit qu'il peut l'être légitimement sans avoir de quittance définitive. Tel est le cas où étant devenu créancier du débiteur saisi, il s'est opéré une com- pensation de leurs dettes respectives, compensation qui rend inutile la saisie- arrêt postérieure à l'époque où elle s'est opérée.V.*B. c.* 14 *août* 1809, et *J-C-c. xiij,* 309. — V. aussi *ci-apr.,* notes 31 et 32, *p.* 584.

2. La déclaration où le tiers se borne à affirmer qu'il n'est point débiteur , n'est pas suffisante, et il ne peut alors demander son renvoi (v. *note* 21 , *p.* 581) devant son juge, *suiv. Paris,* 12 *mars* 1811, *avoués, iij ,* 330. — Mais il peut ensuite, et même en appel, compléter et justifier sa déclaration. Voyez *d. arr.; autres; Carré, anal., ij,* 1804, et *quest., ij, n.* 2812 ; *Bordeaux,* 1831, *avoués, xlij,* 116 (la cour de Paris avait jugé le contraire, par l'arrêt cité ci-apr. note 25... v. *d. n.* 1804).

(24) Par un acte où est un extrait contenant les noms et domiciles des sai- sissans, et les causes des saisies. *D. art.; tarif* 70.

Les *caissiers publics* fournissent les extraits précédens lorsqu'on les leur demande. *D. décr.* 18 *août, art.* 8.

Le tiers doit aussi notifier les transports de sa dette, qui lui ont été com- muniqués. V. *Pigeau, ij,* 67; *ci-dev. p.* 570, *n.* 2.

(25) L'art. 577 dit les *justifications ordonnées ci-dessus ,* d'où il semble résulter que le défaut de dénonciation expose le tiers à la même peine, parce que la dénonciation est indiquée dans un article précédent (575), et qu'elle est d'ailleurs aussi utile que les autres formalités.

(26) C'est-à-dire des sommes pour lesquelles on a fait la saisie , fussent- elles plus considérables que celles qu'il doit lui-même. V. *Carré , lois , ij ,* 405, et *Coffinières , avoués, ij,* 27.

Observations. 1. Le système adopté par Carré et M. Coffinières paraît ré- sulter du sens littéral de l'art. 577, et il semble aussi avoir été consacré par un arrêt de Paris (16 *mai* 1810, *avoués, ij,* 27).. Mais comme il est fort rigou- reux, il a été écarté d'une manière générale, par la cour de Metz (29 *mai* 1818, *ib., xix,* 303); et , en particulier , pour le cas où le saisissant connaît l'étendue de la dette du tiers, par celle de Bordeaux (16 *juin* 1814, *Sirey,* 15, 2 , 53)... On pourrait argumenter à l'appui de ces décisions de l'art. 638, re- latif à la saisie des rentes (v. *ce tit., § 1, n. ij, et note* 14, *ib.*)

2. Quoi qu'il en soit, le tiers dont la déclaration a été reconnue fausse, ne

peut se plaindre du système précédent. V. *rej. requ.* 3o *nov.* 1826, *avoués ,*
xxxij, 323.

(27) On a le droit de la contester si elle n'est pas exacte, ou suffisamment
justifiée, et de le forcer par conséquent à représenter les sommes ou effets dont
il a prétendu mal-à-propos n'être pas détenteur; c'est ce qui résulte évidemment des décisions précédentes.

Observations. 1. *Dr. anc.* Si le tiers n'établissait que par des quittances
sous seing-privé, les paiemens qu'il prétendait avoir faits au débiteur, et si au
moment de la saisie il n'avait pas protesté de ces paiemens , on considérait à
Toulouse et à Aix, ces quittances comme suspectes d'antidate. Voy. *Rodier,*
sup.; observ. d'Aix, prat. fr. iv, 126.

2. On prenait à Aix et à Grenoble une précaution qui prévenait souvent de
semblables difficultés , et qu'on aurait peut-être dû consacrer dans le Code,
ainsi que l'avaient demandé les cours d'appel (*prat., fr. iv,* 122) de ces villes.
Au moment de l'*arrestation,* l'huissier interpellait le tiers de déclarer ces
paiemens et d'en représenter les quittances , et dans ce cas , il les paraphait.
On sent qu'aujourd'hui il n'est pas difficile au tiers de s'accorder avec le
saisi pendant le délai indiqué précédemment , pour supposer des paiemens ,
et diminuer ou même anéantir le gage du saisissant. Au reste, par là même
que la fraude n'est pas difficile, on devra la présumer plus aisément que dans
le système proposé; suspecter , par exemple , les paiemens sous seing-privé
faits par anticipation, les remises de dettes, etc.

§ 3. *Des résultats de la saisie.*

1. Si la saisie est déclarée valable, on ordonne que
le tiers-saisi remette au saisissant les deniers arrêtés (28), ou que les effets soient vendus pour le faire
payer sur le prix. S'il y a plusieurs créanciers, et si
ces deniers ou le prix de ces effets ne suffisent pas à
leur paiement, on en fait entre eux la distribution,
au prorata du montant de leurs créances (29). *C-pr.*
579; *d. décr.* 18 *août, art.* 9; *ci-apr. tit.* 6. (30)

2. La saisie, même avant le jugement de validité, a
encore un effet remarquable, celui de conserver les
droits du saisissant. En conséquence, non-seulement
le tiers-saisi ne peut, ainsi qu'on l'a vu, se libérer à
son préjudice (31); mais la compensation ne peut
plus s'opérer entre sa dette et la créance qu'il viendrait
à acquérir sur le débiteur saisi, postérieurement à la
saisie. *C-c.* 1242, 1298. (32)

3, 4 et 5. Pour les effets de la saisie, 1° quant aux
intérêts ,v. *ci-dev, p.* 228 *et* 229, *note* 53...; 2° quant
à l'exécution du jugement de défaut, v. *ci-dev. p.* 448,

note 15...; 3° quant à l'expropriation du tiers-saisi, v. *arr. rej.* 19 *therm. xij*, *Sirey*, 4, 2, 81 ; *Paris*, 23 *oct.* 1811, *avoués*, *iv*, 282. **(33)**

(28) *Arg. dud. décr.* 18 *août*, *art.* 9. — Ce paiement est valable. V. *C-c.* 1239, et pour un exemple, *ci-dev.*, p. 542, note 37 *b*, *n.* 2.

Observations. 1. Il faut par conséquent fixer avant cette remise, ce que le tiers reste devoir au saisi... D'où il résulte également que si la dette du tiers est le sujet d'une instance entre le saisi et lui, on est obligé d'attendre que cette instance soit jugée, et le saisissant peut intervenir dans cette même instance pour empêcher qu'on ne nuise à ses droits (par collusion entre le tiers et le saisi), soit en retardant la décision, soit en diminuant la créance qu'il a arrêtée.

2. Il faut aussi qu'on adjuge au tiers-saisi ses frais, lorsqu'il n'a pas contesté. — L'équité l'exige, et on peut d'ailleurs fonder cette décision sur C-pr. 662. — V. *obs. d'Agen*, *prat. fr.*, art. 579.

3. Quand le jugement est-il exécutoire contre lui ? V. *p.* 569, *note* 11.

4. —— EN DERNIER RESSORT ? v. *p.* 580, *note* 17 *a*, *n.* 1 et 2.

(29 et 30) *Observations.* 1. *Dr. anc.* Le premier saisissant avait au contraire un privilège sur les autres. V. *Vedel sur Catelan*, *liv.* 6, ch. 28; *plus, arrêts, ibid.*; *Rodier*, sup.; M. *Merlin, rép.*, *mot clain*, § 2; *ci-apr.*, *tit. de la saisie-exécut.*, § 5 et 6, *notes* 55 et 77.

2. Les saisies-arrêts n'avaient de l'effet dans certaines provinces que pendant une année. A Paris (*suiv.* Denisart, *h. v.*, *n.* 18 et 34), elles duraient trente ans, à moins qu'elles ne continssent une assignation au tiers, en déclaration; car alors le défaut de poursuites pendant trois ans les faisait tomber en péremption. V. *Denisart*, *h. v.*, *n.* 18 et 34. — V. aussi *rej. civ.* 14 *août* 1820, *avoués*, *xxij*, 283, *et rép.*, *xvij*, 303, *n.* 12 *bis*.

(31) S'il paie au débiteur saisi (c'est-à-dire à son propre créancier) les créanciers saisissans ou opposans pourront le faire payer une seconde fois, sauf à lui à exercer son recours à raison du deuxième paiement, contre le débiteur saisi. V. *C-c.* 1242; *ci-d.* § 2, *n.* 4, *p.* 581, *et note* 27, *p.* 583; *ci-apr. note* 32. — Règle contraire s'il paie à un receveur de contributions. V. *ci-d.*, *p.* 435, *note* 12, *n.* 2; *et d. note* 32, *n.* 3.

Observations. 1. Le tiers-saisi ne peut non plus rendre le dépôt arrêté entre ses mains. V. *C-c.* 1944, *et ci-d.* p. 577, *note* 9.

2. Quoiqu'il n'ait pas le droit de faire des offres réelles, il est cependant libre de consigner la somme arrêtée; s'il ne consigne pas, les intérêts courent à sa charge, *suiv.* Bruxelles, 9 *août* 1809, *J. C-c.*, *xiv*, 351, *et Riom*, 17 *mai* 1830, *avoués*, *xlv*, 474.

3. *Quid juris* si avant le paiement, mais après le jugement de validité, le débiteur saisi tombe en déconfiture ? à qui le tiers devra-t-il payer ?.. On a décidé que c'est au saisissant et non point à la masse des créanciers, parce que ce jugement a produit une novation en ce sens qu'il a tiré la créance des biens du saisi, pour la placer dans ceux du saisissant. — *Arg. ex L.* 3, *in pr.*, C. *usuris rei jud.*; *arr. du parl. de Grenoble*, *août* 1680 *et avril* 1699, *dans nos recueils.* — Mais ce même jugement ne produit point de novation entre le saisissant et le saisi, et le premier reste toujours créancier du second. Voy. *Toulouse*, 13 *janv.* 1829, *avoués*, *xxxix*, 287.

3 *a*. On a aussi jugé, et sans doute par le même motif, qu'après le jugement le tiers doit payer au saisissant et aux opposans antérieurs, et non pas aux opposans postérieurs (à ce jugement). V. *rej. requ.* 28 *févr.* 1822, *Sirey*, 22, 217; *Nancy*, *Lyon*, *Besançon et Nîmes*, 1824, 1827, 1830 *et*

1832, *avoués*, *xxvij*, 103, *xxxiij*, 312 *et* 343, *xlj*, 403, *xliij*, 667 (contra... v. *Paris*, 1826, *ib.*, *xxxij*, 222).

4. Si la saisie comprend les sommes qui pourraient être dues à l'avenir, et est déclarée valable par un jugement non attaqué, elle rend préférable à une cession de droits échus après la saisie, quoique cette cession ait été notifiée, *suiv. arr. cass.* 2 *févr.* 1820. — V. aussi *ci-dev. p.* 577, *note* 7, *n.* 2; et pour une autre question, *B. c.* 15 *juin* 1824.

(52) *Observations.* 1. Mais si la compensation a eu lieu auparavant (entre deux dettes liquides et exigibles), la saisie-arrêt postérieure ne peut être utile. V. *B. c.* 14 *août* 1809.

2. *Saisie* ou *opposition sur soi-même.* — Lorsqu'un particulier a une créance non *liquide* (telle qu'un reliquat d'un compte que doit lui rendre un administrateur) sur un autre particulier qui est son créancier pour choses liquides, il ne peut compenser sa créance avec celle-ci. V. *C-c.* 1291. — On a voulu lui en donner les moyens à Paris, en imaginant une espèce de saisie ou d'opposition que ce premier créancier forme sur lui-même, et au moyen de laquelle il retient entre ses mains la dette liquide, jusqu'au moment où sa créance non *liquide*, sera liquidée, et où il pourra par conséquent l'opposer en compensation. V. *Pigeau*, *ij*, 73; M. *Coffinières*, *avoués*, *iij*, 232; *Bruxelles*, 1810, *et Lyon*, 1825, *ib.*, *iij*, 232, *xxxj*, 62.

Il nous semble que, dans l'état actuel de notre législation, il est douteux que cette manière de procéder soit légitime... 1. (Elle n'était point autorisée par les lois anciennes); il eût donc été nécessaire que le Code la consacrât positivement, et il garde le silence à cet égard. Cela était d'autant plus nécessaire, qu'elle renferme une dérogation tacite à la loi, puisqu'elle prive un créancier du droit que la loi lui accorde, de demander et de recevoir sans retard le paiement d'une créance liquide et exigible... 2. Le Code, *art.* 1041, abroge expressément tous les usages anciens en matière de procédure... 3. L'orateur du conseil d'état (*Réal*, *p.* 103) déclare que le mode d'exécution par la voie de la saisie-arrêt, a été ramené par le Code à toute sa simplicité et au *seul but* de son institution; ce qui annonce qu'on ne doit pas en faire un emploi étranger aux circonstances indiquées par le Code... 4. Le Code, *art.* 557, dit qu'un créancier *peut* saisir entre les mains d'*un tiers*, ce qui appartient à *son débiteur..*, termes qui excluent une saisie faite par un particulier sur *lui-même*, de ce qui appartient à *son créancier...* 5. Le Code civil, art. 1298, décide que « celui qui, étant débiteur, est devenu créancier depuis la saisie-« arrêt faite par un *tiers* entre ses mains, ne peut, au préjudice du saisissant, « opposer la compensation, » ce qui confirme la même disposition et fortifie la même conséquence... 6. Enfin notre opinion (c'est aussi celle de Carré, *lois ij*, 380) a été consacrée directement par les cours de Rouen et d'Amiens (*arr.* 13 *juill.* 1816, *et* 5 *août* 1826, *avoués*, *xiv*, 363, *xxxv*, 125); et on peut argumenter en sa faveur, des arrêts cités, note 4, n. 2, *p.* 576.

3. *Saisie pour contributions directes...* La saisie-arrêt n'est pas nécessaire à l'égard des débiteurs des redevables de ces contributions; il suffit de leur faire une simple demande. V. *L.* 12 *nov.* 1808, *art.* 2; *rép., mot saisie pour contributions; ci-dev. p.* 435, *note* 12, *n.* 2; surtout M. *Roger*, *dissertat., avoués*, *xlvij*, 656.

(55) Selon le premier de ces arrêts, le tiers poursuivi en expropriation par son propre créancier, peut, en lui dénonçant la saisie-arrêt faite entre ses mains, de ce qu'il doit à ce poursuivant, forcer celui-ci à surseoir à la procédure de saisie-immobilière... Suivant le deuxième, un sursis ne saurait résulter de cette saisie-arrêt qu'on doit tout au plus considérer comme une opposition en sous ordre (*ci-après, tit. de l'ordre, note* 58).

TITRE III.

De la saisie-exécution. (1)

La saisie-exécution est un acte par lequel on fait prendre et confier à un tiers, des effets mobiliers d'un débiteur, pour être conservés et ensuite vendus au profit du saisissant et de ceux qui y ont droit.

Le but de cette espèce d'exécution est donc le paiement du créancier, au moyen d'une vente. Mais dans l'emploi de cette mesure rigoureuse, il faut aussi prendre en considération les intérêts du débiteur, parce qu'il peut n'être que malheureux. En conséquence, 1° les formalités antérieures à la vente doivent être faites pendant un intervalle de temps, et assez court pour que le créancier recouvre promptement ce qui lui est dû, et assez long pour que le débiteur puisse chercher les moyens de la prévenir; 2° Si la vente a lieu, il faut qu'elle soit accompagnée d'une grande publicité, afin que, grâce à la concurrence des acheteurs, on puisse retirer toute la valeur des meubles; et en même temps de formalités si simples et si peu coûteuses, que presque tout le prix puisse servir à la libération du débiteur. Tels sont les principes des décisions de détail que nous allons exposer. V. *Réal, p.* 107.

Nous avons dit (*p.* 569) en vertu de quoi l'on peut saisir (*v. aussi p.* 426, *note* 7); nous indiquerons ce qu'il faut faire avant la saisie, les choses saisissables et insaisissables, comment se fait la saisie, les précautions à prendre lors de cet acte, les obstacles qu'il peut éprouver et le résultat qu'il peut avoir, c'est-à-dire la vente et les règles qui y sont propres.

(1) Ce titre correspond au tit. 8, liv. 5 du Code.
Observations. 1. *Histoire.* Les dispositions du tit. 8 ont été tirées presque en entier de l'ordonnance, *tit.* 33 *et* 19, et de quelques déclarations, arrêts de

réglement, ou actes de notoriété. V. *Réal*, p. 107, *et Merlin*, *rép.*, *mot saisie-exécution*, § 2.

2. Les mots *saisie* et *exécution* sont presque synonymes. Néanmoins le premier désigne plus particulièrement la saisie sans enlèvement, et le second la saisie avec enlèvement. V. *Jousse*, *tit.* 33, *art.* 1; *ci-apr.* § 2, *note* 26, p. 593.

§ 1. *De la formalité qui précède la saisie.*

Un jour *au moins* (2) avant la saisie, il faut faire au débiteur (3) un *commandement* de payer, où l'on notifie le titre (4), et où l'on élit domicile jusqu'à la fin de la poursuite (*v. tit.* 1, *n. v*, *p.* 571, *et note* 20, *ibid.*), dans la commune de l'exécution (5). Le débiteur peut faire à ce domicile toutes espèces de significations. (6). *C-pr.* 583, 584; *tarif* 29. — V. aussi *C-comm.* 198 à 200.

(2) *Observations.* 1. Un commentateur (*prat. fr.*, iv, 237), Carré (*anal.*, ij, 214) et Pigeau, ij, 114, prétendent que la saisie-brandon diffère de la saisie-exécution, en ce que le commandement n'en peut être fait que la *surveille*, tandis que dans celle-ci il peut l'être la *veille*. Pigeau se fonde sur ce que, pour la première, le Code (art. 626) dit qu'il y aura *un jour d'intervalle* entre le commandement et la saisie; et pour la saisie-exécution, qu'il aura lieu *un jour avant la saisie.*

2. Lors même que le Code n'aurait employé que cette dernière expression, on devrait décider le contraire, parce qu'un acte n'a lieu *un jour avant* un autre, que quand un jour s'est écoulé avant celui où le second acte est fait, et par conséquent le premier ne peut être fait au plus tôt que l'avant-veille (*v. ci-dev.* p. 159, *note* 6). A plus forte raison doit-on le décider d'après les termes *fait* AU MOINS *un jour avant*, de l'art. 583, car il n'y aurait jamais plus d'un jour si le commandement était notifié la veille.

3. Notre doctrine a été consacrée par la cour de Bourges (2 *juill.* 1815, *avoués*, xxxiv, 521).

(3) A la personne ou au domicile. *C-pr.* 583.

(4) S'il n'a pas déjà été notifié. *C-pr.* 583.
S'il l'a été, Pigeau (ij, 77) pense avec raison que l'huissier doit l'énoncer, pour justifier de l'acte qui l'autorise à agir... Il indiquera, par exemple, la date du titre et de la notification. V. *arr. d'Orléans*, 2 *juin* 1809, *Hautefeuille*, 325.

(5) Si le créancier n'y demeure pas. *C-pr.* 584.
L'omission de l'élection n'est point une nullité, surtout quand on l'a réparée dans la saisie, *suiv.* Colmar, 4 *juill.* 1810; *avoués*, ij, 306. — Seulement l'officier ministériel qui en est coupable, est passible d'amende. V. *Orléans*, 10 *mai* 1810, *Hautefeuille*, 326. — V. aussi *ci-apr. p.* 593 *et* 603, *notes* 21 *et* 77, *n.* 5.

(6) « Même d'offres réelles et d'appel. » *C-pr.* 584.
Observations. 1. Ainsi jugé en 1808 à 1812, et 1820, pour L'APPEL, même lorsque le commandement est dans la signification du jugement. V. *arr.*

de Bruxelles, Paris, Cassation, Montpellier, Rouen, Limoges, Orléans et Rennes, J-C pr., ij, 373; iij, 63 (*surtout conclus. de* M. *Cayer, ib.*), *avoués,* t. 1, 2, 3, 6, 7 *et* 22, p. 66, 212, 39 *et* 217, 116, 568 *et* 61; *Hautefeuille,* 263, *et* 326; *J-C-c. xx,* 30 *et* 59; *ci-apr. tit de la saisie immobil.*, note 86, n. 5. Règle contraire s'il n'y a pas de commandement, ou si, d'après la condamnation ce commandement ne peut conduire à la saisie-exécution ou à la contrainte. V. *arr. Montpellier et Limoges*, 23 juill. 1810, *et* 24 *avr.* 1812, *avoués*, ij, 39, *v*, 362; *arr. cass.* 28 *août* 1811, B. *c.*

1 *a.* Une sommation de *satisfaire et obéir* au jugement, insérée dans sa signification, contient d'une manière tacite un commandement tendant à saisie-exécution, et en conséquence l'appel peut être notifié au domicile qu'on y a élu, *suiv. rej. requ.* 20 août 1822, B. *c.*, p. 243. — V. aussi *Toulouse,* 7 mai *et* 15 juin 1824, *avoués*, xxvj, 277, xxvij, 25.

Règle contraire, si cet appel, vu le long intervalle qui l'a séparé du commandement (87 jours dans l'espèce), ne peut pas être considéré comme y faisant *suite* (c'est-à-dire, sans doute, comme ayant pour but d'empêcher la saisie), *suiv. rej. requ.*, 20 juill. 1824, *Sirey*, 24, 414.

1 *b.* Au reste, en premier lieu, la faculté de notifier l'appel au domicile élu n'est accordée qu'au saisi. V. *Paris*, 26 juin 1811, *avoués*, *iv*, 19; *et cass.* 3 juin 1812, *ib.*, *vj*, 145.

En second lieu, il n'est pas besoin de réitérer cet appel à la personne ou au domicile réel. V. B. *c.* 7 juill. 1811.

En troisième lieu, il faut une copie pour chacun des adversaires, quoiqu'ils aient élu le même domicile et aient le même intérêt. V. *id.*, 15 *février* 1815, *et ci-d.* p. 86, note 52, *n.* 1 *et ses renvois.*

2. A l'égard des significations d'OFFRES RÉELLES, l'art. 584 est aussi une exception aux règles générales. En effet, ces offres doivent être faites au créancier ou au mandataire qu'il a chargé de recevoir, et signifiées à son domicile ou au domicile élu par la convention. V. *C-c.* 1258, ψ 1 *et* 6. — Or, la personne chez qui un saisissant quelconque élit domicile n'a pas de pouvoir pour exiger, et ce domicile n'est pas celui qu'on a choisi par la convention... Il résulte de ces observations qu'on ne pourrait faire des offres aux domiciles élus pour les autres saisies, parce que la loi ne les autorise expressément que dans celle-ci (v. *ci-apr. tit. de la saisie-immobilière*, note 86, *n.* 5; *arrêts, ib.*).

2 *a.* Quoi qu'il en soit, si les offres sont refusées, il faut les réaliser, c'est-à-dire consigner au domicile indiqué pour le paiement, lorsque le contrat le désigne. V. *arr. de Paris et rej. requ.* 10 avr. 1813 *et* 28 avr. 1814, *avoués*, vij, 298, ix, 245.

3. Si indépendamment de l'élection de domicile dans la commune de l'exécution, le commandement contient une seconde élection dans un autre lieu, peut-on aussi signifier l'appel à ce second domicile élu? OUI, *suivant* Nîmes, 6 août 1822, Metz, 11 mars 1826, et rej. requ. 21 août 1828, avoués, xxiv, 267, xxxv, 79 et 375... NON, *suiv.* Montpellier, 1 avr. 1828, et autres arr. à ib., xxxv, 295.

§ 2. *Des choses saisissables et insaisissables.*

On peut saisir toutes espèces d'effets mobiliers, à l'exception seulement des effets que désigne la loi (*arg. de C-pr.* 592, *in pr.*), et qu'on peut distinguer en deux classes, savoir les effets insaisissables absolument et les effets insaisissables relativement. (7)

I. *Choses insaisissables absolument.* — 1. Le coucher nécessaire (8) du saisi, et ceux de ses enfans vivant avec lui. *C-pr.* 592, ℣. 2, *et* 593.

2. Les habits dont le saisi est vêtu et couvert. *D.* ℣. 2 (9)... V. *aussi d. ord., tit.* 33, *art.* 14.

(7) C'est-à-dire, dont les uns ne peuvent être saisis pour aucune cause, et les autres que pour un petit nombre de causes.. Ces espèces de privilèges sont fondés sur l'humanité, la décence, la sûreté publique, la protection due à l'agriculture, aux sciences et arts, et à l'industrie, etc. (v. *aussi L. 6 et 7, ff. pignor. et hyp.*).

(8) Ou, en d'autres termes, les parties du lit qui sont nécessaires au repos, telles que les bois, couvertures, matelas (*deux matelas*, suiv. Pigeau, ij, 80), draps, traversins, lits de plume...; et l'on peut par conséquent saisir celles qui ne sont que de pur luxe, telles que des ciels de lits, dômes, rideaux, etc. Voy. *Jousse, art.* 14.

(9) Ainsi le manteau dont le saisi est couvert, est insaisissable. V. *proc.-verbal, tit.* 19, *art.* 14; *Jousse et Rodier, sup.*

II. *Choses insaisissables relativement.* — 1. «Les objets que la loi déclare immeubles par destination.» (10). *C-pr.* 592, ℣. 1; *C-c.* 524, 525.

2 *et* 3. Les livres de la profession du saisi et les machines et instrumens de sciences et d'arts (11) qu'il choisira jusqu'à la valeur de 300 fr. (12). *C-pr.* 592, ℣. 3 *et* 4.

4. L'équipement militaire suivant l'ordonnance et le grade. — ℣. 5. (13)

5. Les outils nécessaires à la profession et à l'occupation personnelle d'un artisan. — ℣. 6. (14)

6. Les farines et menues denrées (15) nécessaires à la consommation du saisi et de sa famille pendant un mois. — ℣. 7.

7. Une vache, ou trois brebis, ou deux chèvres (16) à son choix, avec ce qui est nécessaire pour leur entretien pendant le même temps. — ℣. 8. (17)

(10) Tels sont les termes du Code de procédure, art. 592, ℣. 1.
Observations. 1. D'après le Code civil, art. 524, les objets de ce genre

sont ceux que le *propriétaire* d'un fonds y a placés pour le service ou l'exploitation de ce fonds.

Néanmoins Pigeau (*ij*, 79) soutient que les objets placés par le *fermier* sont également insaisissables : il se fonde, en premier lieu, sur ce que l'ordonnance et d'autres lois anciennes (v. *Bornier, art.* 16) déclaraient tels ces sortes d'objets, sans distinguer s'ils appartenaient au maître ou au fermier ; en deuxième lieu , sur ce que le projet du Code renouvelait ces dispositions sans faire non plus aucune distinction ; en troisième lieu , sur ce que, d'après Réal, p. 111, le Code a voulu étendre les dispositions du droit ancien sur les objets insaisissables, plutôt que les restreindre.

Ces motifs sont fort puissans, et si la loi offrait quelque ambiguïté, ils devraient servir à l'interpréter ; mais elle est si claire , qu'il n'est pas possible d'adopter le système de Pigeau, jusqu'à ce qu'elle s'en soit expliquée... D'ailleurs, il convient lui-même, que quoique les effets scellés à plâtre, etc. (tels que boisages, glaces...), soient immeubles par destination (v. *C-c.* 525), on peut cependant les saisir contre le locataire. Cette exception à son propre système, prouve qu'il n'est pas bien sûr que la loi ait eu l'intention de le consacrer. En effet , pour justifier ce système, il est obligé de soutenir que par les termes ci-dessus , du *ỷ.* 1, « on n'a pas voulu dire que ces *objets* ne seraient insaisissables que quand ils seraient immeubles par destination , mais seulement que tous ceux que le Code civil désigne comme susceptibles d'être immeubles par destination, seraient insaisissables. » Si cela était, il faudrait décider que les effets scellés à plâtre , etc., par le locataire, sont insaisissables , comme les bestiaux , etc. du fermier. V. pour notre opinion, *Carré, anal.*, *ij*, n. 1859 ; *arr. de Liége*, 14 *fév.* 1824, *Sirey*, 25, 2, 377.

2. Il ne suffit pas que ces bestiaux (et autres objets , sans doute), aient été placés par le propriétaire sur le fonds; il faut encore qu'ils soient nécessaires à son exploitation. V. *Limoges* , 15 *juin* 1820 , *Sirey*, 21, 2, 16. — V. aussi *rej. requ.* 27 *mars* 1821, *avoués*, *xxiij*, 111. — En conséquence, on suit une règle différente pour ceux qui sont donnés à cheptel. V. *Riom*, 28 *avr.* 1827, *avoués*, *xl*, 17, et ci-apr. note 16.

2 *a.* Si le Code déclare insaisissables par le mode actuel les meubles devenus immeubles par destination , c'est qu'ils doivent être saisis avec l'immeuble auquel ils sont attachés (*ci-apr. tit.* 7, *ch.* 1 , *art.* 3). — Aussi sont-ils censés compris dans la saisie du *fonds*, quoique le cahier des charges n'en parle pas. V. *Riom*, 30 *août* 1820, *Sirey*, 23, 2, 20. — V. aussi pour les machines ajoutées à une usine , *Colmar*, 22 *avr.* 1831 , *et rej. requ.* 11 *avr.* 1833, *avoués*, *xlj*, 545; *xliv*, 254.

3. Le cheval et la charrette d'un brasseur ne sont point des meubles de ce genre, *suiv. Bruxelles*, 22 *juin* 1807, *J-C-c.*, *x* , 189.

Même règle quant au fonds d'une pharmacie, *suiv. arr. de Turin*, 18 septembre 1811, *id.*, *xviij*, 310.

(11) Qui servent à l'enseignement, à la pratique ou à l'exercice des sciences et arts. *D. art.* 592, *ỷ.* 4.

(12) S'il y a difficulté sur l'évaluation, il est naturel d'appeler des gens de l'art. *Rodier, art.* 15.

Observations. 1. On ne pouvait même autrefois vendre des livres saisis, qu'après les avoir fait inventorier par un libraire. *Jousse, art.* 13.

2. *Dr. anc.* L'ordonnance, *art.* 16, ne déclarait insaisissables que les livres des ecclésiastiques : cependant le parlement d'Aix avait déjà accordé (en 1636) une prérogative à-peu près semblable pour ceux des avocats. *Rodier et Jousse*, *ibid.*

3. Ajoutons que l'ordonnance (art. 15) déclarait aussi insaisissables les meubles d'un ecclésiastique servant soit à *son usage nécessaire* , soit au service divin. Cette prérogative singulière avait donné lieu à plusieurs difficultés.

Les expressions *usage nécessaire* étaient néanmoins entendues en ce sens qu'il fallait laisser à un ecclésiastique certains meubles qu'on aurait pu saisir contre un laïque. V. *Rodier, d. art.*

(13) L'équipement est tout-à-fait insaisissable, *suiv. Favard, p.* 319; cependant le Code ne déclare tels que le coucher et les habits; et d'après l'ordonnance de 1629, art. 195, l'équipement pouvait être saisi par le vendeur (v. aussi *Despeisses, des exécut., tit.* 2, *sect.* 2, *n.* 6; *Bornier, art.* 14). Mais l'avis de Favard est conforme à la loi du 10 juillet 1791 (tit. 3, art. 65) sur les places de guerre, qu'on peut regarder comme spéciale en cette matière, et par conséquent comme devant être suivie de préférence au Code (v. *ci-dev.* p. 145, *n. ij*).

(14) On peut donc saisir ceux qui leur appartiennent mais qui servent à leurs ouvriers.

(15) Telles que pain, volaille, gibier..., suivant des lettres-patentes de 1634, citées par *Despeisses, sup., n.* 6.

(16) L'ordonnance (*sup.*) et le projet de Code (615) exceptaient la vache *et* l'un des deux derniers objets... Cette exception était fondée sur ce que ces animaux servent à la subsistance des pauvres, puisque l'ordonnance disait *pour soutenir leur vie*... De là Rodier concluait qu'elle devait s'étendre aux chevaux et autres animaux employés dans le même but par un indigent qui n'a ni vaches, ni brebis, ni chèvres. Par malheur le Code n'autorise pas une semblable extension.

Observations. 1. Si le saisi a donné ces animaux à *cheptel*, ils deviennent saisissables, parce que n'étant pas habituellement dans sa maison, ils ne lui offrent pas une ressource pour sa subsistance. V. *Rodier, art.* 16; *rép.,* mot *cheptel, §* 1, *n.* 7; *arr. cass.* 1 *th. xj, ib.; ci-dev. note* 10, *n.* 2, p. 590.

Au reste, ils ne sont alors saisissables qu'après le partage du cheptel avec le preneur. V. *iid.*

2. Mais si, après avoir saisi les bestiaux insaisissables avec d'autres effets, on se départ de l'exécution quant à ces bestiaux, la saisie est bonne pour les autres objets, *suiv. arr. du parl. de Pau,* 1735 *et* 1762, *rép. xij,* 233; *rej. requ.* 1 *therm. xj, Sirey,* 15, 309; *Metz,* 1818 *et* 1825, *ib.,* 19, 2, 70, *et avoués, xxxiij,* 279.— On est seulement alors passible de dommages... V. *d. rej.* 1 *therm. xj.*

3. Le cheptel donné par un tiers au fermier peut être saisi par le propriétaire de la ferme, à moins que le tiers n'ait notifié à ce propriétaire le bail à cheptel avant l'introduction des bestiaux dans la ferme. V. *arr. rej. civ.* 9 *août* 1815, *Jalbert,* 400, *par arg. de C-c.* 1813.

(17) *A leur entretien*... C'est-à-dire les pailles, fourrages et grains nécessaires à leur nourriture et à leur litière. *D. §. 8.*

Observation. Il faut ajouter à la nomenclature précédente des effets IN-SAISISSABLES, ceux que les créanciers ont laissés au FAILLI, par un concordat homologué : et les créanciers hypothécaires eux-mêmes, quoiqu'ils n'aient pas eu voix au concordat, ne peuvent les saisir-exécuter. V. *arr. de Dijon et rej. requ.,* 12 *mars* 1813 *et* 26 *avr.* 1814, *Jalbert,* 302, *par arg. de C-com.* 520 *et* 524 *conf.* — V. aussi *Paris,* 29 *avr.* 1812, *avoués, t.* 5, *p.* 286.

Les objets de la deuxième classe peuvent être saisis pour les causes suivantes :

1. Prix ou prêt du prix de la fabrication, vente, réparation (18) de ces objets;

2 et 3. Fermages et moissons des terres (19), et loyers des manufactures et usines auxquelles ils servent;

4 et 5. Alimens et loyers personnels du saisi. V. *sur tous ces points*, **C-pr.** 593. (20)

(18) Le Code ne parle pas expressément du *prix de réparation*, mais il est bien évident que cela est sous-entendu, dès qu'il autorise à saisir pour le simple *prêt* de ce prix.

(19) Cette disposition a été puisée littéralement dans l'art. 16 de l'ordonnance, au sujet duquel Rodier observe que les *fermages* sont le prix des fermes en argent; et les *moissons*, leur prix en grains. Mais ce dernier nom nous paraît désigner aussi les créances des ouvriers qui ont fait les récoltes, créances pour lesquelles la loi leur donne un privilège spécial. V. *aussi Lange, liv.* 4, *ch.* 38; *ci-dev. p.* 119, *note* 14.

(20) V. *aussi Jousse*, *art.* 14 *et* 16|, *n.* 16. — On voit que pour quelques-unes de ces créances, telles que celles des loyers, on peut saisir tous les objets de la 2ᵉ classe; et que pour d'autres, telles que les moissons, on ne peut saisir que quelques-uns de ces objets.

Observations. 1. Les vaisseaux prêts à faire voile ne sont saisissables que pour dettes contractées à raison du voyage qu'ils ont à faire, et l'on peut alors empêcher la saisie en fournissant une caution pour ces dettes. V. *au reste C-com.* 215.

2. Les bateaux sur rivière ne sont également saisissables que pour dettes contractées à raison du voyage, *suiv. arr. cass.* 25 *oct.* 1814 (contra... M. *Coffinières*, *avoués*, *xj*, 27).

3. *Contributions...* Objets insaisissables... V. à ce sujet, *ci-dev. leur §.*, p. 435, *note* 12.

§ 3. *Des formes de la saisie.* (21)

La saisie se fait avec l'assistance de deux témoins (22) par un procès-verbal où l'on observe les formes générales des exploits (23). *C-pr.* 585, *in f.*, 586, *in pr.; d. tit.* 33, *art.* 3.

Ce procès-verbal doit en outre contenir (24):

1. Si l'exécution est faite en la demeure du saisi, un itératif commandement de payer. *C-pr.* 586, *in f.*

2. La désignation détaillée (25) des objets saisis, l'indication des pièces, poinçons et poids de l'argenterie, ainsi que du nombre et de la qualité des espèces monnayées. *C-pr.* 588, 589, 590, *pr.*

3. L'indication du jour de la vente. *C-pr.* 595.

Ce procès-verbal est rédigé sans *déplacer*, c'est-à-dire *uno contextu* (26). Il est signé par le gardien (27), et on lui en laisse une copie. *C-pr.* 599.

Une autre copie (28) est remise sur-le-champ au saisi, si l'exécution est faite à son domicile (29) : si elle est faite ailleurs et en son absence, la copie lui est notifiée dans le jour (50). V. *C-pr.* 601, 602; *tarif* 129; *d. tit.* 33, *art.* 7 *et* 8; *p.* 597, *note* 38.

(21) *Observations.* 1. Les textes qui les déterminent ne prononçant aucune nullité, la cour de Limoges (*arg. de C-pr.* 1030, *ci-dev. p.* 152) a décidé en 1809, que l'omission des professions et demeures des témoins n'annulle pas la saisie; mais elle a condamné l'huissier à une amende et aux frais de l'exécution et du procès qu'elle avait occasioné (v. encore *p.* 587, *note* 5, *et p.* 603, *note* 77, *n.* 5).

1 *a*. D'après ce système, on a aussi jugé qu'on peut réparer l'omission d'avoir signifié pendant le délai légal (v. *ci-dessus, le texte,* et *ci-apr.* note 30) la saisie au débiteur, dans le cas où l'exécution est faite hors de son domicile, en la lui signifiant ensuite; d'autant plus qu'alors la seule peine prononcée par la loi (v. *p.* 597, *note* 38) est la privation des frais de garde jusques à la notification effective. *Colmar,* 23 *nov.* 1814, *avoués, xij,* 365.

2. En admettant le même système, qui depuis a été suivi par les cours de Metz et de Bordeaux (1825 *et* 1832, *ib., xxxiij,* 279, *xliij,* 565), il faudrait aussi appliquer la règle relative à l'omission des formes essentielles d'un acte (*p.* 152 *et* 153, *note* 6). Et l'on doit regarder comme telles la notification au saisi, et la présence du gardien, *suiv. B. c. cr.* 28 *juin* 1810.

5. *Dr. anc.* Toutes les formes de la saisie et de la vente étaient prescrites, sous peine de nullité et dommages. *D. tit.* 33, *art.* 19.

(22) Le saisissant ne peut y être présent. *C-pr.* 585, *in f.*

Cette règle, dont on aperçoit facilement les sages motifs, a été puisée dans l'ordonnance de Moulins, *art.* 52, où l'on permet au saisissant d'envoyer quelqu'un à sa place, mais sans suite et sans armes, pour désigner les lieux et les personnes (*Despeisses, ord. jud., tit.* 1, *n.* 23). Il paraît naturel d'autoriser encore de semblables mesures et avec de semblables restrictions (v. toutefois, *Carré, lois, ij,* 424).

(25) Telles que l'indication de la date, de la remise, de l'immatricule, des noms et professions des parties. V. *au reste, ci-dev., § des huissiers, n.* 3, *p.* 85.

(24) Quant aux frais de ce procès-verbal, v. *tarif* 51.

(25) Par le *menu* et en détail. V. *ord., art.* 6; *Bornier, id.* — S'il y a des marchandises, elles sont pesées, mesurées ou jaugées, selon leur nature. *C-pr.* 588.

(26) Ou sans se détourner pour d'autres actes (v. *C-c.* 976, *et ci-dev. p.* 95, *n. iij,* et 94, *note* 77).

Observations. 1. Ces termes *sans déplacer* ne peuvent être entendus dans un sens plus naturel. Un commentateur (*prat. fr., iv,* 184) prétend, au contraire, qu'ils signifient qu'on ne *déplacera* point les meubles, c'est-à-dire qu'il faut les laisser chez le saisi. Mais outre que rien dans le texte n'autorise une semblable interprétation, les meilleurs auteurs attestent que les objets saisis ont dû être et ont toujours été déplacés toutes les fois que le séquestre l'a requis, ou que le saisi n'a pu fournir sur-le-champ un séquestre recevable; un huissier a même été puni pour avoir négligé ce soin. V. *Imbert et Guenois, liv.* 1, *ch.* 4, *n.* 1; *arr. de Paris*, *de* 1590, *ib.*; *Lange*, *d. ch.* 38; *Rodier*, *t.* 19, *art.* 7, 14 *et* 15, *et t.* 33, *art.* 4, *etc.*

2. La raison montre d'ailleurs, que sans un tel droit, personne ne voudrait se rendre responsable d'objets qu'on ne pourrait pas surveiller immédiatement, à moins de s'établir chez le saisi, et par conséquent de s'exposer à des altercations et à des dangers. V. *aussi ci-apr.*, *tit. de la saisie-gagerie*, *note* 6; *ci-dev. note* 1, *n.* 2, *p.* 587; *Carré*, *anal.*, *ij*, *n.* 1882.

(27) Sur l'original et la copie... S'il ne sait pas signer, l'on en fait mention. *C-pr.* 599. — La copie doit lui être remise, même lorsqu'il se charge volontairement des effets. V. *Jousse*, *art.* 7.

(28) Souscrite par les signataires de l'original. *C-pr.* 601. — Mais comme cet article ne prononce pas de nullité, on a validé une saisie où cette formalité avait été omise. V. *Bourges*, 26 *août* 1825, *avoués*, *xxx*, 409. — Mais v. aussi *ci-dev. note* 21, *p.* 593.

(29) Si le saisi est absent, c'est au maire ou adjoint, ou au magistrat (il la vise) qui a fait ouvrir les portes. *D. art.* 601.

Observations. 1. Pigeau, *ij*, 93, dit que d'après cet article, il y a deux cas d'absence : 1. absence avec portes fermées, et alors il faut donner la copie au maire ou magistrat; 2. Absence avec ouverture de portes, et il faut la donner à un parent ou serviteur, conformément à *C-pr.* 68. Cette dernière mesure peut être utile dans le deuxième cas, mais nous ne croyons pas qu'elle dispense de la première. La loi ne fait aucune distinction. Elle décide expressément qu'en cas d'absence, « copie sera remise au maire ou adjoint, ou *au* magistrat, etc. » La répétition de la particule *au*, pour ce fonctionnaire, après l'avoir omise pour l'adjoint, semble même annoncer que ce n'est point parce qu'ils ont pu assister à l'ouverture des portes, mais à raison de leur qualité d'officiers municipaux, qu'on doit remettre la copie au maire ou adjoint. — N. B. Notre avis a été approuvé par Carré (*anal.*, *ij*, *n.* 1885) et par la cour d'Amiens (24 *juin* 1822, *avoués*, *xxiv*, 203).

2. Il faut donner une copie à chacun des débiteurs, même solidaires, afin qu'ils sachent si on les a saisis, et ce qu'on a saisi. *Rodier et Jousse*, *art.* 7.

(30) Outre un jour par trois myriamètres. *C-pr.* 602.

§. 4 *Des précautions à prendre pendant la saisie.*

Il y a quatre circonstances dans lesquelles on doit, ou bien l'on peut prendre diverses précautions, que nous allons indiquer.

Ire. — S'il n'y a point d'effets saisissables chez le débiteur, on dresse un procès-verbal de *carence*. (31)

IIe. S'il y a des espèces monnayées (v. *p.* 592) elles doivent être remises à la caisse des consignations (v. *ci-apr. tit. des offres réelles*, *note* 8), ou à un dépositaire du choix des parties et des opposans (s'il y en a). *C-pr.* 590; *tar.* 33.

IIIe. Lorsqu'on saisit des animaux et ustensiles agricoles, le juge de paix peut, sur la demande du saisissant, le propriétaire et le saisi appelés, établir un gérant pour l'exploitation. *C.pr.* 594; *Réal, p.* 110. (31 *a*)

(31) C'est-à-dire, un procès-verbal où l'on constate l'*absence* de ces effets (*carence* vient de *carere*, manquer).

Il est vrai que le Code ne rappelle pas cette formalité ; mais elle est indispensable, ne fût-ce que pour constater soit l'exécution du jugement (v. *ci-d. p.* 448, *note* 15), soit le transport de l'huissier et des témoins, et en recouvrer les frais... Elle est prescrite d'ailleurs en matière de scellés (v. *en ci-ap. le tit.*, *note* 5 ; *C-pr.* 924; *M. Grenier*, p. 352) et d'amendes forestières, et elle était usitée jadis. V. *décr.* 2 *févr.* 1811, *art.* 2 ; *Ferrière et le rép.*, *mot carence* ; *Jousse, tit.* 33, *art.* 6.

(31 *a*) Le propriétaire ne peut s'opposer à la vente du mobilier du fermier sous le prétexte que le saisissant refuse de garantir l'exécution du bail : il n'a qu'un simple privilège sur le prix de la vente. V. *B. c.* 16 *août* 1814.

IVᵉ... Séquestre (52). — Les autres effets doivent être confiés (53) à un séquestre ou gardien, dont nous allons indiquer les qualités et les droits et devoirs, ainsi que le temps d'exercice.

1° Il doit être *recevable* et solvable, et choisi par le saisi, sinon par l'huissier. *C-pr.* 596, 597. (54)

Le saisissant, son conjoint, ses parens et alliés jusqu'au sixième degré et ses domestiques ne peuvent être gardiens; mais ceux du saisi, ainsi que le saisi lui-même, peuvent l'être, de leur consentement et de celui du saisissant. *C-pr.* 598 (55); *d. ord., tit.* 19, *art.* 13 *et* 14; *Jousse et Rodier, ibid.*

2° Le gardien est un dépositaire judiciaire (55 *a*). Il doit conserver les effets saisis, en bon père de famille, et les représenter, soit au commissaire de la vente, soit aux intéressés (56)... Il ne peut, ni s'en servir, ni les louer ou les prêter (57), et il est tenu de rendre compte de leurs profits et produits... Mais il a le droit de demander un salaire. *C-pr.* 603, 604; *C-c.* 1960 *à* 1963, 1930, 1936; *tarif* 34. (58)

3° Les fonctions du gardien cessent par la remise des effets dans les cas précédens, ou bien lorsqu'il obtient sa décharge. Or il peut réclamer cette décharge (59), en premier lieu, sur-le-champ, si la vente n'est pas

faite au jour indiqué (40); en second lieu, deux mois
après la saisie, si la vente a été retardée par un obstacle. S'il l'obtient, on *récole* (41) les effets, parties appelées; il remet la copie de la saisie au nouveau gardien (42), et celui-ci se charge des effets sur le récolement. *C-pr.* 605, 606; *tar.* 35; *d. ord., tit.* 19, *art.*
20 *à* 22; *Rodier, ibid.*

(32) On nomme *séquestre*, et le gardien, et le contrat relatif à sa charge,
contrat que l'on appelle aussi *séquestration* (v. *C-c.* 1916 *et* 2060).

(33) Déplacement des effets. V. *ci-dev., note* 26, p. 593.

(34) Par l'huissier, lorsque le séquestre n'est pas recevable et ne se charge
pas volontairement et sur-le-champ, des effets. *DD. art.* (il peut choisir un
record, *suiv. Metz*, 1818, *Sirey*, 19, 2, 70).

Observations. 1. Ainsi le saisi doit le présenter lors de l'exécution. *Arg.
de C-pr.* 596.

2. Lorsqu'il le présente volontairement, le jugement de défaut en vertu
duquel on fait la saisie est réputé exécuté, *suiv. Limoges*, 27 *mars* 1816,
avoués, xiij, 126. — V. aussi *ci-dev.* p. 447.

(35) *Exception. V.* ci-apr. tit. de la saisie-gagerie et foraine, note 8.

Observations. 1. La séquestration étant une espèce de fonction publique,
il semble que ceux qui y sont nommés ne devraient avoir le droit de s'en dispenser, que pour des excuses légitimes sur lesquelles le juge statuerait; d'autant plus que si on est libre de la refuser sans motifs, il arrivera souvent que
la saisie sera inutile. Voyez *d. ordonn., titre* 19, *art.* 6 *et* 15; *Jousse et
Rodier, ibid.* — Mais comme le Code n'a pas reproduit les dispositions de
l'ord. sur ce point, M. Merlin (*rép., mot séquestre,* § 2, *n.* 4, *par arg. de
C-pr.* 1041) pense qu'elles sont abrogées.

2. La demande du saisi d'être gardien n'emporte pas un acquiescement au
jugement en vertu duquel on veut faire la saisie, *suiv. Poitiers,* 9 *mars*
1827, *et rej. requ.* 31 *janv.* 1828, *avoués, xxxiij,* 337 *et xxxv,* 92. — V.
toutefois, *Agen,* 18 *janv.* 1828, *ib.,* 186.

(35 *a*) Mais comme il n'est établi que par un simple huissier et dans un
pur intérêt privé, il n'est pas assimilé aux *dépositaires publics* dont parle le
Code pénal, art. 254 et 255, et par conséquent n'est pas passible des mêmes
peines qu'eux en cas de soustraction. V. *arr. cass. cr.* 29 *oct.* 1812, *au B. c.
cr. et au rép., xiv,* 703, *mot vol, sect.* 1, *n.* 4. — V. aussi *notre cours crimin., ch. des délits,* note 26, *n.* 4.

(36) D'après leur consentement unanime. *C-c.* 1960 (on a 30 ans pour l'y
forcer... v. *Nîmes,* 20 *déc.* 1810, *Sirey,* 22, 2, 147).

(37) Sous peine de privation des frais de garde, et de dommages, pour
lesquels il est contraignable par corps (il en est de même pour le compte des
profits et des produits). V. *C-pr.* 603, 604; *Bordeaux,* 21 *sept.* 1827,
avoués, xxxv, 79.

Observations. 1. Le saisissant et le gardien sont responsables des détério-
rations. V. *arr. cass.* 31 *janv.* 1820.

2. Il en est autrement quant au saisissant si c'est l'huissier qui seul a choisi
le gardien. V. *Paris,* 20 *août* 1825, *Sirey,* 26, 2, 20; *Poitiers et rej.*
7 *mars et* 18 *avr.* 1827, *avoués, xxxij,* 257. — V. aussi *Rennes,* 18 *janv.*
1834, *ib., xlvij,* 687.

3. Cette dernière règle reçoit exception pour l'huissier lorsqu'il n'y a eu de

sa part ni négligence, ni connivence, ni fraude. V. *Rouen*, 1831 *et* 1832, *avoués*, *xliv*, 384, *et B. c.* 24 *avr.* 1833.

(38) *V.* aussi L. 1, § 24, et L. 29, § 1 , ff. depositi ; d. ord., tit. 33, art. 9 et 10 ; Bornier, Jousse et Rodier, ibid.

Observations. 1. Le salaire du gardien ne court que de la notification de la saisie au débiteur, lorsqu'elle lui est faite hors de son domicile en son absence, et après le délai légal. V. *C-pr.* 602 ; *ci-dev. p.* 593 ; et pour ce délai, *d. p.*, *et note* 30, *p.* 594. — D'où il résulte que si la notification lui a été faite dans ce délai, le salaire doit courir du jour de la saisie. *Arg. de C-pr.* 602.

2. Quant à la quotité de ce salaire, v. *tarif* 34.

(39) Par une assignation au saisissant et au saisi , en référé devant le juge du lieu de la saisie. *C-pr.* 606 ; *tarif* 24 ; *ci-dev. p.* 423.

Observations. 1. L'ordonnance de ce juge est susceptible d'appel , la demande du gardien étant d'une valeur indéterminée, *suiv. Poitiers*, 20 *janv.* 1826 *et* 25 *fév.* 1834, *avoués*, *xxx*, 247, *xlvij*, 578.

2. Le gardien peut la porter au tribunal civil de l'exécution du jugement, *suiv. rej. civ.* 28 *mai* 1816, *ib.*, *xiv*, 263.

3. Il ne peut la notifier au domicile élu dans le commandement, *suiv. d. arr.* 25 *févr.* 1834.

(40) A moins qu'elle n'ait été empêchée par un obstacle. *C-pr.* 605.

(41) C'est-à-dire que l'on compare les effets qu'il représente , à ceux qui ont été décrits dans la saisie.

Observations. 1. En règle générale, les *récolemens* ne contiennent de détails qu'à l'égard des objets en *déficit*, ou qu'on avait omis dans la saisie. *C-pr.* 606, 611, 612, 616 ; *tarif* 35 à 37. — Celui dont il est question ci-dessus se fait sans témoins, et l'on en donne une copie à l'ancien gardien. *Tarif*, 35. — Les parties y sont appelées par sommation. *Arg. de tarif* 29, *qui le décide pour le saisi.*

2. Doit-on aussi en donner une copie aux parties ? Pigeau, ij, 97, se fondant sur le silence du Code et du tarif, prononce la négative pour le cas où elles ont été présentes, et penche pour l'affirmative (*par arg. de C-c.* 1259, ỳ. 4), si elles ont fait défaut.

Mais, d'après la maxime *paria non esse et non significari* , etc. (v. ci-dev. p. 198 et 180), il faut décider en général que la notification est nécessaire toutes les fois que la loi n'en dispense pas , et que par conséquent la copie est due dans les deux cas précédens. D'ailleurs le tarif le suppose, puisque après avoir parlé, *art.* 35, de la copie du gardien , il détermine une taxe pour *chacune des copies* à donner, d'où il résulte qu'il ne se borne pas à prescrire celle-là. — V. aussi *Carré* (il partage notre opinion), *anal.*, *ij*, *n*. 1881.

(42) Le saisissant peut le faire nommer. *C-pr.* 605.

§ 5. *Des obstacles à la saisie ou à la vente.*

1. Lorsque les portes des appartemens ou des meubles sont fermées (43), l'huissier y établit un gardien, et ensuite, sur sa réquisition (44), l'ouverture en est faite en présence du juge de paix, sinon de l'officier de police (45), qui apposent les scellés sur les papiers qu'on découvre. *C-pr.* 587, 591 ; *tarif* 32 *et* 6 ; *d. tit.* 33, *art.* 5, *et Jousse* , *ib.* (46)

2. Si le saisi fait quelque réclamation, on ne s'y arrête point (47), sauf à y faire statuer en référé. *C-pr.* 607. — V. aussi *Jousse, ib., art.* 3.

(43) Soit que le saisi refuse d'ouvrir, ou qu'il soit absent. *C-pr.* 587, 591.

(44) Le gardien empêche la soustraction des meubles...; l'huissier se rend tout de suite et sans assignation auprès du juge, etc. V. *C-pr.* 587. — V. aussi *tit. de la prise à partie, note* 10, *n.* 2, *p.* 526.

(45) C'est-à-dire, le commissaire de police, et au défaut de commissaire, le maire, et au défaut de celui-ci, l'adjoint. Ces fonctionnaires ne dressent point de procès-verbal, mais signent celui de l'huissier. V. *C-pr.* 587, *et ci-dev. p.* 594, *note* 29, *n.* 1.

Observation. Lorsque l'un des derniers, tel que l'adjoint, est requis, il ne peut refuser son assistance sous prétexte que les premiers, tels que le juge de paix ou le maire ne sont pas empêchés, attendu qu'il y a urgence, et sauf au saisissant à répondre civilement de la validité de la saisie. V. *B. c. cr.* 1 *avr.* 1813, *et rép., xv,* 368, *mot injure,* § 2, *n.* 9.

(46) Il faut, dans le dernier cas, dresser un procès-verbal séparé, *suiv. Pigeau, ij,* 83.

Observations. 1. L'exécution n'est pas nulle si l'officier de police est parent (au degré de cousin-germain) du saisissant, *suiv. Metz,* 20 *nov.* 1818, *Sirey,* 19, 2, 70.

2. Elle est au contraire nulle, si l'huissier, sans son assistance, s'est introduit dans le domicile du saisi, dont les portes étaient fermées, quoique ce soit sans efforts, ni fracture, *suiv. Poitiers,* 7 *mai* 1818, *id.,* 18, 2, 339; *avoués,* 2° *édit., xix,* 465.

(47) *On passe outre,* dit l'art. 607, c'est-à-dire que l'on continue la saisie (v. *ci-dev. p.* 42, *note* 14, *n.* 1). Cette disposition s'applique à toutes les réclamations, et non pas seulement à celle que fait le saisi sur le récolement, comme semble le décider le praticien français (*iv,* 170). — Mais le débiteur peut empêcher de terminer la saisie, si, pendant qu'on y procède, il obtient sur référé une ordonnance de sursis, car la loi ne défend pas de se pourvoir pendant les opérations.

Observations. 1. On pressent les motifs sur lesquels le saisi peut fonder ses réclamations ou oppositions : 1° Extinction de la dette, par paiement, prescription, etc.; non-échéance du terme, défaut de qualité du créancier, etc...; 2° nullité ou irrégularité du titre exécutoire ou du commandement, etc.

2. Si sa réclamation est admise pour un des premiers moyens, la saisie, disent Rodier et Jousse, *art.* 12, conserve son effet à l'égard des opposans, parce qu'une saisie est commune à tous les créanciers qui ont agi. Il n'en est pas de même si le débiteur l'a fait annuler pour défaut de forme, parce qu'étant réduite *ad non esse,* elle ne peut produire aucun effet.

Pigeau prétend au contraire que dans ce dernier cas elle subsiste pour les opposans, parce que le Code, *art.* 796, maintient en faveur des recommandans les incarcérations annulées pour vices de formes. Mais, 1° une exception à une règle générale (la règle *quod nullum est,* etc... v. *p.* 141, *note* 10, *n.* 1) ne peut être étendue d'un cas à un autre, sans une disposition précise de la loi ; 2° dès que le législateur a jugé nécessaire de faire une exception positive dans une circonstance, on doit (par arg. *a contrario sensu*) penser qu'il n'a pas voulu la faire dans les autres ; 3° s'il maintient en faveur des recommandans, un emprisonnement nul, c'est que les recommandations doivent être faites avec les mêmes formes que les emprisonnemens (*ci-apr., tit.* 9, § 3), tandis que les oppositions ne sont pas assujéties à celles de la saisie (v. aussi *Carré*, anal. *ij*, *n.* 1889, *qui adopte notre avis*).

3. *Demande en nullité.*. Selon Pigeau, *t.* 2, *p.* 102 *et* 103, elle peut, dans l'année du jugement, être formée par requête, et passé ce temps, par exploit (*v. ci-dev. p.* 79, 2°).

4. Quant au *tribunal* qui connaît de cette demande, il paraît que c'est encore celui du lieu de la saisie. *Arg. de C-pr.* 583, 584, *et d'ord. de* 1667, *tit.* 33, *art.* 1; *Jousse, ib.; rép., mot domicile élu, § 1; Coffinières, avoués, ij,* 352; *Carré, lois, ij,* 419, *note* 1; *Paris,* 15 *pluv. xiij, ib.* — V. aussi *motifs d'arr. cass.* 10 déc. 1807, *J-C-pr., i,* 304; *ci-dev. p.* 138 *et* 139, *n.* 18, *et note* 22; *p.* 426, *note* 7, *n.* 1.

4 *a.* Elle sera jugée en *premier* ou en *dernier ressort*, selon que la créance du saisissant excédera ou non, mille francs, *suiv. six arr. de Toulouse, Bordeaux et Bourges,* 1826 à 1832, *avoués, xxxij,* 197, *xxxiv,* 198, *xliij,* 676.

D'autres ont aussi pris pour base la valeur, soit des effets saisis, soit des dommages réclamés par le débiteur. V. *Riom, Poitiers, Bordeaux et Bourges,* 1812, 1823, 1826, 1829 *et* 1850, *ib., vij,* 118, *xxv,* 247, *xxx,* 331, *xxxviij,* 133, *xxxiv,* 23.

5. Pourrait-on porter *de plano* à la cour d'appel la demande en nullité d'une saisie faite en vertu de son arrêt?... Oui, *suiv. Paris, Limoges et Nîmes,* 14 *avr.* 1807, 6 *mars et* 24 *août* 1812, *Carré, sup., avoués, viij,* 353, 363... Non, *suiv. Montpellier, ib., ij,* 350 (cette décision nous paraît plus conforme aux principes... v. *d'ailleurs, ci-dev. p.* 492, *note* 119).

3. S'il y a déjà une saisie, l'huissier en récole les effets (48) sur le procès-verbal du gardien, saisit ceux qui ont été omis (49), et interpelle le premier saisissant de vendre les uns et les autres (50) dans la huitaine...; le procès-verbal de récolement vaut opposition sur le prix de la vente. *C-pr.* 611; *tarif* 36.

(48) Il ne peut les saisir de nouveau. V. *C-pr.* 611; *ci-d. p.* 574, *n.* 8.
(49) Il est naturel et surtout moins coûteux de les confier au même gardien, ainsi que le proposait la cour d'Agen, *prat. franç., iv,* 200.
(50) L'interpellation se fait dans le procès-verbal. *Tarif* 36.

4. Les créanciers du saisi (51) ne peuvent former opposition que sur ce prix (51 *a*). Leur opposition, sous peine de nullité (52), est motivée et signifiée au saisissant et au commissaire de la vente (53). On n'en discute les causes que lors de la distribution du prix; jusque-là les opposans ne peuvent poursuivre que le saisi (54), et pour obtenir une condamnation. *C-pr.* 609, 610; *tarif* 29; *Réal, p.* 109. (55).

Mais, lorsque la vente n'a pas eu lieu dans le délai

légal, les opposans munis de titres exécutoires ont le droit (56) de faire procéder au récolément (57) et à la vente des effets. *C-pr.* 612.

(51) Pour quelque cause que ce soit, même pour loyers. *C-pr.* 609.

(51 *a*) C'est-à-dire peuvent seulement s'opposer à ce qu'on le distribue sans les appeler à y prendre part.

(52) Et, s'il y a lieu, de dommages contre l'huissier. *C-pr.* 609.

(53) Avec élection de domicile au lieu de la saisie, si les opposans n'y sont pas domiciliés. *D. art.* 609.

(54) On ne peut également les poursuivre. *C-pr.* 610.

(55) *Observations.* 1. Ce système est bien préférable à celui de l'ancienne jurisprudence. Chacun des créanciers (souvent des créanciers imaginaires agissant à l'instigation du saisi) formait une opposition à la vente ; il fallait autant de procédures et de jugemens qu'il y avait d'oppositions ; les frais s'accumulaient, la vente était retardée ; les effets dépérissaient ; enfin, le prix en était souvent absorbé par les dépens, et néanmoins toutes les parties avaient intérêt, alors comme à présent, à ce que la vente fût faite avec rapidité et avec peu de frais, ainsi qu'on l'a déjà remarqué. V. *ci-dev.*, *p.* 586; *Réal, sup.; Jousse, tit.* 33, *art.* 12.

2. D'ailleurs, les créanciers privilégiés ne souffrent point du nouveau système ; puisqu'ils exercent leurs privilèges sur le prix. V. *ci-après, note* 77, *n.* 4, *p.* 603, *et tit.* 6 ; *Jousse, sup.*

(56) Après une sommation au saisissant, et sans former comme autrefois une demande en subrogation à la poursuite. V. *C-pr.* 612; *tarif* 29; *Favard, p.* 520.

(57) Sur la copie de la saisie que le gardien leur représente. *C-pr.* 612.

5. La vente peut être arrêtée par une opposition du propriétaire (58) des effets saisis. Cette opposition est formée par un exploit qu'il signifie au gardien et dénonce au saisissant et au saisi, qui contient, sous peine de nullité, une assignation libellée (59), et où il établit sa propriété. Il y est statué sommairement (60). *C-pr.* 608; *tarif* 29.

6. Enfin, les obstacles apportés par voie de fait à l'établissement du gardien, et les soustractions d'objets saisis, peuvent être poursuivis criminellement. *C-pr.* 600. (60 *a*)

(58) De tout, ou partie des effets. *C-pr.* 608.

Observations: 1. Si les meubles sont encore chez le débiteur, la vente privée qu'il en a faite à un tiers est suspecte de fraude, et ne doit point arrêter la saisie, *suiv. arr. du parl. de Paris*, 27 *juin* 1782, *aux aff. du Dauphiné*, 1787, 91.

2. La femme du saisi ne peut, lorsqu'elle se prétend propriétaire des

meubles, demander la nullité de la saisie; il faut qu'elle agisse aussi par voie de revendication, *suiv. Bruxelles*, 1809, *Sirey*, 15, 2, 175.

3. L'énonciation des preuves de la propriété des meubles saisis (v. *p.* 600) doit être faite dans la dénonciation au saisi et au saisissant, et non point dans l'exploit signifié au gardien, *suiv. Metz*, 19 *juin* 1819, *ib.*, 20, 2, 31.

(59) Elle n'est pas donnée au gardien, comme semble l'indiquer l'art. 608 du Code. V. *tarif* 29.

(60) Par le tribunal du lieu de l'exécution. L'opposant mal fondé peut être condamné à des dommages. *D. art.* 608.

S'il s'agit d'une saisie pour contributions, v. *p.* 435, *note* 12.

(60 a) V. *notre cours crim., chap. des délits*, *notes* 26 *et* 18, *n.* 3.

§ 6. *Du résultat de la saisie, et surtout de la vente des meubles.*

1. La vente est fixée (**61**) à huit jours au moins, après la notification de la saisie au débiteur (**62**) : si elle est retardée, il faut de nouveau (**63**) l'y appeler (**64**). *C-pr.* 602, 613, 614; *d. tit.* 33, *art.* 12.

On doit choisir un jour de marché (**65**), ou un dimanche, et le lieu du plus prochain marché, ou celui que le tribunal juge le plus avantageux (**66**). *C-pr.* 617, *in-pr.; d. tit.* 33, *art.* 11; *Bornier, ibid.; Rodier, art.* 12.

2. La vente est annoncée un jour à l'avance, par plusieurs affiches (**67**) dont l'huissier constate l'apposition (**68**), et par la voie des journaux (**69**). S'il s'agit de meubles fort importans, tels que des navires (**70**), ou très précieux, tels que de la vaisselle et des joyaux (**71**), les publications sont réitérées, et ces derniers objets ne peuvent être vendus au-dessous de leur valeur réelle ou de l'estimation. *C-pr.* 617 *à* 621. (**72**)

(61) Le procès-verbal de saisie en indique le jour. V. § 3, *p.* 592.

(62) On exige cet intervalle pour que le débiteur puisse se procurer des ressources ou bien se pourvoir en nullité, et ses créanciers former opposition. V. *Jousse et Rodier, art.* 12; *ci-dev. p.* 686.

(63 et 64) Par une sommation (*tarif* 29); avec un jour d'intervalle, outre l'augmentation pour la distance entre son domicile et le lieu de la vente. *C-pr.* 614.

Mais les opposans ne sont pas appelés. *C-pr.* 615. — C'est que les affiches suffisent pour les instruire.

(65) Et vendre à l'heure du marché. *C-pr.* 617.

(66) Sur une requête. *Tarif*, 76. — La vente est précédée d'un récolement (v. *C-pr.* 616 ; *ci-dev.*, *note* 41, *p.* 597) fait en présence de témoins. On n'en donne pas de copie. V. *tarif* 37.

Quant aux frais de transport des meubles, et d'impression, v. *tarif* 38; *Jousse*, *tit.* 33, *art.* 11.

(67) Une au lieu des effets, une à la mairie, une au marché du pays, ou au plus voisin s'il n'y en a pas, une à la justice de paix, et une cinquième au lieu de la vente, s'il est différent de celui des effets ou du marché. On y indique l'instant et le lieu de la vente, et en abrégé, la nature des effets. *C-pr.* 617, 618.

(68) Par un exploit (ou y joint une affiche) dont on ne donne point de copie. *C-pr.* 619 ; *tarif* 39.

(69) Dans les villes où il y en a. *C-pr.* 617 ; *tarif* 39.

(70) Au-dessous de dix tonneaux ; ou tels que des usines mobiles. V. *à ce sujet*, *C-pr.* 620, surtout *C-com.* 207, qui modifie cet art. 620 en ce qui concerne les bâtimens de mer.

A l'égard des règles particulières de la saisie et vente des mêmes bâtimens, v. *C-com.* 197 à 215; rép., *h. v. et mot trib. de commerce*; et pour des exemples, *Rennes*, 1824 et 1834, *avoués*, *xxvj*, 140, *xlvij*, 687.

(71) Qui valent plus de 300 francs. *C-pr.* 621.

Il faut aussi en faire trois expositions, soit au marché (à trois marchés différens, *suiv. l'ordonnance*, *art.* 13), soit à l'endroit où se trouvent les joyaux, etc., sauf l'exception indiquée *ci-apr.*, *note* 72. — V. *d. art.*; tar. 41; *Réal*, *p.* 109.

Observations. 1. *Joyaux.* C'est tout ce qui sert à la parure des femmes et est désigné avec détails dans la L. 25, § 10, in pr., ff. de auro, *suiv. Bornier*, *d. art.* 13.

Mais dans nos mœurs cette expression a un sens plus étendu, quoique assez vague. Au reste s'il s'élève quelques difficultés à ce sujet, on a la voie du référé pour les faire résoudre.

2. *Dr. anc.* On regardait aussi comme meubles *précieux* ; les carrosses et harnais, et dans certains pays, les vins. *Jousse*, *art.* 13.

(72) *V.* aussi tar. 39 à 41; C-c. 531; Réal, p. 109; d. tit. 33, art. 13. On fait trois publications, à trois jours consécutifs... La vente peut être passée le jour de la dernière (*arg. du tar.* 41). Mais les insertions (il en faut trois) dans les journaux en tiennent lieu (comme des expositions indiquées à la note 71) dans les villes où il y a des journaux. *C-pr.* 620, 621; *tar.* 41.

3. La vente est faite (**73**) à l'enchère, et l'on revend sur-le-champ à la folle-enchère de l'acquéreur qui ne paie pas comptant. *C-pr.* 624. (**74**)

On désigne au procès-verbal les adjudicataires, et l'on constate la présence ou l'absence du saisi (**75**). *C-pr.* 625, 428; *d. tit.* 33, *art.* 18.

L'huissier ou le commissaire ne peuvent enchérir. *Arg. du C-pr.* 625, *in f.*, et du *C-c.* 1596; *Jousse*, *tit.* 33, *art.* 18. — Ils sont personnellement responsables du prix. *D. art.* 625. (**76**)

4. On ne doit vendre que la partie des meubles

qui suffit au paiement des créances et des frais. *C-pr.* 622. (**77**)

5. Enfin, si le prix est insuffisant on en fait la distribution. V. *en ci-apr. le titre.*

(73) Jadis par l'huissier. V. *C-pr.* 625; *tar.* 39. — Actuellement par un commissaire priseur. V. *LL.* 27 *vent. ix, et 28 avr.* 1816, *art.* 89; *ord.* 26 *juin* 1816, *art.* 3 *et suiv.* — Excepté pour les ventes faites hors du chef-lieu de leur établissement (cela s'applique aussi aux estimations des meubles), où les commissaires priseurs ont simplement un droit de concurrence. *Rouen,* 17 *mai* 1817, *Jalbert,* 2, 120, *par arg. dud. art.* 89.

(74) *V.* aussi *d.* tit. 33, art. 17; Rodier, ibid.

Observations. 1. L'adjudication est faite en payant comptant, dit l'article 624 (l'ordonnance, art. 17, s'exprime à-peu-près de même). Cependant, des huissiers délivrent souvent des meubles sans avoir été payés, et ils se bornent à noter, en marge du procès-verbal, que le prix est dû. Ils s'exposent beaucoup. Leur note étant de leur propre fait, ne leur donnerait aucune action contre un adjudicataire de mauvaise foi, parce que la possession des meubles vaut titre; que cette manière d'agir est contraire aux dispositions de la loi; et qu'ils sont responsables du prix. Voyez *au surplus C-c.* 2279; *Jousse et Rodier, art.* 17; *ci-dessus le texte; Mourre, réquis. de juin* 1822, *au répert. xvij,* 859, *mot vente,* § 8, *art.* 3.

(75) Sans nommer un officier pour le représenter. *Tar.* 40.

(76) Il ne peut, sous peine de concussion, rien recevoir de plus (*d. art.*), soit directement, soit indirectement. *D. tit.* 33, *art.* 18.—V. *aussi d. cours crim., chap. des délits, note* 17.

Le tarif, *art.* 42, alloue une vacation à l'huissier, pour consigner ce prix. V. à ce sujet, *tit. de la distribut. par contribut., note* 11.

(77) Par conséquent, en premier lieu, le commissaire doit finir la vente aussitôt que le produit atteint le montant des créances et frais. V. *M. Desmazures, ch.* 14, § 2, *n.* 105.

En deuxième lieu, si le prix de la vente est plus considérable, le commissaire, après avoir satisfait (sur-le-champ) les créanciers et retenu les frais réguliers et taxés, est obligé de remettre l'excédent au saisi, à moins qu'il n'y ait opposition. *D. tit.* 3, *art.* 20; *Jousse et Rodier, ib.* — Quittance de ce prix, v. *p.* 575, *note* 21, *n.* 2.

Observations. 1. Les frais sont taxés par le juge sur la minute du procès-verbal de vente. *Tarif,* 42; *d. tit.* 33, *art.* 21. — Quant à ces frais, v. *tarif,* 37 *à* 42.

2. Le commissaire doit rendre compte aux parties, du produit et des frais de la vente, des déductions pour transports d'effets, etc. V. *Pigeau, ij,* 113. — V. aussi *ci-dev. p.* 602, *note* 66.

3. S'il ne se présentait aucun enchérisseur, on pouvait jadis délivrer aux créanciers les effets saisis, sauf à les estimer pour les imputer sur leur créance. *L.* 15, § 3, *ff. re judic.; Jousse et Rodier, art.* 17. — Mais cela ne peut plus se pratiquer aujourd'hui. V. *ci-dev. p.* 546.

4. Le premier saisissant n'a plus de privilège comme autrefois. Voyez *arr. de Bruxelles,* 11 *déc.* 1806, *J-C-c. viij,* 190; *ci-dev.* tit. 2, *note* 29, *p.* 584. —Pour constater ce privilège, on exigeait que l'huissier indiquât si la saisie avait été faite avant ou après midi. V. *d. ord., tit.* 33, *art.* 4; *Rodier, ibid.*

5. *Nullités.* — Voy. ci-dev. p. 593, note 21.

TITRE IV.

De la saisie-brandon. (1)

La saisie-brandon (2) est un acte d'exécution par lequel on confie à un tiers la garde des fruits non recueillis d'un débiteur (3), fruits qu'on fait ensuite vendre au profit de son créancier saisissant.

(1) *Ou de la saisie des fruits pendans par racines.* — Ce titre correspond au tit. 9, liv. 5 du Code, où l'on a tracé des règles fixes pour cette institution utile, mais uniquement fondée jadis sur des usages incertains et variables. V. rép., mot *saisie-brandon; Favard*, p. 321.

(2) Ce nom vient de celui d'une marque (un faisceau de paille, un morceau de linge, etc.) à l'aide de laquelle on indiquait dans plusieurs provinces la partie du fonds où étaient les fruits saisis. Voy. *Ragueau, indice, h. v.; rép., ib.; surtout Loiseau, liv.* 3, *ch.* 1, *n.* 24, *etc.* — Le Code ne prescrit point d'en placer de semblables.

(3) *Observations.* 1. Ainsi, cette saisie a pour objet tous les fruits *pendans par racines*, comme la rubrique du titre l'annonce. Avant que le Code en eût consacré l'institution, il s'était élevé des difficultés sérieuses sur la question de savoir si l'on pouvait faire une saisie mobilière de ces sortes de fruits, parce que le Code civil (520) les avait déclarés immeubles sans distinction, et avait décidé (*art.* 2204... *id., L.* 11 *brum. vij, bullet., n.* 2137, *art.* 6) qu'on pouvait en poursuivre l'expropriation, et parce que l'expropriation des immeubles ne se poursuit que par la voie de la saisie immobilière. On reconnut bientôt que dans le système de l'art. 520, les fruits d'un fonds ne sont censés en faire partie que lorsqu'ils sont compris dans le transport de la propriété ou de l'usufruit, ou dans la saisie du corps immobilier où ils sont attachés; que par conséquent rien ne s'opposait à ce qu'ils fussent vendus ou saisis à part et sans fraude, et indépendamment du fonds même; qu'entendu dans ce sens, l'art. 6 de la loi du 11 brumaire était en parfaite concordance avec C-c. 520. V. arr. cass. 29 *vendem. xiv, répert., t.* 5, *p.* 392, mot *fruits, n.* 2; *B.c.* 8 *mars* 1820.

D'après cette interprétation, l'hypothèque prise sur un fonds, ne donne pas le droit de saisir les bois taillis de ce fonds, dont le propriétaire a vendu la coupe à un tiers. V. arr. *de Bourges, maintenu en cass. le* 26 *janv.* 1809, rép., mot *taillis.*

Le titre actuel du C-proc., en autorisant la saisie des fruits attachés au sol, a depuis consacré indirectement cette jurisprudence; et elle n'est point en contradiction avec les *art.* 688 *et suiv.*, d'après lesquels les fruits échus après la dénonciation de la saisie immobilière (v. *ce tit., ch.* 1, *art.* 4, § 3), sont immobilisés et distribués suivant le rang des hypothèques, parce que les mêmes textes supposent que les fruits pendans ont été compris dans la même saisie, et qu'ils en constituent séquestre judiciaire le débiteur saisi propriétaire du fonds.

2. Il résulte de la rubrique du même titre, et par argument *a contrario sensu*, que c'est par saisie-exécution et non point par saisie-brandon qu'on doit agir sur les fruits détachés, quoique existant encore sur le sol... Pigeau, ij, 115, observe à cet égard et avec raison, qu'il faut nommer un gérant pour

ces fruits, comme dans le cas indiqué *à l'art.* 594, *et ci-dev. tit.* 3, § 4, *n.* 3, *p.* 594.

3. Les huissiers peuvent-ils procéder concurremment avec les notaires à la vente des fruits pendans non saisis ?.. V. *avoués, xlvij,* 699 *et* 706 ; *arr. d'Orléans et cassat.*, 1833 *et* 1834, *ib.* — V. aussi *nos additions finales.*

On suit pour la saisie-brandon les mêmes règles que pour la saisie-exécution, sous les modifications suivantes. *C-pr.* 634 (**4**), *et le tit. précédent.*

1. Elle ne peut se faire (**5***) que dans les six semaines qui précèdent l'époque ordinaire de la maturité des fruits (**6**). *C-pr.* 626.

2. Elle contient la désignation de chacune des pièces de terre où sont les fruits saisis, et de la nature de ces fruits. *C-pr.* 627.

3. Elle se fait sans assistance de témoins. *Tarif* 43.

4. On la notifie au maire du lieu (**7**), ainsi qu'au gardien, s'il n'est pas présent (**8**). *C-pr.* 628, *in pr.; tarif* 29, 44.

5. C'est le garde-champêtre qui est établi gardien. *D. art.* 628. (**9**)

6. La vente est annoncée, huitaine au moins à l'avance, par plusieurs affiches. *C-pr.* 629-631, 619. (**10**)

7. Elle peut être faite (**11**) sur les lieux, sur la place publique, ou sur le marché (**12**). *C-pr.* 633.

(**4**) Cet article étant placé après ceux où l'on détermine les formes de la vente, semble, au premier aperçu, ne se rapporter qu'à ces mêmes formes. Mais, en y faisant attention, on voit qu'il se rapporte à toutes les dispositions du titre, ou autrement il faudrait décider qu'on ne serait assujéti à aucune forme dans la plupart des points à l'égard desquels il n'en prescrit pas ; que, par exemple. il ne serait pas nécessaire de donner une copie au saisi, d'observer les règles ordinaires des exploits, etc. (voy. *C-pr.* 601, 586, 611, 600, 603, *etc.*), quoique assurément cela soit indispensable dans tout acte d'exécution. *Voy.* pour des applications de ces principes, Agen et Bordeaux, 22 mars 1828 et 17 mars 1829. avoués, xxxvij, 17 et 174.

Observations. 1. *Titres* pour faire cette saisie... v. *p.* 569, *n.* 4.

2. *Tribunal* qui connaît des difficultés.. Ce doit être celui de la situation. *Arg. de C-pr.* 628, 629.

3. *Procédure.* Elle peut être *sommaire.* V. *p.* 420, *note* 4 *a, n.* 2.

4. Des fruits communs sont saisissables avant le partage, *suiv. Agen,* 18 *févr.* 1824, *avoués, xxvij,* 84.

(**5***) Elle est précédée d'un commandement, comme la saisie-exécution. V. *C-pr.* 626; *tarif* 29; et *ci-dev. tit.* 3, *note* 2, *p.* 587.

(6) C'est qu'on ne peut guère, avant six semaines, évaluer approximative-
ment les fruits; et par conséquent, faite auparavant, la saisie serait peu utile,
et néanmoins fort coûteuse, à cause des frais de garde. *Favard*, *p.* 321, *et
obs. mss. du Tribunat.*

Observations. 1. La disposition précédente ne fait point courir au créancier le risque d'être frustré du gage qu'il comptait trouver, au moins dans les
grains pendans par racine, parce que les lois en défendent la vente tant qu'ils
sont en *vert*, sous peine de nullité et même de confiscation, lorsqu'elle n'est
pas faite par suite de tutelle, changement de fermier, saisies et baux judiciaires. V. *déclar.* 22 *juin* 1694; *L.* 6 *et* 23 *mess. iij*; *rép.*, *xiv*, 489, *mot
vente*, § 1, *art.* 1, *n.* 6; *jugem. du tribun. d'Alençon*, 26 *nov.* 1833,
avoués, xlvij, 425.

Nous disons au moins dans les *grains*, parce que les ventes des autres fruits
ne sont pas prohibées (*d. L.* 23 *mess. in f.*), ainsi que l'avance Pigeau (*ij*,
116, *et* 3e *édit.*, *ij*, 119), sans doute par inadvertance.

2. Il résulte de là que l'acheteur, par acte authentique, de fruits dont la
vente est licite, doit en conserver la propriété malgré une saisie-brandon
postérieure à son achat. V. *Paris*, 5 *therm. xij*, *prat. fr.*, *iv*, 248.

5. *Dr. anc.* L'époque de la saisie variait suivant les usages et les loca-
lités. V. *Jousse*, *tit.* 33, *art.* 1; *M. Desmasures*, *ch.* 14, § 3.

(7) Si les biens sont situés sur plusieurs communes, la notification se fait
au maire de la commune où se trouve, soit le chef-lieu d'exploitation, soit
la majeure partie des biens. *C-pr.* 628, *in pr.*

On la fait également au débiteur, comme dans la saisie-exécution. V.
tarif 44.

(8) *Quid juris* s'il est présent?... Quoiqu'on n'ait pas dit dans l'art. 628
qu'on lui donnera une copie de la saisie, comme le demandait la cour de
Dijon, il ne faut pas moins le décider, soit parce que cela est conforme à la
raison et aux principes (v. *ci-dev.*, p. 198, *et p.* 597, *note* 41); soit parce
que le Code l'exige dans le même cas pour la saisie-exécution (v. *p.* 593),
dont les formes, ainsi qu'on vient de le voir, sont applicables à la saisie-
brandon.

(9) S'il n'est pas une des personnes exclues par l'art. 598. — *D. art.* 628.

C'est aussi un autre particulier qu'on choisit dans le cas de la note 7 (car il
ne faut alors qu'un seul gardien... v. *ibid.*); surtout parce que cet employé
ne pourrait exercer ses fonctions sur le territoire d'une commune autre que
la sienne (*obs. mss. du Tribunat*).

Salaire de ces gardiens, v. *tar.* 45. — Quest. div... V. *Nîmes*, 1811,
Sirey, 11, 2, 428.

(10) Une à la maison du saisi, une à la maison commune (s'il n'y en a
pas, au lieu où s'apposent les actes de l'autorité publique), une au marché,
une à la justice de paix... Elles désignent l'instant de la vente, les parties,
la mesure des terres, la nature et le lieu des fruits... L'apposition en est
constatée par exploit. V. *au reste*, dd. *art.*

(11) Un dimanche, ou un jour de marché, comme celle de la saisie-exécution. *C-pr.* 632.

(12) Sur la place de la commune où est la plus grande partie des fruits...
Au défaut de marché, sur le marché le plus voisin. V. *C-pr.* 633. — Quant
à la *distribution du prix*, elle se fait comme celle des saisies précédentes.
C-pr. 635, *et ci-apr.*, *tit.* 6.

TITRE V.

De la saisie des rentes constituées. (1)

Les rentes constituées (2) sont des meubles (*C-c.* 529, *in f.*), mais des meubles qui, à raison de leur importance, se rapprochent beaucoup des immeubles. D'après cette considération on a jugé convenable d'en assujétir la saisie à des règles qui eussent des rapports, et avec celles des saisies-arrêts, et avec celles des saisies-immobilières (3). V. *Réal, p.* 112. — Les unes concernent les formalités de la vente; les autres, celles qui la précèdent ou suivent (4)... Cette division sera celle du présent titre. — Rappelons auparavant que la saisie des rentes ne peut avoir lieu qu'en vertu d'un titre authentique et exécutoire. *C-pr.* 636 *et* 551, *et ci-dev. p.* 569, *n.* 4.

(1) Ce tit. correspond au tit. 10 , liv. 5 du Code.
Histoire. La législation établie dans ce titre est encore presque entièrement nouvelle. Comme jadis on plaçait les rentes constituées au rang des immeubles, on les saisissait par la voie ruineuse du décret. V. *ci-apr.*, *tit.* 7 , *note* 2.
Quelques rentes réputées meubles, telles que les rentes dues par l'Etat, étaient, il est vrai, soumises à un mode d'exécution plus simple, mais il y avait une grande incertitude, une grande variation dans l'application de ce mode. V. *Réal et Favard, p.* 112 *et* 321 (il faut se rappeler que les *rentes dues par l'état,* sont à présent insaisissables... V. *p.* 576, § 1, *n.* 1, *et p.* 577, *note* 7, *n.* 1).
(2) Tel est le nom que l'on donne à l'intérêt d'un capital remboursable à la volonté seulement de l'emprunteur, et appelé *constitution de rente.* Le contrat se désigne aussi quelquefois par ce dernier terme, et l'intérêt par celui d'*arrérages.*—V. *C-c.* 1909, 2277; *surtout Pothier, tr. de la constit. de rente, n.* 108 , *où ces art. ont été puisés.*
(3) On pressent que ces considérations sont la base des décisions de détail ci-après exposées; d'où il est permis de conclure qu'en cas de doute on pourra interpréter les articles qui les contiennent par ceux de la saisie-arrêt ou de la saisie-immobilière auxquels ces dispositions ont rapport (v. *d'ailleurs , note* 4).
Observation. Les formes exposées dans le titre actuel sont nécessaires lorsqu'on veut saisir et faire vendre le corps même de la rente , c'est-à-dire le droit de la percevoir à l'avenir , à la place du débiteur. Si l'on veut seulement saisir les intérêts ou arrérages qu'elle produit , on peut se borner à une saisie-arrêt. V. *M. Desmasures, ch.* 14, § 4.
(4) De cette application des formes de la saisie immobilière à celles de la

saisie des rentes, du moins quant à la vente, on a induit avec raison, que les dispositions du Code relatives à la première de ces exécutions peuvent être interprétées par les dispositions relatives à la seconde, et réciproquement. Par exemple, l'art. 641 décidant en termes formels, pour la saisie des rentes, que le jour de la première publication du cahier des charges (*ci-apr.*, § 1, n. 3, p. 612) sera indiqué dans la dénonciation de la saisie, on en a conclu qu'il en devait être de même pour la saisie immobilière, où la loi offre de l'obscurité (v. *en ci-apr.*, *le tit.*, *chap.* 1, *note* 36); d'autant plus qu'il n'y a pas de motif qui puisse déterminer à cet égard, une différence entre ces deux saisies. V. *arr. cass.* 1 déc. 1813, n. 133.

§ 1. *Des formes antérieures à la vente.*

On en distingue plusieurs sortes, le commande-ment, la saisie et les mesures préparatoires de la vente.

I. *Commandement.* Il doit être signifié avec le ti-tre (5), un jour au moins avant la saisie, au con-damné ou à l'obligé (6). *C-pr.* 636, 583; *tarif* 29.

II. *Saisie.* Elle est faite entre les mains du débi-teur de la rente (7)... On y insère, sous peine de nul-lité (8): 1. une énonciation du titre, de la quotité et du capital de la rente (9), et du titre du saisissant; 2. une désignation du saisi (10); 3. une élection de domicile chez un avoué du tribunal, où l'on poursuit la vente (11); 4. une assignation (12) au tiers-saisi, en déclaration. *C-pr.* 637; *tarif* 46.

Cet acte vaut saisie-arrêt des arrérages de la rente échus ou à écheoir, jusqu'à la distribution. *C-pr.* 640.

Le tiers-saisi doit, pour sa déclaration, se confor-mer aux règles des saisies-arrêts (13); sinon il peut être condamné, selon les cas, ou à servir la rente, ou à des dommages. *C-pr.* 638 (14); *Réal*, p. 114.

(5) Si le titre (celui du saisissant) n'a pas déjà été notifié. *D. art.* 636.
(6) A personne ou domicile. *D. art.* 636.
(7) C'est-à-dire de celui qui doit la rente au débiteur du saisissant... Il joue ici le même rôle que le *tiers-saisi* dans la saisie-arrêt ; aussi la loi lui en donne-t-elle le nom.
(8) Outre les formes ordinaires des exploits. *C-pr.* 637.
(9) *Observations*, 1. Les cours de Rouen et de Douai avaient réclamé contre cette énonciation du titre de la rente, parce qu'il est possible que le sai-sissant n'en connaisse point la date, ni le lieu où on l'a passé. V. *prat. fr.*, *iv*, 260. — Mais le mot *énonciation* de la loi étant par lui-même assez va-gue, il semble qu'il n'y aurait point de l'irrégularité si le saisissant se bornait

à une autre désignation, qui fût d'ailleurs suffisante pour faire connaître le titre.

Pigeau, *t.* 2, *p.* 126, propose de faire, dans ce cas, une saisie-arrêt entre les mains du débiteur de la rente, afin d'obtenir, par sa déclaration, les désignations dont on vient de parler.

2. La *quotité* est la somme de la rente, c'est-à-dire les arrérages ou intérêts dus chaque année, soit en argent, soit en autres espèces.

(10) C'est-à-dire, ses noms, profession et demeure. *D. art.* 637.

(11) Pigeau, *t.* 2. *p.* 127, prétend que cette élection vaut constitution d'avoué; mais l'art. 637 ne le décide pas; et cela est contraire aux arrêts *cités* § *des avoués, note* 16, *n.* 3, *p.* 75.

(12) Devant le même tribunal. *DD. art.*

Si ce tiers demeure hors du continent français, la saisie n'est pas moins faite à personne ou domicile, sauf à l'assigner dans les délais ordinaires (ceux qu'indique C-pr. 73). V. *C-pr.* 639, 560, *conférés.*

(13) Ainsi, il indiquera ce qu'il doit, ce qu'il a payé, etc., les oppositions qu'on lui a notifiées, etc. V. *C-pr.* 638 (il déclare applicables à cette matière les art. 570 à 576 du titre de la saisie-arrêt) *et ci-dev., ce tit.,* § 2, *n.* 2, *p.* 581 *et notes, ibid.*

(14) A la *servir* (c'est-à-dire, à la payer) s'il n'a pas justifié de sa libération. *D. art.* 638.

A des *dommages,* si son silence ou sa négligence en ont occasioné; si, par exemple, ils ont donné lieu à des actes inutiles de procédure. V. *d. art.* 638. Mais les termes, *selon les cas,* annoncent que la loi s'en remet sur ce point à la prudence du juge.

III. *Mesures préparatoires.* Une dénonciation de la saisie, avec indication du jour de la première publication, faite au débiteur saisi, dans les trois jours (**15**), sous peine de nullité. *C-pr.* 641; *tarif* 29, 46; *ci-dev. note* 4, *p.* 607. (**16**)

Ces formalités remplies, les arrérages saisis sont remis au créancier. S'ils ne lui suffisent pas, il n'a d'autre ressource que celle de faire vendre la rente (**17**). V. *Favard, p.* 322.

(15) A dater de la saisie, outre l'augmentation pour les distances indiquée au tit. 2, note 20, p. 580. — V. *C-pr.* 641, 563, *conférés.* — *V.* aussi quant à l'indication du jour, etc., *ci-dev. note* 4, *p.* 607.

(16) Lorsque le tiers-saisi demeure hors du continent français, le délai pour la dénonciation ne court que « *de l'échéance de la citation au* SAISI »... *C-pr.* 642.

Observation. C'est *de la citation au* TIERS-SAISI (v. *ci-dev.,* p. 608, § 1, *n. ij*) qu'on aura voulu parler. Pigeau (*ij,* 128, *in f.*) l'a démontré jusqu'à l'évidence, surtout parce que avant la dénonciation l'on ne doit (d'après le Code) donner aucune citation au saisi. Il faut néanmoins convenir qu'en révisant le Code on a pu très facilement être induit à faire une correction au projet parce qu'il offrait une ambiguïté assez étrange. « Lorsque le *débiteur* « sera domicilié, etc., y disait-on (*art.* 680), le délai ne courra que du jour « de l'échéance de la citation au *débiteur.* » (Des commentateurs qui n'avaient pas remarqué l'omission du Code, ont expliqué l'art. 642 d'une façon assez singulière.)

(17) Parce que celui (le tiers-saisi) qui en doit le capital n'est pas tenu de le rembourser.

C'est quand l'objet saisi sera *fixé* (c'est-à-dire lorsqu'un jugement aura statué sur la déclaration du tiers-saisi) qu'il pourra remettre les arrérages au saisissant. *Favard*, p. 322.

§ 2. *Des formes de la vente.* (17 a)

Remise au greffe d'un cahier des charges (18*) de la vente, affiches d'extraits de ce cahier, trois publications et deux adjudications (à l'audience), l'une préparatoire et l'autre définitive (19) : voilà en quoi consistent les formes de la vente, dont nous allons exposer les règles de détail.

Nous remarquerons auparavant, 1° que la poursuite de la procédure appartient au saisissant qui a dénoncé le premier. *C-pr.* 653. (20)

2° Que le saisi qui veut proposer des moyens de nullité contre les formalités antérieures à l'adjudication préparatoire, doit le faire avant cette adjudication (21). *C-pr.* 654.

(17 *a*) Elles sont applicables, par analogie, à la vente d'une part d'intérêt dans une société, *suiv. Paris*, 13 *août* 1834, *avoués*, *xlviij*, 232.

(18*) On nomme ainsi un mémoire ou acte qui contient les conditions de la vente, l'indication des parties et des choses vendues...; en un mot, tous les renseignemens qui peuvent éclairer les acheteurs.

Il est clair qu'on ne peut vendre une rente (il en est de même d'un immeuble) sur une place publique, comme un effet mobilier ordinaire, dont l'aspect offre (cela est un peu absolu) toutes les connaissances nécessaires pour l'acquérir. *Favard*, *ibid.*

(19) Toutes ces opérations sont faites par avoué. *Arg. du tarif* 128.

(20) En cas de concurrence, au plus ancien créancier, et à égalité de rang, à celui qui a le plus ancien avoué. *Ibid.* — Cette règle est commune à la saisie immobilière, dans le cas où deux saisies auraient été transcrites aux hypothèques. V. au reste *C-pr.* 719.

(21) Règle également commune à la saisie immobilière. V. *ce tit.*, ch. 2, § 3, *et C-pr.* 753.

Après cette adjudication, le saisi ne peut attaquer que les procédures postérieures. *C-pr.* 654.

I. *Cahier des charges.* On le remet au greffe dans la quinzaine de la dénonciation (22). Il contient outre les énonciations et désignations faites dans la saisie (23),

celles de l'avoué du poursuivant, et de l'inscription, si le saisi en a pris une pour la sûreté de la rente (24), les conditions de l'adjudication (25) et une mise à prix. *C-pr.* 643, *in pr.*

(22) Au greffe du tribunal du débiteur saisi, *C-pr.* 643. — Cet art. dit *quinzaine après la dénonciation*; il faut lire *dans la quinzaine*; autrement l'application de la loi serait très difficile, et souvent même à-peu-près impossible.

(23) Nous entendons par-là les noms, professions et demeures du saisissant, du saisi et du tiers-saisi; la nature et la quotité de la rente, et celle du capital, la date et l'indication du titre où on l'a constituée (*C-pr.* 643). C'est que tout cela est déjà dans l'exploit de saisie. V. *p*, 608, *n.* 2.

(24) C'est-à-dire si le débiteur saisi, en faisant la constitution chez le tiers-saisi, s'est réservé une hypothèque et a ensuite pris une inscription sur les biens de ce dernier, pour assurer le service de la rente. Cette énonciation est fort utile, parce que l'inscription, en procurant l'avantage dont on vient de parler, augmente la valeur vénale de la rente.

(25) Par exemple, si le prix sera payé comptant, ou avec terme, ou si une partie restera en réserve entre les mains de l'acquéreur, pour faire face à quelque dette éventuelle du saisi, etc.

II. *Annonces.* Huitaine avant la remise de ce cahier (au greffe), un extrait (26) en est placé dans l'auditoire (27), affiché dans plusieurs lieux (28), et inséré dans les journaux (29); et ces deux dernières mesures sont répétées trois jours avant la dernière publication (30). *C-pr.* 644 à 646, 650.

(26) Il contient les indications précédentes. *C-pr.* 644.

(27) Du tribunal où se poursuit la vente... Le greffier le place dans un tableau. V. *Id.*

(28) Aux maisons du saisi, du tiers-saisi et du tribunal, et sur la principale place du lieu de la vente. *C-pr.* 645.

(29) Dans celui du même lieu; s'il n'y en a pas, dans un de ceux du département. *C-pr.* 646.

(30) *Observations.* 1. D'après l'art. 647, on doit observer pour ces affiches et annonces ce qui est prescrit au titre de la saisie immobilière. Or, les art. 683 et 685 du même titre décident qu'elles sont constatées par des certificats de l'imprimeur et actes de l'huissier (v. *dd. art.; et ci-apr. tit.* 7, *ch.* 1, *art.* 5) : voilà donc une première forme à suivre.

2. Suivant Pigeau (*ij*, 151) il faut aussi (par arg. des art. 703, 704, 687 et 717 de ce titre) faire mention, dans les seconde et troisième affiches, des adjudications préparatoire et définitive, sauf à en garnir à la main les jours, lorsqu'on les connaîtra; les faire viser par les maires, et les notifier au saisi, sous peine de *nullité.*

Il nous semble (c'est aussi l'avis de Carré, *anal., ij, n.* 1957) que, même en admettant la nécessité de ces formes, il serait difficile que leur omission entraînât la peine de nullité.

En premier lieu, l'art. 717 attache la nullité à des inobservations de formes prescrites pour la saisie immobilière, quoique la loi ne la prononce pas pour des formes semblables, prescrites pour la saisie des rentes, telles que l'insertion de l'extrait au tableau de l'auditoire (v. *ci-dessus*, *n.* 2, et *C-pr.* 644, 682, 717); d'où il résulte qu'on n'a pas jugé ces formes aussi importantes dans l'une que dans l'autre saisie.

En second lieu, l'art. 647 dit bien qu'on observera ce qui est prescrit au titre de la saisie immobilière, etc., mais il n'ajoute pas que ce sera sous peine de nullité; et il faut que toute nullité soit *formellement* prononcée par la loi. V. *C-pr.* 1030, *ci-dev. p.* 152, § 2.

III. *Publications et adjudications.* 1. La première publication du cahier des charges peut se faire (31) lors de la remise de ce cahier; la seconde a lieu huitaine après et peut être suivie de l'adjudication préparatoire (32); la troisième, au jour indiqué par la précédente ou par le tribunal. *C-pr.* 643, 648, 649.

2. L'adjudication définitive se fait lors de la troisième publication, au plus offrant (33), sauf la revente à la folle-enchère. Elle est prononcée dans un jugement qui contient la copie du cahier des charges. *C-pr.* 649, *in f.*, 652, 714, 737. (34)

(31) A l'audience... La loi, *art.* 643, *in f.*, l'indique à la fin de la phrase où elle parle de la remise du cahier au greffe, et sans disposition d'où il puisse résulter que ces deux opérations doivent être séparées par un intervalle. Par conséquent il est permis de faire cette publication le jour même de la remise.

(32) *Observations.* 1. La rente, dit *l'art.* 648, « pourra, lors de cette publication, être adjugée, sauf le *délai* qui sera prescrit par le tribunal,» c'est-à-dire, sans doute, qu'en adjugeant, il fixera un délai à la fin duquel des tiers seront admis à proposer des enchères. Cette adjudication faite *sauf le délai*, n'est donc au fond qu'une adjudication *préparatoire* (v. *ci-apr. tit.* 7, *ch.* 1, *art.* 6), et la loi elle-même paraît évidemment la considérer comme telle, puisque aussitôt après; *art.* 649, elle dit qu'à la troisième publication l'adjudication *définitive* sera faite au plus offrant, etc. Enfin, plus loin (*art.* 654), elle parle aussi de l'adjudication *préparatoire*.

2. Au reste, le mot *pourra* montre qu'il n'est pas nécessaire de faire l'adjudication préparatoire lors de cette publication (v. *Pigeau*, *ij*, 137); et l'on peut même, selon Carré (*lois*, *ij*, 488, *par arg. de C-pr.* 649), s'abstenir entièrement de la faire.

(33) Sur des enchères d'avoués, V. *leur* §, *note* 13, *p.* 74; *C-pr.* 651.

Les auteurs du Praticien français, *art.* 652, et Pigeau, *p.* 135, 138, disent qu'il n'est besoin ni de feux, ni de bougies. Ce qui paraît certain, c'est que l'omission de cette méthode utile ne serait point une nullité.

(34) Quant aux règles de détail relatives à la folle-enchère, à la rédaction du jugement et à l'*acquit* des conditions et du prix, on doit observer celles de la saisie immobilière. V. *C-pr.* 652, *et pour ces règles, ci-apr., tit.* 7, *ch.* 1, *art.* 6, § 2.

§ 3. *Des formes postérieures à la vente.*

L'adjudication passée, on revient aux formes des saisies mobilières, c'est-à-dire que le prix est distribué par contribution. *C-pr.* 655; *Réal et Favard, p.* 114 *et* 323, *et le titre suivant.* (35)

(35) S'il y a des créanciers hypothécaires antérieurs à la loi du 11 brumaire an VII, qui a déclaré que les rentes n'étaient plus passibles d'hypothèques, le prix leur est distribué suivant l'ordre des hypothèques (et ensuite aux autres par contribution). V. *dd. autorit.* — C'est que la loi ne peut avoir d'effet rétroactif.

Observations. 1. *Incidens.* Le Code ne fait mention que de deux des incidens qui peuvent s'élever pendant la procédure de la saisie des rentes, savoir, les incidens relatifs au droit de poursuite et à la proposition des nullités. V. *ci-dev.*, § 2, *in pr.*, p. 610.

Pigeau en compte cependant jusques à quatorze (ce sont les mêmes incidens qui peuvent survenir pendant la saisie immobilière). Il propose ensuite pour les instruire et juger, des règles puisées dans celles de la même saisie. V. *Pigeau*, t. 2, p. 148 *et suiv.*; *ci-apr.*, tit. 7, ch. 2.

2. *Rentes viagères.* Suivant le même auteur, p. 122, on a le droit de faire saisir et *vendre* une rente viagère. Cette opinion nous paraît susceptible de difficulté. Voici ce qu'on peut lui opposer: 1° si la loi eût voulu étendre à ces rentes le mode d'exécution propre aux rentes constituées, il suffisait d'un mot pour l'exprimer; 2° s'il est vrai que la rente viagère soit en général *dans les biens* du débiteur, et doive par conséquent servir de gage à ses créanciers (*arg. de C-c.* 2092), elle ne devient réellement son bien qu'à mesure qu'il continue d'exister, s'il est permis de s'exprimer ainsi, car le capital en est pour toujours perdu pour lui (v. *C-c.* 1978).

De là, on pourrait, ce nous semble, conclure que l'action du créancier est restreinte au revenu de ce capital, et à mesure que ce revenu devient exigible, et que par-là même le mode de l'*exécuter* doit être exclusivement ou la saisie-exécution ou la saisie-arrêt. D'ailleurs, vu l'incertitude de la durée d'une rente viagère, l'adjudication du capital fictif, dont elle est censée le produit, n'en procurerait, selon toute apparence, qu'un prix fort médiocre; de sorte que le créancier retirerait un avantage bien léger en comparaison du préjudice qu'éprouverait le débiteur; et si la loi a voulu conserver les droits de l'un, elle n'a point eu l'intention de lui sacrifier tout-à-fait les intérêts de l'autre. — V. *toutefois Carré, lois, ij,* 476; *arr. de Caen*, 21 *juin* 1814, *avoués, xj,* 123, *et Paris,* 2 *janv.* 1825, *Sirey,* 25, 2, 6.

TITRE VI.

De la distribution par contribution. (1)

La distribution par contribution est l'action de diviser des biens entre des créanciers et à proportion de l'étendue de leurs créances (2)... Elle est fondée sur un principe général établi par les lois, savoir, que les biens du débiteur sont le gage commun de ses créanciers. *C-c.* 2092, 2093 *in pr.* — V. *aussi L.* 20, § 1, *ff. de pignerat. act.* (3)

Mais il faut observer, 1° qu'on déroge à ce principe en faveur des créanciers privilégiés et hypothécaires, et qu'en conséquence on les paie avant tous les autres et sans réduction (4). V. *C-civ.* 2093, *in f.,* 2094.

2° Que les hypothèques et plusieurs des privilèges ne sont assis que sur les immeubles.

3° Que le mode d'exécution et, si l'on peut parler ainsi, le mode de paiement sur les immeubles différant de ceux qui sont relatifs aux meubles, il a fallu imaginer un mode particulier (on le nomme *ordre*) pour la division du prix des immeubles entre les créanciers. V. *ci-apr. tit.* 8.

(1) Ce titre correspond au tit. 11, liv. 5 du Code.

(2) Si, par exemple, la somme qu'ont produite les biens du débiteur est la moitié de la somme totale des créances, on donnera à chaque créancier la moitié de la sienne, ou comme on le dit assez souvent dans l'usage, *cinquante* pour cent. La distribution se fait alors par *contribution,* parce qu'en cas d'insuffisance, chacun des créanciers *contribue* à la perte commune résultant de l'insuffisance du prix de la vente.

Histoire. L'ordonnance n'avait rien prescrit pour cette partie importante de la procédure : des réglemens et usages différens suivant les provinces, et une jurisprudence incertaine et variable, voilà les seuls guides qu'offrait à cet égard le droit ancien. Le mode suivi au Châtelet de Paris était le meilleur de tous, et en conséquence on l'a adopté dans le Code ; et cependant, comme il était encore assez imparfait pour que les frais d'une contribution où les créanciers étaient un peu nombreux et où il s'en rencontrait de privilégiés, absorbassent quelquefois la somme à distribuer, on y a fait des changemens et des améliorations. V. *Réal et Favard,* p. 114 *et* 323. — V. eu un exemple (la procédure avait duré dix ans) à *B. c.* 21 *avr.* 1819, *p.* 130.

(3) Les observations suivantes paraissent entre autres avoir servi de fondement à ces principes.

1. Lorsqu'un particulier prête de l'argent, il compte pour son remboursement, moins sur la garantie que lui offre la bonne foi de l'emprunteur que sur celle que présentent les biens de celui-ci, parce qu'il est infiniment plus facile de saisir des biens que de contraindre une personne à faire quelque chose : *plus cautionis in re est quam in persona*, dit Pomponius (L. 25, *ff. reg. jur.*)

2. Les créanciers ont tous le même droit à ces biens, parce que, si l'on excepte les privilégiés et les hypothécaires (v. *ci-apr.*, *note* 4), aucun d'eux n'a dû compter sur une garantie plus forte, ou n'a rendu au fond, un plus grand service que ses co-créanciers, ou du moins parce qu'il serait impossible, sauf la même exception, d'apprécier exactement chacun de leurs services.

(4) A moins, bien entendu que les sommes obtenues du débiteur ne suffisent pas pour les satisfaire entièrement.

Observations. 1. La préférence accordée aux *privilégiés* est fondée sur la nature du service qu'ils ont rendu, service qui a conservé ou augmenté la valeur du gage commun, ou a procuré un nouveau gage sur lequel les autres créanciers n'avaient pas dû compter, ou a permis de satisfaire à des devoirs sacrés prescrits par la morale, par l'humanité, la décence, ou le bien de la société, etc.

2. Celle qui est accordée aux *hypothécaires* est fondée soit sur une concession faite par le débiteur, en sa qualité de propriétaire, et dont les autres créanciers ne peuvent se plaindre, parce qu'il leur était libre d'en obtenir une semblable... soit sur la disposition de la loi, et dont ils ne peuvent non plus se plaindre, parce qu'ils devaient la connaître.

Il résulte de ces remarques, 1. que la distribution proprement dite (5) se fait également entre tous les créanciers, si l'on en excepte plusieurs privilégiés (6) 2. qu'elle a pour objet les meubles ou plutôt les sommes qu'on a tirées des meubles (7) du débiteur, et par conséquent celles qu'on a retenues ou obtenues par les procédures des saisies-arrêts, exécution, brandon et de rentes (8). *C-pr.* 656, *in pr.*, 579, 610, 635, 655; *Jousse, tit.* 33, *art.* 20.

Comment et entre quelles personnes se fait la distribution, et quels en sont les résultats ?... Voilà ce que nous allons examiner.

(5) Pour abréger, nous supprimons les mots *par contribution...*

(6) C'est-à-dire les privilégiés sur les meubles (v. *ci-apr. p.* 621, §. 1), car les privilèges sur les immeubles ne s'étendent pas aux meubles ; tandis qu'il y a des privilèges sur meubles qui peuvent s'étendre aux immeubles (*C-c.* 2101, 2104).

Observations. 1. Les hypothèques, n'étant assises que sur les immeubles, ne donnent non plus aucun droit de préférence relativement aux meubles, à moins qu'ils ne soient du nombre de ceux que la loi déclare immeubles par destination. Voy. *C-c.* 2102, 2118, 2119; *C-pr.* 778; *ci-apr. tit. de l'ordre,* art. 2, § 1; *ci-dev. p.* 589, *n. ij.*

2. Cette règle reçoit exception, en premier lieu, par rapport aux *fruits* de l'immeuble hypothéqué. Ils sont affectés au privilège ou à l'hypothèque à compter de l'aliénation volontaire ou forcée ; de sorte qu'ils doivent entrer dans l'ordre nonobstant toute vente ou cession anticipée des intérêts du prix de vente ou des revenus qui les représentent, *suiv. arr. cass.* 3 *nov.* 1813, *par arg. de C-c.*2166, 1251, 2091. — En second lieu , par rapport aux anciennes rentes. V. *ci-apr. note* 8.

(7) *Observations.* 1. Parce que toute créance a, en dernière analyse, pour objet une somme d'argent, et que par conséquent le créancier qui veut se procurer la somme destinée à éteindre sa créance, est obligé de faire vendre les meubles, gages de cette créance. V. *Tarrible, rép., mot priviléges, sect.* 3, § 1 , *n.* 2.

2. Il n'y a pas lieu à distribution lorsque les deniers suffisent au paiement des créances et des frais (personne alors n'a rien à réclamer). V. *C-pr.* 656; *pp.* 603, *note* 77 ; 618, *note* 14.—Ou bien lorsqu'ils sont *attribués* par jugement. V.*p.* 584, *note* 51, *n.* 3 *et* 4.

(8) Parce que ces exécutions ne portent que sur des meubles (*autres cas., v.* tit. de l'ordre, note 59, et du bénéfice d'inventaire, n° 2).

Mais on fait une exception à la règle ci-dessus du texte, lorsqu'il y a des hypothèques anciennes sur des rentes saisies. V. *tit.* 5, *note* 35, *p.* 613.

ARTICLE PREMIER.

Des modes de la distribution.

On distingue deux sortes de modes pour la distribution, le mode amiable et le mode judiciaire.

§ 1. *Du mode amiable.*

Tout ce que nous avons à observer relativement au mode *amiable,* c'est qu'il est préféré à l'autre mode; que les créanciers et le saisi sont tenus (9) de l'essayer dans le délai d'un mois (10), et que s'ils ne s'accordent pas , l'officier qui a présidé à la vente en consigne le prix (10 *a*) dans les huit jours suivans, *à la charge des oppositions* (11), et sous déduction des frais de cette vente (12). *C-pr.* 656, 657; *tarif* 42; *Réal, p.* 116; *ordonn.* 3 *juill.* 1816, *art.* 7 et 8. (13)

(9) Quoique cette disposition soit *facultative,* on l'a exprimée en termes *impératifs,* afin que les juges et les parties fussent bien convaincus que l'intention du législateur était qu'on essayât par tous les moyens possibles de s'accorder. *Réal, p.* 116.

(10) Ce délai court, 1. en cas de saisie-arrêt, du jour où l'on a signifié au tiers-saisi le jugement qui fixe sa dette ;

2. En cas de saisie de rente, du jugement d'adjudication ;

3. En cas de saisie-exécution et de saisie-brandon, du jour de la dernière séance du procès-verbal de la vente. V. *ci-dev. p.* 584, *note* 28, *n.* 1,*p.* 612, *n.* 3, *p.* 602, *n. iij, p.* 605, *n.* 7, *et ordonn.* 3 *juill.* 1816, *art.* 8.

(10 *a*) A la caisse des dépôts. V. *rej. requ.* 21 *juin* 1825, *avoués, xxxij*, 131 ; *ci-apr. tit. des offres réelles, note* 8.

S'il n'y a eu ni accord amiable ni poursuite en distribution, comment devra agir le propriétaire pour obtenir le résultat de son privilège ?.. V. *M. Coffi-nières, avoués, iij,* 191.

(11) C'est-à-dire sous la condition que le consignataire ne remettra point le prix au saisi ni à ses créanciers , tant que les oppositions faites sur ce prix *entre les mains* du saisissant ou du commissaire (v. *C-pr.* 660), subsisteront, et qu'il ne le remettra qu'aux individus désignés par le jugement qui aura statué sur les oppositions. V. *C-pr.* 609, 610, 612, 615, 622, 778, 790; *ci-dev. p.* 599, *n.* 4, *et n.* 53 *à* 55, *p.* 600.—V. aussi *p.* 603, *note* 76; *ordonn.* 1667, *tit.* 33, *art.* 20 ; *Jousse , ibid.*—A moins que les parties ne fassent en-suite un accord amiable dont elles lui justifient (v. *Jousse , ib., n.* 2).

(12) D'après la taxe qu'en aura faite le juge sur le procès-verbal , et qui sera mentionnée dans les expéditions. *C-pr.* 657.

Observations. 1. L'article 657, dit *déduction faite...* ; donc l'officier qui a présidé à la vente, peut retenir les frais, et n'est pas obligé de les réclamer, comme le prétend un commentateur (*Prat. fr.* , *iv* , 285)... C'est aussi ce qu'on pratiquait jadis. V. *Jousse, d. tit.* 33, *art.* 20.

2. Ce droit de *rétention* (voy. *ci-devant p.* 547) appartient à l'huissier tant pour ses déboursés que pour son salaire, parce qu'il a agi dans l'intérêt du saisissant et de tous les créanciers; mais non pas à un commissaire-priseur qui a présidé à la vente des meubles d'une succession. Dans ce dernier cas , tous ceux qui ont avancé des frais de justice, tels que les experts, commissaires-priseurs, etc., prélèvent leurs déboursés, et viennent en concours, pour leurs salaires sur ce qui reste. V. *rej. requ.* 8 *déc.* 1825, *avoués, xxx,* 281.

(13) Quant à la manière de constater leur accord amiable, il est clair qu'elle dépend entièrement de leur volonté... Ils ont en outre le droit de contraindre le dépositaire à leur délivrer les deniers , conformément à cet accord.

§ 2. *Du mode judiciaire.*

Quant au mode *judiciaire*, qui est la suite du dé-saccord des créanciers (14), et qui a lieu après la con-signation, la loi en indique la marche ordinaire, ainsi que les mesures à prendre en cas de difficultés.

I. *Marche ordinaire.* 1. Le saisissant, ou à son dé-faut, la partie la plus diligente (15), poursuit la dis-tribution. *C-pr.* 658.

2. Un juge est commis par le président pour la di-riger (15 *a*), et il ouvre à cet effet un procès-verbal. *C-pr. id. et* 663; *tarif* 95; *ci-apr. note* 15, *p.* 618.

3. On interpelle (16) les créanciers de produire, et le saisi de prendre communication des productions et de les contredire (17). *C-pr.* 659.

La production doit être faite entre les mains du juge, dans un mois (sous peine de *forclusion*) au plus (**18**). On y joint une demande en collocation, avec constitution d'avoué (**19**). *C-pr.* 660.

4. La production faite ou le mois expiré, le commissaire dresse (**20**) un état provisoire de distribution (**21**). Le poursuivant dénonce la clôture du procès-verbal aux produisans (v. *p.* 617, *n.* 3 *et note* 18) et au saisi, et les requiert (**22**) d'en prendre communication et de contredire dans la quinzaine (**25**). S'ils ne le font pas, ils sont forclos de droit (**24**). *C-pr.* 663, 664, *in pr.*

5. S'il n'y a pas de contestation (**25**), le commissaire ferme son procès-verbal, arrête son état de distribution définitive (**25 a**), et ordonne de délivrer aux créanciers des mandemens pour le paiement de ce qui leur est accordé (**26**). *C-pr.* 665.

(14) Il suffit qu'un seul ait résisté au réglement amiable, parce que, pendant la procédure de distribution, on peut découvrir et faire rejeter de fausses créances, et obtenir par-là peut-être un remboursement total. V. *Pigeau*, *t.* 2, *p.* 166.

Jadis il fallait au moins trois opposans pour qu'il y eût lieu à une instance en distribution, et que l'officier qui avait présidé à la vente fût obligé de consigner les deniers; encore dans l'usage les gardait-il presque toujours. Voyez *Jousse, tit.* 33, *art.* 20.

(15) C'est celle qui requiert la première la nomination du juge-commissaire, nominatiaon dont nous parlons au texte (*p.* 617, *n.* 2).

On fait la réquisition par une note que l'avoué porte au greffe sur un registre destiné aux contributions, et où l'on indique la date et le numéro de la consignation (*d. ord.* 3 *juill., art.* 4). Si plusieurs avoués se présentent en même temps, le président du tribunal décide sans procès-verbal (nonobstant opposition ou appel), quelle réquisition on doit recevoir. *C-pr.* 658; *tarif* 95, 130; *ci-dev. p.* 62, *note* 74, *et p.* 150, *note* 11.

Observations. 1. *Quid juris* si le poursuivant néglige de faire les actes de procédure nécessaires à la distribution?... Jadis un des opposans pouvait demander et obtenir à l'audience de lui être subrogé. V. *Jousse, tit.* 33, *art.* 20.

— Il est naturel de suivre encore le même mode, qui est autorisé expressément pour l'ordre. V. *C-pr.* 779, *et ci-apr. tit. de l'ordre, art.* 1, § 1. —V. aussi *M. Chauveau, xliv,* 76-78.

2. La réquisition précédente équivaut à une demande. V. *ci-dev., ch. des lois, p.* 142, 143, *et note* 4, *ib.*

3. Quant au *tribunal* qui connaît de la distribution, ce doit être celui où l'instance de la saisie qui y donne lieu est pendante, puisque la distribution en est le résultat; et tel paraît être aussi l'avis de Jousse, *d. tit.* 33, *art.* 12, *n.* 4.

Mais il peut arriver qu'il y ait deux saisies faites contre le même débiteur, et poursuivies devant deux tribunaux différens. Dans ce cas, il faudra réunir les deux procédures et continuer la distribution où elle a été le plus tôt introduite (surtout lorsque le débiteur et le poursuivant sont domiciliés dans le même ressort). V. *arr. cass.* 23 *août* 1809, *Nevers*, 163 ; *et ci-dev. p.* 35, *règle* 4ᵉ.

(15 *a*) Le tribunal ne peut y procéder directement lui-même, surtout en l'absence du saisi. V. *B. c*, 29 *août* 1832 ; *M. Chauveau*, *xliv*, 98.

A Paris, un juge suppléant peut être commissaire. V. *décr.* 25 *mai* 1811 , *art.* 1; *B. c.* 23 *juill.* 1823 , *p.* 324.

(16) Après les délais d'un mois et de huitaine, ci-devant indiqués (*p.* 617, *et note* 10)... Mais on obtient d'abord sur requête une ordonnance du commissaire en vertu de laquelle on fait la sommation, par acte d'avoué ou par exploit (du moins au saisi), au défaut d'avoué. V. *C-pr.* 659, 753 , *et tarif* 29 *et* 96 (*combinés ensemble*), 131 *et* 132.

Cette sommation doit être faite à tous les opposans (v. *note* 11 , *p.* 617) et à eux seuls. V. *Paris*, 28 *mars* 1831 , *avoués*, *xlj*, 535.

(17) Parce qu'il a intérêt à ne laisser admettre à la distribution que ses véritables créanciers, et seulement pour les sommes qu'il leur doit.

(18) Dans un mois à dater de la sommation. *C-pr.* 660.

Observations. 1. La peine de forclusion est fort rigoureuse, mais la loi la prononce clairement, dit Pigeau (*ij* , 181, *et édit.* 1819, *ij*, 190), et quatre arrêts de la cour de Paris (1 *juin* 1809, 27 *juin et* 13 *août* 1811, *et* 3 *mars* 1835, *J-c. pr. iij*, 350, *avoués* , *iv*, 77, 220 , *xlviij*, 297) l'ont en effet prononcée, lorsqu'il n'y a pas eu production de titres dans le mois; mais dans les causes jugées par ces arrêts , la production n'avait eu lieu qu'après la rédaction de l'état provisoire.

Plus tard, d'autres arrêts , peut-être par suite de cette jurisprudence tacite, ont décidé formellement (*par arg. de C-pr.* 660 *et* 663, *combinés*) qu'on pouvait produire tant que le même état n'était pas dressé. V. *Paris*, 11 *déc.* 1822 (*Sirey*, 23, 2, 223), 30 *juill.* 1828 , *et* 21 *mars* 1831 , *avoués* , *xxxv*, 65, *xlj*, 535. — Décision contraire.. V. *Bordeaux*, 30 *mars* 1829, *ib.*, *xxxvij*, 128. — V. aussi *Carré*, *lois*, *ij*, 499, *n.* 2173.

2. Si la sommation a été faite aux créanciers par des actes différens , le délai ne court que du dernier acte, *suiv. Rouen* , 2 *févr.* 1827, *et Paris* , 7 *févr.* 1833, *avoués*, *xxxiij*, 165 , *xliv*, 561.

3. Au reste, si à raison de la forclusion précédente, qui aura écarté quelque créancier de la distribution , la somme à distribuer n'était pas absorbée par les produisans et les frais, les non-produisans viendraient en concours sur l'excédant.

4. *Forclusion* ou exclusion de la faculté de réclamer un droit en justice , vient de *forum claudere, quasi à foro exclusio.* V. Imbert, liv. 1, ch. 13.

(19) Cela se fait par un acte d'avoué qui n'est point signifié. *Tar.* 97.

(20) C'est-à-dire qu'on peut dresser l'état même avant l'expiration du mois, si les productions sont faites. *C-pr.* 663.

(21) En suite du procès-verbal , et sur les pièces produites. *C pr.* 663. — V. quant à cet état *provisoire*, ci-apr. note 25 *a*, *p.* 620, et tit. de l'ordre , note 11, n. 4.

(22) Par acte d'avoué , ou par exploit au défaut d'avoué. *C-pr.* 663, 755 , *et tarif* 99, 29, 134.

(23) Sur le procès-verbal. Ce procès-verbal n'est point levé ni signifié , et il n'est enregistré que lorsqu'on délivre aux créanciers les mandemens. *C pr.* 663, 755 ; *et tarif* 99. 134, 135.

(24) C'est-à-dire sans sommation ni jugement. *C. pr.* 664. — V. aussi *sur ce point*, le § des *nullités* , *note* 9, *p.* 154.

(25) S'il n'y en a pas, on ne fait aucun *dire*. — *C-pr.* 664, *in f.*

On entend en général par *dire*, un acte fait à l'appui, soit de la demande, soit de la défense, et signifié avant la plaidoirie. V. *Ferrière*, h. v. — Ici il indique évidemment toute espèce d'observation écrite.

(25 *a*) C'est-à-dire déclare *définitif* son état ou réglement *provisoire* de distribution (v. *pour un exemple*, *Paris*, 3 *août* 1812, *avoués*, *vj*, 96.)

(26) Le greffier les leur délivre à condition qu'ils affirmeront devant lui (avec l'assistance de leur avoué) la sincérité de leurs créances... Les mandemens ou ordonnances contiennent *collectivement* la totalité du procès-verbal, dont on ne doit point délivrer séparément une expédition complète. *C-pr.* 665, 75*y*; *tarif* 101, 137.

II. *Difficultés.* 1. On statue sur les difficultés à l'audience, d'après le rapport du commissaire (**27**), et en présence seulement des créanciers qui contestent (**28**), du saisi et de l'avoué le plus ancien des opposans (**29**). *C-pr.* 666 à 668.

2. S'il y a appel (**29 *a***), on n'*intime* que les mêmes personnes, et l'on statue comme en matière sommaire. *C-pr.* 669. (**30**).

3. Le délai d'appel expiré (**31**) ou l'arrêt signifié (**32**), le procès-verbal est clos comme ci-devant, et huitaine après, les mandemens sont délivrés. *C-pr.* 670, 671, 665.

(27) Et les conclusions du ministère public, en vertu d'un simple acte de la partie la plus diligente, et sans autre procédure. *C-pr.* 666, 668.

(28) C'est-à-dire de celui qui attaque une allocation, et de celui dont l'allocation est attaquée. *C-pr.* 667.

(29) Le concours des autres parties est inutile, celles-là suffisant pour veiller aux intérêts de toutes (v. aussi *Jousse*, *tit.* 58, *art.* 12.)

Quid juris si le client de l'ancien avoué est sans intérêt (un privilégié par exemple), ou bien a le même intérêt que le créancier contesté ?. Pigeau, p. 184, décide avec raison qu'on doit alors appeler l'avoué le plus ancien après celui-là. — Et il en est de même lorsque le client de cet avoué a gagné son procès. V. *Poitiers*, 24 *mars* 1830, *avoués*, *xxxvij*, 209.

(29 *a*) Il y a lieu à appel, ou, en d'autres termes, les contestations doivent être jugées en *premier ressort*, quoique l'allocation contestée soit au-dessous de mille francs, si le total de la somme à distribuer excède cette valeur, *suiv. Paris*, 1807, 1811 et 1815, *avoués*, *xxxij*, 203. — V. aussi M. *Chauveau*, *ib.*

(30) Cet appel est signifié au domicile de l'avoué, et contient assignation et griefs. *C-pr.* 669, 763; *ci-dev.*, p. 474, *note* 66, *n.* 2.

(31) Il est de dix jours à dater de la signification du jugement à avoué (v. *C-pr.* 669, 763; *d. tit.*, *ch.* 3, *note* 63, p. 472; *et tit. de l'ordre*, *art.* 1, § 2), même lorsque les sommes proviennent en partie d'immeubles, *suiv. arr. de Lyon*, 2 *janv.* 1811, *avoués*, *iij*, 243. — Et quoique cette signification n'ait pas les formes des ajournemens, *suiv. Paris*, 12 *mai* 1835, *id.*, *xlviij*, 281. — V. aussi *ci-d.* p. 181, *note* 11, *n.* 2.

Observations. 1. On a prescrit un délai fort court , afin que l'incident retardât peu le paiement des créanciers non contestés. *M. Desmasures, ch.* 14 , § 5.

2. Ce délai court contre le *signifiant*, quoique ce soit son avoué seul qui ait signifié; et cela par exception à la règle (v. *ci-dev.*, *p.* 159, *n.* 1), «nul ne se forclot soi-même».. à moins que la signification n'ait été faite sous des réserves. *Arg. de C-pr.* 668 *et* 669, *confér.* ; *B. c.* 24 *avr.* 1833.

(32) Au domicile de l'avoué. *C-pr.* 670.

Les *dépens* des contestations sont taxés comme ceux des autres causes , suivant leur nature sommaire ou ordinaire. *Tarif* 101, *in f.*

ARTICLE II.

Des personnes à qui l'on distribue.

Il nous reste à indiquer les personnes à qui se fait la distribution , c'est-à-dire les créanciers, et les résultats de cette opération.

§ 1. *Des créanciers.*

La distribution, nous l'avons dit (*p.* 615) , est faite par contribution entre tous les créanciers qui n'ont pas de privilège.

Les créanciers qui ont un privilège sont ceux indiqués par les articles 2101 et 2102 du Code civil (33), et le Code de procédure y ajoute ceux qui ont avancé les frais de la poursuite. V. *C-pr.* 662 (34). — V. aussi *C-pr.* 657; *C-comm.* 558. — Mais il les place après le propriétaire créancier de loyers. *D. art.* 662.

Ils forment leur réclamation dans la demande en collocation. Le propriétaire peut même faire statuer sur le privilège de ses loyers, préliminairement, et en référé devant le commissaire , le saisi et le plus ancien avoué appelés (35). V. *C-pr.* 660, *in f.*, 661; *tarif* 97, 98; *ci-dev.*, *p.* 423, *note* 3, *n.* 5.

(33) Le premier indique les privilèges généraux , le second, les privilèges spéciaux sur les meubles.

(34) *Observations.* 1. Cet article est ainsi conçu : «les frais de poursuite « seront prélevés, par privilège, avant *toute* créance , *autre* que celles pour « loyers dus au propriétaire.» En prenant cette disposition à la lettre, le propriétaire devrait *primer* d'une manière absolue les autres privilégiés. Mais une telle décision nous semble contraire aux principes établis dans les

.art. 2101 et 2102. Il paraît que celle de l'art. 662, qui n'existait point dans le projet (*art.* 656), n'a été insérée dans le Code de procédure que par forme d'exception, et pour montrer que quand on fait une distribution du prix de meubles arrêtés par des saisies, la créance du propriétaire est préférable aux frais de poursuite, parce que le propriétaire a le droit de saisir les meubles soumis à son privilège (v. *ci-apr. le tit. de la saisie-gagerie*), sans attendre une distribution. V. *sur cette question, des arr. opposés de Limoges et Paris*, 15 *juin* 1813 *et* 24 *nov.* 1814, *avoués, ix*, 153, *x*, 156, *et M. Coffinières, ix*, 154 (il soutient, et l'arrêt de Paris a jugé que, lorsque le privilège spécial existe avant l'époque où le privilège général a pris naissance, il doit le primer).

1 *a.* On a ensuite décidé, et cela vient indirectement à l'appui de notre observation, que le privilège du propriétaire prime les frais de justice qui ne lui ont pas été utiles, tels que des frais d'administration d'une faillite déclarée après la fixation de sa créance. *Rej. civ.* 20 *août* 1821, *avoués, xxiij*, 279. — V. aussi *Lyon*, 4 *déc.* 1825, *id., xxx*, 311.

On pourrait induire de là, en effet, que lorsque ces frais lui ont été utiles, ils devraient le primer; et c'est ce qu'on a également décidé pour les frais de saisie et de vente. V. *Lyon*, 27 *mars* 1821, *Sirey*, 26, 2, 51.

2. Les diverses lois relatives aux privilèges établis sur les meubles ont laissé subsister plusieurs difficultés sérieuses, parce qu'elles n'ont point indiqué l'ordre général de ces privilèges, en cas qu'ils concourent tous ensemble. On peut consulter à ce sujet Tarrible, qui a parfaitement développé la nature des privilèges (v. *rép.*, *h. v.*). Nous nous bornerons à citer un projet de distribution qu'il propose, et où l'on prendra une idée de la méthode à suivre en pareille circonstance (v. aussi une *dissertation de M. Demante*, Thémis, vj, 130 à 143).

« Supposons, pour présenter une application de ces principes, qu'un fermier soit décédé, ne laissant dans sa succession que des attelages de charrue, et qu'il s'élève dans cette succession un concours simultané de réclamations pour frais funéraires, pour frais de justice, pour frais de la dernière maladie, pour gages de domestiques, pour fournitures de subsistances, pour arrérages de fermages, pour pansemens de chevaux malades, pour prix de chevaux vendus et non payés, et pour remboursemens d'un prêt fourni sur un cheval donné en gage... l'ordre de préférence devra être réglé de la manière suivante : — 1º les frais de justice; — 2º la contribution mobilière; — 3º les frais funéraires; — 4º les frais de la dernière maladie; — 5º le salaire des gens de service (v. *ci-dev., ch. des actions, note* 14, *n.* 1, *p.* 119); — 6º les fournitures de subsistances; — 7º les frais de pansemens pour la conservation des chevaux; — 8º le prêteur sur le cheval donné en gage, sans qu'il y ait eu revendication de la part du propriétaire de la ferme, dans le délai prescrit; — 9º le vendeur des chevaux, en supposant qu'il ait donné connaissance au propriétaire de la ferme qu'ils n'appartenaient pas au fermier; — 10º le propriétaire de la ferme. »

Il faut ajouter aux privilèges indiqués dans cet exemple, ceux que le même auteur cite plus loin (*sect.* 2, § 2, *et sect.* 3, § 1). 1. Privilège de la contribution foncière...; lorsqu'il s'agit des fruits des immeubles, il se place entre les frais de justice et les frais funéraires. 2 et 3. Privilèges du trésor public pour créances sur les comptables, et pour frais criminels dus par les condamnés... Ils passent après tous les privilèges généraux et spéciaux. V. *LL.* 5 *sept.* 1807 *et* 12 *nov.* 1808; *avis cons. d'état*, 25 *févr.* 1808; *C-pén.* 54; *B. c.* 6 *juin* 1809; *rej. requ.* 7 *mai* 1816, *Jalbert*, 407.

Privilèges des remplaçans des curés... v. *décr.* 17 *nov.* 1811, *art.* 14.

3. *Frais de justice.* Tarrible (*d.* § 1) observe avec raison que ce sont les frais faits pour scellé, pour inventaire, saisie, poursuites et ventes des

objets affectés aux créances, ordre et distribution de deniers ; en un mot, tous les frais qui ont pour objet la conservation du gage et sa conversion en une somme liquide susceptible de distribution ; en ajoutant qu'on n'y doit point comprendre les frais qui, quoique exposés en justice, ont un objet différent.

4. *Intérêts.* — *V.* ci-apr., tit. de l'ordre, note 37, n. 3 et 4.

5. *Concours* des créanciers hypothécaires et chirographaires sur les meubles.., V. C-com. 539 à 543 ; rép., mot ordre, § 5 et 6, t. 8, p. 843 et suiv.; rej. requ. 26 avr. 1814, avoués, x, 284 ; Paris, 15 janv. 1824, ib., xxvj, 14.

6. *Privilèges* et *distribution* en matière de commerce... V. C-com. 191, 193, 196, 214, 323, 437, 513, 520, 533, 535, 537, etc.

7. *Privilèges* qui s'étendent sur les meubles et subsidiairement sur les immeubles... — V. ci-apr. tit. de l'ordre, note 30, n. 2.

8. *Dettes transportées*... V. p. 577, note 7, n. 2.

(35) Par acte d'avoué, et par exploit, au défaut d'avoué... Le commissaire peut statuer même en défaut. *Tarif* 97, 98, 29.

Observation. Un propriétaire a saisi et vendu les meubles d'un locataire et s'est payé sur leur prix. Un jugement déclare ensuite le locataire en faillite et fixe l'ouverture à une époque antérieure au paiement du propriétaire... Décidé que comme il n'y a point eu de fraude, le paiement est valable. V. arr. rej. requ. 7 mai 1816, *Jalbert*, 290.

§ 2. *Des résultats de la distribution.*

1. Les sommes comprises dans l'état de distribution cessent de produire des intérêts lors de la clôture du procès-verbal (36), ou de la signification du jugement, ou, en cas d'appel, quinzaine après celle de l'arrêt (37). *C-pr.* 672.

2. Les créanciers satisfaits donnent main-levée de leurs oppositions, et remettent même leurs titres, si leurs créances sont entièrement acquittées. V. *Pigeau*, t. 2, p. 188.

(36) S'il n'y a pas eu de contestation. *C-pr.* 672; *ci-dev.*, p. 618, *n.* 5.

(37) Cette disposition ôte toute incertitude sur l'étendue précise de chaque créance, et empêche que le débiteur ne soit lésé par les créanciers qui négligent de retirer les sommes pour lesquelles ils sont colloqués. *Favard*, p. 324.

TITRE VII.

De la saisie immobilière. (1)

La saisie immobilière est un acte d'exécution par lequel on fait mettre sous la main de la justice et conserver les immeubles d'un débiteur pour les faire vendre au profit de ses créanciers. (2)

Le résultat de cette exécution étant l'expropriation de l'espèce de biens la plus précieuse, on a dû l'assujétir à des formes plus solennelles que celles des saisies mobilières ; à des formes qui assurassent tout à-la-fois les intérêts du créancier et ceux du débiteur, du possesseur et des autres ayant droits. V. *Réal et M. Grenier, p.* 118 *et* 335.

Ces (2 a) formes seront le sujet du chapitre premier de ce titre ; dans le second, nous traiterons des incidens qui peuvent survenir pendant la poursuite. (5)

(1) Ce titre correspond aux titres 12 et 15 du livre 5 du Code, que nous avons réunis, parce qu'ils sont relatifs à la même matière, la saisie et les incidens sur la saisie.

(2) *Coup-d'œil sur l'histoire des divers modes d'exécution hypothécaire usités en France et principalement en Dauphiné.*

Il y avait jadis en Dauphiné quatre modes principaux d'exécution, en vertu d'un droit d'hypothèque, le décret, l'action en délaissement, la subhastation, et l'exposition d'après l'édit de 1771. Dans d'autres provinces, on se servait de la collocation, ou action de donner au créancier des immeubles du débiteur, après une estimation ; de l'adjudication à la barre, etc.

1. *Décret.* Le créancier demandait son paiement, et faisait vendre le bien sur lequel il avait hypothèque, pour être payé à son rang sur le prix. Les règles de procédure auxquelles on était assujéti pour parvenir à ce dernier but, avaient été tracées par l'ordonnance de 1539, art. 76 et suiv., et par l'édit de 1551, connu sous le nom d'édit des *criées* ; mais la plupart étaient tombées en désuétude, ou observées d'une manière différente par les tribunaux.

Quoi qu'il en soit, il est bien certain que ce mode d'exécution occasionait des actes innombrables, et en général fort coûteux ; qu'il était si difficile d'en terminer les opérations compliquées, qu'on a l'exemple de décrets qui ont duré plus d'un siècle ; qu'en un mot, le résultat ordinaire qu'il produisait, était la ruine du débiteur, et souvent celle des créanciers. V. *Réal et Grenier*, p. 117 *et* 330.

Quant à ces opérations ou actes, *voyez* Ferrière et le répertoire, mot saisies réelles, et surtout Rodier, instruction mise à la fin du titre 33 de l'ordonnance de 1667.

2. *Action en délaissement.* Ce mode était fort usité en Dauphiné. Le créancier qui ne voulait pas faire vendre demandait au débiteur, en vertu de l'action hypothécaire, le délaissement de tels biens qu'il désignait, pour en jouir à titre de gage et d'hypothèque, les fruits non comptés jusqu'à son parfait paiement ; et les fruits, dans ce cas, tenaient lieu des intérêts du principal, quoiqu'ils fussent presque toujours supérieurs.

Si le créancier n'était pas satisfait de cette jouissance, il actionnait les tiers possesseurs d'autres immeubles de son débiteur (après avoir discuté les biens libres de ce dernier) ; il les sommait de délaisser, en offrant de payer leurs créances privilégiées ou antérieures aux siennes, si mieux ils n'aimaient le payer lui-même ; auquel cas il délaissait à leur profit.

Ceux qui étaient obligés de délaisser les fonds par eux possédés, devaient restituer les fruits perçus depuis la demande ; on leur tenait compte alors des intérêts de leurs créances.

Quant aux inconvéniens de cette manière de procéder, dont les frais étaient incalculables, v. *Royer-Desgranges*, *instruct. hypothéc.* (an vij).

3. *Subhastation.* On nommait ainsi, en Dauphiné, une adjudication des biens du débiteur, faite à l'enchère, d'après un mode très-simple. Mais elle avait deux inconvéniens infiniment graves : l'un, de dépouiller le débiteur pour des sommes le plus souvent fort inférieures à la valeur des immeubles ; le deuxième, de ne pas purger les hypothèques.

Le créancier, en vertu d'une permission, saisissait les immeubles du débiteur, les mettait à l'enchère dans trois criées appelées *encans* ; on adjugeait lors de la troisième et presque toujours au créancier, parce qu'on ne prenait aucune précaution pour donner de la publicité à la vente ; les deux premiers encans, par exemple, se passaient, suivant un adage vulgaire, *sous la cheminée.*

Le créancier obtenait ensuite une sentence d'*interposition de décret*, qui validait les encans et l'autorisait à se mettre en possession. Après la mise en possession, le créancier devenait propriétaire incommutable de l'immeuble adjugé ; le débiteur pouvait seulement le racheter dans les quatre mois après la mise en possession. *Ord. du parlem. de Grenoble, de* 1547*, art.* 68 à 73.

Le créancier ne pouvait prendre, en immeubles du débiteur, plus du double de sa créance en principal et accessoires (*d. ord., art.* 72), si l'on en avait fait l'observation au *troisième* encan. *Expilly, ch.* 39 *et* 42.

Les pupilles et mineurs pouvaient être restitués, pour lésion, contre la vente, dans les dix ans de leur majorité. *Expilly, ch.* 150; *Basset, tome* 1, *liv.* 4, *tit.* 12, *ch.* 6.

4. *Edit de* 1771. Il introduisit un nouveau mode, non pas d'exécuter, mais de purger les hypothèques. D'après ses dispositions, tout acquéreur d'immeubles purgeait les hypothèques à l'égard des créanciers du vendeur qui n'avaient pas formé opposition à la vente, deux mois après qu'elle avait été affichée au bailliage ou à la sénéchaussée du ressort. L'acquéreur était seulement tenu de payer le prix porté par l'acte, aux créanciers opposans, suivant l'ordre qu'on faisait de leurs créances ou privilèges (v. *rép. viij,* 770 *et suiv.,* 'mot *opposition au sceau*).

En résumé, les anciennes règles sur l'expropriation étaient aussi incertaines que vicieuses et incohérentes, à cause de l'inexplicable silence de l'ordonn. de 1667, qui forçait de remonter à des édits inexécutés ou incomplets.

Passons aux lois qui ont suivi la *révolution de* 1789.

5. *Loi du* 11 *brumaire an* VII *, Bull.* n° 2138. Elle eut pour objet de remédier aux inconvéniens des précédentes méthodes ; dans ce but, elle changea presque entièrement le système de poursuite sur les biens ; mais celui qu'elle introduisit offrit un inconvénient d'un genre opposé ; la procédure en était si rapide, qu'elle pouvait compromettre les intérêts du débiteur et les droits des tiers. Un commandement, des affiches apposées plus de 30 jours après et signifiées dans les cinq jours aux créanciers inscrits, un délai de vingt jours à un mois jusqu'à l'adjudication ; tel est le résumé des règles établies par les législateurs de l'an VII. Leur plus grand tort fut de laisser les incidens soumis aux complications du droit commun. Mais il ne faut pas répéter, après Réal, p. 118, qu'ils avaient permis de dépouiller le propriétaire d'un domaine aussi facilement que le propriétaire d'un meuble.

6. *Code de* 1806. Une réaction s'opéra dans les idées, à l'époque de l'empire. Le Code de procédure, auquel Napoléon ne jugea pas à propos de donner son nom, rétablit, ou peu s'en faut, la complication de l'antique procédure des décrets; vingt-cinq articles furent prescrits à peine de nullité; une adjudication préparatoire bien superflue dut précéder l'expropriation définitive. La durée totale des délais dépassait *huit mois*, comme on peut en juger par le tableau placé à la fin de ce volume.

7. *Loi de* 1841. Une loi du 2 juin 1841, rendue sous Louis-Philippe, a revisé les art. 673 à 748. Elle supprime l'adjudication préparatoire, diminue les nullités, abrége les délais, et met à profit les moyens de publicité fournis par l'extension de la presse périodique. Elle n'est pas à l'abri de la critique, comme on le verra plus loin (notes 4, 37, 42, 48, 50, 52 à 55, 60, 62, 64 à 66, 70, 73, 80, 81, 84, 86, 100 à 102, 115*, 116, 123, 124, 146, 150, 154, 159, 162, 165, 170 à 178). Les rédacteurs n'ont pas compris qu'ils devaient reviser en même temps le titre de l'expropriation forcée, dans le Code civil. Quoi qu'il en soit, c'est d'après ce texte nouveau que je vais exposer les règles de la saisie.

(2 *a*) Ces formes sont malheureusement nombreuses, compliquées et coûteuses, d'autant plus qu'on est exposé à les recommencer, au moins en partie, parce que la loi en a souvent prescrit, sous peine de nullité, l'observation (v. *ci-apr.* note 5, n. 1). On avait essayé, avant la loi de 1841, de les éviter en y substituant une vente aux enchères devant un notaire (v. pour les formes de cette vente, *ci-apr. part. iij, tit. des ventes judiciaires*, § 2, p. 780).

Pour atteindre ce but, le créancier se faisait donner par le débiteur, dans le contrat de prêt, le pouvoir de vendre l'immeuble hypothéqué dans l'étude du notaire dépositaire de la minute. L'art. 742 prohibe cette clause, sans doute dans la crainte que le débiteur ne se laisse dépouiller à vil prix, faute d'une publicité suffisante. Peut-être a-t-on cru que les formes étaient désormais trop simples et trop économiques pour que de pareilles stipulations soient utiles.

(3) Nous avons beaucoup fait usage de plusieurs articles excellens que le tribun Tarrible a insérés dans le répertoire de Merlin, sous les mots *saisie immobilière, inscription, expropriation, privilége, tiers détenteur* et *transcription*. Nous les indiquerons par le nom de l'auteur, suivi du mot et du paragraphe du mot sous lequel se trouve le passage cité.

Les citations de Pothier se réfèrent à son *Traité de la procédure civile*, IV⁰ partie, ch. ij, sect. 6; ou à son introduction à la coutume d'*Orléans*, titre XXI, *des criées*.

CHAPITRE PREMIER.

Formes de la saisie sans incidens. (4)

Les formes de la saisie immobilière peuvent se ranger en trois classes, suivant qu'elles sont relatives à la saisie elle-même, à la mise en vente, et à la vente ou adjudication des objets saisis : chacune de ces classes sera le sujet d'un article particulier. (5)

Nous examinerons auparavant quelles personnes ont le droit de saisir; en vertu de quels titres, contre qui, sur quelles choses elles peuvent exercer ce droit et quelles formes précèdent la saisie. (6)

(4) Ce chapitre correspond au tit. 12, liv. V du Code. — Pour abréger, nous emploierons simplement le mot *saisie*, sans ajouter *immobilière*. — Autrefois, on

disait : saisie *réelle*, saisir *réellement* (*v.* Pothier) ; sans doute par suite de la confusion qui régnait dans la pratique entre les matières réelles et les matières immobilières. Ces expressions s'étaient glissées dans les anciens art. 681 et 747 et dans le décret du 11 janv. 1811 ; je regrette d'en retrouver un vestige dans le nouvel art. 743-2°. — Évitez de confondre, comme on le fait quelquefois (*v. M. Bioche, dictionn.*), la saisie et l'expropriation, bien que la première conduise à la seconde.

(5) Quelque solennelles que soient les formes établies par la loi pour la saisie, toutes n'ont pas le même degré d'importance et n'exigent pas des développemens d'une égale étendue. Néanmoins, il en est de secondaires qu'il faut bien désigner d'une manière positive, parce que le Code en a prescrit l'observation sous peine de nullité. Voy. *C-pr.* 715 ; *Réal*, p. 123. — Nous les indiquerons donc ; mais afin d'éviter des répétitions fastidieuses, nous nous contenterons de joindre, à la citation des articles où elles sont tracées, le mot *nullité* ou la lettre *N...* Si nous citons plusieurs articles à la fois, le signe se rapportera à tous ceux dont il ne sera séparé que par des virgules.

Observations. 1. Une chose assez remarquable, c'est que : sur 45 articles (*C-pr.* 673 à 717) de la saisie immobilière, 17 et 2 §§ d'un autre, c'est-à-dire *plus du tiers*, portent la peine de nullité ; tandis que, des 997 autres articles du Code, 73 seulement, ou *environ la quatorzième partie*, prononcent cette peine.

2. La nullité d'un des actes de cette procédure n'entraîne pas toujours la nullité des actes antérieurs. V. *C-pr.* 728-2° et notes 148, 150.

(6) On voit que ce chapitre sera divisé en six articles, savoir : 1. saisissant et saisi ; 2. choses saisissables ; 3. formalités préalables ; 4. saisie ; 5. mise en vente ; 6. adjudication.

ARTICLE PREMIER.

Par qui et contre qui la saisie peut être faite.

I. *Saisissant.* — Pour pouvoir *exécuter* par la voie de la saisie immobilière et de l'expropriation qui en est la suite et le but, il faut être créancier (**7**). Mais peu importe la nature du titre primitif de la créance, pourvu qu'elle soit ensuite appuyée sur un acte exécutoire. *Arg. de C-c.* 2204, *in pr.;* 2209, 2211, 2092, 2093.

Donc, le créancier porteur d'un acte privé (**8**) a le droit de saisir, aussi bien que le créancier muni d'un acte authentique ; le créancier chirographaire, aussi bien que le créancier hypothécaire ou privilégié. (**9**)

Toute espèce de jugement exécutoire suffit pour autoriser la poursuite (**10**) ; mais, pour l'adjudication, il faut un jugement définitif en dernier ressort, ou passé en force de chose jugée. V. *C-c.* 2215 ; *ordonn. de* 1667, *tit.* 27, *art.* 8.

II. *Saisie*. Comme le but de la saisie est l'expropriation du débiteur, il est rationnel que la poursuite soit dirigée contre lui.

Cette règle reçoit exception : lorsque le débiteur est incapable d'ester en justice; lorsqu'il a abandonné ses biens; lorsque la direction de son patrimoine a été confiée à d'autres personnes. Dans ces divers cas, on poursuit l'administrateur de la personne ou des biens, ou le cessionnaire auquel ils sont abandonnés (**11**).

La saisie pratiquée par un créancier hypothécaire, après l'aliénation de l'immeuble par le débiteur primitif, se dirige contre l'acquéreur (*C-civ.* 2169); ou, s'il délaisse, contre un curateur nommé par le tribunal (**12**). V. *C-civ.*, 2174; *note* 20.

(7) Et créancier de choses liquides, certaines et exigibles. V. *C-pr.* 551; *C-civ.* 2213, *et ci-dev. tit.* 1, *n.* 4, *p.* 569.

Observations. 1. L'acquéreur d'un immeuble hypothéqué peut, en notifiant son intention de purger, occasionner une revente qui se fait par des formes semblables à celles de l'expropriation sur saisie (*C-civ.* 2187); mais cette procédure, dans son principe, n'a pas les caractères de l'expropriation forcée, puisqu'elle est la suite d'une aliénation volontaire.

2. La voie de la saisie est en général la seule qui soit ouverte au créancier. Les formes prescrites pour les ventes d'immeubles dépendans de successions vacantes ou acceptées sous bénéfice d'inventaire, ou appartenant à des débiteurs faillis (v. *p.* 781, *tit. des ventes judiciaires, note* 11, *n.* 3) ou mineurs, ne doivent être appliquées qu'au cas où la vente est requise par ceux qui en ont reçu le pouvoir. *Arg. de C-pr.* 743-2º et 744; *Tarrible, mot saisie,* § 1 et § 6, *art.* 2. V. *C-pr.* 904.

3. Au reste, il suffit d'être créancier. Ainsi un établissement public peut, sans autorisation du gouvernement, poursuivre une expropriation. *Décret du 12 septembre* 1811.

4. Si le créancier est incapable d'ester en justice, appliquez les règles posées plus haut, p. 216. — S'il est failli, la poursuite est exercée par les syndics. (*C-com.* 485.)

5. Observons enfin que le saisissant s'oblige éventuellement à acheter l'immeuble, mais pour un prix aussi faible qu'il le juge à propos. *C-pr.* 690-4º, 706-2º.

(8) Pourvu qu'il l'ait fait appuyer par un acte exécutoire; qu'il ait, par exemple, obtenu un jugement (lors même que l'hypothèque résultant de ce jugement ne serait pas inscrite). V. *art.* 551, *p.* 569, *n.* 4.

Du reste, il suffit, selon moi, que le titre exécutoire soit une constitution d'hypothèque; c'est ainsi qu'on peut expliquer les art. 2127 et 2128 du Code civil. V. mes *Notes*, sur ces deux articles.

(9) Néanmoins, il faut avoir hypothèque pour saisir les immeubles d'un failli, après le jugement déclaratif de faillite. *C-com.* 571. — Le créancier chirographaire diffère, sous plusieurs rapports, du créancier hypothécaire : 1. l'un peut saisir indifféremment tous les immeubles du débiteur; l'autre doit d'abord saisir les biens affectés à son hypothèque, et ce n'est qu'en cas d'insuffisance qu'il *exécute* les autres; 2. le premier n'a le droit d'agir que sur les immeubles restés en la possession de son débiteur, tandis que le second suit les immeubles dans quelques mains qu'ils soient passés. V. *C-c.* 2209, 2166; *notes sur le C-civil;* nº 8361.

Droit ancien. Autrefois, tous les actes notariés emportaient hypothèque tacite et générale; par conséquent, le saisissant, soit qu'il fût porteur d'un jugement, soit qu'il fût porteur d'un acte notarié, était toujours un créancier hypothécaire. Cette observation historique explique peut-être comment nos modernes législateurs ont perdu plus d'une fois de vue les simples chirographaires (notes 48, 54, etc.); et comment des auteurs modernes (M. Troplong, etc.) disent que la saisie immobilière est « la sanction de l'*hypothèque.* »

(10) Même 1° un jugement qui rejette une opposition et prononce des condamnations nouvelles, par exemple aux dépens (v. *Aix*, 7 *juill.* 1808, J-C-pr. iij, 146).

2° Un simple exécutoire de dépens (*p.* 558, *note* 20). *Cass.*, 25 *janv.* 1837.

3° Un titre qui énonce des espèces non appréciées, sauf à les faire apprécier avant l'adjudication. V. *C-civ.* 2213 et *p.* 570, *note* 15.

Il n'en est pas de même d'un jugement de défaut *pendant le délai d'opposition*, dit l'art. 2215 du Code civil.... Mais il ne faut pas prendre ces expressions à la lettre, car il s'ensuivrait une absurdité, savoir qu'on ne pourrait jamais saisir en vertu d'un jugement de défaut rendu contre une partie non assistée d'avoué, puisqu'elle peut s'y opposer jusqu'à l'exécution (*ci-dev. p.* 447)... Elles signifient seulement qu'on ne peut faire la saisie pendant la première huitaine après la signification. V. *ci-dev. p.* 289, *note* 19, *n.* 2. — C'est qu'à l'époque où le Code civil fut adopté par le corps législatif, il n'y avait qu'un délai, celui de *huitaine*, pour l'opposition (v. *ci-dev. p.* 447, *note* 12, *n.* 6); on ne prévoyait pas alors que dans le Code de procédure on prendrait une autre mesure pour les défaillans sans avoués.

(11) *Exemples.* Le tuteur du mineur débiteur. *C-c.* 450; 2208-3°.

Le curateur de la succession vacante. *Id.* 812, 813.

Le curateur au bénéfice d'inventaire, quand l'héritier, créancier lui-même, juge à propos de saisir. *C-pr.* 996. — L'héritier bénéficiaire a qualité pour vendre les immeubles de la succession (*C-civ.* 806); s'il a commencé cette opération, les créanciers ne peuvent plus saisir, selon un premier arrêt de *Paris*, 20 *sept.* 1821; mais leur droit ne saurait être paralysé par des démarches qui ne tendent qu'indirectement à les satisfaire. V. *Paris*, 24 *févr.* 1825; *Cass.* 23 *juill.* 1833.

Le mari seul pour les biens de la communauté, même quand la femme est obligée; le mari et la femme pour les biens de celle-ci, lorsqu'elle est majeure et débitrice personnelle; le tuteur de la femme mineure, que le mari refuse d'autoriser. V. *C-c.* 1421, 1431, 2208.

Les syndics d'une faillite. *C-com.* 443-3°. Le tribunal peut recevoir le failli partie intervenante. *Ib.* 4° et art. 572.

(12) Selon M. Lachaize, II, n° 510, la saisie ne peut être dirigée contre le tiers détenteur de l'immeuble hypothéqué, parce qu'il est déchu par son refus de paiement. C'est une erreur manifeste. Selon M. Chauveau, qui s'étaie d'un projet de loi de 1829, la poursuite doit se faire en *double* contre le débiteur et le détenteur. Mais cette *duplication* coûteuse ne me paraît commandée ni par la loi ni par la logique. Le débiteur est averti (*C-civ.* 2169); c'est au détenteur de le mettre en cause.

ARTICLE II.

Choses saisissables.

Les choses dont on peut poursuivre l'expropriation par la voie de la saisie immobilière, sont les immeubles (13) par nature, avec leurs accessoires réputés immeubles par destination, et l'usufruit (14) des mêmes immeubles (15). *C-civ.*, 2204, 2118.

La faculté de saisir les immeubles en général, est sujette à plusieurs restrictions :

1° Un créancier ne peut poursuivre la vente des biens libres qu'en cas d'insuffisance des biens qui lui sont hypothéqués (**16**). *C-civ.* 2209.

2° On ne peut poursuivre la vente de la part d'un cohéritier, qu'après le partage ou la licitation. *C-civ.* 2205 (**17**).

3° On ne peut mettre en vente les biens situés dans plusieurs arrondissemens, et soumis à des exploitations différentes, que successivement, à moins que la valeur n'en soit inférieure au total des créances inscrites (**18**). *C-c.* 2210, 2211; *Loi* 14 *nov.* 1808.

4° Les immeubles d'un mineur ou d'un interdit ne peuvent être mis en vente qu'après la discussion de son mobilier (**19**). *C-civ.* 2206, 2207.

5° Le juge peut suspendre la poursuite à l'égard des biens dont le revenu annuel, justifié par baux authentiques, est égal à la créance, si le débiteur en offre la délégation, et qu'il ne survienne pas d'obstacles au payement. *C-civ.* 2212.

(13) « Qui sont dans le commerce. » Cette restriction de l'art. 2118 n'est point répétée dans l'art. 2204; mais elle y est évidemment sous-entendue.... Ainsi, on ne peut saisir, pas plus qu'on ne peut hypothéquer, les biens des majorats encore existans, les domaines dont l'usufruit est attribué au chef du pouvoir exécutif. V. *décret* 1er *mars* 1808, art. 40; *S-C.* 12 *déc.* 1852, art. 7.

Au contraire, on peut saisir les mines (*loi* 21 *avril* 1810, 8), les actions immobilisées de la Banque de France (*décr.* 16 *janv.* 1808, 7), et les actions immobilisées des canaux d'Orléans et du Loing (*décr.* 16 *mars* 1810).

Quant aux meubles que la loi répute immeubles par leur destination, v. *C-pr.* 592-1° *et ci-dev. p.* 589, *note* 10, *surtout n.* 1.

(14) La clause par laquelle le vendeur d'un fonds sous réserve d'usufruit s'est interdit de céder cet usufruit, n'empêche pas ses créanciers de le saisir, *suiv. rej. requ.* 7 *mars* 1818, *avoués*, *xviij*, 257.

(15) *Action en revendication.* — On distingue trois classes d'immeubles, les immeubles par leur nature, par leur destination et par l'objet auquel ils s'appliquent. Les articles 2204 et 2118 parlent des deux premières classes, et seulement de la première espèce de la troisième, c'est-à-dire de l'usufruit. V. *C-c.* 517 *et suiv., et* 526.

Les deux dernières espèces de la troisième classe, savoir les *servitudes et les actions en revendication*, sont-elles saisissables et susceptibles d'expropriation?... Tout le monde convient que les servitudes ne le sont pas, et qu'attachées au sol, elles ne sont saisissables et aliénables qu'avec le sol : on est divisé à l'égard de l'action en revendication.

Quelques auteurs, Pigeau, M. Durantou, qui avait d'abord professé l'opinion contraire, M. Vuatrin, dans une thèse au concours de 1839, soutiennent que l'action en revendication peut être saisie.

Cette doctrine est inadmissible. L'action en revendication est inséparable du droit de propriété dont elle est la sanction en quelque sorte. Il est aussi impossible de dépouiller le débiteur de son action en lui laissant la propriété, que de le dépouiller de la propriété en lui laissant l'action. Que feraient le créancier et l'adjudicataire d'une action tendant à revendiquer un immeuble dont la propriété resterait au débiteur? Le résultat est si évidemment absurde que les partisans du système contraire entendent, sans nul doute, que l'adjudication aux enchères de l'action saisie investira l'adjudicataire de la *propriété*, sauf à faire reconnaître ce droit par les tiers qui le contesteraient. Mais alors pourquoi dire qu'il est permis de saisir et de faire vendre l'*action?* La question est mal posée. Il s'agit, au fond, de savoir s'il est permis de saisir et de faire vendre un immeuble qu'on croit appartenir au débiteur, et qui se trouve, en fait, possédé par un tiers. J'incline vers l'affirmative; le Code, art. 725 et suiv., suppose qu'une demande en distraction peut survenir incidemment à la saisie, et il ne distingue point si le demandeur possède l'immeuble ou non. L'objet de la poursuite est le droit de propriété et non la détention; c'est la propriété qui est adjugée par le tribunal et non la possession, même légale. Rien n'empêche le saisissant, qui craint une contradiction de la part d'un tiers, de mettre ce tiers en cause et de le sommer de délaisser l'immeuble (compar. *C-civ.* 2169), au lieu d'attendre une demande en opposition *à fin* de distraire l'immeuble de la saisie. Il est clair du reste que le tiers qui possède n'est pas privé des avantages de sa possession par la saisie, et que le saisissant devra prouver la propriété de son débiteur. Aussi, quand cette propriété paraîtra trop litigieuse, les créanciers agiront sagement en exerçant l'action en revendication du chef de leur débiteur (*C-civ. art.* 1166); ils éviteront ainsi, en cas d'insuccès, tous les frais de la saisie. Si la loi avait voulu permettre l'expropriation de tous les droits immobiliers ou immeubles par l'objet auquel ils s'appliquent, elle n'en aurait pas mentionné un seul expressément et passé sous silence les deux autres (*C-civ. art.* 526, 2204). Aucun texte du Code de procédure ne suppose la mise en vente d'une simple action; autrement, on aurait permis aux créanciers de sacrifier un bien considérable, du chef de leur débiteur, en échange du vil prix qu'en offrirait un acquéreur de droits litigieux. V. *Cass.* 14 mai 1806; *Orléans,* 27 janv. 1842.

Droit d'emphytéose. Ce droit a toujours été considéré comme réel, d'après les lois romaines et l'ancien droit français; c'est donc un démembrement analogue à l'usufruit. Plusieurs auteurs nient qu'il soit susceptible de saisie, par *arg. a contrario* des art. 2204 et 2218. On peut, pour l'opinion contraire, argumenter *a pari* des mêmes textes et de l'art. 2092. Autrement, le créancier se verrait privé d'une valeur considérable et réduit à saisir-arrêter la redevance périodique due à l'emphytéote. V. *Paris,* 10 mai 1831; *rej. requ.* 19 juill. 1832; *Douai,* 15 déc. 1832. La question a un intérêt manifeste à l'égard des emphytéoses maintenues par les lois de 1790; mais peut-on en créer de nouvelles en l'absence de texte prohibitif? J'ai défendu l'affirmative dans mes *notes sur le C-civ.* n° 6834.

(16) Selon Tarrible, les tribunaux peuvent, sans attendre la vente des biens hypothéqués, permettre l'expropriation des biens libres, lorsque, par l'aperçu des valeurs et des charges, il leur paraît que les premiers sont insuffisans. V. *rép.,* mot *saisie,* § 3. — V. aussi *arr. de Limoges,* 3 juin 1816, *avoués, xiij,* 140; surtout *Montpellier,* 21 juill. 1825 et *rej. requ.* 27 juin 1827, *ib. xxxiv,* 39. — Au reste, c'est au créancier de prouver l'insuffisance. V. *Toulouse,* 26 juill. 1834, *Sirey,* 35, 2, 232.

(17) Si c'est un créancier *personnel* du cohéritier qui veut saisir cette portion; en effet, jusqu'au partage on ne peut savoir de quels biens héréditaires elle sera composée (*C-civ.* 883). Règle contraire pour un créancier de la succession; celui-ci

est créancier de tous les cohéritiers; aussi doit-il faire : 1° à tous, un commandement de payer, à raison de leurs portions héréditaires; 2° au cohéritier détenteur de l'immeuble hypothéqué à la dette, une sommation de payer la dette entière, sauf son recours contre les autres cohéritiers. V. *Tarrible*, mot *expropriation*, n. 2; ci-dev. p. 141, note 25, n. 2.

Observations. 1. Le créancier personnel d'un héritier a la faculté de provoquer le partage de la succession ou d'y intervenir. *C-civ.* 2205, 882.

2. La restriction de l'art. 2205 est applicable aux parts des individus qui sont communistes à autre titre que celui d'hérédité, *suiv. Tarrible*, mot *saisie*, § 3, et Pau, 1832, *avoués*, *xlv*, 478, nonobstant *Paris*, 23 août 1816, Favart, Lachaize et Thomine. *V.* ci-dev. p. 117, note 12, n. 2.

3. L'art. 2205 défend-il de faire (avant le partage) la *saisie*, ou seulement la *mise en vente?* C'est uniquement la mise en vente, *suiv. Gênes*, 23 juill. 1812, *et rej. requ.* 14 déc. 1819; *Poitiers*, 20 août 1835, *Favart, Lachaize et Paignon....* C'est également la saisie, *suiv. Besançon et Nîmes*, 21 juin 1810 *et* 10 fév. 1823, *et rej. civ.* 3 juill. 1826. — V. pour ce dernier point, *note* 19, n. 1.

(18) A moins aussi que le créancier ne se borne aux immeubles d'un arrondissement, et n'abandonne ceux qui sont situés dans d'autres, ce qu'il peut faire si le débiteur ne s'y oppose pas, *suiv. Tarrible*, mot *saisie*, § *iv*, par *arg. des art.* 2209, 2210.

Observations. 1. On peut vendre en masse des biens appartenant à divers débiteurs solidaires du même créancier, *suiv. arr. cass.* 20 *frim. xij.*

2. Si les biens hypothéqués et les biens libres ou situés dans divers ressorts font partie de la même exploitation, le débiteur peut demander que la vente des uns et des autres soit poursuivie simultanément; on fait alors au besoin une ventilation. *C-c.* 2211; *V. Notes* 125 et 130.

(19) Le Code ne donne point de règle pour cette discussion. Demander au tuteur un compte sommaire pour savoir si l'incapable a des ressources mobilières; *saisir-exécuter* les meubles, ou dresser un procès-verbal de carence : voilà, selon le tribun Grenier, p. 352, la méthode qu'on suivait jadis, et qu'il est naturel de suivre encore (v. aussi *Rebuffe*, *litteris oblig.*, art. 11, *gl.* 4, n. 2; *Paris*, 2 août 1814, *avoués*, *x*, 105).

Suivant Tarrible (mot *saisie*, § 3), il faut avant tout faire au mineur un commandement où rien n'empêche de cumuler les formes de celui de la saisie-immobilière, en annonçant qu'on saisira successivement le mobilier et les immeubles, après les délais respectifs déterminés pour chacun de ces actes. — Cette méthode est plus courte; mais la précédente nous semble plus conforme à l'esprit de la loi et à la marche mesurée de notre procédure.

Au reste, la discussion sera exactement établie par la saisie du mobilier, et la vente et distribution du prix, ou bien par le procès-verbal de carence.... Et si cette opération ne produit qu'une partie de la dette, le créancier ne pourrait s'autoriser de l'article 1244 du Code civil pour refuser de la recevoir et par conséquent poursuivre la saisie immobilière pour le tout; *arg. de C-c.* 1270.

Observations. 1. L'art. 2206 se borne à dire que les immeubles du mineur ne peuvent *être mis en vente* avant la discussion du mobilier. Pigeau induit de là qu'on a la faculté de les saisir, sauf à ne les mettre en vente qu'après la discussion du mobilier. Mais cette expression paraît un vestige de la législation de brumaire : à l'époque où le Code civil fut décrété, la saisie était en même temps *une mise en vente*, puisqu'elle résultait de la simple apposition des affiches où l'on annonçait la vente (*L.* 11 brum., art. 5; ci-dev. p. 144, n. 4, n. 2). L'article 2205 l'emploie aussi pour défendre d'*exécuter* avant le partage les biens possédés par indivis; et néanmoins Pigeau, p. 200, n. 6, *et* 122, n. 4, décide que ces biens ne peuvent être saisis avant le même acte. Le tribun Grenier déclare positivement que la discussion « doit, lorsqu'elle devient nécessaire, précéder la saisie immobilière. » (*V.* ci-dev. note 17, n. 3.)

2. L'expression *mobilier* de l'art. 2206 du Code civil désigne toutes sortes de meubles. V. *Turin*, 14 *août* 1811, *Bordeaux*, 20 *janv.* 1812.

3. 6ᵉ *exception* (transitoire).... *Militaires*.... V. p. 165, note 16 *a*, n. 2.

ARTICLE III.

Formalités qui précèdent la saisie.

La poursuite doit être précédée d'un *commande-ment* de payer fait au débiteur (**20**), à personne ou domicile (**21**), avec avis que s'il ne paye pas, on saisira ses immeubles (**22**). *C-c.* 2217; *C-pr.* 673, N., *Ordonn.* 10 *oct.* 1841, 3.

Le commandement est fait par le ministère d'un huissier; *C-civ.* 2217; il doit donc contenir les formes ordinaires des exploits; — et en outre :

1. Une copie entière du titre (**23**). *C-pr.* 673, N.

2. Une élection de domicile dans le lieu où siége le *tribunal* qui doit connaître de la saisie (*Ibid.*, N.), c'est-à-dire le tribunal de la situation des biens qu'on veut *exécuter* (**24**). *Loi* 14 *nov.* 1808, 4.

L'huissier fait dans le jour *viser* l'original par le maire du lieu de la signification (**25**). *C-pr.* 673, N.

Ce n'est que trente jours après ce commandement qu'on peut faire la saisie, et il est périmé au bout de 90 jours (**26**). *C-pr.* 674, N.; *C-c.* 2169.

(20) L'art. 673 ne dit point à qui le commandement doit être fait; mais la loi du 11 brumaire (*art.* 1) et le Code civil (2217 et 2169) indiquent le *débiteur*. Donc ce n'est pas au *tiers détenteur* de l'immeuble hypothéqué qu'on doit faire le commandement (on l'avait déjà jugé sous la loi de brumaire; v. *cass.*, 13 *messi-dor an xiij*).

Il faut seulement lui faire une sommation de payer la dette exigible ou de délais-ser l'immeuble. V. *C-c.* 2169. — V. *cass.* 1 oct. 1810, *Montpellier*, 1811 et 1824, *Riom*, 1817, *Limoges*, 28 avr. 1818, *avoués*, *ij*, 281, *iij*, 302, *xxvij*, 119, *xix*, 39, *xviij*, 178; *id. et Toulouse*, 24 août et 21 mars 1821, *Sirey*, 21, 2, 297 et 348; *ci-dev. p.* 570 (transport). V. toutefois *Angers*, 1809, *J-C-c. xiv*, 54.

La sommation de payer n'est pas régie, comme le commandement, par C-pr. 673. V. *d. arr. Montpellier*. Il n'est pas nécessaire de la faire viser, d'y transcrire le titre, de donner à l'huissier un pouvoir spécial. Elle n'est pas périmée au bout de trois mois.

(21) *Observations.* 1... *A quel domicile?* Toutes les fois que la loi emploie le mot *domicile* sans y rien ajouter, elle entend parler du domicile réel, qui est le domicile proprement dit, le domicile général défini par elle (v. *C-c.* 102); et non pas du domicile élu pour certains actes, lequel est un domicile d'exception.

2. Mais si, dans le contrat en vertu duquel on saisit, les parties ont élu un domicile pour l'exécution de leurs engagemens, la signification du commandement à ce domicile sera valable. V. *Aix et Paris*, 11 *mai* 1808, 12 *juin* 1809 *et* 3 *mars* 1810, *J-C-pr. ij*, 456; *Nevers*, 1810, 2, 65; *avoués*, *i*, 104; *rej. requ.* 24 *janv.* 1816, *et Bourges*, 27 *juin* 1823, *Sirey*, 16, 1, 198, *et* 24, 2, 51. — V. *Bordeaux*, 21 *juin* 1842; 3 *févr.* 1844.

3. On a fondé la décision précédente, entre autres motifs, sur ce qu'il résulte du mot *précédée* de C-proc. 673, que le commandement est plutôt un acte préparatoire qu'un acte effectif de la poursuite en expropriation. V. *Dijon*, *rej. requ. et Besançon*, 15 *fév.* 1810, 5 *fév.* 1811, *et* 16 *déc.* 1812, *Nevers*, 1811, 111, *et* 1813, 2, 104; surtout *ci-dev. p.* 569, *note* 11.

4. D'après ce dernier principe, on a jugé que l'opposition au commandement et l'instance sur cette opposition ne sont pas des incidens de saisie (v. *ci-apr. ch. ij*) sujets aux règles des art. 718, 728 et 732, et que le jugement qui les termine est passible d'appel pendant trois mois. *Rej. requ.* 2 *janv.* 1827, *et* 1 *fév.* 1830, *avoués*, *xxxvij*, 91, *xxxix*, 212 (contra... *Bourges*, 9 *fév.* 1829, *ib.*, 220.)

(22) Il fallait les désigner, sous la loi du 11 *brum.* an VII, art. 2. Cela n'est plus nécessaire. V. *C-pr.* 673; *Tarrible*, mot *saisie*, § 6.
Commandement à l'héritier. V. *C-civ.* 877; *p.* 570, *n.* 1.

(23) En vertu duquel la saisie est faite. *Ibid.* D'où l'on conclut que, s'il y a un jugement, la copie en suffit. V. le tribun *Grenier*, *p.* 336. — *Bordeaux*, 20 *mars* 1835; *V. cependant M. Dalloz.*
Mais le mot *entière* montre que l'omission d'une seule partie : par exemple, de la fin du mandement d'exécution du titre, opère la nullité du commandement, *suiv. Besançon*, 1808, *J-C-pr. iij*, 318; *Bruxelles*, 1809, *Sirey*, 15, 2, 179; *Riom*, 1813, *et Bordeaux*, 1829, *avoués*, *ix*, 143, *xxxix*, 198; — nonobstant Eug. Persil, n. 69.
Il en serait autrement de la simple omission, soit d'un mot, *suiv. Bordeaux*, 20 *mai* 1828, *avoués*, *xxxv*, 248; — soit de la signature du greffier, *suiv. Lyon*, 4 *juin* 1833, *ib.*, *xlv*, 596. — L'omission ou l'inexactitude de la date peut être réparée par l'énonciation de la date véritable dans le commandement, *suiv. Bordeaux*, 8 *déc.* 1831. V. *aussi cass.*, 31 *janv.* 1821.

Observations. 1. Transport du titre, v. *tit.* 1, note 16, p. 570.
2. On n'est point dispensé, comme en saisie-exécution, de donner copie du titre déjà notifié. V. *obs. mss. du Tribunat*, art. 698.
3. La nullité de cette notification entraîne celle de toute la procédure, *suiv. Paris*, 10 *mai* 1810, *avoués*, *ij*, 383. V. *art.* 728.

(24) *Observations.* 1. On ne peut valablement faire des offres réelles à ce domicile, parce que l'élection n'en est pas volontaire; il n'est destiné qu'aux notifications de la procédure. *Arg. de C-c.* 1260; *Tarrible*, mot *saisie*, § 6, *art.* 1; *ci-dev.*, *p.* 588, note 6, *n.* 2; *Rouen*, 26 *juin* 1812, *J-C-c.*, *xx*, 30; *obs. mss. du Tribunat.*
2. Après la constitution d'avoué faite dans la saisie, les notifications relatives à des incidens doivent être adressées à l'avoué et non pas à ce même domicile. Voy. *art.* 718; *Bruxelles*, 18 *janv.* 1808.
3. Si l'on a élu, dans l'acte, un second domicile pour un temps limité et hors du lieu où siège le tribunal des biens, les offres réelles qu'on y notifiera n'en doivent pas moins être contestées devant ce tribunal. V. *arr. cass.* 10 *déc.* 1807.

(25) *Observations.* 1. Le maire est remplacé par l'adjoint le plus ancien; l'adjoint, par le conseiller municipal le plus ancien. *Loi* 21 *mars* 1831, 5.—Le Code ne fait aucune distinction; donc il importe peu que le maire soit le débiteur lui-même ou son parent, nonobstant *Besançon*, 18 *juill.* 1811. — Au défaut de conseiller municipal, on appliquera l'art. 1039. — Il n'est pas besoin d'une constatation préalable de l'empêchement du fonctionnaire supérieur. V. *Cass.* 23 *nov.* 1836, nonobstant M. Lachaize.
2. Si la notification a été faite à la *personne* du débiteur, dans un lieu éloigné

de son domicile, le visa du maire de ce lieu suffit, pourvu qu'on l'ait obtenu dans le jour ; si le temps manque, l'huissier fera bien de ne pas signifier à personne et de se transporter au domicile, parce que le visa ne peut être constaté que par la signature administrative. V. *Tarrible*, *d. art.* 1.

3. Au reste, le commandement est notifié par l'huissier, sans assistance de témoins. *C-pr.* 673 ; *C-c.* 2217. V. *note* 27.

On a suppléé à cette assistance par le *visa* administratif apposé sur l'exploit ; la saisie immobilière diffère en ce point des saisies mobilières, dont les commandemens ne sont point visés par le maire. V. *p.* 587 *et* 608.

(26) *Dr. interm.* — Six mois. V. *L.* 11 *brum.*, *art.* 4, *in f.*
Effet du commandement quant aux baux. V. *art.* 684 ; *ci-apr. p.* 643.

Observations. 1. Point de péremption, si le retard de la saisie vient des difficultés élevées par le débiteur, d'après l'axiome *actiones quæ tempore pereunt semel inclusæ judicio salvæ permanent.* — V. *arr. cass.* 1 *prairial xiij ; rej. requ.* 7 *juill.* 1818, *avoués, xix,* 198.

2. Au reste, il n'y a pas *péremption* dans toute la rigueur du terme : le commandement subsiste comme acte conservatoire et interruptif de la prescription. *Arg.* de *C-c.* 2244, qui ne distingue point à quelle époque a été fait le commandement. V. *rép. ij,* 485, *n.* 18 ; *ci-d. p.* 572 et 573, *note* 18, *n.* 2, *et* 15, *n.* 1 ; *Toulouse,* 1821, *Sirey,* 21, 2, 348.

Et il peut servir pour une saisie-exécution, *suiv. rej. requ.* 27 *mars* 1821, *avoués, xxiij,* 111.

3. La nullité du commandement est couverte par la proposition de moyens tirés du fond, parce que l'art. 173 s'applique à tous les actes de procédure, *suiv. Toulouse,* 10 *mars* 1824, *avoués, xxvj,* 170 ; mais v. *note* 147.

4. La péremption ne se présume pas ; or, l'art. 674 ne prononce pas celle de la sommation faite au tiers détenteur (s'il n'y a pas d'ailleurs 90 jours depuis la saisie) ; donc il importe peu qu'il y ait 90 jours depuis cette sommation. V. *cass.,* 23 *mars* 1841. Cependant la plupart des auteurs, MM. Bioche, Rogron, Chauveau, adoptent l'opinion contraire, parce qu'elle a été émise par le rapporteur, M. Persil, et que la chambre des pairs n'a pas jugé nécessaire de l'écrire dans la loi nouvelle. Mais les opinions formulées à la tribune n'ont pas force de loi.

ARTICLE IV.

De la saisie.

Nous traiterons dans cet article, du mode de la saisie, des formalités qui la suivent, des effets qu'elle produit.

§ 1. *Mode de la saisie.*

La saisie se fait par un huissier, muni d'un pouvoir spécial (*C-pr.* 556 ; *ci-dev., p.* 83 et *p.* 84, *note* 41), au moyen d'un procès-verbal qui contient :

1. Les formes communes à tous les exploits. *C-pr.* 675, N. (**27**).

2. L'énonciation du *titre* exécutoire, et du transport

de l'huissier sur les biens à saisir (*Ibid.*, N.), ce qui n'implique pas nécessité d'y rédiger le procès-verbal.

3. La désignation des biens saisis. Quand ce sont des *maisons*, on indique l'arrondissement, la commune, la rue, le numéro s'il y en a, et, dans le cas contraire, deux au moins des tenans et aboutissans. *Ibid.*, N. (**28**).

Quand ce sont des *biens ruraux*, on désigne leurs bâtimens, la nature et la contenance approximative de chaque pièce, le fermier ou colon, l'arrondissement et la commune où les biens sont situés. *Ibid.*, N. (**29**).

4. La *copie* littérale de la matrice *du rôle* de la contribution foncière, relative à tous les *articles* saisis, soit maisons, soit fonds de terre. *C-pr.* 675, N. (**30**).

5. L'indication du *tribunal* de la saisie.

6. La constitution d'un *avoué*, chez qui le saisissant élit de plein droit domicile. *Ibid., in f.,* N.

(27) V. *p.* 85, *n.* 3. Mais il n'est pas nécessaire d'y ajourner le saisi ; la loi ne l'exige pas. V. *Bordeaux*, 25 *fév.* 1809, *Nevers*, 1810, 283. — L'huissier n'y est pas assisté de témoins. *Ordonn.* 10 *oct.* 1841, 4.

Droit ancien. Le *sergent* devait être *recordé* de deux témoins. Il apposait des brandons ou des *panonceaux* sur l'héritage saisi. V. *Cout. d'Orl.* 466.

(28) MAISONS. *Observations.* 1. Depuis 1841, il n'est plus nécessaire de désigner l'*extérieur :* par exemple, la quantité d'étages et de fenêtres sur la rue, la manière dont la maison est couverte, et d'autres circonstances semblables ; voy. *Besançon*, 17 *déc.* 1808. En revanche, il faut mentionner le numéro.

2. L'omission du nom de l'*arrondissement* peut-elle être suppléée par l'indication de la ville où est située la maison, si elle est en même temps chef-lieu de l'arrondissement ? NON, *suiv. arr. d'Aix*, 25 *fév.* 1808, *J-C.pr. ij*, 384, *Carré et Chauv.*, n° 2230 ; *Dalloz, Lachaize.* OUI, *suiv. arr. de Rennes*, 17 *mai* 1809, *et Paris*, 24 *janv.* 1815, *avoués, xij*, 285.

3. L'omission du nom de la *rue* ne peut non plus être suppléée par l'indication du nom du faubourg dont elle fait partie, quoique ce faubourg n'ait que deux autres rues, *suiv. d. arr. de Besançon*, 17 *déc.* 1808.

4. Les *tenans* et *aboutissans* ou confins, sont les maisons, rues, fonds, qui touchent à la maison saisie, du côté de chacun des quatre points cardinaux : du moins, on est depuis long-temps dans l'usage de les désigner relativement à ces quatre points ; et comme la loi dit en général les *tenants*, il ne suffit pas d'en désigner *trois, suiv. d. arr., et Desmazures, sup.*

La cour de Paris a jugé au contraire (*arr.* 21 *juill.* 1814, *avoués, xj*, 118) que la désignation est régulière, si les tenans qu'elle embrasse sont suffisans pour faire reconnaître la maison saisie.

5. Les décisions des cours de Besançon et d'Aix annoncent un grand respect pour la loi ; mais il est bien fâcheux que la loi ait induit à en donner de semblables. Son but, en prescrivant certaines désignations, est de prévenir toute incertitude sur la maison saisie ; mais si l'on obtient ce résultat par quelques-unes de ces désignations, pourquoi les autres seraient-elles indispensables ? Une maison est-elle moins *certaine* quand on la dit située dans le terroir de Marseille, que

quand on dit dans le terroir *et* l'arrondissement de Marseille, dès que cette ville est chef-lieu de cet arrondissement? — N. B. La Cour de Caen a depuis (18 *fév.* 1829, *avoués*, *xxxix*, 231) suivi cette doctrine.

(29) BIENS RURAUX. *Observations*. 1. La loi de 1841 dispense d'indiquer les tenans et aboutissans, à cause de l'extrême division des fonds de terre.

2. La désignation des droits *réels*, démembrés de leur propriété ou de la propriété des voisins, n'est pas nécessaire. V. *Nîmes*, 22 juin 1808.

3. Quant à celle des *fermiers*, il paraît raisonnable de ne l'exiger qu'autant que le bail a pu être connu.

4. *Bâtiments.* La désignation du principal corps de logis comprend tacitement un petit bâtiment qui en est une dépendance. V. *Nîmes* , 22 juin 1808.

5. Celle de la *rue* où ils sont situés est inutile; le texte ne l'exige point. *Paris* , 22 août 1811 , *avoués*, *iv*, 157.

Il en est de même , soit de la description de leur extérieur; v. *Bordeaux*, 1832, *ib.*, *xliij*, 570; — soit, lorsqu'ils servent à l'habitation , de la désignation de leurs locataires. V. *id.*, 1829, *ib.*, *xxxvij*, 239.

6. *Pièces.* S'il y en a plusieurs réunies ensemble, il n'est pas besoin de les détailler toutes ; il suffit d'énoncer que dans ses diverses parties, la pièce principale a des bois, des prés, etc., *suiv.* *Tarrible*, mot *saisie*, § 6 , *art.* 1 , et *Bordeaux*, *ci-apr.*, n. 7. — La Cour de cassation semble avoir adopté un système différent. V. *arr. cass.* 25 août 1812, *B. c.* et *J-C-c. xx*, 201. — *Carré*, n° 2234, entend par pièces les portions de terrain séparées des autres par des bornes. Mais le mot *nature* montre qu'il faut, en outre, entendre par là les portions de l'immeuble saisi consacrées à des cultures distinctes; quant aux terres séparées par des fonds étrangers, ce ne sont peut-être pas de simples *pièces* dans le sens du Code : ce sont plutôt des *biens*.

7. La saisie de plusieurs pièces, dont quelques-unes sont insuffisamment désignées, ne doit être annulée que pour ces dernières pièces, ou pour les domaines dont elles dépendent (si plusieurs domaines ont été saisis), et non pour les autres. V. *rej. requ.* 6 *avr.* 1824. Ce point, controversé sous le Code de 1806, n'est plus douteux depuis la loi de 1841. La nullité prononcée pour défaut de désignation d'un des immeubles n'entraine *pas nécessairement* la nullité de la poursuite, en ce qui touche d'autres immeubles. *C-pr.* 715-2°.

L'omission du nom de la commune et de l'extrait de la matrice de deux des fonds saisis (s'ils ne sont pas de la même commune que les autres) opère nullité. V. *Bordeaux*, 1 mai 1816, *avoués*, *xv*, 240.

8. L'énonciation de biens non appartenans au saisi n'opère pas nullité. *Nîmes*, 22 *juin* 1808, *et Paris*, 6 *fév.* 1813.

9. Il en est de même d'une fausse dénomination d'un fonds, lorsque l'indication des aboutissans prévient toute erreur. *Rej. requ.* 8 *fév.* 1833.

(30) *Observations.* 1. On a voulu procurer une désignation exacte des objets, et permettre aux tiers propriétaires d'empêcher que leurs biens ne soient englobés dans la saisie (v. *Réal*, *p.* 119 et 120). La copie *littérale* atteint mieux le but que le simple *extrait*, dont se contentait le législateur de 1806, en dépit de quelques arrêts et de plusieurs auteurs. V. *Carré*, *lois*, *II*, 538.

2. On a jugé que la copie conforme à la matrice est valable, 1° quoique non signée du percepteur; 2° quoique sa date soit postérieure à la saisie, si elle est antérieure à la dénonciation ; 3° quoique la contenance indiquée soit trop petite, ou qu'il y ait des pièces omises. V. *arr. d'Agen*, *Rennes et Paris*, 12 *mars et* 14 *avr.* 1810, 29 *août* 1811 , *et d'Angers*, *Bordeaux*, *Limoges et Paris*, 23 *avr.* 1809, 20 *janv.* et 12 juin 1812 *et* 6 *fév.* 1813.

3. On supplée au défaut de matrice par la copie du rôle foncier, ou par une expertise administrative, d'autant plus qu'alors la loi n'impose au saisissant aucune formalité complémentaire. V. *arr. rej. ou cass.*, 2 et 24 *mars* 1819.

4. En général, l'omission de la copie, ou l'inexactitude des renseignements qu'elle renferme, ne sauraient être imputées au poursuivant, lorsqu'elles ne proviennent pas du fait de l'huissier. À l'impossible nul n'est tenu; là où il

n'existe pas de matrice (malgré les promesses faites par le ministre Teste, à la tribune, lors de la révision du titre, en 1841), on ne peut en donner la copie. Si le directeur refuse de la laisser transcrire, le résultat est identique.

§ 2. *Formalités qui suivent le procès-verbal de saisie.*

Le procès-verbal de saisie doit être suivi de quatre formalités :

1. On le présente, avant l'enregistrement (**31**), au *visa* successif des maires de toutes les communes où sont situés les immeubles saisis. Chacun vise la partie du procès-verbal relative aux biens de sa commune (**32**). *C-pr.* 676, N.; *C-c.* 2210.

2. La saisie est *dénoncée* (**33**) dans les quinze jours (**34**) de la clôture du procès-verbal, au saisi. Le délai s'augmente d'un jour par cinq (**35**) myriamètres entre le domicile du saisi et le lieu où siége le tribunal. *C-pr.* 677, N.

3. La dénonciation est *visée*, dans le jour, par le maire du lieu où elle est faite (**36**). *Ibid.*, N.

4. Dans les 15 jours après la saisie dénoncée, on fait *transcrire* (**37**) la saisie et l'exploit de dénonciation (**38**), aux bureaux des hypothèques (**39**) de la situation des biens, pour la partie qui se trouve dans leur ressort. *C-pr.* 678, N.; *ordonn.* 10 *oct.* 1841, 7.

Si une saisie des mêmes biens est déjà transcrite, le conservateur refuse de transcrire la seconde et se borne à donner en marge une notice (**40**) indicative de la première. *C-pr.* 680.

(31) Tarrible a cru qu'il s'agissait ici de l'enregistrement, ou plutôt de la transcription au bureau des hypothèques prescrite par l'art. 678; mais on l'a toujours entendu autrement : il s'agit de l'enregistrement fiscal de l'exploit qui doit se faire dans les quatre jours. V. *p.* 85, *n. iij; p.* 86, *note* 56.

L'exigence de la loi est une garantie de plus que l'huissier se transportera effectivement sur les biens saisis, comme le veut l'art. 675-2°. Peut-être suffisait-il de l'obligation, imposée par cet article, de mentionner le transport de l'huissier dans le procès-verbal ; car cette mention l'expose aux peines du faux, s'il l'écrit sans la réaliser. — Quoi qu'il en soit, on a sagement supprimé les copies coûteuses que le Code de 1806 prescrivait de laisser, en pure perte, entre les mains des maires et des greffiers de justice de paix.

La loi veut que le visa soit donné *successivement*, afin que l'huissier ne recommence pas une nouvelle tournée dans toutes les communes, uniquement pour faire viser un procès-verbal achevé. S'il le fait néanmoins, on devra lui refuser la vacation spéciale qu'il demanderait. Mais faudrait-il annuler la saisie pour cela? Non sans doute (v. *Caen*, 11 *janv.* 1842) : il faudrait, pour que la nullité fût soutenable, admettre que tous les maires se sont réunis dans le même lieu, et ont signé d'un seul trait.

Si l'enregistrement avait précédé le visa, il y aurait nullité, aux termes de la loi. V. *Orléans*, 11 *nov.* 1846.

(32) *Observations.* 1. Il suffit de demander le visa du maire dont le ressort comprend la maison, dans les villes où il y a plusieurs mairies, *suiv. Bruxelles*, 13 *juin* 1809, *Nevers*, 1810, *supp.*, 81.

2. L'huissier peut mentionner le visa; mais, dans le silence de l'art. 676, on doit reconnaître que le défaut de mention n'opère pas nullité, s'il y a réellement un visa.

3. *Quid*, si les maires sont empêchés? V. *p*. 634, *note* 25, *n*° 1.

(33) L'utilité de la dénonciation consiste à rappeler au débiteur qu'il est sérieusement menacé d'expropriation. Elle joue, sous ce rapport, le même rôle que l'assignation dans une instance ordinaire.

La dénonciation doit contenir une copie entière de la saisie, selon *arr. cassat.* 5 *août* 1812. On pourrait objecter que la loi prescrit de *dénoncer* la *saisie*, et non le *procès-verbal* de saisie, ce qui n'est pas la même chose. — Qu'est-il besoin, par exemple, de reproduire la constitution d'avoué, puisque c'est l'avoué qui fait la dénonciation? V. *Rennes*, 4 *avr.* 1810. — Dans tous les systèmes, l'omission d'un des immeubles n'annullerait pas la saisie des autres (art. 715-2°).

(34) Ce délai doit être observé à peine de nullité (art. 715). Le système contraire, avancé par Pigeau, sous l'empire du Code de 1806, est insoutenable aujourd'hui. Il est vrai qu'un retard est peu préjudiciable au saisi; mais l'on a voulu accélérer la marche du saisissant, dans l'intérêt des autres créanciers.

Du reste la nullité de la dénonciation ne rétroagit pas sur la saisie (art. 728-2°), nonobstant *Carré et Bordeaux*, 23 *janv.* 1847.

(35) La règle générale (art. 1033) sur les augmentations de distance est ici modifiée, à cause des progrès qu'a faits la rapidité des communications. — On prend pour base la distance du domicile au *tribunal*, et non à la *situation* des biens (anc. art. 681), ce qui engendrait des difficultés quand ils étaient situés dans des communes diverses.

(36) La nécessité de faire viser la dénonciation est fondée sur les mêmes motifs que la nécessité de faire viser la saisie, bien qu'ils aient ici moins de force (*note* 31).

(37) La transcription, comme son nom l'indique (*trans scribere*), est la copie de la saisie sur les registres du conservateur; sa publicité (*C-civ.* 2196) avertit les tiers qu'ils ne peuvent plus acquérir la propriété ou tout autre droit réel sur l'immeuble saisi (*v.* art. 686). C'est elle qui donne à la saisie son efficacité, en dépouillant le saisi du pouvoir d'aliéner. Aussi le saisissant est-il intéressé à la faire le plus tôt possible; si la loi lui assigne un terme fatal, c'est apparemment pour l'empêcher de sacrifier l'intérêt des autres créanciers avec le sien propre.

Dans le Code de 1806, la dénonciation de la saisie ne venait qu'après la transcription. Les rapporteurs de la loi de 1841, MM. Persil et Pascalis, ont vivement critiqué cette marche. La raison, suivant eux, prescrivait de l'intervertir; mais leur motif unique est tiré de l'assimilation qu'ils établissent entre la saisie et les instances proprement dites. N'est-il pas clair, au contraire, qu'il importe de paralyser le droit d'aliéner avant d'en avertir le saisi? Obliger le poursuivant de dénoncer, puis d'attendre avant de transcrire, c'est l'exposer à perdre tout le fruit de la saisie, dans l'intervalle. Cette innovation est donc peu judicieuse, malgré les éloges qu'elle a obtenus jusqu'à présent. — Pour atténuer le mal, on fera sagement, dans la pratique, de transcrire aussitôt après avoir dénoncé, sans autre délai que le temps nécessaire pour aller, du lieu de la dénonciation, au bureau des hypothèques.

La transcription assure au saisissant la priorité dans la direction des poursuites (art. 7 1 9 et suiv.).

On a supprimé la nécessité de transcrire au greffe et de placer dans l'auditoire un extrait pareil à celui qui doit être affiché et inséré dans les journaux (anc. art. 680 et 682).

(38) Pourquoi transcrire l'exploit de dénonciation? C'est une sorte de garantie, pour les autres créanciers, que la procédure est valablement engagée. On le copie, au lieu de le mentionner, pour prévenir l'arbitraire du poursuivant et du conservateur dans la rédaction; tel est du moins le motif donné par M. Persil, qui nie l'économie de la méthode contraire.

(39) *Observations*. 1. Rien n'empêche que le conservateur ne transcrive les saisies faites à sa poursuite, *suiv. Riom*, 1 2 *mai* 1808. En effet la loi ne le frappe point d'incapacité à cet égard.

2. La loi de 1806 n'indiquait pas quand il fallait transcrire. Ainsi, à toute époque, la transcription était bonne, pourvu que l'acte n'eût pas été anéanti par la péremption. V. *Tarrible*, § 6; *arr. d'Aix*, 3 1 *déc.* 1807.

3. Si elle ne peut être faite sur-le-champ, le conservateur indique sur l'original l'*heure* où il lui est présenté... En cas de concurrence (c'est-à-dire si plusieurs procès-verbaux sont présentés alors que le conservateur ne peut procéder immédiatement), les transcriptions seront faites suivant l'ordre des présentations. Voy. *C-pr.* 679; *et ci-dev. p.* 164, *note* 13, *n°* 5.

(40) Il y énonce la date de la première saisie et de la transcription; les parties, les avoués, le tribunal où elle est portée, et son refus de transcrire la seconde. V. *C-pr.* 680.

Les règles des art. 679 et 680 ne sont pas prescrites à peine de nullité. Néanmoins, la transcription d'une seconde saisie serait sans effet, parce que deux saisies (v. p. 574, *note* 24) ne peuvent coexister et être poursuivies ensemble. « Saisie sur saisie ne vaut, » dit Loysel (IV, vj, 11).

§ 3. *Effets de la saisie.*

Au fond, le saisi demeure propriétaire jusqu'à l'adjudication. V. *C-pr.* 717-1°. Néanmoins, la saisie restreint le pouvoir qu'il avait d'administrer la chose et d'en disposer.

I. *Pouvoir d'administrer.* Le saisi est constitué *séquestre* judiciaire (**41**), qualité qui le rend responsable (**42**) envers les créanciers et contraignable par corps à ce point de vue (*C-pr.* 681; *C-c.* 1962, 2060-4°).

Il peut, sans couper les bois, recueillir les *fruits* naturels et percevoir les loyers et fermages. Il en doit compte aux créanciers (**43**). (*C-pr.* 683, 685, *in f.*, *C-c.* 1936.) Néanmoins, ils ont la faculté de faire ordonner par le président (**44**), que le saisi ne sera pas séquestre, ou qu'ils pourront recueillir les fruits et les vendre suivant tel mode (**45**) et dans tel délai. *Ib.*, 681.

S'il y a *bail*, un créancier quelconque peut signifier au preneur un simple acte d'opposition qui vaut saisie-arrêt (**46**). *Ib.*, 685. — Le bail est annulable **47**), s'il n'a pas date certaine avant le commandement, sur la demande des créanciers (**48**) ou de l'adjudicataire (**49**). *Ib.*, 684.

Les fruits naturels perçus et les fruits civils échus depuis la transcription sont distribués par ordre d'hypothèques (**50**). *Ib.*, 682, 685.

II. *Pouvoir de disposer.* Le saisi ne peut dégrader (**51**) l'immeuble. *Ib.*, 683.

L'aliénation postérieure à la transcription est nulle de droit (**52**); à moins que l'acquéreur ne consigne, avant l'adjudication (**53**), la somme due au saisissant et aux créanciers inscrits (**54**). *Ib.*, 686, 687.

(41) Il *possède* encore, à l'effet de prescrire et d'intenter les actions possessoires; mais il est tenu de conserver la chose au profit des créanciers ou plutôt de l'adjudicataire futur, et d'apporter à cette garde tous les soins d'un bon propriétaire, fût-il négligent pour ses affaires propres (*C-civ.* 1927, 1962). De là découle l'obligation de ne pas détruire ou détériorer la chose, et même celle de ne pas l'aliéner, toutes deux consacrées formellement par des textes ultérieurs. Il perd donc l'exercice du *jus abutendi* quant au fonds et quant aux revenus; il cesse de *faire* les fruits *siens* (expression assez inexacte des auteurs), en ce sens qu'il ne peut plus en disposer au préjudice de ses créanciers, dont ils grossissent le gage immobilier (*v.* note 43). Du reste, j'admettrais difficilement qu'il fût responsable des fruits employés, faute d'autres ressources, aux besoins de sa famille. V. *C-com.* 474; *Poth.*, *Orl.* 44..

Comme séquestre, le saisi peut obliger les créanciers envers ceux qui feraient des réparations nécessaires. Mais s'il avance la somme, il ne pourra réclamer d'indemnité, quoi qu'en disent *E. Persil, MM. Dalloz* et *Chauveau,* puisque les créanciers non payés ne sauraient être forcés de lui laisser ou de lui rendre une partie de ce qui leur revient. Il a travaillé à sa libération.

(42) Le saisi est-il séquestre à compter de la saisie, de la dénonciation, ou de la transcription? — En faveur de la première opinion, on argumentera du mot *saisi;* cette qualité existe dès la clôture du procès-verbal. Néanmoins, les obligations du séquestre sont trop rigoureuses pour les faire peser sur le débiteur, avant qu'il ait connu la saisie; or, il n'en est légalement informé que par la dénonciation. — En faveur de la deuxième, on fait observer que la transcription, exigée seulement dans l'intérêt des tiers, n'ajoute rien à la connaissance résultant de la saisie dénoncée. — Dans le troisième système, on s'attache à l'ordre des art. 681 et 689, placés après les art. 678-80, qui règlent la transcription. Les exposés de motifs semblent l'avoir entendu ainsi. L'art. 685, qui fixe les obligations provenant du séquestre à l'égard des fruits civils, indique la date de la transcription.

Deux points me paraissent certains : 1° Les créanciers pourront toujours prouver que les dégradations et ventes de fruits antérieures à la transcription sont entachées de fraude; 2° les rédacteurs auraient dû exprimer un point de départ dans les art. 681 et 683 comme dans les autres. — Je dois, du reste, répéter ici le conseil de transcrire aussitôt après avoir dénoncé.

(43) L'art. 685 le décide formellement pour les fruits civils; les art. 681 et 682 le décident implicitement pour les fruits naturels. Donc les créanciers n'ont pas besoin de recourir à une saisie-brandon, en dépit de la décision de la Cour de Caen (26 avril 1842), renouvelée de l'opinion de *Pigeau*, *Lépage* et *Thom. Desmazures*. La loi déclare les fruits *immobilisés*, sans exiger une procédure spéciale, aussi surabondante que dispendieuse; elle déclare également le saisi *séquestre*, sans distinguer entre le fonds et le revenu. V. cependant *M. Colmet*.

(44) Dans la forme des ordonnances sur référé, *C-pr.* 681. Il faut citer le saisi; mais il n'est pas nécessaire de justifier d'un abus commis par lui, quoi qu'en disent Thominé et M. Chauveau; il suffit qu'il y ait juste motif d'inquiétude. L'art. 681 donne un pouvoir discrétionnaire au président.

(45) Le président peut autoriser un mode moins coûteux que la vente aux enchères.

Droit ancien. Le *sergent* établissait un *commissaire* chargé d'administrer. Le commissaire passait, devant le juge, un bail au plus offrant et dernier enchérisseur : c'est ce qu'on appelait le *bail judiciaire* de l'immeuble. Les *commissaires aux saisies réelles*, créés par l'édit de 1626, ont disparu; cependant ils se trouvent encore mentionnés dans l'art. 2060-4° du Code civil.

(46) Il n'est pas besoin dès lors d'assignation en validité et en déclaration. — Le preneur ne peut plus se libérer qu'en payant sur un mandement de collocation, ou en consignant, s'il le juge à propos ou si les créanciers le somment de le faire. *C-pr.* 685.

(47) L'annulation est facultative; on conçoit que le saisi réussisse à convaincre le juge de la sincérité des baux; d'ailleurs le bail a peut-être reçu un commencement d'exécution avant le commandement, circonstance favorable au preneur.

Les créanciers n'ont pas de fraude à prouver : il faut, mais il suffit qu'ils demandent l'annulation pour que le juge *puisse* la prononcer. *Nîmes*, 4 mars 1850.

Il en est autrement des baux ayant date certaine avant le commandement : ceux-là restent dans le droit commun (*C-civ.* 1167); il faut établir la *fraude*, et probablement aussi la complicité du preneur. V. *C-com.* 447. Du reste, s'ils ont été faits à longues années, on présumera volontiers la fraude.

(48) L'art. 684 donne l'action en nullité aux *créanciers*, sans distinguer s'ils ont ou non hypothèque; il est confirmé à cet égard par l'art. 685 (*tout autre* créancier...). Cependant, la plupart des auteurs n'accordent l'action qu'aux créanciers *inscrits*, parce qu'eux seuls sont parties dans la poursuite (quelques-uns, par exemple M. Colmet, la donnent au saisissant non inscrit, par une sorte d'inconséquence). Mais les créanciers chirographaires ont aussi intérêt à faire annuler les baux, surtout pour les fruits antérieurs à la transcription. La loi ne les a que trop sacrifiés dans le reste de la poursuite, soit par oubli, soit par économie.

(49) Cette faculté n'est pas inutile pour l'adjudicataire, quoi qu'en ait dit le rapporteur M. Persil; l'art. 1743 du Code civil ne permet pas d'écarter les baux ayant date certaine avant l'adjudication, bien que la certitude soit postérieure au commandement.

(50) La loi ajoute qu'ils sont *immobilisés*, fiction bien superflue (nonobstant M. Pascalis). On a voulu pourvoir aux intérêts des créanciers hypothécaires, d'après la maxime: l'accessoire suit le principal; d'autant mieux qu'ils n'ont pas de procédure spéciale à pratiquer (v. ci-dessus, note 43).—Si l'immeuble est saisi contre un tiers détenteur, les fruits sont dus par lui aux créanciers hypothécaires dès le jour de la sommation de délaisser. *C-civ.* 2176. —Une saisie de fruits antérieure à la transcription amènerait une distribution proportionnelle (art. 655).

Les fruits civils doivent être immobilisés, quoique le débiteur soit tombé en faillite dans l'intervalle qui s'est écoulé entre la saisie des immeubles et la saisie-arrêt des loyers et fermages: la loi ne distingue pas. V. *Paris*, 18 avr. 1833, *avoués*, *xlvj*, 347.

Il était inutile, quoi qu'en aient dit MM. *Pascalis* et *Chauveau*, de mentionner les priviléges : ce sont des hypothèques privilégiées.

(51) Le saisi qui dégrade ou fait des coupes de bois est condamné *par corps* à des dommages-intérêts, et, s'il y a lieu, aux peines des art. 400 et 434 du Code pénal. — *C-pr.* 683. Les bois non coupés augmentent la valeur de l'immeuble.

(52) Le saisissant peut continuer les poursuites, sans appeler l'acquéreur pour faire déclarer la nullité. — La nullité n'est évidemment introduite que dans l'intérêt des créanciers ; donc, malgré la généralité des termes de l'art. 686, ni le saisi ni l'acquéreur qui ont contracté et ne peuvent se libérer que d'un commun accord (*C-civ.* 1134), ne sauraient séparément invoquer la nullité, dans les cas où la saisie resterait inefficace. *Paris*, 9 déc. 1833 ; *Limoges*, 17 déc. 1846 ; nonobstant *Angers*, 2 déc. 1818 et M. *Jacob*.

On a bien fait de prendre la transcription pour point de départ, et non la dénonciation, comme le voulait le Code de 1806 ; mais, pour cela même, il fallait bien se garder d'intervertir l'ordre de ces deux formalités. V. note 37.

C'est la transcription qui est présumée avertir les tiers de ne pas contracter avec le saisi ; donc l'aliénation faite avant la transcription, quoique le même jour, est valable, nonobstant *Limoges*, 29 mai 1834, *Eug. Persil* et M. *Rogron*. Je crois même que c'est aux créanciers ou à l'adjudicataire à prouver que la vente est postérieure (*C-civ.* 2268 ; v. cepend. M. *Chauveau*). Du reste, les rédacteurs ont eu tort de ne pas dire *moment* au lieu de *jour*.

Le saisi peut-il hypothéquer ? Non, car il ne peut aliéner ; or, d'après l'art. 2124, les hypothèques ne peuvent être consenties que par ceux qui ont la capacité d'ALIÉNER *les immeubles qu'ils y soumettent*. Tous les auteurs adoptent l'opinion contraire, parce qu'elle a été soutenue dans la discussion de la loi ; en effet, le ministre Martin (du Nord), le rapporteur M. Pascalis, ont nié l'argument tiré de l'art. 2124, comme s'ils n'en avaient point compris la portée. Mais les méprises des orateurs ne préjudicient point aux règles de la logique. Ajoutons qu'on ne doit pas plus permettre à un débiteur d'hypothéquer l'immeuble saisi que d'engager les meubles frappés d'une saisie-exécution. Ainsi le droit commun, malgré les discours cités, est également favorable à la négative.

(53) Si l'acquéreur n'a pas signifié sa consignation (art. 687, *in f.*) avant l'adjudication, le juge ne peut lui donner de délai (art. 689). — Si la somme a été empruntée sur hypothèque, le prêteur ne pourra évidemment primer les créanciers inscrits avant l'aliénation (ou, du moins, avant la transcription de l'acte, *loi* de 1855), puisqu'il n'a pu s'inscrire avant eux ; aussi était-il bien superflu de l'écrire dans l'art. 688. On a craint peut-être quelque doute provenant de l'art. 2103-2°, qui donne un privilége au bailleur de fonds, ou plutôt le subroge au privilége du vendeur ; mais il est clair qu'un vendeur n'acquiert pas privilége au détriment de ses propres créanciers. V. mes *Notes sur C-civ.*, n° 8459.

(54) L'art. 687, objet d'une longue discussion législative, est fort sujet à critique. Il attribue un droit exclusif, sur la somme consignée, au saisissant et aux créanciers inscrits. Il sacrifie entièrement les créanciers chirographaires, et perd de vue les privilégiés ou hypothécaires dispensés d'inscription. On croirait que les rapporteurs et les autres orateurs n'ont jamais connu les observations de Tarrible et de la Cour de Dijon (v. *J. B. S. P.*, 6e *édit.*, *notes* 43 et 44). Il s'ensuit que l'immeuble cesse absolument d'être le gage des chirographaires, qui ont pu se contenter de former opposition sur le prix, en voyant une saisie engagée ; d'un autre côté, les créanciers dispensés d'inscription conservent leur hypothèque, et peuvent contraindre l'acquéreur à payer une seconde fois le prix de l'immeuble. Or, il est probable, à cause des travaux préparatoires, que les juges lui refuseraient la répétition de l'indu contre les créanciers déjà payés.

L'acquéreur doit consigner la somme due, bien que supérieure au prix qu'il a promis. Mais alors il a le droit de critiquer les prétentions des créanciers inscrits ou saisissants, et de faire annuler leurs créances ou leurs inscriptions, afin de restreindre sa consignation au montant de son prix.

ARTICLE V.

Mise en vente.

La mise en vente des objets saisis se fait par la confection et la publication d'un cahier des charges, suivies d'affiches et d'insertions dans les journaux.

§ 1. *Mesures qui tendent à déterminer les conditions de la vente.*

I. Le *cahier des charges* est l'écrit qui expose les obligations stipulées de l'acquéreur futur et l'étendue des droits de propriété qui sont l'objet de la vente (**55**). — On comprend qu'il doit aussi contenir les indications qui le rattachent à la poursuite.

Il énonce donc : le titre, les actes et jugemens (**56**) déjà intervenus, les immeubles (**57**), les *conditions* (**58**) et spécialement le prix que promet le poursuivant (**59**). *C-pr.* 690; N. 706-2°.

C'est le poursuivant, ou plutôt son avoué, qui rédige le cahier des charges et le dépose (**60**) au greffe, dans les 20 jours de la transcription. *Ib.*, N.

II. Dans les 8 jours du dépôt, on *somme* (**61**) le *saisi* et les *créanciers inscrits* (**62**) de lire le cahier, de proposer leurs rectifications, et d'assister à la *lecture* dont on indique l'heure. *C-pr.* 691, 692, N.

Si parmi eux figure un ancien *vendeur* non payé, on l'avertit qu'il sera déchu de son action en résolution, faute de l'intenter et de la notifier au greffe avant l'adjudication. *C-pr.* 692-2°, N.

La sommation est mentionnée en marge de la transcription, dans les 8 jours du dernier exploit. — La saisie ne peut plus désormais être rayée (**63**) que du consentement des créanciers inscrits (**64**) ou par jugement rendu contre eux. *C-pr.* 693, N.

III. Le saisi et les créanciers doivent proposer leurs *modifications* (**65**) au cahier des charges, 3 jours au plus tard avant la lecture. — Cette lecture (**66**) se fait, à l'audience, 3o jours au plus tôt, 4o jours au plus tard après le dépôt du cahier. *C-pr.* 694, N.

Le tribunal donne acte de la lecture, statue sur les changements proposés (**67**) et fixe l'heure de l'adjudication, 3o jours au moins, 6o au plus après la lecture (**68**). *C-pr.* 695.

(55) Ce que l'on nomme vulgairement les *conditions* de la vente. — Il serait fort utile d'exposer la manière dont la propriété est parvenue au saisissant et à ses auteurs les plus immédiats (c'est ce que l'on nomme, dans la pratique, l'*établissement* de la propriété); l'intérêt du poursuivant lui prescrit de le faire, lorsqu'il le peut; mais le plus souvent le saisi refusera de communiquer ce qu'il sait à cet égard, bien qu'intéressé, du moins moralement, au succès de la vente. Les rédacteurs se sont bornés à regretter ce résultat (v. *M. Pascalis*), sans rien faire pour le prévenir. Il faudrait, selon moi, obliger le saisi, par corps, à communiquer ses titres ou à faire une déclaration négative dont la fausseté reconnue serait frappée d'une peine.

(56) Le commandement, le procès-verbal (art. 69o N.), la dénonciation, la transcription, les jugemens relatifs à des incidens, par exemple, à une demande en nullité de la saisie. — Il n'est pas nécessaire de relater plus tard les actes postérieurs au dépôt du cahier. *Arg. de* 694-2°.

(57) La désignation doit être conforme au procès-verbal de saisie. *C-pr.* 69o-2°, N. Plus de détails n'occasionneraient pas une nullité, mais tout au plus une réduction de la taxe.

(58) En général, les clauses susceptibles d'être insérées dans une vente volontaire peuvent figurer dans le cahier des charges. Le poursuivant songera ordinairement à se garantir, avec les autres créanciers, du recours de l'adjudicataire. Les clauses qui gênent la liberté des enchères sont nulles; il en est de même de la clause qui permettrait d'exiger des frais au-dessus de la taxe. *C-pr.* 7o1.

(59) La mise à prix peut être inférieure aux cinq douzièmes de la juste valeur (*C-civ.* 1684, 1674); le Code ne fixe pas de *minimum*, comme la loi du 11 brumaire an VII (15 fois le revenu de la matrice). Néanmoins, je n'admettrais pas comme valable une mise à prix dérisoire (*nummo uno*), par exemple, 1 franc pour plusieurs hectares. Pas de vente sans prix. V. cepend. *M. Chauveau*, n° 2321.

(60) L'ordonnance du 10 octobre 1841, 11, accorde un émolument à l'avoué. Le cahier est grossoyé; mais il n'est pas signifié; tout intéressé a droit d'en prendre communication au greffe, au moins d'après l'art. 109 du tarif, que l'ordonnance de 1841, 20, déclare mal à propos abrogé. — Il ne suffit pas que le cahier soit *produit;* il faut qu'on le *dépose. C-pr.* 69o, *in pr.*

(61) Disposition nouvelle. Les créanciers ont un intérêt manifeste à surveiller la poursuite et à suggérer les clauses propres à élever le prix de la vente. L'intérêt bien entendu du saisi est le même, et c'est entre ses mains que se trouvent la plupart des renseignemens. — Le délai est augmenté, au profit du saisi seulement, d'un jour par cinq myriamètres entre son domicile et le siége du tribunal. *C-pr.* 691, N. La sommation est faite au domicile élu par les créanciers dans leurs inscriptions. *Ib.* 692, N; *C-civ.* 2148-1°. Mais cette règle est toute en faveur du poursuivant; la sommation ne serait donc pas nulle, selon moi, faite à personne ou au domicile réel.

(62) *Observations.* 1. Il n'est pas besoin de sommer les créanciers non inscrits, quand même ils s'inscriraient plus tard ; et , ce qui est plus grave, quand même ils seraient dispensés d'inscription. (On peut argumenter de là pour soutenir que l'adjudication ne purge pas les hypothèques de la femme et du mineur. V. *note* 115). Les rédacteurs ont ignoré ou repoussé la doctrine de Tarrible et de Pigeau. — Ils ont, du reste, continué de sacrifier ici les droits des créanciers chirographaires, même opposans.

2. Les créanciers sont-ils dispensés de renouveler leur inscription , après la sommation de l'art. 692 ? L'affirmative (v. M. *Persil*) s'appuie sur ce que leurs droits semblent reconnus dès lors, et qu'ils deviennent en quelque sorte parties dans la poursuite (art. 693). Mais ils ne sont pas encore colloqués ; or l'hypothèque n'existe que par l'inscription. V. *cass.* 18 *août* 1830. La Cour de Rouen a varié. V. *arr.* 24 *mars* 1817, 14 *fév.* 1826.

3. Si l'omission d'un créancier inscrit provenait de ce que le conservateur avait lui-même omis de l'indiquer dans son certificat, la procédure n'était pas nulle jadis. V. *trois arr. à J-C-c.*, *iij* , 413. — Même règle à présent, *suiv. Tarrible, par arg. de C-c.* 2197, et *arr. d'Amiens* , 7 *janv.* 1813.

4. Il faut sommer les créanciers des premiers propriétaires, *suiv. rej. civ.* 27 *nov.* 1811; *Riom*, 1815, *Jalbert*, 1817, *supp.* 38 , *Paris* , 1832 , et *Coffinières, avoués, xj*, 126 , *xliij*, 695 (contra... v. *Turin*, 2 *juill.* 1810, *et rej. requ.* 13 *nov.* 1827, *avoués, ij*, 335, *xxxiv*, 220).

5. L'offre du débiteur de désintéresser les créanciers inscrits avant la sommation (si l'on n'a pas consigné et s'il y a des créances inscrites postérieurement) ne peut arrêter l'adjudication , *suiv. Paris*, 17 *août* 1811, *avoués*, *iv*, 221, *par arg. de C-pr.* 694.

(63) *Rayer une saisie*, c'est détruire l'effet de la mention de cette saisie sur les registres du conservateur des hypothèques. On n'efface pas l'inscription ; mais on constate, à côté, qu'elle a perdu sa force. La radiation est faite par le conservateur; *ordonn.* 10 *oct.* 1841, 2. La *mainlevée* ou le désistement des poursuites amène la radiation. — Jusqu'à la mention de l'art. 693, le poursuivant peut se désister à son gré ; plus tard, il ne le peut qu'avec l'adhésion des créanciers inscrits qu'il a dû sommer de lire le cahier des charges. Par la mention , les créanciers deviennent parties , et en quelque sorte cosaisissans... Au reste , ils peuvent le devenir auparavant, s'ils font eux-mêmes une saisie ou tout autre acte qui les rende en effet parties. V. à ce sujet *Pigeau*, *ij*, 223.

Néanmoins, si cette dernière saisie n'a pas été poursuivie, elle ne peut faire obstacle à la mainlevée de la première, quoique ce soit à cause de celle-ci qu'on n'a pu la poursuivre (v. *note* 128) , et quoique le second saisissant ait obtenu une subrogation pour le cas où le premier (v. *note* 132) serait négligent, *suiv. rej. requ.* 14 *mai* 1835, *Sirey*, 35, 331.

(64) Cette décision vient restreindre, à l'insu des rédacteurs, la portée de l'art. 687. Si le saisi vend l'immeuble avant que la sommation aux créanciers inscrits n'ait été mentionnée , il suffit de désintéresser le poursuivant pour valider la vente, car on obtient ainsi la radiation ; c'est plus tard seulement que l'art. 687 sera applicable , en ce qui touche les créanciers inscrits. — Si l'on voulait s'en tenir à la lettre de l'art. 687, on soutiendrait que les créanciers inscrits ont le droit de considérer la vente comme nulle , et de recommencer de leur chef une saisie nouvelle , qu'ils ont intérêt à diriger contre le débiteur plutôt que contre le tiers détenteur, pour éviter l'exception de discussion. (*C-civ.* 2170.)

(65) Elles sont insérées à la suite de la mise à prix. *C-pr.* 694, N. — Les *dires et observations* (style de palais) peuvent avoir pour objet de fixer le sens d'une clause du cahier, sans proposer un *changement* proprement dit (V. cepend. MM. Rogron et Chauveau). Autrement, la dernière phrase de l'art. 694 serait d'une superfluité radicale.

Les tiers non inscrits n'ont pas qualité pour faire des observations , fussent-ils créanciers chirographaires ! ! ! — Le délai de trois jours a pour but sans doute de faciliter l'examen des changements proposés.

(66) *Publication* ET *lecture*, disent les art. 694, 695. Si ce n'est pas un pléonasme, il s'ensuit qu'un moyen de publication distinct doit être ajouté à la lecture, tel qu'un placard dans l'auditoire (malgré la disparition de l'ancien art. 682), ou une distribution de copies. — Il doit être fait *lecture du cahier*; donc il ne suffit pas d'en lire l'intitulé ou des extraits, comme cela s'est pratiqué avant la loi de 1841, et se pratique peut-être encore depuis. Peu importe, quoi qu'en disent plusieurs auteurs (E. Persil, M. Chauveau...), qu'on ait rejeté l'adjectif *entière*, puisqu'il était parfaitement inutile. Autrement, la loi serait bien mal rédigée.

Une seule lecture suffit. Le Code de 1806 en exigeait trois; on aurait pu les supprimer toutes (comme on l'a fait pour les ventes de biens de mineurs), sauf le cas de contestation.; la publicité de la vente n'est pas là.

L'ordonn. du 10 oct. 1841, 6, alloue un droit à l'huissier audiencier pour la publication; mais elle abroge fort mal à propos, *inter cæteros*, l'art. 110 du tarif, qui défend de faire une grosse pour l'huissier, et lui prescrit de publier sur une note remise par le greffier.

(67) Mesure nouvelle, qui a l'avantage de donner, aux enchérisseurs futurs, des documents irrévocables sur l'étendue de leurs engagemens. Elle nuira parfois aux créanciers et au saisi, auxquels dès circonstances nouvelles suggéreront de nouvelles clauses avant l'adjudication. — Le tribunal ne statue que *sur les dires insérés* au cahier; donc il ne peut modifier d'office.

Si une clause onéreuse pour l'adjudicataire est adoptée par le tribunal, le poursuivant a droit, selon moi, de diminuer sa mise à prix, qui ne l'engageait que d'après les bases indiquées par lui. Mais il ne pourra plus se rétracter, après le jugement qui fixe l'époque de l'adjudication.

(68) Le minimum assure l'action des moyens de publicité et permet aux enchérisseurs de se décider; le maximum pourvoit aux intérêts des créanciers. — Le jugement est porté sur le cahier. *C-pr.* 695-2°, N.

§ 2. *Mesures de publicité.*

L'avoué du poursuivant rédige et signe un extrait (**69**) indiquant :

1° La date de la saisie et de la transcription;

2° Le saisi, le saisissant et son avoué;

3° Les immeubles, comme dans la saisie;

4° La mise à prix;

5° Le tribunal et l'heure de l'adjudication.

I. Cet extrait est *inséré*, 40 jours au plus tôt, 20 jours au plus tard avant l'adjudication, *dans un journal* (**70**) du département de la situation des biens. *C-pr.* 696, N.

L'insertion est justifiée par un exemplaire portant la signature de l'imprimeur, légalisée par le maire. *Ib.*, 698, N.

II. Extrait pareil est imprimé (**71**) et *affiché*, dans le même délai (**72**) : aux portes du domicile du saisi (**73**), des bâtimens saisis, des tribunaux du saisi, de la situation et de la vente, de l'auditoire du juge de paix du lieu des bâtimens ou de la majeure partie des biens; — à la principale place et au principal marché des communes du domicile, des biens et du tribunal; sinon (**74**), au principal marché des deux communes les plus voisines dans l'arrondissement. *Ib.*, 699, N.

L'affiche est constatée par un procès-verbal (**75**) que l'huissier dresse sur un placard, et qui est visé par les maires des divers lieux d'apposition. *Ib.*

(69) Cet extrait n'est pas grossoyé. V. *Ordonn.* 10 oct. 1841, 11.

(70) La désignation des journaux où doivent être insérées les annonces judiciaires était faite arbitrairement, d'après l'art. 696 (loi de 1841), par la Cour d'appel, dans la première quinzaine de décembre. Le décret provisoire du 8 mars 1848 rendit aux parties la liberté du choix. Le décret-loi du 17 févr. 1852, 23, a donné en dernier lieu aux *préfets* le pouvoir de désigner annuellement les journaux d'annonces judiciaires. V., sur la validité de ces deux décrets, mon *Droit constit.*, n° 1433 et p. 777. A l'époque où l'on voudra procurer la plus grande publicité possible aux ventes, sans se préoccuper de la couleur politique des feuilles d'annonces, on laissera les parties libres de comparer le nombre des abonnés de chaque journal; tout au plus chargera-t-on l'autorité judiciaire, plus indépendante que l'autorité administrative, de vérifier où se trouve la majorité des abonnemens.

Le président du tribunal peut autoriser, sans recours, des insertions extraordinaires, sur la demande du saisi, du saisissant ou d'un créancier inscrit. *C-pr.* 697.

Je n'ai pas besoin de faire remarquer combien nos moyens de publicité l'emportent sur ceux d'autrefois. Des insertions tirées à plusieurs milliers d'exemplaires et répandues partout, sont autrement efficaces que les anciennes CRIÉES faites par le *sergent*, un dimanche, devant la porte de l'église *parochiale*, à l'issue de la messe *parochiale*. V. *Cout. d'Orl.*, 469.

(71) L'ensemble du placard ne peut être manuscrit, à peine de nullité; mais on peut laisser en blanc quelques détails ignorés au moment où l'on met sous presse, sauf à les écrire *lisiblement*.

(72) Le délai étant le même pour les insertions et les affiches, il est permis de commencer par celles-ci. — Si les biens sont considérables, il peut être passé en taxe 500 exemplaires en sus. *C-pr.* 700.

Les erreurs commises dans le cahier des charges et dans l'extrait qui sert de base aux annonces, peuvent être rectifiées sans refaire le cahier ou les annonces, pourvu que ce soit en temps utile, *suiv. rej. requ.*, 13 *janv.* 1813, 14 *janv.* 1816.

(73) On a voulu donner un nouvel avertissement au saisi (**M. Persil**); mais il suffisait de lui remettre un exemplaire; l'affiche est une sorte d'insulte légale, de nature à léser le crédit du débiteur, s'il n'arrache le placard devenu dès lors illusoire.

La loi ne distinguant pas, l'affiche peut être mise à la porte du domicile d'élection; s'il n'y en a point, il faut bien chercher le domicile réel et le domicile *actuel*, quoi qu'en ait dit M. Persil; car le domicile qu'*avait* le saisi lors du procès-verbal n'est plus son domicile, s'il en a changé avant l'affiche. Si l'on ignore le domicile nouveau, on observera l'art. 68.

(74) Lorsqu'il n'y a pas de marché du tout (principal ou non) dans l'une des communes citées, on affiche au principal marché (ou au marché unique) de chacune des deux communes (ayant marché) les plus voisines (dans l'arrondissement) de la commune qui, par hypothèse, n'a pas de marché.

Le voisinage est la condition requise par la loi, sans distinguer si le marché est ou non le plus fréquenté. Donc il faut afficher dans les deux communes les plus voisines, et non dans les deux communes dont les marchés sont les plus fréquentés de l'arrondissement. V. *Cass.*, 8 mai 1838, nonobstant *rej. requ.*, 29 nov. 1816.

Les *marchés* sont déterminés par des autorisations administratives; cependant la Cour de cassation (*rej. requ.* 6 avril 1824) s'est contentée du fait de réunions habituelles de vendeurs et d'acheteurs au lieu de l'affiche; décision soutenable dans l'hypothèse où il n'y aurait pas, dans l'arrondissement, autant de marchés reconnus que la loi en indique.

La loi prescrit d'afficher *au lieu* où se tient le marché, sans exiger que ce soit le *jour* même où il se tient. V. *Cass.*, 19 nov. 1812, 12 *janv.* 1820.

(75) L'huissier atteste l'apposition, dans les lieux déterminés par la loi, *sans les détailler* (*C-pr.* 699, 9e al.); ce qui signifie que le défaut de détails n'annulle pas, et non que l'indication détaillée annulle.

Le procès-verbal n'est pas grossoyé. *Ord.* 10 oct. 1841, 11.

Le visa peut être remplacé par un certificat exprès, puisqu'il n'en est que l'abréviation. V. *Grenoble*, 19 *juill.* 1808, nonobst. *M. Chauveau.*

ARTICLE VI.

De l'adjudication.

§ 1. *Fixation de l'époque de l'adjudication.*

L'adjudication (**76**), on l'a vu, doit se faire, en thèse générale, 30 jours au plus tôt, 60 au plus tard après la lecture du cahier des charges, au jour et à l'heure que fixe le tribunal, en donnant acte de la lecture.

Mais le tribunal peut la *remettre*, pour cause grave (**77**), sur la demande (**78**) du saisi, du saisissant ou d'un créancier inscrit; il en fixe de nouveau l'époque (**79**) à un intervalle de 15 jours au moins, 60 au plus. Ce jugement est inattaquable. *C-pr.* 703.

Les insertions et affiches sont réitérées (**80**), 8 jours au moins à l'avance. *Ib.*, 704, N.

(76) Le Code de 1806 exigeait deux adjudications, l'une *préparatoire* et l'autre *définitive*. La première, à laquelle aucun enchérisseur n'avait intérêt de se présenter, accroissait les dépens et allongeait les délais en pure perte: on a dû la supprimer.

(77) Par exemple, un accident de force majeure, une crise politique de nature à éloigner les enchérisseurs. V. *Lyon*, 30 *nov.* 1849. Les causes sont au surplus laissées à l'arbitrage du juge. — Comme elles sont susceptibles de se reproduire, la remise peut être ordonnée plusieurs fois, d'autant mieux que le Code limite l'intervalle où doit se placer l'adjudication différée; d'ailleurs l'art. 703 ne distingue pas s'il y a eu déjà remise ou non.

Les incidens retardent l'adjudication de plein droit; il n'est pas nécessaire de demander un jugement de remise dans ce cas. *Arg. de C-pr.* 741.

(78) Donc le tribunal ne peut remettre d'office.

Le texte ne distingue point à quelle époque la demande d'une remise est formée; donc elle peut l'être depuis le jugement qui fixe le jour jusqu'au jour même, inclusivement; seulement une assignation, nécessaire dans l'intervalle, serait inutile au jour indiqué, puisque les parties sont averties de s'y rendre. — La demande peut être présentée même après l'ouverture des enchères, qui n'atténue en rien la gravité des motifs; mais une fois qu'il y a droit acquis pour un enchérisseur, il serait trop tard.

La remise peut devenir préjudiciable; il est rationnel qu'elle puisse être contestée.

(79) Le jugement doit fixer l'heure aussi bien que le jour. *Arg. a pari* de *C-pr.* 695. — Il est inattaquable lors même qu'il refuse la remise, nonobstant E. Persil; le pronom démonstratif *ce* indique le jugement qui statue sur la demande de remise. En cas de refus, il est clair qu'on doit prononcer l'adjudication; un recours ne tendrait qu'à rendre incertain le résultat. *Poitiers*, 22 juin 1842; *Rennes*, 1er déc. 1843 et 18 oct. 1848. — Contra, *Orléans*, 10 janv. 1843.

(80) « Conformément aux art. 696 et 699, *C-pr.* 704. » Il est probable que l'art. 698 doit être observé; les rédacteurs l'ont oublié par pure inadvertance. Mais la peine de nullité est contestable.

§ 2. *Personnes capables de se rendre adjudicataires.*

En principe, *toute* personne peut se porter adjudicataire. Sont exceptés : les membres du tribunal de la vente (**81**), le saisi (**82**), les personnes notoirement insolvables (**83**), l'avoué poursuivant (**84**). L'adjudication prononcée au profit de ces personnes serait nulle. *C-pr.* 711, N. (**85**).

Nul ne peut se porter adjudicataire sans le ministère d'un *avoué* (**86**). *C-pr.* 705, N.

(81) Donc les membres de la Cour d'appel sont capables, même les procureurs généraux et avocats généraux exclus par l'ancien art. 713, ou plutôt par une pure inadvertance des rédacteurs, qu'avaient aggravée les éditeurs officiels de 1816.

Sont *membres* du tribunal les juges, juges-suppléans, procureurs, substituts et greffiers, du moins d'après l'énumération de l'ancien art. 713, préférable à celle qu'a donnée dans son rapport M. Persil. — On a craint qu'ils n'usassent de leur influence pour écarter les autres surenchérisseurs, ou même qu'on ne pût les en soupçonner.

Le texte aurait dû excepter les membres du tribunal quand ils sont créanciers, inscrits ou non, sauf à leur interdire de siéger dans la poursuite; mais il n'en a rien fait; l'assertion du rapporteur, M. Pascalis, me paraît insuffisante pour restreindre la disposition de la loi (*contra*, MM. Chauveau, Colmet, Troplong [sans motifs]; *Grenoble*, 19 avril 1823; *Montpellier*, 23 mai 1835.

Du reste, le juge qui saisit peut, je pense, demeurer adjudicataire pour la mise à prix ; cela ne contredit pas directement l'art. 711, qui contient une simple prohibition d'*enchérir*.

(82) Il est hors d'état de payer, puisqu'il souffre l'expropriation ; s'il a trouvé des ressources, il faut qu'il désintéresse les créanciers au lieu d'attendre une adjudication qui n'ajouterait rien à ses droits. — Ces motifs ne sont nullement applicables au tiers détenteur, quoi qu'en dise M. Chauveau. Un acquéreur fort riche, en omettant de purger, peut fort bien ne pas se soucier de payer la totalité de dettes hypothécaires qui ne sont pas les siennes. Arg. *a pari* de 2189. Au pis-aller, il lui suffirait de délaisser pour écarter l'application de l'art. 711. V. cependant *Bruxelles*, 15 avril 1809 ; *Favard* et *Petit*.

Le fils, la femme du saisi peuvent enchérir. V. *Bordeaux*, 21 févr. 1829 ; *Aix*, 23 *févr.* 1807.

L'héritier bénéficiaire du saisi peut enchérir, puisque son patrimoine est distinct (*C. civ.* 802). V. cependant *Pau*, 2 août 1844.

(83) La femme, qui ne possède que des immeubles dotaux inaliénables, peut être considérée comme insolvable à l'effet d'acheter. — C'est au tribunal d'apprécier la question du fait de l'insolvabilité. Le demandeur en nullité doit faire la preuve. V. *Aix*, 25 nov. 1836.

(84) Donc les autres avoués peuvent enchérir. — Quand s'appliquera la prohibition relative à l'avoué poursuivant ? Sans difficulté, quand il déclarera qu'il a enchéri pour lui-même. Mais ce cas ne se présentera guère. *Quid* s'il laisse passer trois jours sans produire l'acceptation ou le mandat d'un tiers ? On peut soutenir qu'il ne doit pas être déclaré adjudicataire, d'autant mieux que l'art. 707 réserve l'application de 711. Toutefois les travaux préparatoires favorisent la solution inverse, adoptée par MM. Colmet, Rogron, Chauveau. Ce système rend à peu près illusoire la dernière disposition de l'art. 711. — Quoi qu'il en soit, les rédacteurs se sont trompés, s'ils ont cru qu'on fait disparaître une antinomie entre deux articles par un simple renvoi de l'un à l'autre.

(85) 1. L'*avoué* qui enchérit pour un incapable est tenu des dommages-intérêts (*C-pr.* 711) envers les personnes qui souffrent de la nullité ; et il en est tenu pour le tout, puisque les expressions de l'art. 711 ne sont pas restrictives. Mais l'incapable qui lui a donné mandat est également tenu *in solidum*, puisqu'il est l'auteur primitif de tout le dommage (il doit même, à ce titre, supporter la perte en définitive). Il ne s'ensuit pas de là qu'il y ait, entre l'incapable et son avoué, une *solidarité* véritable, de nature à déterminer l'application de C. civ. 1206 et 1207, comme paraissent l'avoir cru *Pigeau*, *Carré* et M. *Chauveau*.

2. L'art. 711 n'exclut pas l'application, aux adjudicataires, des lois qui établissent d'autres incapacités d'acheter, notamment de l'art. 1596.

3. Mais il exclut implicitement les présomptions d'*interposition* de personnes établies par le Code civil (911 et 1100) pour le cas spécial de *donation* (v. cependant *Montpellier*, 26 juin 1817, et *Toulouse*, 16 mars 1833). — C'est aux juges d'apprécier si l'enchérisseur n'est que le prête-nom d'un incapable ; c'est au demandeur en nullité d'en faire la preuve ; et, tant que l'enchérisseur peut payer, la question ne doit pas même être examinée.

4. La nullité est établie dans l'intérêt *des parties* (v. la fin de *C-pr.* 711). Donc elle ne peut être invoquée par les incapables eux-mêmes. On l'a dit dans la discussion.

(86) Cette prohibition est une garantie de solvabilité. Dans l'hypothèse où le nombre des enchérisseurs excède celui des avoués, il en naît des difficultés que les rédacteurs ont prévues, mais se sont commodément dispensés de résoudre, pour des motifs qui déguisent assez mal leur embarras. V. le rapport de M. Pascalis.— Dans l'état actuel de la question, le client, qui s'adresse à un avoué déjà chargé d'enchérir, fait bien de se rendre à l'audience en personne, et de transmettre un mandat spécial, chaque fois qu'il juge à propos d'offrir un prix plus élevé.

§ 3. *Enchères.*

A l'heure indiquée, on procède à l'adjudication, *si* le poursuivant ou un créancier inscrit le demande (**87**). *C-pr.* 702.

On annonce le montant des frais de poursuite, taxés par le juge (**88**); puis on ouvre les enchères. *Ib.*, 701.

Les *enchères* sont les offres successives, que font différens acheteurs, d'une somme de plus en plus élevée (**89**), pour le prix de l'immeuble.

L'enchère oblige celui qui la fait, tant qu'elle n'est pas *couverte,* c'est-à-dire suivie d'offres plus élevées (**90**). Elle cesse d'obliger l'enchérisseur, dès qu'elle est couverte, fût-ce par une enchère nulle (**91**). *Ib.*, 705, N.

Les enchères se font à la clarté de bougies (**92**) préparées de manière à durer environ une minute (**93**). Si les trois premiers feux s'éteignent sans que la mise à prix ait été couverte, on adjuge au saisissant. *Ib.*, 706, N.

Survient-il des enchères, on attend que deux bougies s'éteignent sans nouvelles offres, et l'on adjuge *au plus offrant et dernier enchérisseur. Ib.*, N.

L'avoué dernier enchérisseur doit, dans trois jours, déclarer le nom et fournir l'acceptation de l'adjudicataire (**94**), faute de quoi il est réputé lui-même adjudicataire en son propre nom. *C-pr.* 707. *V. note* 84.

(87) Donc, si personne ne demande l'adjudication, on n'ouvre même pas les enchères. Mais le texte ne prononce pas de nullité; rien n'empêche un créancier de demander la subrogation pour négligence du poursuivant (art. 722). Bien plus, aucune loi n'interdit au saisissant de demander la fixation d'un nouveau jour pour l'adjudication, à la charge de supporter les frais d'annonces itératives, à moins que le saisi ne fasse prononcer la péremption de la procédure, ou ne prouve qu'il y a eu désistement tacite.

La loi ne prescrit point de *relire* le cahier des charges avant d'ouvrir les enchères. Mais le tribunal pourrait l'ordonner, d'autant mieux que l'ordonnance du 10 oct. 1841, 6-3°, alloue à l'huissier un droit aussi considérable que celui qu'indiquait le tarif de 1807, 155, pour la publication itérative, lors de l'adjudication.

(88) Les enchérisseurs calculent dès lors facilement la somme qu'ils auront à débourser en sus du prix principal. Avant la loi de 1841, l'on stipulait souvent que l'adjudicataire payerait une somme fixe, qui excédait les chiffres du tarif. Cette clause serait nulle aujourd'hui (art. 701).

(89) Le mot *enchères* l'indique : l'immeuble devient de plus en plus *cher*. L'enchérisseur s'oblige à payer le prix qu'il offre, dans le cas où il demeurerait adjudicataire. L'enchère contient donc une promesse conditionnelle, acceptée d'avance par la justice. — La différence entre le prix d'une enchère et le prix de la précédente dépend, dans le silence de la loi, de la volonté de l'enchérisseur.

(90) Il peut dès lors être déclaré adjudicataire, malgré sa rétractation, et nonobstant la nullité de l'enchère qui a précédé la sienne. — Mais il n'est obligé et acquéreur que sous la condition suspensive de l'adjudication ; donc, jusqu'à ce moment, l'immeuble ne périt pas pour lui. V. *Pothier, Orléans*, 92.

(91) En sens inverse, il ne peut invoquer la nullité pour se prétendre adjudicataire.

(92) La loi du 2 juin 1841, 10, autorise le gouvernement à remplacer les bougies par un autre moyen.

(93) La mention de la préparation des bougies n'étant pas prescrite, son omission n'opère point nullité. V. *arr. cass.* 10 *pluv. xiij; Merlin, rép.* mot *bougie*, par arg. de L. 11 brum. vij, art. 13 (où on lit les mêmes termes que dans *C-pr.* 707).

(94) Ou bien représenter son pouvoir, qu'on annexe à la minute de sa déclaration. V. *C-pr.* 707.

Observations. 1. Cette déclaration est une sorte d'*élection de command* ou *d'ami*, formalité imaginée dans les temps féodaux pour échapper aux droits excessifs que les seigneurs percevaient à chaque mutation des biens de leurs censitaires. V. *rec. alph.*, mot *déclar. de command*, § 2. — Mais la *déclaration de command* faite par l'avoué, se distingue de la déclaration de command faite par le client adjudicataire. L'une se fait en vertu de la loi dans les trois jours, et n'est sujette qu'à un droit fixe d'enregistrement ; l'autre n'est possible qu'en vertu d'une stipulation expresse faite lors de l'adjudication, et supporte un droit proportionnel, si elle est faite après les vingt-quatre heures qui suivent l'acceptation de l'adjudicataire '(*Cass.* 22 *févr.* 1823). Par la déclaration de command, l'acquéreur primitif s'efface et n'est plus qu'un simple mandataire ; la propriété n'a jamais reposé sur sa tête et n'a pu être hypothéquée de son chef.

2. Les vacations d'enchères et de déclaration de command sont à la charge de l'adjudicataire. *Tarif* 114 ; *Ordonn.* 10 oct. 1841, 11.

3. Si l'avoué désigne un adjudicataire incapable, mais que de bonne foi il croyait capable, on ne pourra laisser l'adjudication à la charge de cet avoué ; il faudra l'annuler, *suiv. Paris*, 20 mai 1835, *avoués*, *xlviij*, 350.

4. Quant aux peines dont sont passibles ceux qui troublent, entravent ou écartent les enchères, v. *C-pén.* 412.

§ 4. *Surenchère.*

Le résultat de l'adjudication peut être mis en question par une *surenchère*. On nomme ainsi l'enchère qui survient après une acquisition consommée (**95**). Elle doit être faite dans les 8 jours de l'adjudication (**96**) et en dépasser le prix d'un sixième. *C-pr.* 708) **97**).

Un avoué la déclare au greffe : elle est *dénoncée* aux avoués du saisi (**98**), du saisissant et de l'adjudicataire (**99**), dans les trois jours, par le surenchérisseur ; sinon, dans les trois jours suivants, par le saisi, le saisissant ou tout créancier inscrit (**100**). *Ib.*, 709-1° et 4°, N.

La dénonciation contient avenir pour l'audience qui suivra la quinzaine. *Ib.*, 709-2°.

Le jour est indiqué par insertions et affiches. *Ib.*, 709-3°, N. (**101**).

Les enchères se rouvrent et l'on adjuge de nouveau. *Ib.*, 710 (**102**).

(95) La concession du droit de surenchère est une sorte d'appel adressé aux capitalistes, pour qu'ils examinent si l'estimation donnée par l'adjudicataire est trop faible. L'exercice de la surenchère tend à détruire l'effet de l'adjudication ; elle aboutit à peu près au même résultat que l'ancienne institution de l'adjudication préparatoire ; seulement l'adjudication préparatoire pouvait être considérée comme transférant la propriété sous condition *suspensive*, tandis que l'adjudication actuelle transfère une propriété *résoluble* par la surenchère ou plutôt par *l'adjudication* à un tiers qui peut la suivre. Aussi personne ne venait à l'adjudication préparatoire, tandis que l'espoir d'obtenir un meilleur marché et la crainte d'être obligé d'ajouter un sixième en sus du prix empêcheront en général les acheteurs de laisser passer l'adjudication pour se borner à surenchérir plus tard.

Si l'immeuble vient à périr entre l'adjudication et la surenchère, il périt pour l'adjudicataire ; *Pothier, Orléans*, 93. — Je déciderais encore de même s'il périssait avant l'ouverture des enchères nouvelles et même avant l'adjudication définitive. En effet, elle se trouve sans *objet*. V. note 90.

Droit ancien. On pouvait faire une surenchère de *tiercement*, c'est-à-dire du tiers en sus. *Pothier, Orléans*, n° 97.

Le Code de 1806 voulait que la surenchère fût du *quart*, et n'admettait de concours qu'entre le surenchérisseur et l'adjudicataire. La loi nouvelle donne plus de chances d'obtenir un prix meilleur.

(96) *Observations*. 1. *Toute personne* peut surenchérir, dit l'art. 708 ; donc il n'est pas besoin d'être créancier inscrit ou d'avoir pris part aux précédentes enchères ; mais il faut être capable de se rendre adjudicataire, d'après l'art. 711, à peine de nullité.

2. Lorsque la surenchère est nulle à raison de l'incapacité d'un surenchérisseur, elle subsiste pour son co-surenchérisseur. V. *arr. de Bruxelles*, 15 avr. 1809, *J-C-c. xiv*, 89, *et avoués, i*, 55.

3. Elle ne peut se faire le neuvième jour, quoique le dernier jour de la huitaine fût férié. V. *arr. cass.* 27 *fév.* 1821, *et ci-dev. art. des délais*, p. 161, *et note* 8 *a*, n. 2, *ib.* — Mais elle est valable si elle a été faite le dernier jour, quoique férié.

4. Plusieurs surenchérisseurs sont admissibles pendant cette huitaine. La loi n'en limite pas le nombre. V. *arr. de Turin*, 30 *janv.* 1810. On a intérêt à faire une surenchère nouvelle, à cause de la nullité possible des précédentes.

(97) L'art. 708 n'est pas prescrit à peine de nullité ; mais le résultat est le même, car si les conditions auxquelles est subordonné le droit de surenchérir ne sont pas remplies, le droit ne s'exerce plus utilement et l'adjudication cesse d'être résoluble. — L'adjudicataire est donc à l'abri : 1° si huit jours se passent sans surenchère d'un sixième ; 2° si la surenchère, faite dans les huit jours, n'est pas notifiée au greffe, avec constitution d'avoué, puis dénoncée dans les six jours par qui de droit et à qui de droit. Ajoutez note 102.

(98) S'il n'a point d'avoué, la dénonciation n'est pas nécessaire. V. *C-pr.* 709.
Il n'entravera pas la surenchère en se cachant, ou en révoquant son avoué.

Il en est de même, si l'avoué n'a été constitué que pour un incident, *suiv. un arr. de Paris*, 23 août 1810, *avoués, ij*, 222. Mais qu'importe cette circonstance? c'est la seule qui, dans le cours ordinaire des choses, déterminera le saisi à constituer avoué; c'est donc à celle-là surtout que les rédacteurs ont dû songer dans l'art. 709. — Je saisis cette occasion de faire observer que la présence du débiteur, soit en personne, soit par un mandataire, est tout à fait inutile à la validité d'une poursuite en expropriation.

(99) Le saisi et le saisissant sont intéressés à rendre plus productive l'adjudication nouvelle. Quant à l'adjudicataire, il est averti de ne plus compter sur son titre, et de chercher les moyens d'enchérir à son tour pour le consolider. Si l'on ne dénonce pas aux créanciers inscrits, c'est par économie pure.

Plusieurs cours ont pensé que l'adjudicataire n'a pas qualité pour invoquer le défaut de notification de la surenchère à l'avoué du saisissant ou du saisi. *Cass.* 18 *févr.* 1839; *Toulouse*, 14 déc. 1844; *Montpellier*, 27 avril 1850; *MM. Duvergier, Petit, Rodière*. Mais cette décision me semble inconciliable avec l'art. 715-3°. Il suffit, d'après ce texte, pour pouvoir *proposer* une nullité, d'*y avoir intérêt*, c'est-à-dire sans doute d'avoir intérêt à ce qu'elle soit prononcée; il n'est point nécessaire d'avoir eu intérêt à ce que la formalité omise fût accomplie. Au surplus, on fera bien de corriger le Code à cet égard.

(100) Les créanciers inscrits sont intéressés à faire renouveler les enchères, malgré la négligence ou le caprice du surenchérisseur. Mais comment pourront-ils user de ce privilège avant le terme fatal? En supposant qu'ils s'informent tous les trois jours, au greffe, de l'existence de la surenchère, comment sauront-ils qu'elle n'a pas été dénoncée, puisque dans aucun cas ils ne doivent être avertis? Ils sont réduits à prendre des renseignemens chez les trois avoués à qui la dénonciation doit être faite. La loi est insuffisante sur ce point.

(101) L'art. 696 prescrit d'annoncer, au plus tard, vingt jours avant l'adjudication; ce délai sera presque toujours impossible à observer ici, puisque le surenchérisseur ajourne à l'audience qui suit la quinzaine. C'est par pure méprise que les rédacteurs ont oublié de reproduire le délai de l'art. 704. Mais leur silence n'autorise pas à prononcer la nullité si le surenchérisseur, intéressé à diminuer la concurrence, abuse de la latitude qui lui est laissée, pour annoncer seulement *la veille* des enchères.

Quelques arrêts (*Limoges*, 17 mars 1843; *Dijon*, 7 août 1843), sans doute pour prévenir ce danger, ont supposé que l'avenir prescrit par l'art. 709-2° a pour but unique d'*obtenir* la fixation du jour des enchères. Dans ce système, le délai de *quinzaine* serait injustifiable : les parties n'ont pas besoin que tous les intérêts soient tenus en suspens pendant 15 jours pour *se préparer à ouïr* une fixation de délai. Le mot *indication* (709-3°) serait fort bizarre, entendu de l'annonce qui suivrait une indication déjà faite par le juge; il s'explique assez bien, quand il n'y a pas eu de jugement. C'est alors dans l'annonce du surenchérisseur qu'il faut chercher l'indication. V. aussi arg. *a pari* de 735-2°. — Quoi qu'il en soit, on a eu tort de supprimer, sans discussion, les mots qui se lisaient, dans le projet, à la suite de l'art. 709-2° : « .... à la première audience, pour une nouvelle *adjudication.* »

L'application de l'art. 698 est également oubliée dans l'art. 709-3°, par suite de quelque autre inadvertance. Encore une nullité contestable.

(102) Le surenchérisseur reste adjudicataire si ses offres ne sont pas couvertes. En cas de folle enchère, il est tenu par corps de l'excédant qu'il a offert. *C-pr.* 710-1°. — L'adjudication qui suit la surenchère ne peut être suivie d'une surenchère nouvelle. *Ib.* 710-2°. Elle peut donc être qualifiée *définitive* par opposition à la précédente. — Si elle n'est pas *demandée*, le premier adjudicataire se trouve maintenu (arg. de *C-pr.* 702). — Les rédacteurs ont oublié de prescrire l'annonce préalable des frais de surenchère (*compar. C-pr.* 701).

§ 5. *Forme et exécution du jugement d'adjudication.*

Avant d'obtenir le jugement, l'adjudicataire doit payer les frais ordinaires de poursuite (**103**) et remplir les conditions dont le cahier des charges stipule l'exécution préalable ou immédiate (**104**). Sinon, 20 jours après l'adjudication, on l'y contraint par les voies de droit (**105**), ou par celle de la folle-enchère. *C-pr.* 713.

Les preuves écrites de l'exécution (**106**) sont remises au greffier, annexées à la minute, et copiées à la suite de l'adjudication. *Ib.*

Le jugement d'adjudication (**107**) est une copie du cahier des charges. Il est revêtu de l'intitulé et du mandement ordinaires, et contient injonction au saisi de délaisser les biens, *aussitôt* après la signification, sous peine d'y être contraint, même par corps. *C-pr.* 712 (**108**).

L'adjudicataire fait mentionner le jugement en marge de la transcription de la saisie. *Ib.*, 716 (**109**).

(103) A l'égard des frais *extraordinaires*, ils sont payés par privilège sur le prix de l'adjudication, lorsque cela est décidé par *jugement. C-pr.* 714. — Tarrible semble décider que ces frais sont ceux de l'expropriation (v. *rép.* mot *priviléges*, sect. 3, § 1); cependant les art. 713 et 714 distinguent les frais ordinaires des frais extraordinaires. Les premiers sont vraisemblablement ceux qu'exige une poursuite de saisie dégagée de tout incident; les seconds, ceux qu'occasionnent les *incidens* (mais non la surenchère). On peut l'induire de la modification faite (sur l'avis du Tribunat) à l'art. 732 du projet, qui chargeait l'adjudicataire des frais de poursuite sans distinction.

L'art. 714 ne spécifie pas quel *jugement* confère le privilége ; donc, ce peut être un jugement postérieur à celui de l'incident. *Toulouse*, 16 mai 1831 ; nonobstant *Demiau-Crouzilhac*, *Carré*, *E. Persil*, *M. Chauveau*, etc.

Le mot *privilége* n'est pas sacramentel ; mais peut-être ne suffirait-il pas de dire que les dépens seront *employés* comme frais extraordinaires, ce qui peut s'entendre d'une permission de les colloquer au rang d'hypothèque du créancier qui les obtient. V. cependant *Riom*, 3 août 1826 ; *M. Chauveau*.

Le privilége étant donné sans restriction, implique ici une préférence absolue, même à l'égard des autres priviléges. Comparez ledit arrêt de *Riom*.

(104) *Observations.* 1. Peut-il consigner ? Oui, en règle générale, sauf le cas de créances éventuelles ou de conditions contraires du cahier des charges, *suiv.* *Tarrible*, § 7, *par arg. de C-pr.* 687, et *C-c.* 2186, et *Riom*, 19 *janv.* 1820, *Sirey*, 24, 2, 324. — Non, à moins que le jugement ne le décide ; *suiv. Pigeau*, ij,

246, et *Merlin*, *rép.*, *iij*, 2, et mot *consignation*, n. 5 *et* 6, *par arg. de C-pr.*
771; — ou que l'*ordre* amiable n'ait échoué, *suiv. Pigeau*, *ib.*

2. Dans le premier système, le Code civil (art. 1257) étant inapplicable (*d. arr. Riom*), l'adjudicataire devrait interpeller le saisi et les créanciers inscrits de se présenter au temps et au lieu de la *consignation*, et ensuite en faire juger avec eux la validité, *suiv. Tarrible*, *sup.*

(105) Cette disposition n'était point dans l'art. 24 de la loi du 11 brumaire, d'où les art. 713 et 733 du Code ont été extraits. Il en résulte qu'on peut employer contre l'adjudicataire les moyens généraux d'exécution, tels que les saisies mobilières (on ne le pouvait pas jadis). V. *arr. cass.* 20 *juill.* 1808; *Paris*, 1810, *avoués*, i, 285, et *Riom*, 23 *janv.* 1821, *avoués*, *xxiij*, 225.

Quid si, après avoir obtenu la délivrance, il ne remplit pas les conditions qui deviennent exigibles dans la suite? V. *C-pr.* 733, 735.

(106) On ne dit point comment l'adjudicataire en justifie; mais il est naturel que ce soit par des quittances, s'il s'agit de payemens; et en suivant le mode prescrit par le cahier des charges, s'il s'agit d'autres opérations.

(107) *Observations*. 1. A la rigueur, une adjudication, bien qu'émanée d'un tribunal, n'est pas un *jugement* proprement dit, car elle ne prononce sur aucune contestation; elle ne fait que proclamer la personne qui, n'ayant rien à démêler, soit avec le saisissant, soit avec le saisi, a mis la plus haute enchère; le juge fait dans cette déclaration l'office d'un notaire; *Merlin*, *rép. alph.*, mot *expropriation*, § 3, n. 5; — si ce n'est en ce qu'il supplée la volonté du saisi et le dépouille de sa propriété.

2. Il résulte de ces principes qu'il n'est pas nécessaire d'observer, dans l'adjudication, les règles propres à la *rédaction* et aux *qualités*. V. *arr. cass.* 27 *fruct.* x, 18 *vend. xij*; *Toulouse*, 31 *janv.* 1826.

3. On en conclut aussi généralement que les voies d'attaque sont exclues, bien que la loi soit seulement explicite à l'égard de l'*appel* (art. 730-2°). Cette doctrine n'est pas à l'abri de toute objection : il n'y aurait rien d'absurde à procéder comme dans les autres matières; du moment que le législateur juge à propos de requérir l'intervention du pouvoir judiciaire pour protéger les propriétaires, débiteurs prétendus. Aussi les auteurs de la loi de 1841 auraient dû s'en expliquer, d'autant mieux qu'ils supposent la possibilité de faire déclarer une adjudication *nulle* (v. art. 711). La seule voie ouverte, dans le silence du texte, consiste à revendiquer l'immeuble, du chef du saisi, contre le tiers indûment proclamé adjudicataire, et à faire juger que son titre n'est pas légitime.

4. L'adjudication n'est pas rescindable pour lésion de plus des sept douzièmes du juste prix. *C. civ.* 1684. V. *Pothier*, *Orl.* n° 152.

(108) La contrainte par corps est ici une appréhension corporelle momentanée et non un emprisonnement durable pour dettes; elle est donc susceptible d'être exercée contre toutes personnes, sans excepter celles que le Code civil déclare non-contraignables par corps; il serait bien bizarre que les mineurs, les femmes, les septuagénaires pussent paralyser l'action de la justice et rendre illusoires les expropriations forcées. *Contra*, Thomine et Carré. — Thomine applique ici mal à propos le délai de 15 jours concédé par C. civ. 2061 pour l'exécution des jugemens rendus en pétitoire.

(109) Cette obligation même prouve que, d'après la loi de 1841, l'adjudicataire n'avait pas besoin de transcrire le jugement, ni de remplir aucune formalité ultérieure. Mais la loi du 23 mars 1855 est venue rétablir la formalité de la *transcription*, primitivement exigée par la loi du 11 brum. an VII, 22. Cette mesure avertit les tiers qui auraient traité avec le saisi depuis la transcription de la saisie (*C. pr.* 687), que leur contrat est nul, sans aucun remède.

L'obligation de mentionner en marge, a beaucoup perdu de son intérêt; elle subsiste toutefois, car l'art. 716 n'est pas abrogé. Elle facilite les recherches et accroît la publicité.

Le jugement n'est signifié qu'au saisi (*C. pr.* 716-1°). Donc, toute autre signification, sans nuire aux droits de l'adjudicataire, serait frustratoire, et demeurerait à sa charge. — Le saisi qui met volontairement l'adjudicataire en possession se rend non recevable à invoquer le défaut de signification. *Rejet requ.* 10 décembre 1849.

§ 6. *Effets de l'adjudication.*

L'adjudication transmet à l'adjudicataire tous les droits du saisi sur l'immeuble et rien que ces droits. *C-pr.* 717-1° (**110**).

Donc, si le saisi était propriétaire, elle est translative de propriété; *Instit.*, § 6, *De officio judicis* (**111**); — si le saisi n'était pas propriétaire, elle constitue simplement un juste titre d'acquisition (**112**). Le véritable maître conserve le droit de revendiquer et d'évincer l'adjudicataire ou ses ayants-cause (**113**). Tous ceux qui avaient des droits réels sur l'immeuble les conservent (**114**).

Il faut excepter probablement les créanciers hypothécaires, surtout s'ils étaient inscrits avant la sommation de lire le cahier des charges (**115**). — L'ancien vendeur non payé ne peut non plus exercer son action en résolution. *C-pr.* 717-2° et 6° (**116**).

(110) Il y aurait eu quelque avantage à mettre les adjudicataires à l'abri de toute éviction. Mais on ne pouvait songer à dépouiller un tiers de sa propriété, sous prétexte que son bien se trouve entre les mains d'un homme qui ne paye pas ses dettes.

Droit intermédiaire. Même règle. L. 11 *brum. vij*, art. 25. — V. aussi *loi* 20, *in pr.* et § 1, *Dig. de adquir. dominio*; C. civ. 2182 : *Nemo plus juris transferre potest quam ipse habet.* — La loi du 9 *messidor* an III décidait le contraire.

Droit ancien. Le décret n'était pas valable *super non domino* (Pothier); mais il était valable *super possessore*, si le véritable propriétaire n'avait formé opposition *à fin* de distraire (*ib.*, *Cout. Paris*, 344), ce que je ne crois pas admissible aujourd'hui. De plus, le décret ne purgeait pas certains droits *royaux* ou *seigneuriaux*. « Un décret, dit Loysel (IV, *vj*, 16), nettoye toutes hypothèques et droicts, fors les censuels et feudaux. »

(111) En d'autres termes, elle consomme l'*expropriation forcée*, suivant l'expression du Code civil. Quelques auteurs veulent sous-entendre ici un consentement tacite du saisi, pour faire rentrer l'adjudication dans la vente. Mais je ne vois pas la nécessité de recourir à une fiction. Du reste, il est clair que beaucoup des caractères de la vente se rencontrent : il y a un prix et un acheteur; s'il y a un auteur, ce n'est certes pas le juge ni le saisissant, mais bien le saisi ; c'est à lui qu'appartenaient les droits transmis.

L'adjudicataire devient propriétaire avant d'avoir pris possession (*C. c.* 1138; *arg. a fortiori d'Orléans*, 378). Mais le devient-il avant d'avoir payé le prix? On peut soutenir que oui (*Arg. a pari de C. civ.*, 1583). Néanmoins , la négative s'appuierait sur l'ancien droit (*Orléans* , 378 , et *Inst.* § 41 *De rerum divis.*), auquel le Code de procédure ne déroge pas formellement, et sur les art. 713 et 740. V. notes 95 et 152.

Dans tous les systèmes , l'immeuble est sur-le-champ aux risques de l adjudicataire. *Pothier, hic.* — V. *C. civ.*, 1138; *Inst.* § 3 *De emptione.*

(112) L'adjudicataire prescrira par dix ou vingt ans s'il est de bonne foi ; il fera les fruits siens, et pourra, s'il perd la possession, intenter la revendication (action publicienne du droit romain) et les actions possessoires.

(113) *Observations*. 1. *Éviction et garantie.* L'adjudicataire évincé après la distribution du prix, peut en exiger le remboursement des *créanciers*, à moins que, par suite de la distribution, leur titre n'ait été supprimé ; dans ce cas, il a son recours contre le saisi comme ayant fait son affaire utilement. V. *Tarrible* , mot *saisie*, § 7 (*par arg. de C-c.* 1377) ; *et rej. requ.* 16 *déc.* 1828, *avoués, xxxvj,* 170.
—Je ne saurais, malgré l'opinion contraire de M. Duvergier, accorder une action en garantie proprement dite contre le *saisi*, car la vente n'est pas l'œuvre de sa volonté. — Je ne l'admettrais même pas contre le *poursuivant*, comme le veut M. Persil ; car il n'a rien promis de plus que les créanciers inscrits, et comme eux il a cherché seulement à se faire payer par les moyens que lui indiquait la loi.
« Le poursuivant criées, disait Loysel (IV, *vj,* 17), n'est garend de rien, fors de » solemnitez d'icelles. » — *Sic Rouen*, 25 juin 1849 ; *Riom*, 30 janv. 1850.

2. *Droit ancien.* La garantie n'était due que par le débiteur, parce que, dans une expropriation , ce ne sont point les créanciers qui vendent, mais bien la justice au nom de leur débiteur. *L.* 10 , *pr. D., distract. pignor.* ; *L.* 1 et *ult., C. creditorem evictionem pignoris non debere; Royer-Desgranges, instruct. sur le rég. hyp.*, n. 501 ; *Bézieux , liv.* 3 , *ch.* 7, § 6.

3. Conformément à ce dernier principe, on a jugé que s'il manque des meubles immeubles par destination , l'acquéreur n'a pas le droit de demander une indemnité aux créanciers étrangers à l'enlèvement, mais seulement la rescision de la vente ou la restitution du prix. V. *Bruxelles* , 12 *déc.* 1807, *J-C-pr. iij* , 23.

4. Quant au bail ancien, l'adjudicataire ne peut avoir plus de droit que les créanciers. V. *notes* 47 *à* 49, p. 642.

(114) Cela est incontestable pour tous les droits de servitude et d'usufruit, les droits de possession légale ou actions possessoires, en un mot tous les droits réels autres que l'hypothèque. Je n'excepterais même pas, comme *Pothier*, les servitudes non apparentes.

(115) 1. Il est vraiment incroyable que les auteurs de la loi de 1841, tout en édictant des articles fort prolixes et qui touchent au droit civil en plusieurs points, n'aient pas trouvé deux lignes pour dire que *l'adjudication purge* (ou ne purge pas) *les hypothèques.* Le rapporteur,, M. Pascalis , déclare que « la loi nouvelle n'apporte pas de changemens à la législation existante ; » or l'art. 731 du Code de 1806, devenu l'art. 717-1°, dont le rapporteur expose les motifs dans ce passage , conduit à décider que les hypothèques ne sont pas purgées. Le rapporteur ajoute, il est vrai, qu'il parle de la législation interprétée par la *jurisprudence récente.* On retrouve là un vestige d'un préjugé dont j'ai démontré ailleurs (*droit constit.*, n°s 1207 à 9) les malheureux effets, et qui consiste à paralyser l'action du pouvoir législatif par respect pour la chose jugée, comme si la chose jugée était une vérité pour d'autres que pour les plaideurs !

2. Quoi qu'il en soit, les assertions des rapporteurs ont aujourd'hui, en quelque sorte, force de loi dans la pratique ; on jugerait probablement que l'adjudication purge les hypothèques non dispensées d'inscription, et ne purge pas celles qui en sont dispensées. Je persiste à croire : que la première proposition, rationnelle d'ailleurs et appuyée sur de bons argumens légaux, est assez controversable pour mériter une solution législative ; — que la deuxième est encore plus controversable, et doit même en théorie se résoudre différemment (v. mes *Notes sur le Code civ.*, n°s 8880, 8970) ; en effet, l'argument capital pour l'opinion contraire se tire de

ce qu'on n'a pu lier à la poursuite la femme et le mineur qu'on ne connaît pas;
— or la mesure prescrite par l'art. 2194, ou plutôt par l'avis du Conseil d'État du
1er juin 1807, de légalité douteuse, consiste précisément à faire l'insertion prescrite par l'art. 696 du Code de procédure, et qui a dû être faite par le saisissant.
Ainsi tout le résultat de la jurisprudence, pieusement confirmée par les législateurs
de 1841, est d'obliger l'adjudicataire à renouveler cette insertion, en y mention-
nant une femme et un mineur qu'il ne connaît pas mieux que le poursuivant!!! Il
est vrai qu'il doit déposer le jugement, au greffe, pendant deux mois; mais qui donc
ignore que ce jugement est la copie du cahier des charges, déjà déposé au greffe
pendant plus longtemps encore et, en outre, lu et discuté à l'audience?

3. Les créanciers inscrits depuis la sommation de lire le cahier n'ont pas été parties
dans la poursuite; mais on peut dire qu'ils sont en faute. A l'égard des créanciers
inscrits auparavant et que le poursuivant n'a *pas sommés*, Tarrible et M. Colmet
décident que leur hypothèque n'est pas purgée; je préfère leur donner seulement
un recours en dommages-intérêts contre le conservateur (*C. civ.* 2198) ou contre
le poursuivant, par la faute duquel ils souffrent. L'adjudicataire a dû croire que
toutes les sommations avaient été faites. La loi ne lui donne aucun moyen de s'assurer de l'irrégularité des poursuites, si ce n'est en ce qui touche la surenchère;
loin de là, elle défend aux intéressés d'invoquer une nullité quelconque, même
celle qui résulte du défaut de sommation aux créanciers inscrits, moins de 3 jours
avant l'adjudication. *C. pr.* 729-1°. On peut également argumenter de ce que,
sous l'ancien droit, le décret purgeait les hypothèques d'une manière absolue.
Pothier, art. *x*, 58; V. note 110-3°. — V., en sens contraire, MM. Troplong,
Persil, Chauveau; *Liége*, 11 août 1814; *Caen*, 28 nov. 1825.

4 *Inscription hypothécaire.* Est-il nécessaire de la renouveler après l'adjudication?
Non, suiv. *Angers*, 4 janv. 1833, *avoués*, *xhj*, 40 et 41, parce que les inscriptions
ont produit tout leur effet judiciaire lorsque l'expropriation judiciaire est consommée. Cependant Merlin (*répert. xvj*, 468, *h. v.*, § 8 *bis*, n. 5) décide que l'inscription doit
être renouvelée, si les dix ans au bout desquels elle se périme viennent à expirer
dans l'intervalle qui sépare l'adjudication de l'ouverture de l'ordre (v. *ci-apr. ce
tit.*, note 16, n. 3).

(116) 1. Innovation aux art. 1184 et 1654 du Code civil. On a voulu consolider
les adjudications; peut-être a-t-on seulement nui aux créanciers et au saisi, en for-
çant les vendeurs non payés d'agir *sans délai*. V. note 143.

2. Le prolixe art. 717 semble, à la fin de son deuxième alinéa, admettre une
restriction au profit du vendeur; mais il se borne à autoriser une procédure incidente pour fixer une limite à l'action en résolution. Si le vendeur ne l'a pas fait
juger dans le délai déterminé, il est déchu (art. 717-6°). Donc, il faudrait supposer qu'une adjudication a été poursuivie et prononcée au mépris du sursis que
doit accorder le tribunal, pour trouver un cas où l'adjudicataire soit exposé à
l'action en résolution.

3. Le texte ne distingue pas entre le vendeur inscrit (qu'on a pu et dû avertir de
la déchéance qui le menace, art. 692-2°) et le vendeur non inscrit; donc ce dernier
est également déchu, s'il n'a pas notifié sa demande en résolution au greffe avant
l'adjudication (art. 717-2°). — Quant au vendeur inscrit, qui n'a pas été *averti*, il
est, selon moi, réduit à une action en indemnité contre le poursuivant (*V.* note
115-3°), nonobstant *Bazas*, 8 janv. 1850; *MM. Chauveau* et *Rodière*. V. 729.

4. Mais l'art. 717 n'a entendu parler que d'une adjudication véritable, définitive; par conséquent, la formation d'une *surenchère* efficace anéantit la déchéance
apparente, produite par l'adjudication qui l'a précédée, nonobstant *Bordeaux*,
19 février 1850.

5. La loi ne traite pas le vendeur *incapable* plus favorablement que les autres,
en dépit de l'opinion qui décide que la femme et le mineur ne sont pas dépouillés
de leur hypothèque légale par l'adjudication.

CHAPITRE II.

Incidens de la saisie immobilière (**117**).

On ne saurait donner l'énumération complète des demandes susceptibles d'être formées dans le cours d'une poursuite en expropriation. Il faut se contenter, comme la loi, d'en prévoir quelques-unes (**118**), et de poser des règles générales applicables à toutes (**119**).

J'exposerai d'abord ces règles générales, en réservant toutefois, pour un dernier paragraphe, celles qui sont relatives aux voies contre les jugemens.

(117) Ce chapitre correspond au titre 13, livre V du Code.

(118) En voici le tableau, dans l'ordre du Code :

Causes :	Objets :
Concours de saisies.	Demande en *jonction*.
Faute ou fraude du poursuivant.	— *subrogation*.
Prétention d'un tiers à la propriété des biens saisis.	— *distraction*.
Nullité d'un acte.	— *nullité*.
Inexécution des engagemens de l'adjudicataire.	Poursuite de *folle-enchère*.
Accord des intéressés à simplifier les formes.	Demande en *conversion*.

M. Persil, dans son rapport, ajoute la radiation et la convention de vendre sans formes. Mais le Code ne statue rien sur la demande en radiation (v. art. 724), et une convention n'est pas une demande incidente. — *V.* note 143.

(119) Sauf les restrictions formulées par la loi.

La demande en nullité du commandement n'est pas incidente, lorsqu'elle précède la saisie : elle reste donc soumise au droit commun. V. *note* 21, n. 4. — Mais lorsqu'elle est formée après le procès-verbal, elle devient incidente; on doit, je pense, y appliquer les art. 718, 728, 731 et 732.

La demande en revendication, intentée, du chef du saisi, contre le tiers détenteur de l'immeuble, échappe aux règles des incidens, ainsi que la revendication intentée contre le saisi, si le demandeur ne réclame pas la *distraction*.

§ 1. Exercice, effet et instruction des demandes incidentes en général.

I. *Exercice*. On les forme par *simple acte* contenant les moyens et les conclusions. Si le défendeur (**120**) n'a pas d'avoué, on assigne, mais sans augmentation de délai à raison des distances (**121**), et sans conciliation. *C-pr.* 718.

II. *Effet.* Tout incident *retarde* l'adjudication (**122**), et oblige à de nouvelles annonces par affiches et journaux, 8 jours d'avance. *Ib.,* 704, 741 ; *note* 77.

III. *Instruction.* Les demandes incidentes sont instruites et jugées comme affaires *sommaires* (**123**), le ministère public entendu. *Ib.,* 718.

(120) La loi ne prescrit pas d'appeler les créanciers inscrits (*comp. art.* 725), ce qui eût été peu économique. Mais il est prudent d'appeler ceux sur qui l'on présume que les fonds manqueront, si l'on ne veut pas craindre une contestation nouvelle (v. *art.* 693).

(121) Sauf le cas de l'art. 725-2°. Le renvoi de 718 à 726 est inexact.

(122) Tel serait l'effet d'une plainte en faux contre les actes de l'huissier relatifs à l'expropriation. V. *arr. cass.* 15 *févr.* 1810.
Par ce moyen on délivre l'acquéreur de la crainte de se voir intenter des procès après l'adjudication, ainsi que cela pouvait avoir lieu sous la loi du 11 brumaire an vij. V. *Grenier, p.* 350; *ci-apr. note* 136, *n.* 3, *p.* 666.
Donc si un incident empêche d'observer les délais prescrits, il n'y a pas nullité. Il suffit de les observer après le jugement de l'incident.

(123) Donc il ne s'y fait point de défenses ni de réponses, quoi qu'en dise M. Rogron par une erreur palpable.
A quoi bon dire que les incidens seront *jugés* comme affaires sommaires? Il n'en peut résulter qu'un devoir moral de célérité pour les juges. Cependant M. Pascalis en donne un singulier motif : c'est qu'on a voulu empêcher les avoués de plaider dans ce cas. Il valait mieux le dire ouvertement que de donner une consécration indirecte à la distinction subtile et malheureuse des affaires *sommaires* et des affaires *jugées sommairement.* Peut-être aussi vaudrait-il mieux exiger des avoués un diplôme. — *Frais des incidens.* V. note 103.

§ 2. *Demande en jonction.*

Plusieurs saisies peuvent concourir. Le Code prévoit les trois cas qui suivent (**124**) :

1° Les saisies frappent des *biens différens* (**125**). La partie la plus diligente peut, mais seulement avant le dépôt du cahier des charges (**126**), requérir la *jonction* (**127**). Les poursuites sont continuées par le premier saisissant (**128**). *C-pr.* 719.

2° La saisie postérieure est plus *ample*, c'est-à-dire frappe les mêmes biens et d'autres encore. Elle est

transcrite pour les objets non compris dans la première, puis dénoncée au premier saisissant (**129**). Ce
dernier la poursuit jusqu'à ce qu'elle soit au même
degré ou au même *état* que la sienne; il les *réunit* alors
dans la même poursuite (**130**); *ib.*, 720; — sinon, le
second demande la subrogation. *Ib.*, 721.

3° Les saisies postérieures ont le *même objet*. Elles
sont paralysées par la première (*ib.*, 680); mais si elle
vient à être rayée, le plus diligent des saisissants postérieurs poursuit sa propre saisie (**131**). *Ib.* 724.

(124) Je réunis ces trois cas pour plus de clarté; le premier donne lieu à la
demande en jonction; le deuxième n'amènera guère qu'une *demande en subrogation;* le troisième n'amène pas d'incident.
Il me paraît évident que les règles formulées pour le concours de *deux* saisies
s'appliquent au concours d'un plus grand nombre.
Les législateurs de 1841 auraient dû élucider davantage les art. 719-720, et les
mettre en harmonie avec les art. 2210-11 du Code civil et la loi du 14 nov. 1808.
V. cepend. M. *Chauveau.*

(125) Si elles doivent être poursuivies devant différens tribunaux, la jonction
ne peut être ordonnée. *C-pr.* 719. S'ensuit-il que ce texte soit spécial au cas où
les biens sont situés dans le même arrondissement, comme semblent le croire les
auteurs? *Quid* si, étant dans deux arrondissemens, ils font partie d'une seule
exploitation (*C-civ.* 2210-11)? La jonction peut s'opérer devant le tribunal du chef-
lieu d'exploitation ou de la partie la plus productive des biens; je doute que la
priorité de saisie doive entraîner une modification de compétence.

(126) On ne distingue pas lequel des poursuivans a déposé le premier. — Si
l'on attendait cette formalité, la procédure serait trop avancée pour qu'une jonction procurât beaucoup d'économie; d'ailleurs, le poursuivant qui a déposé son
cahier serait déjà engagé par sa mise à prix. Mais v. note 130.

(127) Donc le juge ne peut l'ordonner d'office; mais un intéressé quelconque
peut la demander. — Le mot *requête* ne doit pas induire en erreur sur la forme
de la demande. V. *art.* 718; *ordonn.* 10 oct. 1841, 12 *in f.*

(128) Quand même sa saisie serait moins *ample*, c'est-à-dire aurait pour objet
des biens d'une valeur moins considérable. — D'après le sens naturel des mots,
le *premier saisissant* serait celui dont le procès-verbal est le plus ancien; on décide néanmoins, en général, que c'est le saisissant qui a le premier fait transcrire
(*arg. a pari* de l'art. 720). Mais alors la *concurrence* n'est possible que lorsque la
transcription a eu lieu à la même *heure* dans deux bureaux différens (v. *note* 40);
il ne suffit pas que les deux saisies aient été transcrites le même jour, dans le
même bureau (v. *note* 39-3°), malgré l'opinion contraire de Carré, que M. Chauveau (n° 2413 *quinquies*) déclare une reproduction *littérale* de la loi.—Quoi qu'il
en soit, l'art. 719 préfère, en cas de concurrence, le porteur du titre *le* plus ancien, sinon l'avoué le plus ancien.

(129) Avec sommation de la mettre en état. *Ordonn.* 10 oct. 1841, 7. — Si
elle est déjà au même état que la première, il les réunit toutes les deux dans la
même poursuite. *C-pr.* 720. — Pour la mettre au même état, il faut en ajouter
les objets au cahier des charges, indiquer le jour de la publication, faire de nouvelles affiches et insertions pour la totalité.

(130) Il en résulte une économie, puisqu'on ne fait désormais qu'une formalité pour deux saisies, au lieu de faire chaque acte par duplicata; et cette économie se rencontre lors même qu'on est parvenu au dernier acte. Aussi l'opinion de Pigeau, Carré et Desmazures, qui n'admettaient pas la jonction après le dépôt du cahier (par *arg. a pari* de 719), était peu judicieuse. Elle est insoutenable aujourd'hui, quoi qu'en disent MM. Dalloz, Chauveau, etc., puisqu'il n'y a plus d'actes entre la transcription et le dépôt du cahier, et que cependant l'art. 720 suppose les deux saisies transcrites parvenues à différens *degrés*. — Par le même motif, il n'y a jamais lieu de surseoir, dans l'hypothèse de 719, puisque cet article se place après la transcription et avant le dépôt du cahier. Il y a seulement lieu de prolonger, soit le délai qui sépare la transcription du dépôt, soit le délai qui sépare le dépôt de la sommation. Les auteurs, et peut-être les rédacteurs, semblent ne pas l'avoir aperçu. V. *Carré*, *MM. Chauveau, Bioche* (n° 604), etc.

En général, il faut supposer, pour l'application de l'art. 720, que les biens sont dans le même arrondissement. Le contraire est cependant possible, s'ils font partie d'une même exploitation (*C-civ.* 2210). On comprend, dans ce cas, l'utilité des derniers mots de l'art. 720, qui prescrivent de poursuivre devant le tribunal de la première, utilité niée par MM. Pascalis, Chauveau et Colmet. Il en résulte, dans l'hypothèse où ce tribunal n'est pas celui du chef-lieu d'exploitation ou des biens les plus productifs, une dérogation, peut-être imprévue, à l'art. 2210-2°. — Je serais porté à conclure de l'art. 2211 que la demande en jonction peut émaner du saisi quand les biens font partie de la même exploitation, ce qui justifierait la place de l'art. 720 au titre des incidens. V. cepend. *M. Chauveau.* — Hors de ce cas, la seule sanction du texte paraît être dans l'art. 721.

(131) Quand même il aurait fait transcrire le dernier. — Jusqu'à la radiation, on peut demander à être subrogé.

§ 3. *Demande en subrogation.*

La *subrogation* est ici l'attribution, à une personne (**132**), du droit de continuer des poursuites commencées par une autre (**133**).

Elle est ordonnée : 1° quand le saisissant ne poursuit pas une saisie ultérieure qui lui est dénoncée; *C-pr.* 721; 2° quand il commet un dol ou néglige d'observer une formalité ou un délai (**134**). *Ib.*, 722.

Le poursuivant remet les pièces au subrogé, sur son reçu (**135**). *Ib.*, 723-2°.

(132) Le subrogé doit avoir un titre exécutoire, puisqu'il ne pourrait saisir sans cela, et qu'il s'agit de le constituer saisissant. V. *Pothier, hic.* Mais, sous cette réserve, tout créancier capable de saisir *ab initio* est, par cela même, capable de se faire subroger à une saisie commencée. L'art. 722 n'exige aucune qualité du poursuivant; or, il faudrait un texte formel pour créer ici une incapacité. Toutefois, ce point a été fort controversé (v. *Tarrible et Merlin*, qui depuis a changé d'avis). On a argumenté de l'art. 721, qui attribue *au second saisissant* l'action en subrogation, et du mot *également*, qui, dans l'art. 722, semble se référer à

un principe posé dans l'article précédent. Mais l'art. 721, d'ailleurs spécial au concours de saisies, a surtout pour but de formuler une sanction pour l'art 720. Quant au mot *également*, il signifie que la subrogation peut être demandée pour d'autres causes que le refus de jonction. *Rej.* 12 août 1844, etc.

(133) La demande est naturellement dirigée contre le poursuivant originaire. Elle doit l'être aussi contre le saisi, défendeur à l'instance principale, car il s'agit de lui donner un nouvel adversaire dont il a intérêt de contester la qualité. *Caen*, 22 *fév.* 1828; nonobst. *Dijon* 28 *mars* 1828; *Riom*, 12 août 1844; Pigeau, E. Persil.

(134) On ne comprend pas, au premier coup d'œil, quel intérêt il peut y avoir à se faire subroger quand la poursuite est nulle. La commission (v. *le rapport de M. Pasculis*) allait jusqu'à proposer la suppression du deuxième alinéa de l'art. 722. Mais, outre que les nullités n'ont pas lieu de droit et peuvent n'être pas demandées ou ne pas l'être en temps utile, leur application laisse souvent subsister la procédure antérieure (v. *art.* 728). Le subrogé aura donc un point de départ certain dans le dernier des actes valables; à l'égard des actes subséquens, il pourra, ou les refaire, ou courir la chance de l'inaction du saisi, ou provoquer son acquiescement.

L'inobservation ne constitue pas, ce me semble, une *négligence*, quand elle est involontaire. — La *collusion* consiste à s'entendre avec le saisi pour paralyser les poursuites. — Il est plus difficile de concevoir un cas de fraude sans collusion, car un tiers n'a guère intérêt à entraver isolément l'action des créanciers (v. cep. M. *Bioche*, n. 618). On pourrait donner pour exemple les manœuvres employées pour acquérir la priorité en détournant un autre saisissant de transcrire le premier, afin d'obtenir plus aisément un payement individuel (v. *art.* 687). — En cas de fraude, le jugement est susceptible d'appel (art. 730-1º), et le poursuivant encourt des dommages-intérêts (art. 722-1º).

(135) Il n'est payé de ses frais qu'après l'adjudication, comme s'il avait continué les poursuites. Les frais de l'incident sont supportés par le perdant, sans répétition contre le saisi. *C-pr.* 723.

§ 4. *Demande en revendication ou en distraction.*

Lorsqu'un tiers a la propriété de tout ou partie des objets saisis, ou bien des droits réels auxquels ces objets sont affectés, il n'est pas dépouillé de ces droits par l'adjudication (**136**), puisqu'elle ne transmet que les droits du saisi. V. *art.* 717-1º; *note* 110.

Il a le choix, pour les faire reconnaître, d'intenter une action principale et distincte en revendication, ou de former une action incidente (**137**), dite demande en *distraction* parce qu'elle tend à faire *distraire* ou retirer de la mise en vente les biens dont il est propriétaire. Elle peut tendre aussi à faire simplement déclarer que les immeubles saisis sont grevés à son profit de certains droits réels (**138**). Dans les deux cas, on observe les règles suivantes :

1. Si la distraction ne comprend qu'une partie des

objets saisis, on procède à la vente des autres, sauf au juge, en cas de réclamation des intéressés, à surseoir à la vente de la totalité. V. *C-pr.* 727 (**159**).

2. Le demandeur en distraction dépose au greffe ses titres justificatifs, et joint l'acte de dépôt à sa demande (**140**), où il se borne à les énoncer. *C-pr.* 726; *ordonn.* 10 *oct.* 1841, 7.

3. Cette demande est formée (**141**) contre le saisissant, le saisi et le premier inscrit. *C-pr.* 725; *note* 121.

Action en résolution et en rescision. Selon moi, tous ceux qui ont conservé sur l'immeuble une propriété subordonnée à quelque résolution ou rescision, peuvent agir en distraction (**142**); tel est l'ancien vendeur non payé, le seul dont la loi s'occupe.

S'il préfère exercer une demande séparée, il doit la notifier (**143**) au greffe, avant l'adjudication, sous peine de déchéance. Cette notification produit un sursis; mais le saisissant ou un créancier inscrit peuvent demander que le tribunal fixe au vendeur, pour faire juger la résolution, un délai susceptible d'être prorogé pour causes graves. *C-pr.* 717-2°, 3° et 8°.

(136) *Observations.* 1. Par conséquent, le tiers peut, après comme avant l'adjudication, exercer la revendication, tant que le droit n'en est pas prescrit. V. *Tarrible*, *art.* 2; *Paris*, 9 *mars* 1811; *Rouen*, 1811, *J-C-c. xviij*, 36; *Toulouse*, 1823, *et Colmar*, 1831; *Sirey*, 24, 2, 38, *avoués, xl*, 363. — Et il doit l'exercer en dirigeant une action principale contre l'adjudicataire, et non pas en formant une tierce-opposition au jugement d'adjudication. V. *à ce sujet, Toulouse*, 5 *déc.* 1834, *ib., xlviij*, 351 — V. note 110.

2. On ne peut exercer qu'avant l'adjudication une demande en séparation de patrimoines, *suiv. Montpellier*, 26 *févr.* 1810, *par arg. de C-c.* 880 *et C-pr.* 725, 726, *avoués, i*, 272. — Mais v. C. civ. 2111 et mes *Notes*, n° 8511.

3. Selon Desmazures, *ch.* 15, § 2, n. 125, l'acquéreur de l'immeuble saisi, qui ne s'est pas fait connaître avant la saisie, soit par l'insertion de son nom dans la matrice du rôle, soit autrement, serait bien admis à intervenir, mais non pas à agir après l'adjudication consommée. Il se fonde sur deux motifs : 1° la loi (*C-c.* 2169) exigeant qu'on poursuive le tiers-détenteur et que l'on copie la matrice dans la saisie (*C-pr.* 675), celui-ci ne peut se plaindre qu'autant qu'il s'était déjà fait connaître; 2° l'on imposerait au poursuivant une condition impossible à remplir, si on l'obligeait d'agir contre un détenteur qui ne se serait pas fait connaître.

Voici ce que l'on peut répondre : 1° la copie de la matrice de rôle n'est exigée que comme une mesure de précaution, et non pas pour donner ou enlever des droits, parce que les rôles, excepté pour les droits d'enregistrement (*B. c.* 2 *août* 1809, 13 *avr.* 1814, 5 *janv.* 1825, 6 *fév.* 1826) n'ont jamais été considérés même comme établissant des présomptions légales de propriété (*Cujas, obs. xxvij*, 34;

Despeisses, des tailles, tit. 4, sect. 3, n. 18); 2° si la loi prescrit de poursuivre le tiers-détenteur, elle entend parler sans contredit du tiers-détenteur véritable. C'est au poursuivant à s'en informer, d'après la maxime *qui agit certus esse debet* (*p.* 215, *note* 12), et cette information n'est ni impossible ni même difficile, à moins d'un concert frauduleux bien extraordinaire, et dans ce cas il recouvrerait tous ses frais au moyen de l'action *révocatoire* (v. *C-c.* 1167); 3° si l'on admettait le système de Th. Desmazures, il faudrait aussi décider, car il y aurait même raison, qu'un propriétaire, par cela seul qu'il ne se serait pas inscrit au rôle, ne pourrait s'opposer au jugement qui donnerait son domaine à un étranger, quoique celui-ci n'eût poursuivi et fait condamner, même par défaut, qu'un particulier qui n'en serait pas le véritable possesseur. — Cette réponse est approuvée par Carré, qui la reproduit littéralement.

(137) A une époque quelconque; le texte n'oppose à cet égard aucune fin de non-recevoir. *Réal*, p. 125. — Mais le tiers ne peut s'opposer au commandement; il faut qu'il attende la saisie pour former sa demande en distraction, *suiv. arr. de Besançon*, 19 *fév.* 1811; *Nevers, supp.*, 274. — Il ne peut non plus intervenir dans l'instance en folle-enchère commencée après l'adjudication; il faut alors qu'il se pourvoie par action principale, *suiv. un arr. de Colmar*, 17 *juin* 1807, *J.-C.-c. xij*, 18.

(138) Ces deux réclamations, connues jadis sous le nom de demandes *à fins de distraire*, demandes *à fins de charges*, ont été confondues ensuite sous celui de demandes en revendication (v. *L.* 11 *brum. vij*, *ch.* 2), et le sont par le Code de procédure sous celui de demandes en distraction. A vrai dire, elles ne méritent bien ce nom que lorsqu'elles tendent à retrancher de la saisie une partie seulement de son objet.

(139) « Si la distraction *n'est que d'une partie* » (art. 727-1°). Donc si elle est de la *totalité* des objets saisis, on ne passe pas outre; il y a sursis de plein droit. L'article ne permet d'ordonner le sursis que *sur la demande* des parties intéressées; donc le tribunal ne saurait l'ordonner d'office. — Mais la loi est facultative (*pourront...*); donc les juges peuvent rejeter le sursis demandé par tous les intéressés, nonobstant M. Chauveau. Le principe posé, c'est qu'*il sera passé outre;* remarquons au surplus que tous les intéressés sont loin d'être mentionnés dans l'art. 725.
« Si la distraction partielle est ordonnée, » — ce qui comprend sans doute le cas où l'on passe outre à l'adjudication du surplus, — le poursuivant peut diminuer sa mise à prix. *C-pr.* 727.

(140) La loi suppose que la demande est fondée *sur des titres;* il est tout simple que le refus de les déposer rende la demande non recevable. Mais si elle est fondée sur un fait non justifié par écrit, une vente verbale, une prescription, il est évident qu'on ne saurait exiger du demandeur un dépôt de titres.

(141) L'intérêt du saisissant et du saisi est manifeste : le gage de l'un, la propriété de l'autre sont compromis dans l'incident. A l'égard des créanciers inscrits, leur hypothèque est également compromise, si elle ne provient pas du chef du demandeur en distraction; mais l'économie a conseillé de ne faire appeler que le premier, ce qui n'exclut pas l'intervention des autres. Du reste, celui en qui réside le maximum d'intérêt, c'est le créancier, inscrit ou non, sur qui les fonds manqueront par suite de la distraction opérée.

(142) Cependant une demande en rescision pour lésion n'empêche pas l'adjudication des immeubles saisis, *suiv. Poitiers*, 18 *janv.* 1810.
Les auteurs semblent aussi considérer l'action en résolution comme exclusivement principale. — Mais v. mes *notes* sur C. civ., n° 4392-4°.

(143) Donc il doit l'exercer avant l'adjudication; il ne suffirait pas de notifier un projet de poursuite. Une fois la demande intentée et notifiée au greffe du tribunal de la vente, l'action résolutoire est conservée si les créanciers n'agissent

pas; mais s'ils forment avec succès une demande incidente en fixation de délai, le vendeur doit presser le jugement. S'il ne l'obtient pas avant le terme, ou du moins avant l'adjudication qui a suivi, il est déchu à l'égard de l'adjudicataire. On peut toutefois laisser les dépens à la charge du saisi qui a mal à propos contesté. — Il résulte implicitement de tout cela que l'acheteur saisi est privé du bénéfice du terme, s'il en avait stipulé un ; en effet, comment refuser l'action anticipée au vendeur menacé de déchéance par l'art. 717, qui ne distingue pas?

Le poursuivant peut intervenir dans l'instance en résolution (*C-pr.* 717·4°), pour prévenir toute collusion entre le vendeur et le saisi.

§ 5. *Demande en nullité.*

La plupart des formes et des délais prescrits par le titre de la saisie immobilière, doivent être observées à peine de nullité (**144**).

La nullité peut être proposée par tout (**145**) intéressé (*C-pr.* 715), mais non à toute époque. Il faut, à cet égard, distinguer deux périodes : celle qui précède la publication du cahier, et celle qui suit.

I. Les nullités *antérieures* doivent être proposées, ainsi que les moyens du fond (**146**), 3 jours avant la lecture (**147**). — En cas d'admission, la poursuite est reprise à partir du dernier acte valable (**148**); le délai pour faire l'acte qui suit, court du jugement. *C-pr.* 728, N.

II. Les nullités *postérieures* à la lecture du cahier, sont proposées 3 jours (**149**) avant l'adjudication, et jugées, sans appel, avant les enchères. — En cas d'admission, la poursuite est reprise à partir du jugement de publication (**150**); un nouveau jour est fixé pour adjuger. *Ib.*, 729, 730-3°.

Si les moyens, quels qu'ils soient, sont rejetés, on passe outre (**151**). *Ib.*, 728-3°, 729-4°.

(144) Cette peine sanctionne les art. 673 à 78, 690 à 94, 696, 698, 699, 704 à 6, 709-1° et 3°. *C-pr.* 715. Dans cette nomenclature sont omis les art. 695, 702 et 703, sans doute parce qu'ils imposent des obligations plutôt aux juges qu'aux parties; les jugemens sont des actes du pouvoir judiciaire, et non des actes de procédure proprement dits. — Cependant une adjudication peut se trouver nulle (art. 711); v. *note* 107-3°.

(145) Donc les créanciers eux-mêmes peuvent demander la nullité, afin d'assurer leur payement par une poursuite plus régulière. Mais comme leur intérêt

est seulement fondé sur la crainte d'une demande en nullité ultérieure de la part du saisi, j'en conclus que si le saisi acquiesçait aux actes nuls, ou renonçait de toute autre manière à son action en nullité, les créanciers perdraient le droit de se plaindre. V. note 99.

(146) L'expression du Code : *moyens de nullité au fond* est assez bizarre; on ne dit pas, d'un défendeur qui conteste la créance du demandeur, qu'il propose un moyen de nullité contre la procédure. Quoi qu'il en soit, l'expression embrasse tous les moyens qui ne sont pas tirés de l'inobservation des formes et des délais; c'est-à-dire ceux qui consistent à soutenir que le saisissant n'est pas créancier ou n'a pas de titre exécutoire, qu'il n'est pas capable de saisir, que le saisi est incapable de défendre, ou que l'immeuble est insaisissable relativement ou absolument; en un mot, les moyens tirés du défaut de droit de saisir.

Ainsi entendue, la disposition de l'art. 728 est fort large, et les rédacteurs n'en ont pas aperçu la portée. D'abord elle est inapplicable à des moyens tirés d'événemens postérieurs au jugement de publication ou survenus dans les trois jours qui précèdent. La compensation, la perte de la chose due, l'interdiction... doivent être opposables en tout état de cause, si elles sont arrivées depuis la publication. A l'égard des événemens extinctifs antérieurs, il me paraît résulter de la loi que le saisi, s'il a omis de les présenter dans la première période de la procédure, doit assigner le saisissant devant le juge de son domicile, dans la forme ordinaire, pour faire reconnaître que la créance n'existe plus, ou même n'a jamais existé, et qu'il doit au saisi une indemnité ; cette indemnité consisterait naturellement dans la restitution de l'immeuble, au cas où le saisissant serait devenu adjudicataire (v. *cass.* 3 *avr.* 1837). Le jugement obtenu avant l'adjudication devrait évidemment arrêter la procédure. Mais la demande ne suffirait pas, et à plus forte raison, l'allégation de moyens tirés du titre 19 du Code civil, les seuls peut-être auxquels ait songé le législateur.

(147) *Au plus tard. C-pr.* 728. Donc ils peuvent être proposés plus tôt. Pourquoi attendre qu'on ait fait tous les actes qui séparent l'acte nul de la lecture? L'art. 728-3° suppose, il est vrai, que le jugement de rejet donne acte de la lecture; mais il n'a songé qu'au cas où l'incident se serait produit à la fin de la première période. — Par la même raison, on peut proposer les nullités successivement, au fur et à mesure qu'elles se produisent; bien plus, on peut les proposer isolément, quoique déjà accomplies, sauf le rejet de la taxe (*arg. de l'art.* 338).

On peut donner, en cette matière (*comp.* art. 173), la priorité aux moyens du fond sur les moyens de forme. Il est bien plus rationnel d'alléguer d'abord les raisons qui rendent la saisie définitivement impossible, sauf à invoquer plus tard l'irrégularité d'un acte susceptible d'être renouvelé. *Bordeaux,* 29 *nov.* 1833; nonobst. *cass.* 3 *avr.* 1827, 14 *août* 1838, etc. E. Persil, MM. Rodière et Rogron.

(148) Une seule irrégularité ne doit pas entraîner la nullité de tout ce qui a été fait de bon auparavant, comme les actes antérieurs étaient irréguliers. Cette décision faisait doute autrefois; bien qu'elle économise le temps et l'argent des parties, elle a été combattue par MM. Quénault, Parant et Durantin.

Il s'ensuit que si plusieurs actes sont argués de nullité, on doit statuer d'abord sur le plus ancien; car s'il est annulé, la validité des suivans devient indifférente.

(149) Ce délai, comme le précédent, permet au poursuivant d'examiner l'acte argué de nullité, afin de repousser la demande incidente.

(150) Ainsi, jamais la nullité d'un acte ne fait tomber la totalité de la procédure antérieure; mais la nullité d'un acte postérieur à la lecture fait tomber tout ce qui a suivi cette lecture. Il s'agit d'une série de mesures de publicité; on a pensé apparemment que la publicité partiellement recommencée serait inefficace, d'autant mieux que le jour de l'adjudication est changé. V. *C-pr.* 729-3°.

Dans le silence du Code, les nullités commises entre une première adjudication et l'adjudication définitive qu'amène une surenchère doivent être proposées trois jours avant l'adjudication et jugées sans appel (*arg. de l'art.* 729). Cette décision peut paraître rigoureuse quand elle s'applique à des formes qui ne sont que de simples mesures de publicité. Il faut encore ici regretter l'imprévoyance des rédacteurs.

(151) On publie le cahier s'il s'agit de nullités antérieures, et que le jour soit venu; s'il s'agit de nullités postérieures, on ouvre les enchères.

§ 6. *Poursuite de folle enchère.*

On nomme *fol enchérisseur* l'adjudicataire qui ne paye pas le prix; il a imprudemment enchéri, puisqu'il ne remplit pas les obligations qu'il contractait par son enchère.

Vendre à la folle enchère de quelqu'un, c'est revendre le bien qu'il a acquis, à ses risques, de telle sorte que si le prix de la revente est moindre que le prix dû par le fol enchérisseur, celui-ci est tenu de payer une somme égale à la différence.

Cette voie est ouverte, à l'égard de l'immeuble adjugé (**152**), sans préjudice des voies de contrainte ordinaires à l'égard des autres biens (**153**). *C-pr.* 713, 733.

On peut soutenir, dans le silence de la loi (**154**), que tout créancier a droit de requérir la vente à la folle enchère.

Si le jugement n'est pas encore délivré, le poursuivant demande au greffier (**155**) un certificat constatant le défaut de payement; *ib.*, 734-1°, N. — Si le jugement est délivré, le poursuivant signifie le bordereau de collocation (**156**) avec commandement, et laisse passer 3 jours (**157**). *Ib.*, 735, N.

On fait de nouvelles annonces par journaux ou affiches, en y désignant le fol enchérisseur, le prix qu'il a promis, celui qu'offre le poursuivant (**158**), le jour de l'adjudication nouvelle, 15 jours au moins, 30 jours au plus après les annonces. *Ib.*, N.

L'heure de l'adjudication est signifiée à l'adjudicataire et au saisi (**159**). *Ib.*, 736, N. — Le poursuivant seul peut demander une remise (**160**); *ib.*, 737, N. —

Mais le fol enchérisseur empêche l'adjudication s'il justifie de l'exécution (**161**), et consigne une somme réglée par le président pour les frais. *Ib.*, 738.

L'adjudication se fait sur l'ancien cahier des charges. *Ib.*, 735-2°, N. — Les règles sur la forme des enchères, la capacité d'enchérir, et la responsabilité des avoués, sont observées (**162**). *Ib.*, 739-4°.

Le fol enchérisseur est tenu, par corps, du déficit (**163**). L'excédant est attribué aux créanciers ou au saisi (**164**). *Ib.*, 740.

(152) On ne peut pas le saisir de nouveau sur lui, car l'attribution de la propriété est subordonnée à l'accomplissement des clauses de la vente. V. *Pothier hic.* V. cependant ci-dessus, note 111-2°. Le même motif explique pourquoi la poursuite de folle enchère est rangée parmi les incidens, bien que postérieure à l'adjudication ; l'inexécution des clauses quelconques remet celle-ci en question, et rien n'est encore terminé. — On comprend de même comment l'excédant du prix appartient au saisi (*C-pr.* 740). — Dans le système contraire (note 111), la poursuite de folle enchère est une saisie simplifiée, ou l'application d'une peine.

L'action en folle enchère dure trente ans. *Arg. de C-civ.* 2262 ; *rej.* 12 mars 1833.

(153) On peut les employer après, avant et même pendant la folle enchère, quoi qu'en disent Desmazures et M. Lachaize. Il faudrait un texte formel pour déroger au droit commun.

(154) La commission voulait trancher la question ; M. Vincent Saint-Laurent, assure-t-on, détourna la majorité de suivre cette bonne inspiration ; le doute reste possible. Le poursuivant primitif a certainement qualité à ce titre ; mais pourquoi les créanciers inscrits, liés à la poursuite, ne l'auraient-ils pas également, eux qui peuvent demander l'adjudication ? pourquoi pas le saisi, pour le même motif ? pourquoi pas les créanciers quelconques, du chef du saisi (*C-civ.* 1166), ou même de leur chef, comme admissibles à l'ordre et porteurs d'un mandement de collocation ? V. cepend. *M. Colmet.* — Si l'on admet cette doctrine, on n'éprouvera aucune difficulté à concéder le droit de poursuite au cessionnaire d'un créancier ; il ne s'agit pas d'un droit purement personnel. V. cepend. *Paris*, 31 juill. 1816 et *M. Persil.*

(155) S'il y a opposition, soit de la part de compétiteurs à la poursuite, soit peut-être de la part de l'adjudicataire, qui prétend avoir bien exécuté les clauses, il est statué par le président sur le référé de la partie la plus diligente. *C-pr.* 734-2°, N. Dans ce cas, il est inexact de dire, avec l'art. 735, qu'il n'y a pas d'autre procédure que le certificat.

(156) Le greffier n'a rien à certifier après la délivrance du jugement ; il ne reçoit ni ne fait le payement des bordereaux. — Un créancier unique agit en vertu de son titre ; il n'y a pas *collocation* dans ce cas.

(157) Ce délai a pour but de faciliter le payement du bordereau ; tandis qu'aucun délai n'est nécessaire quand le greffier a certifié l'inexécution. V. cepend. *M. Chauveau.*

(158) Le poursuivant peut offrir un prix bien inférieur. L'insuccès de la première expérience n'autorise pas à croire que l'adjudication ait été faite pour la valeur réelle.

(159) C'est-à-dire à leur avoué, s'ils en ont, bien que cette distinction n'ait pas

été exprimée à l'égard de l'adjudicataire, comme le proposait la cour de Montpellier. — On a économisé la signification aux créanciers inscrits; mais il fallait évidemment l'exiger dans l'hypothèse où la folle enchère serait poursuivie après plusieurs années.

(160) Pour causes graves et justifiées, dit l'art. 703. Dès lors, à quoi bon empêcher le saisi et les créanciers inscrits de demander la remise?

(161) On conçoit que le cahier interdise de faire quelque acte de propriété avant le payement du prix. Le fol enchérisseur qui a contrevenu n'a évidemment d'autre moyen d'arrêter la revente que de consigner le prix dont le payement intégral légitime seul sa contravention.

La justification supposée faite, le juge perd le pouvoir de procéder à l'adjudication nouvelle. L'acquisition du fol enchérisseur se trouve définitivement consolidée.

(162) On pourrait soutenir que la forme des enchères s'observe à peine de nullité, puisque les art. 705 et 706 sont prescrits sous cette peine, sans distinction. L'art. 739, en y renvoyant, les prend tels qu'ils sont, avec la sanction qui leur est donnée. Cependant l'opinion contraire prévaudra sans doute, à cause du principe qui restreint les déchéances. — Les rédacteurs auraient dû s'expliquer dans l'un ou dans l'autre sens.

L'adjudication sur folle enchère peut-elle être suivie d'une surenchère du sixième? Cette question était fort controversée avant la loi de 1841; mais, malgré l'avertissement de la cour de Caen, les rédacteurs se sont abstenus de la trancher. Pour la négative, on argumente a contrario (v. M. Rogron) du renvoi incomplet qui termine l'art. 739. Les art. 708 à 710 y sont omis, et il était si facile de les intercaler, qu'on a sans doute voulu les exclure. D'ailleurs, si la surenchère a déjà eu lieu, l'art. 710-2° l'exclut formellement. V. Aix, 13 nov. 1835. — Pour l'affirmative, on répondra que si le renvoi de l'art. 739-4° était limitatif, il exclurait l'art. 717, ce qui est absurde (v. C-civ. 1164). L'art. 710 n'a songé qu'au cas d'une adjudication efficace; or, celle qui suit la première surenchère est anéantie par suite de l'inexécution. Les raisons qui ont fait permettre la surenchère du sixième militent encore plus fortement, alors que le succès de la vente est compromis. V. Paris, 10 mai 1834; Bordeaux, 17 déc. 1840; Toulouse, 4 juill. 1842; nonobstant Thomine, Petit, E. Persil; Cass., 1er mars 1848; Bordeaux, 20 juin 1848, et Paris, 20 déc. 1848.

(163) Est-il libéré de l'obligation de payer son prix originaire, si l'adjudicataire nouveau a follement enchéri lui-même? Oui, selon M. Chauveau (n° 2432-5°), attendu que la deuxième adjudication résout la première avec toutes ses conséquences. D'ailleurs, l'art. 740 ne le déclare tenu que de la différence. — Je préfère la négative. La résolution de l'adjudication n'est relative qu'au transport de propriété; elle a pour but de suppléer à l'inexécution de l'enchère folle, et non de libérer celui qui a paralysé l'action de la justice. L'art. 740 confirme cette idée, et prouve bien que la résolution n'est pas libératoire. Il ne mentionne, à la vérité, que la différence; mais c'est parce qu'il s'occupe de la contrainte par corps et qu'il suppose le cas le plus ordinaire: celui où la première faute n'aura pas servi d'encouragement à une nouvelle. V. rej. requ. 25 fév. 1835.

L'adjudication sur folle enchère ne donne point le droit de résoudre les baux passés de bonne foi par le fol enchérisseur. V. rej. requ. 11 avr. 1821, B. c. 16 janv. 1827, Paris, 25 janv. et 19 mai 1835. Arg. de C-civ. 1673 et 1743.

Mais on doit lui rembourser les droits de mutation de la première adjudication (il n'est dû en général qu'un droit pour toutes les deux). V. Paris, 1811, 1813 et 1816, avoués, iv, 17, ix, 33 et 112, Jalbert, 1817, 2, 62; surtout réqu. et rej. requ. 6 juin 1811. rép. xv, 354. — Excepté les droits de la portion dont son prix est diminué. C. c. 27 mai 1823.

L'art. 740 ne déroge pas aux règles du Code civil sur la contrainte par corps; donc elle n'a lieu qu'en vertu d'un jugement et seulement contre une personne contraignable. **V.** *Pothier,* (*Orl.,* n° 101) ; *Paris*, 22 avril 1847 ; nonobstant *Riom*, 3o juin 1846.

(164) Le fol enchérisseur ne doit pas s'enrichir par sa faute ; mais il ne doit pas non plus s'appauvrir. Les frais de la folle enchère doivent donc être prélevés sur l'excédant ; ils n'ont pas causé de préjudice au saisi ni à ses créanciers. *Arg. de Pothier, Orl.* n° 105.

§ 7. *Demande en conversion.*

On peut nommer ainsi (V. *C-pr.* 748-1°), pour abréger, la demande de substituer aux formes de la poursuite en expropriation, celles de la vente des immeubles de mineurs (**165**).

Elle peut être formée, ap   s la transcription (**166**) de la saisie (*C-pr.* 743-2°), du consentement du poursuivant, du saisi (**167**) ; et, en outre, si la sommation de lire le cahier est déjà faite, de tous les créanciers inscrits. *Ib.*, 743-3°.

Si l'un des intéressés est incapable, son administrateur légal peut autoriser la demande (**168**). *Ib.*, 744.

La demande se forme par une requête, contenant mise à prix, signée des avoués de toutes les parties (**169**). *Ib.*, 745.

Le jugement est rendu sur rapport, et n'est pas signifié. *Ib.*, 746-1° et 3°. — Le saisissant le fait mentionner, dans les 8 jours, en marge de la transcription (**170**). L'immobilisation des fruits et la prohibition d'aliéner subsistent. *Ib.*, 748.

L'adjudication (**171**) est faite, au jour fixé par le jugement, devant le notaire ou le juge (**172**) qu'il a commis. *Ib.*, 746-2°.

(165) Elle serait peut-être mieux nommée demande en simplification de formes. On a proposé d'appeler la vente qui en est la suite *vente sommaire* ou *volontaire.* Elle suppose en effet un certain accord, mais n'entraîne pas une liberté de procédure sans limites.

La simplification autorisée consiste en ce qu'il est inutile de sommer les créanciers inscrits de contredire, et qu'il n'y a point lieu de modifier par jugement le cahier des charges. *C-pr.* 956 à 962, 964 et 965. V. aussi *note* 172.

On voit que la demande en conversion n'offre pas un très-grand intérêt. L'avantage le plus solide qu'ait indiqué le rapporteur consiste à régler les conditions de la vente d'après les titres de propriété, ce qui rassure les acheteurs et tend à faire hausser le prix. Mais cet avantage n'est pas inhérent à une demande en conversion ; il tient uniquement à la sagesse qu'aura le saisi d'apprécier les conséquences auxquelles l'expose son impuissance de payer. Tout saisi de bon sens doit travailler à rendre la vente fructueuse. — M. Pascalis ajoute qu'il n'y aura pas expropriation ; mais ceci est une pure satisfaction d'amour-propre, et la loi l'accorde assez tardivement. V. *note* 166.

Le renvoi contenu dans l'art. 743-2° est fondamental, puisqu'il détermine l'étendue de la simplification. Cependant il a été bien peu surveillé par les rédacteurs ; il se référait au texte du Code de 1806, qui a été remanié, et dont les articles primitifs ont changé de numéro sans qu'on ait songé à rectifier le renvoi. Ainsi la rédaction du cahier des charges, qui évidemment devait être régie, dans l'intention des législateurs, par l'art. 957 (ancien art. 958), se trouve laissée, par la lettre du texte, à la volonté des parties.

(166) Donc on ne peut supprimer le commandement, le procès-verbal, sa dénonciation et sa transcription. A plus forte raison ne peut-on stipuler la suppression de toute espèce de formes. *C-pr.* 742, N. — *V. note* 2 *a.*

(167) L'accord du poursuivant et du saisi ne peut, sans l'adhésion ultérieure des créanciers inscrits, dépouiller ces derniers de leurs hypothèques. Mais je ne vois pas pourquoi l'on ne pourrait pas provoquer sur-le-champ leur consentement, sans aller jusqu'à la sommation de l'art. 692.

Si la saisie ne frappait qu'une portion des biens dépendant d'une même exploitation, le débiteur peut faire comprendre le surplus dans la vente sommaire. *C-pr.* 743-4°. Il le peut, malgré l'opposition des autres intéressés ; autrement, il était bien inutile de formuler ici l'application spéciale de l'art. 2211 du *C-civ.*

(168) Le tuteur doit obtenir le consentement du conseil de famille. *Ib.* On voit que la restriction de l'art. 743-2° : « s'ils sont tous majeurs et maîtres de leurs droits » est complétement détruite par l'art. 744. — Il est clair qu'un changement d'état survenu depuis le jugement n'en empêcherait pas l'exécution. *C-pr.* 747, 342.

(169) Eug. Persil soutient qu'on pourrait accorder la demande malgré l'opposition d'un des créanciers. Il croit aussi qu'elle peut être formée avant la transcription, et que la conversion empêche l'immobilisation des fruits. Ce sont autant d'erreurs manifestes.

(170) Je n'aperçois pas la nécessité de cette mention. Les rédacteurs avaient peutêtre perdu de vue que la saisie doit être transcrite avant la demande en conversion ; en effet, la transcription exclut suffisamment par elle-même la possibilité d'une saisie ultérieure. La mention sert tout au plus à prévenir les nouveaux saisissans qu'ils ne doivent pas compter sur la radiation de la saisie convertie en vente sommaire. *V. C-pr.* 724.

(171) Elle doit produire, en général, les mêmes effets que si elle avait eu lieu sans conversion. La question de savoir si elle purge les hypothèques donne donc naissance aux mêmes difficultés. V. *note* 115. Toutefois, on ne saurait admettre qu'il y ait purgement au préjudice des créanciers qui n'ont pas acquiescé à la conversion convenue entre le saisissant et le saisi, avant la sommation de l'art. 692.

Si l'art. 717-1° est applicable ici, il en est autrement des dérogations qu'apporte au droit commun le surplus de ce texte, en ce qui touche l'action en résolution d'un ancien vendeur non payé. C'est par inadvertance pure que le ministre Teste a avancé le contraire dans la discussion.

(172) Elle se fait alors *à l'audience des criées. C-pr.* 954. Le juge peut être pris dans le tribunal d'un autre arrondissement. *C-pr.* 746-2°. On n'exige pas même que l'arrondissement soit voisin ou qu'il s'y trouve quelqu'un des biens saisis, circonstances qui pourtant devront être prises en considération. On paraît avoir songé au cas où la vente aurait plus de chances de succès dans une ville plus peuplée que le chef-lieu de la situation. Cet intérêt existe même au dernier moment d'une procédure sur saisie : donc la conversion peut être demandée jusqu'à

l'adjudication. — Cette disposition suscitera bien des difficultés de compétence.
Il est probable que le tribunal chargé de commettre un de ses membres devient
compétent pour juger les demandes incidentes; autrement, les parties seraient
assujetties à des allées et venues indéfinies.

§ 8. *Voies d'attaque contre les jugemens des demandes incidentes.*

Conformément au droit commun, le jugement
d'une demande incidente est attaquable par opposition et appel; mais le principe souffre d'importantes
exceptions, dont voici le résumé :

Opposition. Elle n'est pas admise contre les jugemens par défaut (**175**), en matière de folle enchère
(*C-pr.* 739-3°), ou sur une demande en conversion (*ib.,*
746-3°); — ni contre les arrêts par défaut (**174**), dans
les cas où l'appel d'un jugement sur demande incidente
quelconque est admis. *Ib.*, 731-3°.

Appel. On ne peut appeler : 1° du jugement d'une
demande en subrogation pour négligence; 2° des jugemens qui, sans statuer sur des incidens, donnent acte
de la lecture du cahier ou prononcent l'adjudication,
avant ou après surenchère; 3° du jugement d'une demande en nullité postérieure à la lecture (*ib.*, 730);
4° du jugement qui statue, en matière de folle enchère,
sur autre chose qu'une nullité; *ib.*, 739-3°; 5° du jugement d'une demande en conversion. *Ib.*, 746-3°.

Le délai de l'appel, quand l'appel est possible (**175**),
est de 10 jours (**176**). La signification du jugement et
celle de l'appel se font à l'avoué, s'il y en a un. L'appel est notifié au greffier, qui le vise. Il contient les
griefs. La cour statue, sans opposition, dans la quinzaine. *Ib.*, 731, 732, N.

On ne peut (**177**) proposer de nouveaux moyens
de nullité (**178**) sur l'appel. *Ib.*, 732, N.

(173) Un article fort rationnel du projet (*comp.* art. 651) interdisait l'opposition contre *tout* jugement de demande incidente; il a disparu, par suite d'une

incroyable négligence, sans discussion aucune ; voici quatorze ans que l'erreur a été signalée, mais la rectification (qu'il était si facile d'intercaler dans la loi du 24 mai 1842) se fait encore attendre. Donc le droit commun reste applicable, nonobstant E. Persil, MM. Bioche, Rodière, Jacob; *Rouen*, 4 juin 1842; *Paris*, 23 avril 1845. V. *C-pr.* 838-5°, 964-1° (739-3°) et 973-4°.

(174) Les rédacteurs auraient dû s'expliquer sur le point de savoir si l'art. 153 serait applicable. Dans le silence de la loi, on peut soutenir que si, de plusieurs parties, quelqu'une fait défaut et que l'affaire ne soit pas en état d'être jugée sur-le-champ, il faut réassigner le défaillant, de manière toutefois que l'arrêt puisse être rendu dans la quinzaine. V. *art.* 731-3°.

(175) On peut soutenir que, hors des cas où le texte interdit l'appel, le jugement d'un incident relatif à la forme est toujours en premier ressort comme n'ayant pas pour objet une valeur déterminée. V. *cass.* 22 mai 1833. Ce système, confirmé par l'art. 731 (*tous autres jugemens*), est aussi le plus simple. Les partisans de l'opinion contraire ne savent s'ils doivent prendre pour base la valeur de la créance ou celle de l'immeuble saisi. Ceux qui s'attachent à la valeur de la créance sont entraînés à des distinctions subtiles et arbitraires. Ainsi, M. Bénech veut que le jugement soit en premier ressort, quoique la créance de celui qui figure dans l'incident soit moindre de 1,500 francs, si le total des créances est supérieur à cette somme! Si l'on veut absolument déterminer le caractère de la demande incidente par celui de la demande principale, il est encore plus sûr de s'attacher à la valeur de l'immeuble.

L'appel est suspensif (art. 457) ; d'autant mieux que la demande incidente en première instance a dû faire surseoir (art. 741). Toutefois, on doit observer l'art. 728-3°, qui du reste est le résultat probable de quelque inadvertance.

(176) La négligence des rédacteurs leur a fait perdre de vue l'art. 449, dont l'application, fort logique d'après les principes généraux de l'interprétation des lois, amènerait l'absurde résultat d'un délai réduit à deux jours !

L'appel du jugement en vertu duquel on procède à la saisie, demeure soumis au droit commun, par suite de la disparition de l'ancien art. 726.

Les rédacteurs ont oublié de fixer un délai de comparution. M. Chauveau (n° 2425 *ter*) en conclut qu'il n'y en a pas ; ce sera, dit-il, un *délai moral* qu'accordera la Cour. Je crois plutôt qu'il faut appliquer ici l'art. 718. — Les rédacteurs n'ont pas été plus soigneux de dire le point de départ de la quinzaine dans laquelle la Cour doit juger. E. Persil la fait courir de la signification du jugement, sans songer que le délai d'appel peut absorber dix jours. Le décret du 2 févr. 1811, source de notre texte, la faisait courir de la notification au greffier.

(177) L'art. 732 n'applique la prohibition qu'au saisi. C'est sans doute un vestige de l'ancienne loi. Comparez l'ancien art. 736 et le nouvel art. 715-3°.

(178) Le texte de l'art. 732 parle de *moyens* quelconques. Mais la place qu'il occupe, après les incidens de *nullité*, montre qu'il y a encore ici un grave défaut de rédaction (v. aussi *l'ancien art.* 736). Je ne saurais comprendre que sur l'appel d'un jugement qui repousse ou admet la distraction, on ne puisse faire valoir de nouveaux moyens pour établir la propriété du tiers ou du saisi.

TITRE VIII.

De l'ordre. (1)

On appelle *ordre* le classement des créanciers qui doivent être payés sur le prix de la vente d'un immeuble.

Quelle marche faut-il suivre pour parvenir à ce classement? Comment se fait-il? Quels en sont les résultats, ou comment les créanciers obtiennent-ils leur paiement?... Ces questions seront le sujet de deux articles séparés.... Nous observerons auparavant que les principes que nous avons exposés en traitant de la distribution par contribution, sont en général applicables à l'ordre. (2)

_____

(1) Ce titre correspond au tit. 14, liv. 5 du Code. — C'est une loi spéciale (v. p. 145, *n. ij*) en matière d'ordre, *suiv. rej. civ.* 19 *nov.* 1811, *rép. xij*, 311, *mot saisie-immob.*, § 8, *n.* 4.
Histoire. Mêmes observations à-peu-près qu'au titre de la distribution, *ci-dev. note* 2, *p.* 614.
(2) Ainsi nous n'aurons pas besoin de donner dans le titre actuel des développemens à l'égard des points où les règles de l'ordre et de la distribution sont semblables.

ARTICLE PREMIER.

De la procédure de l'ordre.

Ainsi que dans la distribution, on doit (3), lorsqu'il s'agit de faire un ordre, essayer la voie amiable pendant le délai d'un mois, délai qui court à dater de la signification du jugement d'adjudication, ou (en cas d'appel) du jugement confirmatif (4)... Ce n'est que lorsqu'on l'a fait sans succès qu'on peut avoir recours à la voie judiciaire. V. *C-pr.* 749, 750.

Dans ce dernier cas, la marche varie suivant qu'il y a ou qu'il n'y a pas de contestations; nous nommerons procédure *ordinaire*, celle qui est propre à la seconde hypothèse.

(3) Néanmoins cela n'est que facultatif, comme en matière de distribution, (v. *note* 9, p. 616); et l'on peut prendre la voie judiciaire aussitôt qu'on reconnaît qu'il n'y aura pas accord, quoique ce soit avant la fin du mois, *suiv. Rouen*, 30 *déc.* 1814, *avoués, xij,* 178.

(4) *Observations.* 1. Pour que le délai ci-dessus coure, il faut que cette signification ait été faite, et au saisi et aux créanciers inscrits.. telle était l'opinion émise dans nos cinq premières éditions, opinion conforme à celle de presque tous les auteurs de procédure, adoptée en 1813 et 1824 par les cours de Paris et de Grenoble (*d.* 5ᵉ *édit.,* p. 781 *et* 782, *addit.* 51 *a*) et appuyée de plusieurs considérations, entr'autres de celle-ci: au défaut de signification les créanciers pourraient objecter qu'ils ignorent si le délai pendant lequel ils doivent tenter la voie amiable a même commencé à courir.

Mais l'opinion opposée, ou celle d'après laquelle il suffit de signifier le jugement aux parties en cause (le poursuivant et le saisi) et aux intervenans, s'il y en a, déjà adoptée par les cours de Metz et de Rouen, en 1817 et 1824 (v. *d.* p. 782) a prévalu. V. *rej. requ.* 7 *nov.* 1826, *et Limoges et Grenoble*, 1827, *avoués, xxxij,* 127, *xxxv,* 120 *et* 170; *B. c.* 13 *juill.* 1829.— «Les autres créanciers, a-t-on dit, sont suffisamment avertis, par la notification des placards, qu'ils doivent veiller, dans leur intérêt, à la suite et aux résultats de la saisie», ce qui est susceptible d'objections sérieuses... Au fond, on paraît avoir été entraîné par le désir de prévenir les frais considérables qu'une signification à tous les inscrits entraînerait...

1 *a.* Quoi qu'il en soit, on a annulé une procédure d'ordre parce qu'elle n'avait été précédée d'aucune signification du jugement ci-dessus. Voy. *Poitiers*, 25 *juin* 1823, *Sirey*, 24, 2, 168.

2. Quant à la manière de constater l'accord des créanciers et du saisi en cas d'*ordre amiable*, elle dépend entièrement de leur volonté comme en matière de distribution (*ci-d. note* 13, p. 617).

3. Il ne suffit pas pour la validité de cet accord, que la majorité des créanciers y ait concouru, ainsi qu'on le décide en matière de faillite; il faut que tous les créanciers et le saisi soient présens et consentent. Ils agiraient même prudemment s'ils faisaient homologuer la distribution dont ils ont convenu, et prononcer la déchéance de ceux qui n'ont pas produit. Voy. *Tarrible, mot saisie,* § 8. — V. aussi *C-com.* 519.

4. D'où il résulte que, si un des créanciers y a été omis, il pourra contraindre l'acquéreur de le payer, sauf à celui-ci à faire rapporter le dernier créancier colloqué et payé. Voy. *arr. rej. civ.* 9 *nov.* 1812 *et* 31 *janv.* 1815, *Jalbert*, 1816, 51. — V. aussi *ci-apr. note* 12.

§ 1. *De la procédure ordinaire.*

1. Le saisissant, et faute par lui d'agir dans la huitaine qui suit le délai précédent, le créancier le plus diligent, ou l'adjudicataire poursuit la confection de l'ordre. *C-pr.* 750.

On obtient le droit de poursuivre au moyen d'une réquisition faite (par avoué) au greffe, sur le registre des adjudications. *C-pr.* 751; *tarif* 130. (5)

On peut en être privé si l'on met du retard ou de

la négligence dans son exercice, car dans ce cas, la subrogation à la poursuite peut être demandée et obtenue. *C-pr.* 779; *tarif* 138, 139. (5 *a*)

(6) En cas de concours de réquisitions, le président statue comme à la note 15, in pr., p. 618. — V. *Tarif*, 130.

(5 *a*) La demande en subrogation se forme par une requête (non grossoyée) insérée au procès-verbal, communiquée par acte d'avoué au poursuivant (il peut y répondre par un autre acte), et jugée sommairement en la chambre du conseil, sur le rapport du commissaire. *C-pr.* 779; *tarif* 138, 139. — V. aussi *p.* 422, *note* 16, *n.* 4.

Observations. 1. Par ces termes *jugée* en la chambre du conseil, l'art. 779 fait une exception à la règle générale, d'après laquelle les jugemens doivent être prononcés en public. Mais peut-être n'y a-t-il qu'un défaut de rédaction qui ne serait point extraordinaire, parce que cet article a été ajouté au projet, et peut-être qu'on n'a pas eu le loisir d'en bien méditer les expressions. V. au reste, ci-dev. *p.* 29, *n. ij et note* 43 *ib.*; *et ci-apr. tit. de l'autorisation, note* 12, *in pr.*

1 *a.* Quoi qu'il en soit, la demande en subrogation doit être *jugée*; il ne dépend pas de l'avoué du poursuivant désintéressé par le débiteur, de lui substituer lui-même un autre poursuivant. V. *rej. civ.* 22 déc. 1834, *Sirey*, 35, 213, *avoués*, *xlviij*, 219.

2. Qui est-ce qui a le droit d'intervenir dans l'ordre?... V. *ci-apr. note* 42, *n.* 3, *p.* 694.

3. Le créancier dont l'inscription est nulle peut cependant poursuivre l'ordre, *suiv. Paris*, 15 avr. 1809, *Sirey*, 1810, *supp.*, 67.

4. L'APPEL du jugement des difficultés relatives au droit de poursuivre, et en général l'appel de tous les jugemens relatifs à un ordre, doit s'interjeter dans *dix* jours. V. *rej. civ.* 1 *avr.* 1816, *Jalbert*, 314; *ci-apr.* § 2, *n.* 2, *p.* 694. — V. toutefois *Bruxelles*, 28 *nov.* 1811, *avoués*, *vj*, 41.

2. Quoi qu'il en soit, sur la réquisition faite au greffe, le président du tribunal (6) commet pour diriger la procédure un juge auquel le poursuivant demande (par une requête) une ordonnance pour interpeller les créanciers, et qui ouvre un procès-verbal, auquel on annexe un extrait des inscriptions existantes. *C-pr.* 751, 752; *tarif* 131. (7)

(6) C'est le tribunal de la situation des biens, même quand la vente a été passée ailleurs. V. *à ce sujet, Tarrible, ib.*, § 8 et 4; L. 14 *nov.* 1808, *art.* 4; *arr. cass.* 3 *janv.* 1810, *Sirey*, 240; 12 *avr.* 1808, *J-C-pr. ij*, 56; 3 *sept.* 1812, *avoués*, *vij*, 57; *L.* 11 *brum. vij*, *art.* 31.— Mais v. *ci-apr. lit. des ventes judiciaires*, note 11.

(7) Existantes au moment de l'ouverture du procès-verbal, *suiv. Tarrible, sup., par arg. de C-pr.* 752. — V. d. *L.* 11 *brum.*, *art.* 31.—V. toutefois *Carré, anal.*, *ij*, *n.* 2344; *surtout, ci-apr. note* 42, *n.* 1.

Quid s'il y a des créanciers, 1° inscrits hors de l'arrondissement?... Voyez

B. c. 11 *fruct. xij,* 16 *déc.* 1806. — 2° Ou sur des propriétaires antérieurs qui n'ont pas purgé?.. V. *Riom et Colmar,* 8 *juin* 1811, *et* 16 *janv.* 1817, *avoués, iv,* 106, *xv,* 316. — 3° Hypothécaires légaux ?... V. *d. note* 42.

3. Les créanciers sont interpellés (8) aux domiciles élus par eux dans leurs inscriptions, ou à ceux de leurs avoués, et tenus de produire dans un mois leurs titres, et d'y joindre une demande en collocation. *C-pr.* 753, 754; *tarif* 131 à 133.—V. aussi *Tarrible, rép., mot saisie,* § 8, *n. iv.* (9)

(8) Par acte d'avoué, et par exploit, au défaut d'avoué. Voy. *C-pr.* 753; *tarif* 29; *ci-dev. note* 16, *p.* 619. — Cet exploit n'a pas besoin des formes de l'ajournement. V. *Montpellier,* 1832, *avoués, xlv,* 471.

(9) La production et la demande en collocation se font par acte d'avoué, qui contient aussi une constitution d'avoué (*tarif* 133) et n'est pas signifié; seulement le juge en note la remise sur le procès-verbal. *C-pr.* 733, 734, *et tar.* 131 à 133.

Observations. 1. La sommation peut se faire au domicile élu dans l'inscription, quoique l'élisant soit décédé, et il n'est pas besoin d'y signifier l'ordonnance, *suiv. Bruxelles,* 6 *févr.* 1810, *avoués, iv,* 344; *et Paris,* 16 *nov.* 1812, *ib., vij,* 88.

1 *a.* Si la sommation est faite à un autre domicile élu, par exemple à celui que contient l'inscription d'office du conservateur, le créancier peut former tierce-opposition au jugement rendu sur l'ordre. V. *Paris,* 1813, *Jalbert,* 1815, *supp.,* 1; *Rennes,* 1823, *et rej. requ.* 21 *déc.* 1824, *avoués, xxix,* 31. — V. aussi *Montpellier,* 1828, *ib., xxxvij,* 122.

2. La production est-elle un acquiescement ? V. *ci-dev. note* 96, *p.* 663.

4. La production faite ou le mois expiré, le commissaire dresse un état provisoire de collocation, que le poursuivant dénonce aux produisans, ainsi qu'au saisi (10), en les interpellant d'en prendre communication et de le contredire sur le procès-verbal dans un semblable délai. *C-pr.* 755; *tarif* 134. (11)

(10) Encore par acte d'avoué et par exploit au défaut d'avoué. V. *C-pr.* 755; *tarif* 29, 34; *ci-d. not.* 17 et 22, *p.* 619. — V. aussi *Paris, Rennes et Nîmes,* 11 *août* 1812, 10 *janv.* 1813 et 17 *mars* 1819, *J-C-c. xx,* 430; *avoués, xxj,* 180; *Carré, an., ij,* 469; *Grenoble,* 1824, *et rej. requ.* 31 *août* 1825, *avoués, xxviij,* 128, *xxx,* 164.

(11) Le procès-verbal n'est point *levé,* ni signifié, etc. — V. *ci-dev. note* 23, *p.* 619.

Observations. 1. Le jour *a quo,* ou de la sommation, n'est pas compris dans le délai. *B. c.* 27 *fév.* 1815.

2. Il suffit de contredire sur le procès-verbal, quoique ce ne soit pas en

présence du greffier et du commissaire (l'art. 756 exige seulement, et pour la sûreté des pièces, qu'on en prenne communication *és* mains du commissaire). *D. arr.* 27 *fév.* — Et leur signature suffit pour constater des contredits non souscrits par l'avoué qui les a faits. *Rej. civ.* 2 *août* 1826, *avoués, xxxij*, 71.

3. On peut consigner les débats sur le procès-verbal jusques à minuit. *D. arr.* 27 *févr.*

4. L'état ou réglement provisoire de collocation peut se dresser pendant les vacances, et le délai court pendant ce temps parce que c'est une matière qui requiert célérité, V. *réquis. et arr. rej. requ.* 10 *janv.* 1815, *rép. xv*, 666, *addit. à saisie*, § 8, *n.* 4; *régl. crim.* 1er *oct.* 1825, *au B. c. civ., n.* 85 (v. ci-dev. p. 419, *n.* 6, *p.* 420, *note* 6 *et note* 7, *n.* 9).

5. Si les créanciers ne prennent pas communication dans ce temps, ils sont forclos, sans qu'il soit besoin de leur faire une nouvelle sommation, ni d'obtenir un jugement. *C-pr.* 756 (**11 a**); *Réal, p.* 128; *et Tarrible, d.* § 8. (**12**)

S'ils produisent trop tard (**13**), ils supportent tous les frais qu'occasione leur négligence et sont garans des intérêts qu'elle a empêchés de s'éteindre. *C-pr.* 757; *Réal, p.* 129; *Tarrible, sup., n. iv.* (**14**)

(**11 a**) *Observations.* 1. Cette peine ne s'applique point au saisi, puisque l'art. 756 ne le nomme pas; il peut donc contredire tant que l'ordre n'est pas clos. V. *Rouen*, 8 *déc.* 1824, *Sirey*, 25, 2, 39, *et Bordeaux*, 11 *juin* 1827, *avoués, xxxiij*, 181.

2. Mais elle s'applique au *poursuivant*, quoiqu'il ait pris communication. V. *arr. cass.* 10 *déc.* 1834, *Sirey*, 1835, 26.

(**12**) C'est-à-dire (comme l'explique *L.* 9 *mess. iij*, art. 167) qu'ils sont dès-lors non recevables à élever des discussions sur l'ordre et le rang des hypothèques et la légitimité des créances. V. *Tarrible, sup.* — V. aussi *note* 24, *p.* 619; *rej. civ.* 12 *déc.* 1814, *Jalbert*, 1815, 202; *rej. requ.* 10 *janv.* 1815, *ci-d. note* 11, *n.* 4; *et* 31 *août* 1825, *avoués, xxx*, 164; *Colmar*, 1817, *Caen*, 1825, *Lyon*, 1826, *Grenoble*, 1827, *Bordeaux*, 1829, *Aix*, 1833, *et Paris*, 1834, *ib., xvj*, 246, *xxxiv*, 90, *xxxv*, 165, *xxxvj*, 281, *xxxviij*, 241, *xlvij*, 454, *xlviij*, 58; *Limoges*, 5 *juin* 1825, *Sirey*, 23, 2, 283. — Décisions contraires... V. *ci-apr., note* 14, *in f.* — Exceptions à la règle... v. *ci-apr. n.* 3.

Observations. 1. Lorsqu'il n'y a point eu de *contredits*, et qu'en conséquence, l'ordre a été clos définitivement par le commissaire, pourra-t-on appeler de l'ordonnance de clôture?.. Non, suiv. *Rouen*, 25 *mars* 1809, *Nevers, supp.*, 213; *Paris*, 1812 *et* 1831, *et Toulouse*, 1827, *avoués, vj*, 96, *xliv*, 216. — V. aussi *ci-apr. note* 16, *n.* 1... Oui, et à la cour, suiv. *Montpellier*, 1823, *Toulouse*, 1826, *Bourges*, 1830 *et* 1831, *et Nancy*, 6 *avr.* 1832, *avoués, xliv*, 216 *et suiv.*, *et Bordeaux*, 13 *août* 1834, *Sirey*, 1835, 2, 37. — V. à ce sujet, M. *Chauveau, observat., xliv*, 223.

2. Mais les créanciers ne sont pas forclos quant au droit de réclamer leur

propre créance: « Tant que l'ordre n'est pas clos, dit Réal, il serait injuste
« de rejeter un créancier, parce qu'il se présenterait après les délais indi-
« qués. » V. ci-apr., note 14. — V. aussi *Rouen*, 13 *août* 1813, *surtout*
rej. civ. 15 *mars* 1815, *et requ.* 9 *déc.* 1824, *avoués, ix*, 173, *xj*, 157,
xxxv, 156.

3. Les créanciers qui n'ont pas contredit sur le procès-verbal sont recevab-
bles à contredire, 1° à l'audience, lorsqu'elle a été poursuivie avant l'expiration du délai d'un mois (v. *p.* 680 *et* 681, *n.* 4 *et* 5) accordé pour cela.
V. *rej. requ.* 15 *juin* 1820, *Sirey*, 21, 28; — 2° lorsqu'ils n'ont pas été appelés. V. *Paris*, 20 *juill.* 1811, *avoués, iv*, 86.

4. *Autres questions*... V. rej. requ. 9 déc. 1824 et 27 déc. 1825, Poitiers, 1825, Douai, 1826, Amiens, 1828, et Colmar, 1835, ib., xxix, 5,
xxx, 264, xxxiij, 52, xxxv, 153, xlviij, 347.

(13) Dans ce même cas, ils dénoncent leur production aux créanciers
et au saisi, avec sommation d'en prendre communication et de contredire.
V. *tarif*, 156.

(14) Les art. 749 à 756, observe Tarrible, « sont relatifs aux créanciers
qui, ayant produit, négligent de prendre communication, dans le mois, des
autres productions et de contester, tandis que l'art. 757 concerne le créancier qui n'aura pas fait dans le mois sa propre production ; il conserve encore
le droit de produire et de demander sa collocation, jusqu'à ce que l'ordre
soit définitivement arrêté, et que la déchéance des créanciers non produisans soit prononcée ; mais il supporte sans répétition, les frais nouveaux
qu'occasione sa production tardive, et la communication qui en est donnée
aux autres créanciers ; et il est de plus (v. *le texte*, *p.* 681, *n.* 5), garant
des intérêts qui auront couru à compter du jour où ils auraient cessé, si la
production eût été faite dans le délai. » — V. aussi *Bruxelles, Rouen, Limoges et Riom*, 1811, 1814, 1817 *et* 1828, *et rej. requ.* 9 *déc.* 1829,
avoués, iv, 344, *xvij*, 61, *xxxvj*, 53, *xxxviij*, 135; *Sirey*, 18, 2, 307
(selon Rouen et Riom, ce créancier est encore admissible à contredire...
mais v. *ci-dessus*, *note* 12, et quant aux intérêts, *ci-apr.* note 37, *p.* 691).

6. S'il n'y a pas de contestation, on ne fait aucune écriture ; le commissaire ferme l'ordre, arrête l'état définitif de collocation (14 a); il liquide et colloque en première ligne les frais de radiation d'inscriptions et de poursuite d'ordre ; il déclare déchus les créanciers qui n'ont pas produit; il ordonne que les inscriptions de ceux qui ne sont pas utilement colloqués seront rayées, et qu'on délivrera à ceux qui le sont utilement, des bordereaux de collocation (15). *C-pr.* 756, *in f., 759, in pr.; tarif* 137.

(14 *a*) C'est-à-dire déclare définitif son état provisoire de collocation. V.
ci-dev. p. 618, *n.* 4, *et notes* 21 *et* 25 *a, p.* 619 *et* 620.

(15) Ou ordonnances de paiement. — V. pour ce qu'elles contiennent et
pour l'extrait du procès-verbal, *ci-d. note* 26, *p.* 620.

On déduit en faveur de l'adjudicataire, sur la somme de chaque bordereau,
les frais de la radiation de l'inscription. *C-pr.* 759.

7. La même délivrance est ordonnée pour les créanciers antérieurs à ceux dont les créances sont contestées, et les premiers ne sont tenus à aucun rapport envers les créanciers qui produiront dans la suite. *C-pr.* 758, *in f.* (16)

(16) *Observations.* 1. *Effet de la clôture de l'ordre.* Tout est terminé par cet acte, que personne ne peut attaquer, ni par appel ni par opposition, *suiv.* Tarrible, *mot saisie, § 8, et Carré, lois, iij, 22, par arg. de C-pr.* 758.— Mais voy. sur ce point, *ci-dev. note* 12, *n.* 1.

2. La collocation n'est au fond qu'une simple indication d'un nouveau débiteur, et elle n'opère ni la novation de la dette, ni la libération du débiteur primitif. V. *B. c.* 18 *mai* 1808; *Colmar et Paris*, 22 *avr. et* 17 *nov.* 1815, *Jalbert*, 1815, 2, 119, *et* 1816, 2, 17.

3. Le créancier utilement colloqué n'a pas besoin de renouveler son inscription parce qu'elle a dès-lors produit son effet. V. *B. c.* 5 *avr.* 1808.—Il n'en a pas même besoin après qu'il a fait sa production à un ordre ouvert, *suiv. M. Merlin*, *rép. xv*, 458 (*par arg. de rej. requ.* 9 *août* 1821), *et rej. requ.* 18 *avr.* 1832, *avoués, xliij*, 684. — V. aussi *Paris*, 1824, *ib.*, *xxix*, 154, *et surtout ci-dev. p.* 644, *note* 41, *n.* 5 *et* 6, *et ci-apr. note* 42.

§ 2. *De la procédure en cas de contestations.*

1. On fait statuer sur les contestations à l'audience, sans autre procédure qu'un simple acte d'avoué de la partie la plus diligente, un rapport du commissaire et les conclusions du ministère public (16 *a*); et après y avoir appelé les créanciers postérieurs en hypothèque à ceux dont la collocation est contestée (17). *C-pr.* 758, *pr.*, 761, 762. (18)

(16 *a*) Néanmoins le défaut d'audition du ministère public ne donne pas ouverture à la requête civile si le créancier condamné était majeur, *suiv. Paris*, 9 *août* 1817, *avoués, xvij*, 168. — Mais v. tit. de la contrainte, *note* 48.

(17 et 18) *Observations.* 1. C'est qu'ils ont intérêt à la faire rejeter (v. *note* 20, *p.* 685; *ci-dev. tit.* 6, *notes* 28 *et* 29, *p.* 620)... Donc il faut également appeler le saisi. V. *Tarrible, sup.; arr. Limoges*, 15 *nov.* 1811, *avoués, v*, 45 (contra, *M. Coffinières, ib.*).

2. Dans la huitaine du mois accordé pour contredire, ces créanciers sont tenus de choisir un avoué commun, sinon ils sont représentés par l'avoué du dernier colloqué. Le créancier qui conteste individuellement supporte, sans pouvoir les répéter ni employer, les dépens qu'occasione sa contestation particulière. V. *C-pr.* 760; *ci-dev. p.* 76, *note* 17. — V. aussi *Grenoble*, 11 *juill.* 1823, *Sirey*, 25, 2, 405.

3. L'avoué dont on vient de parler ne représente d'après *C-pr.* 760, que

les créanciers postérieurs aux collocations contestées : il ne suffit donc pas que l'un des contestans lui ait notifié son appel du jugement qui a statué sur les contestations ; il faut qu'il l'ait aussi notifié à son adversaire spécial, (c'est-à-dire au contesté ou contestant) qui a obtenu gain de cause. V. *B. c.* 7 mai 1823.

4. L'art. 760 ajoute, *l'avoué poursuivant ne pourra en cette qualité être appelé dans la contestation.* Donc les créanciers ne peuvent le choisir pour avoué commun , *suiv. prat. fr.*, *iv*, 470... Mais si l'on confère cet article avec l'art. 667 qui donne la même règle pour la distribution, et qui dit simplement que *le poursuivant ne pourra en cette qualité*, etc., on voit que la loi ne s'est occupée que d'exclure la partie qui poursuit, parce qu'en cette seule qualité de *poursuivante*, elle n'a aucun intérêt à la contestation, et qu'il faut éviter des frais autant qu'il est possible. Quant à son avoué, il nous semble qu'il n'y a ni inconvénient, ni défense de le choisir pour avoué commun.

2. En cas d'appel du jugement, appel (**18 *a***) qu'il faut interjeter avec assignation et griefs, dans les dix jours de la signification de ce jugement à avoué (**19**), on peut, *s'il y a lieu*, intimer l'avoué du créancier qui a été colloqué le dernier. *C-pr.* 763, 764. (**20**)

(18 *a*) Il y a lieu à appel lorsque la somme totale à distribuer excède mille francs, quoique l'allocation réclamée ou contestée par l'appelant soit moindre. V. *Limoges*, 1817 *et* 1826, *Aix*, *Lyon et Paris*, 1825, *Rouen et Metz* 1826, *Caen*, 1827, *Bourges*, 1829, avoués, xvij, 50 , xxviij, 101, xxix, 69, xxxj, 225, xxxij, 203 , xxxv, 586 , xxxvij, 56, xxxviij, 517 ; *Bordeaux*, 1834, *Sirey*, 35, 2, 87 (contra,.. v. *Lyon*, 1824, *ib.*, 25, 2, 157, *et Douai*, 1826, avoués, xxxj, 198).

(19) *V.* C-pr. 763; *Nîmes*, 27 août 1807, J-C-pr., i, 180. — Forme de la *signification* du jugement : v. *p.* 181, *note* 11 , *n.* 2. — Contre qui fait-elle courir le délai ?... v. *ci-apr.* n. 6.

Observations. 1. Il faut signifier cet appel au domicile réel. V. *Colmar*, 1813 *et* 1817, *Rouen*, 1816, avoués, *viij*, 294 (*arrêts cités ib.*), xv, 292, xix, 49 ; *surtout rej. requ. et civ.* 27 oct. 1813 *et* 13 janv. 1814, *ib.*, *ix*, 16 *et* 337... ou bien au domicile élu dans l'inscription. V. *rej. requ.* 23 *avr.* 1817 *et* 16 mars 1820, *Bourges*, *Grenoble*, *Bordeaux et Poitiers*, 1823, 1824, 1829, 1831 *et* 1833, *ib.*, xvij, 359, xxj, 339, xxv, 90, xxvij, 158 , xxxvij, 181 , xxxiij, 45, xlij, 246, xlv, 429 (d'autres cours avaient d'abord décidé que la signification à avoué était suffisante.. voy. *id.* , *iij*, 218, *v*, 295, *vij*, 166).

2. Le délai de dix jours (pour l'appel), qui est commun à tous les jugemens d'ordre (v. *ci-dev.* note 5 a, *n.* 4, *p.* 679), n'est pas franc. V. *note* 10, *n.* 4; *p.* 165. — Mais par exception aux règles de l'appel , il est augmenté à raison de la distance du domicile réel de chaque partie. V. *C-pr.* 763; *Paris*, 1810 , *et Grenoble*, 1824 *et* 1832, avoués, *i*, 106, xxvij, 228 , xliv, 223.

3. Le jugement d'ordre n'est pas susceptible d'opposition. V. *rej. civ.* 19 nov. 1811, *rép. xij*, 511 ; *Paris*, 1809, *Sirey*, 15 , 2 , 188 ; *Colmar*, 1812, 1813 *et* 1817, *Aix*, 1825, *et rej. requ.* 13 juin 1827, avoués, *viij*, 159, *xvj*, 246, xxxij, 58, xxxiij, 346, et pour une autre exception, *ci-d.* p. 472, note 61.

4. On a jugé 1°-3° qu'on ne peut, ni intervenir dans un appel d'ordre,

lorsqu'on ne s'est pas présenté à l'ordre (*mais voy. ci-apr.*, *note* 42, *p.* 694)., ni appeler contre le créancier poursuivant dont la collocation ne nuit pas à l'appelant... ni contre tout autre créancier, lorsque l'appelant n'a pas contesté dans le mois l'ordonnance du commissaire qui l'élimine de l'ordre. V. *Paris*, 9 *févr.* 1809, *Nevers*, 2, 77, *et*, pour le premier point, *arr. rej.* 6 *mars* 1809, *ib.*, 1, 91. — V. aussi *Bordeaux*, 1826, *avoués*, *xxxiij*, 309. — 4° qu'on n'est pas tenu d'intimer les opposans en *sous-ordre* (*ci-apr. p.* 692, *n.* 2°), sauf à eux à intervenir.—V. *arr. cass.* 2 mai 1810, *B. c.*, et *Nevers*, 191, *surtout Sirey*, 245, *et avoués*, *i*, 311. — 5° qu'ils n'ont pour l'appel, que le délai accordé (v. *n.* 2) aux créanciers directs. V. *arr. Lyon*, *ci-dev.*, *note* 31, *p.* 620.

A l'égard des règles de l'intervention, v. *d. note* 42, n. 3.

4 *a.* Qui faut-il intimer?... V. *ci-apr. note* 20, *n.* 3 *et* 4.

5. L'omission des *griefs* dans l'assignation n'annulle pas l'appel. V. *Rennes*, *Bruxelles*, *Rouen*, *Riom*, *Nancy et Pau*, 1812, 1813, 1824, 1825 *et* 1828, *avoués*, *vij*, 314, *x*, 58, *xxviij*, 176, *xxxj*, 127, *xxxvij*, 41; *Carré*, *anal.*, *ij*, *p.* 482 (contra... v. *Bruxelles*, 5 *juill.* 1810, *avoués*, *vij*, 314).

6. Lorsque le poursuivant a signifié le jugement aux créanciers, le délai d'appel (dix jours) court contre eux tous et contre le poursuivant lui-même. V. *arr. cass.* 28 *déc.* 1808, *et rej. civ.* 13 *nov.* 1821, *Sirey*, 1, 131, *et* 22, 1, 19; *Colmar*, 12 *déc.* 1816 (*ou* 1818), *avoués*, *xv*, 119 (on y cite d'autres arrêts), *et xix*, 247. —V. aussi *ci-dev.* p. 159.

7. *Droit transitoire* sur le même délai... V. *trois arr. cass.* 2 *juill.* 1811, *B. c.*; *Nevers*, 319; *avoués*, *iv*, 9 et 137.

8. Autres questions sur l'appel... V. *ci-apr. tit. de l'autorisation*, *note* 6, *n.* 1.

(20) *Observations.* 1. « Si au défaut de choix d'un avoué de la part des créanciers postérieurs à la créance contestée, la défense a été confiée à l'avoué du dernier colloqué (v. *ci-d.*, *note* 17, *n.* 2, *p.* 683) certainement cet avoué, qui joue le rôle principal dans l'instance, doit être intimé. Dans le cas contraire, *il n'y aurait lieu à l'intimer* qu'autant que le dernier colloqué serait intervenu pour contester particulièrement. C'est ainsi que l'on peut expliquer, *dit Tarrible* (*répert. xij*, 315, *mot saisie*, § 8), les expressions restrictives, *s'il y a lieu.* »

2. *Pigeau* (*ij*, 560) observe également que si l'avoué du dernier colloqué n'a pas été partie, ou comme défenseur de la masse, ou en son nom personnel, c'est qu'il n'a pas contredit, et qu'il a par-là même acquiescé tacitement à la distribution... Il serait donc irrégulier de l'appeler aux contestations auxquelles elle donne lieu. V. *aussi Carré, anal.*, *ij*, n. 2383.

3. Il faut y appeler, et par conséquent intimer, tous les créanciers auxquels les prétentions de l'appelant peuvent causer quelque préjudice. V. *Bourges*, *Riom* (deux *arr.*), *Montpellier*, *Bordeaux et Colmar*, 1823, 1826, 1831 et 1832, *avoués*, *xxv*, 349, *xxxiv*, 362, *xxxv*, 369, *xlj*, 408, *xlv*, 527. — Même s'ils n'ont pas contesté, *suiv. Toulouse et Grenoble*, 1829 et 1832, *ib.*, *xlj*, 693, *xlv*, 481. —V. aussi *ci-dev. note* 19, *n.* 4; surtout *ci-apr. note* 21, *n.* 4. — Mais il est inutile d'intimer les *non contestés*. V. *Nancy*, 28 *avr.* 1826, *ib.*, *xxxj*, 253.

4. Les créanciers intimés n'ont pas le droit d'opposer le défaut d'intimation d'autres créanciers, *suiv. Nîmes*, 28 mars 1828, *ib.*, *xl*, 180.

3. L'appel se juge à l'audience sur un acte d'avoué et sur de simples conclusions motivées des inti-

més (**21**). Les parties qui succombent supportent les dépens, sans répétition. *C-pr.* 765, 761, 766, *in f.* (**22**)

(**21**) *Observations.* 1. Le Code n'exige pas pour l'ordre, ainsi que pour la distribution (v. *p.* 620, *n.* 2), que l'appel en cas de contestation, soit jugé comme matière sommaire; d'où Pigeau, *ij*, 261, conclut qu'on peut ordonner une instruction par écrit. Mais il est difficile de concilier cette décision avec l'art. 765 qui ne permet de signifier que des *conclusions motivées*, et qui renvoie à l'art. 761, où l'on exclut (*ci-dev. p.* 683) toute espèce de procédure. — Enfin, l'on a vu (*ci-dev. note* 11 , *n.* 4, *p.* 681) que l'ordre est une matière qui requiert célérité. — V. encore *Carré*, *quest.*, *ij*, *n.* 3681.

2. En matière d'ordre, les créanciers ne peuvent, devant les juges d'appel, prendre de *nouvelles conclusions*, même subsidiaires, ni produire de nouveaux titres. V. *rej. civ.* 14 *juill.* 1813, *Sirey*, 14, 1, 38.

3. Mais cette prohibition ne concerne pas, en 1er lieu, un créancier qui n'a pas été partie, ou bien appelé régulièrement au jugement de première instance; en 2e lieu, tout autre créancier qui propose en appel une nullité que le poursuivant a omis d'*exciper* en première instance, parce que celui-ci n'étant pas le représentant de la masse des créanciers, sa négligence ne saurait leur nuire. V. *rej. civ.* 13 *oct.* 1812, *Sirey*, 13, 1, 42.

4. Si l'appel a été déclaré non recevable à l'égard de quelques créanciers, rien n'empêche de le poursuivre envers les autres, parce que l'instance est *divisible*, surtout en matière d'ordre. V. *à ce sujet. B. c.* 27 *mai* 1834 *et ci-dev. p.* 400, *note* 15 *a.*

5. Autres questions... v. *Paris* , 6 *therm. xiij et 2 mai* 1807, *Sirey*, 7, 2, 1077 *et* 1079.

(**22**) *Dépens des contestans qui ont obtenu gain de cause :* Règle contraire. V. *p.* 690, *et note* 35, *ib.*

Au reste le jugement et l'arrêt liquident ces dépens (v. *C-pr.* 762, 766, *et*, pour le mode à suivre, *ci-dev. p.* 557, *note* 12); ce qui toutefois n'est pas prescrit sous peine de nullité. V. *rej. civ.* 6 *juin* 1820, *avoués*, *xxij*, 46.

4. Quinzaine *après le jugement*, et en cas d'appel, quinzaine après la signification de l'arrêt (**23**), l'ordre, soit des créances contestées et admises, soit des créances postérieures, est arrêté définitivement (**24**). Dès-lors, les créances colloquées utilement ne produisent plus des intérêts (**25**). *C-pr.* 767.

(**23**) Un auteur induit de la diversité de ces expressions, que dans le premier cas, le délai de clôture définitive court de la prononciation du jugement. Mais , 1° lorsque la loi fait commencer un délai à un acte, elle sous-entend en général, et à moins de disposition positive, que c'est à dater de la notification de cet acte, d'après la maxime *paria non esse*, etc. (v. *note* 4, *p.* 678, *et ci-d. p.* 198).

2° Si la loi eût voulu autoriser la clôture de l'ordre dans la quinzaine du jugement, elle n'aurait point permis d'appeler de ce jugement dans les dix jours de la notification (outre l'augmentation , etc. — *ci-dev. note* 19, *n.* 2, *p.* 684). En effet, l'appel pourrait dans ce cas être inutile, puisqu'il se pourrait aussi que la signification et du jugement et de l'appel n'eussent lieu qu'après cette quinzaine, et par conséquent après la clôture de l'ordre... 3° Le véritable sens de l'art. 767 est naturellement expliqué par l'art. 672, qui statue sur le même point pour la distribution (*ci-d. p.* 623, *n.* 2), et qui précisément fixe le commencement du délai au jour *de la signification* du premier jugement.

(24) « Et ce, conformément à ce qui est prescrit par l'art. 759 », dit l'*art.* 767. — D'où il résulte que le commissaire doit aussitôt ordonner la délivrance des bordereaux et la radiation des inscriptions non utiles, et la déchéance des créanciers qui n'ont pas produit. V. *art.* 1, § 1, *n.* 6, *p.* 682.

(25) *V.* au sujet des intérêts, notes 14 et 37, *p.* 682 et 691.

La règle du texte (*p.* 686, *n.* 4) ne s'applique point à l'adjudicataire : les intérêts courent à sa charge, quoiqu'ils aient cessé pour les créanciers. V. *Bordeaux, 27 août* 1833, *avoués, xlvij,* 503. — V. aussi *id.,* 2e *édit., xvij,* 247, *n.* 241 ; *M. Coffinières, ibid.*

Observation..... Aliénation volontaire. — Si la vente n'est pas la suite d'une expropriation (**25** *a*), on ne peut provoquer l'ordre, à moins qu'il n'y ait plus de trois créanciers inscrits (**26**). Dans ce dernier cas, l'ordre est provoqué (**27**) par le créancier le plus diligent ou par l'acquéreur, et réglé suivant les formes précédentes (**28**). *C-pr.* 775, 776.

(25 *a*) Les dispositions des articles 775 et 776 (v. *ci-dessus le texte*) concernent par conséquent les ventes volontaires faites par contrat, les licitations, les ventes judiciaires des biens de mineurs ou d'interdits, ou dépendans de successions, soit vacantes, soit acceptées sous bénéfice d'inventaire, parce que toutes ces ventes ne sont pas la suite d'une expropriation. V. *Carré, lois, iij,* 47, *n.* 2616. — V. aussi *Demiau, p.* 471, *in f.*

(26) Lorsqu'ils sont en si petit nombre, il est facile de faire régler leur rang à l'audience, sans avoir recours à une procédure particulière. V. *aussi ci-dev. p.* 618, *note* 14 ; et pour d'autres questions, *Paris,* 1814, *Jalbert,* 1815, *supp.* 115, *Nancy,* 16 *août* 1831, *et rej. requ.* 26 *nov.* 1828, *avoués, xlj,* 523, *xxvj,* 244.

Mais s'il y avait d'abord plus de trois créanciers inscrits, il faudra un ordre judiciaire, lors même que des cessions faites à l'un d'entre eux, les auraient postérieurement réduits à un moindre nombre, si la date n'en était pas certaine, *suiv. d. arr. de Nancy.*

(27) Il est provoqué trente jours après les délais indiqués par les art. 2185, 2194 du Code civil. *C-pr.* 775. — On peut convenir qu'on ne pourra le provoquer. V. *rej. requ.* 28 *juill.* 1819, *avoués, xxj,* 6. — Questions sur les délais... V. *rej. requ.* 29 *nov.* 1825 *et* 27 *juin* 1832, *ib., xxxiv,* 246, *xliv,* 313, *Amiens,* 1824, *Poitiers,* 1827, *Nîmes,* 1829, *et Bordeaux,* 1831, *ib., xxix,* 174, *xxxij,* 208, *xxxix,* 105, *xl,* 357.

(28) L'acquéreur y est colloqué par préférence pour les frais d'extraits d'inscriptions et de dénonciation. V. *C-pr.* 777. — V. aussi *C-c.* 2101, *ỳ.* 1 ; *arr. de Paris et Rouen,* 1810 *et* 1827, *avoués, i,* 97, *xxxiij,* 258.

ARTICLE II.

Des résultats de la procédure.

Les résultats de la procédure sont le classement ou la collocation des créanciers, et leur paiement.

§ 1. Des collocations.

Les créances doivent être colloquées et par conséquent payées dans l'ordre suivant :

1. Frais de poursuite d'ordre (**29**) et de radiation des inscriptions. *C-pr.* 759.

2. Créances privilégiées énoncées dans l'art. 2101 du Code civil, mais seulement en cas d'insuffisance du mobilier (**30**). *C-c.* 2105.

3. Créances privilégiées énoncées en l'art. 2103 du même Code. *D. art.* 2105.

(29) Et quelquefois les frais extraordinaires de la procédure de saisie, V. *la note précédente, et ci-dev. p.* 660, *et note* 92, *p.* 661.

(30) *Observations.* 1. Classement respectif de ces privilèges et concours de diverses sortes de créanciers sur les meubles, *voyez* ci-dev., tit. 6, note 34, n. 2 et suiv., p. 621, 622.

2. Ces privilèges ne peuvent être colloqués sur le prix des immeubles lorsqu'on n'a pas provoqué la collocation sur celui des meubles, et constaté son insuffisance, *suiv. Paris* 1809, *Nevers,* 2, 77; *et Bruxelles,* 1810, *avoués, iij,* 165.— Au contraire ils peuvent l'être *éventuellement* et à la charge de discuter le mobilier dans un certain délai, *suiv. Amiens,* 1822, *Sirey,* 23, 2, 336; *M. Coffinières, d. p.* 165.

4. Créances hypothécaires, suivant la date des inscriptions (**31**), si les hypothèques sont conventionnelles et judiciaires, et des titres si elles sont légales (**32**). *C-c.* 2095, 2134, 2135.

5. Autres espèces de créances, par contribution entre toutes. *C-c.* 2093, 2094. (**33**)

(31) *Observations.* 1. Pourvu que les inscriptions aient été prises avant l'adjudication... Il est vrai que l'art. 834 du Code de procédure donne une règle différente (v. *ci-apr. tit. de la surenchère,* n. 6), mais ce n'est que pour l'aliénation volontaire. Il est impossible d'étendre l'application de cette règle à l'adjudication forcée, puisqu'elle ne doit pas être suivie de la transcrip-

tion (v. *ci-d. tit.* 7 , *note* 88, *p.* 660) , et qu'il n'y aurait aucun point de départ pour faire courir le délai de quinzaine accordé par l'art. 834.—V. *Tarrible, mot inscription hypoth.*, § 4, *n. vij*, rép. *vj*, 215 et 216 ; surtout *ci-apr. note* 42, *n.* 1.

2. Il est encore vrai que l'art. 778 (v. *ci-apr. p.* 692) semble indiquer que les créanciers ont la faculté de s'inscrire pendant l'ordre ; mais on en doit restreindre la disposition au cas précis qu'il énonce. Il est clair qu'un créancier ne peut exercer les droits de son débiteur que de la même manière que celui-ci... Il ne peut donc s'inscrire que dans le temps et les circonstances où le débiteur l'aurait pu. V. *Tarrible, ib.*

(32) *Questions diverses.* 1. Sur celle des *mineurs*... V. *Bruxelles,* 1809, J-*C-c. xiij,* 118.

2. Sur celle des *femmes mariées* avant le Code civil, et qui l'étaient encore ou qui avaient cessé de l'être au temps de sa publication.. V. *arr. cass.* 7 *avr.* et 9 *nov.* 1813, 5 *déc.* 1814 *et* 20 *mai* 1817 ; *B. c.* et *rép. xv,* 396, § 5, *n.* 12.

3. Sur le *concours* des hypothèques générales avec les spéciales... V. *Paris,* 1811, 1814 *et* 1816, *Nîmes, Toulouse,* 1825 *et* 1827, *avoués, xij,* 91, *xv,* 351, *xxxj,* 184, *xxxij,* 331; *Riom,* 1819, *et Poitiers,* 1825, *Sirey,* 21, 2, 1 et 25, 2, 363; surtout *rej. civ.* 16 *juill.* 1821, *B. c. n.* 52, *et B. c.* 25 *août* 1828.

(33) *Quid juris* s'il y a des créances hypothécaires *non inscrites,* en concours avec des créances chirographaires ?... Pigeau , *ij, p.* 257, prétend que les premières seront colloquées avant les secondes, et non pas par contribution avec celle-ci : « L'hypothèque , dit-il entre autres , a lieu sans inscription , « puisque l'art. 2117 déclare qu'elle résulte de la loi ou des jugemens et ac- « tes judiciaires, ou des conventions. Si l'on a hypothèque, on a cause légi- « time de préférence (2094), et l'on ne doit pas être colloqué contributoire- « ment avec ceux qui n'en ont pas. L'inscription n'est pas nécessaire pour « compléter l'hypothèque, elle existe auparavant : si la loi exige l'inscrip- « tion ,... c'est seulement pour déterminer le rang des hypothèques entre « elles , comme on le voit par l'intitulé de la sect. 4, ch. 3, tit. des hypo- « thèques. »

Observations. 1. Avant de citer l'art. 2117 qui indique seulement les espèces d'hypothèques , il aurait fallu rapporter l'art. 2115 qui en détermine les caractères généraux. « L'hypothèque n'a lieu que dans les *cas et suivant* « *les* FORMES autorisées par la loi. » Il faut donc une forme, non pas sans doute pour que l'hypothèque existe , mais pour qu'elle produise de l'effet , c'est-à-dire qu'elle fasse accorder une préférence sur les créanciers chirogra- phaires , et cette forme est l'inscription, ainsi que le prouvent une foule de textes. Bornons-nous à ceux-ci... 2134. « Entre les créanciers, l'hypothèque « n'a de rang que du jour de l'inscription , etc... 2135. L'hypothèque existe , « *indépendamment de toute inscription,* au profit des mineurs, etc.. 2140. « Lorsque dans le contrat de mariage, les parties majeures seront convenues « qu'il ne sera pris d'inscription que sur certains immeubles du mari , les « immeubles non indiqués pour l'inscription RESTERONT *libres et affran-* « *chis de l'hypothèque* pour la dot , etc... 2146. Les inscriptions... ne pro- « duisent *aucun effet...* entre *les créanciers* d'une succession, si l'inscription « n'a été faite par l'un d'eux que depuis l'ouverture, etc... 2166. Les créan- « ciers ayant privilège ou hypothèque INSCRITE sur un immeuble, le suivent « entre quelques mains qu'il passe, *pour être colloqués et payés* suivant « l'ordre de leurs créances ou inscriptions. »

A des textes aussi positifs, on n'oppose qu'un intitulé de section... Mais si les intitulés ou *rubriques* d'une loi peuvent quelquefois être employés pour l'interpréter, il ne faut user d'un semblable moyen qu'avec beaucoup de réserve, parce que ce n'est pas à la rédaction de ces rubriques, mais bien à celle du dispositif, que le législateur attache de l'importance... Ajoutons que la question paraît décidée par le Code de commerce, art. 543, où l'on déclare que les créanciers qui ne viennent point en ordre utile dans une faillite, sont considérés comme *purement chirographaires.*—V. aussi *arr. cass.* 19 *déc.* 1809, *J-C-c.*, *xiv*, 182, *et rec. alph.*, 2ᵉ *éd.*, *t.* 5, *p.* 133; *rej. civ.* 10 *juin* 1828, *avoués*, *xxxv*, 259.

Ces règles sont susceptibles de modifications dans les circonstances suivantes : (34)

1° Les frais de l'avoué des contestans sont colloqués immédiatement après les créances (35) antérieures à celles qui ont été contestées : mais alors on lui subroge (36) le créancier non colloqué utilement ou le saisi... Ces derniers ont aussi un recours contre les créanciers dont la contestation a été déclarée mal fondée, pour les intérêts qui ont couru pendant qu'ils la soutenaient. *C-pr.* 768 à 770; *Réal, p.* 129; *et ci-dev., art.* 1, § 2, *n.* 3 *et* 4, *p.* 685, 686. (37)

(34) Il en est beaucoup d'autres, mais l'exposition en appartient plus particulièrement au cours de droit civil.

(35) *Observations.* 1. Si cet avoué a obtenu pour eux gain de cause. *Arg. de C-pr.* 766 *et* 768 *combinés.*— V. *aussi Pigeau*, *ij*, 185; *ci-dev. p.* 685., *n.* 3; *Colmar*, 1826, *avoués*, *xxx*, 386.

Tarrible (*rép. xij*, 515, *d.* § 8, *n.* 4) et Carré (*anal.*, *ij*, *n.* 2393) donnent au contraire une prérogative aux frais de l'avoué des contestans, lors même qu'il a succombé, et ils se fondent uniquement sur ce que ces frais, disent-ils, sont *nécessaires...* Mais dans toute contestation judiciaire, des frais sont aussi nécessaires, et il ne s'ensuit point de là et par cela seul, qu'on doive les obtenir lorsqu'on les a faits, et surtout mal-à-propos. Dans l'hypothèse, le débiteur dont on distribue les deniers, ne doit certainement pas supporter les dépens que des créanciers ont occasionés par leur prétention mal fondée à une collocation plus avantageuse que celle que leur donnait l'état du commissaire. Au surplus, l'art. 766 prononce positivement (v. *d. p.* 685, *n.* 5), et sans doute d'après ces principes, que les parties qui succombent, supportent les dépens *sans pouvoir les répéter* — N. B. On a depuis jugé conformément à notre opinion (v. *Agen*, 1825, *avoués*, *xxix*, 185) et Carré (*lois*, *iij*, 59) l'a également embrassée.

2. *Quid* pour les frais de l'huissier?... Il nous semble que la loi a voulu désigner en général, *les frais faits au nom des contestans*, parce qu'au moyen de ces frais ils ont obtenu une collocation plus avantageuse que celle qu'on leur donnait; que par conséquent si leur avoué a été obligé pour atteindre ce but, d'employer le ministère d'un huissier, par exemple pour notifier leur demande ou le jugement de première instance qui l'aura admise, les frais de l'huissier doivent obtenir la même faveur que les siens. On cite, il est vrai (*prat.*, *fr.* iv, 473), deux arrêts en faveur du système opposé, mais ils sont antérieurs au Code (12 *fruct. xiij* et 8 *fév.* 1806), et ils paraissent avoir été

rendus dans des hypothèses particulières.—V. *toutefois* Carré, *lois*, iij, 4o. (il fait une distinction).

5. Le créancier *contesté* qui obtient gain de cause, n'est point colloqué par privilège, pour ses frais, parce qu'il n'a pas défendu la *masse*, mais seulement son propre intérêt. V. *Pigeau, ib.*

(36) L'arrêt qui autorise l'emploi des frais prononce la subrogation, et l'exécutoire indique la partie qui doit en profiter. *C-pr.* 769.

(37) *Intérêts*. 1. Après avoir rapporté et conféré les art. 757, 767, 759 et 770, Tarrible, mot *saisie*, §8, *n.* 3, observe que ce sont les seuls qui statuent sur les intérêts, et dont on puisse tirer des règles pour la collocation de ces intérêts. « Il paraît, ajoute-t-il, que le législateur a voulu que tous les intérêts courus pendant l'instance de l'ordre, jusqu'au moment où il est définitivement arrêté, fussent payés à chaque créancier colloqué utilement, sur la masse hypothécaire, et que le créancier venant immédiatement après ceux utilement colloqués, ou le débiteur saisi qui, par cette prolongation d'intérêts, se trouveraient frustrés d'une partie de la masse hypothécaire qui aurait dû leur revenir, pussent la répéter contre les auteurs du retard. »

1-a. *Quid juris* pour les intérêts échus depuis l'adjudication, et pour lesquels par conséquent on n'a pu s'inscrire ?.. On a jugé, par argument des articles qu'on vient de citer, qu'ils doivent être colloqués au même rang que le capital d'où ils résultent, parce que les mêmes articles ont interprété sur ce point la loi du 11 brumaire et le Code civil. Voy. *arr. cass.* 21 et 22 *nov.* 1809, *rec. alph.* iij, 88, *mot inscription hypoth.*, § 2; *Nevers*, 478; *Rouen*, 28 *juin* 1810, *id.*, 2, 141.

À l'égard des intérêts, 1° du *vendeur*, 2° conservés ou non, par l'inscription... v. *arr. cass.* 5 *mars* et 27 *mai* 1816, *B. c. et d. rec.* vj, 440 et suiv., *h. v.*, § 2 bis, et *mot intérêts*, § 5; *Colmar*, 13 *mars* 1817, *avoués*, xvj, 246; *rej. civ.* 8 *juill.* 1834, *Sirey*, 34, 1, 504.

2. On a vu que l'art. 757 met à la charge des créanciers négligens à produire, les intérêts qui ont couru pendant le temps où ils ont été en retard, et (§ 2, *n.* 4, p. 686) que d'après l'art. 767, les intérêts des créances colloquées utilement cessent dès la clôture de l'ordre... Tarrible soutient que ces articles ne peuvent s'appliquer qu'au cas où l'adjudicataire a consigné, parce que ce n'est qu'alors que le saisi ou les derniers créanciers peuvent souffrir de l'accroissement des intérêts alloués aux créanciers utilement colloqués ; tandis que si l'adjudicataire a gardé le prix, ils ne souffrent aucun préjudice, attendu qu'il y a eu dans la masse hypothécaire une augmentation équivalente à cet accroissement. V. *d. arr.* 22 *nov.* 1809. — Mais Tarrible n'a pas prévu un autre cas où ces articles seraient également applicables, le cas où des créanciers antérieurs à la loi du 3 septembre 1807, auraient droit à des intérêts supérieurs au taux légal.

3. Le même art. 767, après avoir traité de la clôture de l'ordre, s'exprime ainsi : *les intérêts... cesseront...* Est-ce du jour de la clôture, ou du jour de la délivrance des bordereaux? On pense avec raison (*prat. franç.*, iv, 487) que c'est du jour de la clôture, parce que le greffier n'a pas le droit de modifier le travail du commissaire... On pourrait objecter que l'art. 771 accorde au greffier jusqu'à dix jours pour la délivrance des bordereaux, et que pendant ces dix jours, les créanciers perdront leurs intérêts. Mais il est impossible d'éviter un tel inconvénient, parce qu'il faut bien accorder quelque temps pour la préparation de ces sortes d'ordonnances... On peut encore objecter que suivant l'arrêt du 22 novembre (ci-d., *n.* 2) les intérêts sont dus jusqu'au paiement *effectif*. Mais peut-être n'a-t-on entendu par-là que la même époque de clôture, car il aurait fallu décider aussi, on le répète, que le greffier aurait le droit de changer le travail du commissaire. — V. aussi sur ce point, M. Coffinières, *avoués*, iv, 361. — Mais voy. toutefois, *arr. de Paris et rej.*

requ. 5 *juin* 1813, 16 *mars* 1814, *et* 14 *nov.* 1827, *ib.*, *viij*, 234, *x*, 30, *xxxiv*, 217 (suivant l'arrêt du 14 novembre, les intérêts courent depuis la clôture, si le *non-paiement* ne tient pas au fait du créancier, ce qui est une approbation indirecte de notre doctrine).

4. Les demandes en collocation, même dans les procédures de simple distribution, font produire des intérêts aux créances où ils ne sont pas stipulés, pourvu qu'on y réclame ces intérêts ; c'est que la saisie et ensuite ces demandes mettent suffisamment le débiteur en demeure de payer. V. *rép.*, mot *intérêt*, § 4, *n.* 14 ; *Amiens*, 1821, *Sirey*, 1822, 2, 114 ; *Toulouse et rej. requ.* 26 *janv. et* 2 *avr.* 1833, *avoués*, *xliv*, 307, *xlvj*, 378.

2° Lorsqu'un créancier a pris une inscription pour conserver les droits de son débiteur créancier du saisi (38), ce débiteur est colloqué au rang attribué à sa créance, mais le montant de la collocation est distribué par contribution entre tous ses créanciers inscrits ou opposans avant la clôture de l'ordre (39). *C-pr.* 778, *et M. Grenier, p.* 355.

(38) *Observations.* 1. Le Code de commerce, *art.* 499, contient à-peu-près la même disposition que l'art. 778 ci-dessus, et cela en vertu du principe que les créanciers peuvent exercer les droits utiles de leur débiteur (v. *C-civ.* 1166). Comme ces lois ne distinguent point entre les titres des créanciers, on doit décider qu'un créancier porteur d'un acte privé a la faculté de requérir cette inscription, même en son nom propre. V. *Tarrible*, *rép. vj*, 224, mot *inscription*, § 5, *n.* 5.

2. Quant au mode et au temps de cette inscription, qu'on appelait jadis *opposition en sous-ordre*, à ses effets et à d'autres questions, v. *id.*, *ibid.*; *ci-dev.*, *note* 19 (*n.* 4) *et* 31, *n.* 2, *p.* 635 *et* 689; *note* 5, *p.* 530 ; *note* 33, *p.* 585 ; *Pigeau*, *ij*, 263 ; *arr. de Bourges et Colmar*, 1829 *et* 1830, *avoués*, *xxxviij*, 317, *xl*, 38.

(39) Parce que ce montant de collocation ne devient pas à leur égard une masse hypothécaire, susceptible d'une distribution par ordre, mais est un objet purement mobilier. V. *Tarrible*, mot *saisie*, § 8.

Dr. anc. Plusieurs tribunaux faisaient la distribution suivant l'ordre des hypothèques. *M. Grenier, p.* 355.

3° Les créances incertaines ou éventuelles (40) doivent être colloquées suivant les principes généraux du droit, dont l'application est réservée aux juges (41). V. *M. Grenier, sup.*

(40) Telles que les créances contestées en justice, ou subordonnées à une condition suspensive, ou au résultat d'une opération, par exemple d'un compte.

(41) On peut, par exemple, laisser entre les mains de l'adjudicataire, ou

faire consigner les sommes nécessaires pour les acquitter, ou bien les faire payer sous caution, etc. — Ainsi la femme, pour sa dot non encore exigible (dans l'espèce , elle n'était pas séparée de biens) doit être colloquée, sauf à faire laisser le prix entre les mains de l'acquéreur, ou à ordonner tout autre emploi qui le mette en sûreté. Voyez *B. c.* 24 *juill.* 1821 ; *Rouen* , 1823 , *Sirey*, 24, 2, 10. — V. aussi, 1° pour des cas analogues, *rej. requ.* 4 *frim.* *xiv*, *et Metz*, 18 *juin* 1820, *id.*, 6, 1, 209 *et* 21, 2, 365. — 2° Pour d'autres exemples , *Paris* , 6 *juin* 1812 , *avoués* , *vj*, 334, *et Caen* , 18 *mai* 1813, *Jalbert*, 1815, 2, 4.

4° On peut appeler à l'ordre (**41** *a*) les créanciers avec hypothèques légales non inscrites, en provoquant leur inscription (42). V. *M. Grenier, sup.*

(**41** *a*) L'inscription de celles de la femme et du mineur a pu être requise par eux-mêmes , par les mari , tuteur ou subrogé-tuteur, par le procureur du roi du tribunal du domicile du mari ou du tuteur, ou de la situation des biens, et par les parens ou amis du mari, ou de la femme , ou du mineur. V. *C-c.* 2138, 2139.

(**42**) *Observations.* 1. On suit alors les formes prescrites par le Code civil, *art.* 2194, 2195, et dont voici la substance : on dépose au greffe l'acte translatif de propriété ; on fait la signification du dépôt à la femme ou au subrogé-tuteur, et au procureur du roi ; on affiche (pendant deux mois) un extrait de l'acte translatif, dans l'auditoire ; enfin , on publie la signification par une insertion dans un journal conformément (*v. ci-dev. p.* 649, *n. ij*) au Code de procédure, *art.* 683. V. *ci-apr. tit. de la surenchère* , *note* 1, *n.* 3 ; *avis cons. d'état* , 1 *juin* 1807, *et* (pour les veuves et les mineurs devenus majeurs, ainsi que pour leurs héritiers ou ayant-cause) 8 *mai* 1812; *M. Grenier*, *sup.; Pigeau, ij,* 412 *et suiv.*

2. D'après ces textes, on doit surseoir à l'ordre pendant les deux mois qu'ils accordent pour l'inscription de ces hypothèques , *suiv. Angers* , 14 *juill.* 1809, *J-C-c. xiv*, 218.

2 *a.* L'adjudicataire sur saisie immobilière est-il obligé de provoquer cette inscription ?.. la jurisprudence la plus générale a d'abord décidé que *non* , parce qu'il n'est tenu de *rien faire* depuis la signification du jugement d'adjudication (ou de l'arrêt confirmatif) jusqu'à la réquisition de l'ouverture de l'ordre (v. *rej. civ.* 21 *nov.* 1821, *B. c.*, *n.* 84, *par arg. entre autres* , *de* *C-pr.* 775; *les arr. cités ci-apr. n.* 2 *b*, *et d'autres à avoués*, *xlv*, 573) , qu'en un mot l'adjudication définitive purge les hypothèques sans qu'il soit besoin de transcription (v. *ci-dev. p.* 660, *note* 88), ou en d'autres termes , qu'on ne peut pas s'inscrire après cette adjudication. V. *obs. mss. du Tribunat*, *art.* 773.

2 *b.* On admettait seulement que lorsque les créanciers qui ont une hypothèque légale se présentaient à l'ordre en temps utile , ils devaient être colloqués. V. *Douai* , *Caen* , *Rouen* , *Grenoble* , *Montpellier et Lyon* , 14 *avr.* 1820, 5 *mai et* 10 *août* 1823, 4 *févr. et* 19 *mai* 1824 *et* 28 *janv.* 1825, *Sirey*, 25, 2, 32, 35 *et* 124 ; *et* 24, 2, 353 ; *avoués*, *xxviij*, 118. — V. aussi *id.*, *xlv*, 573 *et* 574, où, dans un tableau des arrêts sur cette matière , on en cite quelques-uns de contraires à ceux-ci.

2 *c.* Mais on a ensuite reconnu que l'hypothèque légale n'est pas purgée par l'adjudication sur saisie , et en conséquence, que l'adjudicataire est tenu à la provocation. V. *rej.*, *sect. réunies* , 22 *juin* 1833, *avoués*, *xlv*, 568 *à* 572; *B. c.* 27 *août* 1833, 30 *juill.* 1834. — Tout comme on le décidait pré-

cédemment lorsqu'il s'agissait d'un adjudicataire judiciaire d'un autre genre, tel qu'un adjudicataire sur licitation. V. *d. rej. civ.* 21 *nov.* 1821 ; *ci-apr.§ de la licitation.*

2 *d.* Lorsque la provocation a eu lieu, l'hypothèque non inscrite dans les deux mois ci-dessus, est purgée tant envers les créanciers qu'envers l'acquéreur, de sorte qu'elle ne doit pas même être admise à un ordre non clos. V. *Grenoble,* 3 *juill.* 1822, *Sirey,* 25, 2, 33; *B. c.* 8 *mai* 1827.

3. *Intervention.* A l'égard des créanciers qui ont le droit d'intervenir dans la procédure de l'ordre, Tarrible, *mot saisie*, § 8, remarque d'abord que les créanciers privilégiés indiqués dans l'art. 2101 du Code civil étant dispensés d'inscription (*C-c.* 2107), ne peuvent demander d'y être appelés (v. *ci-dev. art.* 1, § 1, *n.* 3, *p.* 680), mais qu'ils peuvent sans aucun doute intervenir d'eux-mêmes dans la formation de l'ordre, et y concourir avec tous les créanciers hypothécaires. A l'égard des autres, voici ce qu'il observe (*même* § 8, *n. ij*).

« Les créanciers chirographaires, ou ceux qui, ayant un titre conférant hypothèque, ne l'ont pas complété par l'inscription, n'ont et ne peuvent avoir aucun droit de s'ingérer dans la formation de l'ordre qui leur est étranger. Tout ce qui peut leur être permis, c'est d'intervenir dans l'instance de l'ordre par la voie de l'opposition, de veiller à ce qu'on n'admette pas au rang des créanciers hypothécaires ceux qui n'ont pas ce titre, de débattre la légitimité des créances hypothécaires, soit pour la totalité, soit pour partie de leur valeur, et enfin de se faire délivrer ce qui pourra rester du prix après le paiement intégral de toutes les créances privilégiées et hypothécaires. » — N. B. Ces principes paraissent avoir été adoptés dans des arrêts des cours de Paris et de Colmar, 11 *août* 1812 *et* 13 *mars* 1817, *Sirey,* 13, 2, 121, *avoués, xvj,* 246, *Jalbert,* 1817, 2, 142. — Observons toutefois que la loi n'admet pas *une voie d'opposition* pour intervenir dans une instance. V. *ci-dev. tit. de l'intervention, p.* 558 *et suiv.,* et *Metz, ci-apr. n.* 4.

4. Quant à l'intervention en appel (du jugement d'ordre), voy. *ci-dev,* note 19, *n.* 4, *p.* 685.—V. aussi, pour les formes à suivre, *Metz,* 1824, *avoués, xxix,* 288.

§ 2. *Des bordereaux et paiemens.*

Les bordereaux de collocation sont délivrés par le greffier aux créanciers colloqués, dans les dix jours après l'ordonnance du commissaire (43); ils sont exécutoires contre l'acquéreur. S'il paie, les créanciers consentent (44) à la radiation de leurs inscriptions, et ces inscriptions sont déchargées successivement et d'office (45), et enfin rayées lorsque l'acquéreur prouve qu'il a payé légalement la totalité du prix d'adjudication, soit aux créanciers utilement colloqués, soit au saisi; et lorsqu'il représente l'ordonnance qui prononce la radiation des créances non colloquées. *C-pr.* 771 *à* 774. (46)

(43) Par laquelle l'ordre a été définitivement arrêté. *C-pr.* 759, 767.... V. *ci-dev.*, art. 1, § 1, n. 6, et § 2, n. 4, p. 682, 686.

(44) Le consentement et la quittance (*ci-opr.*, note 45) doivent être consignés dans un acte authentique. *Arg. du C-civ.* 2158 ; *Tarrible*, mot *saisie*, § 8.

(45) Par le conservateur, à concurrence des sommes payées, et sur la représentation des bordereaux et quittances. *C-pr.* 773.

(46) Il résulte de là que toutes les inscriptions sont alors rayées, et c'est sans doute ce qu'on a voulu dire par cette expression vague du même article, *l'inscription d'office sera rayée*, au lieu de laquelle Tarrible pense qu'il faut lire *l'inscription est rayée d'office*, parce qu'il n'existe aucune inscription d'*office* à l'égard des créanciers non utilement colloqués. V. *id.*, d. § 8. — V. toutefois *Carré*, *lois*, *iij*, 45 ; *Pigeau*, *ij*, 263.

Observations. 1. Tarrible pense encore que ce mode de radiation et de libération n'est applicable qu'au cas où l'adjudicataire a gardé le prix. S'il a consigné et fait juger valable sa consignation, il doit pouvoir demander la radiation d'office de toutes les inscriptions dont son immeuble est grevé ; et cette radiation doit être ordonnée par le jugement qui a statué sur la consignation. V. *id.*, d. § 8, *et mot transcription*, § 7. — Quant au droit et au mode de consigner, v. *ci-dev.*, p. 660, *note* 89.

2. L'acquéreur peut être contraint au paiement des bordereaux par toute voie d'exécution, même par les saisies-mobilières. V. *Paris*, 1810, *avoués*, *i*, 285 ; *ci-dev.*, p. 661, *note* 91. — V. aussi *Grenoble*, 1825 *et* 1832, *avoués*, *xxx*, 38, *xlv*, 441.

Peut-il l'être par la *folle-enchère*?.. V. p. 674, *note* 124, n. 3.

3. *Quid*, si après la collocation il y a eu une *folle-enchère*?.. V. d. *note* 124, n. 2.

TITRE IX.

De la contrainte par corps. (1)

On nomme contrainte par corps, et le droit qu'a un créancier de faire une exécution sur la personne de son débiteur, et l'exécution elle-même. Cette exécution se fait par le moyen d'une arrestation et d'un emprisonnement. (2)

(1) Ce titre correspond au tit. 15 , liv. 5 du Code , intitulé *de l'emprison-nement.*

Nous avons préféré l'intitulé *contrainte par corps*, en premier lieu, parce que cette exécution comprend, on le verra, deux opérations très distinctes, l'arrestation et l'emprisonnement, dont la dernière même peut ne pas avoir lieu, quoique la première ait été effectuée , ce qu'on ne serait point porté à admettre si l'on s'en tenait à l'intitulé du Code... En second lieu , parce que l'exécution peut avoir lieu même sans arrestation et sans emprisonnement, par une simple *rétention*, comme on va l'observer.

(2) Elle se fait aussi en retenant dans la prison le débiteur déjà incarcéré. V. *ci-apr.*, § 3 , *p.* 707.

Histoire. Cette partie de la législation était autrefois plus que toute autre remplie d'abus et de contradictions. L'ordonnance, *tit.* 34 , s'était beaucoup occupée des cas de contrainte, et n'avait presque rien prescrit pour le mode d'exécution, source féconde de vexations et de procédures ruineuses. L'édit de 1778 , en créant des gardes du commerce, à Paris, avait apporté à cet état fâcheux de choses, un remède que le Code a perfectionné et étendu à toute la France, dit *Réal, p.* 130 (il aurait dû ajouter que l'amélioration a été commencée par la loi du 15 germinal an vj, où l'on a puisé une partie des dispositions du Code).

La contrainte par corps ne peut avoir lieu que dans les circonstances précises déterminées et contre les personnes désignées par la loi. V. *C-c.* 2063, *in pr.; C-pr.* 126, *in pr. ; L.* 17 *avr.* 1832, *art.* 1 *à* 3, 8 *à* 13, 19 *et* 21.

Ces circonstances et ces personnes sont indiquées par le droit civil (3) : nous n'avons à nous occuper ici que des règles de l'exécution proprement dite, règles qui varient suivant qu'il s'agit de l'arrestation ou de l'emprisonnement, de la recommandation, et enfin des nullités et de l'élargissement.

(3) Code civil, livre 3, titre 16; L. 17 avr. 1832.

Observations. 1. Le Code de procédure indique toutefois un grand nombre de circonstances du même genre. Par exemple, il autorise le juge à prononcer dans sa sagesse, la contrainte pour dommages excédant 300 francs (mais seulement contre des personnes qui en sont naturellement passibles, ce qui en excepte les femmes et les filles... v. *B. c.* 6 oct. 1813, 20 *mai* 1818, 26 *déc.* 1827, 17 *janv.* 1832... v. aussi *d. L.* 17 avr., art. 2, 12 *et* 18), et pour reliquats et restitutions résultant de comptes d'administrateurs sauf à surseoir à l'exécution pendant un délai qu'il détermine (par le même jugement). V. *C-pr.* 126, 127. — v. *d'autres exemples, aux art.* 107, 191, 201, 213, 221, 264, 320, 534, 603, 604, 690, 712, 714, 744, 824, 839; *les passages de notre cours où on les cite; ci-dev.* § *des contributions, n° des douanes, p.* 438, *etc.*

1 *a.* Aujourd'hui le juge est tenu de la prononcer pour reliquats excédant 300 francs, contre les comptables et entrepreneurs publics ou communaux, ou d'établissemens publics, et contre leurs cautions ou agens, même du sexe féminin, mais non pas contre les septuagénaires. *V. au surplus, d. L.* 17 *avr., art.* 8 *à* 13.

2. Dans les cas même où la loi l'autorise, la contrainte ne s'exerce qu'en vertu d'un jugement (non d'une simple ordonnance). V. *C-c.* 2067, 2068; *Nîmes,* 1812, *avoués, vij,* 44; *Montpellier,* 1807, *J-C-pr., i,* 148; *Jousse, tit.* 34, *art.* 4; *et pour les jugemens* d'arbitres, de défaut, et exécutoires sous caution, *ci-dev. p.* 46, *note* 26, *n.* 2; *p.* 451, *note* 25; *p.* 550, *note* 8, *n.* 2.

2 *b.* Mais cette règle n'est point applicable, *en premier lieu,* aux affaires criminelles, correctionnelles, commerciales, ou qui intéressent le trésor public. V. *C-c.* 2070; *décr.* 10 *sept.* 1809; *avis cons. d'état,* 9 *vent. x et* 7 *fruct. xij;* *C-com.* 455; *rép., iij,* 70, *mot contrainte par corps, n.* 18; *arr. cass.* 3 *janv.* 1807, *cité ib.; décis., ci-apr. note* 10; *C-pén.* 46, 52, 53, 227, 467, 469.

En deuxième lieu, aux étrangers non domiciliés, parce que tout jugement de condamnation pour plus de 149 francs, emporte la contrainte envers eux, à moins qu'ils n'aient un établissement de commerce, ou qu'ils ne possèdent des immeubles suffisans. Bien plus, le président du tribunal peut ordonner leur arrestation provisoire, lorsque leur dette est exigible. V. *d. L.* 17 *avr., art.* 14 *à* 16. — V. aussi *Paris,* 25 *avr.* 1834, *avoués, xlvj,* 383, *et* 27 *mars* 1835, *Sirey,* 35, 2, 218; *ci-d. p.* 176, *note* 12; *et pour le droit antérieur, L.* 10 *sept.* 1807; *rép., iij,* 68, *d. mot contrainte, n.* 7; *rec. alph., vj,* 223; *Jousse, art.* 4.

Dans ce dernier cas, on est, pour l'arrestation, dispensé de la signification et du commandement exigés par le Code, art. 780 (ci-apr., texte, n. ij, p. 701, 702). *D. L.* 17 *avr., art.* 32 (Dr. anc... v. *arr. cass.,* 28 oct. 1809, *Nevers,* 428; *notre* 5ᵉ *édit., p.* 627, *note* 3, *n.* 2).

2 *c.* Il n'est pas besoin non plus de jugement pour contraindre les cautions qui ont fait une soumission. V. *ci-d. tit. des réceptions de caution, p.* 551, *et note* 12, *n.* 2, *ib.*

3. En matière de commerce, la contrainte doit être prononcée pour une dette *principale* de 200 francs et au-dessus. *D. L.* 17 *avr., art.* 1. — Voy. pour le droit ancien, *d.* 5ᵉ *édit., p.* 627, *note* 3, *n.* 3; *répert., d. mot contrainte, n.* 7; *M. Chauveau, xlij,* 194.

4. Le jugement qui prononce la contrainte est toujours susceptible d'appel, quant à ce chef, lors même qu'il statue en dernier ressort sur le fond, mais alors l'appel n'est pas suspensif. *D. L.* 17 *avr., art.* 20 (*Dr. int...* le premier point était controversé. V. *d.* 5ᵉ *édit., p.* 784, *n.* 52 *b*). — A l'égard du jugement en premier ressort sur le fond, v. *ci-apr. note* 11, *n.* 1.

I 1.   33

5. Il faut suivre la loi du temps de l'obligation, pour savoir s'il y a lieu à contrainte. V. *rej. civ.* 7 *avr.* 1817, *Jalbert*, 295. — Et celle du temps de l'exécution pour ses formes. V. *ci-apr. note* 13, *n.* 2, *et le passage de notre cours qui y est cité.*

6. Autres décisions... V. *tit. de l'appel, notes* 83 *et* 97, *p.* 479 *et* 482, *et ci-apr. tit. de l'interdiction, note* 11, *n.* 1.

Avant d'exposer ces règles, nous observerons, 1. que s'il s'agit d'un objet susceptible de liquidation, on n'a le droit d'exercer la contrainte qu'après avoir fait la liquidation en argent. *C-pr.* 552. — V. aussi, *ci-dev.*, *tit.* 1, *n.* 4, *p.* 570, *et note* 14, *ibid.*

2. Que l'emploi de la contrainte n'empêche pas les poursuites sur les biens. *C-c.* 2069. — V. aussi *ord. de* 1667, *tit.* 34, *art.* 13, *et ci-dev. liv.* 3, *n.* 2 *et note* 4 *a*, *p.* 547. (4)

(4) On ne peut l'exercer contre l'héritier de celui qui y est soumis. V. *C-civ.* 2017; *Rodier*, *d. tit.* 34, *art.* 5. — V. aussi *d. L.* 17 *avr.*, *art.* 2; *ci-dev.*, *p.* 192, *note* 19.

§ 1. *De l'arrestation.*

1. *Temps et lieux prohibés.* L'arrestation ne peut se faire dans les temps et les lieux suivans :

Temps. 1. Entre le coucher et le lever du soleil. *C-pr.* 781, ϛ. 1; *ci-dev. p.* 157, *note* 3. (5)

2. Les jours de fêtes. V. ϛ. 2; *d. note* 3, *n.* 3.

3. Les jours de comparution et de voyage d'un témoin porteur d'un sauf-conduit. *C-pr.* 782. (6)

(5) *Observations.* 1. Si le soleil est sur l'horizon à une heure (cela peut avoir lieu au mois de mars) où les exécutions sont prohibées par l'art. 1037 (v. *d. note* 3), l'arrestation sera-t-elle valable ?.. Il nous semble que *non...* 1° L'art. 1037 ne fait aucune distinction; il déclare qu'*aucune exécution* ne pourra être faite, etc. Il n'entend donc point excepter la contrainte par corps, qui certainement est une *exécution*, et qui, comme telle, est placée dans le livre des exécutions (*liv.* 5 *du Code*)... 2° Le même article est placé à la fin du Code, parmi les dispositions générales qui « ont toutes pour objet de fixer le véritable sens de quelques articles susceptibles d'interprétations diverses » (v. *Mallarmé*), et par conséquent il fixe le sens de l'art. 781 ci-dessus, le seul où l'on parle d'un temps précis d'exécution... 3° L'intention du législateur de *généraliser* la règle de l'art. 1037 est encore prouvée par l'exposé des motifs, où Galli observe que quelques personnes auraient pré-

féré la règle qui prenait pour points de départ le lever et le coucher du soleil (*d. L.* 15 *germ.*, *tit.* 3, *art.* 4). — V. aussi *décr.* 4 août 1806. — V. toutefois, *arr. de Bruxelles*, 1ᵉʳ *mars* 1813, *J-C-c.*, *xxj*, 255, *et Carré*, *anal.*, *ij*, 510.

2. *Quid* si l'arrestation est faite avant le lever ou après le coucher du soleil, mais à une heure non prohibée par l'art. 1037?... On a jugé qu'elle est nulle. V. *arr. de Colmar*, 31 août 1810, *avoués*, *ij*, 360.

3. On voit par ce qui précède combien il faut être circonspect quand on fait exercer la contrainte. Tout est de rigueur dans l'observation de ses formes (v. *ci-apr.* § 2, *n. ij, p.* 705), parce que c'est le mode d'exécution le plus violent et même en quelque sorte une peine. Fait une minute trop tôt ou trop tard, l'emprisonnement serait annulé, ainsi que l'a décidé la même cour (*arr.* 16 *th, xij, prat. fr.*, *v*, 13)... Et comment connaître à une minute près, le lever ou le coucher du soleil, quand le ciel est couvert de nuages, dans les lieux qui n'ont pas la même longitude que le très petit nombre de villes pour lesquelles on compose des éphémérides, et dont la longitude particulière n'a pas été déterminée par des observations astronomiques, c'est-à-dire dans presque toutes les communes de la France?... (*autre quest.*. V. *ci-d. p.* 176, *note* 12).

(6) *V.* aussi *arr. cass.* 5 vend. xj; *rec. alph.* et *rép.*, mot *sauf-conduit*; et pour les saufs-conduits accordés aux *faillis*, C-com. 466 à 469 et 490; Paris, 10 fév. 1815, *avoués*, xj, 169, et 12 janv. 1817, *Jalbert, supp.* 122, et Rouen, 1824, *ci-d.* p.216, *note* 27, n. 2 *a* (on y décide que ce sauf-conduit fait cesser l'incarcération antérieure).

Observations. 1. Le sauf-conduit est un acte par lequel on garantit *conduite sauve*, c'est-à-dire que le porteur peut se rendre dans tel lieu, sans risque... Il est accordé sur conclusions du ministère public, par le *directeur du jury* (aujourd'hui le juge d'instruction) ou le président du tribunal où l'on est appelé à déposer : on en fixe la durée sous peine de *nullité*. — Voy. C-pr. 782; *tarif* 77.

Si le témoin est cité devant des juges de paix ou de commerce, il faut s'adresser au président civil de leur arrondissement. V. *avis cons. d'état*, 30 mai 1807; *lett. du grand-juge*, 8 sept. 1807, à *J-C-pr.*, *ij*, 89, *et Sirey*, 1808, *supp.* 30.

La demande du sauf-conduit est formée au moyen d'une requête (*tar., d. art.* 77), par la partie qui veut faire entendre le témoin. *Arg. des mêmes avis et lettre.*

2. *Quid juris* si le sauf-conduit est illégal? on a décidé que quoiqu'il n'ait pas encore été annulé, il ne suspend pas l'arrestation; que le créancier peut la faire à son péril, sauf à plaider ensuite sur la validité du sauf conduit. V. *rej. requ.* 17 *fév.* 1807, *rép. xij*, 147, *mot sauf-conduit*, *n.* 4; surtout *ci-d.*, § *des nullités, note* 10, *n.* 1, *p.* 154.

3. La contrainte ne peut être exercée contre un *député* pendant la session des chambres et pendant les six semaines qui la précèdent ou la suivent. *Charte const.*, art. 43. — V. aussi *Cours de dr. crimin.*, *chap. des tribunaux*, *note* 34.

4. A l'égard des *pairs*, on a décidé qu'il fallait pour la même exécution obtenir l'autorisation de leur chambre. Voy. *Paris*, 1826, *avoués*, *xxxij*, 353.—V. aussi *d. note* 34.

Lieux. 1. Dans les édifices consacrés au culte (**7**) et pendant les exercices religieux (seulement). *C-pr.* 781, ℣. 3.

2. Dans le lieu et pendant la tenue des séances des autorités constituées. — ℣. 4. (8)

3. Dans une maison quelconque, si ce n'est en vertu d'un ordre et en la présence du juge de paix. V. ℣. 5; *tarif* 29. — V. aussi *Rodier*, *tit.* 34, *art.* 13; *Jousse*, *id.*, *art.* 11. (9)

(7) On ne doit considérer comme tels que ceux qui ont été indiqués et approuvés par l'autorité administrative et de police, conformément à la loi. V. *constit. an iij*, *art.* 227; *LL.* 7 *vend. iv*, *art.* 16 *et* 17, *et* 18 *germ. x*, *art.* 44; *déc.* 30 *sept.* 1807. — Autrement, il serait facile de faire étendre la prérogative ci-dessus à de simples maisons particulières.

(8) Les mots *lieu des séances* ont été substitués au mot *enceinte* de l'article 4, titre 3 de la loi du 15 germinal an vj, afin, observe Pigeau, i, 271, d'exclure de la prohibition les autres parties de l'enceinte. V. *aussi Rodier*, *art.* 13, *n.* 3.

(9) L'huissier va requérir le juge de paix du lieu, de rendre une ordonnance en vertu de laquelle il se transporte avec lui dans la maison. V. *d. ℣.* 5; *tarif* 6 *et* 52. — On a jugé, 1º que l'arrestation est nulle si elle a été faite en l'absence du juge quoiqu'il soit survenu avant que le débiteur ait été conduit hors de sa maison; 2º et 3º que le juge n'a besoin ni de signer le procès-verbal, ni de rendre une ordonnance séparée et dont il reste minute. V. *Paris, et Colmar*, 25 *fevr.* 1808, 22 *juin* 1809, *et* 10 *déc.* 1819, *J-C-pr.*, *ij*, 50, *avoués*, *i*, 17, *xxij*, 127.

Les *édifices* consacrés aux cultes étant compris dans le mot *maison*, on doit, pour y arrêter, observer les mêmes formes, *suiv. Pigeau*, *sup.* —V. aussi *C-pén.* 386, ℣ 1.

Observations. 1. Le mode établi par le ℣ 5 mérite d'être noté comme une grande amélioration dans notre droit. Jadis l'inviolabilité du domicile procurait une ressource aux débiteurs aisés et de mauvaise foi, pour échapper à leurs créanciers, et fournissait aux exécuteurs des contraintes l'occasion d'employer des stratagèmes scandaleux et souvent cruels contre les débiteurs indigens. On en voit un exemple bien étrange dans Linguet, *théorie des lois civ.*, *liv.* 5, *ch.* 27.

2. A Paris, le garde du commerce (*ci-apr. note* 14) n'a pas besoin de la permission et de la présence du juge pour arrêter un débiteur dans son domicile (fût-ce un hôtel garni), si l'entrée n'en est pas refusée. V. *déc.* 14 mars 1808 *art.* 15; *Paris*, 4 *janv.* 1810, *avoués*, *i*, 28 (*contra*, si c'est dans une maison tierce.. v. *d. arr.*).

II. *Formes* (**10**). 1. L'arrestation doit être précédée un jour à l'avance (**10** *a*), de la signification du jugement, faite par un huissier commis et muni d'un pouvoir spécial (**11**), avec élection de domicile au lieu où siège le tribunal qui l'a rendu (si le créancier n'y demeure pas), et commandement de payer. *C-pr.* 780; *tarif* 51, 76. (**12**)

Ce commandement n'a d'effet que pendant une année. *C-pr*. 784. (13)

(10) Elles ne sont pas applicables aux contraintes en matière correctionnelle. *Décis. du grand-juge*, 12 *sept.* 1807, *J-C-pr.*, i, 194.

(10 *a*) Cinq jours s'il s'agit de condamnation criminelle ou de police. Mais si le condamné est déjà détenu, il peut être recommandé sans délai. V. *D. L.* 17 *avr.*, *art.* 33; *ci-apr.*, § 3, *p.* 707. — A l'égard des étrangers, v. *ci-dev.*, *p.* 697, *note* 1 *c*.

(11) *Observations.* 1. En cas d'appel d'un jugement de premier ressort sur le fond, on ne peut *arrêter* qu'un jour après la signification (avec commandement) de l'arrêt confirmatif, et cela sous peine de nullité et de dommages (sauf recours contre l'huissier). V. *Colmar*, 20 *août* 1808, *J-C-pr.*, ij, 338. — Quant au jugement de dernier ressort, voy. *ci-d. p.* 697, *note* 3, *n.* 4.

2. L'huissier est commis par le jugement, ou par une ordonnance du président du tribunal civil du lieu où est le débiteur (elle est rendue sur requête). Voy. *C-pr.* 780; *tar.* 76. — V. aussi *Orléans*, 26 *déc.* 1810, *Hautefeuille*, 243 *et* 431.

2 *a*. L'huissier peut-il être commis par le jugement de commerce où la contrainte est prononcée? Non, *suiv. d. arr. d'Orléans*... Oui, *suiv. Rouen*, 26 *juill.* 1814, *Toulouse*, 28 *juill.* 1824, *Lyon*, 23 *mai* 1827, *et Aix*, 6 *déc.* 1834, *avoués*, xj, 182, xxvij, 338, xxxiij, 225, *Sirey*, 35, 2, 127, *et M. Chauveau*, *d. p.* 338.

2 *b*. Si la signification (du commandement) faite par l'huissier est nulle, il n'a pas besoin d'une nouvelle commission pour en faire une seconde. Voy. *réquis. et arr. cass.* 26 *nov.* 1810, *avoués*, iij, 14; *rép. xij*, 639, *mot signification*, *n.* 12.

3. Il suffit que la signification soit faite au dernier domicile connu ; une seconde signification à un autre domicile, quoique annulée, ne prouve pas qu'on reconnût l'insuffisance de la première, *suiv. Paris*, 25 *janv.* 1808, *J-C-pr.*, i, 449... v. aussi *ci-d. p.* 232, *note* 9, *n.* 2.

4. La signification du commandement faite à la *demeure* d'un étranger, est suffisante. V. *rej. civ.* 2 *juill.* 1822, *B. c.*, *n.* 59.

4 *a*. L'intervalle entre le commandement et l'arrestation doit être *d'un jour* et non pas de vingt-quatre heures. V. *Rouen*, 17 *juill.* 1818, *avoués*, xix, 63. — A plus forte raison, s'il n'y a pas de date par *heure*, l'arrestation faite le jour suivant est présumée avoir eu lieu après un intervalle insuffisant V. *id.*, 27 *juill.* 1813, *ib.*, ix, 158. — Enfin, si la date est omise dans la copie, le délai d'un jour n'a pas pu courir. V. *Paris*, 17 *déc.* 1817, *id.*, xvij, 292 (dans ces trois cas on a annulé la contrainte).

4 *b*. Autres questions sur la signification et le délai... V. *ci-d.*, *p.* 222, *note* 35, *n.* 5; *Montpellier*, 19 *juin* 1807, *J-C-pr.* i, 148; *Limoges et Nîmes*, 18 *janv.* 1811 *et* 22 *mars* 1813, *avoués*, iij, 359, ix, 298.

5. Quant au pouvoir nécessaire aux huissiers pour arrêter... V. *en le* §, *p.* 83 *et* 84, *note* 41, *et arr. cités ib.*

(12) Il suffit que l'élection soit faite dans la signification. V. *arr. de Toulouse*, 11 *févr.* 1808, *J-C-pr.*, i, 437. — Elle se fait dans l'intérêt de l'incarcéré, et non pas dans celui des tiers. V. *arr. cass.* 17 *juill.* 1810, *avoués*, ij, 135.

(13) *Observations.* 1. En cas de péremption on est tenu de le réitérer (par huissier commis). V. *C-pr.* 784. — Mais non pas la signification du jugement, *suiv. d. arr. du* 11 *févr.* — On objecte (*Pigeau*, ij, 269) que l'art. 780 exige le concours de ces deux formalités. Mais l'arrêt argumente avec

raison, ce nous semble, de ce que l'art. 784 n'exige que la répétition du commandement.

2. Un commandement fait avant 1807, avec les formes anciennes , ne suffit pas pour autoriser une arrestation postérieure à cette époque. V. *Paris*, 7 *avr.* 1807, *prat. fr.*, *v*, 10 ; *rép. xvj*, 287 ; *surtout Carré, anal., ij, n.* 2419, 2420, 2456.

On a vu (*p.* 145, *note* 5, *n.* 1) qu'on doit observer pour l'exécution les formes en vigueur au temps où elle a lieu... C'est sans doute d'après ce principe, que l'arrêt précédent a annulé une arrestation parce que son commandement fait sous le Code, ne l'avait pas précédée d'un jour.

2. L'arrestation est faite par un huissier (**14**) assisté de deux recors (**14 *a***). Le procès-verbal contient un commandement itératif (**15**), et une élection de domicile dans la commune de détention (si le créancier n'y demeure pas). *C-pr.* 783; *tarif* 53. (**16**)

(**14**) A Paris , par un des gardes du commerce. V. *C-comm.* 625 *et pour les règles de détail*, *décr.* 14 *mars* 1808. — On peut former d'avance, à leur bureau , une opposition qui arrête la contrainte, sauf à en référer. V. *décr.* 14 *mars* 1808, *art.* 13; *Paris*, 7 *juin* 1810, *avoués*, *ij*, 36, *et pour les* règles de détail, *d. décr.*

Selon Rodier, le créancier ne peut pas plus être présent à l'arrestation qu'à une saisie–exécution. V. *id., art.* 13; *ci-dev. tit.* 3, *note* 22, *p.* 593. — Mais il observe que ce ne serait point un motif d'annuler l'exécution, si d'ailleurs elle s'était faite d'une manière paisible. V. *id., tit.* 2, *in f., observ.* 10. — *V.* d'ailleurs, *ci-d. p.* 152, § 2, *n.* 1.

(**14 *a***) Pour cette dénomination , v. *ci-d. p.* 85, *note* 44.

(**15**) Il suffit que ce second commandement soit fait avant l'arrestation; il n'est pas nécessaire qu'il la précède (comme le premier), de vingt-quatre heures. V. *Bruxelles*, 29 *juin* 1808, *J-C-pr., ij*, 401.

(**16**) Selon Pigeau (*édit.* 1807 *et* 1819, *ij*, 270 *et* 284), cette élection ne fait pas cesser celle du commandement, parce que la loi ne le dit pas et qu'il peut être utile au débiteur de faire des notifications à l'un et à l'autre domicile... Carré (*quest., ij, n.* 3763, *à la note, et lois, iij*, 76, *n.* 2663) est d'un avis contraire.

3. En cas de rébellion (elle est défendue sous peine (**17**) de poursuite criminelle), l'huissier peut établir une garnison aux portes du débiteur pour empêcher son évasion (**18**), et requérir la force armée. *C-pr.* 785. (**19**)

(**17**) La même peine était prononcée par l'édit de 1778, pour le simple refus de suivre le garde en prison. Pigeau (*édit. de* 1807 *et* 1808, *ij*, 173) pense qu'elle est maintenue quoiqu'il avoue que le Code et le décret du 14 mars 1808 ne la prononcent point. Mais, 1. le Code pénal de 1791 abroge

toutes les peines anciennes et ne qualifie de *crime* que la résistance avec violence et voies de fait. V. *id.*, *part.* 2, *tit.* 1, *sect.* 4, *et part.* 2, *art. dern.* —
2. Celui de 1810 contient la même abrogation et ne punit les *détenus* à raison
de leur évasion, que lorsqu'elle a eu lieu par violence et bris de prison. V. *id.*
209, 241 *et suiv.* (N. B. Pigeau a changé d'avis dans l'édit. de 1819, *ij*, 287.)
— 3. On a même jugé que le mot *détenus* ne s'étend pas aux prisonniers
pour dettes, de sorte qu'ils ne sont passibles d'aucune peine lorsqu'ils se sont
échappés à l'aide d'un bris de prison. V. *rej. cr.* 20 août 1824, *au B. c. cr.*,
n. 108. — V. au surplus relativement à ces délits, *notre cours crim.*, *ch. des
diverses espèces de délits, note* 18, *et tit. des procédures de police judic.*,
note 13.

(18 et 19) Le tarif, *art.* 53, accorde une taxe pour toutes les démarches
auxquelles l'exécution expose l'huissier, et déclare qu'on ne passe *aucun procès-verbal de perquisition.* Mais si le débiteur s'échappe, ou si ou ne le découvre point, comment constater les démarches de l'huissier, son transport
sur les lieux, celui de ses recors, etc., afin d'en obtenir le salaire et les frais?
Il est clair qu'alors ce procès-verbal est indispensable. D'ailleurs le tarif ne
paraît le défendre que dans le cas où il y a eu un emprisonnement effectif.

4. Mais le débiteur a le droit de demander un référé (**19 a**). Dans ce dernier cas, il est conduit sur-le-
champ, sous peine d'amende (1,000 fr.) et de dommages contre l'huissier, au président civil du lieu de
l'arrestation (soit à l'audience, soit chez (**19 b**) ce magistrat), qui rend sur le procès-verbal de l'huissier (**20**), une ordonnance exécutoire à l'instant
même (**21**). *C-pr.* 786, 787; *tarif* 54; *d. L.* 17 *avr.*,
art. 22.

(19 a) Même lorsqu'il est déjà dans la prison, tant que l'écrou n'est pas
terminé. V. *Toulouse et Caen*, 1825 *et* 1832, *avoués, xxx*, 248, *xlij*, 54.
(19 b) Si l'arrestation se fait hors des heures de l'audience. *C-pr.* 786.
(20) Le débiteur peut agir en référé même avant l'arrestation. V. *arr.
Bruxelles*, 20 *déc.* 1810, *avoués, iij*, 229.
(21) Pour faire relâcher ou incarcérer le débiteur... Il peut pour cela examiner la régularité du titre en vertu duquel on arrête. V. *Paris*, 17 *déc.*
1817, *avoués, xvij*, 292.

§ 2. *De l'emprisonnement.*

I. *Formes.* 1. Si le référé n'est pas requis, ou n'a pas
de succès (**22**), le débiteur est conduit dans la prison
la plus voisine. *C-pr.* 788. (**23**)
2. On dresse alors l'écrou (**24**) : on y énonce le
jugement; les noms et domicile du créancier; son élection de domicile (**25**); les noms, profession et demeure

du débiteur; la consignation, au moins pour trente jours, des alimens (26), et la mention qu'on a laissé copie au débiteur, parlant à sa personne (27), tant de l'écrou que du procès-verbal d'arrestation (27 a). Cet acte est enfin signé par l'huissier (28). *C-pr.* 789; *tarif* 53, 55; *ci-apr.* § 4, *n.* 4, p. 709.

L'huissier doit aussi représenter le jugement afin que le geôlier le transcrive, faute de quoi celui-ci ne peut recevoir et écrouer le débiteur (29). *C-pr.* 790; *tarif* 56; *C.-pén.* 120; *Constitutions an viij, art.* 78.

(22) C'est-à-dire, si le président ordonne de passer outre. *C-pr.* 788.

(23) Dans un lieu de détention désigné comme tel par la loi, sinon il y a crime de détention arbitraire. *D. art.; C-pr.* 637; *C-pén.* 122; *C-cr.* 603 à 618; *arr. Bordeaux,* 17 *juill.* 1811, *Nevers,* 1812, *supp.,* 78. — Et l'huissier est en outre passible de dommages. V. *ci-dev. § des huissiers, note* 58, p. 81, *et C-pr.* 788.

Observations. 1. Le même art. 788 dit : « dans la prison du lieu, et s'il n'y en a pas, « dans celle du lieu le plus voisin » ; mais il ne prononce pas de nullité; en conséquence, on a cru pouvoir maintenir une incarcération où l'on n'avait pas observé cette règle. V. *arr. de Toulouse,* 9 *janv.* 1809, *J-C-c., xiij,* 307. — Cette décision nous paraît susceptible de difficulté parce qu'il s'agit ici de la privation arbitraire d'un droit important accordé par la loi au débiteur. On pourrait à la rigueur la considérer comme un excès de pouvoir... Au moins, le débiteur devrait-il avoir la faculté de se faire reconduire à la même prison plus voisine.

2. Quoi qu'il en soit, l'arrêt de Bordeaux a même considéré comme une détention arbitraire le fait d'avoir déposé pendant une nuit le débiteur dans une maison particulière ; mais nous ne saurions approuver une telle décision, si, d'après les circonstances, ce dépôt était nécessaire, comme par exemple, pour donner du repos aux conducteurs du débiteur arrêté (v. *Colmar,* 1819, *cité p.* 700, *note* 9), et si en même temps il n'y avait à la station ni local de détention, ni autorité à qui l'on pût demander de l'y déposer (v. *Bordeaux,* 1829, *avoués, xxxix,* 44).

(24) Ce nom, qui dérive de deux mots grecs, désigne l'acte par lequel l'emprisonnement est constaté sur le registre du geôlier.

(25) 1. Le domicile réel. 2. Celui que le créancier élit dans la commune de détention lorsqu'il n'y demeure pas. V. *C-pr.* 789. — V. aussi p. 702, *note* 16.

(26) *Observations.* 1. Si la consignation (elle doit toujours être faite d'avance... v. *à ce sujet, ci-apr. note* 43) est plus forte, elle ne vaut qu'autant qu'elle est d'une ou de plusieurs périodes de 30 jours. *D. L.* 17 *avr., art.* 28. (Dr. anc., pour le 31e jour,.. v. *notre* 5e *édition, p.* 633, *note* 25, *et p.* 640, *note* 53).

2. On ne comprend pas dans les alimens les frais extraordinaires de maladie. V. *arr. cass.* 17 *juill.* 1810, *Nevers,* 348.

3. La consignation est inutile pour les débiteurs de l'état ; ils sont nourris sur les fonds des prisons. V. *décr.* 4 *mars* 1808 (il est maintenu implicitement par la loi du 17 avril 1832. v. *arr. cass.* 20 *mai* 1835, *Sirey,* 35, 386).

4. La consignation est fixée à 5o francs par 5o jours, pour Paris, et 25 francs pour les autres villes. *D. L.* 17 *avr.*, *art.* 29 (jadis 20 fr. par mois... *d. note* 25),

(27) *Observations.* 1. L'omission de cette mention est une nullité... V. *Riom et Bruxelles*, 1808 *et* 1813, *J-C-pr. iij*, 230, *J-C-c. xxj*, 192.

2. Une signification séparée ne peut dispenser du *parlant à la personne.* V. *Pau*, 29 *juill.* 1814, *avoués*, *xij*, 3o6. — Mais bien la mention qu'on a remis la copie au débiteur, au moment de l'écrou, parce qu'elle constate sa présence, *suiv. Riom*, 14 *oct.* 1808, *J-C-pr. iij*, 234. —V. aussi *Toulouse*, 1825, *avoués*, *xxix*, 970.

3. Cette dernière mention suffit pour constater qu'il a reçu sa copie, *suiv. Toulouse*, 11 *févr.* 1808, *à note* 12, *p.* 701... V. aussi *note* 29.

(27 *a*) L'omission de la date dans cette notification, est aussi une nullité. V. *Paris*, 10 *nov.* 1834, *avoués*, *xlviij*, 51.

(28) Il n'est pas besoin que le geôlier le signe, ni qu'on fasse mention de sa signature, *suiv. d. arr. du* 11 *févr.*

(29) *Observations.* 1. On a conclu de là que le geôlier doit rédiger l'écrou, et il paraît qu'on le pratique ainsi à Riom (v. *d. arr.* 14 *oct.*) et à Toulouse (*arr. de* 1824 *et* 1825, *avoués*, *xxix*, 95 *et* 97).. A Paris, au contraire, le garde du commerce (v. *note* 14, *p.* 702) rédige l'écrou (v. *Pigeau*, *ij*, 276). Cette méthode paraît plus conforme à l'esprit du Code ; car, si le geôlier rédige l'écrou, comment y fera-t-il mention du *parlant à la personne* exigé par la loi, dès que les notifications ne sont pas de son ministère?... Elle est d'ailleurs confirmée indirectement par le tarif, 53 *et* 55, puisqu'il passe des taxes à l'huissier pour l'écrou, et qu'il n'en accorde point au geôlier... Enfin, elle a été approuvée par MM. Coffinières (*avoués*, *iv*, 252) et Merlin (*rép.*, *iv*, 477, *mot écrou*), et par trois arrêts de Paris et Bruxelles, 1807, 1808 et 1813, *J-C-pr.*, *i*, 256 *et* 317, *J-C-c. xxj*, 192.

2. Il faut néanmoins observer, 1. qu'on a retranché du projet (*art.* 802) la disposition qui prescrivait à l'huissier de rédiger l'écrou ; 2. que la constitution de l'an VIII (*art.* 78) et le Code criminel (*art.* 607, 608) prescrivent au geôlier de tenir un registre où l'huissier *fait* inscrire, etc.; mais il paraît qu'il n'y est question que de l'acte en vertu duquel on arrête, et qui est aussi indiqué par le Code de procédure, art. 790.

II. *Nullités.* L'emprisonnement est *nul* si l'on n'a pas observé les formalités précédentes (v. *ci-apr. note* 33, *n.* 1)... La demande en nullité peut être formée sans conciliation, à bref délai (en vertu de permission du juge (30) donnée sur requête), et au domicile élu dans l'écrou... Elle est jugée sommairement, sur les conlusions du ministère public. *C.-pr.* 794, 795; *tarif* 77; *rej. civ.* 20 *mars* 1810, *avoués*, *i*, 83. (31)

Si elle est fondée, le créancier peut être condamné à des dommages (32); et il ne peut faire arrêter le débiteur, pour la même cause, qu'un jour au moins après son élargissement. *C-pr.* 799, 797. (33)

II. 34

(30) La permission n'est nécessaire que pour citer à bref délai , et non pour citer dans le délai ordinaire. *Arg. de C-pr.* 795 *et* 805 , *combinés ; jugem. de Cahors, à prat. fr., art.* 795.

(31) *Observations.* 1. Elle est portée au *tribunal* du lieu de détention ; et si c'est pour moyens tirés du fond, au tribunal de l'exécution du jugement. V. *C-pr.* 794 ; *et tit. de l'appel, note* 119, p. 492. — Exemples de moyens tirés du fond... 1° l'omission de signifier à l'avoué le jugement de défaut, frappé ensuite d'opposition , *suiv. l'arr. cité à note* 15, p. 702. — Mais voyez aussi *d. rej. civ.* 20 *mars*, et ci-apr., *note* 47, p. 711 ; — 2° L'inexigibilité de la dette ; 3° Le défaut de qualité de celui qui a requis l'arrestation. V. *M. Merlin, rec. alph., mot étranger, § 4.* — V. aussi *tit. de l'appel, note* 97, p. 482.

2. Elle n'est point jugée en référé , cette dernière voie étant réservée aux demandes antérieures à l'emprisonnement. V. *arr. de Bruxelles*, 27 *mars* 1807, *J-C-pr., i,* 15.

(32) Et aux frais de l'emprisonnement. Voy. *Montpellier,* 19 *juin* 1807, *J-C-pr., i,* 148.

La disposition relative aux dommages n'était pas dans le projet. On l'a mise, d'après des observations des cours de Grenoble , Agen et Dijon , à la place de l'art. 812, qu'on a supprimé. V. *pratic. fr., v ,* 35 , *et ci-apr. note* 33, *n.* 2.

(33) Ces règles s'appliquent aussi au cas où la nullité est prononcée pour moyens tirés du fond. *C-pr.* 799, 797 , *conf. avec* 796.

Observations. 1. Le Code , *art.* 783 à 793, indique les formes des emprisonnemens et des recommandations. Il annonce ensuite, *art.* 794 à 797, qu'en cas d'inobservation de ces formes (des formes *ci-dessus prescrites* , dit l'art. 794), l'exécution est nulle ; il trace la marche à suivre pour la nullité, et décide que lorsqu'elle est prononcée, le débiteur « ne peut être arrêté qu'un jour après la sortie. » Aussitôt, sans autre préambule , il ajoute, *art.* 798, que « le débiteur sera mis en liberté, en consignant... les causes de son emprisonnement et les frais de la capture. » Enfin , *art.* 799, il décide encore que « si l'emprisonnement est annulé, le créancier peut être condamné à des dommages, » etc. De là il passe aux demandes en élargissement, formées après une incarcération légale.

Ainsi placé, l'art. 798 semble exprimer une condition imposée à la mise en liberté du débiteur, ordonnée par le jugement qui annule l'incarcération. Mais une telle interprétation prêterait au législateur une absurdité et une contradiction choquante. Une absurdité, en ce qu'il autoriserait à former et poursuivre une demande en nullité , dont le débiteur ne tirerait aucun avantage, et qui serait tout-à-fait inutile, puisqu'en consignant la dette et les dépens, il peut obtenir sa liberté sans courir les risques et hasarder les frais d'une semblable instance. Une contradiction , en ce que l'art. précédent (797) décide que le débiteur, dont l'incarcération est annulée, ne peut être arrêté *pour la même dette* qu'un jour après sa sortie, et suppose par conséquent que la dette n'a pas été offerte. Néanmoins la place qu'occupe l'art. 798 en rend le sens assez obscur pour que des commentateurs aient pris le parti de l'omettre, d'autres de le transcrire sans aucune remarque.

1 *a.* Le sens véritable de l'article nous paraît être celui-ci ; on accorde au débiteur la faculté de se faire élargir au moyen de la consignation , avant ou à l'instant qu'il forme sa demande en nullité, et durant l'intervalle qui s'écoule jusques au jugement ; intervalle, il est vrai, fort court, mais pendant lequel il peut être bien aise de jouir de la liberté.

1 *b.* On peut aussi admettre que l'article 798 concerne également le débiteur arrêté et conduit à la prison, et qui alors pourrait se faire relâcher « en consignant entre les mains du geôlier les causes de son emprisonnement... »

C'est ce qui paraît résulter de la combinaison du même art. avec l'art. 23. de la loi du 17 avril 1832.

2. *Quid* si dans ce cas la nullité est prononcée?.. Pigeau, (1re *édit.*, p. 284, *et* 3e, *p.* 300) pense qu'il faut restituer la consignation au débiteur. L'art. 812 du projet, mis après celui dont on a fait l'art. 798; le décidait de même. Mais cet article a été supprimé d'après ce qu'ont observé plusieurs cours (v. *note* 32) et le Tribunat, conformément à la doctrine de Faber (*C.*, *lib.* 8, *tit.* 18, *def.* 1.), qu'il serait trop dur de forcer le créancier à rendre une somme à laquelle il a un droit légitime, et qu'il vaudrait mieux réserver au débiteur des dommages à raison de la nullité de l'exécution; et comme on y a substitué précisément cette réserve de dommages (*art.* 799), il est clair que l'on ne saurait accorder autre chose au débiteur, et par conséquent admettre l'opinion de Pigeau.

2 *a*. On a même refusé des dommages à l'incarcéré dans ce cas, 1° lorsqu'il était encore débiteur. V. *Florence et Nancy*, 1809 *et* 1813, *Sirey*, 12, 2, 379, *et* 16, 2, 167, *et Bourges*, 1821, *avoués*, *xxiij*, *p.* 364 (ces décisions nous semblent tout-à-fait contraires aux principes).

2° Lorsqu'ayant été arrêté au lieu d'un autre individu, il n'a pas réclamé contre l'erreur par la voie du référé indiqué à p. 703, *n.* 4. — V. *Paris*, 19 *janv.* 1808, *Sirey*, 8, 2, 55.

3. On doit signifier le jugement qui annule l'emprisonnement et en donner copie au geôlier. *Tar.* 58.

§ 3. *De la recommandation.*

1. Le particulier incarcéré (34) peut être retenu en prison par ceux qui ont le droit de le contraindre par corps (35), et au moyen d'un acte appelé *recommandation*. Cet acte est assujéti aux formes de l'emprisonnement (36), excepté qu'il n'y a besoin, ni de recors, ni de consignation d'alimens, lorsqu'il en existe une. *C-pr.* 792, 793, *in pr.; tarif* 57.

Bien plus, le premier consignataire n'a pas le droit de retirer ses alimens, mais seulement de se pourvoir au tribunal du lieu de détention pour forcer celui qui recommande à y contribuer par portion égale. *C-pr.* 791, *in f.*, 793, *in f.* — V. aussi *arr. de Colmar*, 27 *mars* 1816, *Jalbert*, 1817, *supp.* 89.

2. Au reste, la nullité de l'emprisonnement n'opère point la nullité des recommandations (37). *C-pr.* 796, *et ci-dev.*, *tit.* 3, *note* 47, *p.* 598.

(34) Même lorsqu'il l'a été pour délit, et qu'ensuite il a été acquitté, et que son élargissement a été en conséquence ordonné. *C-pr.* 792. — Ou bien lorsqu'il est élargi provisoirement sous caution, *suiv. Paris*, 1810, *avoués*, *ij*,

34. — Mais non pas lorsque, après une déclaration de faillite, il est détenu ou bien a subi sa peine... V. *au reste, C-comm.* 455; *B. c.* 9 *mai* 1814... Mais v. aussi *rej. civ.* 9 *nov.* 1824, *avoués, xxvij,* 334.

(35) Donc si l'on n'a point obtenu de condamnation *par corps* , la recommandation est nulle (v. *arr. d'Angers,* 12 *août* 1807, *J-C-pr., t.* 1 , *p.* 186), puisqu'il faut obtenir un jugement pour pouvoir exercer la contrainte par corps. V. *ci-dev., note* 3, *n.* 2, *p.* 697.

(36) Il faut par conséquent en donner copie au geôlier et au débiteur. *Tarif,* 57. — V. aussi *note* 47, *p.* 639.

(37) A moins que la recommandation n'ait été faite par celui qui a requis l'arrestation, *suiv. Colmar et Limoges,* 1810 *et* 1823, *avoués, ij,* 360, *xxv,* 178 (ces décisions ne nous semblent pas fondées, le Code, art. 796, ne faisant aucune distinction).

La nullité est demandée en suivant le même mode (v. *p.* 705 à 707) que pour celle de l'emprisonnement. *Arg. de C-pr.* 711.

§ 4. *De l'élargissement.*

Un débiteur légalement incarcéré obtient son élargissement (38) dans les cas, et en suivant les modes ci-après indiqués.

I. *Cas.* 1. Consentement donné (39) par les créanciers qui ont fait emprisonner et recommander. *C-pr.* 800, *in pr. et ℣.* 1.

(38) *Observations.* 1. *Translation* ou *extraction.* — Lorsqu'un détenu pour crimes tombe malade, on peut, avec certaines permissions, le transférer dans un hospice civil où il est traité et gardé. *L.* 4 *vend. vj, art.* 15. — Il doit en être de même en matière civile, *suiv. M. Merlin, rép., mot élargissement.* — V. aussi *arr. de Paris,* 4 *mai* 1812, *avoués, v,* 352 (il autorise, sous caution, la translation dans une maison désignée).

2. Il nous semble qu'on pourrait aussi autoriser la translation du débiteur, à son domicile, s'il offrait de se faire garder à ses frais. Néanmoins, cette mesure d'humanité, que nous ne croyons défendue par aucune loi, a été refusée à des débiteurs dont l'un demandait de se défendre en personne à l'audience (avec garantie de réintégration offerte par son avoué); et l'autre, de se faire traiter (même sous caution) dans son domicile (on a exigé que ce fût dans une maison de santé). V. *Paris,* 24 *mai* 1813, 7 *janv.* 1814, 26 *févr.* 1819, *avoués, viij,* 37, *ix,* 282, *xix,* 346 (v. aussi *Paris et Douai,* 1828 *et* 1830, *ib., xl,* 153, *et notre cours crim., chap. de l'accusation, note* 8). — Quoique d'ailleurs, on avoue qu'il peut être transféré dans une nouvelle prison, malgré ses créanciers. V. *Paris,* 20 *janv.* 1813, *avoués, vij,* 346.

(39) Ce consentement *peut* être donné, soit sur le registre d'écrou, soit devant notaire. *C-pr.* 801.

2. En matière civile (39 *a*), paiement ou consignation (40) du tiers de la dette, en principal et acces-

soires (**40** *a*), si l'on fournit pour les deux autres tiers une caution qui se soumettra solidairement à les payer dans une année au plus, faute de quoi le débiteur redeviendra contraignable. V. *au reste, d. L.* 17 *avr.*, *art.* 24 *à* 26. (**41**)

(39 *a*) A l'égard des délinquans contraignables pour amendes, dépens, etc. V. *d. L.* 17 *avr.*, *art.* 34 à 41.

(40) La consignation est faite (sans qu'il soit besoin d'en obtenir la permission) entre les mains du geôlier. *C-pr.* 802. — *Quid* s'il refuse de la recevoir. V. *ci-apr. p.* 711, *n.* 2.

(40 *a*) Ce qui comprend sans doute les frais *liquidés* dont il est question dans le code, art. 800, et qui sont seulement ceux de l'instance, de l'expédition et de la signification du jugement, et de l'exécution. V. *d. L.* 17 *avr.*, *art.* 23.

(41) *Dr. antérieur* (pour le n. 2 du texte, p. 708, 709), V. *C-pr.* 800, ỳ 2, *et notre* 5ᵉ *édit., p.* 637, *n.* 2.

Observations. 1. Il faut que la consignation soit pure et simple et non pas faite sous condition, puisqu'alors le créancier n'est pas entièrement libre d'en profiter. V. *B. c.* 27 *mai* 1807, *n.* 85.

2. Mais la loi n'exige pas qu'on offre une somme pour les frais *non liquidés*, ainsi que le Code civil (1258, ỳ. 3) le prescrit en général en traitant des offres réelles. V. *à ce sujet*, *Pigeau*, *ij*, 285.

3. La consignation ci-dessus n'emporte pas un acquiescement. V. *arr. cass.* 4 *mai* 1818, *et ce titre*, p. 400, surtout, p. 409, *note* 8.

3. Cession de biens (**42**). V. ỳ. 3; *C-c.* 1270. — V. aussi *C-comm., tit. de cette cession, art.* 568 *et suiv.*

(42) Il ne suffit pas de l'offrir, il faut encore que le *bénéfice* (v. en *ci-apr.* le *tit.*) en ait été accordé. V. *B. c.* 23 *fév.* 1807.

En matière criminelle, l'insolvabilité prouvée fait aussi affranchir de la contrainte exercée par l'état, pour amendes et frais (*C-pén.* 53), lorsque l'emprisonnement a duré de quinze jours à quatre mois, selon leur quotité. V. *à ce sujet, d. L.* 17 *avr.*, *art.* 35; *M. Chauveau, avoués, xlij,* 217.

4. Défaut de consignation d'alimens, consignation qu'il faut toujours faire d'avance (**43**). V. *C-pr.* 791, *in pr.*, 800, ỳ. 4; *Jousse, art.* 12. — V. aussi *d. L.* 17 *avr., art.* 28, *et ci-dev.*, p. 704, *note* 26, *n.* 1.

Dans ce cas, les créanciers ne peuvent faire incarcérer de nouveau le débiteur pour la même dette. *D. L.* 17 *avr., art.* 31. (**44**)

5. Quand le débiteur (non stellionataire) a atteint

sa soixante-dixième année (**45**). V. *C-pr.* 800, *f.* 5; *Rodier, tit.* 4, *art.* 9; *tit.* 34, *art.* 4; *d. L.* 17 *avr., art.* 6. (**46**) — V. aussi *id., art.* 42, *et avoués, xlij,* 219.

(**43**) Même lorsqu'on fait emprisonner pour dommages civils obtenus au criminel. V. *rép., mot alimens,* § 6; *arr. cass.* 19 *pluv. xiij, ib.; d. cours crim., ch. des actions.*

Observations. 1. L'obligation de consigner ne commence qu'au moment de l'écrou, et le délai en court d'heure à heure, de sorte que l'écrou ayant été fait le 30 août à six heures du soir, la première période de trente jours (v. p. 704, *note* 26) n'expire que le 29 septembre à la même heure, suivant la cour de Paris (*arr.* 8 *oct.* 1834, *avoués, xlviij,* 160).

2. Suivant celle de Rouen (*arr.* 10 *vend. xiv, Sirey,* 7, 2, 869, *avoués,* 2° *édit., viij,* 495), le mot *d'avance* ne signifie pas un jour d'avance. Si par exemple, l'arrestation a été faite le 22, il n'est pas nécessaire de consiguer le 21 du mois suivant : il suffit que le lendemain 22 (de ce même mois), on consigne avant le moment où l'on doit faire une distribution d'alimens aux prisonniers.

3. Ces deux décisions, surtout la dernière, nous paraissent fort douteuses (v. aussi *M. Chauveau, d. p.* 160).

(**44**) *Dr. antérieur.* Il était fort différent, excepté en matière de commerce. V. *C-pr.* 804; *notre* 5° *édit., p.* 638, *n.* 4 *et notes* 44 *et* 45, *ib.; et p.* 640, *note* 53, *n.* 4.

(**45**) Cela s'applique même aux étrangers. *D. L.* 17 *avr., art.* 18. — V. aussi *avoués, xlij,* 206.

(**46**) Cet article 6 est relatif aux dettes commerciales, pour lesquelles on décidait généralement autrefois que le septuagénaire n'était pas exempt. V. *rép., iij,* 72 *et xv,* 142, *mot contrainte; n.* 20; *d.* 5° *édit., p.* 638, *note* 46.

6. Lorsque l'incarcération a duré pendant les intervalles suivans (**46 a**) :

1° *Dettes civiles.* Un an à dix ans, ou seulement un an à cinq ans, s'il s'agit de condamnation facultative (v. *p.* 697, *note* 3, *n.* 1), ou bien de fermages ruraux, au cas de C-c. 2062, et dans toutes ces hypothèses, le temps précis de l'incarcération est fixé (entre ces limites) par le jugement qui autorise la contrainte. *D. L.* 17 *avr., art.* 7 *et* 13.

2° *Dettes commerciales.* Un an, pour moins de 500 francs; deux, pour moins de 1,000; trois, pour moins de 3,000; quatre, pour moins de 5,000; cinq, pour les sommes plus fortes. *D. L., art.* 5.

3° *Dettes d'étrangers.* Le double de ces temps divers (**46 b**). V. *d. L., art.* 17.

Dans tous ces cas, le temps d'incarcération subie est imputable sur l'incarcération nouvelle faite pour dettes anciennes devenues exigibles avant l'élargissement. *D. L., art.* 27.

(46 *a*) *Dr. antérieur.* Elle était illimitée en matière civile, et pouvait durer cinq ans en matière de commerce. V. d. *note* 46.

(46 *b*) Mais s'il s'agit d'une dette civile pour laquelle un Français serait contraignable, le juge peut réduire le temps d'après l'art. 7 (v. *l'alinéa* 1° *du texte, p.* 710), pourvu qu'il soit au moins de deux ans. V. d. *L.* 17 *avr.*, *art.* 17 ; *M. Chauveau, xlij,* 206.

II. *Modes.* — La loi en indique trois.

1. Dans la plupart des cas précédens, les demandes en élargissement sont formées à bref délai (**47**), au domicile élu dans l'écrou, communiquées au ministère public (**48**), et jugées sans instruction, à la première audience (**49**), préférablement à toute autre cause. *C-pr.* 805. (**50**)

(47) *Elles sont formées...* devant le tribunal du lieu de détention, et en vertu de permission du juge donnée sur requête. V. *C-pr.* 805 ; *et ci-dev.,* note 31, *p.* 706; *ci-apr. note* 52.

Au domicile élu dans l'écrou... et par conséquent elles sont communiquées non-seulement au créancier qui a exercé la contrainte, mais encore à ceux qui ont fait de simples recommandations. Cela résulte indirectement de l'art. 793, qui assujétit les recommandations aux mêmes formalités que les emprisonnemens, et par conséquent à des élections de domicile dans l'écrou. *C-pr.* 789, ✝ 5; *ci-dev.,* § 2 *et note* 16, *p.* 702 *et* 703. — L'étranger qui en forme une, peut être soumis à la caution (v. *p.* 256) du jugé, *suiv. Paris,* 1831, *avoués, xlij,* 119 (contra, *M. Chauveau, ib*).

(48) Faute de quoi il y a lieu à requête civile. V. *arr. cass.* 22 *mars* 1809, *cité au tit. de la requête civ.,* note 10, *p.* 506.

(49) Sans remise ni tour de rôle. *C-pr.* 805.

(50) Comme cet article est placé après l'énonciation de tous les cas d'élargissement, et des modes particuliers propres à quelques-uns d'entre eux, il paraît que le mode ci-dessus (*n.* 1 *du texte*) doit être employé toutes les fois qu'il y a quelque obstacle imprévu, qu'en un mot c'est le mode général, dont les suivans ne sont que les exceptions... Par exemple, il résulte évidemment de la loi, *art.* 800, ✝ 1, *et* 801, qu'il suffit de justifier du consentement des créanciers pour obtenir, sans jugement, la mise en liberté. Mais s'il survient quelque opposition, il faut bien y faire statuer, puisque le geôlier qui est responsable (v. *L.* 4 *vend. vj*), refusera sans doute de relâcher le détenu. Il est naturel alors de suivre le même mode général.

2. Dans le second cas (v. *ci-dev. p.* 708, *n.* 2), si le geôlier refuse la consignation de ce qui est dû au

créancier (**51**), on l'assigne à bref délai pour l'y faire contraindre (**52**). *C-pr.* 802 ; *Pigeau, ij,* 286.

(51) Le geôlier ne peut avoir d'autres motifs de refuser, que la crainte de s'exposer à des réclamations judiciaires de la part du créancier, en cas que la consignation ne soit pas suffisante. Mais précisément il *est* difficile que le geôlier n'éprouve pas une semblable crainte, et alors le juge à qui le débiteur demande la permission (par requête... v. *tarif* 77) de citer à bref délai, devrait ordonner la mise en cause du créancier.

Au reste, la citation à bref délai est donnée par un huissier commis, et devant le tribunal du lieu de détention. *C-pr.* 802.

(52) Et par conséquent aussi à relâcher le détenu... Cela résulte indirectement de *C-pr.* 800, *in pr.* (⚓. 2), *et* 802.

5. Dans le quatrième (v. *p.* 709, *n.* 4), on obtient l'élargissement sur une simple requête présentée (**52***a*) sans sommation, au président, mais accompagnée du certificat de non consignation des alimens. V. *C-pr.* 803 *et tarif* 77, *combinés; d. L.* 17 *avr., art.* 30; *arr. de Riom,* 7 *juill.* 1817, *Jalbert, supp.* 129 (**55**).

(52 *a*) Présentée par duplicata, signée par le débiteur et le gardien, ou seulement certifiée véritable par ce dernier, si le débiteur ne sait pas signer. *D. L.* 17 *avr.*, art. 30.

(55) *Observations.* 1. Si après la délivrance faite par le geôlier, du certificat, et avant la demande en élargissement, le créancier consigne, cette demande n'est plus recevable. *C-pr.* 803 ; *M. Chauveau, xlij,* 214.

2. Elle l'est au contraire, si le créancier n'a consigné ou n'a complété une consignation insuffisante, qu'après la présentation de la requête ; formalité à dater de laquelle l'incarcéré a un droit acquis à son élargissement. V. *B. c.* 27 *août* 1821 ; *Douai,* 1824, *avoués, xxix,* 143 ; *rép. xvj,* 84, *mot alimens,* § 6, *n.* 5 ; *M. Chauveau, d. p.* 214.

3 et 4. *Dr. antérieur.* Questions diverses... v. *notre* 5ᵉ *édit.*, *p.* 640, note 54, *n.* 3 *et* 4.

FIN DU LIVRE TROISIÈME ET DE LA SECONDE PARTIE.

COURS
DE PROCÉDURE CIVILE.

TROISIÈME PARTIE.

DE LA PROCÉDURE EXTRAJUDICIAIRE. (1)

INTRODUCTION.

Nous nommons *extrajudiciaire* un acte fait hors
de la présence ou de la surveillance directe ou indirecte du juge (2); un acte où l'on n'a point pour objet
d'*appeler* en quelque sorte la décision du juge sur
une contestation (3); mais plutôt le but de prévenir
une contestation, de conserver ou de s'assurer un
droit. V. *ci-dev. notions prél.*, § 1, *p.* 2.

D'après cette remarque, l'on conçoit, 1° que la
procédure extrajudiciaire est, ainsi qu'on l'a dit (*même*
§ 1), la partie du droit qui embrasse les règles relatives aux actes dont l'objet est borné au dernier point
de vue;

2° Qu'il est impossible de donner des règles pour
toutes ces sortes d'actes, puisqu'il le serait également
de les énoncer ou de les connaître tous.

Obligés ainsi de nous restreindre dans l'exposition
des mêmes règles, nous ne pouvons mieux faire que
de prendre la loi pour modèle (4), et de nous attacher, par conséquent, aux seuls actes extrajudiciaires
qu'elle a indiqués, et d'en traiter dans l'ordre où elle
les a placés, c'est-à-dire dans deux livres différens,
l'un pour les procédures qui n'ont pas de liaison
entre elles, l'autre pour les procédures relatives à
l'ouverture d'une succession. (5)

(1) Cette partie correspond à la seconde partie du Code intitulée *procédures diverses*, et divisée en trois livres, dont le premier, qui est sans *rubrique*, concerne douze sortes de procédure ; le second, celles qui sont relatives à l'ouverture d'une succession ; et le troisième, l'arbitrage. Nous avons préféré intituler notre troisième partie procédure *extrajudiciaire*, parce que la plupart des actes dont nous y traitons d'après la seconde partie du Code, sont extrajudiciaires ; et par la même raison nous avons traité séparément de l'arbitrage, qui appartient à la procédure judiciaire proprement dite. V. *aussi note 1, p.* 716.

(2) *V.* part. 2, introduction, art. 3, § 3, n. 1, p. 194.

Observations. 1. Il résulte de ce premier aperçu qu'un acte extrajudiciaire ne saurait avoir le même effet qu'un acte judiciaire. Dans celui-ci, la partie agit, non-seulement avec tous les droits généraux que lui a donnés la loi civile, mais avec celui qu'elle est censée recevoir de l'intervention directe ou indirecte du juge... Par exemple, ainsi que l'observe M. Merlin, jamais un acte extrajudiciaire n'a eu (à moins de décision contraire de la loi, comme à C-c. 1139) l'autorité de forcer qui que ce soit à s'expliquer sur les interpellations qu'il contient : c'est surtout à un acte de ce genre que s'applique la maxime *qui tacet non utique fatetur, verùm est tamen eum non negare* (*L.* 142, *ff. reg. jur.*). Ce n'est que sur les interpellations faites en justice, et proposées par le juge lui-même, sur la demande de l'une des parties, que le silence peut être pris pour un aveu. V. *id., rec. alph., mot faux*, § 6. — V. aussi *ci-dev. p.* 128, *note* 31, *n.* 2. — V. toutefois *p.* 323, *note* 19.

2. Ajoutons que si l'on donnait un semblable effet à un acte extrajudiciaire, ce serait accorder par-là même au particulier qui le notifie, une autorité sur son adversaire, tandis que tous les particuliers sont égaux, aux yeux de la loi.

(3) *Observations.* 1. Les actes qui ouvrent une instance, tels que l'assignation, l'appel, une réquisition d'ordre, *appellent*, au contraire, sollicitent cette décision, saisissent en un mot le juge, lui mettent pour ainsi dire la cause entre les mains... D'où l'on peut conclure qu'un acte extrajudiciaire ne suffit point pour commencer une instance : il faut qu'il soit suivi d'un acte du même genre que ceux-là. V. *part.* 2, *introduct., p.* 185, *note* 3. — V. aussi *chap. des lois*, 4e *époque, p.* 142 et 143.

2. Quoique les actes qu'on fait pendant une instance, et après une assignation, un appel, etc., n'ouvrent point l'instance, puisqu'elle existe déjà, ils ne contiennent pas moins une demande de la décision du juge, parce qu'ils sont une suite de l'assignation, de l'appel, etc., et qu'ils annoncent la persévérance des parties dans leur intention d'obtenir un jugement... On ne peut induire rien de semblable d'un acte extrajudiciaire.

3. Il est des actes extrajudiciaires qui, comme les judiciaires, exigent l'intervention du juge, tels qu'une émancipation ; mais cela ne détruit point les principes qu'on vient d'exposer, parce que ces actes sont étrangers à une contestation. Le juge, en s'y interposant, exerce une juridiction purement *gracieuse* ou *volontaire*, qu'il ne faut pas confondre avec la contentieuse. *Contentiosa jurisdictio*, dit Cujas, *est inter litigantes, id est litigiosa.* — V. *id., ad. L.* 1 à 4, *ff. jurisdictione.* — V. aussi *rép., v,* 710, *vj,* 704, *et xvj,* 563, *mots homologation et jurisdict.) gracieuse, et ci-d. p.* 445, *note* 6, *n.* 3 a.

(4) *Observations.* 1. *Histoire.* L'ordonnance de 1667 n'offrait que fort peu de dispositions sur la procédure extrajudiciaire : on a consulté pour celles du Code, les édits, les statuts locaux et la jurisprudence des arrêts, dont les règles étaient très-variables, et on y a fait les améliorations indiquées par l'expérience. V. *M. Berlier, p.* 138.

2. *Actes omis.* Quant aux formes des actes extrajudiciaires omis dans le

Code, on prendra pour guide la règle exposée part. 1, § *des nullités, note* 6, *p.* 153, à moins que des lois spéciales, telles que la loi sur le notariat (car les actes des notaires sont des actes extrajudiciaires) ne les aient déterminées, et en observant que s'ils doivent être communiqués, la notification en est faite par un huissier (sauf les actes respectueux et autres indiqués par la loi), suivant les règles propres à l'exercice des fonctions de l'huissier (v. *son* §, *p.* 80).

On peut aussi consulter, pour ces actes omis, et pour ceux dont nous allons parler, le livre 3 de Pigeau, où il traite (*t. ij*, *p.* 315 à 726), par ordre alphabétique et avec des développemens fort étendus, des *procédures diverses*, soit quant aux formes, soit quant aux institutions du droit civil auxquelles elles ont rapport.

Nous n'avons pu ni dû suivre la même marche dans cette troisième partie. Outre que nous donnons au public (v. *part.* 2, *introd.*, *note* 5, *p.* 186) un ouvrage élémentaire et non point un traité approfondi, il faut observer que cet ouvrage fait partie de l'enseignement d'une faculté de droit, et qu'il est destiné à seconder les autres cours, surtout les trois cours du Code civil et non pas à en reproduire l'enseignement. Or, c'est ce qui nous arriverait, si, dans l'exposition des règles des actes extrajudiciaires, nous suivions la marche précédente, parce que la plupart de ces actes ne sont que des accessoires peu importans des institutions civiles.

Les premiers dont nous allons parler, c'est-à-dire les actes relatifs aux offres réelles et à la consignation, nous en fournissent la preuve. Sur les vingt pages in-4o (en retranchant les modèles) que contient l'article où Pigeau en traite (3e *édit.*, *ij*, 485 à 505), il n'y en a pas quatre qui soient des explications de procédure ; tout le reste est de pur droit civil.

Enfin, pour ce qui concerne même la procédure, nous n'aurons pas besoin de donner autant de détails dans cette troisième partie que dans les deux premières, parce qu'en étudiant celles-ci, les élèves ont dû prendre connaissance de la plupart des principes nécessaires à la solution des difficultés que peut offrir celle-là.

Au reste, quelque abrégée que soit l'explication que nous allons en faire, nous ne nous dispenserons point de rappeler les règles du Code civil, lorsque l'exposition en sera utile pour comprendre celles de la procédure extrajudiciaire.

(3) Nous n'exceptons ici que le livre 3e de la troisième partie du Code, relatif à l'*arbitrage*, dont nous avons traité dans notre *première partie, p.* 40 *et suiv.*

LIVRE PREMIER.

PROCÉDURES DIVERSES. (1)

TITRE PREMIER.

Des offres réelles et de la consignation.

Le moyen le plus naturel et le plus direct d'éteindre une obligation est le paiement. (*C-civ.* 1234). Il ne saurait dépendre du créancier d'empêcher le débiteur d'y recourir, autrement celui-ci pourrait rester indéfiniment lié.

Si donc le créancier refuse de recevoir le paiement (2), le débiteur qui veut se libérer lui en fait l'offre *réelle* (5) par un procès-verbal où l'huissier, 1. désigne avec exactitude les objets (4) offerts; 2. fait mention de la réponse du créancier (5). *C-c.* 1257, *in pr.; C-pr.* 812, 813; *tarif* 59.

(1) Cet intitulé est celui de la deuxième partie du Code; nous l'avons donné au livre 1ᵉʳ qui n'en avait point, et auquel il convient spécialement. Les procédures diverses dont on y traite seront indiquées dans la table de notre ouvrage ; les titres du livre actuel correspondent à de semblables titres du livre 1, part. 2 du Code.

(2) Le paiement est l'action ou de faire ou de donner ce à quoi l'on s'est soumis. Les offres se rapportent à la dernière espèce.

(5) L'offre *réelle* est la présentation de la chose même qui a été promise (où se fait-elle ?... v. *p.* 588, *note* 6, *n.* 2). La *consignation* est le dépôt de cette chose entre les mains d'un officier public.

(4) De manière qu'on ne puisse en substituer d'autres... Si ce sont des espèces, il en fait l'énumération et en indique la qualité. *C-c. et C-pr.* 1257, 812. — Qui notifie l'offre ?.. v. *ci-apr.*, *note* 10, *n.* 3, *p.* 718.

(5) Soit qu'il refuse, soit qu'il accepte... et de sa signature ou non signature. *C-pr.* 813. — L'offre peut être faite sous des conditions *justes.* V. *B. c.* 51 *janv.* 1820. — Mais non pas sous une condition qui la détruise. V. *rej. requ.* 3 *fév.* 1825, *avoués, xxix,* 40.—V. aussi *d. note* 10, *n.* 4.

Si le créancier refuse les offres, le débiteur peut en consigner l'objet; dès-lors il est libéré, et par conséquent les intérêts ne courent plus. *C.pr.* 814, 816; *C-c.* 1259, 1257; *tar.* 60; *ci-dev. p.* 588, *note* 6, *n.* 2. (6)

Il en est de même lorsque la consignation a été faite en vertu d'un jugement qui a déclaré valables des offres contestées. *D. art.* 816. (7)

(6) V. *aussi Tarrible, p.* 360. — Cette dernière citation et les suivantes où nous ne joignons point l'indication d'un mot, se rapportent à son discours sur la 3e partie du Code, *Corps législat.*, 21 *avr.* 1806 (v. ci-apr. notre table alphab. d'auteurs, *mot Tarrible*).

(7) « Le jugement... ordonnera, dans le cas où la consignation n'aurait « pas encore eu lieu, que faute par le créancier d'avoir reçu la somme ou la « chose offerte, elle sera consignée; il prononcera la cessation des intérêts, du « jour de la *réalisation*. » — *D. art.*

Observations. 1. Tarrible, *sup.*, dit que cette *réalisation* est celle du dépôt, parce que l'art. 1259 du Code civil décide textuellement que les intérêts sont dus jusqu'au jour du dépôt, et que les offres, quoique déclarées valables, ne pouvant éteindre la dette, ne peuvent non plus arrêter le cours des intérêts jusqu'à la consignation, qui seule consomme la libération.

Pigeau (*ij*, 472) combat cette opinion, parce qu'on a toujours distingué la *réalisation* de la *consignation*; que le législateur attache un sens différent à ces deux mots; que l'art. 1259 ne s'applique qu'aux consignations volontaires; que la *réalisation*, dans l'intention des commissaires du Code de procédure, est le jugement qui donne acte au débiteur de l'exhibition qu'il fait en justice des offres déjà faites au créancier.

On pourrait dire à l'appui de l'opinion de Tarrible, que si le projet du Code faisait une différence entre *la réalisation à l'audience* et la consignation, le Code ne l'a point admise, puisqu'à l'art. 829 du projet où l'on établissait et autorisait cette réalisation pour la circonstance où le créancier avait refusé ces offres, le Code a substitué l'art. 814, qui dans ce même cas autorise simplement le débiteur à consigner.... *en observant les formes prescrites par l'art.* 1259 : d'où il semble résulter que Tarrible a eu raison de dire « qu'il ne s'agissait point de réformer cet article, et que la consignation seule consommant la libération, les intérêts doivent courir jusque-là. »

2. On pourrait ajouter, 1° que cette opinion est conforme aux principes du droit : *oblatio sine pecuniæ obsignatione non valet ;* voilà ce que décide indirectement la loi *acceptam* 19, *in pr.*, C. *de usuris*, ainsi que l'a interprétée le parlement d'Aix; qui, d'après cet axiome a aussi jugé qu'une offre réelle faite dans une sommation n'avait pas pu arrêter les exécutions du créancier. *Arr.* 27 *janv.* 1710, *dans Bézieux, liv.* 5, *ch.* 7, § 7.—2° que le rejet de la réalisation à l'audience ne cause aucun préjudice au débiteur, parce que, pour consigner, il n'est point obligé, comme le prétend Pigeau, d'attendre la décision du tribunal (« il n'est pas nécessaire, dit l'art. 1259, pour la validité de la con- « signation, qu'elle ait été autorisée par le juge »);—3° que le Tribunat avait demandé la suppression de la procédure de réalisation comme inusitée (ex- cepté au Châtelet), inutile et onéreuse. V. *M. Locré, xxiij*, 120. —V. *aussi ci-dev. p.* 588, *note* 6, *n.* 2.

3. Depuis ces remarques présentées dès notre première édition (1808-1810), l'opinion de Pigeau a été soutenue par Toullier (*vij, n.* 225 *et suiv.*) et ensuite combattue, tout comme celle de Tarrible, par M. Merlin. Selon ce dernier (*rép. xvj*, 512 *et suiv.*, mot *intérêt*, § 7, *n. iv*), il faut distinguer si les offres ont été ou non contestées. Dans le premier cas, les intérêts cesseront du jour de la réitération des offres à l'audience, car c'est ce que le Code entend par *réalisation*. Dans le deuxième, ils ne cesseront que du jour de la consignation... Cette distinction nous paraît juste.

Mais s'il y a des oppositions entre les mains du débiteur, elles subsistent après la consignation (8), et il faut les dénoncer au créancier (9). *C-pr.* 817; *Tarrible, p.* 361; *C-c.* 1242.

(8) Soit volontaire, soit ordonnée. *C-pr.* 817.

Observations. 1. Toutes consignations judiciaires se font chez les préposés de la caisse des dépôts et consignations. V. *pour les règles de détail, L.* 28 *avr.* 1816, *art.* 110 *et suiv.* ; *ordonn.* 3 *juill.* 1816. — V. aussi *décis.* du *minist. des finances,* 20 *fév.* 1824, *avoués, xxvj,* 157, et pour les dépôts volontaires, *ordonn.* 19 *janv.* 1835.

2. Au reste elles doivent se faire par l'entremise d'un officier ministériel. V. *C-c.* 1259, *et ci-apr. note* 10, *n.* 3.

(9) Les auteurs du Praticien français (*t.* 5 , *p.* 68) pensent que si la dénonciation est trop différée, le créancier ne doit point être privé des intérêts, et qu'ils sont par conséquent à la charge du débiteur, comme une peine de sa négligence... Cependant comment concevoir que les intérêts puissent courir, dès que l'obligation a été éteinte par la consignation (v. *C-c.* 1257)? Le créancier n'est-il pas d'ailleurs en faute? Ne devait-il pas accepter les offres réelles?

Au reste, la demande en validité ou en nullité des offres ou de la consignation est formée d'après les règles ordinaires, si elle est principale, et par requête (10), si elle est incidente. *C-pr.* 815; *tarif* 75. — V. aussi *arr. cass.* 18 *août* 1813.

(10) Elle peut être grossoyée, et l'on peut y répondre par une autre requête. *Tarif* 75. — La demande n'est pas sujette à conciliation. V. *en le tit,* note 16, *p.* 206.

Observations. 1. Quant aux autres règles des offres et de la consignation, v. *C-pr.* 818; *C-c.* 1257 *à* 1264... et pour diverses questions, *ci-dev.* p. 492, *note* 119, *n.* 1; 584, *note* 31, *n.* 2; 587, *note* 6; 632, *note* 17, *n.* 1 et 3; 665, *note* 102, *n.* 3; 709, *note* 41, *n.* 2; et surtout *ordonn. citée ci-dessus, note* 8; *et le répert. xvj,* 165 *et suiv., mot consignation.*

2. Quant à leur *histoire,* v. Loiseau, liv. 5, ch. 9, n. 19 et suiv.

3. Les offres et par voie de conséquence, la consignation, peuvent-elles être faites par des notaires?.. Oui, *suiv. Lyon,* 1827, *avoués, xxxiv,* 54... Non, elles sont du ministère exclusif des huissiers (ce qui exclut à plus forte raison les receveurs de contributions), *suiv. Nîmes,* 1809, *Sirey,* 1810, *supp.,* 553. — *Voy.* sur cette question controversée, M. *Chauveau, xxxiv, p.* 54 *et suiv.*

4. Les offres doivent être suffisantes au moment où on les fait. V. *rej. requ.* 19 *nov.* 1834, *avoués, xlviij,* 305.

TITRE II.

Des saisies gagerie et foraine.

Nous allons parler des règles propres à chacune de ces deux exécutions, et ensuite des règles qui leur sont communes.

§ 1. De la saisie-gagerie.

D'après le droit civil, les créances pour louage d'immeubles sont privilégiées sur le produit des terres et sur les meubles qui garnissent les maisons. *C-c.* 2102, *ỹ.* 1; *ci-dev. p.* 621, 622, *note* 34, *n.* 1.

Afin de donner de l'efficacité à ce privilége, on autorise les propriétaires et principaux locataires (1) à faire saisir ces objets un jour après un commandement de payer, et même sur-le-champ s'ils en obtiennent la permission (2). Cette exécution se nomme saisie-gagerie (3). *C-pr.* 819, *in pr. et ỹ.* 1; *tarif* 29, 61, 76; *M. Berlier, p.* 139 *et Carré, anal., ij,* 583, *et lois, iij,* 148.

La même prérogative est accordée au propriétaire, 1. à l'égard des mêmes objets appartenant aux sous-locataires, mais seulement à concurrence du prix de sous-location; et ceux-ci en obtiennent la main-levée en justifiant qu'ils ont payé et sans anticipation et sans fraude. *C-pr.* 820; *C-c.* 1753.

2. A l'égard des meubles qui garnissaient la maison ou la ferme, et qu'on a déplacés (4); mais il faut que le propriétaire les ait revendiqués dans le délai légal (5). *C-pr.* 819, *in f.; C-c.* 2102.

La saisie-gagerie se fait comme la saisie-exécution, et s'il y a des fruits pendans, comme la saisie-brandon (5 *a*). Dans le premier cas, le saisi peut être constitué gardien (6). *C-pr.* 821.

(1) Qu'il y ait bail ou non. V. *C-pr.* 819; *B. c.* 28 *juill.* 1824.

(2) Du président du tribunal civil... sur une requête. *C-pr.* 819. — V. aussi *p.* 572, *note* 18. — Dans ce cas, il n'est pas besoin de commandement. *Arg. de C-pr.* 819; Bordeaux, 1831, *avoués, xliij*, 713.

(3) Ainsi la saisie-gagerie est, à proprement parler, une exécution du propriétaire sur les meubles et fruits des locataires et fermiers, *étant dans ses maisons ou sur ses terres.* V. *d. art.* 819; et *M. Berlier, sup.*

Elle est appelée *gagerie*, parce qu'elle se fait sans transport, c'est-à-dire sans déplacer et enlever les meubles de la maison... Elle a été imaginée par les Romains, et adoptée par les rédacteurs de la coutume de Paris, pour conserver les droits du propriétaire en cas de péril... Par conséquent, s'il a fait sans motifs, cette injure au locataire, il doit être condamné aux dépens de la saisie et à des dommages. Mais si depuis l'exécution le locataire a refusé de payer, comme il prouve par-là qu'elle était utile, c'est lui qui doit les dépens. V. *d. cout.*, *art.* 161, 162 *et* 186; *Loiseau, dégueip., liv*, 3, *ch.* 6, *n.* 20; *Lange, liv.* 4, *ch.* 38. — V. aussi *Berlier, sup.*; *ci-apr. note* 6; et *pour les* cheptels et meubles des tiers et du mari, *note* 8.

(4) Un commentateur prétend que cela s'applique aussi aux *fruits*, parce qu'ils sont, comme les meubles meublans, la garantie du propriétaire... 1. Les mots *qui garnissaient*, etc., de l'art. 819 n'indiquent que des meubles. 2. Le même art., *in pr.*, distingue très bien les fruits, des meubles. 3. Si le Code civil, *art.* 2102, ȳ 1, *in f.*, où l'on a puisé (sur la demande du Tribunat) la disposition finale de l'art. 819 du Code de procédure, déjà cité, parle de la saisie du *mobilier* d'une ferme, cette expression, dont le sens est déterminé par ce qui précède, n'indique non plus que des meubles proprement dits. 4. On peut reconnaître aisément des meubles déplacés; il n'en est pas de même s'il s'agit de fruits... Ainsi l'opinion précédente n'est pas admissible... — *N. B.* Tarrible, *rép.*, *mot privilége, sect.* 3, § 2, *n.* 7, partage notre avis.

(5) Les meubles de la maison, dans la quinzaine, et ceux de la ferme, dans quarante jours. V. *C-c.* 2102, ȳ 1, *in f.*; *arr. de Bruxelles*, 10 *août* 1812, *J-C-c. xxj*, 224.

(5 *a*) On en suit par conséquent les règles, soit pour l'époque où elle peut être faite, soit pour l'établissement et le choix du gardien. V. *ci-dev.* p. 604. — V. aussi *Bordeaux*, 3 *avr.* 1830, *avoués, xxxix*, 138.

(6) *Observations.* 1. On a bien la même faculté dans la saisie-exécution, mais il faut le consentement du saisissant. V. *ce tit.*, § 4, *p.* 595.

2. Si le saisi ne veut ni être gardien ni en fournir un, les effets sont déplacés et confiés à celui que choisit l'huissier. V. *Lange, sup.*, et son *observation sur le nom de gagerie, ci-dev. note* 3.

3. Ces deux décisions de Lange prouvent la justesse de l'interprétation que nous avons faite des termes *sans déplacer*, que l'art. 599 emploie en parlant du mode de rédaction du procès-verbal de la saisie-exécution. V. *en ci-dev. le tit.*, §3, *et note* 26, *p.* 595.

§ 2. *De la saisie-foraine.*

Les lois nomment débiteur *forain* le particulier qui n'a ni domicile ni habitation dans la commune du créancier. *Cout. de Paris, art.* 173; *Ferrière, ib.; Rebuffe, Litteris obligator., art.* 6, *gl.* 3, *n.* 47.

Ses effets, lorsqu'on en trouve dans cette commune, peuvent être saisis sans titre ni commandement, mais avec une permission (7). *C-pr.* 822. Le saisissant en est gardien, s'ils sont en ses mains (8). *Ib.* 823.

§ 3. *Règles communes aux saisies gagerie et foraine.*

1. On ne peut vendre les effets arrêtés, au moyen de ces deux saisies, qu'après qu'elles ont été déclarées valables (9). *C-pr.* 824.

2. La contrainte par corps peut être employée contre les gardiens qui ne représentent pas les effets. *Ib.*

3. La vente et la distribution du prix sont faites comme celles des saisies exécutions. *Ib.* 825.

(7) Du président civil et même du juge de paix. *C-pr.* 822.

(8) 1. *Saisie-exécution.* Règle contraire. V. *p.* 595. — Si le saisissant ne les détient pas, on établit un *autre* gardien (*Arg. de C-pr.* 598); lequel ne peut être le *saisi* (*Arg. de C-pr.* 824 *et* 821).

2. On voit que la saisie-foraine, ou *saisie-arrêt sur débiteurs forains* (*V.* la rubrique du titre II) est une exécution faite par le créancier sur les meubles de son débiteur trouvés hors de la commune de celui-ci, et dans celle qu'habite le créancier. Elle a été imaginée par les rédacteurs de la coutume de Paris (*art.* 173 à 177). *Lange, sup.* — L'expression *débiteur-forain* (*foras*) est plus large que celle de *marchand forain.*

(9) Par le tribunal civil, même lorsqu'il s'agit de moins de 200 fr. *Bordeaux,* 31 *juill.* 1833, — Il y statue en dernier ressort, si la saisie a été faite pour moins de 1500 fr. *Id.* 13 *mai* 1834. — *V. sur le titre* II, *p.* 921 et 922.

TITRE III.

De la saisie-revendication.

« En fait de meubles, possession vaut titre » émané du véritable maître. Donc, le propriétaire prétendu ne peut, en général, les revendiquer contre le détenteur. Toutefois, en cas de perte ou de vol, le Code civil lui accorde la revendication pendant trois ans (1). Le Code de procédure, pour mieux assurer ce droit, lui permet de faire saisir les meubles (2). *C-pr.* 826.

Cette saisie se fait comme les saisies-exécutions. On est libre de nommer gardien le détenteur (3). *C-pr.* 830. S'il s'oppose à la saisie, ou refuse d'ouvrir les portes, on y établit garnison et l'on en réfère au juge (4). *Ib.* 829.

(1) A compter de la perte ou du vol. *C.-civ.* 2279. Du reste, la saisie peut être pratiquée non-seulement par le propriétaire, comme le dit Berlier, mais aussi par le bailleur (*C-civ.* 2102-1°), et, selon moi, par le gagiste (*V.* mes *Notes* sur *C.-civ.* 2076) et le vendeur de meubles (2102-4°). En cas de faillite, la procédure ne serait pas nulle (v. cepend. Berlier), mais frustratoire (*arg. de C-co.* 576 et 579).

(2) Pourvu qu'il obtienne une autorisation de justice; sinon il est, ainsi que l'huissier, passible de dommages-intérêts. *C-pr.* 826; V. p. 87. — La permission est donnée (même un jour de fête), par le président civil du détenteur *réel* des effets (*arg. de C-pr.* 826 et 829 combinés), sur une requête où on les désigne sommairement. V. *C-pr.* 827, 828; *tarif* 77.

La demande en *validité* se porte (*V.* p. 139, n° 7) au juge « de celui sur qui elle est faite » (*C-pr.* 831), c'est-à-dire de celui qui prétend avoir un droit sur les effets, et qui peut n'avoir pas la détention physique en même temps que la possession légale. V. cependant M. Chauveau. — La déclaration de validité n'aboutit pas à une vente, mais à une restitution, si le demandeur agit comme propriétaire, ou même si, agissant comme créancier, il se contente de reprendre la possession du gage. — V. sur le titre III, p. 921 et 922.

(3) L'art. 830 présente cette décision comme dérogeant aux règles de la saisie-exécution. Cependant l'art. 598 permet d'établir gardien le *saisi;* il ajoute, à la vérité, que c'est de son consentement et de celui du saisissant, restriction omise dans 821 (*v.* p. 720, *note* 6) et dans 830. Ces deux articles ont-ils voulu dire que l'on agirait ici malgré le saisissant ou malgré le saisi? Il est probable que les rédacteurs avaient perdu de vue l'innovation de l'art. 598. V. M. Colmet.

(4) La saisie contient alors une assignation en référé. *Tar.* 62.

TITRE IV.

Mise en vente d'un immeuble par le créancier hypothécaire, sur les offres de l'acquéreur qui veut purger (**1**).

L'hypothèque est le droit de faire vendre (**2**) un immeuble avec *préférence* sur le prix, même après l'aliénation consentie par le débiteur (*droit de suite*).

Pour *conserver* le droit de suite, le créancier doit (s'il n'en est dispensé (**3**) par la loi) inscrire son hypothèque, au plus tard, avant la *transcription* (**4**) de l'acte d'aliénation. *Loi du* 23 *mars* 1855, 6. — Toutefois, le vendeur et le copartageant peuvent inscrire leur hypothèque privilégiée, après la transcription, pourvu qu'il ne se soit pas écoulé 45 jours depuis la vente ou le partage (**5**). *Ib.*

Pour *exercer* le droit de suite, le créancier *somme* (**6**) le tiers détenteur de payer la dette exigible ou de délaisser l'immeuble, et adresse un commandement au débiteur principal. — Trente jours après il poursuit l'expropriation, soit contre le détenteur, soit contre un curateur nommé par le tribunal. On observe alors les règles de la *saisie. C-civ.* 2169, 2174.

Il en est autrement si le détenteur manifeste l'intention de *purger*, c.-à-d. de payer aux créanciers le *prix* qu'il a promis comme acheteur, ou l'évaluation qu'il donne à l'immeuble (**7**). Cette notification, qui peut précéder la poursuite hypothécaire, doit se faire, au plus tard, dans le mois de la première sommation. L'acquéreur y insère les renseignements prescrits par le Code civil; le Code de procédure veut, en outre (**8**), qu'elle contienne constitution d'avoué et soit signifiée aux créanciers inscrits (**9**) par un huissier commis. *C-civ.* 2183, 2184; *C-pr.* 832-1°, N.

La notification à l'effet de purger, faite en temps utile, constitue les créanciers en demeure : — ou de se contenter de la valeur offerte, auquel cas l'immeuble est *purgé* (*C-civ.* 2186); — ou de *requérir*, dans les 40 jours, la *mise en vente* (*Ib.*, 2185-1°), au moyen d'une procédure particulière, dont je vais exposer d'abord la marche normale; je dirai ensuite quelques mots des incidens qui la modifient.

(1) L'intitulé du Code « *Surenchère sur aliénation volontaire* » m'a toujours paru peu lucide. La promesse de faire porter le bien à un prix plus élevé n'est qu'une condition légale de l'acte principal de la poursuite hypothécaire, c'est à savoir, de la *réquisition de mise aux enchères publiques* (*C-civ.* 2185). Le rapprochement que fait la loi entre cette enchère sur le prix de l'aliénation volontaire (laquelle est peut-être une donation) et la surenchère admise après l'adjudication sur expropriation forcée, est trop absolu ; la procédure dont il s'agit suppose que le détenteur offre de payer le créancier jusqu'à concurrence de son prix; sinon, le créancier doit pratiquer une saisie. — On pourrait encore dire : *formes de l'action hypothécaire exercée contre un détenteur qui annonce l'intention de purger.*

(2) Ceux qui se préoccupent (*V.* M. Bugnet, sur Pothier, *Orl., xx*) du droit de vendre conféré par nos Codes au simple créancier chirographaire, se placent dans l'impossibilité de définir nettement l'hypothèque. D'ailleurs la convention d'hypothèque, étant passée par acte public, donne le droit de saisie au porteur d'un acte privé; et le créancier hypothécaire n'a pas besoin de jugement pour exercer son droit de suite (*C-civ.* 2169, 2185; compar. Pothier, *Orl., xxi*, 18).

(3) Comme la femme mariée, le mineur et l'interdit (*C-civ.* 2135). La veuve, le mineur ou l'interdit devenus capables, ou leurs représentans, doivent s'inscrire dans l'année après le mariage ou la tutelle, pour conserver leur droit de suite sur les immeubles aliénés par les maris ou tuteurs et dont l'aliénation a été transcrite avant leur inscription. Plus tard, on leur appliquera la règle générale. *Loi* 23 mars 1855, 8.

A l'égard de l'État, des communes ou établissements publics, des légataires, des créanciers ayant un privilége dégénéré (*C-civ.* 1017, 2113, 2121-4°), ils doivent s'inscrire comme les autres (*C-civ.* 2134). Aussi est-ce par pure négligence qu'on ne les a pas mentionnés dans *C-pr.* 834, et, plus récemment, dans l'art. 6 de la loi du 23 mars 1855. Cet oubli provient de l'habitude vicieuse qui, dans la pratique, fait dire, par désir d'abréger, que les hypothèques LÉGALES sont dispensées d'inscription. Des auteurs instruits ont commis la même méprise : je lis dans la préface de M. Chauveau que la législation actuelle conserve un droit hypothécaire *sans inscription, à l'État...* »

Les priviléges de l'art. 2101 sont dispensés d'inscription (*C-civ.* 2107); cependant le Code n'organise un mode spécial de purgement qu'au profit des femmes et des mineurs (2193 à 2195); donc ils perdent leur droit de suite, faute de s'inscrire avant la transcription. Les législateurs de 1855 auraient dû s'en expliquer. A l'égard du vendeur, *v.* note 5.

(4) La loi de 1855, 3, remet en vigueur la disposition de la loi du 11 brumaire an VII, d'après laquelle les *tiers qui ont des droits sur un immeuble* peuvent opposer le défaut de transcription des actes translatifs de droits réels. Le Code civil (art. 941) ne maintenait expressément cette sage mesure que pour les *donations entre-vifs*; aussi quelques auteurs seulement (H. Blondeau, M. Bonjean, son élève...) soutenaient encore que la transcription de la vente était nécessaire pour transférer la propriété à l'égard des tiers. Cette doctrine est aujourd'hui incontestable. — Mais la propriété est-elle transférée à l'égard du vendeur ou donateur par le simple consentement, de telle sorte que les créanciers chirographaires ne puissent invoquer le défaut de transcription? Je déciderais l'affirmative (Arg. de *C-civ.* 938, 1138, 1583). Les termes de la loi de 1855 : *Droits* SUR *l'immeuble...* sont favorables à cette doctrine, bien qu'une solution plus formelle eût mieux valu à cause des arrêts contraires (*V. Grenoble* dans *Sirey*, 1851, *ij*, 634).

La loi nouvelle abroge les art. 834 et 835 du Code de proc.; et, par conséquent, retire aux créanciers hypothécaires de l'aliénateur le délai de *quinzaine* dont ils jouissaient, à partir de la transcription, pour s'inscrire. Il s'ensuit qu'ils peuvent être surpris par une vente clandestine suivie de transcription immédiate. C'est là une innovation bien vicieuse, et bien mal justifiée par les orateurs du gouvernement, entre autres MM. Rouland et Suin. Le premier a longuement soutenu qu'en revenant aux principes de la loi de brumaire on ne pouvait maintenir ceux du Code; mais il est évident que la protection due à l'acquéreur n'implique pas le brusque sacrifice des droits des tiers surpris à l'improviste par son acquisition. Le second a dit que le délai même de quinzaine était insuffisant pour prévenir les surprises; mais de ce qu'un remède n'est pas complétement efficace, s'ensuit-il qu'il faille le supprimer ?

Au surplus, bien que la transcription soit utile, on doit reconnaître qu'elle produit une bien faible publicité, et que les nouveaux législateurs n'ont pas brillé par l'esprit d'invention. On devrait recourir à la presse, comme pour la publicité des saisies, et astreindre les conservateurs à publier un bulletin officiel des aliénations; je crois même qu'un bulletin des constitutions d'hypothèques aurait plus d'avantages que d'inconvénients.

(5) Donc le privilége du vendeur ou du copartageant est irrévocablement perdu, si la transcription est opérée le 46e jour. — Donc aussi la transcription de l'acte du vendeur primitif ne vaut plus inscription pour conserver son droit de suite (mais elle conserve encore son droit de préférence; sous ce rapport, l'article 2108 reste en vigueur). Pareillement l'inscription prise par le copartageant entre le 45e et le 60e jour du partage est inefficace pour le droit de suite, bien qu'efficace pour le droit de préférence (*C-civ.* 2109), tant que l'immeuble n'est pas aliéné. On aurait mieux fait de maintenir un délai uniforme.

Je ne comprends pas que la transcription de l'acte signé par le vendeur, et constatant que le prix n'est pas payé, ne conserve pas le privilége dont elle révèle l'existence au nouveau propriétaire. Il était bien facile d'ailleurs d'astreindre celui-ci à sommer l'ancien vendeur de s'inscrire dans un bref délai. Les rédacteurs ont ici perdu de vue la judicieuse innovation de l'art. 692 (*C-pr.*), tout en prononçant que l'extinction du droit de suite entraîne, pour le vendeur, la déchéance de l'action résolutoire (*loi 23 mars* 1855, 7).

(6)-Donc le créancier n'a pas besoin d'exercer une action hypothécaire, par voie d'assignation (*V.* note 2). Mais, si le détenteur conteste l'existence de l'hypothèque, il faudra bien plaider dans la forme ordinaire. On ne voit donc pas pourquoi le créancier n'intenterait pas tout d'abord une demande en déclaration d'hypothèque, sauf à en supporter les frais si le détenteur reconnaît le droit prétendu. C'est à tort qu'un arrêt de cassation du 27 avril 1812, sur le rapport de Chabot, avance que « l'action en déclaration d'hypothèque ne peut plus avoir d'autre objet que d'interrompre la prescription. » Les conditions de forme et de capacité requises par le Code, pour la création et l'extinction de l'hypothèque, sont assez compliquées pour susciter des contestations fréquentes. Seulement, le créancier ne pourra saisir sans avoir fait commandement au débiteur; mais l'assignation pourra contenir la sommation de délaisser, sans augmentation de frais.

Dans aucun système, le juge ne peut condamner le détenteur à *payer* (comme l'a décidé avec raison l'arrêt cité plus haut); il se borne à déclarer l'existence de l'hypothèque et à donner acte de la sommation.

(7) La faculté de purger en offrant le prix du bien au lieu du montant de la créance est-elle inique? V. mes *Notes sur C-civ.*, n° 8871. Je ne crois pas que l'acquéreur puisse offrir un prix inférieur à celui qu'il a promis par son contrat d'acquisition (*arg. de C-civ.* 2183-1°); mais rien ne l'empêche d'offrir une somme plus forte, afin de prévenir la mise aux enchères. — Si le prix est indéterminé, s'il consiste dans une rente viagère, l'acquéreur doit évaluer, quoi qu'en dise M. Chauveau; les créanciers ne sont pas tenus de recevoir en payement autre chose qu'une somme fixe.

(8) L'art. 832 devait évidemment être fondu dans les art. 2183 et 2185 du Code civil, si l'on ne voulait pas transporter ces derniers dans le Code de procédure. Quoi de plus bizarre que de forcer les particuliers à combiner les règles de deux codes pour faire un acte unique?

(9) A l'égard de la femme et du mineur, le Code prescrit un dépôt du titre d'acquisition au greffe, pendant 2 mois (2194), passé lesquels l'hypothèque est éteinte; à moins qu'on ne l'inscrive; auquel cas la femme ou le mineur procèdent comme les créanciers ordinaires, s'ils ne préfèrent accepter le prix offert. Il est incroyable que les rédacteurs n'aient pas saisi cette occasion de trancher une grave controverse et de dire quand les incapables pourront surenchérir. V. mes *Notes sur C-civ.*, n° 8978.

§ 1. *Surenchère sans incidens.*

I. La *réquisition* de mise aux enchères doit être accompagnée : 1° d'une promesse de faire porter le prix de l'immeuble à un *dixième* en sus de la valeur offerte; 2° de la présentation d'une *caution* qui s'oblige par écrit, ou bien d'un nantissement en argent ou en rentes sur l'État (**10**).

Le requérant y joint : 3° une constitution d'*avoué;* 4° une *assignation* à 3 jours, devant le tribunal de la situation (**11**), pour l'admission de la sûreté (**12**).

L'acte complexe qui renferme toutes ces dispositions est *signé* (**13**) par le requérant; on y annexe une *copie* de l'engagement de la caution et du dépôt au greffe de ses titres de solvabilité, ou bien de la réalisation du nantissement (**14**). Le tout est *signifié* à l'ancien propriétaire et à l'avoué du nouveau (**15**), par un huissier commis (**16**). *C-civ.* 2185, N.; *C-pr.* 832, N.

On procède à l'admission de la sûreté, comme en matière sommaire. Si elle est rejetée, la surenchère est nulle (**17**). *Ib.*–4°, N.

II. Après le jugement qui admet la sûreté, le requérant (ou, à son défaut (**18**), le détenteur) poursuit la *mise en vente*, qui se compose des actes suivants :

1° Annonces par *affiches* et *insertions* faites et constatées selon les règles de la saisie, 15 jours au moins, 30 jours au plus, avant l'adjudication. *C-pr.* 836, N.

2° *Sommation*, dans le même délai, à l'ancien et au nouveau propriétaire, d'*assister à l'adjudication*. *Ib.* 837-1°, N.

3° *Dépôt* au greffe, dans le même délai, *de l'acte d'aliénation* (**19**). *Ib.* 2°, N.

4° *Adjudication*, selon les règles générales. Toutefois on ne peut demander de remise (*arg.* de 838-2°), et aucune surenchère n'est reçue. *Ib.*, 838.

(10) 1. Ces conditions sont parfois trop rigoureuses. On devrait réserver au juge le pouvoir d'autoriser une réquisition sans surenchère, s'il y a juste sujet de craindre que le prix offert par l'acquéreur ne soit par trop faible, et si le créancier manque d'argent.

2. Le surenchérisseur s'engage à demeurer adjudicataire, si nul autre n'offre un prix plus élevé (*C-pr.* 838-1°). — Donc il doit être capable de s'obliger. La femme doit obtenir l'autorisation de son mari, nonobst. *Orléans*, 24 mars 1831.

3. Le Code civil se contentait de l'*offre* d'une caution; l'art. 832, plus exigeant, prescrit d'*indiquer* une personne qui consente à s'obliger. Cette promesse (que le texte nomme *soumission*) oblige la caution, *sous la condition* qu'elle sera reçue; elle ne peut plus compromettre le sort de la surenchère, en se rétractant; son décès même est indifférent, puisque ses représentants sont obligés comme elle; il n'est pas besoin de la remplacer, quoi qu'en disent MM. Troplong et Chauveau. Si l'insolvabilité survient après la réception, elle ne saurait arrêter la procédure. — L'État est dispensé de fournir caution. *Loi du* 21 *fév.* 1827.

4. Faute de caution, il faut donner en gage des espèces ou des rentes sur l'État; les législateurs dérogent à *C-civ.* 2041, en affectant de l'invoquer.

(11) La réquisition n'est autre chose que l'exercice de l'action *hypothécaire*, qui est *réelle*. Le législateur devait conclure ou s'abstenir.

(12) L'assignation est aussi nécessaire dans le cas de nantissement (838-3°) que dans le cas de caution. Elle tend à le faire déclarer suffisant par le tribunal, faute d'acceptation préalable par l'autre partie (*Arg. de C-pr.* 519 et 520).

(13) Si le créancier fait sa réquisition par mandataire, il lui remet une procuration *expresse*; copie en est annexée à la réquisition, que signe le fondé de pouvoirs (C-civ. 2185-4°, N.).

(14) La *réalisation* est ici le *dépôt* effectif des espèces ou des inscriptions de rentes : elle doit donc se faire à la caisse des *dépôts* et consignations (*Loi* 28 *avril* 1816, 110; *ordonn.* 31 *mai* 1838). Mais l'art. 832 étant muet sur ce point, je ne crois pas que la poursuite fût nulle, si la réalisation se faisait au greffe, tandis que le dépôt des titres de solvabilité, ailleurs qu'au *greffe*, entraînerait nullité.

(15) Donc si l'assignation était notifiée à l'acquéreur lui-même, sans l'être à son avoué, la surenchère serait nulle (*Caen*, 30 déc. 1844). Ainsi l'art. 832 déroge à l'art. 2185-1° (C-civ.). Il vaut mieux en effet avertir l'avoué de contester ou d'accepter la caution (C-pr. 519); mais alors pourquoi une assignation proprement dite et non un simple acte d'avoué? C'était d'ailleurs une raison de plus de rectifier directement le Code civil, puisqu'il peut induire en erreur. — La notification faite à la partie en même temps qu'à son avoué est frustratoire sous ce rapport, mais n'engendre pas nullité.

(16) Par le président du tribunal de l'arrondissement où a lieu la réquisition (*C-pr.* 832-1°); donc l'intervention d'un autre président annullerait la surenchère (nonobst. MM. Paignon et Rogron), bien qu'une telle rigueur soit injustifiable. Comprend-on qu'un acquéreur réellement averti puisse dépouiller les créanciers de leurs droits, sous prétexte que l'huissier n'a pas été choisi régulièrement?

La loi a voulu empêcher que le détenteur ne restât dans l'incertitude; mais cette mesure est loin d'avoir ici la même importance que lorsqu'elle s'applique à la notification du détenteur aux créanciers.

(17) La mise en vente ne peut être poursuivie et l'immeuble demeure purgé d'hypothèques, s'il n'y a quelque autre surenchère valable, faite par d'*autres* créanciers (838-4°). Donc le même ne pourrait, reconnaissant la nullité d'avance, réparer sa faute en formant une réquisition nouvelle! Il ne pourrait, en montrant qu'il a été trompé par les titres qu'a produits la caution rejetée, présenter une autre caution admissible, avant la fin des 40 jours! Toutes ces rigueurs passent le but; on a trop sacrifié les créanciers aux acquéreurs. On est allé, dans la commission, jusqu'à comparer la surenchère à un PARI dont le créancier doit courir les risques.

(18) L'acquéreur n'est désigné qu'en seconde ligne, soit par le Code civil, soit par l'art. 833-1°. Il en résulte qu'il est exposé à des frais inutiles, si le surenchérisseur, après une certaine inaction, fait en définitive avant lui les annonces. D'un autre côté, toute demande en subrogation serait ici frustratoire, puisque la loi donne qualité au détenteur. — S'il fait le premier les annonces, il adresse au surenchérisseur la sommation qu'il devait recevoir de lui (837-1°). — La loi ne fixe pas de délai pour entamer la procédure; l'intérêt du créancier et de l'acquéreur les stimule assez pour qu'ils n'attendent pas la prescription de 30 ans.

Malgré l'assimilation qu'annonçait l'art. 2187 (*C-civ.*), la loi s'écarte ici avec raison des règles de la saisie. La notification et la surenchère dispensent, par elles-mêmes, du commandement, du procès-verbal de saisie, et de sa dénonciation. La transcription de la surenchère a sans doute paru coûteuse, bien que le détenteur puisse tromper un tiers en lui transférant une propriété susceptible d'être résolue par l'adjudication.

Les annonces indiquent le titre de l'acquéreur, l'officier qui l'a reçu, l'évaluation de l'immeuble, le montant de la surenchère, l'auteur, l'acquéreur, le surenchérisseur, le subrogé, s'il y en a un, l'immeuble, l'avoué du poursuivant, le tribunal et l'heure de l'adjudication. C. pr. 836, N.

(19). Cet acte tient lieu du cahier des charges, que la loi nomme ici *minute d'enchère*. Le créancier et l'acquéreur ne peuvent donc, ni l'un ni l'autre, modifier les conditions de la vente: par exemple revendre *par lots* des biens aliénés en masse, comme le permettaient Demiau, Carré et *Grenoble*, 7 avril 1824. Mais le créancier peut invoquer *C-civ.* 2192-2°.

§ 2. *Incidens de la surenchère.*

Le Code prévoit trois incidens (**20**) :

1° La *subrogation* (**21**) peut être demandée par tout créancier inscrit : — si le surenchérisseur et le détenteur restent inactifs pendant un mois ; — si le poursuivant se rend coupable de dol ou de négligence.

La demande se forme d'avoué à avoué, par requête.

Le surenchérisseur et sa caution demeurent obligés. *C-pr.* 833.

2° A l'égard des *nullités*, on distingue, comme pour la saisie, deux périodes : celle qui précède la réception de caution, et celle qui suit. La nullité de la surenchère doit être proposée avant le jugement de réception (**22**), et décidée par ce jugement. La nullité de la mise en vente se propose 3 jours au moins avant l'adjudication. *C.-pr.*, 838-4°, N.

3° La poursuite de *folle enchère* est soumise aux règles générales. *Ib.*, 838-2°.

Voies d'attaque. L'*opposition* est interdite en cette matière. L'*appel* est exclu contre le jugement d'une demande en subrogation pour négligence, ou en nullité de la mise en vente. *Ib.*-6°.

L'appel, quand il est possible, s'intente comme en matière de saisie. *Ib.*-2°.

(20) L'art. 838-2° permet implicitement la demande incidente en résolution, du chef d'un ancien vendeur (717-3°).

(21) La subrogation suppose que la surenchère est valable, puisqu'elle substitue simplement le subrogé au requérant. Donc la perspective d'une subrogation ultérieure ne doit pas détourner les autres créanciers de surenchérir de leur côté. Le concours des surenchères est licite (832-4°). Mais que de frais inutiles !

Néanmoins, si la caution est une fois reçue, ils peuvent se rassurer (C-pr. 838-4°); aussi, la loi devait-elle autoriser, selon moi, la subrogation au bout de 3 jours (838-2°) en ce qui touche la poursuite en réception de sûreté. — La subrogation est valable malgré le désistement exprès du requérant (C-civ. 2196). — V. au surplus page 664, s.

(22) Donc elle ne pourrait l'être en cause d'appel, nonobstant *Riom*, 9 avril 1810. — Cette excellente disposition atténue un peu la rigueur excessive des lois sur la surenchère. — V. p. 668, s.

TITRE V.

Des moyens d'obtenir l'expédition ou la réformation des actes.

Nous avons dit (v. *ci-dev. titre de la vérification*, *p.* 298) qu'on divise les écrits ou actes, en publics ou authentiques, et en privés.

Ces derniers étant passés entre les contractans et sans aucun intermédiaire, sont leur propriété, et ils en ont les minutes ou originaux : aucune autre personne, en général, n'a le droit d'en demander la communication (1); et s'ils en ont eux-mêmes perdu les exemplaires, ou si l'un d'eux n'en avait point, ils ne peuvent s'en procurer que par les voies ordinaires de la procédure.

Il n'en est pas de même à l'égard des actes publics.

1. Quelques-uns de ces actes (tels que ceux qui sont consignés dans des registres publics... v. *p.* 730, *art.* 1, § 1), intéressent non-seulement les parties contractantes, mais encore la société elle-même; il est donc naturel que chacun puisse en réclamer la communication, ou des copies ou expéditions. (2)

2. Quoique les autres espèces d'actes publics (tels que ceux des notaires... v. *d. art.* 1, § 2) n'intéressent directement que les parties, cependant, comme ils prouvent quelque chose contre les tiers, savoir, l'existence de la convention (*rem ipsam*), il est juste que les tiers aient la faculté d'en demander la communication dans certaines circonstances, sauf à observer certaines formalités.

3. Les actes de cette dernière classe constatent des conventions. Ils ne sont utiles que dans les circonstances relatives à ces mêmes conventions; s'ils contiennent des fautes ou des erreurs, on les fait rectifier par les voies ordinaires. Quelques-uns de ceux

II.   37

de la première classe étant, au contraire, utiles dans un plus grand nombre de circonstances, il a fallu établir un mode particulier pour les rectifier. V. *Berlier, p.* 144; *Tarrible, p.* 375, *et Thibaudeau, corps législatif,* 9 *ventose xj.*

Ces observations nous donnent une idée des motifs des règles dont nous allons présenter l'analyse, dans deux articles où nous parlerons des moyens d'obtenir 1. l'expédition des actes, 2. la rectification des actes de l'état civil.

(1) *V.* à ce sujet, ci-dev. § de la communic. des pièces, p. 263.
(2) Ce mot désigne spécialement les copies attestées par celui qui les délivre. La première expédition se nomme *grosse...* On donne aussi quelquefois aux copies le titre d'*extraits...*; mais ce titre doit s'appliquer plus proprement aux copies partielles des actes (v. *à ce sujet, ci-dev., tit. de la saisie immob., p.* 639, *note* 28)... Jadis les expéditions faites sous la direction du juge étaient appelées des *Vidimus.*

ARTICLE PREMIER.

De l'expédition des actes.

L'acte dont on réclame l'expédition est consigné dans des registres publics, tels que ceux des tribunaux (3), ou dans des registres particuliers, tels que ceux des notaires.

§ 1. *Des actes consignés dans les registres publics.*

1. Les dépositaires des registres publics doivent, sous peine de dépens et de dommages, en délivrer des copies à tous ceux qui le réclament, à la charge de leurs droits (4). *C-pr.* 853.

2. Néanmoins, une personne qui a été partie dans un jugement, n'en peut obtenir une seconde expédition exécutoire qu'avec une permission (5), et cette expédition est délivrée comme une seconde grosse. *C-pr.* 854; *ci-apr.,* § 2, *n.* 2; *ci-dev. tit. des règles génér. d'exécut., note* 4, *p.* 569.

(3) Tels sont encore, 1. les matrices de rôles. V. *Carré, anal.*, *ij*, 614. 2. Les registres des recours en cassation en matière criminelle. V. *C-crim.* 417.

5. Ceux des inscriptions et transcriptions hypothécaires (v. *C-c.* 2196) et de l'état civil... De sorte qu'il n'est pas besoin de compulsoire pour en obtenir la communication. V. *M. Merlin*, *rép.*, *mot compulsoire*, § 1; *et ci-apr.*, § 2, *n.* 2, *et art.* 2, *p.* 732 *et* 734.

Même règle lorsqu'un greffier refuse un extrait d'un jugement : il suffit de lui faire une sommation. V. *Colmar*, 14 *juin* 1814, *avoués*, *xj*, 175. —Et s'il refuse encore, on s'adresse au tribunal pour le faire contraindre à la délivrance. V. *rej. requ.* 23 *nov.* 1829, *ib.*, *xxxviij*, 194.

(4) C'est-à-dire sous la condition qu'on leur paiera sur-le-champ les honoraires qui leur sont dus à raison de ces actes et copies.

On voit qu'il n'est pas besoin de justifier de son intérêt ni d'agir non plus par la voie du compulsoire pour obtenir des copies de ces registres. V. *ci-apr.*, *p.* 732 ; *M. Berlier*, *p.* 144 ; *répert.*, *d.* § 1, *n. ij.*

(5) Donnée sur requête, par une ordonnance du président du tribunal qui a rendu le jugement. *C-pr.* 854 ; *tarif* 78.

§ 2. *Des actes des notaires.*

Les copies d'actes de notaires sont réclamées par les intéressés et leurs représentans, ou par des tiers.

I. Les actes dont les intéressés demandent copie, sont parfaits ou imparfaits, ou non enregistrés.

1. Dans le premier cas, le dépositaire récalcitrant est condamné (6) sur une assignation à bref délai (7). *C-pr.* 839, 840.—V. aussi *le* § *des notaires*, *note* 63, *p.* 90; *L.* 25 *ventose xj*, *art.* 23.

(6) Envers les réclamans intéressés en *nom direct*, leurs héritiers ou ayant-droit... Même par corps. *C-pr.* 839. — Les premiers sont ceux qui ont été parties dans l'acte, et pour eux-mêmes.

Observation. On peut prouver par témoins (à plus forte raison par une lettre), que le notaire qui refuse l'expédition d'un acte sous prétexte qu'il n'a pas reçu cet acte, l'a réellement reçu. V. *arr. d'Agen*, 16 *févr.* 1813, *J-C-c.* *xxj*, 25.

(7) Donnée (sans conciliation) en vertu d'une permission du président civil... L'affaire est décidée sommairement par un jugement exécutoire nonobstant opposition ou appel (v. *ci-apr. note* 15). Les intéressés y sont appelés, s'il y a lieu, par une assignation ou une sommation. *C-pr.* 839, 840, *tarif*, 29, 78.

2. Mais si on réclame une seconde grosse ou l'ampliation d'une grosse déposée, il faut obtenir une ordonnance (8), interpeller le notaire de faire la délivrance en présence des parties intéressées (9), et

mentionner au bas de la copie réclamée, tant cette
ordonnance que la somme pour laquelle cette copie
est encore exécutoire (10). *C-pr.* 844; *d. L. art.* 26.

(8) Du président, rendue sur requête. V. *C-pr.* 844; *tarif* 78.
L'ampliation est, dans ce cas, une grosse expédiée, sur la grosse principale, qu'on a déposée chez un notaire pour en délivrer des doubles aux intéressés, tels que les cocréanciers ou copartageans, etc.
(9) Appelées par *sommation*, et à des jour et heure indiqués. *C-pr.* 844;
tarif 29, 78.
Observations. 1. Une saisie faite en vertu d'une grosse délivrée sans sommation est nulle. V. *Rennes*, 8 *déc.* 1824, *avoués*, *xxvij*, 319.
2. Une seconde grosse délivrée en l'absence du débiteur ne peut servir à
des exécutions, quoique le notaire eût oublié de mettre la formule exécutoire dans la première. V. *rej. requ.* 23 *août* 1826, *ib.*, *xxxij*, 196.
(10) Dans le cas où la créance a été acquittée ou cédée en partie. *C-pr.*
844. — S'il y a contestation sur la délivrance, on se pourvoira en référé. V.
en le lit., *note* 3, *p.* 423, et *C-pr.* 845.
Observations. 1. On exige les formes précédentes parce qu'il serait im-
prudent de fournir un second titre exécutoire sans connaître l'emploi du premier (le porteur, par exemple, pourrait s'en servir pour une exécution). V.
Berlier, *sup.*; *Guenois sur Imbert*, *liv.* 1, *ch.* 4, *n.* 10; *ci-d. p.* 568,
note 4.
2. Mais lorsque la première grosse a été annulée, il n'est pas besoin de ces
formes pour en obtenir une nouvelle, celle-ci devant par le fait être considérée comme une première grosse. V. *rej. requ.* 21 *mars* 1835, *Sirey*, 357.

3. Dans les deux derniers cas (11), il suffit d'une
semblable ordonnance (12), sauf à se pourvoir en
référé si le notaire refuse (13). *C-pr.* 841 *à* 843.

(11) C'est-à-dire si l'on demande une copie d'un acte imparfait ou non
enregistré. *C pr.* 841.
(12) Rendue, s'il y a lieu, par le président civil, sur une requête. *C-pr.*
841; *tarif* 78. — L'art. 29 du tarif indique qu'elle doit être suivie de sommation et assignation au notaire et aux parties intéressées; ce qui est très
juste, parce qu'il peut être fort important pour elles d'assister à cette espèce
de compulsoire.
On fait mention de l'ordonnance au bas de la copie. *C-pr.* 842.
(13) Sauf aussi l'exécution des lois et réglemens relatifs à l'enregistrement
(v. *C-pr.* 841), et par conséquent sauf les amendes ou autres peines qu'on
peut avoir encourues pour ne les avoir pas observés dans les délais prescrits.
Mais c'est au requérant à en faire l'avance, sauf à les répéter, dit *Rodier*,
tit. 12, *art.* 1.

II. Le tiers qui a besoin d'une copie d'acte demande un compulsoire (14) dans une requête, sur
laquelle le tribunal statue comme en matière som-

maire (**15**). *C-pr.* 846 *à* 848 ; *ci-dev. tit. des mat. sommair., note* 7, *p.* 420. (**16**)

On dresse ensuite un procès-verbal de compulsoire ou collation (**17**), où les parties peuvent insérer leurs observations... L'extrait est délivré par le dépositaire (**18**). Il peut être collationné par les parties, et même par le président, lorsqu'elles ont soutenu que cet extrait n'est pas exact (**19**). — *C-pr.* 849, 850, 852; *tarif* 92, 168.—V. aussi *C-pr.* 203; *d. L.* 25 *vent., art.* 24. (**20**)

(14) Ce mot, suivant Rodier, *sup.*, vient de *compulsare, compellere*, contraindre.

Observations. 1. On voit que les tiers ne peuvent obtenir des expéditions d'actes notariés qu'avec la permission du juge. Cela est conforme à l'ordonnance de 1539, *art.* 177, et à la loi du 25 ventose an xj, *art.* 23, qui défendent, sous des peines très graves, aux notaires de les délivrer à d'autres qu'aux parties ou à leurs ayant-cause ; et le juge ne doit le permettre qu'aux intéressés et par conséquent à ceux qui justifient de leur intérêt. V. *Berlier*, *sup.* — On décidait même jadis que si l'intérêt n'était pas bien établi, le notaire, et, à plus forte raison, les véritables intéressés avaient le droit de s'opposer au compulsoire. V. *Rodier, sup.* — C'est qu'il y aurait un très grand danger à autoriser sans motifs, des tiers à s'immiscer dans les affaires des familles auxquelles ils n'appartiennent pas.

2. D'après ces principes, on a jugé que le notaire peut refuser une expédition au tiers qui n'est pas à ce sujet en instance avec les parties. *Arr. de Paris*, 8 *févr.* 1810, *avoués, i*, 172; *M. Coffinières, ib.* — Mais v. *ci-apr. note* 16.

(15) Il s'agit d'une requête d'avoué à avoué (on peut y répondre), portée par un simple acte, à l'audience. *C-pr.* 847 ; *tarif* 75. — Le jugement est exécutoire nonobstant appel ou opposition, comme celui de la note 7. — *C-pr.* 848.

(16) *Observations.* 1. L'art. 846 est ainsi conçu : «Celui qui, dans le cours « d'une instance, voudra... expédition... se pourvoira ainsi qu'il va être ré-« glé...» Pigeau, ij, 341, conclut de là qu'on ne peut prendre la voie du compulsoire que pendant une instance (*id., Carré, anal.*, *ij*, 619); et c'est aussi ce qu'a jugé l'arrêt de 1810, cité, *note* 14, *n.* 2. — Mais il faut faire attention que cet article n'est point conçu en termes prohibitifs ; il prescrit le compulsoire pour les demandes d'expéditions formées pendant une instance; il ne le défend pas pour d'autres circonstances. *V.* en faveur de notre opinion, *arr. de Rouen*, 13 mars 1826, *ib., xxxj*, 314. — V. aussi *B. c.* 10 *juin* 1833, *p.* 121, *et ci-apr., note* 20.

2. La vérification des livres de commerce ne peut être assimilée au compulsoire et en conséquence n'est pas assujétie aux mêmes formes. *Arr. de Paris*, 28 *août* 1813, *avoués, ix*, 121.

(17) *Observations.* 1. On nomme *collation* l'action de comparer une copie avec l'acte sur lequel elle est transcrite, afin de s'assurer si elle est conforme à cet acte.

2. *Quid juris* si le requérant ne paraît pas?... Rodier, *art.* 3, décide

avec raison que , comme par le compulsoire , la pièce doit devenir commune
aux parties, celle qui comparaît a le droit d'y faire procéder *en défaut*
contre l'autre.

3. Il faut appeler les parties, car l'art. 850 parlant de leur assistance, suppose par là qu'elles ont été appelées... Bien plus , l'ordonnance de 1667 (*tit.*
12 , *art.* 2) décidait que le compulsoire ne pourrait commencer qu'une heure
après l'échéance de l'assignation.

(18) A moins que le tribunal n'ait chargé de ces opérations un de ses membres, ou un juge civil, ou un notaire. *C-pr.* 849.

(19) Elles se pourvoient pour cela en référé, à jour indiqué par le procès-
verbal , et le dépositaire apporte (chez le juge) la minute sur laquelle on doit
collationner... Les frais de son transport et du procès-verbal sont avancés
par le requérant. La collation se fait en présence d'avoués. *C-pr.* 852; *tarif*
29, 128.

Le dépositaire a le droit de refuser l'extrait tant qu'il n'est pas payé des
frais de la minute et de cet extrait. *C-pr.* 851.

(20) Le compulsoire ne doit point retarder le jugement du procès à l'occasion duquel on l'a demandé , parce que la partie doit s'imputer de ne l'avoir
pas sollicité avant que la cause fût en état. V. *Rodier, sup.* — Néanmoins
l'ordonnance de 1535, *ch.* 15, *art.* 2, décidait qu'on pouvait accorder un délai si le compulsoire était demandé *en jugement* (à l'audience). V. *Bornier,*
tit. 12, *art.* 1. — V. aussi *ci-dev. note* 16.

ARTICLE II.

De la rectification des actes de l'état civil. (20 *a*)

1. Le demandeur en rectification d'un acte de l'état
civil se pourvoit par requête (21). Il y est statué, sauf
l'appel, sur rapport (22), et après avoir, au besoin,
appelé les intéressés et convoqué le conseil de famille (23). *C-pr.* 855, 856; *C-c.* 99; *tarif* 71, 78.

2. Si les intéressés ont été oubliés, ils ont le droit
de se *pourvoir* contre le jugement (23 *a*), et on ne
peut le leur opposer. Le demandeur peut également se
pourvoir contre ce jugement (24) par une requête (25),
et l'on y statue sur les conclusions du ministère public. *C-c.* 100, 54; *C-pr.* 858; *tarif* 150.

(20 *a*) Quant à la jurisprudence sur cette matière, *voy.* M. *Chauveau,*
avoués, xij, 313 *et suiv.*

(21) Au président du tribunal civil. *C-pr.* 855.—C'est-à-dire du tribunal
au greffe duquel le registre a été ou doit être déposé. V. *à ce sujet, Toullier,*
i, 302, *et Carré, anal., ij*, 625, surtout M. *Chauveau, sup.,* p. 315 (il fait
une distinction).

(22) Et sur les conclusions du procureur du roi. *C-pr.* 856. — C'est qu'il
s'agit d'un objet d'ordre public. M. *Berlier,* p. 145.

(23) Si le tribunal le juge convenable... Les parties intéressées sont appe-

lées (sans conciliation) par exploit à domicile , et si elles sont en instance, par acte d'avoué, auquel on peut répondre. *C-pr.* 856; *tarif* 29, 71.

Observations. 1. S'il est nécessaire d'apporter au tribunal les registres courans, les officiers de l'état civil doivent les clore et s'en procurer d'autres dont les frais seront compris dans les dépens de la cause. *Ordonn.* 18 *août* 1817, *art.* 2 *et* 3.

2. Si l'acte de naissance d'un futur époux diffère de celui de son père par l'orthographe ou par l'omission d'un prénom , l'attestation des personnes qui ont droit de consentir au mariage suffit pour passer outre à la célébration sans qu'il soit besoin de recourir à une rectification judiciaire. V. *avis cons. d'état,* 30 *mars* 1808, *bullet.*, *n.* 3254, *rép.*, *viij*, 58.

(23 *a*) Il semble par ces expressions (v. *C-c.* 54 *et C-pr.* 858, *conf.*) qu'ils aient le droit de l'attaquer, même par *appel*, ce qui serait une exception aux règles exposées à ce *titre, ch.* 2 , *n.* 1, p. 464. — Selon M. Chauveau (*sup.*, *xlij*, 520) ils n'ont le droit d'agir que par opposition.

(24) S'il y était seul partie et s'il a à s'en plaindre. *C-pr.* 858.

(28) Présentée, dans les trois mois de la prononciation , au président de la cour, qui y note l'audience où l'on statuera. *C-pr.* 858. — Ici, il y a bien exception aux mêmes règles de l'appel. V. *d. tit.*, p. 473.

3. Le jugement de rectification est inscrit sur les registres civils. On en fait mention en marge de l'acte rectifié (**26**), qui dès-lors n'est expédié qu'avec les rectifications ordonnées (**27**). *C-pr.* 857; *C-c.* 101; *avis cons. d'état ,* 24 *fév. et* 4 *mars* 1808. (**28**)

(26) On ne peut rien changer à l'acte. *C-pr.* 857. — La mention se fait sous la surveillance du ministère public. *C-c.* 49.

(27) Sous peine de dommages contre l'officier qui délivre l'expédition incomplète. Voy. *C-pr.* 857 ; et quant à la manière de faire cette expédition, *Carré, anal. ij*, p. 628.

Questions diverses sur la rectification... V. *J-C-c.*, *xiv*, 589; *arr. cass.* 19 *juill.* 1809, *ib.*; *répert.*,*iv*, 877 ; *B-c.* 18 *févr.* 1824.

(28) *Observations.* 1. A l'égard des règles relatives aux *formes* des actes de l'état civil, *voyez* en le titre , Code civil, liv. 1, tit. 2.

2. *Rectification des registres hypothécaires...* Le conservateur l'opère en écrivant , à la date courante, une nouvelle inscription ou transcription exacte, avec un renvoi à la première, qui était fautive. *Avis du cons. d'état,* 27 *déc.* 1810, *n.* 6306.

3. *Perte des registres...* V. ordonn. 9 janv. 1815.

TITRE VI.

De l'envoi en possession des biens d'un absent.

On distingue deux espèces d'absens, les présumés et les déclarés.

Lorsque l'absence d'un particulier, c'est-à-dire sa disparition ou son éloignement sans nouvelles, n'est pas constatée, on la nomme absence *présumée;* lorsqu'elle l'est d'une manière légale, on la nomme absence *déclarée.* Dans le premier cas, elle est considérée comme un fait douteux, et l'on se borne à pourvoir à l'administration provisoire des biens de l'absent. Dans le second, elle devient un fait authentique et légal, et l'on défère la possession des biens aux héritiers de l'absent (1). *C-c.* 112, 120.

Dans l'un et l'autre cas, les intéressés se pourvoient par requête (2), et le jugement est rendu sur rapport (3). *C-pr.* 859, 860; *tarif* 78. (4)

(1) Cela se peut faire par le même jugement. V. *arr. cass.* 17 *nov.* 1808, *J-C-c.*, *xij,* 25.

(2) Les intéressés sont toutes les personnes qui ont des droits réels ou éventuels sur les biens de l'absent. V. *arr. Colmar,* 15 *therm. xij, J-C-c. iij,* 218. — La requête avec les pièces et documens nécessaires est présentée au président du tribunal civil. *C-pr.* 860; *C-c.* 112.

(3) Fait à un jour indiqué, par un juge que commet le président, et suivi des conclusions du ministère public. *C-pr.* 859, 860; *C-c.* 114.

Le jugement ainsi rendu sur requête n'a pas l'autorité de la chose jugée; il n'est par conséquent pas besoin de l'attaquer et les tiers peuvent agir comme s'il n'existait pas. V. *rej. requ.* 3 *déc.* 1834, *Sirey,* 1835, 230 ; *ci-d, p.* 445, *note* 6, *n.* 3 *a.*

(4) *Observations.* 1. Autres *formes* de la procédure.. v. *C-c.* 115 *et suiv.* — Quand il s'agit de constater l'absence, elles doivent être remplies à la rigueur. V. *arr. rej. requ.* 24 *nov.* 1811, *J-C-c.*, *xviij,* 269.

2. MILITAIRES ABSENS. Règles ; 1° de déclaration d'absence, v. *ord.*5*juill.* 1816 *et L.* 13 *janv.* 1817; — 2° d'apposition de scellé, v. *ci-apr. ce tit.,* *note* 27.

3. *Notaire* qui représente l'absent.. v. *tit. de l'inventaire, note* 4.

4. Autres questions sur les ABSENS. V. *Metz,* 15 *mars* 1823, *Sirey,* 23, 2, 307; surtout *rép. xvj,* 1 à 49, *h. v.*

TITRE VII.

De l'autorisation.

Il y a deux sortes de personnes qui ne peuvent ester, en jugement (v. *p.* 2, *note* 5) sans autorisation, les femmes mariées et les communes, et autres personnes civiles du même genre (v. *art.* 1, *p.* 216). Les règles propres à ces deux sortes d'autorisation seront exposées dans deux différens paragraphes.

§ 1. *De l'autorisation de la femme mariée.*

1. Un des effets principaux de la puissance que la loi accorde au mari sur sa femme, est l'obligation qu'elle impose à celle-ci de ne faire presque aucune espèce d'actes, et surtout de ne pas ester *en jugement* (1) sans l'autorisation de son mari. *C-c.* 215. — V. aussi *id.* 776, 905, 934, 1029.

2. Mais ce droit du mari n'est pas arbitraire; s'il refuse sans raison son consentement, la justice vient au secours de la femme et légitime ses opérations. *C-c.* 218. — La marche qu'elle doit suivre alors est l'objet du présent paragraphe. (2)

3. Il faut néanmoins observer que si elle est actionnée (3), ou bien si elle actionne *conjointement* avec son époux, elle n'est pas assujétie à lui demander une autorisation (4). V. *M. Berlier, p.* 145, 146; *arr. d'Agen, Cass. et Montpellier,* 28 *pluv. xij,* 22 *avr.* 1808, *et* 2 *janv.* 1811, *J-C-c., t.* 2 *et* 11, *p.* 27 *et* 57; *avoués, iij,* 239; *arg. de C-c.* 217. (5)

Dans le premier cas, le demandeur, dont l'action ne peut être paralysée par le caprice ou l'intérêt du mari, cite ce dernier pour autoriser sa femme (6); et si le mari refuse, le tribunal le supplée sans autre formalité. Dans le second, le concours du mari suppose une autorisation tacite. V. *M. Berlier, ib.; rej.*

requ. 10 *juill.* 1811, *avoués, iv,* 200; *B-c.* 2 *mai* 1815 *et* 5 *févr.* 1817; *rép. xvj,* 104, *h v., sect.* 8.

4. Dans les autres cas, c'est-à-dire lorsque la femme seule veut intenter une action (**7**), il faut qu'elle présente une requête (**8**) et obtienne un jugement d'autorisation. *C-c.* 215 : *C-pr.* 861; *M. Berlier, p.* 146.

5. Mais si son mari n'est pas absent (**9**), mineur, interdit ou condamné pour crime (**10**), elle doit auparavant l'interpeller de donner cette autorisation, et, sur son refus, le citer (**11**) à la chambre du conseil, pour expliquer ses motifs et voir statuer sur la demande. *C-pr.* 861 *à* 864; *C-c.* 222, 224, 221; *M. Berlier, ibid.* (**12**)

(1) *Observations.* 1. Même lorsqu'elle est marchande publique, quoique son mari ait dû y consentir; et qu'en conséquence, elle puisse alors s'obliger sans autorisation spéciale. V. *C-c.* 215, 220; *C-com.* 4.

2. Elle ne peut non plus sans autorisation, donner un *désistement.* V. *note* 4, *p.* 412.

3. Ni faire une surenchère. V. *rej. civ.* 14 *juin* 1824, *avoués, xxvj,* 314; *ci-d. p.* 723 (règle contraire s'il s'agit de surenchérir pour le fonds de son mari, *suiv. Orléans,* 1831, *ib., xlj,* 391).

4. Ni ester dans un ordre. *B. c.* 21 *avr.* 1828; *Toulouse,* 19 *mars* 1833, *avoués, xlv,* 563.

5. Questions diverses sur l'autorisation des femmes... *voyez* M. Chauveau, ib., xlvj, 321 à 328.

(2) Quant aux règles relatives à l'autorisation considérée en elle-même, à l'exception de celles que nous exposons dans ce titre, *voy.* le Code civil, titre du mariage, et M. Chauveau, sup.

(3) Soit au civil, soit au criminel et à la police (v. *C-c.* 216), parce que la nécessité de la défense naturelle doit la dispenser de toute formalité. V. *Portalis, exp. des motifs du tit. du mariage;* arr. cass. 24 *fév.* 1809, *Nevers,* 1810, 117; *rej. crim.* 31 *mai* 1816, *avoués, xiij,* 238; *ci-apr. note* 7, surtout *note* 8, *n.* 1.

Observations. 1. Le Code civil (d. art. 216) emploie l'expression *police* sans aucune addition; mais par-là même il comprend implicitement les deux espèces de police, c'est-à-dire la police simple et la police correctionnelle.

2. D'après la disposition, en effet, de plusieurs coutumes formant à cet égard un *droit commun,* la femme pouvait jadis être actionnée pour injures sans autorisation, et ce mot *injures* s'entendait « de tous les délits commis par la femme contre quelqu'un ». *V. répert., i,* 522, *mot autorisation maritale, sect.* 7, *n.* 17... Si les rédacteurs du Code civil eussent voulu changer cette règle et réduire, par exemple, la dispense d'autorisation, ou aux causes de police simple, ou à celles de police correctionnelle, ils s'en seraient expliqués. Enfin, d'après l'arrêt du 24 février 1809 qu'on vient de citer, l'art. 216 étant applicable aux causes de police simple, on ne voit pas pourquoi l'on ferait une exception pour les causes correctionnelles, surtout en considérant que pour les causes de grand criminel, la femme est formellement dispensée d'autorisation par le même art. 216.

(4) *Observations.* 1. Lorsque la femme séparée de biens est actionnée conjointement avec son mari, il faut donner à chacun d'eux une copie de l'assignation. V. *arr. cass.* 7 *sept.* 1808, 12 *mars* 1810 *et* 25 *mars* 1812, *B. C.; id.,* 1 *avr.* 1812, *Nevers*, 357; *rép.*, *mot sépar. de biens*, *sect.* 2, § 5; *ci-dev. p.* 181, *note* 11, *n.* 1 *et ses renvois.* — Tandis qu'il suffit d'une copie s'ils sont communs. V. *d. arr.* 1 *avr.; id.,* 4 *août* 1817, *B. c.; Caen*, 11 *janv.* 1825, *avoués*, *xxx*, 20. — Autre question... v. *ci-dev. p.* 120, *note* 15 *a; Grenoble*, 1831, *ib.*, *xlij*, 56.

2. Si elle s'est mariée depuis le commencement du procès, il faut en la citant pour plaider sur l'appel, citer aussi son mari pour l'autoriser. V. *B. c.* 7 *août* 1815, 7 *avr.* 1819. — *Quid* si c'est avant le jugement de première instance?.. V. *ci-dev. p.* 387, *note* 26 *et ses renvois.*

3. Si c'est depuis le jugement qui autorise une contrainte, il n'est besoin de diriger les poursuites relatives à cette exécution que contre la femme, *suiv. arr. Paris*, 25 *févr.* 1808, *J-C-pr.*, *ij*, 50.

4. Le mari cité pour l'autoriser doit être *en qualité* dans le jugement de défaut obtenu contre elle, *suiv. id.*, 5 *juin* 1810, *avoués*, *ij*, 289.

(5) *Observations.* 1. Il en est de même si elle demande la séparation de corps (v. *note* 5, *p.* 751). En un mot, lorsqu'elle agit contre son mari, elle doit être autorisée par le juge. V. *cass.* 14 *févr.*, à *note* 4, *p.* 412.

2. A-t-elle besoin de l'autorisation du juge lorsqu'elle poursuit l'interdiction de son mari?.. Non, parce que le jugement du tribunal qui lui permet de convoquer le conseil de famille, en contient une tacite, suiv. Demiau, *p.* 593, *et Rouen et Toulouse*, 16 *flor. xiij et* 8 *févr.* 1823, *Sirey*, 5, 2, 113, *et* 23, 2, 130... Oui, *suiv. M. Merlin* (*rép.*, *i*, 522) *et Delvincourt* (1819, *i*, 477, *note* 2)...Nous pencherions pour ce dernier avis.

3. Il est du moins certain que lorsqu'on provoque l'interdiction de la femme, il faut l'autorisation du mari. V. *B. c.* 9 *janv.* 1822; *rép. xvj*, 99, *h. v.*, *sect.* 7, *n.* 18 *bis.*

4. Mais lorsqu'elle est actionnée par son mari, elle n'a besoin d'aucune sorte d'autorisation. V. *rép. xvj*, 97, *d. sect.* 7, *n.* 18; *Nancy et Colmar*, 1811, *et* 1812, *ibid.*

Et il en est de même lorsqu'elle s'est pourvue en cassation contre l'arrêt qui déclarait valable le mariage attaqué par elle comme nul. V. *arr. rej. civ.* 31 *août* 1823, *avoués*, *xxvij*, 99, *et les observat. de M. Merlin*, *rép.*, *xvij*, 94 *et suiv.*, *mot mariage*, *sect.* 4, § 1, *art.* 1, *n.* 3, *quest.* 3.

5. *Quid* si elle est séparée de biens?... L'autorisation est nécessaire. V. *C-c.* 215; *M. Merlin*, *rec. alph.*, 2e *éd.*, *mot assignation*, § 9, *t.* 1, *p.* 187, *concl. du* 29 *nov.* 1809 (au *rép.*, 3e *édit.*, *d.* § 5, il avait d'abord fait une distinction sur ce point). — V. aussi *note* 5, *p.* 746.

6. *Idem*, si elle l'est de corps. V. *ci-apr. p.* 752, *note* 9, *n.* 3.

(6) *Observations.* 1. Cette citation est nécessaire (sous peine de nullité... v. *répert. xvj*, 89, 90, *h. v.*, *sect.* 3, § 4), parce que l'actionnant doit s'assurer de la capacité de l'actionné, et veiller à la régularité de la procédure. V. *arr. cass.* 29 *mars* 1808, *B. c.*, *et* 7 *oct.* 1811 *et* 25 *mars* 1812, par *arg. de C-c.* 215, *et* 225, *avoués*, *iv*, 169; *Nevers*, 356; *ci-dev. p.* 215, *note* 12; *rép.*, *i*, 527, *h. v.*, *sect.* 8, *n.* 7.

1 *a.* Aux motifs précédens, des arrêts qu'on vient de citer, M. Merlin (*rép.*, *xvj*, *p.* 90) ajoute celui-ci : pour faire valablement *ester* la femme, il faut la mettre à même de se défendre; or, est-ce la mettre à même de se défendre, que de ne point citer son mari pour l'autoriser?

1 *b.* D'après ces principes on a jugé que l'appel d'un jugement d'ordre rendu en faveur de la femme, doit être signifié au mari avec assignation pour l'autoriser, quoique le mari ait aussi appelé dans son propre intérêt. V. *Colmar*, 25 *avr.* 1817, *avoués*, *xix*, 49.

2. La citation précédente est même nécessaire lorsqu'on assigne la femme devant la section civile en lui notifiant l'admission d'un pourvoi contre l'arrêt qu'elle avait obtenu. V. d. arr. 7 oct.; autres, 14 juill. 1819, Sirey, 407, et (pour une exception) 2 août 1820, Sirey, 1821, 35.

3. Toutefois la procédure n'est pas nulle, lorsqu'avant l'expiration du délai légal le mari a été appelé dans la cause pour donner l'autorisation. V. arr. cass. 5 août 1812, Nevers, 567; arg. de dd. arr. 2 août 1820 et 14 juill. 1819, rép. xvj, 91, h. v., sect. 5, § 4.—V. aussi Paris, 1823, et Bordeaux, 1833, avoués, xxv, 307, xlvj, 151.

(7) Même en matière criminelle ou de police...Arg. de C-c. 216; v. M. Merlin, rép., mot autor. maritale, sect. 7, n. 18; arr. cass. cr. 30 juin 1808; surtout ci-dev. note 3, p. 738.

(8) Au président du tribunal civil (v. C-pr. 861, 863, 864; tarif 78) du domicile de son mari, même lorsqu'elle poursuit comme demanderesse, une affaire devant un autre tribunal. V. rép., ib., sect. 8, in f.; B. c. 21 germ. xij.— V. toutefois Colmar, 1810, avoués, iij, 46.

Observations. 1. Si la femme est défenderesse, l'autorisation se réduit à une pure formalité qui peut être suppléée par le tribunal devant lequel elle est citée, quelle que soit sa jurisdiction, fût-ce un tribunal de commerce, ou d'appel, ou la cour de cassation.. V. rép., xv, 59, et xvj, 106, 107, n. 7, h. v.; B. c. 17 août 1813.

2. Si la femme a assigné sans autorisation, le défendeur peut exiger que le mari soit appelé pour la donner, et le juge peut même l'ordonner d'office (c'est une mesure de précaution propre à assurer la défense de la femme et qu'on devrait prendre même à l'égard d'un mineur non assisté de curateur). V. rép., i, 527, et xvj, 89, h. v. — V. aussi id., iij, 750, mot divorce, sect. 4, § 7; arr. cass. 22 oct. 1807, Nevers, 1808, 2, 1.

(9) Soit présumé, soit déclaré. — V. proc.-verb. cons. d'état, 5 vend. x. — V. aussi arr. d'Agen, 31 juill. 1806, et Colmar, 31 juill. 1810, Nevers, 1811, supp. 17, avoués, iij, 46.

(10) Parce que dans tous ces cas, le mari ne pouvant donner l'autorisation, il est inutile de la lui demander; il faut nécessairement s'adresser au juge. M. Berlier, sup.

Si le mari est absent ou interdit, l'autorisation est prononcée après le rapport d'un juge nommé par le président sur la requête, et l'on doit joindre à celle-ci le jugement d'interdiction. V. C-pr. 863, 864.

(11) A un jour indiqué, et en vertu d'une permission donnée par le président sur une requête. C-pr. 861; tarif 78. — Elle l'interpelle auparavant par une sommation. V. d. art. 861; Aix, 1810, J-C-c., xiv, 295. — Elle n'a pas besoin d'être autorisée pour le citer en autorisation. V. id., 1827, avoués, xxxv, 179.

(12) Prononciation. Après avoir indiqué, art. 861, la citation en la chambre du conseil, on ajoute, art. 862: «Le mari entendu, ou faute par lui de se présenter, il sera rendu, sur les conclusions du ministère public, jugement qui statuera sur la demande de la femme.» — Selon les auteurs du Praticien français (t. 5, p. 124), ce jugement doit être rendu à la chambre du conseil. Ils se fondent sur la déclaration faite par M. Berlier (exposé des motifs) que cette procédure sera exempte d'une publicité que la qualité des parties et la nature du débat rendraient toujours fâcheuse, et ils ajoutent avec le même orateur, «ainsi ce sera à la chambre du conseil que le mari sera cité, que les parties seront entendues, et que le jugement sera rendu sur les conclusions, etc...»

Si le relatif que était dans cette phrase, observions-nous dans nos premières éditions, on aurait quelque motif pour adopter la même décision; mais on ne l'y trouve pas plus que dans l'art. 862. — V. du moins le Mo-

niteur du 16 *avr.* 1806, *et l'édit. stéréotype d'Herhan*, p. 147. — En conséquence, dès que la loi et l'exposé des motifs offrent de l'incertitude, il faut se déterminer, d'après les principes du droit relatifs à la prononciation des jugemens, c'est-à-dire pour la prononciation à l'audience. V. *ci-dev.*, p. 29 *et note* 43, *ibid.*; *p.* 265 *et* 281. — D'autant plus, 1° que dans des causes mêmes (les divorces) qui exigeaient encore plus que celle-ci une discussion secrète, le jugement ne devait pas moins être prononcé en public. *C-c.* 245 *et* 256. — 2° Qu'en général, le ministère public est entendu à l'audience. *Arg. de C-pr.* 112.. *v. en le* §, *p.* 26 *et note* 31. — *N. B.* La cour de Nîmes (9 *janv.* 1828, *avoués, xxxv*, 184) a depuis adopté notre système. — V. aussi *rej. requ.* 23 *août* 1826, *ib.*, *xxxij*, 19 (il décide que lorsque l'autorisation refusée a été accordée en première instance, on n'a pas besoin, en appel, de juger la question à la chambre du conseil).

Le système opposé a été défendu par Carré (*anal. ij*, 628) et M. Merlin (*rép. xvj*, 104, 105, *n.* 2 *bis*), et approuvé par la cour de Riom (29 *janv.* 1829, *avoués, xxxvij*, 175). Le relatif *que*, observe-t-on, est dans quelques éditions, et notamment dans celle du corps législatif faite à son imprimerie sur les manuscrits des orateurs du gouvernement... et il y a aussi quelques circonstances où le jugement est prononcé, tout comme le ministère public entendu, à la chambre du conseil.

On peut répondre que ce sont encore là des exceptions. En un mot, nous le répétons, toutes les fois que la loi n'est pas claire, il faut en revenir aux principes généraux qui veulent qu'un jugement soit prononcé en public; principes tellement absolus que dans les causes mêmes, comme celles des droits-réunis, où la loi prescrit de le rendre à la chambre du conseil, elle sous-entend que ce sera à bureau ouvert (v. *B. c.* 25 *mars* 1825).

☞ Nous avons, depuis, cherché à connaître la véritable leçon de l'exposé des motifs. Par malheur l'original n'en existe dans aucun dépôt public (il en est de même de tous ceux du Code de procédure). Il y a seulement dans les archives de la chambre des députés une copie informe, en feuillets détachés, sans signature ou autre signe d'authenticité, sur laquelle la copie qui est dans le procès-verbal de la séance, a été faite, et selon toute apparence l'exposé des motifs imprimé. Il résulte d'ailleurs des renseignemens que nous avons pris soit dans ces archives, soit dans celles du conseil d'état, qu'au sortir de la séance où l'orateur avait lu son exposé, il en remettait une copie au secrétariat et en adressait en même temps une autre au Moniteur; de sorte qu'en l'état, il n'y a aucune raison de croire qu'il y ait moins d'exactitude dans la leçon du Moniteur que dans celle de l'édition du corps législatif.

Observez au sujet de la même hypothèse, que le ministère public est entendu dans toutes les causes d'autorisation. *C-pr.* 862 *à* 864.

Questions diverses. 1. L'autorisation d'*ester* en jugement renferme celle de faire tous les actes nécessaires à un procès intenté, tels qu'une comparution au bureau de conciliation. V. *B. c.* 3 *mai* 1808. — V. aussi *rej. civ.* 29 *juill.* 1835, *Sirey*, 35, 610.

2. La femme a-t-elle besoin d'autorisation pour les actes *extrajudiciaires*?.. Ces actes n'étant point indiqués par les termes *ester en jugement* du Code civil, *art.* 215, il semble qu'elle puisse les faire par elle-même; néanmoins, comme l'art. 219 prescrit indirectement l'autorisation lorsqu'il s'agit de *passer un acte*, et que ces derniers termes désignent ordinairement l'écrit qui renferme une convention, on devrait restreindre la décision précédente aux seuls actes extrajudiciaires qui ne produisent point d'engagement.

3. Le défaut d'autorisation n'opère qu'une nullité relative. V. *C-c.* 225; *rép.*, *i*, 492, *sup.*, *sect.* 3, § 1; *id.*, *mot divorce*, *sect.* 4, § 7; *arr. cass.* 1 *juill.* et 26 *août* 1808, *Nevers*, 441; *Turin*, 30 *nov.* 1811, *avoués*, *v*;

246. — On dit néanmoins (v. *B. c.* 29 *mars* 1808) que c'est un moyen *d'ordre public* ; mais on ne le considère vraisemblablement comme tel, qu'en ce que les actes ultérieurs de la femme ne couvrent point la *nullité* par rapport à elle-même, et qu'elle a le droit d'en *exciper* après ces actes.

4. C'est la chambre du conseil qui doit examiner la demande d'autorisation, et non pas (sauf pour la séparation... v. *p.* 745 *et* 750) le président seul. V. *rép. xvj*, 105, *n.* 2 *ter*; *Bordeaux*, 14 *avr.* 1806, *ib.*

5. Le jugement sur l'autorisation doit être *motivé*. V. *ci-dev. tit. des jugemens*, *p.* 283, *note* 34, *n.* 2 *a*.

6. Quant aux *voies* à prendre pour faire annuler un jugement qui condamne une femme non autorisée, selon M. Merlin (*rép. xvj*, 92) le mari ou ses héritiers, ont la tierce opposition, ou bien l'exception de nullité lorsqu'on le fait valoir contre eux... A l'égard de la femme, elle a contre un jugement de première instance, l'appel, et contre un jugement de dernier ressort, la requête civile, si l'on n'y a pas fait connaître son mariage, et la cassation, dans l'hypothèse inverse.

7. *Autres questions. V.* 1° arr. de Colmar, 1810, Nevers, 1811, supp. 189... 2° ci-dev. p. 629, note 10; 3° rép., mot autorisation ; 4° rej. civ. 16 nov. 1825, et Bordeaux, 1831, avoués, xxxij, 31, xlj, 696; B. c. 8 avr. 1829.

§ 2. *De l'autorisation des communes et autres personnes civiles.*

Il faut distinguer les personnes civiles dont les droits intéressent directement l'ordre social, telles que les communes, les hospices et les établissemens publics (13), de celles dont les droits ne l'intéressent qu'indirectement, telles que les sociétés de commerce. Celles-ci peuvent ester en jugement comme les particuliers (14); les premières ne peuvent assigner et être assignées qu'après une autorisation des fonctionnaires administratifs (14 *a*). V. *C-pr.* 1032; *L. de déc.* 1789, *art.* 54 *à* 56; 29 *vend. an v, art.* 3; *arrêtés* 17 *vend. x et* 12 *brum. xj*; *et* (quant aux hospices) *rép., mot hôpital,* § 5; *arr. cass.* 22 *prair. xiij, ib.* (15). — Exceptions... v. *ci-apr. note* 18.

Bien plus, 1° pour transiger avec une commune, sur un procès né ou à naître, il faut avoir, en outre, une consultation de trois avocats désignés par le préfet. *Arrêté du* 21 *frimaire xij.* (16)

2° Le mode d'exécution des jugemens rendus contre les communes et hospices doit être déterminé par l'autorité administrative. *D. arrêté* 12 *brum. xj; rép., d. mot hôpital*, § 5, *et saisie-arrêt; Henrion*, *ch.* 4, § 14. (**17**)

Au reste, l'exercice des actions des communes et hospices appartient aux maires et syndics (**18**). *D. L.* 29 *vend. an v; M. Merlin*, *d.* § 5. — Et c'est à eux que doivent être notifiées les assignations. V. *ci-dev.* p. 224, *note* 38, *n.* 1.

(**13**) Quant à l'*état*, v. p. 439, § 2. — Et quant au sens du mot *personnes civiles*, ci-dev., tit. de l'assignation, p. 216, note 16.

(**14**) On pourrait les appeler personnes civiles *privées*, et dire en conséquence, que l'autorisation n'est nécessaire que pour les personnes civiles *publiques*.

(**14** *a*) L'autorisation n'est pas nécessaire lorsqu'on les assigne pour des droits de propriété, pour l'exécution d'un bail, pour des enlèvemens de bois, pour des dommages en vertu de la loi du 10 vendémiaire au iv. V. *avoués*, *xlvj*, 329; *arr.*, *ordonn.*, *et auteurs cités*, *ib.*; *Toulouse*, 1834; *ib.*, *xlviij*, 343.

(**15**) *Observations*. 1. L'autorisation est donnée par le conseil de préfecture, sur l'avis du conseil municipal. V. *d. arr.* 17 *vend. x*; *rép.*; *ij*, 589, *n.* 7. — On a exigé cette formalité pour empêcher que les communes et hospices (et autres établissemens... *Arg. de C-pr.* 1032) n'actionnent ou ne soient actionnés pour des prétentions évidemment injustes et ruineuses. V. *rép.*, *d.* § 5 (v. aussi, *ci-dev. p.* 179, *note* 2, *n.* 4)... Il faut demander l'autorisation avant d'assigner... et le conseil ne peut pas la refuser aux adversaires des communes, ni même à celles-ci quand elles ont une consultation de trois avocats légalement choisis. V. *décr.* 29 *déc.* 1810 (*avoués*, *v*, 26); *ordonn.* 6 *sept.* 1820 (*bull. ll.*), 14 *janv.* 1824 (*Sirey*, 24, 2, 301), 10 *août* 1825 (*avoués*, *xxxiv*, 149) *et* 27 *juin* 1835, *Gazette des tribun. du* 29 *août suiv.*

1 *a. Quid* si l'autorisation a été accordée sans l'avis du conseil municipal?.. Le tribunal ne peut la déclarer insuffisante : ce serait empiéter sur le pouvoir administratif. V. *B-c.* 29 *juill.* 1823.

1 *b.* Si dans les qualités du jugement dont on recourt, un établissement public (une fabrique, par exemple, représentée par son trésorier) est dit être *dûment autorisé*, l'adversaire qui n'a pas formé opposition à ces qualités (v. *ci-dev. p.* 282) est non recevable à contester l'autorisation devant la cour suprême. *Rej. requ.* 1 *fév.* 1825, *avoués*, *xxix*, 49.

2. Le défaut d'autorisation est considéré par la cour suprême comme une nullité *absolue*, que les adversaires des communes peuvent leur opposer. V. *B. c.* 16 *pr. xij*, 24 *avr.* 1809, 16 *mai* 1810, 18 *juin* 1823; *rec. alph.*, *v*, 467, *mot usage*, § 2; *rép. ij*, 591, *d. n.* 7.

Il semble que cette jurisprudence, qui nous paraît contraire aux principes (v. *C-c.* 225, 1125; *C-crim.* 413; *L.* 4 *germ. ij*, art. 5; *ci-dev. p.* 513, *n.* 8) ne soit pas adoptée au conseil d'état. C'est du moins ce qu'on pourrait induire des considérans de deux de ses avis des 17 déc. 1809 (*d. rec.*, *iij*, 518, *mot* non bis; *notre cours crimin.*, *ch. des personnes passibles*, *note* 15, *n.* 2) et 22 oct. 1810 (*bull. ll.*, p. 442). — V. au reste, 1° des considérans du même genre dans un arrêt de la section des requêtes (*rej.* 14 *juin* 1832, *avoués*, *xliv*, 243, 244. — 2° Les observations de M. Sirey (9, 1, 306, *et* 24, 2, 281 *et suiv.*, *consult. du* 4 *oct.* 1824), et celles de MM. Merlin,

Dalloz, Carré et Henrion, cités par M. Chauveau, *avoués*, 2ᵉ *édit.*, *iv*, 704 à 713 (il s'efforce de justifier la même jurisprudence).

M. Sirey (*sup.*) remarque aussi que le défaut de recours (dans trois mois) au conseil d'état contre l'arrêté du conseil de préfecture qui refuse une autorisation demandée par une commune, n'empêcherait pas que celle-ci n'eût la faculté d'agir devant les tribunaux.

3. L'autorisation pour le pourvoi ne valide pas la procédure antérieure. V. *B. c.* 12 *frim. xiv.* — V. aussi *rej.* 11 *janv.* 1809, *J-C-pr. iij*, 247.

(16) Et la transaction doit ensuite être homologuée par le gouvernement. V. *ib.*; *C-c.* 2045; *ci-dev. p.* 104, *note* 2, *n.* 8. — Ce qui n'empêche pas que la difficulté qui en naît ne puisse être soumise aux tribunaux. V. *décr.* 2 *janv.* 1812 (*rép. xiv*, 95) *et* 19 *avr.* 1811 (*bull. ll*). — S'il s'agit d'un *compromis*, il faut également que les communes soient autorisées. V. *B. c.* 22 *janv. et* 9 *déc.* 1806; *ci-dev. p.* 41 *et* 42, *note* 9, *n.* 2.

(17) Il faut par conséquent s'adresser à un administrateur pour cette exécution. V. *avis cons. d'état*, 12 *août* 1807; *ci-dev. p.* 570, *n.* 3.

(18) Sauf l'autorisation; mais elle n'est pas nécessaire, 1º pour les actes conservatoires, tels que l'appel; 2º pour défendre contre l'appel du jugement que la commune a obtenu après une autorisation régulière; 3º pour se pourvoir en cassation. V. *rec. alph.*, *mots commune*, § 6, *et usage*, § 2; *rép.*, *mot communauté*, *n.* 7; *arr. cass.*, *ib.*; *ci-d. note* 37, *n.* 2, *p.* 466; *rej.* requ. 2 *mars* 1815, *Jalbert*, 189; 26 *août* 1823, *Sirey*, 25, 132; 26 *juin* 1827 *et* 22 *juin* 1835, *avoués*, *xxxiv*, 104, *xlviij*, 375; M. *Chauveau*, *ib.*, *xlvj*, 330.

Dans le premier cas néanmoins, il faudra pour pouvoir donner suite à son appel que la commune obtienne une autorisation, et le tribunal d'appel peut et doit même surseoir pendant un délai qu'il fixera pour qu'on puisse l'obtenir. V. *B. c.* 3 *avr.* 1826, 20 *mars* 1827, surtout 24 *juin* 1829 *et* 16 *avr.* 1834.

Observations. 1. Les règles de ce § s'appliquent aux *sections de communes*... Mais, 1º elles ne concernent point une collection de propriétaires qui ne forment pas une section. V. *arr. cass.* 15 *nov.* 1808, *Nevers*, *supp.* 175; *rép. ij*, 589, *d. n.* 7. — 2º Les membres d'une commune peuvent agir *ut singuli*, pour un droit communal qui est reconnu comme tel, mais leur est contesté en particulier; tandis qu'ils sont non recevables à soutenir en leur nom, des actions qui intéressent la commune en corps. V. *rec. alph.*, *mot vaine pâture*, § 2; *arr. cass.* 10 *niv. xiij*, *ib.*; *autre*, 24 *avr.* 1809, *B. c.*; *rép.*, *d. n.* 7, *et mot triage*; *arr. du cons. d'ét.* du 27 *nov.* 1814, au *bull. ll.*; *rej. requ.* 10 *juill.* 1822, *B. c.*, *p.* 201, *et* 12 *févr.* 1834, *avoués*, *xlvij*, 502; *ordonn.* 18 *avr.* 1821, *Sirey*, 21, 2, 113. — Quant au mode à suivre par les sections, v. *arrêté* 24 *germ. xj*; *ord.* 6 *déc.* 1820, *Sirey*, 21, 2, 51. — V. aussi *rej. requ.* 15 *mars* 1831, *avoués*, *xlij*, 397.

1 *a.* Une autorisation pour demander ou pour défendre au principal, s'étend aux incidens même relatifs à l'exécution du jugement. V. *rej. requ.* 17 *janv. et* 14 *mai* 1835, *Sirey*, 264 *et* 336.

2. *Autres questions...* v. d. *arr. du cons.*; *arr. cass.* 21 *juin* 1815, *avoués*, *xij*, 85; 4 *mai* 1819, 18 *nov.* 1821, 17 *nov.* 1823, 28 *janv.* 1824, *B. c.*; *rej. civ.* 17 *juin* 1817, *B. c.*, *p.* 182; *Toulouse*, 1822, *Sirey*, 22, 2, 201; *Colmar*, 1824, *Poitiers*, 1829, *et Toulouse*, 1830, *avoués*, *xxvij*, 81, *xl*, 141, *xliij*, 417; *rej. requ.* 10 *juill.* 1822, *B. c.*, *p.* 201; *ordonn.* 18 *avr.* 1821, *Sirey*, 21, 2, 113; *surtout* M. *Chauveau*, *avoués*, *xlvj*, 328 à 331.

TITRE VIII.

De la séparation de biens.

On désigne ainsi l'état où est une femme mariée qui a obtenu l'administration de ses biens. Elle peut demander la séparation lorsqu'il règne un tel désordre dans la fortune de son mari, qu'elle doit craindre (1) de ne pouvoir recouvrer ce qui lui revient (2). *C-c.* 1443, *in pr.*, 1563.

La séparation ne peut s'opérer par la simple volonté des époux. Il faut qu'elle soit poursuivie et obtenue en justice comme il suit (3). V. *C-c.* 1443, *in f.; C-pr.* 870; *C- com.* 65; *MM. Berlier et Mouricaut*, *p.* 148 *et* 381. (4)

(1) Cela suffit, c'est-à-dire que pourvu qu'elle montre que sa dot est *mise en péril*, il n'est pas nécessaire qu'elle prouve (même par *enquête*) l'insolvabilité de son mari. V. *rép., mot séparat. de biens*, sect. 2, § 3, art. 2; *arr.* cass. 26 janv. 1808, *ib.*; *ci-apr. p.* 749, *note* 18, *n.* 1.

(2) Les créanciers de la femme n'ont pas cette faculté; ils peuvent seulement exercer ses droits jusqu'à concurrence du montant de leurs créances, en cas de faillite ou de déconfiture du mari. *C-c.* 1446.

(3) *Observations.* 1. L'aveu du mari ne suffit pas (*C-pr.* 870), même lorsqu'il concourt avec celui des créanciers présens, pour prouver la nécessité de la séparation. *Arg. du d. art.* — V. *MM. Berlier et Merlin*, sup.; *arr. de Colmar*, 24 févr. 1808, *J-C-pr. ij*, 394.

2. Mais une fois que la séparation a été prononcée en justice, la femme peut légalement traiter à l'amiable avec son mari. V. *B. c.* 29 août 1827; *Poitiers*, 4 mars 1830, *avoués*, *xxxviij*, 243.

(4) *Observations.* 1. Elle est toujours portée au *tribunal* du domicile du mari, puisque la femme elle-même ne peut avoir d'autre domicile, qu'elle est obligée d'habiter avec son mari, et qu'elle suit toujours sa condition. V. *C-c.* 108, 214, 12 *et* 19; *M. Merlin*, *rép.*, *d. art.* 2; *ci-dev.*, *p.* 141, *note* 27; *ci-apr. tit. de la renonciation*, *note* 5.

2. *Quid* si les deux époux sont étrangers?.. Un tribunal français pourra néanmoins connaître de leurs procès en séparation de biens (non de corps), *suiv. Paris*, 30 mai 1826, *avoués*, *xxxij*, 153.

I. *Procédure.* — La demande doit, sous peine de nullité, être autorisée par le président du tribunal (5), et publiée sous trois jours, par un extrait affiché (6) dans les auditoires des tribunaux civils et de commerce, et dans les chambres d'avoués et de notaires, et inséré dans un journal (7)... On ne peut y statuer qu'un mois après (8) ces formalités, dont il faut constater l'observation (9). *C-pr.* 865 *à* 869, 883.

Les créanciers du mari ont, jusqu'au jugement définitif, le droit d'obtenir (10) la communication de la demande et des pièces, et même d'intervenir (11). *C-pr.* 871 ; *C-c.* 1447, *inf.*—V. aussi *arr. cass.* 28 *juin* 1810, *Nevers,* 501.

(5) La nullité peut être opposée par le mari, ou même par ses créanciers. *C-pr.* 869.

Observations. 1. L'autorisation est donnée sur requête, mais le président peut auparavant faire les observations qu'il juge convenables. *C-pr.* 865; *tarif* 78.

2. Si la femme est mineure, faut-il en outre que le juge lui nomme un curateur?.. Non, dit M. Merlin, *sup.*, parce que, 1° sous le Code civil, l'autorisation du juge suffit pour *habiliter* à plaider en séparation (v. *ci-apr., tit. de la séparat. de corps, p.* 751, *note* 5); 2° que s'il fallait un curateur, il devrait être nommé par le conseil de famille. — V. *aussi arr. de Pau,* 1811, *J-C-c. xix,* 486. — Oui, suiv. Pigeau (*ij,* 493), parce que, 1° l'assistance du curateur est nécessaire lorsque la femme réclame des droits immobiliers (*C-c.* 2208) et que la séparation peut en embrasser de tels; 2° qu'il en est de même si elle comprend une généralité de droits mobiliers, puisque cette généralité est assimilée à des droits immobiliers.

On ne peut disconvenir que ces raisons ne soient très fortes... Il faut néanmoins observer qu'une généralité de droits mobiliers ne peut être assimilée à un droit immobilier, que lorsqu'il s'agit d'une succession contestée entre plusieurs personnes (v. *ci-dev. p.* 119 *et note* 15, *p.* 120) ce qui ne se rencontre pas dans l'hypothèse actuelle; et encore, cette assimilation ne résulte-t-elle que de la jurisprudence (v. *d. p.* 119).

3. Au reste, il n'est pas besoin de conciliation. V. *ci-d. p.* 206, *note* 16, *et Pigeau, ij,* 491.

(6) On y insère la date de la demande, les noms, prénoms, professions et demeure des époux; les noms et demeure de l'avoué. Celui-ci, dans les trois jours de la demande, remet l'extrait au greffier, qui l'inscrit sans délai, sur le tableau de l'auditoire. *C-pr.* 866; *tarif* 92.

(7) De la commune du tribunal, ou s'il n'y en a pas, dans un de ceux du département. *C-pr.* 868.

(8) Sauf les actes conservatoires. *C-pr.* 869.

Observations. 1. On conclut de là que la femme peut (avec permission) saisir les effets mobiliers de la communauté, même ceux que le mari a déjà frauduleusement vendus. V. *M. Merlin, d. art.* 2, *n.* 3 ; *arr. cass.* 30 *juin* 1807, *ib.*; *ci-d. p.* 721, *note* 8, *n.* 6.—V. aussi *Caen,* 16 *mars* 1825, *avoués, xxxij,* 136, et, pour une question inverse, *Riom,* 2 *juin* 1830, *ib., xlvj,* 45, *et M. Chauveau, ib.*

2. *Ministère public.* Le Code ne dit point s'il faut lui communiquer les demandes en séparation, mais on ne doit pas moins le décider, parce que ce sont des causes où les femmes agissent *sans autorisation* de leurs maris. V. *C-pr.* 83, ϯ. 6 ; *ci-d. p.* 25, *note* 27.

(9) Par des certificats des greffiers, des secrétaires des chambres et des imprimeurs. V. *C-pr.* 867, 868 *et* 883 ; *et ci-d. tit. de la saisie immobilière, ch.* I, *art.* 5, § 1, *p.* 649. — Quant à l'utilité de la publicité de la demande, v. *M. Berlier, p.* 148.

(10) Par sommation d'avoué à avoué. *C-pr.* 871 ; *tarif* 70.

(11) Par une requête (la femme y peut répondre) et sans conciliation. *C-pr.* 871 ; *tarif* 75.

Observations. 1. L'intervention peut avoir pour but d'empêcher que la séparation ne se fasse en fraude de leurs droits, et par une collusion entre les deux époux. V. *en aussi le* §, *p.* 358.

2. Si le mari tombe en faillite pendant l'instance en séparation, les agens ou les syndics de la faillite, devront y être appelés. V. *à ce sujet, Bourges,* 24 *mai* 1826, *avoués, xxxiij,* 283.

II. *Jugement.* —Le jugement est publié, 1. par une lecture à l'audience du tribunal de commerce (12); 2. par des affiches d'extraits (13), placées pendant une année comme ci-devant (14)... Il n'est exécuté qu'après l'observation de ces formalités (15); mais il remonte, pour ses effets, au jour de la demande (15 *a*). *C-pr.* 872 ; *C-c.* 1445.

Après ce délai, si la procédure est régulière (16), les créanciers du mari ne peuvent attaquer le jugement par tierce-opposition. *C-pr.* 873 (17). — Ce qui forme une exception à la règle que nous avons exposée relativement à l'intervalle dans lequel on peut user de cette dernière voie. V. *en ci-devant le titre,* § 3, *p.* 501. — V. aussi *ci-dev., note* 16, *p.* 749. (18)

(12) S'il y a dans le lieu un tribunal de commerce. *C-pr.* 872.

Observations. 1. S'il n'y a pas de tribunal de commerce, il n'est pas nécessaire de lire le jugement à l'audience du tribunal civil, *suiv. Montpellier,* 11 *juill.* 1826, *avoués, xxxij,* 164.

2. Dans le même cas, il ne l'est pas non plus de l'afficher dans la salle de cette audience ; il suffit qu'on le fasse dans la salle principale de la mairie, *suiv. id.,* 16 *mars* 1831, *ib., et M. Chauveau, ib.*

(13) Contenant la date de ce jugement, la désignation du tribunal, les noms, prénoms, professions et demeure des époux. *Ibid.*

(14) C'est-à-dire, 1° dans les auditoires civils et de commerce, même quand le mari n'est pas négociant (v. *ci-après, n.* 2); 2° dans la principale salle de sa municipalité, s'il n'y a pas de tribunal de commerce; 3° dans les chambres d'avoués et de notaires. V. *C-pr.* 872. — Il faut en outre insérer l'extrait dans un journal (tout cela se fait par avoué). V. *tarif* 92 (contra, pour l'insertion... voyez *Bordeaux,* 30 *juill.* 1833, *avoués, xlvj,* 145 ; *M. Chauveau, ibid.*).

Observations. 1. La loi ne dit point que l'extrait restera affiché dans les chambres ci-dessus pendant une année ; mais il y a pour exiger ce temps, même raison que pour l'affiche dans les auditoires , suivant *Pigeau*, *t.* 2, *p.* 499.

2. L'exécution du jugement est nulle, si l'on n'a pas affiché l'extrait dans les auditoires. *C-c.* 1445. — Mais comme cet article n'exige pas l'affiche dans l'auditoire de commerce lorsque le mari n'est pas négociant, il semble que, dans ce cas, il n'y ait pas nullité, parce que l'art. 872 du Code de procédure, en dérogeant à celui-là (v. *la présente note*, *in pr.*) n'a pas répété la peine. V. *d'ailleurs, ci-d. note* 12, *n.* 2.—V. toutefois, *Carré, anal.*, *ij*, 649, *et arr. de Caen*, 15 *juill.* 1830, *avoués, xxxix*, 176.

3. Un transport de meubles fait par le mari à sa femme avant l'affiche dans l'auditoire est nul, *suiv. Poitiers*, 9 *janv.* 1807, *J-C-pr.*, *i*, 421.

4. On peut afficher avant la signification du jugement au mari, *suiv. arr. Turin*, 4 *janv.* 1811, *avoués, iv*, 95.

(15) La femme néanmoins n'est pas obligée d'attendre l'expiration de l'année. *C-pr.* 872, *in f.* — De sorte qu'aussitôt après avoir rempli toutes ces formalités, elle peut commencer l'exécution; mais il faut qu'elle l'effectue par un acte authentique, ou par des *poursuites* commencées dans la quinzaine (du jour) du jugement (même de défaut... v. *Amiens*, 19 *fév.* 1824, *ib., xxvj*, 99), et non interrompues depuis. V. *C-c.* 144; *B. c.* 11 *déc.* 1810; surtout *ci-apr.*, *note* 4 *et* 5, *et note* 18, *n.* 2.

Observations. 1. Qu'est-ce que ces *poursuites commencées?.*. La signification du jugement peut être considérée comme un acte de ce genre, parce que le délai est trop court pour que la femme ait le loisir de faire un commandement, une saisie, etc., surtout lorsque cette signification a été suivie d'actes, tels qu'insertions, affiches, sommation. V. *à ce sujet*, *Pigeau*, *ij*, 502; *Amiens*, 17 *mars* 1826, *et Bordeaux*, 30 *juill.* 1833, *avoués, xxxj*, 176, *xlvj*, 145; *B. c.* 9 *juill.* 1828.

1 *a.* Au reste, 1° le défaut de cette signification dans la même quinzaine, rend sans effet la séparation , *suiv. B. c.* 11 *déc.* 1810 ;—2° un jugement de liquidation des reprises de la femme compte pour ces poursuites, *suiv. Colmar*, 31 *août* 1811, *avoués, v*, 39. — V. *ci-dessous, dd. n.* 4 *et* 5. — *Quid* de la conciliation? V. *ce tit.*, *note* 29, *n.* 6, *p.* 210.

2. Quand y a-t-il *interruption de poursuites ?*... C'est lorsque par mauvaise foi ou intention de frauder les créanciers, on a excédé les délais à l'expiration desquels on a le droit de faire les actes indiqués par la loi pour les diverses exécutions; mais on ne doit pas supposer de la mauvaise foi s'ils n'ont été excédés que de peu de temps; et enfin le juge doit apprécier la bonne ou la mauvaise foi d'après les circonstances.

3. Une interruption de deux années après un commandement, opère la nullité de la procédure. *Arr. de Poitiers, cité, note* 14, *n.* 3.

4. La règle précédente de *C-c.* 1444 , ne s'applique pas à la séparation de biens qui est opérée par la séparation de corps, *suiv. Bordeaux*, 4 *fév.* 1811, *avoués, iv*, 162.

☞ 5. L'art. 872 du Code de procédure a-t-il modifié cette règle, et en conséquence, la femme n'est-elle pas dispensée à présent de commencer les poursuites avant la fin de l'année?... Oui, *suiv. arr. de Limoges*, 24 *déc.* 1811, *et* 10 *avr.* 1812, *avoués, v*, 49, *et vj*, 58... Non , *suiv. arr. de Colmar, cassation, Rouen et Amiens*, 24 *déc.* 1811, 4 *déc.* 1815, 27 *avr.* 1816 *et* 19 *fév.* 1824, *ib., vj*, 362, *xij*, 340, *xiv*, 227, *xxvj*, 99; *arr. rej. ou cass.* 11 *juin et* 13 *août* 1818 , *Sirey*, 18, 1, 285, *et* 19, 1, 287; *et* 11 *juin* 1823, *B. c.* ; *MM. Coffinières, avoués, iij*, 75, *Hautefeuille*, 490, *et Carré, anal.*, *n.* 2723, *et lois, iij*, 234, *n.* 2950 (nous pencherions pour la doctrine de la cour de Limoges).

6. Par qui peut-être proposée la *nullité?*.. v. *ci-apr. note* 18.

(15 a) Donc la saisie-brandon faite entre la demande et le jugement, sur les biens de la communauté, doit être annulée dans l'intérêt de la femme... V. *arr. de Limoges*, 10 *avr.* 1812, *avoués*, *vj*, 58.

(16) C'est-à-dire si toutes les formalités précédentes ont été observées. *C-pr.* 873. — Donc, dans le cas contraire, les créanciers sont recevables en tout temps à attaquer et faire rétracter le jugement. *Arg. de C-com.* 66. — V. *M. Merlin, d. mot séparat. de biens*, § 3, *art.* 2; *rej. requ.* 26 *mars* 1833, *et Bordeaux*, 22 *janv.* 1834, *avoués*, *xliij*, 254, *xlvij*, 486. — V. aussi *ci-apr. note* 18 , *n.* 3.

(17) Ni un jugement de liquidation des reprises de la femme, parce que c'est une suite nécessaire de la séparation, *suiv. rej. civ.* 4 *déc.* 1815, *avoués*, *xij*, 340 (contra.... v. *Bordeaux*, 1826, *ib.*, *xxxij*, 52, *et Paris*, 1835, *Sirey*, 35, 241).

Observations. 1. Le projet du Code réservait aux créanciers le droit d'en appeler, mais cette disposition a été supprimée. Un auteur (*prat. fr.* , *t.* 5, *p.* 143), présumant que la suppression a été faite d'après le desir de deux cours d'appel qui proposaient de ne réserver que la requête civile , soutient qu'ils sont privés de ce droit. Mais comme le Code ne parle point de cette dernière voie, il semble qu'on doive revenir sur ce point aux règles du droit commun, et accorder aux créanciers la faculté d'appeler du chef de mari, lorsqu'il est dans son délai. Tel est aussi l'avis de Mouricaut, et tel a été celui du Tribunat, lorsqu'on a demandé la suppression de la même disposition. Voyez *C-c.* 1447; *les observ. mss. du tribunat, et ci-dev. tit. de l'appel*, *chap.* 2, p. 464.

2. La renonciation à la communauté, après une séparation de biens, doit-elle être absolue ? — *Voyez* ci-après , au livre 2, le titre des renonciations, note dernière, n. 1, p. 798.

3. *Commerce.* Quant aux règles et précautions relatives à la séparation des femmes de commerçans, *voy. C-com.* 66 à 70.

(18) *Questions diverses.* 1. La séparation peut être demandée lors même que le capital de la dot n'est pas en péril (*ci-dev. p.* 745, *note* 1), si à raison de la dissipation des revenus, la femme et ses enfans sont privés de subsistance. V. *arr. de Pau*, 9 *déc.* 1820, *Sirey*, 22, 2, 164.

2. L'inexécution dans la quinzaine (*ci-dev. p.* 748, *note* 15) frappe de *nullité*, et le jugement qui ordonnait la séparation, et toute la procédure antérieure, de sorte que la femme ne peut pas, en se désistant du jugement périmé, profiter de cette procédure pour en faire rendre un second... C'est que l'art. 1444 du Code civil déclare nulle la séparation inexécutée, tandis que l'art. 156 du Code de procédure (on en argumentait) déclare seulement *non avenu* le jugement de défaut inexécuté (v. *p.* 289, *et note* 19, *n.* 6 , *p.* 290), ce qui rend libre de profiter de la demande originaire et des autres procédures. V. *B. c.* 11 *juin* 1823, *Bordeaux*, 22 *janv.* 1834, cité, *note* 16. — V. aussi *d. note* 19, *n.* 6.

3. La nullité peut être proposée pour la première fois en appel, *suiv. d. arr. de Bordeaux.*

TITRE IX.

De la séparation de corps.

La séparation de corps est l'état où se trouvent deux époux, affranchis de plusieurs des obligations résultant de leur mariage, et entre autres de celle d'une habitation commune (**1**). On en poursuit la demande comme toute action civile, sauf quelques modifications (v. *C-pr.* 879; *C-c.* 3o7), relatives à la procédure et au jugement.

I. *Procédure.*—Le demandeur se pourvoit au président du tribunal civil par une requête, où il expose sommairement les faits (**2**), et qu'il appuie des pièces justificatives. Ce magistrat répond par une ordonnance, d'après laquelle les parties doivent comparaître seules et en personne devant lui (**3**), à un jour qu'il indique. Il essaie alors de les réconcilier. S'il n'y réussit pas, 1. il les renvoie à se pourvoir (**4**); 2. il autorise la femme à plaider (**5**) et à se retirer provisoirement dans une maison désignée (**6**); il ordonne de lui remettre les effets dont elle se sert habituellement. Si elle a besoin d'une provision, la demande est portée à l'audience (**7**). V. *sur tous ces points*, *C-pr.* 875 *à* 878; *tarif* 79. — Après l'ordonnance du juge on observe, pour la procédure, la marche et les formes ordinaires. V. *C-pr.* 879.—V. aussi *note* 7, *n.* 4 *et* 2, *p.* 751.

(**1**) On voit que nous parlons d'une séparation de corps *légale*, et non d'une séparation de corps purement de *fait* (v. p. 752, *note* 9, *n.* 1).
Causes et effets de la séparation... V. *C-c.* 3o6 à 3io.

(**2**) Le demandeur la présente, dit l'art. 875, au président de *son domicile*; mais il s'agit évidemment de celui du mari. V. *note* 4, *p.* 745.—Elle est communiquée par exploit. *Tar.* 29.

(**3**) Sans pouvoir se faire assister d'avoués ni de conseils. *C-pr.* 877.

(**4**) « A se pourvoir, sans citation préalable, au bureau de conciliation », dit l'art. 878... D'où il semblerait résulter, disions-nous déjà dans notre première édition (*p.* 424), que le président dût les renvoyer à se pourvoir au bureau de conciliation, sans citation préalable. Mais l'orateur du gouvernement (v. *Berlier, p.* 151) ayant exposé qu'en matière de séparation de corps l'ordre public exige un magistrat plus éminent que le juge de paix pour · exercer le ministère de la conciliation , et que « c'est le président même du tribunal que la loi désigne », il y a évidemment une faute d'impression dans l'art. 878; et pour que la phrase que nous en avons citée exprime la véritable intention du législateur , il faut en supprimer la seconde virgule (elle n'est pas dans l'édition du corps législatif)... Dans ce cas, on y lirait : «... il (le président) rendra ensuite de la première ordonnance , une seconde portant que , attendu qu'il n'a pu concilier les parties , il les renvoie à se pourvoir , *sans citation préalable au bureau de conciliation..* » C'est aussi ce qu'on a jugé depuis. V. *rej. requ.* 17 *janv.* 1822, *avoués, xxiv*, 17.

(5) Cette autorisation suffit à la femme mineure et la dispense de l'assistance d'un curateur, *suiv. un arr. de Bordeaux*, 1 *juill.* 1806, *rép., mot séparat. de corps* , § 3, *n.* 8.—Dans cette circonstance on ne peut faire valoir les motifs exposés par Pigeau, pour les séparations de biens (v. *ci-dev. note* 5, *n.* 2 , *p.* 746), parce que l'action en séparation de corps a plutôt pour objet d'obtenir une protection pour la personne, que de réclamer des biens. Voy. *d. arr.*. — Au reste, 1° M. Merlin *tient* en général qu'il ne faut de curateur ni pour l'une ni pour l'autre action. V. *d. note* 5; *arr. de Pau, ib.* — 2° Les décisions indiquées au texte sont prises dans une 2e ordonnance. *C-pr.* 878.

(6) Par les parties, sinon par le juge. *C-pr.* 878.

(7) M. Merlin conclut de là que la femme a le droit de demander une provision, dans ces sortes d'actions. Voyez *rép., mot provision; ci-dev.*, p. 277, *note* 8; *rej. requ.* 8 *mai* 1810, *Nevers*, 200.— La séparation prononcée, il n'y aurait plus lieu qu'à une demande en dommages. V. *arr. d'Angers*, 1809, *J-C-c. xiv*, 360.

Observations. 1. Elle ne peut faire apposer le scellé sur les effets mobiliers de la communauté, *suiv. Pigeau, ij*, 524... Mais l'opinion contraire a prévalu. V. *Nevers*, 1810, *supp.* 54; *Carré, anal. ij*, 659; *avoués , vij*, 170; *arr. ib.* — V. aussi *Metz*, 1819, *ib., xxij*, 121. — Le mari le peut-il? OUI, *suiv. Angers*, 1817, *ib., xvij* , 114... NON, *suiv. Paris*, 9 *janv.* 1823, *ib., xxv*, 4. — Quoi qu'il en soit, la femme n'a pas le droit de faire séquestrer les fruits, *suiv. Bruxelles*, 13 *janv.* 1809, *ib., vij*, 170.

2. La demande en séparation se plaide-t-elle en sections réunies?... NON , *suiv. Angers*, 1808, *Poitiers* , 1833 , *Rennes et Bordeaux* , 1834 , *et rej. requ.* 26 *mars et* 28 *mai* 1828, *J-C-pr. iij*, 291, *avoués, xlvj*, 247, *xlvij*, 455, 457 et 625... OUI, *suiv. Rouen*, 9 *nov.* 1808, *et rej. civ.* 15 *janv.* 1834, *J-C-pr. ij*, 382, *avoués, xlvj*, 245. — V. aussi *id., xlviij*, 17, *et* 153, *et ci-d. p.* 66, *note* 83, *n.* 2 *a*.

N. B. Le premier système vient d'être consacré par une ordonnance (16 mai 1835) dans laquelle l'art. 22 du décret du 30 mars 1808 , dont on argumentait en faveur du second , est modifié.

3. Autres questions... V. *plus. arr. à avoués, i*, 89, *iij*, 31, *iv*, 39 *et* 244; *v*, 247; *xvj*, 173; *xl*, 52; *xlj*, 533; *xlvj*, 500 ; *Sirey*, 8, 2 , 551 ; *Jalbert*, 1817, 2, 45; *ci-dev. p.* 322, *note* 17, *n.* 1.

4. Elle est communiquée au ministère public. *C-pr.* 879.

5. On peut se fonder en appel sur des faits postérieurs au jugement de première instance : ce sont des moyens nouveaux et non pas de nouvelles demandes (ci-dev. p. 482, n. 2), *suiv. Poitiers*, 18 *févr.* 1825, *avoués, xxviij*, 39, *et rej. requ.*, 26 *mai* 1807 , *ib.*, 46.

6. Il est permis de l'appuyer sur des dépositions de parens collatéraux et de donataires, les règles du Code de procédure sur les reproches (v. *p.* 330, *n. ij*) étant inapplicables à cette matière. V. *rej. requ.*, 8 *mai* 1810 *et* 8 *juill.* 1813, *avoués, i*, 317, *xj*, 1; *Amiens et Toulouse*, 1821, *Nancy*, 1827, *Bordeaux*, 1833, *ib., xxij*, 20, *xxiij*, 229 , *xlv*, 615.

II. Le *jugement* est publié par affiches (8) comme celui de séparation de biens. *C-pr.* 880, 872; *ci-dev.*, *tit. de cette séparation*, *p.* 747; *tarif* 92; *C-comm.*, 66. (9)

(8) Aucune loi n'exige que la demande en soit publiée de la même manière, dit *M. Merlin, rép., mot séparat. de corps*, § 3, *n.* 10. — V. aussi *Carré, ij*, 660. — Pigeau (*ij*, 528) est d'un avis contraire, parce que la séparation de corps *entraîne* la séparation de biens et qu'il n'est pas impossible qu'elle soit réclamée par collusion entre les époux (mais v., quant à ce dernier argument, *ci-dessous, note* 9, *n.* 1).

(9) *Observations.* 1. De cette disposition et de celles qui ne permettent pas que la séparation de corps ait lieu *volontairement* et qui lui font *emporter* la séparation de biens, il semble qu'on pourrait conclure que les créanciers ont le droit d'y former opposition, si elle est frauduleuse. V. *C-c.* 307, 311; *Berlier, sup., et surtout Gillet, discours au corps législatif*, 30 *vend.* *xj.* — V. aussi *Carré, sup.*

2. La séparation de corps est une cause d'ordre public. Or, on ne peut dans ces causes transiger, acquiescer, etc. Donc l'obligation souscrite par une femme envers son mari pour prix de la renonciation de ce dernier au recours contre leur arrêt de séparation, est nulle (il y a ici cause illicite). V. *rej. requ.* 2 *janv.* 1823, *Sirey*, 23, 1, 88.

3. La femme, quoique séparée de corps, ne peut plaider sans autorisation, *suiv. B. c.* 6 *mars* 1827. — V. aussi *ci-dev.* p. 739, *note* 5, *n.* 5 *et* 6; *M. Merlin, cité ib.*

4. Après avoir soutenu dans l'instance en liquidation, que des bons donnés en paiement du prix d'une expropriation pour cause d'utilité publique (*voy. ci-dev.* p. 432, *note* 2) lui appartiennent exclusivement, comme étant une valeur immobilière, elle peut, en appel, fonder la même prétention sur ce que sa séparation ayant été prononcée pour sévices, a emporté la révocation de la donation (v. *C-c.* 955, ⸢ 2) que d'après la coutume sous l'empire de laquelle le mariage avait eu lieu, elle était censée avoir faite à son mari, de la moitié des valeurs mobilières. Ce n'est point là une demande nouvelle (v. *p.* 482, *except.* 2e), mais un moyen nouveau, *suiv. rej. requ.* 17 *mars* 1835, *Gaz. tribun. du* 25.

TITRE X.

Des avis de parens.

L'administration d'un mineur est confiée à un tuteur nommé souvent par un conseil de famille (**1**), qui est aussi chargé de surveiller indirectement le tuteur, de donner un avis sur ses opérations les plus importantes, d'en autoriser directement quelques-unes (**1** *a*), et de prononcer au besoin sa destitution, sauf la sanction des tribunaux (**2**). Ce conseil est formé et convoqué, et il procède d'après les règles indiquées au Code civil. Celles qui sont relatives, en général, à l'exécution de ses délibérations, sont tracées dans le Code de procédure.

(1) C'est quand il ne l'est pas par les père et mère du mineur ou par la loi. Le conseil doit être convoqué devant le juge du domicile du mineur ou interdit. *C-c.* 406. — Et lorsqu'il s'agit de leur nommer un nouveau tuteur, il faut convoquer devant le juge du domicile qu'ils avaient au temps de la première nomination. *Arr. cass.* 29 *nov.* 1809, *Nevers*, 486 ; *et ci-apr.*, *note 8*, *n.* 2, *p.* 755.

(1 *a*) Par exemple de l'autoriser à intenter une action pour des droits immobiliers du mineur. V. *C-c.* 406.

Observations. 1. Cette délibération n'a pas besoin d'être motivée pour être valable. V. *Bruxelles*, 26 *janv.* 1831, *avoués*, *xlij*, 174 ; *et ci-apr. note* 3, *n.* 3.

2. Le mineur seul peut réclamer l'annulation d'une demande de ce genre, lorsqu'elle a été formée par son tuteur sans l'autorisation précédente. Voyez *Bordeaux*, 29 *août* 1833, *ibid.*, *xlvij*, 601.

(2) La sanction ou homologation n'est pas nécessaire dans plusieurs cas, entre autres dans celui-ci : lorsque le tuteur destitué adhère à la délibération. *C-c.* 446 *à* 448. — V. aussi *C-pr.* 885. — Ces délibérations ne sont donc pas toujours des *avis* ; mais comme elle ne sont le plus souvent que des avis, on a pu leur en donner le titre.

I. Si ces délibérations ne sont prises qu'à la majorité des suffrages, on énonce, dans leur procès-verbal, l'avis de chacun des parens ; et ceux qui forment la minorité, de même que le tuteur, le subrogé tuteur et le curateur, ont le droit de se pourvoir contre la délibération (**3**). *C-pr.* 883 ; *M. Berlier, p.* 152 ; *ci-apr. p.* 755, *note* 8.

(5) Cette disposition procure au juge les moyens de statuer en connaissance de cause. V. *Mouricaut, p.* 386.

Observations. 1. Les réclamans forment leur demande (sans conciliation) contre ceux qui ont été d'avis de la délibération, et la cause est jugée sommairement. *C-pr.* 883, 884 ; *Tar.* 29.

2. Mais, eu premier lieu, on ne peut former cette demande contre le juge de paix ; on a tout au plus contre lui la voie de prise à partie, *suiv. arr. cass.* 29 *juill.* 1812, *Nevers*, 583.

En deuxième lieu, s'il s'agit d'une exclusion ou destitution d'un tuteur, celui-ci peut, pour se faire maintenir dans ses fonctions, assigner directement le subrogé-tuteur, sauf aux parens à intervenir dans la cause. V. *C-c.* 448, 449; *Carré, anal.*, *ij*, 668; *Liège*, 1831, *avoués*, *xlv*, 449. — Toullier (*ij*, 356) prétend au contraire que depuis le Code de procédure (883) on ne doit plus assigner le subrogé-tuteur.

3. Il suffit d'énoncer les avis divers des parens ; il n'est pas besoin d'énoncer leurs motifs. V. *Bruxelles*, 1831, *cité note* ι *a*, *n.* 1. — V. aussi *arr.* cités dans *Carré, quest.*, *ij*, *n.* 4166, 4170, *et lois*, *iij*, *n.* 2994.

II. Si la délibération contient une nomination d'un tuteur (3 *a*) faite en son absence, elle lui est notifiée par un parent désigné. *C-pr.* 882; *C-c.* 438, 439. (4)

(3 *a*) Toute personne peut dénoncer au juge de paix (il est chargé de convoquer le conseil de famille) le fait qui donne lieu à cette nomination. V. *C-c.* 406, *et ci-dev. p.* 213, *note* 6.

(4) Dans les trois jours de la délibération, outre l'augmentation pour la distance entre le lieu de l'assemblée et le domicile du tuteur. *C-pr.* 882; *ci-dev.*, § *des délais*, *note* 20, *p.* 166.

Quid si ce parent a négligé de notifier?.. on pense que tout intéressé pourra le faire à son défaut. *Arg. de'C-c.* 406 (extrait ci-dev. note 3 *a*).. V. *Carré, anal.*, *ij*, 664, *lois*, *ij*, 253, *n.* 2992. — Autre question... V. *id.*, *n.* 2991.

III. La délibération, sujette à homologation, charge ordinairement le tuteur ou le subrogé tuteur, ou un membre de l'assemblée, de demander cette homologation ; s'il laisse écouler le délai déterminé (5), tout autre membre a le droit de la poursuivre contre le tuteur et aux frais de celui-ci (sans qu'il puisse les répéter). *C-pr.* 887. — V. aussi *arr. d'Orléans*, 18 *prairial xij*, *dans Hautefeuille*, *p.* 527; *et ci-dev.*, *chap. des dépens*, *note* 2, *n.* 4, *p.* 172.

L'homologation est demandée par une requête et ordonnée sur un rapport (6). *C-pr.* 885; *tarif* 7[8]; *C-c.* 467.

Mais les membres du conseil peuvent s'y opposer (7); et si on l'a accordée sans les appeler, ils peuvent aussi s'opposer au jugement. (8). *C-pr.* 888; *ci-dev., p.* 444 *et* 500, *notes* 5 *et* 14.

(5) Par l'assemblée; sinon celui de quinzaine (sans doute à partir du jour de la délibération). *C-pr.* 887.

(6) Fait à un jour désigné, par un juge que commet le président, et après les conclusions du ministère public. Ces conclusions et la minute du jugement d'homologation sont mises à la suite de l'ordonnance du président, et celle-ci au bas d'un extrait de la délibération. *C-pr.* 885, 886.

(7) En le déclarant, par acte extrajudiciaire, à celui qui est chargé de la poursuivre. *C-pr.* 888; *tarif* 29. — Cela est surtout nécessaire lorsque la délibération n'a pas besoin d'homologation (*Pigeau*, *ij*, 553, *n. iv*).

(8) Ce droit et celui qu'indique le n. 1 du texte, p. 753, sont accordés par exception à la règle *point d'intérêt, point d'action* (ci-dev., p. 188, n. 1, et note 10, ibid., et p. 213, art. 1er).

Observations. 1. Les jugemens rendus sur les délibérations du conseil, sont sujets à l'appel. *C-pr.* 889.

1 *a.* Néanmoins si le jugement ne contient qu'une homologation de pure forme et donnée sans contradiction des parties ou de leurs représentans (par exemple, sur une simple requête), ou sans les avoir appelés, comme ce n'est alors qu'un acte de juridiction gracieuse (v. ci-dev. p. 10), on peut, en procédant par voie contentieuse, le faire annuler ou révoquer par le tribunal même qui l'a rendu. V. *Turin*, 29 *juill.* 1809, *avoués*, *i*, 113; *B. c.* 3 *juin* 1834. — V. aussi *B. c.* 18 *juill.* 1826, *et ci-dev.* p. 736, *note* 3, surtout p. 445, *note* 6, *n.* 3 *et* 3 *a.*

2. Le parent qui requiert la convocation du conseil, peut, lorsque le juge de paix l'a accordée, assigner en son propre nom les autres parens, *suiv. arr. d'Aix,* 24 *août* 1809, *J-C-c. xiij,* 487.

3. Quant aux exclusions des parens, v. *ci-apr., titre xj,* p. 758, *note* 11, *n.* 2.

4. *Quest. diverses... V.* arr. à J-C-c. xvj, 456, 486, xvij, 490, xviij, 237, xix, 320, xxj, 294; rép., xiv, 265, 292, mot tutelle, sect. 2, § 3, art. 3, et sect. 5, § 1; xvij, 197, mot motifs des jugem., n. 20; avoués, xix, 195, xxiv, 386, xxix, 58, xxxij, 287, xxxiij, 136, xliij, 727.

5. Le droit conféré aux parens (*ci-dev.* p. 753, *n.* 1) d'attaquer les délibérations du conseil de famille s'étend-il à celle qui a donné une autorisation pour un mariage?... OUI, *suiv. arr. de Liège,* 30 *avr.* 1811, *J-C-c., xvij,* 415... NON, *suiv.* M. *Merlin, rép. xvj,* 303, mot *empêchement*, § 5, art. 2, *n.* 14.

TITRE XI.

De l'interdiction.

L'interdiction est l'état d'un homme qu'on a privé de l'administration de sa personne et de ses biens pour la confier à un tuteur.

Le majeur, qui est dans un état habituel d'imbécillité, de démence ou de fureur, peut ou doit être interdit; son interdiction peut être provoquée par un parent quelconque, par l'époux et le ministère public. *C-c.* 489, 490, 491; *et ci-apr.*, *note* 11, *n.* 3, *p.* 759. — Comment est-elle demandée; comment se juge-t-elle, et comment la fait-on cesser? voilà ce que nous allons examiner. Nous remarquerons auparavant que les règles en sont communes à la nomination du conseil judiciaire. *C-civ.* 514. (1)

(1) C'est-à-dire, d'un conseil nommé par le juge, et sans l'assistance de qui les prodigues ou personnes d'un esprit faible ne peuvent plaider, transiger, emprunter, recevoir et aliéner. *C-c.* 513, 499.

Observations. 1. Ainsi qu'en matière d'interdiction, *tout parent* peut provoquer la nomination ci-dessus, ce qui est une dérogation à la règle point d'intérêt, point d'action (v. *p.* 213, *note* 6).

2. L'appel des jugemens rendus contre ces personnes doit être interjeté, non par leurs conseils, mais par elles-mêmes, avec l'assistance de leurs conseils, et ces jugemens doivent leur être signifiés aux uns et aux autres. V. *arr. de Trèves*, 4 *et* 13 *avr.* 1808, *J-C-c.* xj, 322; *ci-dev.*, *tit. de l'appel*, *ch.* 2, *p.* 465.

3. Elles peuvent acquiescer aux jugemens qui leur nomment des conseils, parce qu'ils ne statuent pas sur de véritables questions d'état, *suiv. Turin*, 4 *janv.* 1812, *Nevers*, 2, 46.

I. *Mode.* L'interdiction est demandée (sans conciliation) par une requête indicative des faits et des témoins, et appuyée des pièces. Le tribunal ordonne (2) que le conseil de famille émette son avis sur l'état du défendeur (5). Cet avis et la requête sont signifiés à celui-ci. Le tribunal peut alors l'interroger et lui nommer un administrateur provisoire (3 *a*). *C-pr.* 890 *à*

893, *in pr.; C-c.* 496, 497; *tarif* 79; *M. Berlier, p.* 153; *Tarrible, corps-législat.*, 8 germ. *xj; ci-apr. p.* 759, *note* 11, *n.* 8 à 10.

Si les pièces et l'interrogatoire ne suffisent pas à la preuve des faits, on y supplée par une enquête (4) à laquelle on peut procéder hors de la présence du défendeur, sauf à son conseil à y assister. *C-pr.* 893, *in f.; ci-dev. tit. des enquêtes, note* 31, *p.* 326.

(2) D'après les conclusions du ministère public et le rapport fait à un jour indiqué, par un juge que le président a commis, sur la présentation de la requête (elle ne peut être grossoyée). *C-pr.* 891, 892 ; *tarif* 79.
Ce jugement est passible d'opposition, comme tout jugement rendu sur l'exposé d'une seule des parties, *suiv. Besançon*, 1er *mars* 1828, *avoués, xxxv,* 203. — Mais v. *ci-dev.* p. 445, *note* 6, n. 3 a.

(3) L'avoué peut assister à cette délibération. *Tarif* 92. — S'il n'y a pas assez de parens, c'est le juge de paix et non pas le demandeur, qui les supplée par des amis. V. *Besançon et Paris*, 1808 *et* 1814, *J-C-c. xj,* 201, *avoués, x,* 119. — V. aussi *Aix,* 1835, *ib., xlviij,* 367. — Quel est le juge devant qui l'on doit convoquer? V. *ci-dev. note* 1, *p.* 753.

(5 *a*) Quant au jugement que rend dans ce cas le tribunal, et quant au lieu où se fait l'interrogatoire, *voy.* ci-apr. note 11, n. 5.

(4) Si les faits peuvent être prouvés par témoins... L'enquête se fait suivant les formes ordinaires. *C-pr.* 893. — On peut admettre à prouver dans cette enquête, des faits qui n'avaient pas été articulés avant l'interrogatoire, puisque aucune disposition de la loi ne le défend, *suiv. Agen,* 3 *juill.* 1827, *avoués, xxxvij,* 120.

II. *Jugement.* (**5**). — S'il n'y a pas appel du jugement (**6**), ou s'il est confirmé sur l'appel, on nomme à l'interdit un subrogé tuteur et un tuteur (**7**), à qui l'administrateur provisoire rend compte (**8**). *C-c.* 497, 505; *C-pr.* 895.

Les jugemens ou arrêts d'interdiction, et ceux de nomination du conseil, sont signifiés et affichés dix jours après. *C-c.* 501; *C-pr.* 897; *tar.* 92, 175. (**9**)

(5) Il ne peut être rendu qu'à l'audience publique, et parties appelées. *C-c.* 498. — C'est que tant qu'il n'y a pas de jugement, le prévenu de démence, fureur, etc., jouit de tous ses droits civils, et doit par conséquent être entendu.

(6) L'appel de l'interdit ou de l'individu placé sous la surveillance d'un conseil, est dirigé contre le provoquant; celui du provoquant ou d'un des membres de l'assemblée (autre dérogation à la règle *point d'intérêt*, etc., et à celles de l'appel... v. p. 464 *et* 755, *note* 8) contre le défendeur à l'inter-

diction ou à la nomination du conseil. V. *C-pr.* 894 — V. aussi *ci-dev.*, *note* 1, *p.* 756.

Observations. 1. Cet appel étant suspensif, l'individu dont on vient de parler, peut sans aucune assistance faire notifier à son père des actes respectueux, *suiv.* *Toulouse*, 29 *janv.* 1821, *avoués*, *xxiij*, 28.

2. L'interdit peut se désister de son appel, *suiv.* *Bordeaux*, 3 *juill.* 1829, *ib.*, *xxxvij*, 225.

(7) Suivant les règles propres aux nominations ordinaires de tuteur. *C-pr.* 895; *C-c.* 505. — Mais s'il ne s'agit que d'un *conseil*, c'est aux juges à le nommer, et ils ont aussi le droit de le destituer, *suiv.* *Turin*, 12 *avr.* 1808, *J-C-c.* *xj*, 205, *et répertoire*, *mot prodigue*, § 9.

(8) S'il n'est pas lui-même nommé tuteur. *C-pr.* 895.

(9) Dans les tableaux des auditoires des tribunaux civils et des études des notaires... On ne les signifie point à ceux-ci; il suffit de les envoyer au secrétaire de leur chambre, qui les leur communique. *Dd.* *art.* — Il suffit aussi d'afficher dans les tableaux des auditoires et études de l'arrondissement. V. *arr. cass.* 29 *juin* 1819.

III. *Main-levée.* — La demande en main-levée de l'interdiction ou de la nomination du conseil est instruite et jugée, en observant les formalités prescrites pour *parvenir* à l'interdiction (**10**). *C-c.* 512; *C-pr.* 896. (**11**)

Elle doit être fondée sur la cessation des causes indiquées ci-devant (*p.* 756 *et note* 1, *ibid.*), et les demandeurs ne sont rétablis dans l'exercice primitif de leurs droits qu'à dater des jugemens qui la consacrent. V. *à ce sujet*, *d.* *art.* 512 *conf.* *avec* 514 *et avec* *C-pr.* 896.

(10) *Observations.* 1. On a conclu de ces expressions de l'art. 512 du Code civil combinées avec celles (*dans la même forme que l'interdiction*) de l'art. 896 du Code de procédure, qu'il n'est pas nécessaire de former la demande contre le tuteur et à plus forte raison contre le subrogé tuteur; qu'il suffit de remplir les formes prescrites pour l'interdiction et le jugement de la demande en interdiction, notamment celles des art. 494, 496 et 498 du Code civil, relatives aux avis des parens, interrogatoire et prononcé public du jugement. V. *à ce sujet*, *arr. cass.* 12 *févr.* 1816, *B. c. et rec. alph.* *vj*, 449, *h. v.*, § 5. — V. aussi *Pigeau*, *ij*, 434; *arr. de Bordeaux*, 8 *mars* 1822, *Sirey*, 22, 2, 205.

2. Le subrogé tuteur ne peut former tierce-opposition au jugement de main-levée, *suiv. d. arr.* 12 *févr.* 1816.

(11) *Observations.* 1. La contrainte par corps peut être prononcée contre un prodigue pourvu de conseil, mais non pas contre un interdit. V. *arr. de Trèves*, 4 *et* 13 *avr.* 1808, *J-C-c.* *xj*, 322.

2. Les tribunaux ne peuvent exclure des conseils de famille que les parens spécialement désignés dans les art. 442 et 445 du Code civil. V. *arr. cass.* 13 *oct.* 1807. — Autre question analogue... V. *arr. de Caen*, 15 *janv.* 1811, *J-C-c.* *xviij*, 442.

3. On a dit ci-devant, *p.* 756, que l'interdiction peut être provoquée par le ministère public; il faut observer que ce n'est que dans deux cas: 1° lorsque le prévenu est en état de *fureur*, et que son interdiction n'est pas provoquée par des parens ou époux; 2° lorsque celui qui est simplement en état de démence ou d'imbécillité, n'a ni époux, ni épouse, ni parens connus. V. *C-c.* 491; *arr. de Nîmes,* 27 *janv.* 1808, *J-C-c., xj,* 547. — Mêmes règles pour le conseil judiciaire. V. *arr. de Besançon,* 25 *août* 1810, *Nevers,* 1811, *supp.,* 55.

4. Celui qui a contracté avec l'interdit, avant l'interdiction, ne peut attaquer par tierce-opposition le jugement qui la prononce, *suiv. arr. de Turin,* 14 *mai* 1808, *avoués, i,* 568. — Autre question... v. *ci-dev. tit. de la tierce-opposition, note* 14, *p.* 500.

5. Lorsque les jugemens qui nomment un conseil n'ont pas été affichés, les actes du prodigue, faits postérieurement, sans assistance du conseil, sont valables. V. *Turin et rej. civ.* 20 *janv. et* 16 *juill.* 1810, *Nevers, supp.,* 143, *J-C-c. xvj,* 80.

6. La loi ne reconnaît point d'interdiction volontaire. V. *Turin,* 22 *juin* 1810, *J-C-c. xvij,* 161.

7. Autres questions sur *l'interdiction* et le *conseil judiciaire...* V. arr. cass. 13 oct. 1807, 11 mars 1812, 19 déc. 1814, 27 nov. 1816, B. c.; id., rej. requ. 17 mars 1813, rép. xiij, 551, et 9 juill. 1816, Jalbert, 554; id., Florence, Angers et Rennes, 25 janv. 1812, 8 oct. 1813, et 30 juill. 1833, avoués, vj, 168, x, 246, xlv, 756; Turin et Lyon, 4 et 14 janv. 1812, J-C-c. xviij, 474 et 105; répert. xvj, 165, h. v.

8. *Interrogatoire.* Il doit avoir lieu (v. *ci-dev. p.* 756) à la chambre du conseil, et en cas d'empêchement, tel que maladie, etc., dans la demeure du défendeur, mais toujours en présence du procureur du Roi. V. *C-c.* 496, *et,* quant aux frais de transport de ces magistrats et du greffier, *ordonn. du* 4 *août* 1824.

8 *a.* Le jugement qui l'ordonne est interlocutoire, *suiv. Caen,* 9 *juill.* 1828, *avoués, xxxvj,* 135.

8 *b.* Celui qui nomme l'administrateur provisoire est passible d'appel, puisque la loi ne défend pas cette voie. V. *rej. requ.* 10 *août* 1825, *Sirey,* 1826, 149.

9. On ne peut rejeter la demande en interdiction si le défendeur n'a pas été interrogé, *suiv. Orléans,* 26 *févr.* 1819, *avoués, xix,* 250 (en réformant *quant à ce,* la cour a ordonné que l'interrogatoire serait fait par un de ses membres).

10. *Administrateur provisoire.* L'interdit n'a pas d'hypothèque légale sur ses biens. V. *Montpellier,* 14 *janv.* 1823, *Sirey,* 23, 2, 222; *B. c.* 27 *avr.* 1824.

11. *Autorisation* de la femme qui demande ou contre qui on demande l'interdiction... V. *ci-dev. p.* 739, *note* 5, *n.* 2.

TITRE XII.

Du bénéfice de cession.

On nomme cession de biens l'abandon qu'un débiteur fait de ses biens à ses créanciers, soit volontairement, soit en justice. La cession volontaire, ou
acceptée par les créanciers, n'a d'autres modes et
effets que ceux qui sont réglés par la convention. La
cession *judiciaire* ou forcée procure au débiteur
le *bénéfice* (**1**) d'être affranchi de la contrainte par
corps (**2**), pourvu qu'on observe les règles suivantes.
C-civ. 1265 à 1268, 1270; *C-com.* 566 à 568.

(1) *Observations.* 1. On exclut de ce bénéfice les étrangers, les stelliona-
taires, banqueroutiers frauduleux, comptables, dépositaires infidèles, et
coupables de vol ou d'escroquerie...; tout débiteur malheureux et de bonne
foi y est admis. *C-pr.* 905, 906; *C-com.* 575; *C-c.* 1268, 1945; *Berlier et
Mouricaut,* p. 154 *et* 389; *arrêts, ci-apr. note* 13, *n.* 2.
2. On y admet aussi l'étranger qui jouit en France des droits civils. V. *Tre-
ves,* 24 *févr.* 1808, *J-C-pr. ij,* 63.
3. Le défaut de *tenue* de livres n'en exclut pas non plus. V. *rej. requ.* 15
mai 1816, *Julbert,* 414; *Angers et Toulouse,* 21 *nov.* 1817 *et* 20 *avr.*
1821, *avoués, xix,* 176, *Sirey,* 22, 2, 105.
4. Histoire de la cession... V. *Loiseau, liv.* 4, *ch.* 1.
(2) Mais il est privé du droit de cité, au moins d'après la constitution de
l'an viij (art. 5). V. *rép., mot cession.*
Réhabilitation des faillis.. conditions et formes... V. *C-com.* 604 *et suiv.*

I. *Procédure.* Le débiteur dépose au greffe de son
domicile (3), 1. un bilan, c'est-à-dire un état évaluatif
de ses meubles et immeubles, et de ses dettes et
créances; 2. ses livres et titres *actifs* (**4**). *C-pr.* 898,
899; *C-com.* 470, 471.

La demande est communiquée au ministère pu-
blic (**5**). Le juge peut alors, mais après avoir entendu
les parties, surseoir provisoirement les poursuites des
créanciers (**6**). *C-pr.* 900; *C-com.* 570.

(3) La demande en cession se porte aussi au tribunal de ce domicile. V.
ci-dev., p. 132, *n.* 1, *et notes* 3 *et* 4, *ibid.*
Observations. 1. Le dépôt du bilan est fait par avoué. *Tarif* 92.
2. S'il n'est pas détaillé et si le débiteur n'expose et ne prouve pas les causes

de sa déconfiture , la cession n'est pas admissible, *suiv. arr. de Nîmes* , 10 *janv.* 1811, *J-C-c. xvij* , 402. — Mais v. à ce sujet, *Angers et Toulouse*, 1817, *et* 1821 , *cités note* 1, *n.* 3, *p.* 760.

3. Etymologie du mot bilan... V. *Ferrière* , *h. v.*

(4) On nomme ainsi les titres qui établissent une créance, un avantage en faveur du porteur ; les titres *passifs* ont un effet inverse.

(5) Excepté en matière de commerce... Dans ce cas, elle est publiée par la voie des journaux. V. *C-com.* 569 ; *C-pr.* 683; *ci-dev. p.* 649 *et notes* 61 *b*, *et* 62, *ib.* — V. aussi *Bruxelles* , 7 *fév.* 1810, *Sirey et Nevers*, *supp.* 206 *et* 112; *ci-apr. note* 13, *n.* 2.

(6) Le débiteur déjà incarcéré, ne peut obtenir provisoirement sa mise en liberté tant qu'on n'a pas statué sur sa demande en cession. Voy. à ce sujet, *Paris*, 11 *août* 1807, *J-C-pr.*, *i*, 262; *Toulouse*, 17 *nov.* 1808, *Nevers*, 1809 , 2 , 86; surtout *B. c.* 23 *févr.* 1807, *ci-dev. p.* 709, *note* 42.

II. *Jugement et suites.* Si la cession est admise (7),

1. les créanciers peuvent vendre les biens en suivant les formes prescrites aux héritiers bénéficiaires (8). *C-pr.* 904; *C-c.* 1269; *et ci-apr., liv.* 2, *tit.* 5.

2. Le débiteur doit réitérer la cession en personne (9) à l'audience du tribunal de commerce, ou à une séance de la mairie (10), ses créanciers appelés (10 *a*). *C-pr.* 901; *C-com.* 571, 572; *C-c.* 1269.

3. On insère un extrait du jugement (11) dans un tableau placé aux mêmes lieux (12), et dans un journal. *C-pr.* 903; *tarif* 92.

Au reste, le cédant n'est libéré que jusqu'à concurrence de la valeur des biens cédés. *C-civ.* 1270, *in f.*; *arr. cité note* 5 *ci-dessus.* (13)

(7) *Observations.* 1. Elle ne peut l'être sans avoir appelé les créanciers. V. *Mouricaut*, p. 390, *Colmar*, 24 *nov.* 1807, *J-C-pr.*, *i*, 267 (seulement ceux qui l'ont fait incarcérer , *suiv. l'arr. de Toulouse*, *ci-dev. note* 1). — Ainsi , après le dépôt du bilan et des livres, il faut former contre eux une demande en admission de la cession.

2. Le créancier appelé qui ne s'est pas opposé à l'admission , ne peut ensuite exercer la contrainte pour un stellionat antérieur. V. *rej. requ.* 15 *avr.* 1819 *et* 23 *janv.* 1822 , *avoués*, *xx*, 154, *xxiv*, 21.

(8) Et celle des unions de créanciers si le débiteur-cédant est commerçant. V. *C-com.* 574, 528.

(9) Et non par procureur, même lorsqu'il est détenu. Dans ce cas, on l'extrait de la prison avec les précautions nécessaires, et par l'entremise d'un huissier, qui dresse un procès-verbal de l'extraction. *C-pr.* 902 ; *tarif* 65. — V. au reste , *Colmar* (1812) *et Toulouse* , *ci-apr. note* 13 , *n.* 4.

(10) S'il n'y a pas de tribunal de commerce... l'huissier dresse alors un procès-verbal de la réitération. *C-pr.* 901; *tarif* 64.

(10 *a*) *Quid* s'ils n'y ont pas paru?.. V. *ci-d. p.* 405, *note* 7, *n.* 2.

(11) Contenant surtout les noms, profession et demeure du débiteur cédant... Il est rédigé par avoué. *C-pr.* 903, *tarif* 92.

(12) Ou dans l'auditoire du tribunal civil, s'il n'y a pas de tribunal de commerce. *C-pr.* 903. — Et en outre, à la bourse, si le débiteur est commerçant. *C-com.* 573.

Observation. L'exception de la cession obtenue est-elle proposable pour la première fois en appel?.. NON, *suiv.* Colmar, 31 mars 1813, *avoués, viij,* 338... OUI, *suiv. M. Coffinières, ibid.*

(13) *Observations.* 1. *Dr. anc.* Il était obligé de porter un *bonnet vert,* sous peine d'être réincarcéré. *Jousse, ord.* 1673, *tit.* 10, *art.* 1; *Lapeyrère, lett. i; Brodeau, lett. c, som.* 56.

2. Le *négociant* de bonne foi, etc.(v. p. 760, *note* 1) est admissible à la cession, et le jugement d'admission empêche de le contraindre comme *failli,* tant qu'il n'est pas réformé par les voies légales. V. *B. c.* 4 nov. 1823. — V. aussi *Bruxelles,* 1810, *ci-dev. note* 5; *Paris,* 8 août 1812, *J-C-c. xx,* 120; *Rouen,* 13 déc. 1816, *avoués, xv,* 123; *et* quant aux banqueroutiers frauduleux, *répert. xvj,* 341, *mot faillite.*

3. *Bonne foi et malheurs.* Tout demandeur en cession doit les prouver. V. *d. note* 1; *d. arr. de Paris; Orléans,* 29 avr. 1807, *Hautefeuille,* 539; *Riom et Bruxelles,* 22 avr. 1809 *et* 19 nov. 1810, *J-C-c. xvj,* 148, *xvij,* 599; *Paris,* 8 août 1812, *avoués, v,* 280; *Bordeaux* 30 août 1821, *Sirey,* 22, 2, 60.

4. *Réitération de cession.* L'omission de l'ordonner n'est pas une nullité, *suiv.* Colmar, 17 janv. 1812, *avoués, v,* 179; tandis qu'on ne peut même le mettre en liberté pour qu'il la fasse, *suiv.* Toulouse, 1821, *ci-dev.* note 1 (cette dernière décision est plus conforme à la disposition du Code, disposition, il est vrai, bien rigoureuse et peu concordante avec nos mœurs). — V. aussi sur ce point, M. Chauveau, *avoués, xlvj,* 352.

5. Le cédant ne peut s'opposer aux anciens jugemens de défaut obtenus contre lui par ses créanciers, *suiv. rej. requ.* 2 mai 1831, *avoués, xlj,* 394.

FIN DU LIVRE PREMIER DE LA TROISIÈME PARTIE.

LIVRE SECOND.

PROCÉDURES RELATIVES A L'OUVERTURE D'UNE SUCCESSION.

Les procédures auxquelles une succession donne lieu ont pour objet de la conserver, constater, liquider, diviser et distribuer. Telles sont les procédures relatives aux scellés, aux inventaires, ventes des biens, partages et licitations, à l'acceptation ou renonciation et aux successions vacantes, dont nous allons exposer sommairement les règles.

TITRE PREMIER.

Du Scellé. (1)

Le scellé est une mesure qui a pour objet d'empêcher que les effets d'une succession ne soient soustraits avant que les intéressés en aient pu assurer la conservation et la distribution (2). Elle se pratique par le moyen de l'apposition d'une empreinte qu'on nomme aussi *scellé,* ou *scellés* (2 *a*): elle cesse par la levée de la même empreinte.

(1) Ce titre correspond aux tit. 1, 2 et 3, liv. 2, part. 2 du Code, que nous avons réunis, parce qu'il s'agit de la même matière.

(2) *Observations.* 1. On prend la même mesure dans d'autres circonstances, par exemple, 1° en cas de faillite. *C-com.* 449 à 453 *et* 462. — 2° En cas de demande en séparation de corps. V. *ce tit., note* 7, *n.* 1, *p.* 751. — 3° En cas qu'on trouve des papiers chez un débiteur saisi et absent. V. *C-pr.* 591 ; *ci-dev., p.* 597, § 5, *n.* 1. — 4° à 6°... V. *ci-apr.* p. 765, *note* 6; 773, *note* 44, *n.* 4; 770, *note* 27. — V. en d'autres à *C-c.* 769, 819, 820, 1031. — *Exception...* V. ci-apr., d. note 44, n. 8.

2. Les règles que nous allons exposer dans ce titre doivent être observées dans tous les cas (tels que celui de d. note 44, *n.* 4) où la loi n'en prescrit point de spéciales. V. *Carré, anal., ij,* 686.

(2 *a*) Le mot *scellé* a évidemment deux acceptions différentes. La loi l'emploie dans la seconde, ou comme désignant une empreinte, lorsqu'elle dit (*C-pr.* 907, 909, 928 *etc.*) l'apposition ou la levée du scellé.. elle s'en sert dans la première, 1° lorsqu'elle oppose (*C-pr.* 922) *la matière du scellé* à d'autres

matières, car on n'oppose pas une empreinte à une matière quelconque de procédure... 2º Lorsqu'elle établit les règles de l'opposition au scellé (*C-pr.* 926 , 927 ; *ci-apr. p.* 769), car on ne s'oppose pas à une empreinte, et l'opposition se forme d'ailleurs après l'apposition de l'empreinte (*C. c.* 821)...

ARTICLE PREMIER.
De l'apposition du scellé.

§ 1. *Des cas et des temps où l'apposition doit avoir lieu.*

I. *Cas.* Il résulte de notre définition du scellé, que l'apposition doit avoir lieu dans les cas suivans.

1er *Cas.* —Lorsqu'il existe des effets susceptibles de soustraction, c'est-à-dire des effets mobiliers. *C-pr.* 924, *in pr.* (3)

Cependant, quoiqu'il existe des effets mobiliers, on peut se dispenser de l'apposition, s'ils sont nécessaires à l'usage des personnes qui demeurent dans la maison, ou s'ils sont de telle nature que l'apposition soit impossible... Il suffit alors d'en faire une description sommaire, *C-pr.* 924, *in f.*, 914, *§.* 8.

2e *Cas.* —Lorsque les effets ne sont pas inventoriés. *C-pr.* 923, *in pr.*

Si l'inventaire est commencé, on peut encore demander l'apposition, mais elle n'a lieu que sur les objets non inventoriés. (4) *C-pr.* 923, *in f.*

---

(3) S'il n'y en a point, le magistrat appelé pour l'apposition se borne à dresser un procès-verbal de carence. *D. art.* — Dans ce cas , il n'est pas besoin de l'entremise d'un notaire. V. *Gillet, p.* 773.

Nous comprenons au nombre des effets qu'on doit placer sous le scellé, de simples titres ; de sorte que, quoique un particulier décède dans une maison dont les meubles ne lui appartiennent pas, il faut néanmoins prendre des mesures pour la conservation de ses titres. — *Voy. toutefois ci-apr. p.* 773, *note* 44, *n.* 8.

(4) Ainsi il ne faut point d'apposition pour les autres, à moins que l'inventaire n'en soit attaqué (ou irrégulier), et le scellé ordonné par le président du tribunal. — V. *C-pr.* 923 , *in pr.* — V. aussi *arr. Bruxelles* , 28 *mars* 1810 , *avoués, ij,* 113 ; *ci-apr. note* 44, *n.* 6, *p.* 773.

3e *Cas.* —Lorsque tous les intéressés ne sont pas présens et majeurs, ou représentés par leurs administrateurs (5)... Dans ce cas, l'apposition doit être faite même d'office (6). *C-pr.* 911, *in pr.*; *C-c.* 819; *M. Siméon, p.* 162.

4ᵉ *Cas.*—Lorsqu'elle est requise par un intéressé(7), ou par une personne qui, par sa position ou son état, doit veiller à la conservation des effets du défunt ou des droits de l'intéressé (8). *C-pr.* 909, 910; *C-c.* 820; *M. Siméon, d. p.* 162.

(5) *Observations.* 1. « S'il y a parmi eux (les héritiers) des mineurs et « interdits, le scellé doit être apposé... soit d'office ». *C-c.* 819. — Cet article n'exige-t-il pas l'apposition, même quand les mineurs ont des tuteurs?.. *Non*, parce qu'il a été interprété à dessein par C-pr. 911, ainsi que l'a déclaré le président de la section de législation du conseil d'état. V. *lettre du Grand-Juge*, du 5 nov. 1808, *au rép., mot scellé*, § 3, art. 3. — Même règle, pour les tutelles d'ascendans, quoiqu'il n'y ait pas encore de subrogé-tuteur. V. *Carré, anal., ij*, 689.

2. « Les exécuteurs testamentaires feront apposer les scellés s'il y a des « héritiers mineurs, interdits ou absens ». *C-c.* 1031. — Comme cette disposition n'a point été reproduite par le Code de procédure, *art.* 910 *et* 911, Pigeau, *t.* 2, *p.* 547, prétend qu'elle est abrogée, et qu'en conséquence l'exécuteur ne peut faire apposer le scellé pour les héritiers, mais seulement pour les légataires, encore restreint-il cette faculté au cas où les légataires n'ont point de tuteur.

Il faut cependant observer que, comme le Code de procédure ne contient en général que le mode d'exécuter les dispositions du Code civil, on ne doit y admettre des dérogations au Code civil, que lorsqu'elles sont expresses, ou bien lorsqu'elles résultent de dispositions tout-à-fait inconciliables; or, c'est ce qu'on ne remarque point dans les art. 909 et 910, parce qu'ils sont conçus en termes purement facultatifs (*l'apposition pourra être requise..., les créanciers pourront requérir, etc.*) qui n'excluent point les exécuteurs testamentaires. L'art. 911 est, il est vrai, conçu en termes impératifs (*le scellé sera apposé*), mais des termes impératifs ne renferment pas une prohibition, et ne produisent pas non plus une exclusion.

Au reste, dès qu'on admet à requérir jusques à des commensaux et des domestiques (*ci-apr. note* 8), à plus forte raison ne doit-on pas refuser à l'exécuteur testamentaire une faculté qui ne saurait nuire à personne, et qui peut être utile dans beaucoup de circonstances.

(6) Mais non pas dans d'autres cas, parce qu'on ne doit pas, sans nécessité, « porter des regards dans l'intérieur des familles ». V. *Siméon, ib.*; *L.* 3, § 1, *ff receptis; p.* 764, *note* 3; surtout *d. note* 44, *n.* 8.

Exception. L'apposition se fait encore d'office lorsque le défunt était un dépositaire public, mais elle se borne aux objets du dépôt. *C-pr.* 911, *in f.*, et *ci-apr., d. note* 44, *n.* 4, *p.* 773.

(7) Par exemple, un héritier, un légataire, un époux commun, et un créancier muni de titre exécutoire ou d'une permission (donnée sur requête), soit du président civil, soit du juge de paix du canton d'apposition. V. *C-pr.* 909, ℣. 1 et 2; *tarif* 78, 93; *d. note* 44, *n.* 7. — V. aussi pour les héritiers, *Douai*, 23 *mars* 1825, *avoués, xxx*, 9, et *Bordeaux*, 1828, *ci-apr. tit. de l'inventaire, note* 13, *p.* 777, et pour les créanciers, *Besançon*, 9 *févr.* 1827, *et Paris*, 20 *déc.* 1831, *ib., xxxiij*, 163, *xliij*, 533.

(8) Tels qu'un administrateur et un parent, pour les mineurs, et en l'absence du conjoint et des héritiers, ceux qui demeuraient avec le défunt et ses serviteurs et domestiques... Le mineur émancipé peut exercer le même droit sans se faire assister d'un curateur. *C-pr.* 909, 910.

Le créancier personnel d'un cohéritier peut-il la requérir?... Oui, suiv. Pigeau (*ij*, 550) et Carré, *sup.*, 687... Non, *suiv. Nancy,* 9 *janv.* 1817, *Jalbert*, 2, 87. — V. aussi *Douai*, 1824, *ci-apr.* p.771, *note* 37.

II. *Temps.* Lorsque l'apposition est nécessaire, on doit la faire le plus tôt possible. Si elle n'a lieu qu'après l'inhumation, le juge de paix (**9**) constate les causes qui l'ont retardée, ainsi que la réquisition. *C-pr.* 913.

Si elle éprouve des obstacles (**10**), il les fait lever par la voie du référé; il peut même, en cas de péril, statuer par provision, sauf aussi à en référer (**11**). *C-pr.* 921; *tarif* 2, 3, 16, 94.

(9) L'apposition de scellé ne peut être faite que par le juge de paix des *lieux*, ou par ses suppléans. *C-pr.* 907, 912; *tarif* 1. — Par ce mot *lieux* on entend les communes où sont les effets, et non pas, comme autrefois, le lieu de l'ouverture de la succession. D'après ce dernier système, un seul fonctionnaire faisait l'apposition, quoique les effets fussent souvent placés à de grandes distances : le mode du Code est à-la-fois plus avantageux et plus économique. V. *Gillet*, p. 596.

L'apposition sur les effets des princes est faite par le chancelier. *Ord.* 25 *avril* 1820, *art.* 7.

(10) Ou des difficultés, soit avant, soit pendant les opérations, comme si les portes sont fermées. Dans ce cas, le juge doit, pendant le référé, établir une garnison extérieure, et au besoin intérieure, pour veiller à la sûreté des effets. *C-pr.* 921.

Observations. 1. L'ordonnance rendue sur le référé est mise au bas du procès-verbal du juge de paix. *C-pr.* 922.

2. Comme il s'agit d'affaire urgente, le référé se porte au président civil du lieu d'apposition, et non du lieu de l'ouverture de la succession. V. *Pigeau*, *ij*, 562. — V. aussi *ci-dev.*, *tit. du référé*, p. 423.

(11) *Observations.* 1. Si le président juge alors que l'apposition ne devait pas être faite, il ordonne que le scellé sera levé. On ordonne aussi quelquefois que le scellé sera *croisé*, c'est-à-dire qu'on placera un second scellé sur le scellé déjà existant. Cela peut avoir lieu lorsqu'on pense que le premier a été apposé sur la demande ou l'ordre d'un particulier ou d'un juge dont les droits de requérir ou d'autoriser le scellé sont incertains.

2. Si les parties n'ont pas été appelées, ou suffisamment averties, le scellé est nul, *suiv. Douai*, 1825, *cité note* 7.

2 a. Mais elles sont suffisamment averties de se présenter au référé, par l'annonce faite en leur présence, que le juge de paix va user de cette voie, *suiv. Orléans*, 4 *juin* 1823, *avoués*, xxv, 189.

3. *Compétence du président.* Voy. rej. requ. 25 avr. 1825, et Bruxelles, 26 janv. 1832, avoués, xxxij, 212, xlv, 467.

§ 2. *Du mode d'apposition.*

L'apposition exige des mesures différentes suivant qu'il s'agit de testamens et de papiers cachetés, ou de simples effets mobiliers.

I. *Testamens et papiers cachetés.* — 1° Si un intéressé le demande, le juge doit, avant l'apposition, faire la recherche du testament du défunt. S'il en trouve un, soit alors, soit pendant l'apposition (même lorsqu'on n'en a pas requis la recherche), et si ce testament est ouvert, il en constate l'état. *C-pr.* 916, 917, 920; *tarif* 94.

S'il est cacheté, le juge en constate l'état extérieur (**12**) et en paraphe l'enveloppe avec les parties. *C-pr.* 916, *in pr.*

Dans l'un et l'autre cas, il note ces opérations sur son procès-verbal (**15**), et il présente ensuite le testament au président civil (**14**). Celui-ci l'ouvre, en constate l'état et en ordonne le dépôt (chez un notaire qu'il commet). *C-pr.* 916, *in f.,* 918; *C-c.* 1007; *tarif* 2, 3, 16 *et* 94. (**15**)

2° On suit la même marche à l'égard des papiers cachetés. Mais, s'il paraît (**16**) qu'ils appartiennent à des tiers, on appelle ceux-ci à l'ouverture (**17**), et on les leur remet (**18**), dans le cas où ces papiers sont réellement étrangers à la succession (**19**). *C-pr.* 916, 918, 919; *M. Siméon , p.* 163.

(12) C'est-à-dire la forme, le sceau, la suscription. *C-pr.* 916.

(15) Il y indique les jour et heure de la présentation du testament, et le fait signer par les parties. *C-pr.* 916.

(14) De la succession... *C-c.* 1007. — Cet article l'exige sans distinction des lieux où l'on trouve le testament. V. *Pigeau, ij,* 557 ; et surtout *Carré, lois, iij,* 295 (contra... v. *Le Page et Hautefeuille, cités, ibid.*).

(15) Pigeau, ij, p. 558, observe avec raison que ces mesures ne concernent point les extraits de testamens notariés.

L'inobservation des formes indiquées au texte n'annule point le testament. *Voy.* pour ce point et pour d'autres questions, *répert. xvij,* 765 *et suiv.*, *mot testament, sect.* 2, § 4, *art.* 5, *n.* 2 à 4; *Rouen,* 27 *mai* 1807, *ibid.*

(16) Par la suscription ou quelque autre preuve écrite. *C-pr.* 919.

(17) Dans un délai fixé par le président. *D. art.* 919.

(18) Ou s'ils ne paraissent pas, on cachète de nouveau les papiers pour leur faire remettre. *C-pr.* 919.

(19) Le président ne doit pas alors communiquer ce qu'ils contiennent. *C-pr.* 919 (ainsi lui seul a le droit d'en prendre connaissance).

Observations. 1. On remet également aux tiers , ou bien (si cela est nécessaire) on décrit dans le procès-verbal du scellé ceux de leurs effets et papiers qu'on trouve à la levée du scellé. V. *C-pr.* 939.

2. Tant que les tiers ne réclament pas, on peut laisser les papiers sous le scellé et sans description, *suiv. Paris, 8 sept.* 1825, *avoués, xxx,* 396.

3. Au moyen des mesures précédentes, on maintient les droits des tiers, et l'on empêche en même temps qu'on ne leur fasse des libéralités prohibées en les déguisant sous la forme d'un dépôt. V. M. *Siméon, p.* 163.

II. *Effets mobiliers.* A l'égard des autres effets mobiliers, on appose le scellé, c'est-à-dire plusieurs empreintes d'un sceau particulier (**20**), sur les ouvertures des appartemens et armoires qui les renferment (**21**); on décrit sommairement ceux qu'on ne met pas sous le scellé; on établit un gardien (**22**); et l'on fait prêter serment à ceux qui demeurent dans l'appartement, qu'ils n'ont fait ni ne connaissent aucune soustraction. *C-pr.* 908, 914, ⍒ 7 *à* 10; *Gillet, p.* 395, 396.

Le juge dresse en même temps un procès-verbal où il énonce toutes ces opérations et en indique l'époque, ainsi que les motifs de l'apposition, les personnes qui la requièrent et leurs comparutions et observations. V. *au surplus C-pr.* 914, ⍒ 1 *à* 6; *tarif* 94. (**23**)

(**20**) Il reste entre les mains du juge ou du suppléant, et une empreinte en est déposée au greffe du tribunal civil. *C-pr.* 908 ; *Gillet, sup.*

(**21**) Le greffier en prend les clefs, et les conserve jusqu'à la levée. La remise en est constatée sur le procès-verbal. *C-pr.* 915, *et ci-apr., art.* 2, *note* 44, *n.* 1, *p.* 773.

(**22**) Si l'on ne présente point de gardien, ou si celui qu'on présente n'a pas les qualités nécessaires, il est nommé par le juge de paix. V. *C-pr.* 914, ⍒ 10, *et ci-apr., n.* 3.

Observations. 1. C'est alors ce juge qui taxe les frais de garde, quelque considérables qu'ils soient, *suiv. arr. rej. requ.* 15 *mars* 1814, *J-C-c. xxij,* 137, *par arg. de tarif,* 26.—V. aussi *arr. d'Amiens,* 16 *août* 1825, *avoués, xxxj,* 282.

3. Quant aux qualités des gardiens, v. *Carré, anal. , ij ,* 691 , et pour leur privilège à raison de leur salaire, *arr. de Paris,* 27 *mars* 1824, *avoués, xxix,* 137.

(**23**) Vingt-quatre heures après, il envoie la note, soit de ses noms et demeure et de ceux de la personne dont les effets sont mis sous le scellé, soit du jour d'apposition, au greffe du tribunal civil (s'il siège dans une commune de 20,000 âmes) où on les inscrit sur un registre. V. *C-pr.* 925; *tarif* 17.

Au moyen de cette innovation heureuse, on a mis les intéressés à l'abri de toute surprise.

ARTICLE II.

De la levée du scellé.

Nous allons indiquer les règles relatives à l'époque où peut se faire la levée, aux obstacles qu'elle peut éprouver, au mode qui lui est propre.

§ 1. *Des époques de la levée et des oppositions.*

I. *Époques.*—La levée du scellé et l'inventaire dont elle est accompagnée ne peuvent, sous peine de nullité (**24**), être faits que trois jours après l'inhumation, ou après l'apposition, si elle est postérieure (**25**); à moins que le président du tribunal civil ne les ait autorisés pour des causes urgentes (**26**). *C-pr.* 928.

On doit aussi renvoyer ces opérations jusqu'à ce que les héritiers mineurs soient pourvus de tuteur ou émancipés. *C-pr.* 929. (**27**)

II. *Oppositions.*—L'opposition contient, sous peine de nullité (**28**), des motifs précis et une élection de domicile dans la commune ou le canton d'apposition (**29**). Elle est signifiée au greffier du juge de paix (**30**). *C-pr.* 927, 926, *in f.*—Elle peut aussi être faite par une déclaration sur le procès-verbal d'apposition. *C-pr.* 926, *in pr.*; *tarif* 18 et 20.—L'opposant n'a besoin ni de permission, ni de titre exécutoire. *C-c.* 821.—V. *ci-dev.* p. 765, *note* 7.

(**24**) Des procès-verbaux... et de *dommages* contre ceux qui ont fait ou requis les levées et inventaires. *C-pr.* 928. — D'où il résulte que le juge de paix pourrait, dans ce cas, être pris à partie. V. *en le tit.,* § 1, *et note* 8, *p.* 524, 525.

(**25**) On exige cet intervalle, pour donner aux intéressés le temps d'assister ou de s'opposer à la levée. V. *M. Siméon, p.* 164.

(**26**) Dont il fait mention dans son ordonnance. *Ibid.* — Dans ce cas, il nomme, sur une requête (non grossoyée), un notaire pour y représenter les intéressés absens. — *Ib., et tarif* 77.

(27) *Observations.* 1. MILITAIRES. Si les héritiers sont des militaires absens, le juge de paix les informe de l'apposition, aussitôt qu'elle a eu lieu. S'ils ne donnent pas de leurs nouvelles et n'envoient pas de procuration, au bout d'un mois, on convoque les parens, sinon les voisins et amis, pour leur nommer un curateur, qui assiste à la levée, fait procéder à l'inventaire et à la vente des meubles, et administre les immeubles, à la charge de leur en rendre compte. V. *L.* 11 *vent. an ij.* — Voy. aussi *arr. de Bruxelles*, 24 mai 1809, *J-C-c., xiij*, 443 ; *L.* 16 *fruct. ij pour les employés de l'armée*). — A quelles espèces d'*absens* s'appliquent ces règles?.. V. *ci-apr. p.* 775, *note* 44, *n.* 9.

2. La convocation confiée par la loi du 11 ventose à l'agent national, doit à présent être faite à la diligence d'un intéressé, ou d'office par le juge de paix. *Arg. du C-c.* 406; *rép., mot curateur, § 5, et scellé, § 3.*

2 *a.* Cette loi est encore en vigueur, *suiv. Poitiers*, 5 *juill.* 1826, *avoués, xxxj*, 238.

3. Autres questions *sur cette matière...* V. Colmar, 11 déc. 1815 (critiqué au rép. xvj, 6, n. vj) et 24 déc. 1816, et Rouen, 29 janv. 1817, Jalbert, 1816, 2, 55, et 1817, 2, 46, 116; B. c. 9 mars 1819.

(28) Outre les formes communes à tout exploit. *C-pr.* 927.
(29) Si l'opposant n'y demeure pas. *C-pr.* 927, ꝯ 1 (v. aussi, p. 587, *note* 5).
(30) Il la vise sans frais. *C-pr.* 1039; *tarif* 19.

§ 2. *Du mode de la levée.*

Il faut, à cet égard, distinguer les formes préliminaires des formes propres de la levée elle-même, en observant d'abord qu'elle peut être requise par les personnes qui ont le droit de demander l'apposition. *C-pr.* 930. (31)

I. *Formes préliminaires.* — 1. Une réquisition (32) consignée sur le procès-verbal du juge de paix; 2. une ordonnance où il indique l'heure de la levée; 3. une sommation d'y assister, faite aux intéressés (33), ou à un notaire nommé pour les représenter (34). *C-pr.* 931.

Parmi ces intéressés, l'époux, l'exécuteur testamentaire, les héritiers et les légataires universels ou à titre universel, choisissent un ou deux notaires et experts (ou commissaires priseurs), les premiers pour faire l'inventaire, les seconds pour évaluer les effets (35). *C-pr.* 935, 943, ꝯ 3; *C-civ.* 825; *Siméon et Gillet, p.* 164 *et* 397.—V. *aussi C-com.* 486.

Ces mêmes intéressés ont le droit d'assister à toutes les opérations (36); les opposans, au contraire, n'ont ce droit qu'à la première vacation (37), et ils ne sont représentés aux autres que par un mandataire commun et convenu (38), à moins qu'ils n'aient pas tous le même intérêt (39). V. *C-pr.* 932, 933, *et* surtout *le titre de l'inventaire, note* 4, *n.* 2, *p.* 775.

(31) Excepté par les commensaux et domestiques. **V.** *d..art.,* **et** *ci-dev.,* 4e *cas et note* 8, *p.* 765, 766.

Observations. 1. Si l'apposition a été requise par un parent ou par le ministère public, pour un mineur sans tuteur, ces personnes n'ont pas besoin de requérir la levée lorsque le tuteur est nommé, parce que le tuteur doit veiller aux intérêts de son administré. V. *d'ailleurs, ci-dev., note* 5, *n.* 1, *p.* 765, et *Pigeau, ij,* 581.

2. Autres questions sur le droit de requérir la levée, *voy. Caen,* 1824, *Sirey,* 26, 2, 134, *et Paris,* 1829, *avoués, xxxix,* 73.

(32) Elle peut être faite par avoué. *Tarif* 94.

Une procuration pour la levée, n'emporte point acceptation de l'hérédité. V. *arr. cass.* 16 *mai* 1815.

(33) C'est-à-dire l'époux, les héritiers présomptifs, les exécuteurs testamentaires, les légataires universels ou à titre universel, s'ils sont connus, et les opposans... Ces derniers sont interpellés au domicile élu dans leur opposition. *C-pr.* 931, ƒ. 3 *et dern..*

Cet art. ne parle pas des héritiers et légataires particuliers, mais ils peuvent former opposition. *Obs-mss. du Tribunat.*

(34) S'ils demeurent à plus de 5 myriamètres... le notaire est nommé d'office par le président du tribunal civil, sur une requête. V. *C-pr.* 931; *tarif* 77; *ci-apr. tit. de l'inventaire, note* 4, *n.* 3.—Il ne représente pas les opposans. V. *Carré, anal., ij,* 700. — Quelles sont ses fonctions?.. V. *id.,* 699, *et Toullier, i,* 341.

(35) S'ils ne sont pas d'accord sur le choix, les notaires et experts ou commissaires priseurs sont nommés d'office par le président... Les experts ou commissaires prêtent serment devant le juge de paix. V. *C-pr.* 935, *et ci-dev.* *p.* 766 *et notes* 10 *et* 11, *ib.*— Quant à la compétence des commissaires, v. *ci-dev. p.* 603, *note* 73.

(36) De la levée et de l'inventaire, soit en personne, soit par un mandataire. *C-pr.* 932, *in pr.*

Mais il faut que leur intervention soit fondée sur des droits au moins apparens, tels que ceux qui résultent d'un testament ou d'une donation connus; la possibilité de l'existence d'un testament olographe où ils espèrent avoir une libéralité, n'est pas un motif suffisant pour admettre cette intervention, d'autant plus que la loi prend pour la levée, des mesures propres à conserver tous les droits des tiers, *suiv. Bruxelles,* 18 *mai* 1807, *J-c-pr., i,* 191... Mais v. *Carré, an., ij,* 667; *ci-apr.* note 44, *n.* 7.

(37) Encore en sont-ils privés et même de celui de concourir au choix d'un mandataire commun, s'ils n'agissent que pour la conservation des droits de leur débiteur. V. *C-pr.* 934; *Douai,* 26 *mars* 1824, *avoués, xxvj,* 241; *ci-dev. p.* 692, *n.* 2; *p.* 766, *note* 8.

(38) S'ils ne s'accordent pas sur le choix, le plus ancien avoué mandataire de créanciers ayant titre authentique, et au défaut de ces créanciers, le plus ancien avoué mandataire de créanciers ayant titre privé, représente de droit tous les opposans. La simple exhibition du titre de créance lui tient lieu de justification de pouvoirs, et son ancienneté est réglée définitivement à la pre-

mière vacation. V. *C-pr.* 932, *in f.*; *tarif* 94. — V. aussi *ci-dev.*, § des avoués, note 17, p. 76.

S'il n'y a point d'avoué, le mandataire commun sur le choix duquel on ne s'accorde point est nommé d'office par le juge (*d. art.* 932, ⁊. 1), c'est-à-dire, selon Pigeau, *ij*, 585, par le président civil, puisque la loi lui donne le droit de statuer sur toutes les difficultés. — Selon d'autres, c'est le juge de paix. V. *Carré*, *anal.*, *ij*, 790.

Observations. 1. La nomination d'office étant prescrite avant les règles précédentes relatives aux avoués (*d.* ⁊. 1, *in f.*), il semble, au premier aperçu, que le juge puisse la faire toutes les fois que les opposans ne sont pas d'accord; mais cette difficulté, née de la rédaction du même ⁊. 1, est levée par la disposition finale de l'article, d'après laquelle l'ancienneté *des avoués est réglée à la première vacation*, et par-là même doit être réglée avant la nomination *d'office*.

2. D'après ces mesures et la suivante (*note* 39), on a dit que le droit d'assister est fondé sur le degré d'intérêt. V. *M. Siméon, p.* 164... On peut observer que la loi n'a pas suivi cette règle à l'égard des successions où le passif est considérable, parce qu'alors les créanciers ont bien plus intérêt que les héritiers à assister aux opérations.

(39) Si, par exemple, l'un d'eux a une créance contestée par les autres, ou veut contester les leurs, ou revendique des effets qu'ils soutiennent appartenir à la succession... dans ce cas, l'opposant peut assister en personne ou par un mandataire, mais à ses frais. — V. *C-pr.* 933. — V. aussi *tit. des comptes*, note 15, *ci-dev.*, p. 562.

II. *Mode.*—1. On examine les scellés pour reconnaître s'ils sont sains et entiers.....S'ils ne le sont pas, on en constate l'état, sauf à se pourvoir ensuite à raison des altérations (**40**). *C-pr.* 936, ⁊. 7.

2. On lève les scellés, successivement, pièce par pièce, meuble par meuble, à mesure de la confection de l'inventaire. On peut néanmoins réunir les effets de même nature pour être inventoriés ensemble. Dans ce cas on les replace sous le scellé, ainsi que ceux qui à la fin de chaque vacation restent à inventorier. *C-pr.* 937, 938.

Mais on se borne à une levée simple et sans description (**41**), si la cause de l'apposition a cessé avant ou pendant la levée (**42**). *C-pr.* 940.

3. On dresse enfin un procès-verbal où l'on désigne le requérant, et où l'on énonce ou rapporte les dates, ordonnance et sommation de levée, comparutions, observations et réquisitions (**43**) des parties, nominations des notaires et des experts, et reconnaissances des scellés. *C-pr.* 936, 931; *tarif* 2, 3, 16. (**44**)

(40) V. à ce sujet, *C-pén.* 249 *et suiv.*; *rép. xij,* 358, *h. v.,* § 4, *n.* 3 ; *notre cours de dr. criminel, ch. des délits, note* 18, *n.* 2.

(41) On peut en faire la réquisition par avoué. *Tarif* 94.

(42) C'est-à-dire, si tous les intéressés y consentent, et pourvu qu'ils soient tous présens ou représentés, et capables de disposer de leurs droits, ou bien si l'on a prononcé sur leurs réclamations. V. *à ce sujet ci-dev.* p. 765, *note* 5; *arr. d'Aix,* 8 *juill.* 1830, *avoués, xxxix,* 185. — V. aussi *répert. xvij,* 781, *mot testament, sect.* 2, § 4, *art.* 6, *n.* 6 *et* 7 ; *Paris,* 1809 *et rej. civ.,* 2 *févr.* 1818, *ib.*

(43) Telles que des réquisitions de faire des recherches, et le résultat des recherches faites, en un mot toutes demandes sur lesquelles il y a lieu de statuer. *C-pr.* 936, ỳ. 8.

(44) *Observations.* 1. Il est défendu au juge de paix et au greffier, sous peine d'interdiction, d'aller jusqu'à la levée dans la maison où le scellé est placé, à moins qu'ils n'en soient requis, ou qu'on n'ait d'abord rendu à cet égard une ordonnance motivée. *C-pr.* 915, *in f.*

2. Les frais de scellé et d'inventaire sont à la charge des successions. *C-c.* 810, 1034. — V. aussi *arr. de Paris,* 1811, *avoués, iv,* 91; *ci-dev. note* 22, *n.* 3.

3. Le greffier ne peut délivrer une expédition entière des procès-verbaux relatifs aux scellés, sans une réquisition expresse et par écrit... Il n'en est pas de même s'il ne s'agit que de simples extraits. *Tarif* 16.

4. Lorsqu'un officier-général ou supérieur, un commissaire ordonnateur, un inspecteur aux revues (actuellement un intendant militaire), un officier de santé en chef, décèdent, on doit suivre des règles particulières pour l'apposition et la levée des scellés sur les plans et papiers qu'ils laissent et qui peuvent appartenir au Gouvernement. V. *arrêté du* 13 *niv. x ; rép. xij,* 357, *mot scellé.*

5. *Histoire de l'institution du scellé ..* V. à ce sujet, Loiseau, du déguerpissement, liv. 3, ch. 6.

6. *Tribunal.* L'apposition de scellé constitue le provoquant demandeur, et l'oblige de suivre la jurisdiction du défendeur. V. *au surplus, arr. de Paris,* 8 *mai* 1811, *avoués, iij,* 338.

7. Un héritier ab intestat (même sans droit à une réserve) peut faire apposer le scellé, 1° lorsqu'il attaque en nullité le testament où un légataire universel est nommé, surtout si ce testament est olographe ou mystique, *suiv. arr. d'Amiens, Nîmes et Bruxelles,* 7 *mai* 1806, 21 *déc. et* 28 *nov.* 1810 *et* 9 *mars* 1811, *J-C-c. vij,* 41, *xvj,* 129, 488. — 2° Lorsqu'il y a un usufruitier, même dispensé de caution et d'inventaire, *suiv. Bruxelles,* 18 *déc.* 1811, *ib., xviij,* 204.

8. On peut faire apposer le scellé dans la maison où le défunt est décédé et dans celles où il avait une habitation, mais non pas dans la maison d'un citoyen vivant, quoiqu'on prétende que le défunt y avait des meubles, *suiv. arr. d'Amiens,* 6 *déc.* 1811, *avoués, vj,* 48 (contra, pour ce dernier point, *Bourges,* 17 *janv.* 1831, *ib., xlj,* 658).

9. *Militaires absens.* Les règles exposées ci-devant note 27, p. 770, s'appliquent aux *présumés absens* sans nouvelles comme à ceux qui sont sous leurs drapeaux à de grandes distances : ou ne doit recourir à celles du Code civil sur les absens qu'autant qu'ils ont été *déclarés* tels par un jugement. V. *B. c.* 9 *mars* 1824. — V. toutefois, *Nîmes,* 28 *janv.* 1823, *Sirey,* 25, 2, 81; M. *Chauveau, avoués, xxvj,* 163, *xxxj,* 245.

TITRE II.

De l'inventaire. (1)

Le mot inventaire vient du latin *invenire*, trouver; il indique une recherche et une désignation détaillée d'effets dont on veut constater l'existence.

L'inventaire est amiable ou judiciaire.

Le premier se fait quand les parties le desirent, et de la manière qu'elles jugent convenable. (1 *a*)

L'inventaire *judiciaire* est quelquefois exigé, et toujours assujéti à certaines formes. Il est exigé surtout lorsque l'héritier veut profiter du bénéfice qui y est attaché (2); lorsqu'il y a eu une apposition de scellé; lorsqu'il est requis par un particulier qui a le droit de demander la levée du scellé (3). *C-pr.* 941, *et ci-dev. titre du scellé, art.* 2, § 2, *p.* 770, *et note* 31, *p.* 771.

(1) Ce titre correspond au tit. 4, liv. 2, part. 2 du Code.

(1 *a*) Un inventaire amiable et sous seing-privé peut, lorsqu'il n'a pas été attaqué quant à son exactitude, servir de base à un jugement. V. *rej. requ*, 1 *juill.* 1828, *avoués, xxxv*, 302, *et ci-apr. note* 4, *n.* 2.

(2) V. à ce sujet, ci-après, tit. 5, p. 792. — V. aussi d'autres cas, ci-dessous note 3; Code civ. 461, 600, 1031, 1058, 1054; Code comm., 486.

(3) Il est également exigé, 1o lorsqu'un tuteur va commencer son administration. V. *C-c.* 451.

2o A l'entrée en jouissance d'un usufruitier. *C-civ.* 600. — V. à ce sujet, *arr. de Poitiers*, 29 *avr.* 1807, *J-C-c. xj*, 32; *id. de Bruxelles*, 10 *juin* 1812, *ib., xix*, 291, *et* 20 *juin* 1811, *avoués, quest. de dr., n.* 79, surtout *ci-apr. n.* 3.

Observations. 1. S'il y a plusieurs requérans, au nom duquel l'inventaire doit-il être fait?... Il paraît que c'est au nom de celui qui est le premier indiqué dans l'art. 909, article à qui le 941e renvoie indirectement. Ainsi, l'héritier, même bénéficiaire, est préférable à l'exécuteur testamentaire, quoique le testament ait donné à ce dernier la saisine, *suiv. arr. de Bruxelles*, 9 *août* 1808, *J-C-c. xij*, 76.

2. Quant aux inventaires des princes, *voyez* l'ordonnance citée ci-devant, tit. 1, note 9, p. 766.

3. L'usufruitier (v. ci-dev.) est-il privé des fruits tant qu'il n'a pas fait un inventaire judiciaire?.. Non, *suiv. M. Merlin, répert. xvj*, 613 *et xvij*, 848, *mots legs, sect.* 4, § 3, *n.* 30, *et usufruit*, § 2, *n.* 2 (il cite des auteurs d'un sentiment opposé).

4. Les héritiers du sang ne peuvent forcer le légataire universel à faire un inventaire, en se bornant à alléguer que le défunt avait des papiers les concernant, *suiv. Riom*, 31 *déc.* 1827, *avoués, xl*, 110.

5. Ces héritiers, lorsqu'ils n'ont pas droit à une réserve, ne peuvent non plus forcer le même légataire à faire apposer les scellés (surtout s'il a consenti à ce que le juge de paix fît des recherches) sous le prétexte qu'on peut trouver un nouveau testament, *suiv. Bordeaux*, 15 déc. 1828, *avoués, xl*, 111.

Les personnes qui peuvent assister à toute la levée du scellé (4), doivent être appelées à l'inventaire.—V. *C-pr.* 942.

Il est fait par des notaires. V. *à ce sujet, Gillet, p.* 397, 398. (5)

Décrire et estimer les effets (6)... désigner les qualités, le poids et le titre de l'argenterie, la qualité et le nombre des espèces monnayées... coter et parapher les papiers et livres, et *arréter* ceux-ci (7)... recevoir la déclaration de l'actif et du passif non constatés (8), et le serment des habitans de la maison (9) qu'ils ne connaissent aucune soustraction; indiquer la personne à qui l'on remet les effets et papiers (10)... Voilà les principales opérations de l'inventaire. *C-pr.* 943, ỷ. 3 à 9.

(4) Et par conséquent, 1o l'époux survivant ; 2o les héritiers; 3o les exécuteurs testamentaires ; 4o les donataires et légataires universels ou à titre universel... S'ils demeurent à plus de 5 myriamètres, on appelle pour les représenter, ainsi que les défaillans, un notaire nommé par le président du tribunal civil. Voy. *C pr.* 942, *et ci-dev. d. tit. du scellé ,* § 2, *n.* 2, *p.* 770, *et note* 34, *ibid., p.* 771.

Observations. 1. On ne commet le notaire que pour l'espèce d'*absent* dont l'existence n'est pas contestée par les cohéritiers. L'absent, même simplement *présumé ,* ne participe point (sauf l'action en pétition d'hérédité quand il se présente) aux successions, lorsque son existence n'est pas reconnue ou admise par les cohéritiers. V. *l'esprit du Code civil, par M. Locré, t.* 1, *p.* 692; *rép., mot déclaration d'absence, t.* 3, *p.* 334; *J-C-c., t.* 5, *p.* 45 ; *arr. de Liège,* 18 *prair. xiij, ibid.*

2. L'art. 942 ne fait point mention des créanciers, d'où Pigeau, ij, 597, conclut que lors même qu'ils ont requis l'inventaire, ils n'ont pas le droit d'y assister. M. Merlin soutient au contraire, et avec raison , qu'ils ont ce droit, lorsqu'ils ont formé opposition à la levée du scellé. V. *rép. vj,* 528 , *mot inventaire,* § 4. — En effet l'art. 932 (voy. *ci-dev., tit. du scellé, art.* 2, § 2, *p.* 771) le leur ayant accordé expressément, il aurait fallu une disposition positive pour les en priver, et l'art. 942 n'en contient point de semblable ; il dit seulement que l'inventaire *doit être fait en présence, etc.* — V. toutefois sur ce point , *arr. d'Amiens,* 25 *févr.* 1809, *J-C-c. , xiv,* 354 (il faut observer que dans l'espèce il n'y avait pas eu d'opposition et que l'exactitude de l'inventaire n'était pas contestée... v. *note* 1 *a.*)

3. L'inventaire n'est pas nul par cela seul qu'on y a appelé un notaire pour représenter des absens domiciliés à moins de cinq myriamètres (v. *ci-dev.*) :

seulement les frais que cela a nécessités pourront être considérés comme frustratoires. V. *rej. requ.* 17 *avr.* 1828, *avoués, xxxv,* 227.

4. Le notaire ne peut provoquer l'inventaire, mais bien intervenir dans
ses incidens, *suiv. Bruxelles,* 8 *avr.* 1813, *J.-C.-c. xxj,* 40, *et Colmar,* 11
nov. 1831, *avoués, xlij,* 273.

(5) La loi ne le décide pas textuellement : elle se borne (*art.* 943, *in pr.*) à
dire que, « outre les formalités communes à tous actes devant notaires, l'inventaire contiendra... ». Mais comme cette disposition est une confirmation
indirecte de la loi du 27 mars 1791, qui s'exprimait en termes non équivo-
ques, il en résulte que les notaires seuls ont le droit de faire les inventaires
après décès. V. *M. Merlin, sup.,* § 1. — C'est d'ailleurs ce que décide positivement Gillet, *sup.* — V. aussi *C-pr.* 943, ⨶ 6, *et* 944.

Observations. 1. En cas de difficulté sur le choix d'un notaire doit-on préférer celui qu'a nommé la veuve commune, à celui qu'a indiqué la fille du défunt?... OUI, *suiv. Paris,* 5 *oct.* 1808, *J.C-pr., ij,* 388... NON, *suiv.* Colmar, 11 *nov.* 1831, *avoués, xlij,* 273.

2. A qui doit alors se porter le référé?... En cas de désaccord, la nomination peut-elle être faite d'office? — V. sur ces questions, *arr. d'Orléans,* 31
mars et 19 *mai* 1808, *Hautefeuille, p.* 443, 551 *et* 553.

2 *a.* Si les parties ont nommé deux notaires c'est le plus ancien qui doit
garder la minute. V. *Colmar,* 30 *juill.* 1825, *ib., xxix,* 270.

3. Autre décision sur l'héritier bénéficiaire... V. *ci-dev., part.* 1, *ch.*
dernier, note 8, *p.* 179.

4. Mais l'entremise du notaire n'est indispensable que lorsqu'il s'agit de
faire un inventaire proprement dit ; elle est inutile lorsqu'il ne s'agit que de
dresser, soit le procès-verbal de carence, soit celui de description sommaire,
dont il a été question au titre des scellés, *art.* 1, et note 3, *p.* 764, *suiv. Gillet, sup.* — D'après ce système on pourrait se dispenser de l'inventaire
dans toutes les successions purement mobilières des indigens. — V. aussi
Carré, anal., ij, 691.

(6) L'estimation est faite à juste prix et sans *crue.* — V. *C-pr.* 943, ⨶ 3;
C-c. 825.

La *crue* était jadis une addition à l'estimation, à raison de ce qu'elle était
ordinairement trop faible. Dans certains pays, la crue était d'un huitième;
dans d'autres, d'un quart, etc. Les pays de droit écrit ne l'admettaient point.
V. *Ferrière, et son annotateur, mot crue.*

(7) *Observations.* 1. *Cote.* — Il faut coter « par première et dernière. —
C-pr. 943, ⨶ 6. — C'est-à-dire ranger dans un même cahier ou *dossier,* les
pièces relatives à la même affaire, ou au même genre d'affaires, et mettre
un intitulé aux première et dernière pièces...

En Dauphiné, après la première de ces opérations, on numérotait *tout au
long* la première et la dernière pièce, et en *chiffres,* les pièces intermédiaires.
On appelait pièce *cotée* celle où l'on avait mis un signe, tel qu'une lettre ou un
numéro. V. aussi *Jousse, tit.* 11, *art.* 33, *n.* 3.

A Rennes, on se borne à inventorier par liasse, et à indiquer sur le dossier
de chaque liasse le nombre des pièces qu'elle contient, lorsqu'il s'agit des papiers d'un avoué.... V. *Carré, anal., ij,* 708.

2. Tous les papiers sont en outre paraphés par un des notaires... On constate l'état des livres et registres de commerce ; les feuillets en sont cotés et
paraphés (s'ils ne le sont déjà) ; les blancs des pages écrites sont bâtonnés.
V. *d.* ⨶ 6. — C'est la dernière opération qu'on désigne, dans l'usage, par le
mot *arrêter.*

3. Il est des cas où l'inventaire peut se faire par *commune renommée,* sans
qu'il soit besoin d'un examen réel des effets. V. *C-c.* 1442; *arr. de Paris,* 28
août 1815, *avoués, xij,* 214.

(8) « La déclaration des titres actifs et passifs », dit l'art. 943, ⸸ 7. — Mais cette expression ne doit pas être prise à la lettre, parce que, comme le re-marque judicieusement Pigeau (*ij*, 601), elle donnerait lieu à un double em-ploi puisque les titres ont dû être cotés et paraphés (v. p. 775). Elle indique seu-lement la déclaration des créances de la succession dont les héritiers, et les dettes dont les tiers n'ont pas de titres, ou dont les titres sont en des mains étrangères. Dans le projet du Code, *art.* 991, on avait mis simplement « les déclarations actives et passives », ce qui confirme l'explication de Pigeau. — V. toutefois ce qu'observe *Carré, sup., d. p.* 708.

(9) Ou de ceux qui possédaient des objets de la succession, avant l'in-ventaire... Ce serment est prêté à la clôture...—*Id.*, ⸸ 8.

(10) Elle est convenue, ou sinon nommée d'office par le président civil. — V. *C-pr.* 943, ⸸ 9 ; et *d. part.* 1, *ch. dern.*, *p.* 178.

Ces opérations doivent être énoncées dans un pro-cès-verbal rédigé comme un acte de notaire (v. *ci-dev. note* 5, *p.* 776), et où l'on désigne aussi les divers lieux où elles ont été faites, les parties présentes ou appelées, les notaires qui les représentent (**11**), et les experts (**12**). *C-pr.* 943, *in pr.*, *et* ⸸ 1 *et* 2; *tarif* 168.

Les difficultés auxquelles elles donnent lieu sont terminées par la voie du référé. *C-pr.* 944; *M. Siméon, p.* 165. (**13**)

(11) Avec mention de l'ordonnance qui les a commis. *C-pr.* 943, ⸸ 1.

(12) Ou commissaires priseurs. *C-pr.* 943, ⸸ 2.

Les uns ou les autres sont chargés de l'estimation des effets. V. *ci-dev. tit. du scellé, art.* 2, § 2, *p.* 770 ; et pour la compétence des commissaires, *p.* 603, *note* 73.

(13) Il en est de même si toutes les parties n'adhèrent pas aux demandes formées par une d'elles, aux demandes, par exemple, qui concernent l'admi-nistration de la communauté ou de la succession. — V. *d. art.* 944, *in pr.*; *tarif* 168.

Si l'inventaire se fait dans le canton du tribunal civil, le notaire peut lui-même *référer*, et alors la décision du président est mise sur la minute du pro-cès-verbal. V. *art.* 944, *inf.*; *tarif* 168; et *ci-dev.*, *tit. des référés, note* 9, *p.* 424.

Frais de l'inventaire. Ils sont à la charge des successions. V. *ci-d. p.* 773, *note* 44, *n.* 2.

TITRE III.

Des ventes judiciaires. (1)

Les particuliers intéressés à une succession peuvent en vendre les biens de toute nature, comme bon leur semble. Les formalités ci-après indiquées ne sont exigées que dans deux cas : (2)

1° Lorsque tous les intéressés ne sont pas présens, majeurs, et de même avis ;

2° Lorsque les parties intéressées à une saisie immobilière veulent substituer aux adjudications dont elle est suivie une simple vente *sommaire.—*V. *C-pr.* 952, 953, 746 *à* 748; *MM. Grenier et Siméon, p.* 350 *et* 165. (3)

Les mêmes règles sont applicables aux partages et licitations (*ci-apr. tit.* 4, *p.* 785, *et* § 3, *ib., p.* 791); de sorte que quand les intéressés sont présens et majeurs et *d'accord*, ils peuvent y procéder à leur gré, sans prendre la voie judiciaire; et que, s'ils les ont commencés par cette voie, ils ont le droit de l'abandonner. *C-pr.* 984, 985; *C-civ.* 819, *in pr.; M. Siméon, p.* 172 (4).—V. *aussi C-pr., d. art.* 952.

Au reste, les formalités des ventes varient suivant qu'il s'agit de meubles ou d'immeubles.

---

(1) Ce titre correspond aux titres 5 et 6, livre 2, partie 2 du Code.

(2) *Observations.* 1. Il est même défendu de vendre amiablement les immeubles, en suivant le mode de l'expropriation forcée. *C-pr.* 746; *M.* Grenier, p. 350, et ci-apr. note 27, n. 3, p. 784.

2. On est néanmoins libre d'employer la voie des enchères lorsqu'on fait la vente devant un notaire. V. *arr. de Nîmes,* 30 *déc.* 1808, *Sirey,* 1810, *supp.,* 559.

Mais il y a une grande différence entre ces enchères et celles qui sont faites en justice. Dans celles-ci, on l'a vu (*ci-dev., tit. de la saisie immobilière, art.* 6, *n. ij, p.* 658), l'enchérisseur est engagé, *ipso facto*; dans les autres, il ne l'est que par sa signature. V. *Colmar et rej. civ.* 11 août 1813 *et* 28 *janv.* 1814, *avoués, ix,* 167 *et* 339.

(3) V. quant à la vente *volontaire,* ci-dev. d. tit. de la saisie immobilière, ch. 2, § 6, p. 675.

(4) *Observations.* 1. Lorsque les intéressés sont également présens, majeurs et d'accord. *Dd. art.*

2. On peut conclure de là qu'ils ont la même faculté lorsqu'il s'agit d'une vente commencée en justice.

§ 1. *De la vente des meubles.*

Lorsqu'il y a des créanciers saisissans ou opposans, ou lorsque la majorité des héritiers le juge nécessaire pour acquitter les dettes et charges, les meubles d'une succession (4 *a*) doivent être vendus comme ceux qui ont été l'objet d'une saisie-exécution, sauf les règles suivantes, V. *C-c.* 826; *C-pr.* 945; *M. Siméon,* p. 165; *ci-dev. livre* 3, *note* 11 *a, p.* 548.

La vente est faite dans le lieu où sont les effets (5), par un officier public et en vertu d'une ordonnance rendue sur la demande d'un intéressé (6). *C-pr.* 949, 946.

On y appelle les parties qui ont le droit d'assister à l'inventaire (7) et qui sont domiciliées à moins de 5 myriamètres (8); les absens n'y sont point représentés; les difficultés en sont jugées provisoirement par référé (9). *C-pr.* 947, 950, 948.

A l'égard des ventes publiques de *marchandises,* faites par des courtiers de commerce, *voyez* décr. 17 avr. 1812, et ordonn. 9 avr. 1819 (*rép. xvij,* 854).

(4 *a*) *Observations.* 1. Pour ceux des mineurs non dépendans d'une succession, on suit les formes prescrites par le Code civil, art. 452. Voy. *Toullier, ij, n.* 1200, *et Carré, ij, n.* 2891.

2. Si l'on n'a pas suivi ces formes, mais si néanmoins on a fait une estimation des meubles, s'ils ont été vendus publiquement et d'une manière avantageuse pour les mineurs, et enfin si le prix en a été employé dans leur intérêt, la vente n'est pas nulle, *suiv. rej. requ.* 7 déc. 1825, *Sirey,* 26, 168.

(5) Si on ne le décide pas autrement. *C-pr.* 949. — Au contraire c'est au marché le plus proche, s'il y a eu une saisie-exécution. V. *en le tit.,* § 6, p. 601.

(6) Sa présence ou son absence à la vente, est constatée par le procès-verbal. *C-pr.* 951. — L'ordonnance est rendue sur une requête, par le président du tribunal civil. *C-pr.* 946; *tarif* 77.

Observations. 1. On a jugé que quand les notaires font ces ventes, leurs procès-verbaux ne sont pas exécutoires comme leurs autres actes. V. *arr. de*

Bruxelles, 22 *mars* 1810, *Nevers*, *supp.* , 99. — V. aussi *ci-dev.* § *des notaires*, *p.* 98, *note* 86, *n.* 2.

2. Celui qui y a présidé n'a pas un droit de retention pour ses honoraires. V. *à ce sujet*, *p.* 588, *note* 11 *a et p.* 617, *note* 12, *n.* 2.

(7) V. *ci-dev.*, *tit.* 2, *p.* 774. — On les appelle par une sommation d'huissier. *Tarif* 29.

(8) Ou qui ont élu un domicile en deçà de cette distance... L'acte est signifié au domicile élu. *C-pr.* 947.

(9) Par le président civil (*C-pr.* 948) du lieu de la sucession ou même de celui des effets, en cas d'urgence. *Arg. de C-pr.* 554; *Pigeau*, *ij*, 612; *ci-dev.*, *tit.* 1, *notes* 9 *et* 14, *p.* 766, 767. — Carré, *anal.*, *ij*, *n.* 2896, soutient que c'est toujours celui des effets.

§ 2. *De la vente des immeubles.*

I. *Formalités préliminaires.*—Les immeubles des mineurs ne peuvent être vendus (**10**) que par la voie des enchères publiques, et ensuite d'un avis de famille, homologué (**11**) par un jugement, qui nomme en même temps des experts (**12**) pour les estimer, et un juge ou un notaire (**12** *a*) pour présider à la vente (**13**). *C-pr.* 954, *in pr.*, 955; *C-civ.* 457 *à* 459; *M. Siméon*, *p.* 166.

Les experts prêtent serment, rédigent leur rapport (**14**), où ils présentent les bases de leur estimation, et le déposent au greffe ou dans l'étude du notaire (**15**). *C-pr.* 956, 957.

(**10**) *Observations.* 1. Le tuteur a seul le droit de provoquer cette vente *suiv. Tarrible*, *rép.*, *mot transcription*, § 3, *n.* 7, *par arg. de C-c.* 457. — Le mineur émancipé a bien le droit de provocation, mais il faut qu'en vendant il observe les formes propres aux autres mineurs (v. *id.*, *ibid.*), c'est-à-dire les formes du présent §.

2. Comment se fait la provocation?.; Il est naturel de suivre en ceci les règles prescrites pour l'héritier bénéficiaire (*ci-apr.*, *tit.* 5), puisque le but des formalités auxquelles on l'assujétit, est le même que celui des formalités prescrites pour les mineurs. V. *Pigeau*, *ij*, 617. — En conséquence, on demandera la vente par une requête adressée au président civil (*d. tit.* 5). Néanmoins, ainsi que le montre le même auteur, *p.* 447, il n'est pas nécessaire de faire *entériner* (homologuer) le rapport des experts (v. *d. tit.* 5).

3. Il n'y a pas besoin des formes de ce §, telles qu'avis de parens, etc., pour poursuivre l'expropriation des biens d'un mineur. V. *arr. Paris*, 7 *août* 1811, *avoués*, *iv*, 152.

(**11**) Sur requête. *Tarif* 78.

Observations. 1. Par quel *tribunal?* la loi ne l'indique pas positivement; mais comme la nomination du tuteur est faite au domicile du mineur, il est naturel de porter au tribunal de ce domicile toutes les actions relatives à l'administration; or, la vente dont on s'occupe ici, ne doit être considérée que comme un acte d'administration, *suiv. Tarrible, sup.* (Pigeau, ij, p. 447, est du même avis, par d'autres motifs). — V. aussi *ci-dev., p. 133, n. 3, et note* 8 ; surtout *arr. régl.* 21 *juill.* 1821, *et autres autorités citées à avoués, xxvij,* 258.

2. C'est au tribunal de la succession, si les immeubles en dépendent... et par conséquent ce tribunal peut statuer 1° sur les réclamations relatives au cahier des charges ; 2° sur l'ordre du prix de la vente, même faite avant le partage de la succession. V. *Nîmes, Paris, Angers et Cass.,* 1809, 1810, *avoués, i,* 264, *ij,* 31 ; *ci-apr. note* 13 ; *ci-dev.,* p. 141, *note* 25, *n.* 2 (*contra,* quant au second point... v. *arr. cass.* 18 *avr.* 1809, *Nevers, supp.,* 47, *avoués, ij,* 31 ; *Paris,* 26 *juin* 1813, *Jalbert,* 1814, 2, 70 ; *et ci-d.* p. 679, *note* 6).

3. Si les immeubles dépendent d'une faillite, c'est au tribunal civil et non au tribunal de commerce qu'on porte aussi la vente, ainsi que l'ordre et la distribution. V. *arr. cass.* 3 *oct.* 1810, *J-C. c. xv,* 304 ; *avis cons. d'état,* 9 *déc.* 1810 (au tribunal civil du domicile du failli, *suiv. arr. régl.* 30 *juin* 1824, *avoués, xxvij,* 257, *par arg. de C-pr.* 59). — Et il faut dans ces ventes, observer les formes propres aux ventes des biens de mineurs (celles que nous exposons dans le présent titre). V. *M. Merlin, à J-C-c. xv,* 309, *et ci-apr. note* 13. — A moins que l'expropriation n'en ait été provoquée avant la nomination des syndics. *C-com.* 552, 564.

(12) Un ou trois, suivant l'importance des biens. *C-pr.* 955. — Mais il en faut trois si le partage se fait entre un mineur et un majeur, *suiv. Colmar,* 1834, *Sirey,* 35, 2, 271.

(12 a) On choisit, ou le juge, ou bien le notaire, selon que l'un ou l'autre parti est plus avantageux pour les intéressés, ou paraît être dans le vœu des familles et des créanciers. V. *Paris,* 24 *fév.* 1824, 25 *juin* 1825 *et* 31 *juill.* 1826, *et Poitiers,* 26 *mai et* 2 *juin* 1825, *avoués, xxix,* 112, *xxxj,* 237, *xxxij,* 219.

(13) Mêmes règles, sauf l'avis de parens, 1° pour les immeubles des faillis. V. *C-com.* 564, 532 ; *C-c.* 459 ; *arr. d'Angers,* 21 *oct.* 1809, *J-C-c., xiv,* 370. — V. aussi *Douai,* 13 *oct.* 1812, *avoués, vij,* 120.

2° Pour l'immeuble dotal. *Arg. de C-c.* 1558, *pr., et tar.* 128, y. 3.

3° Pour ceux dont des majeurs copropriétaires de mineurs demandent la licitation (sauf toutefois à y observer le mode du titre suivant, § 3, p. 790). V. *C-pr.* 954. — V. aussi *L.* 7 *mess. ij* ; *arr. cass.* 9 *avr.* 1806.

(14) En un seul avis, à la pluralité des voix. *C-pr.* 956.

(15) Suivant qu'un juge ou un notaire a été commis. *C-pr.* 957.

Observations. 1. L'art. 957 est le premier (les autres sont 958 à 962 et 964) auquel on renvoie pour les ventes *sommaires* (*ci-dev.* p. 675, § 6) ; néanmoins Pigeau, ij, 243, pense que c'est par erreur qu'il a été compris dans le renvoi, parce que le rapport d'experts qu'il suppose n'est exigé que pour les ventes des biens des mineurs... Ajoutons que le renvoi ne comprenant pas les art. 955 et 956 où le rapport est ordonné, l'exécution de l'art. 957 serait impossible.

2. Au reste, on voit que les ventes *sommaires* sont affranchies des formes indiquées au n. 1 du présent §, texte, p. 780.

II. *Mise en vente.* — On remet aux mêmes lieux un cahier des charges où l'on indique le jugement, les titres, l'estimation et la nature des biens, les conditions de la vente. Ce cahier (16) est lu à l'audience si la vente se fait en justice, et l'on annonce alors l'adjudication préparatoire (**17**). *C-pr.* 958, 959.—V. *aussi Pigeau, ij,* 451.

Cette adjudication (**18**) est publiée pendant trois dimanches consécutifs, par des affiches indicatives des biens, des parties, de leurs administrateurs (**19**), et de la demeure du notaire, et insérées dans les journaux, huit jours au moins avant (v. *note* **20** *a*) celui qu'on indique pour l'adjudication préparatoire (**20**). *C-pr.* 960 à 962; *C-c.* 459; *Gillet, p.* 398.

Ces apposition et insertion sont réitérées également huit jours au moins avant (**20** *a*) les adjudications définitive (**21**) et de renvoi. *C-pr.* 963, 964, *in f.* (**22**)

(16) Il est rédigé par avoué. *Tarif* 128 (V. aussi *p.* 784, *note* 4).

(17) A six semaines au moins d'intervalle. *C-pr.* 959.
On ne peut dispenser de cette adjudication. V. à ce sujet, *Colmar,* 2 *févr.* 1830, *avoués, xl,* 296.

(18) Qu'elle ait lieu devant le juge, ou devant le notaire. *C-pr.* 960.

(19) Désignation sommaire des biens... Indication des noms, professions et domiciles, tant des mineurs, que de leurs tuteurs et de leurs subrogé-tuteurs. *C-pr.* 960.
Observations. 1. Ces affiches sont placées à la porte principale de chacun des bâtimens à vendre, et de la mairie des biens; à la porte extérieure du tribunal qui permet la vente, et du notaire commis... Les placards sont visés et certifiés sans frais par les maires des lieux, sur un exemplaire joint au dossier. *C-pr.* 961. — L'huissier doit constater ces formalités par un procès-verbal comme en saisie immobilière (v. *ce tit.*, *art.* 5, *n.* 3, *p.* 649). — V. *tar.* 65; *décis. du grand juge, dans Carré, anal., ij, n.* 2703. — V. aussi *B. c.* 7 déc. 1810; *Carré, ib.*; *M. Chauveau, xlviij,* 251.

2. Les articles précédens ne disent point que les affiches seront imprimées, mais l'orateur du Tribunat le décide positivement. On a voulu par-là, observe-t-il, *réformer* les frais considérables des affiches manuscrites, que personne ne lisait, parce qu'elles étaient pour l'ordinaire illisibles. V. *Gillet, p.* 398.

(20) L'insertion est constatée comme en saisie immobilière. V. *en le tit.*, d. *art.* 5, § 1, *n.* 2, *p.* 649, et *C-pr.* 962.

(20 *a*) *Observations.* 1. Comme il ne s'agit point ici d'un délai que fait courir une signification à personne ou à domicile (v. *ci-dev.*, *art. des délais,* § 1, *n.* 1 et 2, *p.* 159 et 161, *texte et note* 8 *b*), le délai ci-dessus n'est pas franc, *suiv. Paris,* 10 *juill.* 1830, *maintenu par rej. requ.* 28 *août* 1831, *avoués, xxxix,* 232, *xlj,* 667.

2. Si l'on admet ce système, le législateur se sera fort inutilement servi de l'expression *au moins avant* (art. 962 et 963). Elle indique en effet évidemment que le temps dont les insertions doivent précéder les adjudications, est de plus de huit jours, et par conséquent, puisque nous ne comptons pas par heures (v. d. *n. ij*, *p.* 163), au moins de neuf. Mais si un délai de huit jours doit dans certains cas compter pour neuf, c'est exactement la même chose

que s'il était *franc*, parce que dans ces neuf jours on ne doit pas non plus
compter le jour *a quo* (*v.* d. § 1 , n. 1 , p. 159 et 160 , texte et note 7 , n. 1
et 2).

(21) C'est ce que prescrit l'art. 963 , qu'on a omis dans le renvoi relatif
aux ventes *sommaires* (v. *note* 15 , p. 781) : peut-être est-ce encore par
erreur.

(22) On voit qu'il ne faut que deux affiches (du moins on ne fait aucun
changement à la première, quoiqu'elle soit apposée par trois dimanches consécutifs) et deux insertions , tandis qu'en saisie immobilière, on exige trois
affiches et trois insertions. V. d. *art.* 5 et 6, *p.* 649 ; 654 *et* 656.

III. *Vente.*—On observe pour l'adjudication définitive (23), les règles des saisies immobilières, sous les exceptions ci-après.

1. Si la vente a lieu devant un notaire, les enchères peuvent être faites, sans entremise d'avoués, par toutes personnes (24). *C-pr.* 965; *M. Siméon, p.* 166.

2. Lorsque les enchères faites pour l'adjudication définitive n'atteignent pas l'estimation, le tribunal peut, sur un nouvel avis de parens, ordonner (25) que l'immeuble sera vendu, même au-dessous de l'estimation, au moyen d'une autre adjudication qu'on renvoie au moins à quinzaine. *C-pr.* 964, *in pr.* (26)

3. En matière de faillite, tout créancier est admis pendant huitaine à surenchérir d'un dixième. *C-com.* 565.(27)

(23) *Observations.* 1. Après avoir parlé de cette adjudication , l'art. 965
des premières éditions du Code , ajoutait « seront observées , au surplus , relativement à la réception des enchères , à la forme de l'adjudication et *à ses
suites*, les dispositions contenues dans les *art.* 701 *et suiv.*, de la saisie immobilière...» Ce renvoi qui occasionait des dépenses inutiles , était fautif et a
été rectifié par un *errata* mis au bulletin des lois de 1807, n. 169, t. 7 , p.
348 , où l'on voit qu'il faut lire les *art.* 707 *et suivans...* D'où il résulte qu'il
n'y a plus d'intervalle légalement déterminé entre l'adjudication préparatoire et la définitive dans les ventes *judiciaires-volontaires,* puisque cet
intervalle était fixé par l'art. 706. — *V. arr. rej. civ.* 23 mars 1813 , *Jalbert*, 1815 , 498. — Seulement il est clair que ce même intervalle ne saurait
être moindre de huitaine. *Arg. de C-pr.* 963.

2. Les termes *et à ses suites*, du même art. 965 , ont aussi fait penser
qu'on pouvait dans les mêmes ventes (ce qui comprend soit celles des faillis ,
ci-dev. texte, n. 3 , et de l'héritier bénéficiaire, *ci-apr. tit.* 5, *n.* 2, *p.* 794,
soit les licitations , *ci-apr. p.* 791 , *note* 31 , *n.* 3), surenchérir *d'un quart*
après l'adjudication définitive, ainsi que le décide l'art. 710 pour la saisie
immobilière (v. *ce tit.*, *ci-dev. p.* 662 , *n.* iv). Ce système, adopté par trois
arrêts de *Turin, Aix et Rouen*, 1809, 1813 *et* 1817 , *avoués, i*, 127, *ix*,
151, *et xv*, 312, a été rejeté par six arrêts *de Douai et Orléans*, 1810,

Hautefeuille, 563, *avoués*, *ij*, 146, *Rouen*, 1814, *ib.*, *xj*, 255, *Paris* et *Riom*, 1817 et 1818, *ci-dev.* p. 676, *note* 126 *a*, *n.* 3 *a*, *et* cass. 16 *nov.* 1819, *B. c.* — V. aussi p. 728, *note* 12, *n.* 5; et pour la doctrine des auteurs, *Carré*, *quest.*, *ij*, *n.* 4390, *et avoués*, 2e édit., *xxj*, 460.

2 *a*. Dans la suite on a distingué les ventes ou licitations judiciaires entre majeurs, de celles où des mineurs sont intéressés, et l'on a reconnu que la surenchère du quart est admissible dans celles-ci. V. *rej. requ.* 4 *avr.* 1827, 18 *mai* 1830, *et* 2 *janv.* 1833, *et Aix* et *Paris* (2 *arr.*), 1835, *avoués*, *xxxiij*, 176, *xxxix*, 6, *xliv*, 202, *et xlviij*, 145 (*consultat.*, *ib.*) *et* 222; *Sirey*, 35, 2, 370; *et Montpellier* (on ne fait même ici aucune distinction), 1829, *avoués*, *xxxvij*, 298.

2 *b*. D'après les termes *à ses suites*, les nullités de l'adjudication préparatoire (ce qui s'applique également à celle de la licitation, *ci-apr.* p. 790) doivent être proposées dans les temps et selon les règles propres à la saisie immobilière. V. *rej. requ.* 11 *déc.* 1828, *ib.*, 214.

(24) Mais les avoués (ainsi que le notaire) peuvent être chargés de la rédaction des cahiers des charges et des affiches, des dépôts au greffe, des insertions dans les journaux, etc. V. *C-pr.* 965; *tarif* 128; *rej. requ.* 25 *juin* 1828, *avoués*, *xxxvj*, 275 (V. aussi p. 66, *note* 95, *et* 782, *note* 16).

(25) Il l'ordonne en homologüant (sur une requête) l'avis de parens. *Tarif* 78.

Mais il n'y a pas besoin de son autorisation dans ce cas, quand la licitation a été provoquée par un majeur co-propriétaire du mineur. V. *arr. cass.* 6 *juin* 1821; *Paris*, 29 *nov.* 1834, *avoués*, *xlviij*, 41; *ci-apr. tit.* 4, *note* 5, p. 786.

(26) C'est le dernier des articles auxquels on renvoie pour les ventes *sommaires* (v. *note* 15, p. 781). Pigeau, *ij*, 244, pense que c'est par erreur, vu que sa disposition ne concerne que les ventes des biens de mineurs.

Le jugement qui prononce l'adjudication ne peut, quoiqu'il contienne des nullités, être attaqué que par la voie de l'appel. V. sur ce point, *rej. requ.* 6 *fév.* 1822, *et Toulouse*, 16 *mars* 1833, *avoués*, *xxiv*, 29, *xlvij*, 474 (mais v. *Poitiers*, 1826, *ib.*, *xxx*, 575).

(27) Les adjudications des biens des faillis, mineurs, cessionnaires et héritiers bénéficiaires, vendus d'après le mode de ce titre et des suivans, doivent-elles être *transcrites?*... Oui, parce qu'elles diffèrent des adjudications sur saisie immobilière, en ce qu'elles sont provoquées sans contradicteurs, et que si les créanciers hypothécaires sont libres d'y intervenir, on n'est point obligé de les y appeler; parce que d'ailleurs le prix des ventes des biens de mineurs, ou des licitations n'est point délégué à ces créanciers. V. *Tarrible*, *sup.*; *B. c.* 12 *nov.* 1823, *cité ci-dev.* p. 676, *note* 126 *a*, *n.* 3 *c.* — Voy. aussi p. 660, *note* 88.

Observations. 1. L'adjudicataire peut refuser de payer si on ne lui justifie pas que les formes ci-devant indiquées ont été remplies, *suiv. arr.* d'*Agen*, 10 *janv.* 1810, *avoués*, *t.* 1, p. 344.

1 *a*. Il ne peut se rétracter. V. *d. note* 126 *a*, *n.* 3 *b*.

2. La vente d'un intérêt dans une société ou entreprise peut être faite devant un notaire, dès que la loi n'en règle pas le mode, *suiv. arr.* de *Paris*, 2 *mai* 1811, *avoués*, *iij*, 535.

3. La vente faite contre la défense indiquée *à note* 2, p. 778, n'étant pas proprement judiciaire, peut être attaquée pour lésion. V. *arr. Paris*, 1 *déc.* 1810, *Nevers*, 1811, *supp.*, 56; *et C-c.* 1684.

4. La vente des immeubles d'un *failli* faite après une surenchère d'un dixième est nulle si elle n'a pas été précédée de l'apposition de placards prescrite (*ci-dev.* p. 728, *n.* 2) par l'art. 836... V. *B. c.* 21 *nov.* 1827.

TITRE IV.

Des partages et licitations. (1)

Le partage est en général la division que des co-propriétaires font d'un bien commun, et en particulier celle que des cohéritiers font entre eux d'une succession (2). La licitation est une adjudication au plus offrant, des objets qui ne sont pas divisibles.

Le partage peut être demandé en tout temps et nonobstant toute stipulation (3). *C-c.* 815. — V. *aussi arr. cass.* 15 *févr.* 1813, *répert. xvij,* 265, *mot partage,* § 1.

S'il y a des cohéritiers absens ou mineurs, le partage et la licitation doivent être faits (4) en justice, d'après les règles suivantes (5), et il faut donner un tuteur spécial à chacun des mineurs qui ont des intérêts opposés dans le partage (6). V. *C-c.* 838 *à* 840; *C-pr.* 968, 984; *Turin,* 1811, *J-C-c. xvj,* 193.

Nous distinguerons, quant aux mêmes règles, celles qui concernent les poursuites et opérations préliminaires, de celles qui ont rapport au mode de partage, et de celles qui concernent la licitation.

(1) Ce titre correspond au titre 7, liv. 2, part. 2 du Code, titre qui est le complément du chap. 6, tit. 1, liv. 3 du Code civil, où l'on traite spécialement de l'action en partage. Il est difficile d'en bien saisir les dispositions respectives, sans les rapprocher, comme nous allons le faire.

(2) C'est à cette espèce de partage que le titre actuel a rapport, mais il est clair que la plupart de ses dispositions sont applicables au partage d'une chose qui est commune autrement que par l'effet de l'ouverture d'une succession. V. *rép., mot partage,* § 10; *et ci-dev. p.* 140 , *n.* 20, *note* 24.

(3) Et par toute personne... Mais le tuteur doit être autorisé par le conseil de famille (excepté pour répondre à la demande). *C-c.* 815, 465, 817. — V. aussi *Rennes,* 1834, *ci-apr. n.* 3.— On peut convenir de suspendre le partage pendant cinq ans (au plus). *C-c.* 815.

Observations. 1. Effet et formes de la demande... v. *ci-dev. p.* 214, *note* 6, *n.* 4, *et p.* 222, *note* 27, *n.* 2, 3 *et* 4.

2. Une cour peut décider en appréciant les faits, qu'un certain acte n'est pas un partage; et sa décision sur ce point n'est pas susceptible de cassation. V. *rej. requ.* 13 *janv.* 1825, *Sirey,* 25, 311. — V. aussi *ci-dev. p.* 536, *note* 23, *n.* 5.

3. Question sur la *péremption* de la demande en partage... v. *rej. requ.* 29 *mai* 1832, *avoués*, *xliij*, 657. — Cette demande ne peut être jugée en vacations. V. *Rennes*, 12 *mars* 1834, *ib.*, *xlvij*, 637.

(4) Autrement le partage n'est considéré que comme provisionnel. — V. *C-c.* 466, *in f.*, 840.

Observations. 1. Mais il est dans ce même cas considéré comme définitif à l'égard des majeurs copartageans avec des mineurs, *suiv. Lyon*, *Agen*, *Colmar*, 1810, 1812, 1815, 1823, 1831 *et* 1835, *J-C-c. xviij*, 16, *xix*, 31; *avoués*, *xiij*, 313, *xlviij*, 583; *Chabot*, *des successions*, *iij*, 177, art. 840, n. 7 (contra.. M. *Duranton*, *vij*, 269, n. 179).

2. Au reste on peut même déroger aux règles exposées dans le texte, quant aux mineurs, par une transaction du tuteur, régulière et homologuée. V. à ce sujet, *arr. rej. civ.* 30 août 1815, *Jalbert*, 465.

(5) Il en est de même lorsqu'il s'agit de biens dépendans de *substitutions fidéicommissaires* autorisées par le Code civil. V. M. *Merlin*, *répert.*, t. 13, p. 217 *et* 218, *h. v.*, sect. 18, n. 6.

Il en est encore de même lorsqu'un majeur provoque la licitation d'un objet qu'il possède par indivis avec un mineur, si ce n'est qu'il n'y a pas besoin d'obtenir un avis de parens. *C-pr.* 954. — V. aussi M. *Coffinières*, *avoués*, *ij*, 60; *ci-dev.* p. 784, note 25 (Dr. interm... v. *ci-apr.*, *note* 24).

Observations. 1. Les frais du partage sont en général prélevés sur la succession. V. *Bordeaux*, 28 août 1827, *et Nancy*, 15 *janv.* 1828, *avoués*, *xxxiv*, 186 *et* 236.

1 *a.* L'avoué qui en a obtenu la *distraction* (v. p. 77, note 22) ne peut la réclamer contre un des cohéritiers qu'au prorata de son émolument. *Rej. requ.* 11 déc. 1834, *ib.*, *xlviij*, 31 (contra.. M. *Chauveau*, *ib.*).

1 *b Quid* s'il s'agit des frais d'un partage entre majeurs et mineurs?.. V. *arr. de Bruxelles*, 24 *mai* 1810, *avoués*, *ij*, 381.

2. Mais on n'est pas astreint à ces règles, on l'a dit (*p.* 778), lorsque les copropriétaires sont majeurs, maîtres de leurs droits, présens ou dûment représentés: ils peuvent agir comme bon leur semble, même après avoir pris d'abord les voies judiciaires. *C-pr.* 984, 985.

(6) Mais à ceux-là seulement.., *Arg. de C-c.* 838; *arr. d'Aix*, 3 *mars* 1807, *J-C-pr.*, *i*, 125.

Observations. 1. Le tuteur est nommé suivant les règles du titre des avis de parens. V. *p.* 753; *C-pr.* 968; *Turin*, 1811, *sup.*

2. Quant aux intérêts *différens*, v. note 39, p. 772.

§ 1. *Des procédures préliminaires du partage.*

La poursuite du partage appartient à celui des cohéritiers qui a fait viser le plus tôt son exploit par le greffier (7). *C-pr.* 966, 967; *Gillet*, *p.* 399.

Le tribunal en y statuant (8), doit ordonner le partage, s'il est praticable, et dans le cas contraire, la vente par licitation (9). *C-pr.* 970; *C-c.* 823, 827.

Dans le premier cas, il commet en même temps, et s'il y a lieu, un juge pour présider au partage (10); dans l'un et l'autre, il ordonne que des experts éva-

lueront les immeubles, en indiquant s'ils peuvent
être divisés commodément, et le mode de division.
Ces experts sont nommés et font leur rapport suivant
les formes indiquées au titre des expertises (*p.* 339),
C-pr. 969, 971, *in pr.*; *C-civ.* 823, 824. (**11**)
L'estimation des meubles est également faite, si elle
ne l'a pas été dans un inventaire régulier. *C-c.* 825.

(7) On indique le jour et l'heure dans le visa (v. *C-pr.* 967 ; *tarif* 90 ; *ci-dev. p.* 164 , *note* 13, *n.* 5), ce qui prévient les contestations auxquelles donnait lieu jadis le droit de poursuivre. *Gillet, ib.*
Quant au droit qu'ont les créanciers du copartageant, d'intervenir dans le partage, v. *C-c.* 882; *rép., mot partage*, § 6 ; *d. arr. de Turin; autres de Paris*, 2 *mars* 1812, *J-C-c. xix*, 408, *et de Riom*, 11 *févr.* 1830, *avoués, xl,* 45; *ci-dev.* § *de l'intervention, p.* 358.
(8) Comme en matière sommaire. V. *C-c.* 823, *et p.* 420, *note* 7, *n.* 7.
Observations. 1 Néanmoins s'il s'élève alors d'autres questions, par exemple, si l'on demande la nullité d'une donation etc., il faudra agir comme en matière ordinaire. *B. c.* 30 *juill.* 1827, 18 *mars* 1828 , 14 *juill.* 1830 (mais v. *rej. requ.* 9 *mai* 1827, *avoués, xxiij,* 288).
2. Au reste, il s'agit ici du tribunal de la succession. V. *C-c.* 822; *ci-d., note* 11, *n.* 2, *p.* 781, *et p.* 140, *n.* 20, *et notes ibid.*
(9) *Observations.* 1. On préfère encore le partage à la licitation, s'il résulte de la comparaison de tous les rapports d'experts, que des immeubles séparément indivisibles, sont divisibles en totalité, en donnant, par exemple, l'un de ces immeubles à un héritier, un second à un autre, etc. C'était jadis une question difficile. *C-pr.* 974; *M. Siméon, p.* 167.
1 *a.* Ajoutons que dans toute autre hypothèse que la précédente (celle de *C-pr.* 974) il faut préférer la licitation. *Voy. B. c.* 10 *mai* 1826.
2. On peut faire un lot *d'attribution*, lorsque les parties ont des droits inégaux (*arg. du d. art.; Riom*, 23 *janv.* 1811 , *J-C-c. xix*, 91), et qu'elles sont mineures, en employant la précaution indiquée ci-dev. p. 786, note 4 , u. 2... V. *arr.* 30 *août, ib.*
(10) C'est sur son rapport qu'on décide les contestations. *C-c.* 823.
(11) Si les intéressés sont majeurs et y consentent, on peut ne nommer qu'un expert. *C-pr.* 971. — S'il y a des mineurs, les experts sont toujours nommés par le tribunal. V. *Douai,* 1827, *avoués, xxxiij,* 374. — Les experts fixent aussi, en cas de division, les diverses parts et la valeur de chacune. *C-c.* 824.

§ 2. *Du mode du partage.*

S'il ne s'agit que de diviser des immeubles sur lesquels les droits des intéressés sont déjà *liquides* (**11** *a*),
le mode de partage est fort simple. Les experts divi-
sent les héritages (**11** *b*) estimés et en forment des
lots. Le poursuivant fait entériner (homologuer) leur

rapport (**12**), et aussitôt après, les lots sont tirés au sort devant le juge ou devant un notaire commis. *C-pr.* 975; *C-c.* 466 (**13**); *et Gillet, p.* 399.

Si, au contraire, il y a des biens de diverses natures; s'il faut faire des distractions, des comptes, des rapports; si même le prix de la licitation des immeubles doit être confondu avec d'autres objets pour former une balance entre divers lots; en un mot, excepté dans la circonstance qu'on vient d'exposer, le mode de partage est plus compliqué. Il exige l'intervention d'un notaire pour en disposer le matériel et appliquer les décisions (**14**), et celle d'un juge pour en préparer, et d'un tribunal pour en vider le contentieux : on suit alors la marche que nous allons indiquer. V. *C-pr.* 976; *C-c.* 828; *et pour les motifs, MM. Siméon et Gillet, p.* 168 *et* 400.

(**11** *a*) V. à ce sujet, Carré, analyse, t. 2, p. 728, et lois, t. 3, p. 358, n. 5198.
(**11** *b*) C'est-à-dire les immeubles. V. *C-c.* 466 et *C-pr.* 975, *conf.*; et ci-dev. *p.* 220, *note* 27, *n.* 3.
(**12**) Par une requête d'avoué à avoué, contenant de simples conclusions motivées, et à laquelle on peut répondre par une requête semblable. *C-pr.* 972, *in pr.; tarif* 75, *in f.*
(**13**) Cet article paraissait en opposition avec l'art. 834 du même Code. Les art. 975, 978 et 979 du Code de procédure ont levé la difficulté en indiquant le cas où la formation des lots est confiée aux experts, et ceux où l'on en charge les cohéritiers (*ci-apr. p.* 789). — V. *Gillet, sup.*
(**14**) Décisions diverses sur *l'emploi* du notaire...V. *Paris,* 17 *août* 1810, *Nevers,* 1812, 2, 89; *B. c.* 13 *avr.* 1818 ; *Amiens,* 1830, *avoués, xlv,* 736.

1. Le poursuivant interpelle (**15**) les copartageans de paraître devant le juge, celui-ci les renvoie devant un notaire (**16**) qui procède aux comptes, rapports, formation de masse, prélèvemens, composition de lots (**17**) et fournissemens (**17** *a*). *C-pr.* 976, 977, *in pr.; C-c.* 828, *in f.; Gillet, sup.*

2. Le notaire rédige séparément un procès-verbal des observations proposées par les parties; il dépose ce procès-verbal au greffe, et en cas de difficultés, il les renvoie au juge commissaire. Ce dernier, s'il en est

besoin, les renvoie à l'audience (**18**). *C-pr.* 977, ℣. 1 et 2; *C-c.* 837; *tar.* 168, 169; *M. Siméon, p.* 171.

3. Lorsque le notaire a établi la masse du partage, les rapports que doivent y faire les cohéritiers avan- tagés ou débiteurs, et les prélèvemens auxquels ont droit leurs cohéritiers (**19**), on s'occupe de former autant de lots qu'il y a de copartageans. *C-pr.* 978, *in pr.; C-c.* 829 *à* 831.

Cette opération est confiée par les cohéritiers à l'un d'entre eux (**20**), sinon par le juge-commissaire à un expert. Elle est établie (**21**) dans un rapport que le notaire rédige. Si elle donne lieu à des difficul- tés (**22**), on y statue comme nous l'avons vu plus haut. *C-pr.* 978 *à* 980; *C-c.* 834, 835; *Gillet, p.* 399.—V. *aussi Pigeau, ij,* 291.

4. Le poursuivant interpelle (**23**) les parties d'as- sister chez le notaire à la lecture et à la clôture du procès-verbal, et de signer. *C-pr.* 980, *in f.*

5. Le procès-verbal est homologué (**24**) d'après la poursuite de la partie la plus diligente, par un juge- ment rendu sur rapport (**25**), et en présence des parties (ou elles appelées). *C-pr.* 981.

6. En vertu de ce jugement les lots sont tirés au sort, soit devant le commissaire, soit devant le no- taire, et celui-ci les délivre aussitôt (**26**). *C-c.* 834, *in f., C-pr.* 982; *tarif* 92.

(**15**) Par une sommation et en vertu d'une ordonnance du juge-commis- saire, donnée sur requête... La même sommation est faite pour la comparution devant le notaire. *Tarif* 29, 70 *et* 76.

S'ils sont présens, la première sommation est inutile, *suiv. un arr. d'Or- léans,* 16 *août* 1809, *Hautefeuille,* 570, 577.

(**16**) Convenu, sinon nommé d'office par le tribunal... Il procède sans as- sistance d'un second notaire ou de témoins... Les honoraires du conseil dont les parties se font assister devant lui, sont à leur charge. *C-pr.* 976, 977, *in pr.; tarif* 92. — C'est que si on les eût mis à la charge de la succession, tous les intéressés auraient voulu s'aider de conseils. *M. Siméon, p.* 171.

(**17**) Ou plutôt à la rédaction des compositions de lots, faites par les cohé- ritiers. V. *ci-dessus le texte, n.* 3.

(**17 a**) Taxe des notaires pour ces opérations. V. *tarif* 171.

(**18**) Dans ce cas, «l'indication du jour où elles devront comparaître leur tiendra lieu d'ajournement... Il ne sera fait aucune sommation pour comparaître, soit devant le juge, soit à l'audience ». *C·pr.* 977 (v. *aussi ci-dev.* p. 149).—Néanmoins, selon Pigeau (*ij*, 688), il est nécessaire de faire une sommation pour paraître devant le juge, 1° parce qu'il est possible que les parties aient des pièces à lui remettre; 2° parce qu'il doit faire son rapport sur ces pièces, et que les parties ont le droit de présenter (*C-pr.* 111) des observations sur ce rapport... mais le texte de l'art. 977 est trop positif pour qu'on puisse adopter une semblable décision... Aussi un arrêt de cassation (22 *jév.* 1813, *B. c.*) semble-t-il admettre des principes opposés à ceux de Pigeau.

(19) Lorsque les rapports ne sont pas faits en nature. *C-c.* 830.

Ce droit de *prélèvement* n'est point une exception au principe énoncé ci-devant (*p.* 546 *et* 548, *note* 11 *a*) d'après M. Merlin, que nous n'admettons pas le paiement forcé du créancier en nature, puisque ce n'est pas comme créancier qu'un cohéritier l'exerce; mais il en est peut-être autrement en matière de partage de communauté pour les prélèvemens qui, au défaut d'argent comptant, peuvent se faire sur le mobilier et successivement sur les immeubles, puisque les époux y ont droit pour des espèces de créances. V. au surplus *C-civ.* 1470, 1471.

(20) S'ils sont tous présens, majeurs et d'accord sur le choix, et si le cohéritier choisi accepte.. dans le cas contraire, le notaire, sans autre procédure, les renvoie devant le juge. V. *C-pr.* 978. — V. *aussi quant à cette nomination, Carré, anal., ij,* 730.

(21) Par le cohéritier choisi ou l'expert. — *C-pr.* 979. — On y suit les règles du Code civil, art. 832, 833, 836.

(22) Si par exemple, on prétend qu'on a compris dans un lot, des objets qui auraient dû faire partie d'un autre... Mais les réclamations doivent être proposées avant le tirage. *C-c.* 835.

(23) Par une sommation à jour fixe. *C-pr.* 980; *tarif,* 29.

(24) Cela n'est pas nécessaire lorsque les cohéritiers sont tous présens, majeurs, etc., puisqu'ils sont libres d'abandonner les voies judiciaires. V. *ci-d.* note 5, p. 786; *Pigeau, ij,* 694.

Dr. int. On n'exigeait ni homologation du rapport, ni audition du ministère public, ni avis de parens. V. *rec. alph., mot partage,* § 3 *et* 4.

(25) Du commissaire, et sur les conclusions du ministère public, lorsque la qualité des parties l'exige... les parties sont appelées si toutes n'ont pas comparu à la clôture du procès-verbal... l'homologation est donnée s'il y a lieu. *C-pr.* 981.

Observations. 1. Le notaire remet à la partie la plus diligente l'expédition du procès-verbal. V. *C-pr.* 981, *surtout Carré, anal., ij,* 731, *et Riom,* 23 *avr.* 1834, *avoués, xlvij,* 611.

2. *Tribunal..* V. ci-dev. p. 780, note 11, n. 2; p. 787, note 8.

(26) On doit aussi remettre aux parties les titres relatifs aux objets compris dans leurs lots, et si elles le requièrent, des extraits du procès-verbal. V. *à ce sujet, C-c.* 842; *C-pr.* 983; *Carré, ij,* 732.

Autres règles du partage... v. *C-c.* 815 *et suiv.*

§ 3. *De la licitation.*

Lorsque le tribunal a ordonné la licitation des immeubles, le poursuivant demande l'entérinement du rapport estimatif des experts (**27**). La vente se fait ensuite devant un juge ou un notaire commis par le premier jugement (**28**). On y observe les formes indiquées au tit. 3, § 2 (*p.* 780 *à* 784), excepté, 1. qu'on ajoute au cahier des charges la désignation du poursuivant, de son avoué et des colicitans (**29**); 2. que ce cahier est signifié aux avoués de ces derniers (**30**). *C-pr.* 970, *in f.*, 972; *C-c.* 839; *tarif* 155.

Les difficultés relatives au même cahier sont vidées à l'audience (**31**). *C-pr.* 973.

(**27**) Par la requête indiquée ci-dev., note 12, p. 788... V. *C-pr. et tarif*, *ibid.*

Lorsque l'immeuble n'est plus dans la succession, le créancier d'un des cohéritiers qui en provoque le partage comme exerçant les droits de son débiteur, n'a pas besoin de faire au tiers détenteur et au débiteur, la sommation et le commandement dont il est question au titre de la saisie-immobilière, *ci-dev.*, *p.* 630, *note* 14... V. *arr. cass.* 1 oct. 1810 (cité, *ib.*), *B. c. et avoués*, *ij*, 281.

(**28**) Le jugement qui a ordonné la licitation. *C-pr.* 970. — Quand doit-on l'ordonner ?... V. *ci-d. p.* 786, *et note* 9, p. 787.

(**29**) Leurs noms, demeure et profession. *C-pr.* 972.

Observations. 1. On peut y stipuler que l'adjudicataire fournira une hypothèque. V. *rej. civ.* 5 *mars* 1828, *avoués, xxxv,* 207.

2. Le colicitant adjudicataire ne peut s'affranchir des conditions de ce cahier, telles que celle de fournir caution. V. *rej. requ.* 9 mai 1834, *ib.*, *xlvij*, 631.

(**30**) Par un simple acte, dans la huitaine du dépôt de ce cahier au greffe ou chez le notaire. *C-pr.* 972; *tarif* 70; *d.* § 2. — Quant à ce dépôt et à la surenchère, v. *ci-dev.*, *p.* 783, *note* 23, *n.* 2 *et* 2 a.

(**31**) Sur un simple acte d'avoué à avoué, sans aucune requête. *C-pr.* 973. — S'il y a des mineurs ou interdits, les étrangers sont toujours admis à la licitation. *C. c.* 839, *in f.*

Observations. 1. Il faut suivre les formes du présent §, même pour une licitation provoquée avant le Code, et cela d'après le principe exposé, p. 144, et note 5, p. 145. ..V. *Amiens*, 1824, *avoués, xxvij,* 293.

2. La licitation entre copropriétaires, est un acte d'après lequel on est censé avoir été propriétaire de la totalité dès l'origine, sous la seule charge de payer le prix ou la soulte au copropriétaire qui n'est pas resté adjudicataire. — V. pour ce principe et ses conséquences, *rej. civ.* 24 *mars* 1823, *B. c., n.* 27. — V. toutefois *rej. requ.* 27 *mai* 1835, *Sirey,* 341.

TITRE V.

Du bénéfice d'inventaire. (**1**)

Une succession et une communauté qui paraissent opulentes au premier coup-d'œil, peuvent être fort onéreuses en réalité; et il faut quelquefois un intervalle de temps assez grand pour reconnaître si le passif n'excède point la valeur de l'actif. Tels sont les motifs pour lesquels on accorde à un héritier et à une femme commune en biens (**2**), la prérogative de suspendre leur acceptation ou renonciation de succession ou de communauté (**3**), et de ne pouvoir être actionnés pendant deux délais déterminés (**4**). V. *C-c.* 793 *à* 810, 1456 *à* 1462.—V. *aussi L.* 22, *C. jure deliber.; ord.* 1667, *tit.* 7; *répert., mot bénéfice d'inventaire.*

(**1**) Ce titre correspond au tit. 8, liv. 2, part. 2 du Code, et à quelques articles du tit. 9, liv. 2, part. 1.

(**2**) Ou assignée comme telle ; soit veuve, soit divorcée, soit séparée de biens. V. *C-pr.* 174.

(**3**) Ainsi la femme séparée de corps ne peut être tenue de prendre qualité tant qu'il n'a pas été fait d'inventaire régulier, lorsque ce n'est pas par sa faute. V. *arr. d'Angers,* 15 *juill.* 1808, *J-C-pr., ij,* 321. — V. aussi *C-c.* 797.— Autres questions... V. *arr. de Bruxelles,* 1811, *J-C-c. xvij,* 511, *et Colmar,* 1813, *ib., xxj,* 473.

(**4**) *Observations.* 1. Cette prérogative leur procure, 1o une exception dilatoire pendant les mêmes délais; 2o le droit de ne proposer leurs autres exceptions dilatoires qu'après celle-là... et elle suspend les délais d'arbitrage, de garantie, de reprise et d'appel (non la prescription). V. *C-c.* 2259; *C-pr.* 177, 187, 447, *et* 1013; *ci-dev. p.* 42, 165, 256, 260, 390, 470, *notes* 13, 16 *a,* 40, 56, 41 *et* 54.

2. Mais elle n'empêche pas que l'assignation donnée à l'héritier pendant ces délais, ne soit valable, sauf à lui à proposer l'exception dilatoire qui en ajourne l'effet. V. *arr. cass.* 10 *juin* 1807; *M. Merlin, rép. x,* 289, *et v,* 636, *mots protêt,* § 6, *et héritier, sect.* 2, § 1, *n.* 2.

3. Elle n'empêche pas non plus de faire, 1° la saisie-exécution des meubles de la succession. V. *Douai,* 4 *mars* 1812, *J-C-c. xix,* 565.

2° La saisie-arrêt de ses loyers et créances. V. *rej. requ.* 8 *déc.* 1814, *Jalbert,* 1815, 152 (décision contraire et exception... v. *ci-après, note* 25, *n.* 3, *p.* 797).

3° La notification d'un titre exécutoire contre le défunt. V. *Paris,* 29 *déc.* 1814, *Jalbert,* 1816, 2, 62.

4° La saisie des immeubles. V. *Paris,* 1821, *Bourges et Toulouse,* 1822,

Sirey , 22, 2, 118 *et* 169, *et* 23, 2, 193.—V. aussi *Bordeaux et Parts*, 1833 (poursuite de la saisie faite contre le défunt), *avoués, xlvij*, 423 et 607. — Surtout quand l'héritier bénéficiaire n'en a point provoqué la vente. V. *Limoges*, 15 *avr.* 1831 *et rej.requ.* 23 *juill.* 1833, *avoués, xlj*, 547, *xlv*, 577; *M. Chauveau, xlv*, 75. — *Quid* s'il l'a provoquée?. V. *id., xlv*, 576, *et xlvj*, 75; *arr. cités ibid.* ; *observat., ib., xlvij*, 423.

Au reste, le créancier peut se faire subroger à la vente sommaire (v. *ci-d. p.* 675, § 6, *et p.* 778, *n.* 2ᵘ) que fait l'héritier bénéficiaire. V. *Nîmes*, 28 *déc.* 1825, *ib., xxxij*, 170.

Le premier de ces délais, connu sous le nom de délai pour faire *inventaire*, est fixé à trois mois (5), sauf prorogation en cas d'insuffisance justifiée (6), et le deuxième, qu'on nomme délai pour *delibérer*, à quarante jours (6 *a*)... Ils courent du jour de l'ouverture de la succession ou de la dissolution de la communauté; et si l'inventaire est fini avant les trois mois, le délai pour délibérer court de sa clôture (6 *b*)... Enfin, lors même que ces délais sont expirés, si l'héritier n'a pas fait acte d'héritier, ou n'a pas été condamné irrévocablement comme tel (7), il peut encore renoncer, ou recourir au *bénéfice d'inventaire.*—V. *C-c.* 795, 1458; *C-pr.* 174; *B. c.* 1 *août* 1809.

On appelle ainsi l'avantage de n'être tenu des dettes d'une succession que jusques à concurrence de l'émolument qu'on en retire. (7 *a*)

Pour obtenir cet avantage, ou ce *bénéfice*, et pour en profiter lorsqu'il l'a obtenu, l'héritier est assujéti à de certaines règles que nous allons exposer sommairement.

(5) Il n'est pas de rigueur. V. *à ce sujet, Paris*, 28 *août* 1815, *avoués* , *xij*, 214; surtout *ci-apr. note* 6 *a*.

(6) La prorogation du délai d'*inventaire* est accordée ou refusée *sommairement*, suivant les circonstances... Elle est demandée par une requête (on peut y répondre). — V. *C-pr.* 174; *tarif* 75; *C-c.* 798. — A quel tribunal?.. V. *arr. d'Angers, à p.* 136, *note* 13, *n.* 5.

(6 *a*) Tout ce qui résulte de cette fixation d'un délai de trois mois et quarante jours, c'est que les créanciers pourront après son expiration commencer leurs poursuites ou reprendre celles qu'avait suspendues l'exception dilatoire, pour faire condamner l'héritier comme pur et simple; mais tant que cette condamnation ne sera pas obtenue et passée en force de chose jugée, quel que soit le laps de temps écoulé depuis l'ouverture de la succession, l'héritier qui ne s'est pas immiscé peut encore faire inventaire et prendre qualité comme il l'entend. F. B. S.

(6 b) Sinon, de l'expiration des trois mois. C-c. 795.

(7) Comme *héritier pur et simple*, par un jugement passé en force de chose jugée. V.C-c. 800; C-pr.174.

Les effets de ce jugement se bornent-ils aux parties entre lesquelles il est rendu, conformément aux principes ordinaires de la chose jugée consacrés par l'art. 1351 du Code civil?... *Oui*, suiv. M. Duranton, cours de dr. fr. vij, 84, et Chabot de l'Allier, comment. des successions, art. 800... *Non*, par arg. *de C-civ.* 800, suiv. M. Merlin, rec. alph. ij, 654 et suiv., conf. avec id., vj, 354 et suiv., mot héritier, § 8; et répert. xiij, 84, conf. avec id., xvij, 599 (imprimé en 1825), mot succession, sect. 1, § 5, n.4.—V. *aussi* Malleville, ij, 261 à 265, art. 785.

(7 a) *Observations.* Ce bénéfice peut-il être accordé aux légataires universels, ou à titre universel?.. *Oui, suiv.* répert., vj, 814, *mot légataire,* § 7, *art.* 1, *n.*17.

Dr. anc. Ce bénéfice a été puisé dans une constitution de Justinien (L. 22, *Cod., de jure deliber.*), mais il y est séparé du droit de délibérer. D'après cette constitution, ceux qui demandent un délai pour délibérer ne peuvent, quoique obligés de dresser inventaire, jouir du bénéfice, et réciproquement, ceux qui invoquent le bénéfice, ne peuvent obtenir de délai que pour la confection de l'inventaire. F. B. s.

I. *Formes préalables.* Il faut qu'il déclare au greffe du tribunal de la succession (8) qu'il entend n'accepter que sous bénéfice d'inventaire, et qu'il fasse, soit avant, soit après cette déclaration (9), un inventaire exact et fidèle de la succession (9 *a*) dans les délais précédens, et en observant les formes indiquées ci-devant, tit. 2, p. 774.—V. *C-c.* 793, 794; *la note du C-pr.* 986, *in f.* (10)

(8) Il le peut faire avec assistance d'avoué. Voy. *tarif* 91. — *Quid juris* si sur la poursuite d'un créancier, il a fait sa déclaration à un autre tribunal?.. v. *Paris,* 9 *nov.* 1813, *avoués, ix,*280; M. *Coffinières*, ib.

(9) S'il est mineur, est-il tenu à une déclaration? V. *arr. d'Angers,* 11 *août* 1809, *J-C-c. ix,* 557.

(9 a) Une simple omission, sans mauvaise foi, ne le fait pas déchoir du bénéfice. *Rej. requ.* 11 *mai* 1825, *Sirey,* 26, 54.

(10) A la phrase, *dans les formes réglées par les lois sur la procédure,* de *C-c.* 794, cette note substitue la suivante, *dans les délais déterminés par le Code civil, et dans les formes ci-dessus prescrites.* Ces formes sont par conséquent celle de l'inventaire (*d. tit.* 2). — Il n'est pas besoin d'être autorisé, ni d'appeler les créanciers, *suiv. Amiens,* 25 *févr.* 1809, *J-C-c. xiv,* 354. — V. Autres questions.. V. *p.* 179, *note* 8.

II. *Ventes.* S'il veut vendre des meubles et rentes de la succession, il doit observer les formes prescrites pour l'aliénation de ces sortes de biens. *C-pr.* 989; *C-c.* 805; *ci-dev. p.* 779 *et* 610. (11)

S'il s'agit d'immeubles, il faut obtenir deux jugemens, dont l'un nomme un expert pour (**12**) les estimer, et l'autre entérine le rapport de l'expert, et
autorise la vente (**13**). Cette vente est passée suivant
les formes indiquées au titre des partages (**14**). *C-pr.*
987, 988, *in pr.; C-c.* 806; *tarif* 78, 128; *M. Siméon,*
p. 172.

Si l'héritier bénéficiaire ne suit pas ces règles, il est
réputé héritier pur et simple. *C-pr.* 988, 989; *M. Si-*
méon, p. 173. (**15**)

Le prix des ventes de meubles est distribué par
contribution entre les créanciers opposans (**16**), et
celui des ventes d'immeubles, d'après l'ordre des
privilèges et hypothèques (**17**). *C-pr.* 990, 991; *C-c.*
808, 809, 806.

(**11**) *Observations.* 1. Mêmes règles pour l'héritier présomptif qui, avant
d'avoir pris qualité, et seulement comme habile à la prendre, veut vendre le
mobilier... et il doit en outre obtenir (sur requête) la permission du président
civil de la succession. V. *C-pr.*986; *tarif* 77.—V. aussi *Paris*, 1825, *avoués,*
*xxx,*84.

2. D'après C-c. 796, on ne doit la lui accorder que pour les objets dispen-
dieux ou difficiles à conserver. Pigeau, ij, 609, 610, pense que cette restriction
n'a plus lieu, parce que C-proc. (986) ne fait aucune distinction. D'autres auteurs sont d'un avis contraire. V. *Demiau, p.* 662; *Carré, anal., ij,* 735;
M.Desmazures, p. 368.

(**12**) On présente auparavant au président civil une requête où l'on désigne
les biens, et qui est communiquée au ministère public. Le jugement est ensuite rendu sur ses conclusions et sur le rapport d'un juge; on y nomme d'office l'expert. *C-pr.* 987.

(**13**) Sur une requête, et sur les conclusions du ministère public. *C-pr.* 988;
tarif 78 (cet art. parle *des experts*, au pluriel).

(**14**) C'est-à-dire les formes des ventes judiciaires d'immeubles, *ci-dev. p.*
780, avec les modifications indiquées *au §. de la licitation, p.* 790 et 791,
seules formes tracées pour les ventes, par le titre des partages.

Observations. 1. Si les créanciers ne s'y opposent pas, il peut même faire
vendre par licitation devant un notaire, *suiv. Paris,* 29 *mars* 1816, *Jalbert,*
supp. 116.

2. Quoi qu'il en soit, il peut, dans ces ventes, se rendre adjudicataire en
son propre nom, parce qu'il ne confond pas son patrimoine avec celui du défunt.
V. *M. Merlin, rec. alph., iv,* 178, *mot propre,* § 2, n. 5; *et ci-apr., n. iv,*
p. 796.

3. On ne peut y faire une *surenchère* du quart. — V. *ci-dev. p.* 783, *note*
23, *n.* 2, *tit.* 3, *et*, pour une exception, *ib., n.* 2 *a, p.* 784.

4. L'avoué adjudicataire a trois jours pour faire sa déclaration (son élection) de command. V. *rej. civ.* 26 *févr.* 1827, *avoués, xxxiij,* 8; *ci-dev.*
p. 658 *et p.* 659, *note* 85.

(15) *Observations.* 1. Comme la loi ne prononce pas d'autres peines, il est clair que la vente des immeubles, faite contre ces règles, est valable pour l'acquéreur. V. *M. Siméon*, p. 173; *Paris, 3 juin* 1808 *et* 17 *déc.* 1822, *J-C-c.*, *xij*, 104, *Sirey*, 23, 2, 165; *rép. xv*, 62.

2. L'héritier est aussi sujet à cette peine lorsqu'il a *compromis* sur une question qui intéresse la succession (même pour des effets mobiliers).— V. *requ. et arr. rej. requ.* 20 *juill.* 1814, *rép.*, *xv*, 58, *addit. à bénéf. d'inventaire*, *n*. 26.

(16) En suivant les formes de la *distribution* par contribution. V. *en le tit.*, p. 614, *et C-pr.* 990, *in f.*

(17) Ce qui toutefois n'oblige pas à faire une procédure d'ordre, *selon Gillet*, p. 402. — Pigeau (*ij*, 637) est d'un avis contraire. On peut dire pour celui de Gillet, que l'art. 991 n'exige point cette procédure longue et dispendieuse ; qu'en principe (v. *C-c.* 806, 808 *et ci-apr. note* 24, *in f.*), l'héritier bénéficiaire n'est même obligé de payer qu'aux seuls créanciers connus; qu'enfin, pourvu qu'il paie les privilégiés et hypothécaires, suivant leur ordre réel, il est inutile de régler cet ordre d'après le mode prescrit pour une expropriation forcée... Néanmoins s'il y avait des contestations, ou seulement des oppositions, il faudrait recourir à la justice (v. *C-c.* 808).

III. *Caution.* Tout intéressé a le droit de contraindre l'héritier bénéficiaire à donner caution..... Si l'on veut en user, on fait une sommation à l'héritier (**18**): trois jours après (**19**), celui-ci doit présenter la caution suivant les formes ordinaires (**20**). *C-c.* 807; *C-pr.* 992, 993.

(18) Par un acte extrajudiciaire signifié à personne ou à domicile. *C-pr.* 991, *tarif* 29.

(19) Avec augmentation.. V. *tit. des cautions*, note 6, p. 550.

(20) Celles du titre des cautions. V. *d*. p. 550 *et Carré*, *anal.*, *ij*, 741.— Si la réception donne lieu à des difficultés, les créanciers provoquans sont représentés par l'avoué le plus ancien. V. *C-pr.* 993, 994. — V. aussi *note* 38, *in pr.*, p. 771.

IV. *Actions de l'héritier.* Un des avantages principaux du bénéfice d'inventaire, est la séparation des patrimoines du défunt et de l'héritier, qui par là conserve ses actions envers la succession (**21**). Il exerce ces actions contre les autres héritiers, sinon (**22**) contre un curateur au bénéfice d'inventaire (**23**). *C-c.* 802; *C-pr.* 996.

(21) V. arr. rej. civ. 1 déc. 1812, Nevers, 1815, 92; B. c. 9 nov. 1822, 18 nov. 1833. — *Autres conséquences de cet avantage...* V. note 14, p. 795, et note 9, p. 498. — V. aussi *C-c.* 802, 2258; *rép.*, *mot séparat. de patrimoines*, § 5.

(22) C'est-à-dire , s'il n'y pas d'autres héritiers, ou si tous exercent les mêmes actions. *C-pr.* 996. — Ou contre les syndics, si le défunt était en faillite, *suiv. Amiens*, 1820 , *Sirey*, 25 , 2 , 299.

(25) Nommé de la même manière que le curateur à une succession vacante. *C-pr.* 996, *et ci-apr., tit.* 7 , *p.* 799. — Question sur ce curateur... V. *régl. requ.* 13 *avr.* 1820 , *B. c.*

V. *Compte.* L'héritier bénéficiaire étant chargé de l'administration de la succession, il est juste qu'il en rende compte (**24**) aux intéressés. Il suit encore alors les formes ordinaires. (**25**) *C-c.* 803; *C-pr.* 995.

(24) Il ne faut pas en conclure qu'il soit entièrement assimilé aux curateurs des successions vacantes. Il peut , 1° faire seul , sans formalités et sans le concours des créanciers , tous les actes d'administration , toucher les revenus, faire les comptes des fermiers. *Arr. de Paris*, *de* 1808, *ci-dev.*, *note* 15 , *p.* 796.

2° Transférer les rentes sur l'état , inférieures à 50 francs. V. *avis cons. d'état*, 11 *janv.* 1808 ; *Carré*, *ij* , 758.

3° Payer les créanciers et légataires à mesure qu'ils se présentent (s'il n'y a pas d'opposans) , etc. V. *C-c.* 808, *et ci-dev.* *note* 17 , *p.* 796. — Et il le doit même avant de les citer en audition de compte , *suiv.* *Bruxelles*, 16 *nov.* 1831 , *avoués*, *xlv* , 587.

4° Autre différence... V. *rép.* , *xv* , 58 , *mot bénéf. d'invent.*, *n.* 26.

(25) Celles indiquées pour les redditions de comptes. V. *en le tit.*, *p.* 559, *et C-pr.* 995. — S'il est en retard de rendre compte , il peut y être contraint sur ses biens personnels. *C-c.* 803.

Observations. 1. Après avoir accepté bénéficiairement, peut-on renoncer? Oui , *suiv. rej. civ.* 6 *juin* 1815, *Jalbert*, 309 ; *Douai*, 29 *juill.* 1816, *id.* 1817, *supp.* 3... Non, *suiv. Paris*, 10 *août* 1809, *J-C-c.* *xv*, 322, *Colmar*, 8 *mars* 1820 , *avoués*, *xxj*, 358, *et B. c.* 1 *févr.* 1830.

1 *a.* Quoi qu'il en soit, on peut demander la division des dettes de la succession. V. *arr. cass.* 22 *juill.* 1812 , *rép.*, *xv*, 52 , *sup.*, *n.* 26.

2. A l'égard, 1° des dépens obtenus pour ou contre l'héritier bénéficiaire , et des autres règles qui le concernent, v. *C-c.* 793 à 810 ; *répert.*, *h. v.*; *ci-dev. ch. des dépens* , *note* 2 , *n.* 4 , *p.* 172 ; — 2° De l'origine du bénéfice d'inventaire, v. *note* 7 *a*, *p.* 794.

3. Par exception à ce qui est dit , *p.* 792 , *note* 4 , *n.* 3, on a jugé que les créanciers ne peuvent saisir les créances de la succession , lorsque cela peut entraver l'administration de l'héritier bénéficiaire. V. *Paris*, 27 *juin* 1820 , *Sirey*, 20 , 2 , 242. — V. aussi *Bordeaux*, 19 *avr.* 1822 , *id.*, 22, 2 , 197; *Douai*, 3 *mars* 1830 , *avoués*, *xxxix*, 279; surtout *Rouen*, 12 *août* 1826 (on y admet l'incapacité sans restriction) , *ib.* , *xxxij* , 114, et M. *Chauveau*, *ib.*

4. Cet héritier est tenu, comme le serait un héritier pur et simple , d'acquitter dans le délai légal, les droits de mutation ouverts par décès. *Rej. req.* 7 *avr.* 1835, *Sirey*, 291.

TITRE VI.

Des renonciations à communauté et à succession. (1)

Ces renonciations se font par une simple déclaration (2), au greffe (3) du tribunal de la succession (4) ou de la dissolution de la communauté (5). *C-c.* 784, 1457; *C-pr.* 997; *Gillet, p.* 402.

(1) Ce titre correspond au tit. 9, liv. 2, part. 2 du Code.

(2) Sans aucune autre formalité. *C-pr.* 997 (le tarif, *art.* 91, passe une vacation pour une assistance d'avoué). — Quant au mode ancien de renonciation, v. *Loiseau*, *liv.* 4, *ch.* 2.

Mais il faut une déclaration positive, parce que la renonciation ne se présume pas. *C-c.* 784. — Cette règle reçoit néanmoins exception, 1° lorsque la femme divorcée ou séparée de corps n'a point accepté la communauté pendant les délais pour faire inventaire et délibérer, car elle est alors censée y avoir renoncé. *C-c.* 1463; *Pigeau*, *ij*, 623; *B. c.* 22 déc. 1829. — 2° Lorsque le juge a fixé un délai pour consentir au rapport des donations et renoncer, et que le cohéritier donataire laisse écouler ce délai. V. *rép.*, *xj*, 310, *mot renonciation*, § 1, *n.* 5.

(3) Sur un registre particulier. *C-pr.* 997; *C-c.* 784, 1457. — Cela ne suffit point quand on renonce au profit d'un tiers qui n'est pas héritier. V. *rej. requ.* 17 *août* 1815, *Jalbert*, 486.

(4) C'est-à-dire celui dans le ressort duquel la succession s'est ouverte. *D. art.* 997. — V. aussi *ci-dessous*, *note* 5.

(5) C'est-à-dire celui du domicile du mari (*C-c.* 1457); même en cas de dissolution opérée par séparation de biens (*id.* 1441), parce que la loi exige dans ce cas (*C-pr.* 874) que la renonciation soit faite au greffe du tribunal saisi de la demande en séparation, tribunal qui est toujours celui du mari. V. *ci-dev.* p. 745, *note* 4; p. 141, *note* 27.—*Quid* s'il y a séparation de corps?.. v. *rép.* *xvj*, 186, 187, *mot domicile*, § 5. — Autre question... V. *arr. cass.* 26 *juill.* 1808, *ib.*

Observations. 1. La renonciation faite dans ce dernier cas, c'est-à-dire après une séparation de biens, doit-elle être absolue? Ou bien la femme est-elle libre de demander le partage de la communauté pour le passé, en n'y renonçant que pour l'avenir?.. Les auteurs étaient jadis très divisés sur cette question. Mouricaut (*p.* 383) pense que l'art. 874, en ordonnant sans autre observation, que la renonciation sera faite, a par-là même adopté le premier système.

2. La femme est-elle tenue de s'expliquer après un inventaire quelconque? V. *ci-dev.*, *tit.* 5, *note* 3, *p.* 792.

TITRE VII.

Des curateurs aux successions vacantes. (**1**)

Le curateur à une succession vacante (**2**) est nommé (**3**) par le tribunal de la succession, sur la demande des intéressés ou du ministère public. En cas de concours entre plusieurs curateurs, le premier nommé est préféré (**4**). *C-c.* 811, 812; *C-pr.* 998, *in f.*, 999.

Le curateur est tenu, avant tout, de faire un inventaire (**5**), et ensuite de vendre les meubles. *C.-pr.* 1000, *in pr.; C-c.* 813.

Cette vente est passée suivant les formes indiquées aux titres de l'inventaire et des ventes de meubles; celle des immeubles et rentes, suivant les formes du titre du bénéfice d'inventaire (**6**). *D. art.* 813; *C-pr.* 1000, *in f.*, 1001; *tar.* 123; *ci-dev.*, *tit.* 2, *p.* 774; *tit.* 5, *n.* 2, *p.* 794, *surtout note* 14, *ibid.*

Quant à son administration et au compte qu'il en doit rendre, le curateur est également sujet aux règles propres à l'héritier bénéficiaire. *C-c.* 814; *C-pr.* 1002. (**7**)

(1) Ce titre correspond au tit. 10, liv. 2, part. 2 du Code.
(2) *Observations.* 1. Elle est réputée *vacante*, et par conséquent il faut nommer le curateur, lorsqu'après l'expiration des délais pour faire inventaire et délibérer, il ne se présente aucun réclamant, qu'il n'y a pas d'héritier connu, ou que les héritiers connus ont renoncé. *C-pr.* 998, *in pr.*; *C-c.* 811. — V. aussi *Paris*, 10 *août* 1809, *et* 31 *août* 1822, *J-C-c. xv*, 322, *Sirey*, 23, 2, 100; *instruction du 6 mai, infra.*
2. Mais il ne faut pas confondre les successions vacantes avec les successions déférées à l'état par *déshérence*, ou quand il n'y a ni parens successibles, ni enfans naturels, ni époux survivant, ou quand il s'agit de biens acquis par un mort civilement. V. *C-c.* 767, 768 *et* 33; *avis cons. d'état*, 5 *nov.* 1809 *et* 26 *sept.* 1811. — Quant aux règles propres à ces espèces de successions, *voyez* circulaires du Grand-Juge, 8 juill. 1806, J-C-c. vij, 302; du minist. des finances, 26 flor. vj, au code administratif, t. 1, p. 587; et du directeur-général de l'enregistrement, des 6 mai et 3 déc. 1811, avoués, t. 5, p. 122 et 127. — V. aussi ci-dev. tit. de la tierce-opposition, note 10, n. 1, p. 498.
(3) Sur une requête, et il en est de même du curateur au bénéfice d'inventaire. V. *tarif* 77, *et ci-dev.* tit. 5, note 23, p. 797.

(4) « Sans qu'il soit besoin de jugement », *dit l'art.* 999. Mais on suppose évidemment qu'il n'y a pas de contestation, car il s'en élève, il faut bien que le juge intervienne pour les terminer ; aussi a-t-on pris les décisions suivantes :

1. Le jugement qui nomme un curateur quand des héritiers sous condition demandent la saisine, est interlocutoire et sujet à appel. V. *arr. de Turin*, 13 *avr.* 1807, *J-C-c. x*, 206; *ci-dev. tit. de l'appel, note* 20, *p.* 459. — V. aussi *rej. requ.* 7 *fév.* 1809, *J-C-pr. iij*, 244; *d. tit., note* 111, *p.* 487.

2. La cour royale peut dans ce cas nommer un curateur autre que celui du premier jugement. V. *d. arr.* 7 *fév.*; *d. note* 111.

Observation. Ni le Code civil, ni le Code de procédure n'exigent, comme cela se pratiquait jadis, que ce curateur prête serment avant d'entrer en fonctions. V. *arr. de Bordeaux*, 4 *avr.* 1809, *Nevers, supp.*, 227; *L.* 7, § 5, ꝑ. *ita, C. curat. furioso.*

(5) S'il n'y en a point eu de fait. *C-pr.* 1000.

(6) Le droit ancien ne prescrivait aucun mode pour ces deux dernières ventes; c'était une source de fraudes et de contestations. *Gillet, sup.*

(7) Excepté toutefois, 1o qu'il n'est pas tenu de donner caution. V. *M. Siméon, p.* 173. — 2o Que les sommes provenant de la succession sont consignées à la caisse d'amortissement. V. *avis cons. d'état*, 13 *oct.* 1809; *instruct. du direct. génér. de la caisse, du* 24 *mai* 1810 (jadis à la régie d'enregistrement... v. *arr. cass.* 6 *juin* 1809 *et répert. xvij*, 25). Autre question... V. *Paris*, 28 *mars* 1835, *avoués, xlviij*, 312.

Observations. 1. Le curateur qui conteste personnellement sur sa nomination, peut être condamné en son nom propre, aux dépens. V. *d. arr.* 7 *fév.* 1809; *et ci-dev. ch. des dépens, note* 2, *n.* 4, *p.* 172.

2. La régie d'enregistrement a, pour les droits de succession, une action contre le curateur, sauf à lui de rendre compte et justifier de l'inutilité de ses diligences. V. *arr. cass.* 4 *août* 1807.

3. Il représente la succession, et par conséquent, 1o l'héritier survenu dans la suite, ne peut former tierce-opposition aux jugemens rendus contre lui. *Arg. de C-c.* 813. — V. à ce sujet, *rec. alph., mot success. vacante*, § 2; *arr. cass.* 9 *prair. xij, ib.; id.,* 1702, *dans Denisart, mot curateur, et Jalbert,* 1815, 254; *rej. civ.* 21 *fév.* 1816, *rec. alph. vj*, 617, § 9; *Metz*, 29 *mai* 1818, *avoués, xix*, 303; *ci-dev. note* 10, *n.* 1, *p.* 498. — 2o Le curateur lui-même ne peut attaquer les aliénations du défunt. V. *Turin*, 22 *juin* 1810, *J-C-c. xvij*, 161.

4. Quant aux autres règles sur cette matière, *voyez* d. instruct. du 24 mai 1810 ; *répert.*, iij, 294, 295, mot curateur, § 3.

FIN DU COURS DE PROCEDURE CIVILE.

APPENDICE

AU COURS DE PROCÉDURE.

§ 1. TABLE *alphabétique et explicative des citations abrégées les plus usitées dans ce cours.*

AD. — *Sur.* — Observation, commentaire, etc. sur quelque loi, titre, etc... Exemple : *Cujas, ad tit.* 4, *lib.* 1, *ff.*, signifie Cujas, observations sur le tit. 4, livre Ier du digeste.

ARG. — *Argument*, tiré de telle loi, telle autorité.

ARR. — Arrêt... On se borne souvent à indiquer la cour qui l'a rendu, sa date, et l'ouvrage où il est rapporté. *Exemple* : Riom, ou arr. Riom (ou de Riom), 22 déc. 1810, J-C-c. xix, 115, signifie « arrêt de la cour royale de Riom, du 22 décembre 1810, rapporté dans la Jurisprudence du code civil, tome 19, p. 115. »

ARR. CASS., ou CASSAT. — Arrêt de la cour de cassation.

Lorsqu'il n'y a que cette abréviation, l'arrêt est tiré du bulletin civil (le signe *cr.*, ou *crim.* désigne un arrêt tiré du bulletin criminel); si la date de l'arrêt est suivie d'une virgule, l'arrêt est tiré de l'ouvrage indiqué après la virgule.

ARR. REJ. REQU., ou seulement REJ. REQU. — Arrêt de rejet de la section ou chambre des requêtes de la même cour.

ARR. REJ. CIV., ou REJ. CIV. — *Id.*, de la section ou chambre civile.

ART. — Article.

B. ou BULL. — Bulletin. — B. LL. — Bulletin des lois.

B. C. — Bulletin de cassation (ou même, arrêt de cassation).

C., ou CAP.; CH. ou CHAP.. *Chapitre.* — Dans tel chapitre.

C., ou COD. — Code de Justinien.

C-BR., ou C-BRUM. — Code de brumaire, ou Code des délits et des peines, du 3 brumaire an iv.

C. c., ou CODE CIV. — Code civil.

C-COM. — Code de commerce.

C-CR. — Code criminel, ou d'instruction criminelle, de 1808.

C-D., ou C-A-D. — C'est-à-dire.

C-P., ou C-PÉN. — Code pénal de 1810.

C-PR., ou C-PROC. — Code de procédure.

C-RUR. — Code rural.

CHARTE, ou CHART. CONST. — Charte constitutionnelle.

CI-AP., ou CI-APR. — Ci-après, dans la suite du cours.

CI-D., ou CI-DEV. — Ci-devant, dans un passage précédente

II.

46

CONST.—Constitution, acte constitutionnel.. v. Charte.

D., *dit, dite.*—DD., *dits, dites.*—Dans le chapitre, la loi, etc., cités auparavant.—D. est aussi employé quelquefois pour digeste.

DÉC., DÉCR.—Décret du gouvernement impérial, de la convention, etc.

DERN.—Dernier, dernière.

DIV.—Divers, ou diverses, ou division.

DR. ACT.—Droit actuel, ou droit résultant des codes nouveaux et des lois postérieures.

DR. ANC.—Droit ancien, ou droit antérieur à la révolution.

DR. INT., ou INTERM—Droit intermédiaire. C'est le droit résultant des lois rendues depuis la révolution et avant les codes.

EOD., *eodem.*—Au même titre, au même lieu, etc.

FF., *digestis.*—Au digeste de Justinien.

H., *hoc.*—Exemples: H. L., *hoc loco*; H. T., *hoc titulo*; H. V., *hoc verbo.*—Au même lieu, au même titre, au même mot.

IB., IBID.—Au lieu déjà cité.

IN.—*Dans*, ou *Sur.*—Voyez ci-devant AD., p. 801.

IN F., *in fine.*—A la fin.

IN PR., ou PR., *in principio.*—Au commencement.

INST., INSTIT.—Instituts de Justinien.

L., LL., *lege, legibus.*—Loi, lois.

LIB., ou LIV.—Livre.

LOC. CIT., *loco citato.*—Au lieu déjà cité précédemment.

NOV.—Novelles de Justinien.

N., ou Nº.—Numéro.

OBS., ou OBSERV., ou OBSERVAT.—Observation.

ORD., ou ORDONN.—Ordonnance.

P.—Page.—Id. avec un nom de ville.—Parlement. Un chiffre arabe précédé d'un chiffre romain, indique la page d'un volume.—V. ci-après la lettre T, p. 803.

PAND.—Pandectes ou digeste.

PEN., ou PÉNULT.—Pénultième.

PL., ou PLAID.—Plaidoyer.

QU., ou QUEST.—Question.

S-C.—Sénatus-consulte.

SEC., ou SECT.—Section.

SUIV.—Suivant... Selon tel auteur, tel arrêt, etc.

SUP., *supra.*—Ci-devant, dans le passage ou l'ouvrage cité un peu auparavant.

SUPP., et quelquefois SUP. (ou bien un 2 entre deux autres chiffres), précédé du nom d'un de MM. De Nevers, Jalbert, Laporte et Sirey, indique le *supplément*, ou la 2ᵉ partie de leurs journaux.—V. ci-apr. § 3, mots Nevers et Sirey, p. 806 et 807.

SUR.—Observation, etc.—V. ci-dev., AD, p. 801.

T., ou TIT.—Titre.—T., ou TOM.—Tome.

Lorsqu'un nom d'auteur ou un titre d'ouvrage est suivi d'un chiffre romain, ce chiffre indique le numéro du volume, et le chiffre arabe suivant, la page.

TAR., ou TARIF. — Tarif des dépens, ou décret du 16 février 1807 (v. *ci-dev.*, *p.* 144).

ULT., *ultimo*, *ultima.*—Dernier, dernière.

℣.—Verset, ou alinéa d'un paragraphe, d'un article.

V., *voyez.*—Les citations précédées de ce signe ne contiennent pas ordinairement en toutes lettres, la décision qu'elles suivent, mais l'établissent, soit directement, soit indirectement, à l'aide de l'interprétation.

§ 2. *Remarques sur les citations.*

1. On désigne les lois romaines par leur numéro dans le *titre* du *corpus juris* où elles sont placées, ou par leur premier mot, ou même tout à-la-fois par le numéro et le premier mot.—V. *au reste* sur ce point et pour la manière de chercher les lois romaines citées dans un ouvrage, notre *Histoire du Droit romain*, in-8°, 1821, *chapitre des citations*, *p.* 318 *et suiv.*

2. On désigne les lois françaises par leur date, c'est-à-dire par le jour de la sanction, s'il s'agit des lois rendues, 1° depuis la Charte, 2° sous l'empire de l'acte constitutionnel de 1791; et par le jour de l'émission, s'il s'agit des autres (1). Quelques auteurs indiquent tout à-la-fois ces deux jours en les séparant par un tiret.—C'est le premier de ces modes que nous avons suivi; et afin d'empêcher qu'on ne confonde deux lois, arrêtés, décrets, etc., qui ont la même date et le même objet, nous les avons distingués de plus, par le numéro qu'ils ont dans le bulletin.

3. Les décisions des codes nouveaux sont désignées par le numéro des articles qui les contiennent.

4. Le tiret—placé entre deux chiffres, indique qu'il faut consulter non-seulement les articles, pages, etc., que désignent ces chiffres, mais encore les articles, pages, etc., intermédiaires.

5. Les titres, dates, etc., des ouvrages et des lois, se citent le plus souvent par abréviations, en rapportant les premières lettres des premiers mots.—V. *le même chapitre des citations.*

(1) V. avis du cons. d'état, du 5 pluviôse an viij.
C'est mal-à-propos que beaucoup d'auteurs modernes citent les lois de la première espèce par la seule date des décrets.

§ 3. TABLE *alphabétique des auteurs ou ouvrages cités souvent dans le cours.*

N. B. Ils y sont cités par le nom de l'auteur ou par les premiers mots des titres, abrégés, comme on va le voir au commencement de chacun des articles suivans.

ALBISSON... v. FAURE.

ARR. CASS., ou B. C.: Bulletin des arrêts de la cour de cassation en matière civile, 1799 (an vij) à 1835; 37 vol. in-8° (v. *p.* 801).

ARR. CASS. CR.: arr. de la section criminelle de la même cour.

ARR. REJ. CIV., ou seulement, REJ. CIV... arrêt de rejet de la section civile de la même cour... Lorsqu'il n'y a que l'indication de la date, ils ont été puisés dans le même bulletin, où l'on a inséré les plus remarquables, du moins depuis quelques années.

ARR. REJ. REQU., ou seulement, REJ. REQU..: arr. de rejet de la section des requêtes de la même cour... La plupart ont été puisés dans les journaux de jurisprudence; quelques-uns, dans le bulletin, où on les a insérés quelque temps.

ARR. RÉGL. REQU., ou seulement, RÉGL. REQU... arr. de règlement de la même section.

AUTOMNE... v. IMBERT.

AVOUÉS.: Journal des avoués rédigé par M. Coffinières, et successivement par M. Chauveau, à qui M. Billequin s'est adjoint en 1834... 1810 à 1835, 48 vol. in-8°.

B. C.: Bulletin civil.... v. ci-devant ARR.

BARBOSA (Augustin): *de Axiomatibus juris usu frequentioribus;* 1676, in-fol.

BERLIER... BIGOT-PRÉAMENEU... v. TREILHARD.

BILLEQUIN... v. AVOUÉS.

BONCENNE : Théorie de la procédure civile, 1828, 1833 et 1834; 3 vol. in 8°.

BORNIER.: Conférences sur les ordonnances de 1667 et 1670; 1694, 2 vol. in-4°.

BRISSON.: *de verborum quæ ad jus pertinent significatione, cum additionibus Ottonis Taboris et Iteri*; 1721, in-fol.

CARRÉ.: Analyse des opinions et arrêts sur le Code, 1811, 1812, 2 vol. in-4°.—Traité et questions de procédure civile, 1818, 1819, 2 vol. in-4°.—Lois de la procédure, 1824, 3 vol. in-4°. —*N. B.* Ce sont les ouvrages les plus utiles qui aient paru depuis le Code, sur la procédure... le 3ᵉ est la réunion des deux premiers fondus ensemble.

CHAUVEAU et COFFINIÈRES... v. AVOUÉS.

CUJAS.: *opera*; édition de Scot, Lyon, 1614, 4 vol. in-fol.

DEMIAU.: Élémens du droit et de la pratique; 1811, in-4°.

De Nevers... v. Nevers.

Desmasures (M. Thomines) : Traité de la procédure civile ; 1807, in-8°.

Despeisses.. œuvres, et surtout le traité de l'ordre judiciaire; 1664, 3 vol. in-fol,

Espagne, ou Prost-de-Royer : Dictionnaire des arrêts, par Prost-de-Royer, Riols et Espagne; 1781 à 1788, 7 vol. in-4°. —Ce sont les articles d'Espagne sur l'*appel* et sur l'*assignation*, que nous avons principalement cités.

Faber (Antoine Faber, ou Favre) : *Codex ;* 1615, in-fol.

Faure, Perrin, Albisson, Favard, Grenier, Tarrible, Mou- nicaut, Gillet, Mallarmé (M^rs), tribuns : rapports sur le Code de procédure.

N. B. On a suivi pour ces rapports (faits au corps législatif, en avril 1806), l'édition stéréotype d'Herhan, in-12, 1806.

Favard... v. Faure.

Ferrière (Claude-Joseph de) : Dictionnaire de droit et de pra- tique ; 1779, 2 vol. in-4°.

Fontanon... v. Mazuer.

Gaill : *Observationum practicarum*, etc., *cum sententiis* Myn- singerii ; 1609, in-fol.

Gaii *Institutionum commentarii iv*, découverts en 1816 par Nieburh, sur un manuscrit palimpseste de la bibliothèque du cha- pitre de Vérone; publiés (en France) en 1822, dans le *Juris civilis ecloga.* Ce texte, le plus important de ceux qui nous sont parve- vus sans subir la censure de Tribonien, jette un grand jour sur la procédure romaine. f. b. s.

Galli... v. Treilhard.

Garnier... v. Roger.

Gillet... Grenier... v. Faure.

Guenois... v. Imbert.

Hautefeuille : Traité de procédure civile, etc.; 1812, in-4°.

Heineccius... v. Vinnius.

Henrion : de la Compétence des juges de paix. -- Nous avons suivi la 1re édition (in-12, 1805) : nous indiquons la 2e (in-8°, 1812) lorsque nous en rapportons les décisions.

Imbert : Pratique judiciaire, avec les notes de Guenois et d'Automne; 1619, in-4°.

Jalbert... v. Nevers.

J. C-c. : Jurisprudence du Code civil, par MM. Bavoux et Loi- seau; 1803 à 1814, 22 vol. in-8°.

J.-C.-Pr. : Jurisprudence des cours de cassation et d'appel sur la procédure civile, etc., par les mêmes; 1808, 1809, 3 vol. in-8°.

Jousse : Commentaire sur l'ordonnance civile du mois d'avril 1667; 1769, 2 vol. in-12.

LANGE : nouveau praticien français (avec les notes de SIMON); 1702, in-4°.

LAPORTE... V. NEVERS.

LOCRÉ (M.) : Législation civile de la France, t. 21, 22 et 23 (ils sont relatifs au Code de procédure); 1830.

LOISEAU... v. J.-C.-c.

LOISEAU : OEuvres; 1666, in-fol. — (Le traité du déguerpissement est cité par le seul nom de l'auteur; on indique le titre des autres).

MALLARMÉ... V. FAURE.

MAZUER : Pratique, avec les observations de FONTANON et de GUENOIS; 1609, 1 vol. in-4°.

MERLIN,... v. REC. ALPH. et RÉP.

MOURICAUT... v. FAURE.

MYNSINGER... v. GAILL.

NEVERS : Journal des audiences de la cour de cassation, par DE NEVERS et DUPRAT, continué successivement par MM. JALBERT, de SELIGNY, LAPORTE et DALLOZ: 1808 et suiv. — V. *ci-devant*, § 1, *mot* SUPP., *p.* 802.

OBS.-CASS. : Observations préliminaires de la cour de cassation sur le projet du Code de procédure (Journal de Sirey, 1809, p. 1 et suivantes. V. *ci-devant*, *p.* 108, *note* 4).

OBS.-MSS. DU TRIBUNAT : Conférences du tribunat sur le même projet. — *N. B.* On en trouve des analyses dans l'esprit du Code de procédure, par M. Locré, et des fragmens dans sa Législation (v. LOCRÉ). Nous les citons d'après une copie exacte qu'avait fait faire le tribun Chabot, de l'Allier.

PERRIN... V. FAURE.

PIGEAU : la Procédure civile des tribunaux de France; première édition, 1807, 1808, 2 vol. in-4°. — C'est celle que nous avons suivie. Mais toutes les fois qu'il y a quelque circonstance remarquable ou quelque différence, nous citons aussi, en indiquant l'année, soit la dernière édition (1819, 2 vol. in-4°), soit l'édition de 1787 de la procédure du Châtelet, du même auteur, dont l'ouvrage précédent n'est qu'une nouvelle édition rectifiée d'après le code de procédure.

POTHIER : Traité de la procédure civile, 1777, in-4°.

POTHIER, PAND. : *Pandectæ Justinianeæ in novum ordinem digestæ;* 1782, 3 vol. in-fol.

PRAT. FR. : Praticien français par les rédacteurs de la jurisprudence du Code civil (v. *ci-dev.* J.-C.-c.); 5 vol. in-8°, 1806, 1807.

PR.-VERB. ou PROCÈS-VERBAL des conférences tenues pour l'examen de l'ordonnance de 1669; in-4°, édition de 1724.

PROST-DE-ROYER... v. ESPAGNE.

RÉAL... v. TREILHARD.

Rebuffe : *Commentaria in constitutiones Regias;* 1599 et 1613, 3 vol. in-fol.

Rec. alph. : Recueil alphabétique des questions de droit, etc., par M. Merlin, (an xj-xiij) 1803 à 1805, 9 vol. in-4°.—*Idem,* deuxième édition, 1810, 5 vol. in-4°, avec 4 volumes de supplément publiés en 1820 (t. vj), 1827 (t. vij), et 1830 (t. viij et ix).

N. B. Les citations auxquelles nous n'ajoutons pas d'indication particulière, se rapportent à cette deuxième édition.

Rép. ou répert. : Répertoire de jurisprudence, quatrième édition, 17 vol. in-4°, savoir les 15 premiers, dont un de supplément, 1812 à 1815, et les 16e et 17e, qui forment un second supplément, 1824 et 1825, par le même. — Quand nous citons la 2e édition (1784, 17 vol. in-4°), ou la 3e (1806 à 1809, 13 vol. in-4°), nous en indiquons les dates ou numéros.

Rodier : Questions sur l'ordonnance de 1667; 1784, in-4° (le meilleur des ouvrages publiés sur la procédure ancienne).

Roger et Garnier : Annales de législation et de jurisprudence commerciale; 1824, 1825, 2 vol. in-8°.

Saint-André : Arrêts et Remontrances du parlement de Grenoble, sur l'ordonnance de 1667, recueillis quelques années après, par Prunier de Saint-André, doyen des présidens; *manuscrit.*

Siméon... v. Treilhard.

Sirey : Jurisprudence de la cour de cassation, an x (1802) et suiv.—V. *ci-devant,* § 1, *mot* supp., *p.* 802.

Tarrible... v. Faure (pour les articles de Tarrible sur les hypothèques et la saisie immobilière, v. *p.* 626, *note* 3, et pour son discours au corps législatif, *p.* 717, *note* 6).

Thémis, ou Bibliothèque du jurisconsulte, 1819 à 1830, 10 vol. in-8°.

Thomines... v. Desmasures.

Toullier : Droit civil français, 1819 et années suiv., 14 vol. in-8°, deuxième édition.

Treilhard, Bigot-Préameneu, Réal, Berlier, Siméon, Gally (MM.), conseillers d'état : Exposés des motifs du Code de procédure, présentés au corps législatif en 1806. — Nous nous servons de l'édition stéréotype d'Herhan, 1806.—V. *ci-dev. tit. de l'autorisation, note* 12, *p.* 740 *et* 741.

Tribunat... v. ci-devant, Obs.-mss., p. 806.

Villars : Jurisprud. de la cour royale de Grenoble; 1823, in-4°.

Vinnius : *in lib. Institutionum commentarius, cum notis Heineccii;* 1777, 2 vol. in-4°.

Voet : *commentarius ad pandectas;* 1731, 2 vol. in-fol.

§ 4. TABLE *alphabétique des principaux axiomes de droit et de procédure, cités dans le cours.*

A mal exploiter point de garant, *page* 87.

Accessoire suit le sort du principal, 481.

Actiones quæ tempore pereunt, semel inclusæ judicio salvæ permanent, 633.

Actus consistere non potest sine substantia, 153.

Causa dominii multiplicari non potest, 113.

Causa judicati est individua, 508.

Causæ continentia dividi non debet, 295.

Complainte sur complainte n'a lieu, 128.

Dictum expertorum nusquam transit in rem judicatam, 345.

Dies interpellat pro homine, 170.

Dies termini non computatur in termino, 159.

Domicile supplée la personne, 232.

Ei incumbit probatio qui dicit, non qui negat, 296.

Factum executoris, factum partis, 87.

Forme (la) emporte le fond, 153.

Frustra probatur quod probatum non relevat, 321.

In toto jure generi per speciem derogatur, 146.

Juge d'appel peut faire ce que le premier juge aurait dû faire et n'a pas fait, 486.

Locus regit actum, 152.

Modica facti differentia magnam inducit juris diversitatem, 367, *note* 11, *et* (tome I, in pr.) *avis aux élèves, note dernière.*

Nemo tenetur edere contra se, 263.

Non bis in idem, 309.

Non creditur referenti, nisi constet de relato, 297.

Non debet actori licere quod reo non permittitur, 184, 288.

Non esse et non apparere sunt unum et idem, 198.

Non exemplis, sed legibus judicandum est (*v. d. note dernière*).

Nul, excepté le prince, ne plaide par procureur, 215.

Nul ne se forclot soi-même, 159.

Nullité sans griefs n'opère rien, 153.

Oblatio sine pecuniæ obsignatione non valet, 717.

Odiosa sunt restringenda, 497, 573.

On ne peut être jugé qu'après avoir été entendu ou appelé, 180.

On ne peut se faire justice à soi-même, 8, 129.

Opposition sur opposition n'a lieu, 446.

Par in parem non habet imperium, 378.

Paria sunt non esse et non significari, 198, 597, 686.

§ 5. Table *des articles du Code de Procédure analysés ou cités dans le cours, avec l'indication des pages où ils sont, soit analysés (ce sont ordinairement les premières), soit cités.*

1031.—85, 87, 69, 20, 337.
1032.—742, 743, 216.
1033.—158, 161, 166, 655.
1034.—149, 169, 342, 343, 348.
1035.—18, 353.
1036.—29, 35.

1037.—157, 698.
1038.—79, 281, 555.
1039.—179, 25, 770.
1040.—28, 29, 70.
1041.—143, 274, 328, 451, 585, 596.
1042.—175.

§ 6. CONCORDANCE *des divisions, telles que parties, livres, titres, etc., du Code de Procédure civile, avec celles du Cours de Procédure civile.*

N. B. Plusieurs articles des divisions du *Code* ci-après désignées, ne sont pas analysés dans les divisions correspondantes du *Cours;* mais on y indique par des renvois les passages où ils le sont. D'ailleurs on les trouvera aussi à l'aide de la table générale des articles du Code, p. 810 et suiv.

CODE.

PREMIÈRE PARTIE.— PROCÉ-
DURE DEVANT LES TRIBUNAUX.
—Articles 1 à 811.
LIVRE PREMIER. — *De la justice de paix.*— Art. 1 à 47.

Tit. 1. Des citations.—Art. 1 à 7.
2. Des audiences du juge de paix, et de la comparution des parties.—Art. 8 à 18.
3. Des jugemens par défaut, et des oppositions à ces jugemens.—Art. 19 à 22.
4. Des jugemens sur les actions possessoires.—Art. 23 à 27.

5. Des jugemens qui ne sont pas définitifs, et de leur exécution.—Art. 28 à 31.
6. De la mise en cause des garans.—Art. 32 et 33.
7. Des enquêtes. — Art. 34 à 40.
8. Des visites des lieux et des appréciations. — Art. 41 à 43.
9. De la récusation des juges de paix.—Art. 44 à 47.
LIVRE II. — *Des tribunaux inférieurs.*—Art. 48 à 442.

Tit. 1. De la conciliation.—Art. 49 à 58.

COURS.

Deuxième partie. — Procédure judiciaire.—*Pages* 185 à 712.

Id. liv. 1, sect. 5, tit. 1er.—De la procédure des tribunaux de paix.—*p.* 416 à 418.
Voir, pour les 3 premiers titres du Code, les passages indiqués par les renvois mis dans les notes 5 et suivantes du même tit. 1er de la section V, *p.* 417 et 418.

Partie 1re, sect. 2e, chap. 2, art. 2, § 2.—Des actions pétitoires et possessoires. — *p.* 120 et suiv.
Mêmes renvois que pour les 3 premiers titres.

Idem.

Idem.

Idem.

Idem.

Partie 2e, livre premier.—De la procédure devant les tribunaux.—*p.* 203 à 431.
Id. sect. 1. — De la procédure préparatoire, ou de la conciliation.—*p.* 204 à 210.

N. B Dans plusieurs divisions du
Cours, *V.* la *Table des articles du Code,*
p. 822 et 823.

§ 8. TABLE ALPHABÉTIQUE DES MATIÈRES.

N. B. *Déf.* ou *défin.* signifie définition. — *Qu.* ou *quest. div.*, questions diverses. — *Add. fin.*, addition finale. — Les chiffres précédés d'une virgule,
indiquent les pages communes à tous les mots antérieurs.... placés entre paren-
thèses ; ils ne concernent que le mot auquel ils sont joints.

continuation de pouvoirs, de plein droit, 75, 79, 391 ; droit d'appeler et recourir, 80, 464. v. révocation.

— 4. *Honoraires*, dépens, distraction de dépens, paiement présumé, 78, 176, 558, et addit. fin. 7 *b* et 12.

— 5. *Discipline*, chambre, jugement de id., 80, 60.

— 6. *Quest. div.*, 27, 60, 67, 68, 176, 179, 181, 228, 230, 231, 237, 274, 288, 303, 324 à 329, 366, 391, 421, 438, 553, etc.

— On signifie à l'avoué, et on l'assigne pour la partie, en matière d'enquête, 325 (notes 27 et 29 à 31); et de réglement, 379, notes 9; forme de la signification, 181.. v. aussi officier ministériel, discipline, désaveu, pièces; constitution.

Axiome. Table de ceux qu'on a cités dans le cours, 808.

Ayant-cause; quest. div., 442, 450. v. aussi parties.

Bail, exécution, saisie, 643 à 645, 743, 719. v. saisie-gagerie.
Bailliage, 13.
Banquiers, 62.
Barrer, bâtonner.. actes, livres, registres, etc., 94, 776.
Bateaux. v. saisie-exécution.
Bénéfice de cession. v. cession.
Bénéfice d'inventaire, 792 à 797; à qui accordé; héritier, femme, délais d'inventaire et de délibérer; tribunal; exception résultant des délais, ses avantages (n'empêche pas les saisies de biens et les notifications de titres), 792, 793; conditions et peines; déclaration, inventaires; ventes, surenchère, distribution, 794 à 796; caution, actions, avantages, séparation des patrimoines, exceptions, droits et compte, curateur; renonciation, 796, 797: quest. div., 792 (note 4), 497, 141, 798.
Biens ou *domaines nationaux,* juridiction, vente, 56, 102, 103; procédure, 439.
Bilan, étymologie, 761.. v. cession de biens.
Billet, soustraction, 322.
Billet à ordre. Quest. div., 62, 138; n'est pas saisissable, 577.
Bissextile (jour), 164.
Blanc des actes, v. notaire; des registres, 776.
Bois (enlèvement de), 743.
Bord de vaisseau.. v. assignation.
Bordereau de collocation. v. ordre.
Bornes, 51.
Brevet d'invention; qui en connaît?... 54; acte en brevet, 90.
Bureau de bienfaisance, 369.
— Des finances, 15.
— D'enregistrement, 134, 157.
— De paix, 138, 141.

Consorts, co-intéressés. Acquiescement, 408; désistement, 413; appel, 464, 474; requête civile, 516; cassation, 541; surenchère, 663; il faut une copie pour chacun d'eux, 86, 181 et 594; tierce-opposition, 503.

Constitution d'avoué. Espèces, 76; quest. div., 219, 243, 264, 384, 385, 555, 557 et add. fin. 7 *a* (tacite.. demande en garantie), 642. v. avoués.

Consul, 39, 65.

Consultation; 100, 211, 265, 328, 369, 517, 742.

Contestation en cause. Quid., 229; quest. div., 53, 73, 253, 511.

Contexte, contextus, 93, 94, 593.

Continuer une cause, 281, 384.

Contradiction et *contredire.* v. Distribution et ordre.

Contrainte de contributions, et pour domaines. v. contributions, et p. 433, 436, 437.

CONTRAINTE PAR CORPS, 696 à 712.

— 1. *Cas* et personnes passibles, loi à suivre à cet égard, jugement, appel, affaires de commerce, étrangers, cautions, pairs, députés, liquidation, 696 à 698.

— 2. *Arrestation:* temps, lieux, soleil levé, fêtes, sauf-conduit, édifices, gardes du commerce, huissier commis et pouvoir, 698 à 700, 84; formes, commandement, élections de domicile, opposition, résistance, référé, 700 à 703.

— 3. *Emprisonnement:* formes, prison, écrou, consignation et quotité d'alimens, procédure, nullités, tribunal, durée à fixer, 703 à 705, addit. fin. 35.

— 4. *Recommandation,* extraction, 707, 708.

— 5. *Élargissement,* cas (consentement des créanciers, paiement ou consignation, cession de biens, défaut d'alimens, septuagénaire non-stellionataire), modes, tribunal, 708 à 712.

— 6. *Quest. div..* 46, 62, 130, 144, 157, 176, 222, 438, 482, 525, 551, 559, 663, 672, 758, 762.

Contrariété de jugement, requête civile, 512, 513, 516; cassation, 535, 543.

Contrat judiciaire. Défin., effets, etc.; 409, 410; quest., div., 411.

Contravention, 368, 533.

Contre-déclaration. v. dommages.

Contre-enquête. Cas, 319, 338; qu. div., 326.

Contributions. Directes et indirectes, procédure, jurisdiction, avertissement, sommation, contrainte et porteurs, exécution, objets insaisissables, 433 à 438, 485, 105.. v. enregistrement, douanes et droits-réunis.

— Saisie-arrêt, 585.

— Privilège, 119.

Contumax, 216.

119, 622; saisie, 604, 605, 643, 644, 675, 720, 751 ; liquidation,
v. ce mot; quest. div., 481, et v. distribution.
Frustratoire, 174 (note 7), 278, 390, 399... v. acte et dépens, n. 3.

Gabelles, 15.
Garantie (exception de), 258 à 262.
— *Espèces,* simple, formelle, 258; nature, 259, 485 ; conditions,
mode et délai d'exercice, 259, 485 ; effets, 260 ; jugement, 262 ;
suites de id., 262; en appel, 484; en saisie-immobilière, 662; tri-
bunal, 58, 64, 136, 259; qu. div., 304, 374, 530, 569, 724, 728.
Garde nationale... jury, 55.
Gardes du commerce pour les arrestations. v. contrainte par
corps... quest. div., 69.
Gardien, privilège, 768. v. séquestre, saisie exécution, scellé.
Gens de l'art, 339.
Gérant d'affaires, 214.
Gouvernement (causes du), v. domaniales (causes) et état, n. 4.
Gradués. v. avoués, n. 1, et licenciés.
— *Quest. div.,* 43.
Grand conseil, 13.
Greffiers. Fonctions et droits et devoirs, 70, 71, 312, 768, 773.
v. officier ministériel. Qu. div., 303, 642.
Griefs d'un appelant. v. appel.
Grosses : première, seconde, 730 à 732, et v. expéditions.

Habillement, 103.
Habitation, 218.
Héritage, sens de ce mot, 220, 520, 787.
Héritiers. Espèces : d'un marchand, 64; bénéficiaire, 792 à 797,
179, 498 (apparens), 774, 775; qu. div., 213, 300, 434.
— *Acte* de id., 793; actions, 114 ; possession, 155; id. et
dépens, 305 ; tribunal, 140; papiers, 179.
— *Quest. div.;* appel, signification, 469; contrainte, 697 ; scellé,
773 ; autres, 189, 190, 385, 496, 538. v. inventaire, saisie-immo-
bilière.
Heures ; prohibées, 157 ; commencement, 157; quand se comp-
tent, 163, 164, 274; id., se marquent, 168, 169. v. délai.
Homologation, 278, 410, 678, 744, 755 (appel), 784.
Honoraires, 77, 175.
Hors de cause, 260, 285.
Hospices, v. autorisation.
Huissier, 80 à 89 : espèces, ressort, fonctions et droits, 80 à 84,
653, note 71 ; mentionne les copies, 640; obligations, 82 ; mandat, tacite, exprès, spécial, 83, 84; quand peut recevoir,
84; responsabilité, 87 ; taxe, 87 ; quand commis, 83, 288, 289;

— 5. *Quest. div.*, 144, 163, 229, 230, 289, 382, 392, 525 (qui vient du fait du juge), 786.

Péremptoire. v. exception.

Personne. 1. Civile ou réelle, 216, 742.

— 2. *Agir* en personne, 178, 352, 552, 750., 761.

Pétitoire. v. actions.

Pièces. 1. Remise, restitution, etc., v. 74, 78, 263, 311, 315, et communication, copie, production.

— 2. *Fausse* ou recouvrée, appel et requ. civile, 468, 513, 516.

— 3. *Quest. div.*, 273 à 275.

Placet, 266.

Plaidoirie. Lieu et durée, 265, 266; objet, 269; qui la fait, 265, 100, 101, add. f. 9; effet, 407; quest. div., 268, 272, 438.

Plainte, 191, 309.

Plantation de bornes ou limites, 51, 52.

Plumitif. v. registre.

Pluralité. Définit., 279. v. voix.

Police. Tribunal, 29, 39; de l'audience et du lieu où siègent les juges–commissaires et le ministère public, 29, 30; simple et correctionnelle, 730, 328.

Possession. Avantages, 122, 124; cumulation, 125, 128; preuves, 127; pendant l'instance en nullité ou vérification, 155, 305; de mauvaise foi, 228; avec saisine, 129.

Postulation, 71 et v. avoué.

Possessoire. v. actions.

Poursuite et poursuivant, 150, 570, 646, 652, 654, 684; subrogation, 150, 646, 678; à qui accordée, 150, 645 (saisie-immobilière); ce que c'est en matière de séparation, 750.

Précaire (titre non); complainte, 125.

Précepteur, serviteur, 331.

Préfet; arrêtés, 22, 558; dépens, 27, add. fin. 2 *b*; fonctions, 102 à 106; qu. div., 224, 439, 498.

Préjudice. Suffit-il pour la tierce opposition ? 497.

Préjudicielle (question), 295, 197, 488.

Prélèvement (droit de), 546, 547, 790.

Prélude d'heure, 157.

Préparatoire (jugement). Caractères et appel de id., 276, 459, 22, 490; id., requête civile, 508; id., cassation, 532; est réparable en définitive, 284, 460, 490, 508; quid, s'il est aussi définitif ? 460; quest. div., 149, 261, 401 (péremption), 472 (exécution). v. appel.

Prescription, 209, 227, 229, 241, 244, 251, 284, 351, 382, 395, 501, 573 (d'exécution).

Présentation est supprimée, 237, 149; quest. div., 220.

Président du tribunal civil, jurisdiction, 46, 61, 266, 766;

§ 8. ADDITIONS.

N. B. **Voy.** pour les décisions ou observations suivantes, l'avis aux élèves, in f. (*p. viij*)... Elles sont indiquées dans la table alphabétique (p. 830 et suiv.), dans quelques passages du Cours, par les signes *add.*, ou *addit. fin.*, ou *finale.*

---

1. Juges.. *Surveillance.. Officiers ministériels.. Notaires..* page 20, note 10, à la fin. On vient de décider que les notaires ne sont pas officiers ministériels, et qu'ainsi leur suspension ou destitution doit être provoquée par action principale et ne peut l'être incidemment en appel. V. *rej. civ.* 12 *août* 1835, *Sirey*, 595.

1 *a.* Id.. *ibid..* ajoutez encore : Un officier ministériel est-il révocable et par qui ? V. *avoués*, *xlviij*, 139 et 204.

2. Ministère public.. *Sa plaidoierie clôt l'instruction..* p. 26, note 32, lig. 3 , après xlv , 450; *ajoutez :* Surtout *rej.* 1834, *ci-apr.* p. 199, *note* 44 *a*, *B. c.* 22 *avr.* 1835 et *Rennes*, 25 *janv.* 1835, *Sirey*, 35, 2, 582.

1 *a.* Id.. *Voie d'action..* p. 27, lig. 4, note 33, alin. 1, in f., après art. 90, ajoutez : *idem*, un objet intéressant l'ordre public et en conséquence le ministère public peut appeler d'un jugement qui y a rapport, tel que celui qui autorise mal-à-propos (v. p. 100, note 94, n. 1 et 2) des avoués à plaider toutes sortes de causes. V. *arr. cass.* 23 *juin* 1835, *Sirey*, 676.

2 *b.* Id.. *Dépens.. préfets..* d. note 33, n. 2, lig. 3, après , de l'état , *ajoutez :* Excepté pour les *conflits* qu'ils ont élevés , car les préfets ne peuvent alors être condamnés aux dépens. V. *cass. requ.* 12 *août* 1835, *Sirey*, 599.

3. Compétence.. *Étrangers..* p. 34, texte, n. iij et note 58, *ajoutez :* V. addit. finale, n. 14 *c*, p. 876.

4. Justice de paix... p. 55 (note 57 *a*). Le projet *d'organisation judiciaire* cité dans cette note, n'a point été converti en loi pendant la session de 1835 ; il est soumis à présent à l'examen des cours royales.

5. Tribunaux civils.. p. 55, note 5, n. 5 *a*.. Semblable remarque sur le même projet *d'organisation judiciaire.*

5 *a*, Id.. *dernier ressort..* p. 58, note 63, n. 1, alin. 2, in f., après xlvj , 237, ajoutez : et *Toulouse*, 13 *mars* 1835, *Sirey* , 35, 2, 480.

5 *b.* Id... *exécution provisoire..* p. 60, note 69, à la fin, *ajoutez : Idem*, *Montpellier*, 24 *févr.* 1835, *Sirey*, 35, 2, 381.

5 *c.* Id.. *présidens..* p.62, note 74, *ajoutez :* 5. Ils ont la présidence provisoire des collèges électoraux , quand ces collèges s'assemblent dans une ville chef-lieu d'un tribunal. A leur défaut , la présidence est dévolue aux autres juges dans l'ordre du tableau. *Loi du* 19 *avril* 1831 , art. 42.

6. Cour de Cassation.. p. 55, note 88 *a*; même remarque pour le projet *d'organisation judiciaire*, que ci-dessus, addit., n. 4.

7. Avoués.. *Plaidoierie..* p. 74, note 14, *ajoutez :* v. addit. fin. n. 9.

7 *a.* Id... *constitution..* p. 76, lig. 2, note 16, n. 5, *ajoutez :* Mais non pas les demandes en garantie. V. *rej. requ.* 23 *juin* 1835, *Sirey*, 412.

7 *b.* Id.. *honoraires.. prescription..* p. 78, note 22, n. 4, *ajoutez :* voy. addit. finale, n. 12, p. 876.

8. Notaires.. *Protêt..* p. 90, note 64 , n. 8, *ajoutez :* v. p. 426 , note 5, n. 2 (délai d'enregistrement).

9. Avocats... *Avoués... Plaidoierie...* p. 100, note 94, n. 2, lig. 5, après 262, ajoutez : *arr. cass. civ.* 23 *juin* 1835, *Sirey*, 410. — V. aussi *cass. requ.* 18 *mars* 1835, *ib.*, 508.

9 *a*. Id., *discipline*.. p. 101, note 97, 3°, après art. 1 à 3, *ajoutez : rej. requ. ou civ.* 18 *juin et* 22 *juill.* 1834, *Sirey*, 455, 457.

10. Jurisdiction administrative.. *Conflit*.. p. 105, n. ij, et p. 106, note 8, *ajoutez : Pour les dépens* des conflits, v. add. fin. n. 2 *a*, p. 875.

11. Delai.. *Franc*.. p. 161, lig. 11, après le mot *francs, ajoutez :* v. addit. finale, n. 28, p. 877.

12. Depens.. *Avoués*.. p. 175, note 10, alin. 4°, in f., après 557, *ajoutez :* Il en est de même pour les honoraires qu'il demande à titre de *mandataire*, et ces honoraires ne se prescrivent pas (v. p. 78, note 22, n. 4) par deux ans. *Rej. requ.* 22 *juill.* 1835, *Gaz. trib. du* 28; *Sirey*, 484.

13. Règles generales.. *Visa*.. p. 179, *ajoutez* à la note 6 : Lorsqu'on signifie un jugement à une commune, en la personne de son maire, ou de son adjoint, le *visa* n'est pas nécessaire, *suiv. rej. requ.* 28 *avr.* 1835, *Sirey*, 327.

14. Assignation.. *Mention de demeure*.. p. 219, note 21, n. 2, après xl, 473, *ajoutez :* V. aussi *rej. requ.* 24 *mars* 1835, *Sirey*, 557 (il s'agissait de la demeure d'un saisi).

14 *a*. Id.. *remise*.. p. 223, lig. 7, note 34, n. 2, à la fin, *ajoutez : rej. requ.* 3 *févr.* 1835, *Sirey*, 624.

14 *b*. Id.. *visa*.. note 34, n. 5, *ajoutez :* v. addit. finale, n. 13.

14 *c*. Id.. *étrangers*.. p. 224, note 36, n. 3, à la fin, *ajoutez :* Lorsque l'étranger n'a pas été autorisé à établir son domicile en France, il doit être cité au tribunal de sa résidence, et non pas à celui de ses propriétés, *suiv. Paris*, 9 *mai* 1835, *Sirey*, 35, 2, 278. — Surtout lorsque son adversaire connaît cette résidence, *suiv. id.*, 20 *août* 1835, *Gaz. tribun. du* 21 *octobre*.

14 *d*. Id.. *copie à une commune*.. p. 225, lig. 3 des notes, *ajoutez :* La cour de Nîmes a depuis (17 déc. 1834, avoués, xlviij, 159) adopté un système différent de celui de l'arrêt des sections réunies.

14 *e*. Id.. *délai de comparution*.. p. 227, note 46, n. 3 *a*, à la fin, *ajoutez :* voy. addition finale, n. 28, p. 877.

15. Fins de non-recevoir.. p. 244, note 11, n. 2, à la fin.. Le projet sur les *faillites*, dont il y est question, n'a pas été converti en loi.

15 *a*. Id.. p. 245, note 11, n. 4, à la fin, après xij, 63, *ajoutez :* arr. cass. 13 mai 1835, Sirey, 707.

15 *b*. Id.. d. note 11, n. 5, à la fin, après p. 244, *ajoutez : Voy. aussi* C-pr. 134, où l'on oppose la question du *fond* à la question du *provisoire* (ci-dev. p. 277, n. iij du texte), qui certainement n'est pas une question de pure *forme*.

15 *c*. Id.. p. 248, note 18, lig. 10, après xlvj, 355, *ajoutez :* Rennes et rej. requ. 13 mars 1834 et 19 mai 1835, Gaz. tribun. du 12 juin.

15 *d*. Id.. d. note 18, ligne dernière, après 102, *ajoutez :* Et pour celle tirée de l'*acquiescement*, arr. cass. 13 mai 1835, Sirey, 707.

16. Declinatoire.. *Incompétence ratione materiæ*.. p. 253, note 29, lig. 4, après 1818, *ajoutez : et* cass. 3 *août* 1835, *Sirey*, 753.

17. Jugement.. *Partage*.. p. 280, note 26, n. 3, après 1829, *ajoutez :* Et si l'un des deux a été remplacé lorsqu'on a vidé le partage, il faut, sous peine de nullité, constater qu'il a été empêché. V. *B. c.* 11. *févr.* 1835.

18. Jugement de défaut.. *Profit-joint*.. p. 288, note 10, à la fin, *ajoutez :* Les causes d'ordre sont toutefois exceptées de cette dernière règle, *suiv. rej. requ.* 26 *févr.* 1835, *Sirey*, 361.

18 *a*. Id.. *péremption*.. p. 290, note 19, n. 6, lig. 8, après n. 2, *ajoutez : et Toulouse*, 20 *févr.* 1835, *Sirey*, 35, 2, 265.

19. Faux incident.. *Moyens*.. p. 313, lig. 11 et 12, après 233, *ajoutez :* v. addit. finales, n. 21, p. 877.

20. ENQUÊTES.. *Reproches*.. p. 333, *ajoutez* à la note 55 : *Justice de paix*. Si le juge admet le reproche, il ne doit pas entendre le témoin, sauf au tribunal d'appel à ordonner son audition, s'il pense que le reproche n'est pas fondé.. Il faut d'ailleurs s'en tenir aux règles de C-pr. 34 à 40, pour les formes des enquêtes faites à cette justice. V. *rej. requ.* 2 juill. 1835, *Sirey*, 611.

21. EXPERTISES.. p. 345, note 50, n. 1, lig. 5, après xliv, 309, *ajoutez* : v. surtout *B. c.* 25 *mars* 1835, p. 112 *et* 113 (on y décide qu'en général le recours aux experts n'est pas obligatoire, et, dans l'hypothèse, qu'il ne l'est pas pour la vérification des *moyens de faux*.. v. ci-d. p. 313, lig. 11, 12).

22. ACCÈS DE LIEUX.. p. 348, note 9, n. 1, lig. 9, après avoués, *i*, 62, *ajoutez* : (Décision contraire, motivée sur ce qu'il n'est pas défendu aux juges de prendre eux-mêmes des renseignemens sur les lieux.. v. *rej. requ.* 21 *juill.* 1835, *Sirey*, 491).

23. PÉREMPTION.. *interruption*.. p. 397, note 8, n. 2 *a*, à la fin, après xxxij, 69, *ajoutez* : V. aussi *rej. requ.* 3 *févr.* 1835, *Sirey*, 624 (inscription faite dès *l'ingrès* de la cause).

23 a. ID.. *augmentation de délai*.. p. 398, note 10, à la fin, *ajoutez* : V. aussi sur ce point, Bordeaux, 11 mars 1835, Sirey, 55, 2, 506.

24. ACQUIESCEMENT.. *Avoué*.. p. 404, note 4, n. 2, lig. 8, après p. 550, *ajoutez* : *Colmar*, 7 *mars* 1835 (présence de l'avoué à un serment), *Sirey*, 35, 2, 416.

24 a. ID.. *réserves*.. p. 405, note 10, n. 1, lig. 9, après 1815, *ajoutez* : *arr. des* 9 *avr. et* 13 *mai* 1835, ci-apr. addit. finale, n. 24 *b*.

24 b. ID.. *réserves*.. p. 407, note 12, après l'alinéa n.5, *ajoutez* : 6. L'omission des réserves dans un acte, tel qu'une signification d'où résulte l'acquiescement (v. p. 404, *texte*, n. 4), n'emporte acquiescement qu'autant que l'adversaire n'attaque pas le jugement signifié. V. *arr. cass. civ. et rej. requ.* 13 mai et 9 avr. 1835, *Sirey*, 707, 761.

24 c. ID.. *forcé*.. p. 409, note 18, lig. 10, après note 20, n. 3, *ajoutez* : *Arr. cass.* 23 *mars* 1835 (exécution d'un arrêt), *Sirey*, 744.

25. PROCÉDURE DE COMMERCE.. *Preuve*.. p. 430, note 19, n. 1, lig. 5, après xij, 3, *ajoutez* : *Limoges*, 8 *mai* 1835, *Sirey*, 35, 2, 463.

25. a. ID.. *Preuve vocale*, note 19, n. 2, après xij, 353, *ajoutez* : *et rej. req.* 10 et 11 juin 1835, *Sirey*, 623, 689.

26. CONTRIBUTIONS.. DROITS-RÉUNIS, p. 436, note 17, ligne 5, après 129 et 68, *ajoutez* : *Loi du* 15 *juin* 1835 (elle fixe le délai dans lequel l'assignation peut être donnée, et décide qu'elle peut l'être par les préposés).

27. OPPOSITION. *Jugement de profit-joint*.. p. 447, lig. 2, après 1, 94, *ajoutez* : *et rej. req.* 17 déc. 1834, *Sirey*, 1835, 544.

28. APPEL.. ASSIGNATION.. DÉLAI.. p. 473, note 66, n. 1, lig. 6, après additions finales, *ajoutez* : une assignation à comparaître en appel, *au huitième jour, après la date de l'exploit*, remplit suffisamment le vœu de la loi, et ne peut être annulée, puisque la loi (arg. de C. pr. 1030) ne prononce point la nullité. V. *B. c.* 25 *févr.* 1835.

29. TIERCE-OPPOSITION.. p. 497, note 8, n. 1, lig. 3 et 4, après xxviij, 86, *ajoutez* : *Arr. cass.* 14 *juillet* 1835, *Sirey*, 754 (il résulte aussi de ses motifs qu'il faut avoir dû être appelé pour avoir droit à la tierce-opposition).

36. REQUÊTE CIVILE.. *Dol*.. p. 517, note 40, n. 4, *lisez* : ce délai, en cas de dol, court du jour où les pièces dont il résulte ont été enregistrées ou déposées chez un officier public, si elles n'étaient pas à la disposition du demandeur en requête civile, sauf au défendeur à prouver que le demandeur en avait connaissance avant ces opérations. V. *arr. cass.* 26 *août* 1835, *Gaz. trib.* du 28, *et Sirey*, 35, 580.

31. PROCÉDURE DE CASSATION.. *Délai*.. p. 558, note 27 et 28, *ajoutez-y* le n. suivant... 5. Le délai court, non de la signification à l'avoué, quoiqu'il s'agisse d'un jugement qui ordonne une enquête (v. p. 323, § 2), mais de la signification à la partie. *V.* arr. 23 mars 1835, à add. f. 24 c, p. 877.

32. EXÉCUTION FORCÉE.. *Commandement*, p. 572, note 18, n. 1, à la fin, après du commandement, *lisez* : Ajoutons que les commandemens sont assujétis à des formes spéciales, souvent même, sous peine de nullité (voy. p. 587, § 1, 605, *note* 5, 608, n. 1, 630, n. ij); tandis que la loi n'en prescrit point pour les sommations, de sorte qu'il suffit d'y observer les formes générales des exploits indiquées, *p.* 85, *n. iij*.

33. SAISIE-ARRÊT: *Dernier ressort*.. p. 580, note 17, n. 2, après xliv, 157, *ajoutez* : Et par conséquent, elle le sera en dernier ressort, si la créance est moindre de 1000 francs. V. *rej. requ.* 23 *janv.* 1835, *avoués*, *xlviij*, 372 (mais v. aussi *observat.*, *ib.*, p. 373).

35 *a.* DISTRIBUTION PAR CONTRIBUTION.. p. 619, note 18, n. 1, à la fin, après n. 2173, *ajouter* : —La Cour de cassation vient aussi de décider que *la peine de forclusion* devait être rigoureusement appliquée, même pour un créancier en *sous-ordre*; mais, dans l'hypothèse, la production n'avait été faite qu'après la clôture du procès-verbal. V. *rej. civ.* 2 *juin* 1835, *avoués*, *xlix*, 484.

34. SAISIE IMMOBILIÈRE... *choses saisissables*, p. 636, note 23, n. 3, lig. 5, après avoués, xxj, 321, *ajoutez* : *Poitiers*, 20 *août* 1835, *Sirey*, 35, 2, 478.

34 *a.* ID... *procès-verbal*.. p. 637, § 1, n. 1, après 85, n. 3, ajoutez : V. aussi l'addit. finale, n. 14, *p.* 876.

34 *b.* ID.. *surenchère du quart*.. p. 663, note 95, après le n. 4, *ajoutez* celui-ci : 5. L'est-elle dans l'adjudication sur cette même surenchère? *Non*, *suiv.* Toulouse, 21 *févr.* 1835, *Sirey*, 35, 2, 358, *avoués*, *xlix*, 443 à 445; *observat.*, *ibid.*

4 *c.* ID., *folle-enchère*.. p. 674.. voy. ci-après l'errata (p. 880), à l'article de la p. 674.

35. CONTRAINTE PAR CORPS. *Durée*.. p. 710, texte, n. 6, alinéa, 1° in f., *ajoutez* en note (46 *aa*) : Il y a excès de pouvoir, et par conséquent nullité, dans le jugement qui ne fixe pas le temps de la contrainte. V. *B. c. civ.*, 25 *févr.* 1835. — Mais il en est autrement, s'il s'agit de condamnations pécuniaires prononcées au profit de l'état en matière criminelle. V. *B. c. crim.* 20 *mars* 1835, n. 104.

36. AUTORISATION. *Etablissemens publics*. p. 743, *ajoutez* au commencement de la note (13), tels que les séminaires. V. *décr.* 6 *nov.* 1813, *art.* 70; *B. c.* 2 *févr.* 1835.

36 *a.* ID... *communes*.. p. 744, note 18, n. 1, lig. 11, après 2, 113, *ajoutez* : *Rej. req.* 30 *mars* 1835, *Sirey*, 441.

§ 9. *Table alphabétique des additions placées aux pages 875 à 878, avec l'indication de leurs numéros.*

---

§ 10. ERRATA.

Page 29, ligne 11 des notes, *au lieu de* c-pr. 262, *lisez* c-pr. 202.

Page 304, lig. 7 du texte, *au lieu de* c-pr. 201, *lisez* c-pr. 211.

Page 602, lig. 6 du texte, *au lieu de* c-pr. 625, 428; *lisez* c-pr. 625, 623.

Page 674, note 124, n. 5, lignes 1 (à la fin) et 2, *lisez :* OUI, *suiv.* Rouen, 1818 *et* 1827, *et Paris*, 1834, avoués ; *xxvj*, 274 , *xxxiv*, 116, *xlvj*, 370... NON, *suiv. Rouen*, 1824, *Montpellier et Riom.*

Page 830, au titre, *au lieu de* § 8, table, *lisez* § 7, table.

836, mot *ayant cause*, après div., *au lieu de* 442, 450, *lisez* 498, 506.

840, mot *conciliation*, ligne 2, *au lieu de* 374, 518, *lisez* 421, 579.

Id., mot *conclusions*, ligne 2, *au lieu de* 431, 422, 445, *lisez* 485, 474, 501.

TABLE DES MATIÈRES

DANS L'ORDRE DU COURS DE PROCÉDURE CIVILE.

————◦•◦————

II.   56

SECONDE PARTIE.

DE LA PROCÉDURE JUDICIAIRE.

TOME SECOND.

SUPPLÉMENT.

Le lecteur est invité à marquer de la lettre A les passages auxquels se réfèrent les additions suivantes.

Page 1. Notions préliminaires. L'étymologie (*procedere*) indique la signification primitive du mot *procédure* : c'est une suite d'actes (opérations ou démarches) accomplis dans le but de faire reconnaître par le juge un droit contesté et de le faire respecter par les agents d'exécution. En deux mots : c'est une série d'actes tendant à obtenir justice. — Dans la pratique, les actes sont constatés par des écrits auxquels on donne figurément le nom de *procédure*; en ce sens, on dit : brûler la procédure. On nomme *dossier* l'ensemble des écrits relatifs au procès d'une certaine personne. C'est par extension que l'on nomme procédure : soit la collection des règles législatives qui déterminent la marche à suivre pour se faire rendre justice, soit la théorie qui expose ces règles, les motive, les complète, en éclaircit le sens, en déduit les conséquences. — Comme toutes les théories d'art, la procédure repose sur des propositions purement scientifiques telles que celle-ci : une personne non avertie est dans l'impossibilité de se défendre; la collection de ces propositions constituerait une science proprement dite.

L'étymologie (*procedere*) permet d'appeler procédure une série d'actes qui tendent, non pas à obtenir le jugement d'un procès, mais à conserver un droit ou l'objet d'un droit; telles sont les appositions de scellés, les nominations de tuteur. Ces sortes de procédures se nomment *extra-judiciaires*, par opposition à la procédure proprement dite. Si l'on observe que *judiciaire* vient de *judex*, on pourra encore distinguer la procédure en judiciaire et extra-judiciaire, selon que les actes se font ou non en présence du juge ou par son ordre.

La procédure *criminelle* tend à obtenir la punition d'un délit. On nomme *civile* celle dont le but est différent, et spécialement celle qui tend à constater un droit réel ou personnel, tel qu'un droit de créance ou de propriété, ou l'état civil d'une personne.

Un *procès* (de *procedere, processum*) est une contestation portée devant le juge. L'*instance* se définit de même. Il y a pourtant une nuance : le mot *procès* réveille surtout l'idée de contestation; dans le mot instance, c'est la présence des parties devant la justice, ou leur subordination à ses ordres, qui domine. Au lieu des termes spécifiques, procès et instance, on emploie souvent les mots génériques *différend, cause, affaire*. Les parties doivent en effet prouver que la *cause* de leur procès est légitime; et ce procès est une *affaire* pour elles aussi bien que pour le juge.

Toutes ces définitions ont été à peu près omises par Boncenne, Boitard et Carré. Les deux derniers se bornent à citer avec variantes un passage de Pothier : « La procédure est la forme suivant laquelle on doit intenter les demandes, y défendre, instruire, juger, se pourvoir contre les jugements et les faire exécuter. » Cette phrase est moins une définition qu'une énumération des parties les plus importantes de la procédure; mais, sous ce rapport, il convient de la graver dans sa mémoire. — Le répertoire de Merlin confond la procédure et l'instruction, qui n'en est qu'une partie.

Page 10. Jurisdiction. *Juger*, c'est terminer un procès. Dans tout procès il y a une question de fait et une question de droit, sur lesquelles ou sur l'une desquelles les parties sont divisées; le juge résout l'une et l'autre question. Le juge ne crée pas le droit des parties; il le déclare. Ainsi le jugement qui déclare le demandeur propriétaire ne lui confère point une propriété nouvelle; il reconnaît dans sa personne une propriété préexistante (exceptez quelques cas, tels que ceux de partage et de bornage). On ne peut obtenir certaines résolutions ou rescisions qu'en s'adressant au juge; mais il est obligé de les prononcer dans l'hypothèse prévue par la loi; et dans les cas mêmes où elle s'en remet à son *arbitrage*, son pouvoir est moralement restreint.

Le *jugement* est la décision du procès.

Le *juge* est un fonctionnaire public chargé de décider les procès. Le mot *tribunal*, qui signifiait primitivement le siège sur lequel le juge est assis, se prend au figuré pour le juge lui-même; aujourd'hui, il désigne surtout une collection de juges. On appelle *cour* (de *curia*) un tribunal dont les décisions ne sont pas susceptibles d'être réformées par un tribunal supérieur. Quand la loi dit : le juge, *in abstracto*, sans autre explication, ce qu'elle dit s'applique aux cours et tribunaux, aussi bien qu'aux juges de paix qui siègent seuls. Opposé à « cour » ou à « tribunal », le mot *juge* désigne l'un des membres du tribunal ou de la cour.

Le pouvoir de juger s'appelle *pouvoir judiciaire, justice, jurisdiction, compétence, ressort*. Le mot *compétence* se dit d'un fonctionnaire quelconque, et désigne l'étendue de ses pouvoirs; *jurisdiction* ne se dit que d'un juge. Le mot *ressort* s'emploie surtout pour comparer l'étendue de la compétence de plusieurs juges. Juger en *premier ressort*, c'est rendre une décision susceptible d'être attaquée devant un tribunal supérieur; juger en *dernier ressort* veut dire l'inverse. On qualifiait autrefois de *souverains* les tribunaux jugeant en dernier ressort.

Le pouvoir judiciaire émane-t-il d'un monarque, selon le vieil adage : toute justice émane du roi? Est-il un démembrement du pouvoir exécutif, comme l'ont soutenu tant d'auteurs (Merlin, Henrion, Hello, MM. Dupin, Foucart, Bonnier, Rogron)? Qu'est-ce que l'institution des juges? Est-il conforme à la liberté des cultes de les faire assister à des cérémonies religieuses? Quelle est la portée du principe qui défend de distraire les citoyens de leurs juges *naturels?* Ces diverses questions touchent au droit politique; je les ai traitées avec développements dans mon *Commentaire sur la Charte*, p. 339 et suiv., et dans ma *Théorie du droit constitutionnel*, nᵒˢ 1196 et suiv.

La Constitution du 4 nov. 1848 (art. 85) donnait au président de la république le droit de nommer les juges d'après les conditions réglées par la loi. Celle du 14 janv. 1852 se borne à dire que la justice se rend au nom du président, et le sénatus-consulte du 25 déc., qui change le nom du gouvernement, reste muet sur les tribunaux. Ainsi la Constitution de 1848 conserve force de loi secondaire à cet égard; c'est donc au chef du pouvoir exécutif qu'appartient la nomination des juges, pourvu qu'il les choisisse parmi les candidats qui satisfont aux conditions légales. L'art. 87 de la Constitution de 1848, également en vigueur, veut que les juges de première instance, d'appel et de cassation soient nommés à vie. Ils ne peuvent être révoqués ou suspendus que par un jugement, ni mis à la retraite que pour les causes et les formes fixées par la loi.

Page 23. *Ministère public*. Une figure très-usitée a fait donner le nom de ministère public aux fonctionnaires qui en sont chargés, ou même à celui d'entre eux qui l'exerce. Le ministère public consiste surtout à poursuivre les coupables devant les tribunaux criminels; devant les tribunaux civils, il n'a d'autre objet que la défense éventuelle de la vérité, et parfois la réquisition de certaines mesures. On voit que la dénomination de ministère public est trop large.

J'ai démontré dans mon *Droit constit.*, nᵒ 1256, que les magistrats chargés du ministère public ne sont pas réellement des agents du pouvoir exécutif. Aussi est-ce mal à propos qu'on les a tour à tour appelés commissaires du gouvernement, procureurs impériaux, procureurs du roi. V. p. 901. En 1848, ils avaient pris le nom de procureurs de la république (v. *C. instr. cr.* 622, s.); un décret du 2 déc. 1852 leur a rendu celui de procureurs impériaux. — Ils siègent séparément des juges et ne peuvent participer à leurs délibérations; de là sans doute le nom de *parquet*.

Page 35. *Juge saisi*. Se saisir d'une chose, en être saisi, c'est en prendre, en avoir la possession. Dire que le juge est saisi d'un différend, c'est dire qu'il en est en possession; ou, en termes plus précis, qu'il est investi du droit et grevé de l'obligation de juger le procès.

Page 36-6°. *Reconvention.* Le juge de paix est compétent pour juger les demandes reconventionnelles qui n'excèdent pas 200 fr., quand même leur réunion à la demande principale excéderait ce chiffre. Il en connaît sans limitation de valeur, quand elles tendent uniquement à indemniser le défendeur du tort que lui cause la demande. (*Loi du* 25 *mai* 1838, 7.) Si la demande reconventionnelle dépasse les limites de la compétence, le juge de paix *peut* renvoyer la demande principale au tribunal, sans conciliation. (*Ib.* 8.)

Si la demande reconventionnelle n'excède pas le taux de la compétence en dernier ressort, le juge de paix ou le tribunal de première instance statuent sans appel, tant sur cette demande que sur la demande principale. Si l'une d'elles seulement excède le taux, ils statuent sur toutes en premier ressort (*ib.* et *loi du* 11 *avril* 1838, 2). Le tribunal juge sans appel les demandes en dommages-intérêts fondées sur la demande principale. (*Ib.*)

Page 39. *Conseils de* PRUD'HOMMES. Tribunaux chargés de décider les contestations entre fabricants et ouvriers ou entre patrons et pêcheurs, relativement au contrat de louage qui les lie; d'où la distinction des prud'hommes *fabricants* et des prud'hommes *pêcheurs.* Ils sont aussi conciliateurs et ont quelques attributions extra-judiciaires. Leur origine est fort ancienne, quoi qu'en dise le préambule de la Constit. du 14 janvier 1852. Ils sont établis dans les villes manufacturières ou maritimes qu'a désignées le pouvoir exécutif. (*Loi* 1er *juin* 1853.) Ils jugent en dernier ressort jusqu'à 200 fr. en capital; au-dessus, leurs jugements sont sujets à l'appel devant le tribunal de commerce. (*Ib.* 13.) Ils sont électifs, mais peuvent être dissous par le pouvoir exécutif. (*Ib.* 16.) Ils sont composés en nombre égal de patrons et d'ouvriers élus les uns par l'assemblée des patrons, les autres par l'assemblée des ouvriers. (*Ib.* 9.) Pour être électeur, il faut avoir vingt-cinq ans, cinq ans d'exercice et trois ans de domicile; les ouvriers doivent être porteurs de livrets. (*Loi* 22 *juin* 1854.) Pour être éligible, il faut avoir trente ans et savoir lire et écrire. (*Loi de* 1853, 4 *et* 5.) Ces règles ont été la plupart empruntées à la *loi du* 27 *mai* 1848. Auparavant, la base de l'élection était bien moins large. V. un décret impérial du 3 août 1810, contraire à la loi du 18 mars 1806 et aux principes qui déterminent la compétence par la demande et non par la *condamnation.* — Il existait en 1853 soixante-dix-huit conseils de prud'hommes.

Cour des comptes. Tribunal administratif. V. *Dr. constitut.*, n°s 1286-9.

Page 40. ARBITRES. Simples particuliers chargés par deux plaideurs de juger leur contestation.

Le *compromis* est un contrat par lequel deux plaideurs chargent un ou plusieurs particuliers de juger leur contestation, et s'obligent à exécuter ce jugement. Dans la pratique, et peut-être aussi dans le Code (art. 1005-6), on confond le compromis avec l'acte écrit qui le constate, confusion d'autant plus vicieuse que l'écriture ne me paraît pas plus essentielle à l'existence du compromis qu'à l'existence de la transaction. (*C. civ.* 2044; v. mes *Notes* n°s 8128-30.) Tout au plus peut-on soutenir que l'art. 1005 exclut la preuve testimoniale, même si l'objet litigieux vaut moins de 150 fr. — De l'art. 1006, qui prescrit de désigner les arbitres à peine de nullité, la jurisprudence déduit l'illégalité de la *clause compromissoire,* convention faite pour juger les contestations ultérieures par des arbitres qu'on choisira plus tard. V. M. Bioche, *Dictionn. proc.*, mot *arbitr.*

Page 41. Le *déport* est la renonciation de l'arbitre à son mandat (C. civ. 2003); elle est pour l'arbitre ce qu'est la démission pour le juge. Le déport suppose une acceptation préalable, à la différence du refus. Si les opérations sont commencées, l'arbitre ne peut se déporter (art. 1014), en ce sens qu'il s'expose à des dommages-intérêts (comp. art. 505-4°); du reste il est clair qu'on ne saurait le contraindre physiquement à juger (C. civ. 1142).

Page 46. La sentence arbitrale ne devient *exécutoire* que par ordonnance du président; en effet, les arbitres sont de simples particuliers, et ne peuvent, en cette qualité, donner d'ordres aux agents de la force publique.

Page 47. Les arbitres perdent leur qualité transitoire de juges en rendant leur sentence. Dès lors la *tierce-opposition* n'est pas applicable ici (art. 475-1°); mais il ne faut pas dire après beaucoup d'auteurs qu'elle est rendue inutile par l'art. 1022, texte qui reproduit simplement la maxime générale *res inter alios judicata aliis non nocet*. Boitard, en le reconnaissant, paraît croire (ainsi que M. Bourbeau) que la tierce-opposition a lieu, par suite, contre les jugements arbitraux. Il vaut mieux dire, je crois, que les tiers devront exercer leur action selon le droit commun devant les tribunaux ordinaires, sauf à repousser la sentence arbitrale que leur opposerait le défendeur. Si ce sont des créanciers fraudés, ils devront prouver que la sentence est le résultat d'une collusion entre leur débiteur et le gagnant.

Page 50 à 68. Les changements survenus dans les lois sur la *compétence* ont nécessité la refonte des pages 50 à 68. Ils entraînent aussi la correction de divers passages disséminés dans le cours. Il faut substituer le nombre 1500 au nombre 1000 partout où se trouve ce dernier, notamment p. 419, ligne 15; p. 580, note 17 a, n° 2; p. 620, note 29 a; p. 684, note 18 a; p. 721, note 9; p. 878, ligne 13. — P. 875, effacez les lignes 25 à 39.

Page 69. OFFICES. Les mots *office, officier*, sont synonymes de *fonction, fonctionnaire*; il dérivent d'*officium*, devoir; or toute fonction est un ensemble de devoirs réunis à un ensemble de droits. Les officiers *ministériels* (de *ministrare*, aider) sont des fonctionnaires chargés de seconder l'action de la justice.

Les offices des greffiers, avoués, huissiers, notaires, commissaires-priseurs et gardes du commerce, sont susceptibles d'être vendus par les titulaires, depuis la loi du 28 avril 1816. Cette *vénalité* a de graves inconvénients; on ne pourra les faire disparaître qu'en remboursant aux officiers la valeur de leurs charges; mais on peut dès à présent, selon moi, en fixer le prix pour empêcher les titulaires de s'enrichir aux dépens de l'État (v. mon *Droit const.* n° 612); c'est le vrai moyen de prévenir les déclarations faites en fraude du fisc et les stipulations exagérées des vendeurs. On doit, dans tous les cas, s'abstenir de créer de nouveaux titres vénaux. — On s'est borné jusqu'ici à grever la transmission d'un droit de 2 pour 100 (*loi 25 juin 1841*, 6).

Il est temps que le législateur se montre plus rigoureux sur les conditions de *capacité* requises pour devenir officier ministériel. Le diplôme de licencié n'atteste pas une érudition juridique si excessive qu'on ne puisse l'exiger des aspirants.

Page 69. Note 1-1°. La *contrainte par corps* s'applique aussi aux greffiers, commissaires-priseurs et gardes du commerce. *Loi du 13 déc.* 1848, 3.

Page 71. *Avoués.* Ce mot vient d'*advocatus*, ou peut-être de ce que les avoués ont l'*aveu* des parties pour les défendre. L'avoué défend sa partie en dirigeant la procédure, l'avocat en exposant les preuves de fait et de droit. Les conclusions formulées par l'avoué ont un effet légal : elles déterminent la compétence du juge; l'avocat ne s'occupe des conclusions que pour en démontrer la justice.

Page 77. La question de savoir si la constitution d'avoué est un *mandat* ou un *louage* se rattache à une controverse plus générale : est-il possible de faire un mandat salarié? et, en cas d'affirmative, comment le distinguera-t-on du louage? V. mes *Notes sur le Code civil*, n° 7888.

Ib. n. 22. En réclamant la *distraction* des dépens, l'avoué demande que le juge condamne le perdant, non pas envers le gagnant, mais envers lui-même, avoué du gagnant, à payer les frais du procès. La distraction est donc le *transport* judiciaire, au profit d'un avoué, de la créance de son client, quant aux frais, contre le perdant. L'avoué est subrogé au gagnant, à l'instant même où celui-ci allait devenir créancier; d'où l'on peut encore aujourd'hui conclure, comme le faisait Pothier (*mandat*, n°s 135 à 137), que le perdant ne saurait opposer la compensation à l'avoué du chef du gagnant : ce dernier n'a pas été créancier des dépens, ou ne l'a été que pendant un instant de raison; de sorte que la compensation n'a pu s'opérer. La distraction a encore un autre avantage : l'avoué acquiert contre le perdant une action directe; il concourt donc avec les seuls créanciers de ce dernier. Au contraire, s'il était obligé d'agir du chef de son client, en vertu de l'art. 1166, il viendrait en concours avec les autres créanciers du gagnant, qui invoqueraient le même article; il n'obtiendrait ainsi qu'un dividende ou une fraction des dépens, malgré la solvabilité de l'adversaire, si le gagnant se trouvait insolvable. V. mes *Notes sur le Code civil*, n° 6991.

Page 86, note 55. L'obligation d'indiquer les *patentes* dans les exploits est supprimée par la *loi du 18 mai* 1850, 22.

Page 89. *Notaires*. De *notum*, connu, ou de *nota*; d'où le nom de *garde-note* (v. *le Glorieux*, acte V, sc. 5): fonctionnaires chargés de constater les conventions et autres manifestations de volonté. Ils constatent aussi le nombre et la valeur des biens dans les inventaires, les enchères dans certaines ventes d'immeubles ou de droits mobiliers, l'existence des rentiers viagers et la propriété des rentes sur l'État. Ils jouent parfois le rôle d'huissier, d'avoué, d'expert, de commissaire-priseur. V. page 90, note 64. — Page 96, note 83 *b*. La *loi du 21 juin* 1843 décide que la présence du notaire *en second* et des témoins n'est pas requise pendant la rédaction de l'acte. Elle l'exige par exception au moment de la lecture et de la signature des donations, révocations, reconnaissances d'enfants et procurations pour faire ces divers actes. Cette loi n'est pas immorale, quoi qu'en dise *Marcadé*. Seulement les notaires doivent supprimer de leur protocole l'énonciation de la présence.

Page 107. ACTIONS. En aucune matière les auteurs n'ont accumulé un plus grand nombre de définitions fausses ou insuffisantes : essayons d'y substituer quelques notions exactes.

Le sens primitif du mot *action* est « poursuite en justice; » en effet, *agere* signifie conduire, pousser. Les jurisconsultes se sont servis du même terme pour exprimer le droit de poursuivre. C'est la définition des Institutes : *jus persequendi judicio quod sibi debetur.*

Dans tout procès, le demandeur prétend avoir un droit que le défendeur lui conteste. Ce droit *préexiste* à l'action et lui sert de fondement; elle tend à le sanctionner. Donc il faut préciser la nature du droit prétendu par le demandeur, quand on veut définir une action quelconque.

Page 111. *Division des actions*. L'action *personnelle* est celle dans laquelle le demandeur prétend avoir un droit de créance contre le défendeur. (En d'autres termes, il prétend que le défendeur est obligé envers lui, comme disent les *Institutes*, § I, *de actionibus*.)

L'action *réelle* est celle dans laquelle le demandeur prétend avoir un droit réel (par exemple un droit de propriété) sur la chose détenue par le défendeur. Il est clair qu'il ne prétend pas alors avoir son adversaire pour obligé; c'est ce que disent les Institutes, dont la définition a le défaut d'être négative; autant vaudrait dire que l'action réelle est celle qui n'est pas personnelle. Ces définitions supposent connues les notions du droit réel (*jus in re*, *jus adversus omnes*), et du droit personnel ou droit de créance (*jus ad rem*, *jus adversus certam personam*). Je les ai exposées ailleurs. V. mes *Notes sur le Code civil*, n°s 1835 et suiv.

Évitons de répéter après quelques auteurs (M. Rogron, etc.) que l'action personnelle s'exerce contre la personne, l'action réelle contre la chose, l'action mixte contre la personne et la chose. On n'intente de procès que contre les personnes et à l'occasion d'une chose. L'action réelle s'exerce contre un défendeur aussi bien que l'action personnelle; l'action personnelle a pour objet une chose aussi bien que l'action réelle. Bien mieux, si l'on veut trouver des actions qui n'aient pas un objet matériel, il faut les chercher parmi les actions réelles : ce sont les actions en réclamation d'état. — Ce que d'anciens auteurs ont dit à cet égard, par exemple le mot de Loyseau en parlant de l'action personnelle, *inhæret ut lepra cuti*, est plus vrai du droit réel ou du droit de créance, qui sert de base à l'action, que de l'action elle-même. Mais en sens inverse, il ne faut pas, comme Ducaurroy et d'autres auteurs, nier la distinction de l'action et du droit sur lequel elle repose. V. mes *Notes sur le Code civil*, I, p. 491.

L'action réelle prend le nom de *revendication* quand le demandeur prétend avoir la propriété ; d'action *confessoire*, quand il prétend avoir un droit de servitude réelle ou personnelle (usufruit, usage...); d'action *négatoire*, quand il prétend que le défendeur n'a pas de servitude ; ou, ce qui revient au même, quand le demandeur prétend avoir une propriété pleine non grevée de servitude.

Page 113, note 3. La propriété n'est transférée *à l'égard des tiers* que par la *transcription*, depuis la loi du 23 mars 1855, qui abroge *C-pr.* 834. V. *titre de la surenchère*, p. 725, note 4.

Page 115. *Actions mixtes.* Peut-il y avoir des actions mixtes ? Non, si l'on entend par là celles où le demandeur prétendrait avoir un droit unique, à la fois réel et personnel, un droit mixte ; en effet, il n'existe aucun droit de ce genre. D'un autre côté, il ne suffit pas de cumuler deux actions, l'une réelle, l'autre personnelle, dans la même instance, pour pouvoir dire qu'on exerce *une* action mixte. Bien plus, si la prétention a pour objet *principal* un droit réel, l'action est réelle quand même le demandeur prétendrait avoir des créances accessoires ; autrement toutes les actions, ou peu s'en faut, seraient mixtes : il n'arrivera presque jamais qu'en revendiquant un fonds on n'ait pas de fruits ou de dommages-intérêts à réclamer. Mais il est très-possible que le demandeur prétende à la fois un droit réel sur l'objet litigieux principal et un droit de créance contre le défendeur ou ceux qu'il représente, par rapport à ce même objet ; il exerce alors une action mixte. Je définirai donc l'action *mixte* celle dans laquelle le demandeur prétend avoir un droit réel sur la chose détenue par le défendeur, et contre ce même défendeur un droit de créance ayant pour objet la chose qu'il détient. — Sont mixtes : 1o l'action exercée par celui qui a *stipulé* un corps *certain* contre le promettant qui nie l'existence ou la validité du contrat ; le stipulant est évidemment créancier (*C. civ.* 1101), et il est en outre propriétaire de la chose due (*C. civ.* 1138, 1583) ; 2o l'action par laquelle un incapable demande la *rescision* du contrat qui l'obligeait à transférer la propriété d'un corps certain ; 3o l'action par laquelle celui qui a consenti un contrat semblable sous une condition résolutoire, tacite ou expresse, demande la *résolution* du contrat. Ces trois nombreuses catégories d'actions n'étaient pas mixtes autrefois, parce que l'on n'admettait pas que la propriété fût transférée par le simple consentement, ni qu'elle pût être rescindable ou résoluble. V. mes *Notes*, nos 4377, 4962. — A l'égard des actions en *bornage* ou en *partage*, elles sont personnelles ; cependant on peut les réunir à une revendication ou bien à une pétition d'hérédité ; mais évidemment on commencera par juger la question de propriété ou de succession : il y a donc deux actions distinctes, bien que confondues dans la même instance. Au contraire, dans une action en résolution, on jugera d'un seul coup la question de créance et la question de propriété. — La *pétition d'hérédité* est certainement réelle ; cependant on pourrait soutenir qu'elle est en outre personnelle, en se fondant sur ce que l'hérédité est une collection de créances aussi bien que de droits réels ; mais les créances n'existent pas contre l'héritier apparent ; le demandeur les revendique, en quelque sorte, de même que les propriétés ; il prétend avoir le droit de disposer de l'hérédité détenue par le défendeur ; dès lors on peut dire qu'il prétend avoir un droit réel proprement dit sur toutes les choses corporelles de la succession, et un droit réel imparfait sur toutes les créances du défunt.

Page 118. *Actions mobilières et immobilières.* Les actions personnelles sont *mobilières* ou *immobilières*, selon que la créance prétendue a pour objet un meuble ou un immeuble. — Les praticiens contestent l'existence des actions personnelles immobilières. La propriété, disent-ils, est aujourd'hui transférée par le seul consentement (*C. civ.* 1138, 1583) ; donc le stipulant agit comme propriétaire et non comme créancier. Ceci est déjà une erreur : le stipulant est sûrement créancier (*C. civ.* 1101, 1138) ; l'action est donc tout au moins mixte. D'ailleurs quand la chose est indéterminée, la propriété ne passe que par la tradition. Donc, celui qui a stipulé un hectare de vignes à prendre dans tel département exerce une action purement personnelle aussi bien que celui qui a stipulé une somme d'argent ou de denrées. Seulement la première hypothèse est bien plus rare que la seconde dans la pratique : chacun veut voir l'immeuble qu'il achète.

Les actions réelles sont *mobilières* ou *immobilières* selon que le droit réel prétendu repose sur un meuble ou un immeuble. Les praticiens contestent l'existence des actions réelles mobilières : en fait de meubles, disent-ils, possession vaut titre. (*C. civ.* 2279-1°.) Ils oublient que la revendication est permise en cas de perte ou de vol. (*Ib.* 2279-2°.)

Page 120. POSSESSOIRE. Les actions réelles immobilières se subdivisent en *pétitoires* et en *possessoires*, selon que le demandeur prétend avoir un droit réel proprement dit ou l'exercice légal d'un droit réel, ce qui constitue un droit réel particulier appelé droit de possession légale. Celui qui prétend avoir une servitude de vue sur le fonds du défendeur agit au pétitoire. Celui qui prétend avoir joui pendant un an paisiblement, publiquement et à titre non précaire d'une vue sur le fonds de l'adverse partie, agit au possessoire ; il prétend avoir le droit de quasi-possession légale d'une servitude sur la chose du défendeur.

L'action possessoire s'appelle *complainte* quand elle se dirige contre celui qui a simplement troublé la possession du demandeur ; elle conclut à ce que le défendeur cesse le trouble et maintienne le demandeur dans sa possession primitive. La *réintégrande* s'adresse au spoliateur qui a expulsé le demandeur ; elle conclut à ce que le défendeur le rétablisse ou le réintègre dans sa possession primitive.

Je dis que l'action possessoire est *réelle*. Je dois pourtant reconnaître que Pothier la qualifie de personnelle. (*Orléans*, n° 118.) Il la fait dériver du délit du spoliateur et du quasi-délit du perturbateur : le délit de l'un l'oblige à réintégrer ; le quasi-délit de l'autre, à cesser le trouble. — En raisonnant ainsi, on démontrerait tout aussi facilement que la revendication est personnelle ; car la détention de la chose d'autrui oblige le détenteur à restitution. Je crois plutôt que la possession légale constitue (nonobstant M. Troplong) un droit réel qui consiste à exiger de toute personne (*jus adversus omnes*) qu'elle s'abstienne de la détention de la chose jusqu'au jugement qui lui donnera gain de cause au pétitoire. C'est seulement par voie de conséquence que le possesseur légal requiert du juge condamnation au délaissement et aux dommages-intérêts. — Dès lors je n'admets même pas que l'action possessoire ait un caractère mixte, comme on l'a soutenu. (Poncet, etc.) Pothier me paraît s'être trop préoccupé du caractère personnel des interdits en droit romain. On sait aujourd'hui, quoi qu'en aient dit Henrion, Boncenne et tant d'autres, que les actions possessoires sont autre chose que les interdits, et que tous les interdits n'étaient pas à beaucoup près relatifs à la possession. M. Troplong (*Prescr.* n° 238) décide que l'action possessoire est réelle, mais pour des raisons bizarres et peu intelligibles ; entre autres celle-ci : c'est par les actions possessoires que la propriété *opère un effet d'attraction!*

Les divers sens du mot possession obscurcissent cette matière et empêchent, par exemple, de comprendre au premier abord comment celui qui *a* la possession légale (et doit prouver qu'il l'a pour être recevable dans son action possessoire) demande pourtant à être *maintenu* ou *réintégré* dans sa possession. La difficulté naît d'une pure équivoque entre la possession légale et la détention naturelle. La possession légale est un droit ; dès lors il est au fond impossible de la troubler ou de l'enlever. C'est la détention naturelle que le perturbateur saisit en partie et qu'absorbe le spoliateur. Celui qui agit au possessoire demande, attendu qu'il a la possession légale, que le défendeur cesse d'apporter un trouble partiel à sa détention physique (complainte) ou que le spoliateur lui restitue cette détention dont il l'a privé (réintégrande).

Il est vrai de dire que la possession des *meubles* ne fait jamais, en droit français, l'objet d'une instance séparée. Mais il n'en faudrait pas conclure que jamais il ne s'élèvera de débat sur cette possession. En disant que possession vaut titre (C. 2279), la loi n'entend pas protéger la détention précaire, clandestine, ou même *pro suo*, si celle-ci a été surprise sans que le possesseur légal ait pu l'empêcher. Exemple : Primus possède le meuble A ; Secundus, se croyant propriétaire, se saisit du meuble. Selon moi, Primus peut revendiquer, bien qu'il n'y ait pas vol, parce qu'il ne saurait dépendre de son adversaire de le priver de la possession légale qui constitue son titre. Il suffit que Primus ne laisse pas écouler un intervalle appréciable avant de revendiquer, de sorte qu'on ne puisse alléguer une ratification emportant abdication de la possession légale.

Page 123. La maxime qui défend de cumuler le possessoire et le pétitoire signifie, dans un sens large, qu'on ne peut à la fois exercer une action possessoire ou y défendre, et exercer une action pétitoire ou y défendre. Il s'ensuivrait que le demandeur au possessoire ne pourrait agir au pétitoire : ce qui est inexact; chacun est libre de renoncer aux avantages de la possession légale. Il en résulte seulement deux conséquences : 1° le demandeur au pétitoire ne peut plus, soit intenter, soit continuer une action possessoire déjà intentée. Le premier point est écrit dans l'art. 26; le second se fonde sur un motif semblable; — 2° le défendeur au possessoire ne peut intenter ni continuer quant à présent une action pétitoire déjà intentée. Le premier point est décidé par l'art. 27; le second s'en déduit également par analogie de motifs.

Page 125. L'art. 23 exige que la possession soit paisible et pro suo, pour fonder une action possessoire. Faut-il en outre qu'elle ait les quatre autres caractères exigés par le C. civ., 2229, pour arriver à la prescription? (V. mes Notes sur cet article.) Malgré l'argument a contrario, que fournit le dernier texte, il me paraît plus sûr d'en argumenter par analogie. L'art. 23 lui-même veut que la possession ait duré un an; or, si elle avait été discontinuée ou interrompue dans l'intervalle, on ne saurait dire qu'elle ait duré le temps voulu. La publicité a toujours été requise (nec clam), et l'équivoque empêche d'alléguer une possession véritable.

S'il faut que la possession soit publique et continue, on en conclura que l'action possessoire ne protége pas l'exercice des servitudes discontinues ou non apparentes. Mais je n'irai pas jusqu'à dire qu'elle ne protége aucun des droits que la loi défend d'acquérir par prescription; autrement, ceux qui ont perdu leurs titres seraient exposés à perdre des droits véritables, bien qu'ils en aient la quasi-possession légale. Autre chose est la possession qui dispense de preuve, sans empêcher la preuve contraire, autre chose est la prescription. Aussi je crois, nonobstant Marcadé, Zachariæ et M. Duvergier, que la possession annale fait présumer la mitoyenneté. V. mes Notes sur le C. civ., n° 2310 A[2].

Faut-il avoir la possession annale pour intenter la réintégrande? Non, selon Henrion, MM. Duranton, Dalloz, etc., qui s'appuient sur une antique jurisprudence remontant au temps de saint Louis, et sur la maxime spoliatus ante omnia restituendus. — Oui, si l'on s'attache au texte de l'art. 23, qui ne distingue point entre la complainte et la réintégrande, tout en s'exprimant au pluriel. L'ancienne jurisprudence paraît avoir été abandonnée longtemps avant le Code. V. l'ordonn. de 1667. La maxime spoliatus est consacrée dans l'art. 27, mais non dans l'art. 23. L'action en dommages-intérêts reste ouverte au spolié. Enfin, dans le système contraire, on est obligé de ménager la complainte, immédiatement après la réintégration, au spoliateur qui a lui-même la possession annale; ce qui implique une procédure contradictoire et inutile. Quant aux auteurs qui vont jusqu'à nier que la réintégrande soit une action possessoire (v. M. Dalloz), ils se contredisent eux-mêmes; car ils en traitent à propos des actions possessoires, et ne proposent point de la retrancher de la jurisdiction des tribunaux de paix.

Page 127, note 31. L'art. 6 de la loi du 25 mai 1838 mentionne la dénonciation de nouvel œuvre parmi les actions possessoires. C'est un pur vestige d'une ancienne jurisprudence qui s'écartait des idées romaines. Chez les Romains, la novi operis nuntiatio était un acte extrajudiciaire qui obligeait le constructeur à suspendre ses travaux sous peine de démolition jusqu'à ce que le dénonciateur eût pu faire reconnaître son droit de propriété ou de servitude par le juge. Loin d'exercer une action possessoire, le dénonciateur reconnaissait implicitement la possession de son adversaire (nuntiando possessorem faciebat). Chez nous, celui qui ne possède pas doit absolument agir au pétitoire, s'il veut obtenir du juge, au moyen d'une demande provisoire, la suspension des travaux. En sens inverse, celui dont la possession légale est troublée par le nouvel œuvre n'a pas besoin d'une procédure particulière ; il lui suffit de la complainte. Donc il est inutile de faire de la dénonciation une action possessoire spéciale. M. Troplong (*Prescr.*, n° 313) a essayé de lui donner un caractère distinctif en la réservant au cas où les travaux se préparent ou se commencent sans occasionner encore de dommage véritable. D'Hautuille (*Revue Wolowski*, VI, 283) répond avec raison : ou il y a trouble, et c'est alors un cas de complainte ; ou il n'y a pas trouble, et alors il est impossible d'admettre une action possessoire quelconque.

Page 131. *Compétence relative*. Quand un plaideur est fixé sur le point de savoir à quelle espèce de tribunal il doit porter sa demande, il lui reste à déterminer auquel des tribunaux de la même espèce il devra s'adresser. Supposons qu'il ait reconnu que les tribunaux de première instance sont compétents pour juger sa réclamation, il faut encore qu'il sache s'il doit assigner devant le tribunal de Brest ou devant celui de Toulon. Le principe fondamental dans cette matière nous vient des Romains : *actor sequitur forum rei* ; le demandeur suit le tribunal du défendeur (loi 3, Cod. *ubi in rem actio*). Pothier (*proc.*, ch. 1) le reconnait. C'est donc à tort que l'art. 59 semble en restreindre l'application aux actions personnelles.

Page 134. VIII. *Actio judicati*. Lorsqu'il s'élève des difficultés sur l'*exécution* ou l'*interprétation* d'un jugement, il faut bien faire un nouveau procès. V. *art.* 135 et p. 59, n. 70. Hors de ces cas on peut, au moins chez nous, employer l'huissier et faire exécuter sans revenir devant le juge. Mais en outre, chez les Romains, il fallait souvent faire statuer sur l'*existence* même du jugement, contestée par l'adversaire. On exerçait alors l'action *judicati* au double. Chez nous la même difficulté se présentera bien rarement, à cause des précautions prises pour constater et conserver les décisions des tribunaux.

Page 136. X. *Frais d'instance*. L'art. 60 déroge au principe *actor sequitur forum rei*, en dispensant l'officier d'assigner au tribunal du domicile de son client. Il déroge en outre, par la généralité de ses termes, aux règles de la compétence *ratione materiæ*. Il autorise implicitement : le tribunal de première instance, à juger les demandes de frais au-dessous de 200 fr. ; la Cour d'appel, à les juger en premier et dernier ressort ; le juge de paix, à en connaître au-dessus de 200 fr. (ce qui est moins évident). Les termes de l'art. 60 étant impératifs (*seront portées*), l'officier ne peut assigner, lors même qu'il le voudrait, au domicile du client. La loi a considéré le tribunal *où les frais ont été faits* comme le plus capable d'apprécier s'ils ont été faits utilement. Du reste, le texte ne distingue pas entre les *demandes pour frais judiciaires* et les demandes pour frais extrajudiciaires ; donc on peut soutenir qu'il s'applique à ces derniers ; il aurait dû dire, à la vérité, dans ce système : au tribunal *dans le ressort duquel* les frais ont été faits.

Page 137. XII. *Action hypothécaire*. C'est l'action dans laquelle le demandeur prétend avoir un droit d'hypothèque sur l'immeuble détenu par le défendeur. Elle est encore utile chez nous au créancier qui veut interrompre la prescription contre un tiers détenteur (*C. c.* 2180), ou faire juger contre une personne quelconque la validité de la constitution d'hypothèque ; sinon, il suffit de s'inscrire et d'attendre les réclamations. Mais à côté de l'action hypothécaire proprement dite, que j'appellerai *confessoire*, se trouve une action *négatoire* dans laquelle le demandeur prétend avoir sur son immeuble une propriété pleine et non grevée d'hypothèque ; elle s'exerce sous la forme de demande en radiation ou réduction. — V. *titre de la surenchère*, page 726, note 6.

Page 138. XV. La loi de 1838 attribue aux *juges de paix* un grand nombre de causes, qui se trouvent en dehors des prévisions de l'art. 3 du Code. De là deux difficultés assez graves : 1° Les contestations entre voyageurs et aubergistes, voituriers ou carrossiers, doivent-elles être portées au juge de la *situation* ? C'est évidemment le juge le plus convenable, à cause de la proximité. D'un autre côté, le silence des textes laisse toute sa force au principe : *actor sequitur forum rei*. — 2° Même question pour les contestations entre bailleurs et fermiers ou locataires. Ici le système qui préfère le juge de la situation a un argument de plus : il est consacré formellement pour les réparations locatives par l'art. 3 ; ce qui jette le système opposé dans une inconséquence assez marquée.

Page 140. XX. *Action en rescision de partage.* Il y a une antinomie entre l'art, 59-6° et *C. civ.* 822. V. mes *Notes* sur ce dernier texte.

Page 144. *Rétroactivité des lois.* Elle ne me paraît guère plus plausible, appliquée à la procédure, que lorsqu'on l'applique au fond du droit, en dépit de l'opinion générale. V. mon *Droit constit.* n°ˢ 739, 450, 459.

Page 159. *Dies a quo.* La question de savoir s'il est compris dans le délai est traitée dans une dissertation spéciale, intitulée : *Lettre à un magistrat,* par J. Berriat Saint-Prix.

Page 166. *Augmentation à raison des distances.* Elle est d'un jour seulement par cinq myriamètres, quand il s'agit de ventes judiciaires d'immeubles. *Loi du* 2 *juin* 1841, 7. Cette abréviation sera sans doute généralisée, à cause de la facilité toujours croissante des communications.

Page 167. *Délai de grâce.* Peut-il être accordé nonobstant clause contraire et quand il y a titre exécutoire ? V. mes *Notes sur le Code civil,* n° 4669 A².

Page 171, note 2. Les DÉPENS sont les frais faits pour intenter ou soutenir un procès. Ils se composent, en partie des honoraires des officiers ministériels, en partie des impôts de timbre et d'enregistrement. En général l'impôt est avancé par l'officier. Entre l'officier, un avoué par exemple, et son client, intervient un mandat qui oblige le client à rembourser les avances de l'avoué et à lui compter ses honoraires (*C. civ.* 1999-1°). D'un autre côté, la loi oblige le perdant à indemniser le gagnant du tort que lui occasionne le procès ; le premier doit rembourser au second tout ce que celui-ci doit à son avoué, ou bien le libérer envers cet avoué. Les dépens sont donc l'objet de deux dettes distinctes : l'une, du plaideur quelconque envers son avoué ; l'autre, du *perdant* envers le *gagnant.* Cette dernière, la seule dont s'occupe l'art. 130, dérive naturellement de l'art. 1382, qui astreint toute personne à réparer le tort qu'elle a causé par sa faute. Il n'est nullement besoin de supposer que la loi a voulu punir les plaideurs imprudents : l'idée contraire ne s'appuie que sur une inadvertance de Justinien, qui, dans ses *Institutes,* mentionne le payement des frais au titre *De pœna temere litigantium.* — Il est tout simple, quand on soutient un procès pour obtenir une condamnation principale, de demander que l'adversaire soit accessoirement condamné aux dépens. Si des conclusions ont été prises dans ce sens, le tribunal doit condamner le perdant envers le gagnant à lui rembourser les frais. Si le gagnant *n'a pas conclu* aux dépens, le juge ne peut, selon moi, y condamner le perdant d'office ; les principes sur le pouvoir judiciaire s'y opposent (art. 480-3° et 4°), et le texte de l'art. 130 n'a sans doute en vue que le cas de conclusions formelles, comme une foule d'autres articles tout aussi impératifs. (*Contra,* Carré, Dalloz et *Cass.* 5 déc. 1838.)

Page 172, n° 4. Au lieu de condamner envers le gagnant, le juge doit condamner envers l'avoué du gagnant, s'il *demande* la distraction ; v. p. 892. (Ici le même doute n'est plus possible : l'art. 133 est formel.)

Réciproquement, au lieu de condamner le perdant, le juge peut condamner son représentant : si c'est un avoué ou un huissier, lorsqu'il a excédé les bornes de son ministère ; si c'est un administrateur (tel qu'un tuteur, un héritier bénéficiaire), lorsqu'il a compromis les intérêts dont la défense lui est confiée (art. 132, qu'il ne faut pas, nonobstant Carré, confondre avec 1031, où il s'agit des rapports de l'officier et de son client).

Page 173, n° 5. L'art. 130 prescrit de condamner TOUTE *partie* qui succombe, sans distinguer entre l'État et les particuliers. Donc, selon moi, la régie doit être condamnée à rembourser les frais au gagnant, quand le perdant est le ministère public (par exemple, dans une demande en nullité de mariage). On n'allègue, en faveur de la pratique opposée, qu'un usage insuffisant pour restreindre une loi formelle. Boncenne et Boitard se bornent ici mal à propos à un vœu stérile de réforme.

Page 174, note 5. *Compenser les dépens en totalité*, c'est décider qu'aucune des parties n'est tenue de rembourser à l'autre les frais qu'elle a faits. Chacune reste ce qu'elle était, débitrice de son avoué. La compensation totale occasionne donc un *refus de condamner*, et non une condamnation. Le juge se borne à rejeter la demande formée par les parties ou l'une d'elles, à l'effet d'obtenir condamnation de l'adversaire aux dépens. Il ne fait point une masse, dont il ordonnerait à chacun de payer la moitié. Quant aux créances des avoués, elles ne sont pas l'objet du procès : c'est à eux de former des demandes spéciales dans ce but (art. 60, 133).

Compenser les dépens *en partie*, c'est condamner l'un des plaideurs envers l'autre à lui rembourser une portion des dépens qu'il a faits. L'autre demeure seul débiteur, pour le surplus, de son avoué.

En matière de dépens, *compenser* signifie établir un équilibre plus ou moins complet; en matière d'obligations, c'est produire une extinction réciproque. Cela dit, je crois inutile de faire une comparaison détaillée des deux compensations : on en trouvera une dans Boitard.

Page 174, note 6 *b*. *Adjuger les dépens* à une partie, c'est condamner son adversaire envers elle à lui rembourser ses dépens. Les adjuger *pour tenir lieu de dommages-intérêts* (art. 137), c'est condamner l'adversaire aux dépens pour se dispenser de le condamner à l'indemnité dont il est débiteur, par exemple, s'il a insulté ou molesté l'autre partie. Il faut supposer, pour que le cas se présente, que la partie à qui l'on adjuge ses dépens n'y aurait pas eu droit sans cela : par exemple, qu'elle a perdu le procès; ou que, l'ayant gagné, elle est dans un cas de compensation (art. 131). Autrement, en lui adjugeant les dépens auxquels elle a droit, on ne l'indemniserait de rien du tout. Au surplus, l'équité stricte exigerait deux décisions distinctes, l'une pour les dépens, l'autre pour les dommages-intérêts; mais la manière de procéder indiquée par l'art. 137 a l'avantage de réduire les deux dettes en une seule, et de prévenir tout débat ultérieur sur la fixation de l'indemnité.

Page 176, note 10, n° 3. Depuis la *loi du 22 janv.* 1851, les *indigents* peuvent invoquer le bénéfice de l'*assistance judiciaire*. Tout assisté est dispensé provisoirement des droits de timbre, d'enregistrement et de greffe, des consignations d'amende, des émoluments d'officiers ministériels et d'avocats. Ses titres et actes de procédure sont visés pour timbre et enregistrés en débet. Les frais de transport des juges, officiers et experts, les taxes des experts et des témoins dont l'audition est autorisée par le juge, sont avancés par le trésor. — Si l'assisté gagne, l'administration des domaines poursuit le perdant, et distribue les sommes recouvrées aux ayants droit avec privilége pour l'État. — Si l'assisté perd, l'administration exige seulement les avances du trésor, les droits d'enregistrement pour titres soumis à cette formalité dans un délai fixe, et les sommes dues pour contravention aux lois sur le timbre. — L'admission à l'assistance est prononcée par des bureaux composés d'anciens magistrats, d'officiers ministériels en exercice ou retirés, de délégués de l'administration. Il y a un bureau près de la Cour de cassation, il y en a un près du Conseil d'état, un près de chaque Cour d'appel, un dans chaque chef-lieu judiciaire d'arrondissement, pour les tribunaux civils, de paix et de commerce. — Le bureau peut essayer de concilier les parties, si l'adversaire se présente volontairement, soit pour contester l'indigence, soit pour expliquer ses prétentions. — Le bénéfice de l'assistance est retiré si l'assisté acquiert des ressources ou s'il a trompé le bureau. Tous les droits dont il était dispensé redeviennent exigibles.

Page 205, note 9. CONCILIATION. L'art. 48 n'assujettit au préliminaire de conciliation que les demandes introductives d'instance. Donc les demandes en garantie et en intervention, qui surviennent après une instance déjà introduite entre deux parties originaires, doivent être dispensées, comme le répète fort inutilement l'art. 49-3°. — Si l'art. 48 n'avait compris dans la règle que les demandes *principales*, il y aurait pu avoir quelque doute sur les demandes en garantie et en intervention, parce que, incidentes par rapport aux parties originaires, elles sont principales par rapport au garant et à l'intervenant. Voilà, dit-on, pourquoi le texte veut que la demande soit en outre *introductive d'instance*. Mais d'abord on ne justifie pas par là le maintien du mot *principale*. Ensuite, ne pourrait-on pas objecter que les deux demandes dont il s'agit sont introductives d'instance par rapport au garant et à l'intervenant? La véritable raison qui explique la dispense, c'est, selon moi, que la tentative de conciliation est demeurée inefficace entre les deux parties originaires; renouvelée entre elles et le garant ou l'intervenant, elle n'offrirait pas de nouvelles chances de succès.

Page 207, note 19. En matière *réelle*, la demande se porte au tribunal de la situation (59-3°, 3); la tentative de conciliation se fait devant le juge de paix du domicile. Il est probable qu'il connaît au moins le défendeur : le juge de la situation ne connaîtrait ni l'un ni l'autre. De plus, pour faire un essai immédiat de rapprochement, il n'est pas besoin de visiter l'immeuble litigieux, visite qui causerait d'ailleurs des retards préjudiciables.

Ib., note 20. Il faut *trois jours* pour venir au bureau de conciliation; *un jour* suffit pour comparaître au tribunal de paix (art. 5, 51). C'est que ce tribunal connaît des affaires de valeur modique; au contraire, la tentative de conciliation peut amener une transaction sur des sommes dont le chiffre n'a pas de limites; la compétence du tribunal de première instance comprend toutes les demandes, eussent-elles pour objet plusieurs millions.

Ib., note 22. Le tribunal doit refuser audience à la partie qui ne prouve pas qu'elle a payé l'*amende* pour non-comparution au bureau de paix (elle le prouve en *produisant* la quittance de la régie : comparez l'art. 56). Cette sanction est décisive contre le demandeur dont elle paralyse la poursuite; mais n'est-elle pas illusoire à l'égard du défendeur de mauvaise foi qui cherche à retarder sa condamnation? Non, puisque le tribunal le jugera par défaut au lieu d'écouter ses moyens de défense.

Page 212. ASSIGNATION. Acte par lequel on avertit une personne : qu'on intente une demande en justice pour la forcer à reconnaître un droit qu'on prétend avoir contre elle; et que, par suite, elle devra comparaître (ou constituer avoué) à jour fixe. — Gardons-nous de croire après cela que l'assignation a pour but unique d'obtenir une comparution, et que la comparution l'accompagne nécessairement. Le demandeur est libre de s'arrêter après avoir assigné (v. art. 397); et c'est ce qu'il fera, s'il a simplement voulu interrompre la prescription ou faire courir les intérêts. Le défendeur, de son côté, peut demeurer dans l'inaction s'il lui est indifférent d'être jugé par défaut. S'il constitue avoué devant les tribunaux de première instance, l'obligation de comparaître cesse jusqu'à l'*avenir*. Enfin, devant un juge quelconque, la comparution n'entraîne pas toujours débat et jugement immédiat. — Ne confondons pas, comme on le fait dans la pratique, l'assignation avec l'écrit ou l'exploit qui la constate. L'assignation se distingue aussi de la demande, puisqu'elle est le moyen de la soumettre au juge.

Page 215, note 9. La maxime *nul ne plaide par procureur*, intelligible dans une législation qui défendrait d'agir pour autrui (Inst. pr. *per quos agere*), est aujourd'hui excessivement obscure. Elle ne s'applique pas aux avoués, car *nul ne plaide sans avoué* devant le tribunal de première instance. Elle n'a de rapport possible qu'aux mandataires *ad litem*, chargés de soutenir un procès pour le compte d'un mandant, et obligés eux-mêmes de constituer avoué. Elle peut signifier : 1° que nul n'est admis à plaider pour autrui, comme *gérant* d'affaires sans mandat, et par conséquent sans justifier de son mandat, donnât-il caution (Instit. pr. *satisdat.*); 2° que nul n'est admis à soutenir un procès par mandataire sans se faire connaître lui-même à l'adversaire. Il faut avouer qu'ainsi interprétée on devrait l'énoncer autrement et dire : nul ne plaide par un tiers qui ne prouve pas qu'il est procureur; ou bien : nul ne plaide par procureur sans se nommer. Aussi est-il probable qu'on l'a détournée de son sens primitif; Loysel (Inst. III, ij, 4) l'indique comme une règle *jadis* en usage dans les pays *coutumiers*.

Page 217. *Formes.* L'assignation indique *six personnes :* 1° le demandeur, 2° son avoué, 3° son huissier, 4° le défendeur, 5° la personne à qui la copie est remise (...*parlant à* une personne à son service), 6° le juge. Quand la copie est remise au défendeur lui-même, il n'y a que cinq personnes. — L'assignation indique quatre *choses :* 1° la date, 2° l'objet, 3° les moyens, 4° le délai.

Page 219, note 22. La désignation de la *patente* n'est plus exigée (*loi* 18 *mai* 1850, 22). — Le mot *immatricule*, de *matrice*, registre principal, paraît signifier le rang qu'occupe l'huissier sur le catalogue des officiers ministériels. La loi a sans doute voulu dire que l'huissier doit indiquer sa profession et le ressort dans lequel il l'exerce. L'ordonn. de 1667 disait : « déclareront les huissiers les jurisdictions où ils sont immatriculés. »

L'emploi d'un officier public a pour but d'assurer la remise de l'exploit, et de la constater de manière à prévenir les débats sur ce point. Le demandeur négligerait d'avertir le défendeur, ou s'en abstiendrait à dessein, sauf à prétendre le contraire, afin d'obtenir jugement par défaut. Le défendeur, bien qu'averti, soutiendrait souvent qu'il ne l'a pas été, afin de faire annuler les procédures déjà faites ou de gagner du temps.

Page 224-6°, 225, note 38-2°. Les actions concernant la *dotation* et le *domaine privé* du chef du pouvoir exécutif sont dirigées par ou contre l'administrateur du domaine privé (sénatus-consulte du 12 déc. 1852), mandataire unique substitué aux *deux* mandataires de la loi de 1832 ; c'est lui qui mérite réellement le nom de procureur du roi ou de *procureur impérial*, si mal à propos donné aux officiers du ministère public.

Page 227. V. Les *effets de l'assignation* varient : 1° par rapport au *juge ;* elle le saisit (même à son insu, car la copie de l'exploit ne lui est pas remise), et détermine son pouvoir, sauf les restrictions qu'apporteront plus tard les conclusions ; 2° par rapport au *défendeur ;* elle l'oblige, par lui-même ou par mandataire : à constituer avoué, devant les tribunaux de première instance et les cours d'appel ; à comparaître, devant les autres juges ; 3° par rapport au *droit* réclamé ; elle le conserve ainsi que les droits accessoires (*C. civ.* 1153-3°, 2244). Comme les délais de la procédure ont pour but d'assurer bonne justice et non de léser le demandeur, il doit obtenir du juge tout ce qu'il aurait obtenu si le défendeur avait acquiescé sur-le-champ.

Page 229, note 54. L'assignation, en interrompant les courtes *prescriptions*, y substitue la prescription de trente ans, qui seule désormais pourra éteindre l'action. V. mes *Notes sur le Code civil*, n° 9341. Il n'est plus besoin aujourd'hui, pour cela, que l'instance ait été engagée plus avant, et spécialement qu'il y ait eu une sorte de *litis contestatio* (*constatation* du litige), ou, comme disait l'ordonn. de 1667, de *contestation* en cause ; expression mal à propos reproduite par beaucoup d'auteurs modernes, Merlin, Boncenne et autres.

Page 230. *Requête* vient de *requirere, requisitum ;* c'est un acte par lequel on sollicite du juge un ordre ou une décision. On y a recours : 1° quand il n'y a pas de contradicteur connu que l'on puisse assigner, par exemple, s'il s'agit de faire déclarer l'absence et d'obtenir l'envoi en possession provisoire ; 2° quand il y a déjà instance engagée, ce qui dispense d'une assignation ; et surtout quand il n'est pas besoin d'avertir l'autre partie (requête non communiquée).

Page 236. Défenses et exceptions. Ici les définitions des auteurs sont aussi insuffisantes que dans la matière des actions.

Tout demandeur prétend avoir un droit contre le défendeur. V. p. 893. Tout défendeur qui n'acquiesce pas prétend que le demandeur n'a pas le droit qu'il s'attribue ; mais souvent le défendeur, avant d'émettre cette contre-prétention, soutient que le demandeur n'a pas observé les conditions voulues par la loi, en ce qui touche le temps, la compétence, les formes proprement dites.... De là la distinction des défenses et des exceptions.

Les *défenses*, dans le sens large, sont les allégations quelconques par lesquelles le défendeur veut faire rejeter la demande, soit quant à présent, soit définitivement. — Les *exceptions* sont les allégations qui tendent à faire déclarer que le demandeur (eût-il le droit contesté) a irrégulièrement agi et doit être déclaré non recevable quant à présent. — Les *défenses au fond* ou défenses proprement dites sont les allégations tendant à faire déclarer que le demandeur n'a pas le droit qu'il prétend avoir, et par suite à faire définitivement rejeter la demande.

Quand le juge accueille une exception, le demandeur est obligé de régulariser sa poursuite; mais, sous cette réserve, il *garde* son action et peut l'intenter de nouveau tant que la prescription ne l'a pas éteinte. (Si la procédure était nécessaire pour interrompre la prescription et qu'elle soit annulée, le procès ne peut plus être renouvelé; mais c'est parce que l'action se trouve alors prescrite : *C. civ.* 2247-1º.) — Au contraire, quand le juge, accueillant une défense au fond, rejette la demande, l'action est *anéantie;* ou, pour mieux dire, elle est comme si jamais elle n'eût existé; le demandeur ne saurait la reproduire en justice sans être repoussé par l'autorité de la chose jugée.

Le succès d'une exception *dispense d'examiner* si le demandeur a le droit litigieux. Quand l'assignation est annulée, il devient superflu de rechercher si son auteur est créancier ou propriétaire. A ce point de vue, plusieurs défenses ont mérité de recevoir le nom d'exception dans la pratique. Par exemple, le défendeur fait juger que le droit prétendu, en supposant qu'il ait existé, est prescrit: il se dispense par là de prouver que ce droit n'avait jamais pris naissance, ou qu'il avait été éteint par le payement, la confusion, etc. La transaction, le serment, la chose jugée produisent un effet analogue: aussi les qualifie-t-on fréquemment de *fins de non-recevoir*, et en faisait-on autrefois des exceptions *péremptoires du fond*, par un souvenir assez vague des textes romains. Du reste, la demande rejetée par suite de l'allégation de la prescription, du serment, etc., l'est définitivement. Remarquons toutefois que si elle a été rejetée pour *défaut de qualité* du demandeur, rien n'empêche une autre personne ayant vraiment qualité, d'intenter la même action de nouveau. V. *C. civ.* 1351.

Un autre caractère distinctif des exceptions consiste à ne pouvoir être suppléées d'office par le juge. V. *C. pr.*, 166, 169, 173, 186. Cette règle ne s'applique pas au déclinatoire *ratione materiæ* (*ib.*, 170). En sens inverse, le moyen résultant de la prescription ne peut être suppléé (*C. civ.*, 2223); il en est probablement de même du serment et de quelques autres. Ceci explique encore pourquoi d'anciens auteurs font de ces divers moyens des exceptions, à l'instar des Romains, qui distinguaient les moyens de défense que le judex pouvait admettre *ex officio* et ceux qui se faisaient valoir *per exceptionem*.

Le mot exception, on le voit, varie de signification. C'est une allégation qui a pour but, tantôt de faire rejeter la demande quant à présent, tantôt de dispenser d'examiner d'autres défenses subsidiaires, tantôt de saisir le juge d'une défense qui doit être formellement proposée. Enfin le nom d'exception se donne parfois soit aux défenses proprement dites, soit aux défenses quelconques.

Page 241, note 3. Le scrupule excessif qui porte certains interprètes à condamner les dénominations qu'ils ne lisent pas dans un texte de loi empêche des auteurs récents (Ducaurroy, *Thémis*, VI, 18, article signé A. T. H.; M. Bonnier) d'admettre des exceptions *péremptoires;* comme si l'expression *dilatoire*, écrite dans le Code, n'impliquait pas celle-là. Le mot « péremption » est d'ailleurs consacré. Le tribun Faure affirme, il est vrai, que les exceptions péremptoires ne devaient pas trouver place dans le Code de procédure; mais, comme il donne le *payement* pour exemple, il n'a évidemment songé qu'aux moyens du fond. Les exceptions de nullité détruisent jusqu'à l'effet interruptif de la procédure (*C. civ.*, 2247); elles méritent donc qu'on leur conserve, après Pothier, le nom d'exceptions péremptoires.

Toutes les exceptions sont *dilatoires* en ce sens que toutes retardent le jugement de la demande, jusqu'à ce que le demandeur ait accompli les formes. Mais le Code réserve ce nom aux exceptions qui ont pour but direct et avoué d'obtenir du temps.

Page 252, note 24. Le déclinatoire est nommé *renvoi* par le texte, parce qu'il oblige le juge à se dessaisir, à renvoyer l'affaire. Mais le juge n'est pas tenu d'indiquer le tribunal compétent; il n'en a même pas le droit (Comp., art. 373). Enfin le demandeur, après le renvoi prononcé, est libre d'abandonner les poursuites.

Ib., note 25. La compétence *ratione materiæ* se détermine par la nature du droit prétendu ou l'espèce de l'action intentée; la compétence *ratione personæ* (*vel loci*), par le domicile du défendeur ou la situation du bien litigieux; aussi peut-on l'appeler *territoriale* ou *relative*: c'est-à-dire relative à la résidence de la personne ou à la situation de l'objet.

Page 254, note 31. L'hypothèse de la *litispendance* semble d'abord imaginaire, à moins que le demandeur ne soit atteint de folie. Comment ira-t-il multiplier les poursuites, au risque de supporter des frais considérables? On peut supposer qu'il trouve plus commode de plaider devant le nouveau juge, ou qu'il espère le trouver plus favorable; mais le cas le plus fréquent sera celui d'un héritier qui assigne devant un tribunal, ignorant qu'un autre avait été déjà saisi par le défunt. Il est vrai qu'il faut les supposer tous deux compétents, pour que l'exception de litispendance ait un intérêt distinct du déclinatoire. Mais le fait est possible, si l'affaire est mixte; s'il y a plusieurs défendeurs; si, le premier juge étant incompétent *ratione personæ*, le renvoi n'a pas été demandé.

Page 257, note 45. L'exception de la *caution* doit-elle être proposée avant celle d'incompétence? NON, d'après les art. 169 et 173. En plaidant sur la caution, le défendeur reconnaît qu'il n'a pas intérêt à réclamer le renvoi. OUI, d'après l'article 166, et l'ordre dans lequel le texte présente les diverses exceptions (v. 173 et 186). D'ailleurs, le défendeur a besoin de caution, même pour les frais qu'entraînera l'exception d'incompétence. Le plus sûr est, pour le défendeur, de proposer les deux exceptions à la fois, et, pour le juge, de les recevoir toutes deux, bien que proposées séparément, mais avant les autres moyens.

Page 258. *Garantie*: protection. En procédure, c'est le fait de protéger un défendeur contre l'exercice d'une action. *Garantie* se prend aussi pour l'obligation ou pour le droit de garantie. On qualifie de *formelle* la garantie qui protège contre une action réelle; la garantie *simple* protège contre une action personnelle. Voici des espèces pour leur application : 1° Primus revendique le fonds A contre Secundus; Secundus, ayant acheté le fonds A de Tertius, appelle celui-ci en garantie formelle. Si Tertius avait lui-même acheté de Quartus, il appellerait Quartus en *sous-garantie* (on nomme ainsi la garantie due à quelqu'un qui la doit lui-même à un autre); 2° le créancier Primus assigne Secundus, caution de Tertius, débiteur principal. Secundus appelle Tertius en garantie simple. Si Tertius n'était lui-même que caution de Quartus, il y aurait lieu à sous-garantie. — Observez que la caution qui *garantit* la solvabilité du débiteur principal, au profit du créancier *stipulant*, est elle-même *garantie* par le débiteur contre la réclamation du créancier *poursuivant*.

La garantie *formelle* est ainsi nommée parce qu'elle influe sur la forme, sur la procédure; elle constitue le garant partie au procès à la place du garanti. En effet, l'acheteur ne saurait avoir plus de droit que son vendeur, *nemo plus juris transferre potest, quam ipse habet* (C. civ., 2182). Si le vendeur garant ne réussit pas à repousser la revendication du demandeur originaire, l'acheteur garanti ne le pourrait pas davantage; il est donc rationnel de transférer la défense au vendeur, qui, d'ailleurs, connaît mieux la source des droits qu'il a transmis. Le jugement rendu contre le garant est exécutoire contre le garanti, bien qu'il n'ait pas été condamné personnellement (C. civ., 1351), parce que, s'il est jugé que son auteur, le garant, n'avait pas de droits, lui, successeur, n'en saurait avoir davantage. — Le garant pourrait toutefois se laisser corrompre par le demandeur originaire, et ne pas faire valoir les moyens qui lui assurent gain de cause. C'est pour cela qu'on permet au défendeur originaire d'*assister*, c'est-à-dire de se faire représenter par un avoué auquel les actes seront signifiés, et par un avocat qui surveillera la défense du garant.

La garantie *simple* n'influe pas sur la forme. Elle ne fait pas disparaître le défendeur originaire; en effet, il est obligé, par hypothèse, et ne peut être libéré que par le payement (C. civ., 1234); la condamnation du débiteur principal ne suffit point pour satisfaire le créancier qui a stipulé l'accession de la caution, précisément pour payer au défaut du débiteur. Néanmoins la caution a intérêt à invoquer la garantie simple pour faire condamner le débiteur, dans la même instance, à rembourser (C. civ., 2028); d'ailleurs le débiteur est plus à même de faire déclarer la dette nulle ou éteinte.

Page 266, note 5, n° 4. POURSUIVRE L'AUDIENCE, c'est faire l'ensemble des démarches nécessaires pour être entendu par le Tribunal. Le juge est obligé d'accorder audience, mais il ne peut le faire tous les jours, ni à toute heure, et ne peut entendre tous les procès à la fois. Le principe de l'égalité force chaque plaideur d'attendre son tour, sauf certains cas d'urgence (V. C. civ., 177-8). La marche à suivre pour obtenir audience est tracée dans un décret du 30 mars 1808, dont la légalité est assez douteuse; il y a aujourd'hui plus de 47 ans qu'il aurait dû être converti en loi, ainsi que le tarif des dépens (art. 1042)!

Voici les actes qu'il prescrit : 1° réquisition d'inscription au rôle (*rotulus*, de *rota*), par un écrit auquel l'usage ou la civilité conservent, malgré la loi du 21 vent. an VII, le nom de *placet* (il plaît au juge). Dans les tribunaux composés de plusieurs chambres, la mise au rôle général par le greffier amène la *distribution* de la cause par le président, c'est-à-dire l'indication de la chambre où l'affaire sera entendue. La mise au rôle particulier d'une chambre est affichée huit jours avant l'appel de la cause (mesure dont se dispensent quelques tribunaux); — 2° signification des conclusions trois jours au moins avant l'audience. — Comme l'adversaire ne peut deviner quel jour on se présentera, il faut bien l'en avertir; cet avertissement se nomme dans la pratique sommation d'audience ou *avenir* (invitation à venir plaider; v. art. 709-2°, loi de 1841.) Il est prescrit par la logique plutôt que par les textes; et, comme la logique est insuffisante pour fixer un délai, les auteurs hésitent sur la durée du temps qui doit séparer l'avenir de l'audience; l'un (M. Bonnier) exige *un jour*, par arg. des art. 5 et 416; un autre (Boitard) en veut *trois*, parce que la communication au ministère public doit précéder l'audience de trois jours (décr. 1808, 83). Je crois plutôt que le rédacteur du décret a sous-entendu que la signification des conclusions devrait indiquer le jour de l'audience; cette signification est, du reste, faite à trois jours au moins (décr. 1808, 70); — 3° présentation de l'avoué à l'audience, avec lecture et dépôt des conclusions signées, entre les mains du greffier, sur l'appel de la cause.

Il ne reste plus que la plaidoirie, c'est-à-dire la démonstration orale de la justice des conclusions. L'époque où elle se fait dépend de la longueur des affaires qui précèdent sur le rôle, et parfois de l'empêchement des avocats.

En combinant le Code et le décret de 1808, on reconnaît qu'une procédure judiciaire dégagée d'incidents se compose, devant le Tribunal de première instance, des *sept* ou *huit* actes qui suivent : 1° *assignation* par le demandeur au défendeur avec constitution d'avoué; 2° *constitution d'avoué* par le défendeur, notifiée au demandeur dans la huitaine qui suit la remise de l'assignation; 3° signification facultative des *défenses* du défendeur, dans la quinzaine de la constitution; 4° *réponse* facultative du demandeur, dans la huitaine des défenses; 5° réquisition de *mise au rôle* par l'avoué de la partie *la plus diligente* (on appelle ainsi la partie qui veut la première continuer le procès; ce peut être le défendeur, s'il veut se débarrasser des poursuites que le demandeur traîne en longueur par hésitation, négligence ou toute autre cause); 6° *signification des conclusions*, trois jours avant l'audience; 7° *avenir* (selon moi, cet acte se lie au précédent); 8° lecture et dépôt des *conclusions* définitives signées par les avoués, à l'audience, sur l'appel de la cause.

Ici, le rôle de l'avoué cesse; l'avocat plaide, s'il y a lieu; et le juge statue.

Les huit actes se réduisent à *six*, au gré du défendeur, s'il ne juge pas à propos de signifier de défenses. Le défendeur qui veut se débarrasser du procès le plus tôt possible, peut, à mon avis, constituer avoué immédiatement après avoir reçu l'assignation, et poursuivre l'audience sur-le-champ. Il fera disparaître ainsi l'intervalle d'un mois qui sépare d'ordinaire l'assignation de la poursuite d'audience.

Les huit actes se réduisent à *sept* quand le demandeur ne juge pas à propos de répondre aux défenses.

Page 279, n° 17. La *majorité absolue* est un nombre de suffrages plus grand que la moitié des votants; la majorité *relative* est un nombre qui, plus grand que chacun des autres en particulier, n'excède pourtant pas leur somme. — Supposons les suffrages répartis entre plus de deux opinions, de la manière suivante : 3+2+2, ou 4+1+1+1; il y aura partage,, et l'art. 117 est inapplicable. Au contraire, dans l'hypothèse 3+2+1, ou 4+3+1, le juge unique est tenu d'abandonner son opinion et de choisir l'une des deux autres. Dans l'hypothèse 3+2+2+1, il semble également tenu de changer; mais je pense qu'il peut opter entre les *trois* autres.

Page 282, note 33. Le mot *qualités*, comme le montre sa signification ordinaire, comprend la désignation des parties et de leurs représentants, et le rôle qu'elles jouent dans le procès. Celui qui les rédige doit exposer, à la suite, les *points de fait et de droit*, c'est-à-dire les faits litigieux et le droit contesté. De là l'usage vicieux qui les comprend dans le mot « qualités. » — La règle qui livre la rédaction des qualités à la discrétion d'un avoué, sous le seul contrôle du juge qui a présidé, et cela quand le procès semble terminé par le jugement, a été l'objet de justes critiques. Il est trop facile, en rédigeant les qualités, d'altérer un fait important : de faire, par exemple, d'un héritier bénéficiaire un héritier pur et simple; de convertir une explication en aveu formel.

Page 283, note 35. Le *dispositif* d'un jugement est l'ensemble des propositions par lesquelles le juge affirme que le demandeur a ou n'a pas le droit contesté, et, par suite, condamne le défendeur ou le renvoie de la demande. C'est là ce qui constitue le jugement proprement dit; les jugements préparatoires sont, au fond, de simples ordres qui prescrivent les mesures utiles pour amener le jugement véritable. La proposition qui affirme que tel fait avancé par l'un et nié par l'autre est constant, se rattache au dispositif; mais, dans l'usage, on la rejette dans les motifs, dans ce qu'on appelle les *attendu* ou les *considérant*, à cause des expressions usitées au palais.

Page 286. On est jugé *par défaut*, 1° faute de constituer avoué; 2° faute de conclure. Le jugement a deux objets : 1° de constater le défaut, d'en donner acte; 2° d'en adjuger le *profit*, c'est-à-dire d'accorder ou adjuger les conclusions de la partie comparaissante. (*Adjuger les conclusions* du demandeur, c'est déclarer qu'il a le droit prétendu, et condamner le défendeur; adjuger les conclusions du défendeur, c'est déclarer que le demandeur n'a pas le droit prétendu, et renvoyer son adversaire de la demande.)

Joindre le profit du défaut, c'est surseoir à l'adjudication des conclusions du demandeur, par rapport aux défendeurs défaillants, jusqu'à l'époque où le tribunal pourra statuer sur ces mêmes conclusions, par rapport aux défendeurs qui ont comparu, c'est-à-dire jusqu'à ce que l'affaire soit en état par rapport à ceux-ci).

Page 289, note 19. La règle qui déclare non avenu le jugement faute de constituer avoué, s'il n'est exécuté *dans les six mois*, déroge au principe d'après lequel les droits se prescrivent par trente ans (*C. civ.*, 2262), y compris celui qui résulte d'une condamnation au profit du gagnant. On a craint que le défaillant n'ait en absolument aucune connaissance du jugement (peut-être parce que l'huissier a *soufflé la copie*, suivant l'expression de Treilhard); il serait, à son insu, à la discrétion de son adversaire, qui attendrait un moment favorable pour le surprendre et le ruiner ou abuser de son embarras.

Page 294, note 8. L'art. 338 défend de présenter successivement les demandes incidentes, de peur qu'on ne traîne ainsi le procès en longueur, avec accroissement des frais, qui seront moindres par la présentation simultanée.

Page 306. La dénomination de *faux incident civil* est vicieuse sous bien des rapports. D'abord le mot !*faux* est ici une pure abréviation pour « demande à l'effet de faire déclarer un acte faux. » C'est cette demande qui est tantôt principale, tantôt incidente ; tantôt portée au tribunal criminel, tantôt au tribunal civil. Au criminel, on ne peut que déposer une plainte et attendre que le faussaire prétendu ait été mis en accusation par la Cour d'appel devant la Cour d'assises. Du reste, la poursuite est parfois incidente, même au criminel (v. *I. cr.*, 458). Donc elle ne mérite pas d'être exclusivement qualifiée principale. En sens inverse, la poursuite peut, à mon avis, n'être pas incidente au civil. On conçoit parfaitement qu'on ait intérêt, avant que les preuves aient disparu, à faire déclarer fausse la pièce dont le possesseur menace de faire usage plus tard. L'expression faux incident exprime ce qui se passe le plus ordinairement. On n'a guère connaissance du faux que par la production de la pièce fausse, et la production se fera presque toujours dans une instance : soit par le demandeur, s'il s'agit d'un titre, soit par le défendeur, s'il s'agit d'une quittance.

Page 321. *Enquêtes.* La preuve d'un fait *négatif* est-elle plus difficile que celle d'un fait *positif?* Non, selon d'anciens auteurs et selon M. Bonnier. Je conviens qu'il vaut mieux établir la distinction entre les faits *vagues* et les faits *précis.* Il est presque impossible de prouver un fait positif dont on ne précise ni l'époque, ni le lieu ; en sens inverse, il est généralement facile de prouver qu'un fait ne s'est pas accompli dans tel endroit, à un instant donné. Mais on doit observer que les contrats et les payements sont valables sans qu'il soit besoin d'en déterminer précisément le lieu et l'époque ; par conséquent, la plupart des négations émises dans les procès civils sont assez *indéfinies* pour que la preuve en soit impossible ; telles sont les assertions suivantes : Je n'ai pas emprunté du demandeur la somme qu'il réclame ; je n'ai pas reçu du défendeur le payement qu'il prétend m'avoir fait.

Page 329. Le *reproche* est une imputation faite à un témoin dans le but de diminuer sa *crédibilité.* Ne confondez pas le reproche avec la récusation, bien que Racine ait dit (Plaideurs, III, 3) : *récuser des témoins.* — La parenté collatérale est une simple cause de reproche ; la parenté directe est un empêchement à la déposition ; mais elle fonderait à plus forte raison un reproche si, par erreur, on avait laissé déposer le parent direct. — Certains reproches se prouvent par témoins, ce qui donne lieu à une enquête secondaire ; les témoins qu'on y entend sont eux-mêmes susceptibles de reproches ; mais la preuve en doit être faite par écrit, autrement il faudrait ouvrir une troisième enquête, et ainsi de suite, à l'infini.

Page 350. *Interrogatoire sur faits et articles.* Les faits sur lesquels doivent porter les questions sont communiqués vingt-quatre heures d'avance à l'interrogé, afin qu'il puisse rassembler ses souvenirs (v. Lamoignon, *Proc. verb.*, 207) ; une question imprévue trouble la mémoire. Mais cela n'est guère fondé que dans une discussion scientifique. On est tombé dans un inconvénient bien plus grave en laissant à la partie le temps de calculer ses réponses de manière à ne faire aucun aveu qui lui nuise. Le mal est atténué par la faculté de poser des questions *d'office,* donnée à l'interrogateur (art. 333) ; mais le juge ne connaît pas assez les faits de la cause pour user toujours fructueusement de son privilége. Le demandeur, qui pourrait lui suggérer des questions embarrassantes, n'est pas présent. La loi a craint les altercations, comme si l'autorité du juge n'eût pas dû suffire pour ramener les plaideurs à l'ordre.

Page 358. L'*intervention* est le fait de se constituer partie dans un procès déjà engagé entre deux autres personnes (parties originaires). L'intervenant a un intérêt commun avec le demandeur ou avec le défendeur ; ou bien il a un intérêt distinct. Donc on peut dire qu'il intervient *ex parte actoris,* ou *ex parte rei,* ou *ex parte sua.* Dans le premier et le troisième cas, l'intervention est une demande proprement dite ; dans le deuxième, c'est plutôt une défense par laquelle l'intervenant conclut à ce que la réclamation originaire soit repoussée. Il n'est pas nécessaire qu'il prétende avoir un droit distinct ; il suffit qu'il ait intérêt à ce que le droit d'une des parties soit reconnu; or il y est intéressé s'il a le pouvoir de faire vendre les biens de cette partie, ou s'il est responsable envers elle de la perte du procès. De là trois classes d'intervenants : 1° les *créanciers* (leur gage serait diminué par l'insuccès de leur débiteur), v. *C. civ.*, 618, 865, 882, 1166, 1464; 2° les *garants* (le perdant recourrait contre eux), v. *C.-pr.*, 182, 183; *C. civ.*, 884, 1626. Ainsi celui qui a vendu au demandeur originaire la chose qu'il revendique, est intéressé à le faire triompher; — 3° les intervenants qui prétendent avoir un droit *de leur chef*; par exemple, un droit réel aussi, plus, ou moins étendu que le droit réclamé par le demandeur originaire; ou bien la *copropriété* du droit réclamé. Les cobligés du défendeur originaire interviendront pour faire déclarer la libération commune; les cocréanciers du demandeur agiront en sens inverse. L'usufruitier se joindra au nu-propriétaire, de quelque côté qu'il se trouve (v. *C. civ.*, 613). — Les garantis rentrent dans la classe des créanciers; les exécuteurs testamentaires, jusqu'à un certain point, dans celle des garants (v. *C. civ.*, 1031-4°).

Page 364. La *récusation* est une demande incidente tendant à faire décider qu'un juge s'abstiendra de connaître de la demande principale. Elle se forme selon des règles particulières. Ne confondons pas la récusation avec le *droit* de récuser, comme le fait M. Colmet-Daage, dont la définition n'est applicable ni au texte de la loi, ni probablement au livre de M. Colmet-Daage lui-même. — Il faut encore moins transformer, avec Carré, la récusation en *exception*; elle profite au demandeur aussi bien qu'à son adversaire.

Page 365, note 7. Il était inutile de parler, dans l'art. 378-2°, de la *parenté* du juge avec la femme d'un plaideur, ou de la femme du juge avec un plaideur : c'est un cas d'alliance prévu par l'art. 378-1°. Mais l'*alliance* entre les mêmes personnes méritait d'être mentionnée séparément : le juge peut être l'allié de la femme du plaideur sans être le parent de ce dernier. — Du reste, il y a défaut d'harmonie entre les deux alinéas, quant à la dissolution de l'alliance. Supposons que l'une des parties soit une veuve sans enfants, dont le mari défunt était parent du juge. La récusation devra-être admise en vertu de l'art. 378-1°; et cependant, si le plaideur était un veuf sans enfants, dont la femme défunte était parente du juge au troisième degré, l'art. 378-2° exclurait la récusation. Comp. *C. civ.*, 206.

Page 368. III, 1°. Le *procès criminel* avec les parents ou alliés directs du conjoint de la partie n'est pas une cause de récusation. Le mot *son*, dans l'art. 378-5°, se rapporte à *partie* et non à *conjoint*. La récusation déroge au principe qui oblige les plaideurs à se soumettre au jugement des magistrats légalement constitués; or les dérogations doivent être restreintes.

Page 369, note 20. Les auteurs n'expliquent pas le mot *agressions* (art. 378-9°); en effet, il est singulièrement vague. Des voies de fait non suivies de procès criminel (art. 378-5°) constituent sûrement une agression; mais ce terme est plus large : il me paraît comprendre tout procédé par lequel le juge porte atteinte, sans provocation, aux droits de la partie, qu'elle intente ou non un procès civil au juge; un procès semblable, survenu depuis l'instance, n'est pas par lui-même une cause de récusation (art. 378-6°).

Page 376, note 10. Quand le *renvoi* est ordonné *pour parenté ou alliance*, le nouveau tribunal n'est pas saisi par le jugement de renvoi; les deux parties n'y sont pas représentées par des avoués; il y a donc interruption d'instance; chacune des parties ignore si l'autre veut continuer le procès; il faut une assignation nouvelle et de nouvelles constitutions d'avoué. Seulement, comme la procédure faite devant le premier tribunal subsiste, il n'est besoin que l'assignation contienne l'exposé sommaire des moyens; du moins on peut l'induire, nonobstant l'art. 61, des mots *simple assignation* de l'art. 375.

Le *renvoi* est ici l'acte par lequel un tribunal se dessaisit d'une demande, en indiquant le juge auquel elle devra être portée. La demande en renvoi peut émaner du demandeur primitif; ce n'est donc pas une exception, comme le dit mal à propos Carré.

Le renvoi pour *sûreté publique* ou *suspicion légitime* se porte à la Cour de cassation, en vertu de la Constit. du 22 frim. an VIII, 65, encore en vigueur sur ce point. Ce texte ne distingue pas entre les diverses espèces de tribunaux ; je ne sais donc pourquoi Merlin (mot *Évocation*, § 1, n° 4) affirme que, depuis le Code de procédure, ces demandes doivent être soumises à l'art. 363, article relatif aux règlements de juges, et que rien ne rend suspect d'inconstitutionnalité. Merlin cite, du reste, des arrêts de cassation à l'appui de sa doctrine.

Page 379, note 5, n° 3. *Règlement de juges.* L'art. 363 s'occupe du cas où un différend *est porté à plusieurs* tribunaux, sans distinguer s'ils se déclarent compétents ou incompétents. Donc il comprend dans ses termes, quoi qu'en dise M. Bonnier, le cas de conflit négatif. Seulement, l'art. 366 n'a pas trait à ce cas. Aussi M. Chauveau, dans son édition de Carré, a fini par abandonner l'opinion de ce dernier auteur.

Page 381. *Reprises d'instance.* L'*interruption* est l'état de l'instance que les parties ne peuvent continuer par de nouveaux actes valables. La *reprise* est l'acte par lequel les parties recouvrent la faculté de continuer l'instance interrompue.

Le *changement d'état* d'une partie est, ici, l'acquisition ou la perte qu'elle fait de la capacité de plaider (ou d'ester en justice). La fin de la minorité de la partie la rend capable d'agir, d'incapable qu'elle était ; en sens inverse, l'interdiction d'une partie majeure la rend, de capable, incapable. Les *fonctions dans lesquelles* une partie *procède* sont le mandat légal ou conventionnel en vertu duquel elle demande ou défend ; l'expiration de ce mandat est appelée par le *texte cessation des fonctions*. Par exemple, un tuteur intente un procès au nom de son pupille ; il obtient la décharge de sa tutelle ; les fonctions dans lesquelles il procédait cessent, bien que son pupille n'ait pas changé d'état. Le mandat dont il s'agit est parfois inhérent à des fonctions publiques, quand elles impliquent pouvoir de diriger les actions. Ainsi la destitution du maire qui soutient un procès au nom de sa commune, entraîne cessation des fonctions dans lesquelles il procède.

Ces deux événements n'empêchent pas la continuation des procédures, d'après l'art. 345 ; *a fortiori* ne diffèrent-ils pas le jugement d'une affaire en état. Il était donc inutile de le dire expressément dans l'art. 342 ; d'autant mieux que le lecteur serait tenté, avant d'avoir vu la suite, d'en induire *a contrario* la discontinuation des procédures dans les affaires qui ne sont pas en état d'être jugées.

Toutefois on ne doit pas outrer la portée de l'art. 345-1°. J'y lis seulement, en le rapprochant des art. 344 et 346, que le changement d'état et la cessation des fonctions ne nécessitent point une reprise d'instance, et n'entraînent point dès lors, par eux-mêmes, la nullité des actes ultérieurs. Mais les principes généraux sur la *capacité de plaider* n'en demeurent pas moins applicables. Si le demandeur est frappé d'incapacité ou cesse ses fonctions, les actes qu'il continuerait de faire seraient nuls ; le tuteur ou l'administrateur nouveau doivent prendre l'affaire en main. Si c'est le défendeur, et que l'incapacité ait été notifiée au demandeur, ce dernier dirigerait inutilement les procédures ultérieures contre l'incapable ; il doit agir contre le tuteur ou l'administrateur nouveau, mettre le mari en cause, etc. Je crois même que, si le défendeur est un pupille qui a perdu son tuteur, il convient d'attendre que le nouveau tuteur ait pu être nommé et prendre en main la défense.

Page 388. La mort de la partie *interrompt* l'instance, parce que l'héritier ignore peut-être jusqu'à l'existence du procès ; les délais pour délibérer lui fournissent d'ailleurs une exception dilatoire pour retarder la reprise de l'instance. La mort, la démission, la destitution définitive ou temporaire (*interdiction*) de l'avoué interrompent l'instance, parce que la partie ne peut plus légalement procéder. La notification en est inutile, parce que les relations journalières des avoués d'un même tribunal entre eux ne leur permettent pas d'ignorer longtemps le sort de leur confrère, et qu'ils l'apprendront forcément en lui signifiant un acte quelconque. L'économie a dû faire sous-entendre la notification.

L'interruption *annulle*, au profit de la partie non défendue, tous les actes ultérieurs, jusqu'à la reprise (art. 344, 346). Donc elle laisse subsister les actes antérieurs, et l'assignation conserve ses effets (v. p. 901).

La mort et le changement d'état du demandeur, survenus avant la constitution d'avoué du défendeur, produisent un effet plus énergique encore, en ce qu'ils obligent à *réitérer* l'assignation (d'où il ne suit pas qu'elle soit annulée). L'art. 345-2° ne fait donc pas double emploi avec l'art. 344 quant au *décès*. Le motif qui l'a dicté est assez obscur. Voici l'explication qui me paraît la plus vraisemblable. Le défendeur a juste sujet d'espérer qu'un changement radical de personne et de volonté empêchera le procès; l'héritier, le tuteur de l'adversaire interdit, l'adversaire lui-même devenu capable, envisageront peut-être la question sous un tout autre point de vue que le défunt, celui qui allait être mis en interdiction, et le tuteur de l'incapable. La probabilité d'un changement dans les idées qui ont amené la demande est presque nulle en cas de changement d'avoué; elle est faible en cas de cessation des fonctions; aussi n'étendrais-je pas l'article à cette dernière hypothèse, nonobstant Carré, MM. Chauveau, Bonnier, etc.

Comment *reprend-*on l'instance interrompue? Par un simple acte d'avoué, dit l'art. 347; par une assignation, répond l'art. 346. Il faut distinguer. L'interruption est établie par la loi en faveur de l'héritier ou de la partie privée d'avoué (v. p. 908), et non de la partie survivante ou pourvue d'avoué. Celle-ci doit être prête et n'a pas besoin de protection; donc elle ne peut contester la reprise; il suffit que l'héritier ou l'adversaire défendu par un nouvel avoué lui notifient par un simple acte leur volonté de reprendre (art. 347). Au contraire, si elle voulait les y contraindre, elle ne pourrait y réussir qu'au moyen d'une assignation : en reprise, contre l'héritier; en constitution de nouvel avoué, contre la partie qui a perdu le sien.

Page 391. *Désaveu.* Demande tendant à faire annuler l'acte judiciaire fait par un officier ministériel compétent, en dehors de ses pouvoirs. — Exemple : Primus assigne Secundus en remboursement de 10,000 fr. prêtés. L'avoué constitué par Secundus notifie à l'adversaire, sans mandat spécial, des offres de payement. Le tribunal donne acte des offres et condamne Secundus à payer. Celui-ci peut former un désaveu pour faire annuler les offres et le jugement fondé sur ces offres, parce qu'elles ont été signifiées sans son pouvoir spécial. — Mais comment se fait-il que la voie du désaveu soit nécessaire, alors qu'un mandataire n'oblige pas son mandant quand il excède ses pouvoirs (*C. civ.*, 1989)? Cela tient à ce que l'officier ministériel est présumé avoir reçu le mandat d'agir dans les limites de ses fonctions et pour tous les actes qui s'y rattachent directement (v. Pothier, *Mandat*, n° 127); aussi n'est-il pas tenu de justifier de ce mandat à la partie adverse, et oblige-t-il son client jusqu'à désaveu.

Page 398. Cette locution du Code : *La péremption se couvre par un acte*, signifie qu'elle est désormais comme non avenue; mais rien ne l'empêche de courir plus tard de nouveau; en un mot, l'effet de l'acte est analogue à celui d'une interruption de prescription.

Page 409. *Contrat judiciaire.* On qualifie ainsi, sans difficulté, la convention consentie devant le juge et homologuée par lui. (V. p. 278.) On donnera le même nom à un concours de volontés formé en justice, bien qu'il n'ait pas pour but direct de créer une obligation. (V. *C. civ.*, 1364.) En outre, le contrat judiciaire se forme tacitement, toutes les fois que l'acte fait par l'une des parties est suivi de l'acte corrélatif prescrit à l'adversaire par les lois sur la procédure. Ainsi le défendeur qui signifie des défenses s'oblige envers le demandeur (déjà lié par sa propre assignation) à se laisser juger par le tribunal saisi; il accepte également l'assignation comme inattaquable (art. 169, 173). Voilà pourquoi le demandeur ne peut se désister de l'instance sans le consentement du défendeur qui a constitué avoué; d'ailleurs un défendeur est intéressé à se débarrasser d'une poursuite injuste, et, dans les cas douteux, à sortir d'incertitude par un jugement.

L'obligation de se soumettre à la sentence dérive d'un contrat tacite ou exprès quand le défendeur comparaît; mais quand il fait défaut, on ne saurait supposer un consentement de sa part. Il faut donc reconnaître, à côté du contrat judiciaire, un *quasi-contrat* judiciaire formé par l'assignation, en vertu de la loi.

C'est l'assignation qui produit aujourd'hui les effets attribués, en droit romain, à la *litis contestatio* (*judicium acceptum*). Elle substitue à l'obligation primitive (*dare oportere*) l'obligation de se soumettre au jugement (*judicari oportere*), obligation à laquelle le jugement substitue à son tour l'obligation d'exécuter l'ordre du juge (*judicatum facere oportere*). V. *Gaius*, III, 180. — Le but du demandeur, en agissant, n'est pas de compromettre ses droits et de les éteindre par une novation; il veut plutôt les conserver en invoquant l'autorité légitime (*non deteriorem causam nostram facimus actionem exercentes; 29*, Dig. *De novationibus*). Aussi les Romains n'admettaient-ils dans ce cas qu'une novation imparfaite, qui laissait subsister les hypothèques et d'autres droits accessoires. On serait, je crois, encore plus près de la vérité en disant que la poursuite judiciaire engendre un droit accessoire et auxiliaire qui vient se joindre au droit primitif sans en accroître la valeur. On n'éprouve ainsi aucun embarras à maintenir les engagements des cautions, débiteurs solidaires (*C. civ.*, 1204), et autres coobligés; on n'a pas besoin de remplacer un droit réel par une créance personnelle, comme le proposent divers auteurs, entre autres Merlin (v. p. 135, note 12).

La *litis contestatio* avait un équivalent dans la *contestation en cause* de l'ordonnance de 1667 (v. p. 229, note 54); elle n'en a plus dans le Code de procédure. Donc l'assignation en tient lieu désormais. En effet, c'est par elle que le demandeur engage le procès; c'est par elle que le défendeur est mis en demeure, ou de satisfaire le demandeur, ou de s'en référer à la décision du juge.

Page 417. III, 1° et 3°. *Justice de paix.* La conciliation n'est pas obligatoire; mais le juge peut interdire aux huissiers de sa résidence de donner citation avant que les parties n'aient été appelées sans frais devant lui. On excepte le cas de péril en la demeure et le cas où le défendeur est domicilié hors du canton (ou de la ville, si elle renferme plusieurs cantons). *Loi 25 mai* 1838, 17. = Un projet de 1855 convertit en obligation la faculté laissée au juge par la loi de 1838; de sorte qu'à l'avenir la conciliation sera, de droit commun, le préliminaire des affaires portées en justice de paix.

La faculté de comparaître devant un juge incompétent *ratione personæ vel loci* existe devant les tribunaux ordinaires, en ce sens que le défendeur est libre de ne pas opposer de déclinatoire.

Page 421. *Matières sommaires.* Leur procédure n'exige ni défenses ni réponses, ce qui retranche le 3e et le 4e acte de la procédure ordinaire (v. p. 904), et les vingt-trois jours de délai qui les accompagnent.

Ceci donne le moyen de résoudre une question fort controversée. Les matières que la loi prescrit de *juger sommairement* (art. 168, 172, 287, 348) doivent-elles être *instruites* comme les matières qualifiées sommaires, c'est-à-dire selon l'article 405? Non, répondent J.-B. S., p. 422, Carré de Rennes, M. Chauveau et la Cour de Limoges; — Oui, selon M. Carré (*taxe*), M. Bourbeau et la Cour de Grenoble. Je crois cette dernière opinion plus près de la vérité, malgré l'assertion contraire de M. Pascalis. Sans doute le tarif indique des écritures pour plusieurs de ces causes. Mais, sans mettre le tarif de côté (bien que sa force obligatoire soit douteuse [art. 1042] et inférieure, dans tous les cas, à celle du Code), il est impossible de voir dans la faculté de percevoir une taxe pour tel écrit une concession de délais; ainsi l'avoué du client illégalement contraint par corps pourra bien, en demandant la nullité de l'emprisonnement (art. 795), exposer les moyens dans une requête non grossoyée (*tarif*, 77), mais sans retarder le jugement. A l'occasion du déclinatoire, le tarif (75) permet une requête et une réponse de six rôles chacune; mais il n'impose point un sursis de quinzaine au demandeur, et subsidiairement un sursis de huitaine au défendeur.

Page 421, note 11. Dans les *enquêtes* sur matières sommaires, on dresse un procès-verbal des dépositions, quand le jugement doit être en 1er ressort, afin que la Cour d'appel puisse prendre connaissance des témoignages sans enquête nouvelle.

Page 423. Le *référé* est une demande tendant à faire décider provisoirement, par le président du tribunal, une contestation urgente, et spécialement des difficultés d'exécution. — Le terme vient de ce qu'on en *réfère* au président (de *referre*, rapporter). — Du reste, toute l'instance qui a lieu devant ce magistrat peut se qualifier aussi « référé ».

Il est assez difficile de distinguer la compétence du président de celle du tribunal, et cependant il est certain que la loi n'a pas voulu sacrifier la deuxième au profit de la première. Si l'on s'en tenait à l'art. 806, le président absorberait la jurisdiction relative aux affaires urgentes et aux difficultés d'exécution. Mais l'art. 809 s'y oppose; les ordonnances sur référé ne font *aucun préjudice au principal*, ce qui peut également signifier qu'elles ne *préjugent* point la contestation principale, s'il y en a une à côté de la provisoire; ou qu'elles ne font aucun *tort* aux droits respectifs des parties. Donc la contestation principale reste intacte et ne peut être *définitivement* résolue que par le tribunal; le président statue *provisoirement* (mot qui se trouve dans la dernière moitié de 806, et doit se sous-entendre *a fortiori* dans la première), si ce n'est peut-être lorsque la loi lui attribue jurisdiction expresse. (V., par exemple, art. 734-2°).

Il reste à comprendre comment une décision provisoire peut être utile et ne préjudicier en rien à la décision définitive. La loi a sans doute eu en vue les actes matériels dont une autre partie veut obtenir et l'autre arrêter la continuation. Le président décide s'il y a lieu de continuer ou de suspendre quant à présent; le tribunal décidera seul si l'auteur de l'acte a *le droit de* le faire. Il est clair dès lors que le président se contente des apparences. On retrouve ici une certaine analogie avec les questions possessoires dont la solution *ne préjudicie point* à la question de propriété. — L'utilité de l'ordonnance du président est manifeste, quand elle prescrit une mesure conservatoire, comme en cas de saisie immobilière (art. 681). V. p. 919, note sur la p. 621.

Le droit de plaider *sans avoué* devant le président se déduit, selon moi, de la loi du 27 vent. an VIII, 94, qui ne réserve aux avoués le privilège de prendre des conclusions que « *dans le* TRIBUNAL pour lequel ils sont établis ».

Le *délai* de l'assignation en référé n'est pas fixé par la loi; donc il n'est pas de 8 jours, comme le veut Demiau-Crouzilhac, ni d'un jour, comme le dit Boitard; il est égal à l'intervalle qui sépare l'assignation de l'audience de référés la plus prochaine. Mais la loi aurait dû s'expliquer; ce titre est beaucoup trop laconique.

Quant à l'*appel*, on peut l'interjeter « dans les cas où la loi l'autorise », ce qui signifie sans doute : dans les cas où la valeur litigieuse est supérieure à 1,500 fr. Le texte ne dit point quelle autorité devra statuer. Donc l'appel est porté à la Cour, selon le droit commun, et non au premier président. Mais les règles générales de compétence n'en souffrent pas pour cela. La Cour n'est saisie par l'appel que de l'examen de l'ordonnance, et par conséquent de la question de savoir s'il y a lieu de maintenir provisoirement la décision provisoire du président. Si l'urgence ne prescrivait pas de décision provisoire, je pense que la Cour doit annuler et renvoyer au tribunal de première instance.

L'art. 809-3° substitue tout d'un coup le mot *jugement* à l'expression « *ordonnance sur référé* ». Peut-être est-ce une allusion à l'usage qui permet au président de renvoyer le référé au *tribunal* entier. Cet usage déroge au principe d'après lequel un magistrat ne peut déléguer son autorité sans permission de la loi; il avait besoin d'être formulé. Dans tous les cas, il fallait dire : l'ordonnance ou le jugement.

Page 428, note 12. *Procédure commerciale.* Quand le défendeur, après avoir comparu, omet de conclure, le jugement est contradictoire, selon Boitard; mais cette opinion, qui repose uniquement sur le silence de l'art. 434, est trop contraire aux principes généraux pour être admise. Les conclusions sont nécessaires pour déterminer l'étendue du pouvoir judiciaire. Leur omission n'entraîne, de droit commun, que la peine du défaut. Il serait besoin d'un texte formel pour ravir au défendeur la garantie de l'opposition.

Les art. 436 et 438 doivent se combiner. Donc, si le délai de huitaine fixé par l'art. 436 est écoulé, la faculté de former opposition sur le procès-verbal de l'huissier n'existe plus, quoi qu'en dise Carré. — Si l'opposition faite sur le procès-verbal dans les cinq premiers jours n'a pas été réitérée, le droit d'opposition est épuisé, nonobstant MM. Rodière et Chauveau ; l'art. 438 ne distingue point à quelle époque de la huitaine l'opposition a été faite.

Page 431. *Demandes qui requièrent célérité.* Dispensées de conciliation (article 49-2°), elles sont instruites sommairement (404-5°). Le demandeur peut, avec permission du président, abréger le délai de la comparution (72). On suppose qu'il veut une solution définitive, ou que la demande provisoire a pour but de ménager l'attente du jugement définitif. A l'égard des autres demandes provisoires, surtout s'il n'y a pas d'instance et si elles sont très-urgentes, on procédera par référé devant le président.

L'urgence a ses degrés, auxquels doivent correspondre autant de simplifications de forme et d'abréviations de délais. Au lieu de disséminer ce sujet dans des articles distants l'un de l'autre, et plus ou moins conciliables, il fallait le concentrer dans un titre unique où l'on aurait marqué le plus possible la progression symétrique de l'urgence de l'affaire, et de la célérité de la procédure.

Page 441 (*tome II*). *Voies pour attaquer les jugements.* Attaquer un jugement, c'est en demander l'annulation pour arriver à en obtenir un autre. Les voies d'attaque sont donc des procédures qui tendent à faire juger de nouveau la contestation. Elles débutent nécessairement par une demande ; elles sont portées tantôt au même tribunal, tantôt à un autre ; elles ne sont pas admissibles contre les mêmes sortes de jugements, et ne sont pas fondées sur les mêmes moyens. Donc, pour définir une voie d'attaque, il faut désigner le jugement attaqué, le tribunal auquel on recourt, et les causes ou moyens sur lesquels on se fonde.

L'*opposition* est une demande tendant à faire réformer un jugement de défaut par le tribunal qui l'a rendu, pour toute espèce de causes.

L'*appel* est une demande tendant à faire réformer un jugement en premier ressort par un tribunal supérieur, pour toute espèce de causes.

La *tierce-opposition* est une demande tendant à faire réformer un jugement rendu entre d'autres parties, par le tribunal qui l'a rendu (à moins qu'elle ne soit incidemment formée devant un tribunal égal ou supérieur), pour toute espèce de causes.

La *requête civile* est une demande tendant à faire rétracter un jugement en dernier ressort, par le tribunal qui l'a rendu, pour certaines causes qu'indique la loi.

Le *pourvoi en cassation* est une demande tendant à faire annuler un jugement en dernier ressort par la Cour suprême, pour certaines causes qu'indique la loi.

Les trois premières voies, étant fondées sur des moyens quelconques, tendent à faire juger l'affaire de nouveau ; la deuxième et la cinquième sont portées à un juge supérieur ; la quatrième et la cinquième ne se dirigent que contre des jugements en dernier ressort ; la troisième ne peut être invoquée que par des personnes qui n'ont pas figuré dans le premier procès (de là lui vient sans doute le nom d'opposition *tierce*). Toutes peuvent s'intenter contre des jugements par défaut ; la première n'attaque jamais des jugements contradictoires.

Page 443. L'*opposition* tire son nom de ce qu'elle suspend l'exécution du jugement attaqué ; mais cet effet lui est commun avec l'appel et parfois avec la tierce-opposition. Elle ne saurait se fonder sur les empêchements, quelque légitimes qu'ils soient, qui ont amené le défaut ; l'opposant doit établir directement la justice de ses conclusions, comme s'il comparaissait pour la première fois. S'il fait encore défaut, il ne peut plus attaquer le jugement qui le déboute de son opposition, par une opposition nouvelle, et tel est le sens de la maxime : *Opposition sur opposition ne vaut* (art. 165).

Page 448, note 15. Le jugement est *réputé exécuté* dès que la saisie immobilière a été notifiée (c'est-à-dire *dénoncée*, art. 677), tandis qu'il faut que les meubles aient été *vendus* (art. 159). Cette différence s'explique par la simplicité des formes de la saisie mobilière comparées à celles de la saisie immobilière. On

Page 695, n° 46. On peut soutenir que les art. 773 et 774 (ou peut-être le dernier seulement) font allusion à l'inscription du privilége qui appartiendrait au saisi comme *vendeur*, et dont la masse de ses créanciers userait au besoin contre ceux de l'adjudicataire. V. l'art. 2108, qui oblige le conservateur des hypothèques à inscrire *d'office*. — Ce qu'il y a de plus clair, c'est que les deux articles ont besoin d'être refaits.

Page 696. CONTRAINTE PAR CORPS. Définition. V. mes *Notes sur C. civ.*, n° 8183. Importance de l'innovation de l'art. 126 du *C. pr.* : *ib.* N° 8219.—Cette voie est-elle rationnelle? V. *droit constit.*, n° 418. Selon moi, le créancier qui conclut à l'emploi de la contrainte par corps devrait être tenu d'établir, au moins par des indices suffisants, que le débiteur possède des valeurs cachées.

Page 697, note 3, n° 2. Le juge peut surseoir pendant un an à la contrainte, si le débiteur a des enfants mineurs.

Ib., n° 3. Si la dette commerciale est moindre de 500 fr., le juge peut *suspendre* la contrainte trois mois après l'échéance. *Loi* 13 *déc.* 1848, 5.

Page 699, n. 6, n° 3. Le décret-loi du 2 février 1852 (art. 10), ressuscite au profit des membres du corps législatif le privilége octroyé par la Charte aux *députés*. Mais aucun texte ne confère aux *sénateurs* le privilége des anciens pairs; donc ils restent soumis au droit commun, bien que ce soit le résultat d'un pur oubli et que le texte primitif du Code pénal (art. 121) puisse être littéralement invoqué en leur faveur.

Page 700, n° 3 et note 9, n° 2. Le juge de paix, au lieu de se transporter avec l'huissier *dans la maison*, peut déléguer un *commissaire* de police. *Loi du 26 mars* 1855. A Paris, il n'est procédé à l'arrestation qu'en vertu d'une ordonn. du *président* du tribunal qui désigne le commissaire chargé de se transporter avec le garde du commerce. *Ib.* Cette loi paraît exclure l'intervention du juge de paix, à Paris; en même temps qu'elle empêche les gardes du commerce d'opérer *seuls* l'arrestation dans un domicile dont l'entrée ne leur est *pas refusée*. — Mais elle donne un fâcheux exemple en ce qu'elle intercale une décision législative dans un simple *décret* (14 *mars* 1808, *art.* 15), au lieu d'en proclamer franchement l'illégalité et de renvoyer la rectification au pouvoir exécutif. V. mon *Droit constit.*, n° 1430.

Page 701, n. 11, n° 1. L'acquiescement ou l'expiration des délais d'appel n'empêchent pas le débiteur d'appeler du chef de la contrainte, dans les trois jours de l'emprisonnement ou de la recommandation. *Loi* 13 déc. 1848, 7.

Page 707. La *recommandation* est la contrainte par corps exercée contre un débiteur déjà emprisonné; elle a pour effet d'empêcher son élargissement à l'époque où il devait recouvrer sa liberté, et de le retenir en prison aussi longtemps que s'il n'avait pas déjà été incarcéré. C'est une expression abrégée pour : *recommandation* au geôlier de ne pas laisser sortir le débiteur.

Page 708. Le privilége de se faire élargir en consignant le tiers de la dette s'applique aujourd'hui en matière commerciale. *Loi* 13 déc. 1848, 6.

Page 709. Les commerçants ne peuvent plus invoquer le bénéfice de cession (*C. com.* 541); mais une déclaration d'excusabilité par le tribunal les affranchit de la contrainte (*ib.* 537-3°, 538 à 40). V. p. 922, *note sur p.* 760.

Page 710. La *durée* de la contrainte a été encore abrégée par la loi du 13 décembre 1848 (4 et 12). Elle est fixée entre six mois et *cinq ans*, dans tous les cas non réglés par cette loi, ce qui comprend les dettes civiles. Pour les dettes commerciales, chaque somme de 500 fr. correspond à trois mois de contrainte; mais le maximum n'excède pas *trois ans*, bien que la dette dépasse 6,000 fr.

Page 719. Les SAISIES *gageries*, *foraines* et *revendications*, ont cela de commun qu'elles ne suffisent pas pour amener la vente des objets saisis; il faut, en outre, obtenir un jugement qui les déclare valables en reconnaissant la créance du saisissant. C'est pour cela sans doute qu'on les a reléguées parmi les procédures *diverses* au lieu de les placer à la suite des saisies mobilières; mais alors, pourquoi n'avoir pas également rejeté la saisie-arrêt dans la deuxième partie?

Ces saisies se distinguent de la saisie-arrêt lorsque les meubles sont entre les mains du saisi; elles s'en rapprochent quand les meubles sont entre les mains du saisissant (mais v. p. 585, note 32), et surtout quand ils sont entre les mains d'un tiers. Elles ont un but analogue, celui d'empêcher le détournement des valeurs saisies.

Le créancier muni d'un titre *exécutoire* peut employer ces saisies au lieu de la saisie-exécution, pour atteindre le même but que ferait manquer la nécessité d'un commandement.

Le bailleur qui a procédé de la sorte (art. 819-2°) est-il obligé de demander un jugement de validité? Oui, selon Carré et M. Chauveau. Mais je ne comprends pas qu'on astreigne un créancier à se procurer un double titre exécutoire; il suffit de réparer l'omission du commandement et de laisser un jour au saisi (art. 583, v. 821).

Quand le créancier n'a pas de titre exécutoire, il ne peut que faire une simple sommation; aussi le mot *commandement* (art. 819-1°) est-il impropre dans ce cas, et l'application de *C. civ.* 2244 à un pareil acte, fort douteuse. Le rédacteur s'est préoccupé de ce que la sommation précédait une saisie.

L'art. 819-3° autorise le bailleur à saisir-gager les meubles *déplacés;* mais il suppose sans doute qu'ils sont encore dans la possession du débiteur; autrement, la saisie-revendication paraît nécessaire.

Le nom de saisie-*gagerie* vient peut-être de ce que les meubles qui garnissent la maison sont en quelque sorte dans la possession du propriétaire comme un gage proprement dit. Peut-être encore est-ce un vestige de l'expression *pignoris capio*, qui correspond, chez les Romains, à notre mot *saisie.*

Page 720, note 2. Les *permissions* de saisie-gagerie sont accordées par le juge de paix, s'il est compétent à raison de la valeur réclamée. *Loi* du 25 mai 1838, 10.

Page 744, note 16. D'après le *décret-loi* du 25 mars 1852, sur la décentralisation administrative, les préfets autorisent les transactions qui concernent les droits des départements et des communes, quelle que soit la valeur de leur objet.

Page 748, n° 15-1° et 5°. Antinomies entre *C. civ.* 1444 et *C. pr.* 174 et 872. V. mes *Notes sur le Code civil*, n° 5775.

Page 760. Le *bénéfice de cession* est remplacé à l'égard des *faillis* par le bénéfice d'excusabilité, *C. com.* 537 à 41 (*loi* de 1838). Effacez le n° 3 de la note 1, la fin du premier alinéa de la note 12 et le n° 2 de la note 13.

L'*excusabilité* est prononcée par le tribunal de commerce, sur rapport du juge-commissaire (*C. com.* 538) et avis des créanciers donné dans l'assemblée qui suit la liquidation de la faillite, et amène la dissolution de l'union (*ib.* 537; effacez la note 8). L'excusabilité affranchit, comme la cession, de la contrainte par corps à l'égard des créanciers de la faillite (*ib.* 539); elle est refusée aux mêmes personnes, si ce n'est aux *étrangers* et aux *comptables* qui ne sont pas condamnés pour abus de confiance (*ib.* 540; comp. avec note 1-1°). — La demande n'a pas besoin d'être insérée dans les *journaux* (rectifiez la note 5).

Page 780. VENTE DES IMMEUBLES DES MINEURS. L'insertion de ce titre dans le livre II est difficile à justifier; tout ce qu'on peut dire, c'est que les immeubles des mineurs leur viennent en général de successions.

Formalités préliminaires. Le jugement qui homologue l'avis de famille fixe les conditions et la mise à prix d'après l'avis, les titres, les baux ou le rôle des contributions. L'expertise n'est plus que *facultative* pour le juge. *C. pr.* 955. « Autre-fois de droit commun, elle sera désormais une exception, » dit une circulaire du garde des sceaux du 4 juin 1841. — Il est interdit aux experts, quand il en est nommé, de se livrer à une description des biens (fort coûteuse autrefois). Leur rapport, qui n'est pas expédié, est toujours déposé *au greffe* (*C. pr.* 956; effacez la ligne 1 de la note 15).

Page 781-82. *Mise en vente.* Le cahier des charges désigne la contenance approximative des biens, avec deux tenants et aboutissants, et le prix auquel les enchères seront ouvertes. Il est rédigé par l'avoué ou le notaire, selon les cas.

La *lecture* est supprimée, ainsi que l'adjudication *préparatoire*, et la *triplicité* de publications par dimanches consécutifs (effacez les notes 16 à 18, 22 et 23, n° 1).

Les affiches et insertions ont lieu de quinze jours à trente jours avant l'adjudication. *Ib.* 959-60. — Les affiches sont *imprimées*, ce qui termine la controverse indiquée note 19, n° 2. — On y désigne les biens (comme dans le cahier des charges), le jugement, le prix d'ouverture, l'avoué du vendeur. — La liste de *portes*, donnée dans la note 19, n° 1, doit être complétée à l'aide de l'art. 699, en retranchant toutefois ce qui concerne le *saisi*, puisqu'il n'y en a pas dans l'espèce. V. cependant MM. Chauveau et Rogron, qui veulent que le mineur soit considéré comme remplaçant le saisi. — Il peut être fait des annonces extraordinaires si les biens sont considérables. *Ib.* 961, 697, 700.

Un mois avant l'adjudication, l'heure est notifiée au subrogé tuteur. *Ib.* 962.

Page 783. *Vente.* Quand la mise à prix n'est pas couverte par quelque enchère (comparez la rédaction vicieuse de l'art. 963 avec 973-5°), le tribunal peut ordonner la remise, sur simple requête, en la chambre du conseil (*sans avis de parents*). *C. pr.* 963-1° (effacez la ligne 1 de la note 25). — L'adjudication ainsi retardée est annoncée par de nouvelles affiches et insertions, *huit jours au moins* auparavant. *Ib.* 963-2° (appliquez à ce cas la note 20 *a*).

Les règles sur la folle enchère et la surenchère d'un *sixième* sont *applicables* à ces ventes. *Ib.* 964-1°, 965 (effacez les n°* 2, 2 *a*, 2 *b* de la note 23). La folle enchère est portée devant le tribunal, bien que la vente ait eu lieu devant notaire. *Ib.* 964-3°.

Il est difficile de soutenir que l'adjudication d'un immeuble de mineur *purge les hypothèques*. En effet, nulle sommation n'avertit les créanciers inscrits de la vente qui va se faire. Donc l'adjudicataire devra, s'il veut purger, faire les notifications prescrites par le Code civil; et dans ce cas, les créanciers pourront requérir une nouvelle mise aux enchères. — Toutefois ce dernier droit est controversable dans l'hypothèse où l'adjudication, opérée suivant les formes voulues pour les mineurs, a été suivie d'une surenchère du sixième, parce que le droit de requérir la vente est subordonné chez le créancier hypothécaire à l'obligation de surenchérir d'un dixième; or, l'art. 765-2° défend qu'*aucune autre surenchère* soit reçue dans l'hypothèse. Bien plus, on a rejeté un amendement qui réservait formellement le droit des créanciers. Néanmoins, je crois qu'ils gardent le droit de requérir la mise en vente. Les art. 965-2° et 710-2° signifient simplement qu'on n'est pas admis à surenchérir une deuxième fois dans la procédure qui conduit, soit à la vente d'un bien de mineur, soit à l'expropriation forcée; ils laissent du reste intacte la question de savoir si les hypothèques subsistent ou non. Les rédacteurs eux-mêmes semblent avoir cru que les hypothèques de la femme et du mineur ne sont pas purgées par l'expropriation; ce qui suppose le droit de surenchérir réservé sans distinction au profit de la femme et du mineur. On propose, il est vrai, de considérer le Code civil comme applicable en tant qu'il oblige l'acquéreur à notifier, pour avertir les créanciers qu'ils peuvent *provoquer un ordre*, mais non en tant qu'il leur permet de surenchérir; en effet, on a rejeté un amendement qui supprimait les notifications prescrites par l'art. 2183. Mais cette distinction est bien peu logique. La seule garantie que le système de purgement du Code civil procure aux créanciers hypothécaires consiste dans le droit de mise en vente: le leur ôter, c'est déclarer en d'autres termes que leur hypothèque est éteinte. Les renseignements prescrits par l'art. 2183 sont inutiles la plupart, pour l'ordre, et deviendraient une coûteuse superfétation; s'il n'y avait qu'un créancier, la notification serait dérisoire. La saine interprétation des lois s'oppose à ce que l'on regarde quelques phrases prononcées dans une discussion, et peut-être mal comprises ou mal accueillies de la majorité comme tenant lieu d'un texte formel. Le système que je combats est d'ailleurs évidemment en défaut dans le cas où l'adjudicataire n'offre pas son prix aux créanciers. On ne saurait alors leur refuser le droit de poursuivre l'expropriation, ce qui entraînera mise à prix, surenchère et le reste. V. cependant MM. Colmet et Chauveau.

Page 786. PARTAGE. *Procédure préliminaire.* Le jugement qui admet le partage désigne un *notaire* en même temps qu'un juge (nomination qui pouvait donner lieu à un second jugement, quand les parties n'étaient pas d'accord; *ancien art.* 976). Le juge ou le notaire empêché sont remplacés par ordonnance du président, sur requête, sans opposition ni appel. *C. pr.* 969. — Le tribunal peut *ne pas* ordonner d'expertise, sauf à fixer la mise à prix, s'il s'agit de licitation. *C. pr.* 970, comp. avec l'ancien art. 969. — S'il ordonne l'expertise, il peut ne nommer qu'un expert, *sans attendre* le consentement des parties (*Ib.* 971; rectifiez la note 11). On interdit encore ici aux experts la description *détaillée* des biens. L'entérinement de leur rapport est demandé par *simple acte*, sans requête (*ib.* 971, 956; rectifiez les notes 12 et 27).

Page 788, lignes 2 et 32, et note 16. Au lieu de : *un notaire*, lisez : *le notaire déjà nommé par le tribunal* (*v.* art. 969). Le poursuivant somme de comparaître devant ce notaire *directement*, et non devant le juge commis (*C. pr.* 976, comp. avec l'ancien texte; effacez la note 15).

Page 791. *Licitation.* Au lieu de signifier aux colicitants une copie du cahier des charges, on les somme d'en prendre communication (*C. pr.* 973-1º, comp. avec l'ancien art. 972-4º).

Les voies d'attaque contre les jugements sur les difficultés incidentes sont réglées comme en matière d'expropriation. Ainsi l'opposition est proscrite. L'appel n'est admis que contre le jugement des difficultés relatives au cahier des charges, dans les dix jours. *C. pr.* 973-3º *et* 4º, 731 et 732.

Si la mise à prix n'est pas couverte, le tribunal autorise l'adjudication à un prix inférieur, en remettant à quinzaine. *Ib.* 973-5º et 963. Cette décision est-elle obligatoire pour le tribunal? La négative s'appuie sur l'art. 963 et sur les travaux préparatoires; la Chambre des pairs ayant rejeté une rédaction plus explicite (...pour ensuite avoir lieu *à tout prix*). L'affirmative est néanmoins soutenable, à cause des termes impératifs de l'art. 973-5º (il *sera* procédé...) et surtout des principes du droit qui permettent aux co-partageants de sortir d'indivision malgré toute volonté contraire (*C. civ.* 815).

La surenchère du sixième est admise; elle produit le même effet que dans les ventes d'immeubles de mineurs (*C. pr.* 873-5º), et donne lieu par conséquent aux mêmes difficultés. V. p. 923. — Le jugement d'adjudication, s'il est rendu au profit d'un *copartageant*, n'a pas besoin d'être transcrit. *Loi* 23 mars 1855. *V. C. civ.* 2189.

Page 795. *Vente d'immeubles par* L'HÉRITIER BÉNÉFICIAIRE. Le tribunal *peut*, comme pour les mineurs, autoriser la vente sans expertise préalable, en fixant la mise à prix. La requête ne désigne les biens que *sommairement;* elle est adressée au président du tribunal *de la succession*, bien que les immeubles soient situés ailleurs (*C. pr.* 987 ; complétez la note 12).

La vente se fait comme celle des biens des mineurs; et l'on applique les art. 701, 702, 705 à 713, 733 à 742, 964-2º et 3º. (*C. pr.* 988; rectifiez ou plutôt simplifiez le renvoi de la ligne 5 et de la note 14). — L'art. 965 et, par suite, les art. 708 à 710 étant applicables, la surenchère du *sixième* est *admise* (*ib.*, effacez le nº 3 de la note 14).—L'application de l'art. 707 rend inutile le nº 4 de la même note.

Page 798. *Renonciation.* La loi de 1841 ajoute ici deux alinéas sur la *vente des immeubles dotaux*, en vertu de *C. civ.* 1558.

Le jugement qui autorise la vente est rendu, sur requête, en audience publique. La vente se fait comme celle des biens des mineurs (*C. pr.* 997-2º et 3º), et dès lors, après une seule annonce en thèse générale, au lieu des trois affiches voulues par l'art. 1558 du Code civil; complétez la note 13-2º, p. 781.

C'est une idée malheureuse que d'avoir colloqué cette disposition dans l'art. 997; la renonciation à communauté n'a pas d'affinité avec la vente des immeubles dotaux. Il fallait l'intercaler dans le titre VI; on aurait pu même la mettre à la place de l'ancien art. 953, et prévenir les erreurs de renvois qu'a occasionnées le changement des numéros des articles suivants.

ADDITIONS (1859).

Page 47, § 2. ARBITRES DE COMMERCE. La loi du 17 juillet 1856 (Bull., n° 3837) supprime l'arbitrage *forcé* et élargit la compétence des tribunaux de commerce (v. nouvel art. 631-2° *C. com.*). Effacer p. 64, lignes 10 et 11; p. 65, ligne 5.

Page 52, ligne 20. JUGES DE PAIX. La distinction entre Paris et les *départemens* est supprimée par la loi du 2 mai 1855, annoncée dans la note 47.

Ib., ligne 26. Les contestations relatives au *drainage* et à l'asséchement sont portées au juge de paix. Loi du 10 juin 1854, art. 5.

Page 417, ligne 15. La *conciliation* est rendue obligatoire en justice de paix par la loi du 2 mai 1855. Rectifier p. 206, note 12-2°, et p. 910, lignes 21 à 28.

Page 644. SAISIE IMMOBILIÈRE. La *loi du 21 mai* 1858 modifie les art. 692, 696-5° et 717-7°, surtout en ce qui touche les hypothèques *occultes*.

Ib., n° II. *Sommation aux créanciers inscrits.* Si le poursuivant, d'après son titre, connaît un mariage ou une tutelle d'où résulte une hypothèque légale sur l'immeuble saisi, il doit faire la sommation aux *femmes* du saisi et des précédens propriétaires, aux *subrogés tuteurs* ou aux *incapables* devenus capables, avec avis d'inscrire avant la transcription de l'adjudication. Copie est notifiée au ministère public, qui est tenu de requérir l'inscription des hypothèques légales du chef du saisi seulement sur les biens saisis (art. 692-2°, loi de 1858). Effacer p. 646, lignes 2 à 5.

Cette innovation a pour but de légitimer la règle qui attribue au jugement d'adjudication la vertu de purger les hypothèques, même occultes. On devait prendre des précautions pour que les créanciers incapables fussent avertis autant que possible; s'ils sont inconnus, il reste du moins la chance que les insertions dans les journaux (art. 696) passeront sous leurs yeux.

La loi suppose que le mariage et la tutelle sont connus du poursuivant *d'après son titre* (par ex., s'il avait prêté au saisi et à sa femme, au pupille et au tuteur conjointement); donc si son titre ne les lui fait point connaître, il est dispensé de toute recherche. — *Quid* s'il les connaît autrement (par ex. s'il a été témoin du mariage ou membre du conseil de famille qui a conféré la tutelle)? On peut soutenir que les incapables dont l'hypothèque se trouvera purgée faute d'avoir connu la saisie, pourront l'actionner en dommages-intérêts à raison de son dol. — *Secus* si, même après avoir négligé de les avertir dès l'adjudication, il les avertit avant la clôture de l'ordre amiable ou la fin du délai de déchéance.

La loi prescrit évidemment de notifier au ministère public une copie de la sommation, quand on en fait une. Mais quand le poursuivant ne connaît ni mariage ni tutelle d'après son titre, doit-il notifier au *ministère public* une copie de la sommation faite aux créanciers *inscrits?* En faveur de l'affirmative on argumentera par analogie de l'art. 2194; le projet de loi le décidait d'ailleurs formellement. Néanmoins, comme le texte définitif n'impose point cette obligation au poursuivant, je ne saurais admettre qu'on annule une saisie pour défaut de sommation au ministère public. Un oubli, même probable, du législateur ne suffit pas pour fonder une cause de nullité. V. cependant M. Duvergier.

Le ministère public *doit-il* faire inscrire une hypothèque *éteinte* (par ex., si la femme devenue veuve avait donné quittance ou transigé)? Évidemment non : les incapables n'ont d'hypothèque qu'autant qu'ils sont encore créanciers; lorsqu'ils ont cessé de l'être, il n'y a rien à inscrire. C'est ainsi que s'expliquent les mots : *s'il y a lieu*, de l'art. 2194, d'où l'on avait conclu bien mal à propos (notamment dans une instruction ministérielle de 1806) que l'inscription est *facultative* pour le ministère public, contrairement à 2138. Du reste, la loi nouvelle semble dispenser le magistrat de faire inscrire les hypothèques venant du chef des auteurs du saisi. Mais, selon moi, cette dispense (si ce n'est une simple absence d'obligation) n'existe qu'à partir de la notification; jusque-là il doit faire inscrire toutes les hypothèques occultes dont il a connaissance.

II. *J. B. S. P. Cours de procéd.*   62 *

S'il n'existe pas de subrogé tuteur, doit-on en faire nommer un? Non, a répondu le commissaire du gouvernement. Néanmoins, la restriction valait la peine d'être mentionnée dans le texte. — Je pense que l'obligation de sommer les incapables non inscrits cesse quand il s'est écoulé un an depuis la fin du mariage ou de la tutelle (arg. de la loi du 23 mars 1855, art. 8.)

Page 645, note 61. L'augmentation d'un jour par cinq myriamètres s'applique aussi aux *créanciers*, d'après le texte nouveau de 692. — Si le *vendeur* de l'immeuble saisi n'a pas élu de domicile, la sommation doit être faite à son domicile réel, « pourvu qu'il soit fixé en France. » — Donc, s'il n'y a ni domicile élu, ni domicile réel situé en France, le défaut de sommation n'entraînera pas nullité. Cependant M. Duvergier croit qu'il faut, si l'on ne connaît pas de résidence en France, afficher à la porte du tribunal, avec copie au ministère public. Arg. de C. proc., 68-8°. Dans le doute, il est prudent de prendre cette précaution.

Page 647. *Extrait du cahier des charges.* Il doit aujourd'hui déclarer : 6° Que les incapables ayant hypothèque occulte *devront* s'inscrire avant la transcription de l'adjudication. Cette déclaration me paraît inutile, quoi qu'en dise M. Duvergier. Si elle servait à quelque chose, elle devrait comprendre tous les créanciers hypothécaires non inscrits quels qu'ils soient. Elle est inexacte en ce que le droit des incapables survit à l'adjudication, même transcrite (717-7°).

Page 648, note 70. La loi de 1858 confirme indirectement le décret de 1852 en supprimant la règle primitive de 696-7°. Elle se borne à exiger que toutes les *annonces* d'une même saisie soient insérées dans un même *journal*. — M. O'quin a proposé de choisir le journal en faveur duquel la régie du timbre constaterait une majorité d'abonnemens. La commission a cru à tort qu'il suffisait d'une instruction administrative adressée au préfet.

Page 656, note 104. *Adjudication.* Il est certain aujourd'hui que l'adjudicataire peut *consigner* avant la clôture de l'ordre et sans offres réelles; il n'a pas besoin de sommer les créanciers inscrits. (C. proc. 777, v. note sur p. 695.)

Page 657, note 107, n° 3. Le nouvel art. 750 suppose que le jugement d'adjudication peut être frappé d'*appel*, ce qui semble d'abord un oubli ou une abrogation de 730-2°. Le rédacteur s'est sans doute préoccupé du cas où le jugement statue sur quelque incident; ce chef est alors susceptible d'appel.

Ib., note 109. Le nouvel art. 750 oblige l'adjudicataire à *transcrire* dans les quarante-cinq jours du jugement ou de l'arrêt confirmatif, sous peine de revente à la folle enchère. — L'*utilité* de la transcription paraîtra douteuse, si l'on se rappelle que la saisie est déjà transcrite, et surtout dans le système qui considère le saisi comme entièrement incapable de disposer (note 52-4°). On peut dire tout au plus qu'elle avertit les tiers que le saisi est *définitivement* dépouillé de la propriété. Du reste la loi de 1858 lui attribue l'*effet* de rendre possible l'ouverture de l'ordre, et sans doute d'arrêter le cours des inscriptions (v. note suivante). — Le délai de quarante-cinq jours ne s'explique guère que par sa ressemblance arithmétique avec celui que la loi de 1855 donne au vendeur non payé pour conserver son privilège, à moins qu'on n'ait voulu ménager à l'adjudicataire le temps de trouver de l'argent. — On peut soutenir qu'il a toujours droit d'arrêter les poursuites de folle enchère, tant qu'elles ne sont pas suivies d'une adjudication nouvelle, en transcrivant et payant les frais. En effet, la loi n'a voulu que le contraindre à transcrire.

Page 658, ligne 18. Le législateur s'est enfin expliqué sur le purgement. Le jugement d'adjudication dûment transcrit *purge* les hypothèques même occultes (717-7°, loi de 1858). Donc le droit de *suite* ne peut plus s'exercer au détriment de l'adjudicataire; une réquisition de mise aux enchères ne saurait désormais remettre sa propriété en question. — A l'égard du droit de *préférence*, il est certain qu'il subsiste au profit des hypothèques *légales* (c.-à-d. sans doute celles de la femme, du mineur et de l'interdit) jusqu'à la clôture de l'ordre amiable ou la fin du délai pour produire dans l'ordre judiciaire (C. pr. 751, 754). — Subsiste-t-il au profit des hypothèques ordinaires qui seraient inscrites avant la même époque (mais depuis la transcription)? L'analogie conduirait à l'affirmative; cependant il semble plus sûr ici d'argumenter *a contrario*, parce que la loi vient de dire que les hypothèques sont *purgées* sans distinguer entre le droit de suite et de préférence. D'ailleurs l'art. 696, 7ᵉ alinéa, présente l'inscription comme *devant* être prise avant la transcription (v. aussi 750-2°); il est vrai que l'expression est précisément inexacte à l'égard des hypothèques dont il s'agit. Le législateur aurait dû s'expliquer, et, selon moi, maintenir le droit de préférence au profit de toutes les hypothèques inscrites avant la clôture de l'ordre. — En sens inverse, il aurait dû, dans l'hypothèse où l'adjudication a eu lieu sur un *tiers détenteur*, restreindre le droit hypothécaire à la somme dont ce détenteur peut se trouver redevable envers le débiteur primitif comme acquéreur à titre *onéreux*. Quant à l'excédant qu'il a offert comme donataire ou comme un acheteur qui consent à un sacrifice plus considérable pour garder l'immeuble, les créanciers du débiteur primitif ne sauraient y toucher qu'autant qu'ils ont conservé un véritable droit de *suite*. Je doute que les rédacteurs de l'art. 717-7° aient songé à cette distinction (... *préférence* sur le PRIX...).

Page 659, note 115. Les nᵒˢ 1 et 2 n'ont plus qu'une valeur historique.

Page 660, note 115, n° 3. Je persiste à soutenir que les créanciers inscrits avant la sommation et non compris dans cette sommation ont un simple recours en dommages-intérêts. L'art. 717-7° ne fait pas plus de distinction (TOUTES les hypothèques) que l'ancien droit. V. cependant M. Duvergier; v. note sur p. 726.

Ib., n° 4. Il est bizarre qu'on ne puisse pas encore, dans l'état actuel de la législation, assigner sûrement l'époque après laquelle il n'est plus nécessaire de *renouveler* une *inscription* hypothécaire. Sans parler de la date de la sommation faite par le saisissant (p. 646, note 62-2°) et de celle de la transcription du jugement d'adjudication (*hic*), on peut proposer : 1° celle du dépôt de l'état des inscriptions au greffe (*C. pr.*, 750-2°), état qui servira à faire les collocations; 2° celle du procès-verbal de règlement amiable (*C. pr.*, 751-5°). On ne comprend guère que la délivrance ou le payement des bordereaux puissent être refusés sous prétexte que l'inscription vient d'être périmée. 3° Celle de l'état de collocation dressé par le juge en cas d'ordre judiciaire (*C. pr.* 755); le raisonnement est le même. V. p. 683, note 16-3°, où l'on indique, en outre, 4° la date de la production faite par le créancier (*C. pr.* 754). Ce qui paraît certain, c'est que l'expiration du délai pour produire, entraînant aujourd'hui déchéance, rend désormais inutile le renouvellement

Page 672, note 162-2°. Dans la discussion de la loi de 1858, la commission proposait de décider que la *surenchère* du sixième est admissible en cas d'adjudication sur *folle enchère*. Le conseil d'État a repoussé l'amendement. Est-ce parce que la négative lui a paru préférable? ou parce que l'affirmative lui a paru assez évidente? Dans la première supposition, il fallait répliquer à l'amendement par une proposition contraire. Les rédacteurs des lois nouvelles négligent trop la théorie et laissent trop à faire à la jurisprudence : les juges ne sont pas chargés d'améliorer la législation.

La commission proposait encore, et avec raison (quoiqu'en dise M. Duvergier), d'appliquer la revente sur folle enchère au cas où, un ordre s'étant ouvert à la suite d'une vente ordinaire, l'acheteur le rend frustratoire en ne payant pas son prix. On aurait pu, du reste, permettre de modifier l'acte de vente, s'il est bizarre. Le conseil d'État a repoussé l'amendement. — L'art. 779 dispense de recommencer l'ordre dans le cours duquel survient une adjudication sur folle enchère. V. p. 932.

Page 675, note 173. On a encore oublié, en 1858, d'exclure expressément l'*opposition* contre les jugemens sur incidens de saisie immobilière.

Page 677, ORDRE. L'ancien art. 749 a disparu. Il n'y a plus obligation d'essayer la voie amiable sans l'intervention du juge (v. 751). Néanmoins, un contrat d'ordre intervenu entre les créanciers serait certainement valable, pourvu qu'il réunisse l'unanimité des voix, ou que l'on satisfasse intégralement les dissidens. Effacer lignes 24 à 30 et note 3. — Le nouvel art. 749 prescrit au gouvernement de désigner, dans les tribunaux où les besoins du service l'exigent, un ou plusieurs juges *spécialement* chargés du règlement des ordres, pour un an au moins et trois ans au plus. Au défaut du juge spécial, le président en désigne un par ordonnance inscrite sur un registre *ad hoc*. Le juge *ordonnateur* (comme on pourrait l'appeler) doit rendre compte, quand il en est requis, au tribunal, au premier président et au procureur général, de l'état des ordres dont il est chargé. — Le législateur a voulu assurer la bonne et prompte confection des états de collocation. Du reste, il aurait pu exiger des conditions de capacité et se préoccuper davantage de l'indépendance des juges; le ministère public aurait été plus utilement employé sous ce rapport.

Page 678, § 1. Le point de départ de la procédure d'ordre est aujourd'hui la *transcription* du jugement d'adjudication, que l'adjudicataire est tenu d'opérer dans les quarante-cinq jours du jugement ou de l'arrêt confirmatif, sous peine de revente à la folle enchère (*C. pr.* 750-1°). — Le projet permettait au saisissant de transcrire au défaut de l'adjudicataire, sans autre mesure. D'après le texte définitif, il peut seulement poursuivre la revente, sanction plus énergique. Le législateur a pensé sans doute que l'adjudicataire qui néglige de transcrire doit être présumé hors d'état de payer le prix. Autrement, il serait plus simple d'astreindre le *greffier* à faire transcrire chaque jugement.

Faute par le saisissant d'agir dans la huitaine de la transcription, le *saisi* peut, d'après la loi de 1858, requérir l'ordre : il a intérêt à presser sa libération.

Ib., ligne 44. Le requérant dépose au greffe l'état des inscriptions.

Page 679. L'avoué poursuivant qui manque aux formalités et délais de 753, 755-2° et 769 est déchu *sans sommation ni jugement*. Le juge le remplace d'office ou sur réquisition ; son ordonnance, inscrite sur le procès-verbal, n'est susceptible d'aucun recours. Effacer les lignes 2 et 3, note 5 *a*, trois premiers alinéas. *Idem* pour l'avoué commis qui n'observe pas 758 et 761. — L'avoué déchu remet ses pièces sur reçu et n'est payé qu'après la clôture (*C. pr.* 776).

Ib., ligne 30. *Préliminaire d'ordre amiable.* L'art. 751 impose une tentative de conciliation, dont il est permis d'espérer d'heureux effets dans la pratique. Le juge, dans les trois jours de la réquisition (ou dans les huit jours de sa nomination), *convoque* les inscrits, le saisi et l'adjudicataire, par lettres chargées que le greffier adresse tant au domicile élu qu'au domicile réel en France. Le délai pour comparaître est de dix jours. Le juge dresse procès-verbal du règlement amiable, ordonne la radiation des inscriptions inutiles et la délivrance des bordereaux aux créanciers colloqués, dont l'inscription est rayée sur le vu d'un extrait de l'ordonnance remis par le greffier (*C. pr.* 751).

Au défaut d'ordre amiable dans le mois (sans doute à partir de la convocation, et non de la réquisition), le juge prononce 25 francs d'amende contre les défaillants, commet des huissiers pour faire les sommations et ouvre l'ordre *judiciaire*. Cette partie du procès-verbal n'est pas expédiée (*C. pr.* 752).—Effacer lignes 30 à 36 et 42.

Page 680, 3. La sommation de produire est faite aussi au *vendeur*, à son domicile élu, sinon à son domicile réel en France. — Elle avertit que le défaut de produire dans les quarante jours au lieu d'un mois entraîne déchéance. L'original est remis au juge, qui en fait mention. — L'ouverture est dénoncée à l'avoué de l'adjudicataire (un seul acte suffit pour l'avoué qui représente plusieurs adjudicataires) (*C. pr.* 753).

Ib., 4. Une innovation salutaire frappe de *déchéance* les créanciers qui n'ont pas produit dans les quarante jours (ce qui comprend même les femmes, mineurs et interdits). L'état de collocation n'est plus sujet aux remaniements qu'occasionnaient autrefois les productions tardives. Le juge se hâtera d'autant plus.

Il doit aujourd'hui, après avoir constaté sur-le-champ et d'office la déchéance, dresser l'*état* de collocation dans les vingt jours qui suivent la fin du quarantième. — La dénonciation de l'état a lieu dans les dix jours de sa confection (*C. pr.* 755). Effacer les notes 13, 14 et 12, n° 2 ; la ligne 36, p. 682; et la ligne 10, p. 687.

Avant de dresser l'état, il peut y avoir lieu à *ventilation* du prix de plusieurs immeubles vendus collectivement. Le juge, d'office ou sur réquisition, nomme un ou trois experts, fixe le jour de leur serment et le délai pour leur rapport. Le poursuivant leur dénonce l'ordonnance qui est inscrite sur le procès-verbal avec la prestation de serment. Le rapport y est annexé, sans être levé. Le juge prononce sur la ventilation en dressant l'état provisoire (*C. pr.* 757). — Si le juge n'a pas besoin d'experts, on peut soutenir qu'il a droit de statuer sans y recourir. Les parties auxquelles nuirait la décision seront sans doute admises à *contester* la ventilation comme le surplus de l'état.—La commission proposait, et avec raison, quoi qu'en dise M. Duvergier, de trancher la controverse sur la manière de colloquer les créanciers *conditionnels*.

Page 681, 5. La forclusion, faute de contredire dans les trente jours (au lieu d'un mois), s'applique au *saisi* (*C. pr.* 756). Effacer lignes 18 à 25.

Page 682, ligne 41. Le poursuivant dénonce l'ordonnance de clôture, dans les trois jours, par acte d'avoué. — Les créanciers, l'adjudicataire, le saisi peuvent l'attaquer par une *opposition* formée à peine de nullité dans la huitaine de la dénonciation; et portée, dans la huitaine suivante, à l'audience, même en vacation, par simple acte contenant moyens et conclusions (si le saisi n'a pas d'avoué, on l'assigne à huit jours). L'instruction a lieu selon 761, 762, 764; même pour l'*appel* du jugement (*C. pr.* 767). Mais on peut conclure de la permission de s'opposer et des motifs que l'appel n'est pas recevable contre l'ordonnance même. Rectifier note 12, obs. 1, note 16-1° et la page 920.

Page 683, ligne 1. Le juge *peut* aujourd'hui arrêter l'ordre, même pour les créanciers *postérieurs*, en réservant somme suffisante pour satisfaire les créanciers contestés (*C. pr.* 758-2°). Effacer lignes 3 et 4.

Ib., § 2. *Procédure sur contestations.* Le contestant motive son dire et produit ses pièces; le juge désigne l'audience et commet l'avoué chargé de la suivre (*C. pr.* 758). Effacer la ligne 23 (quatre premiers mots). — L'affaire est jugée comme sommaire sur conclusions motivées de la part des contestés. — La remise de pièces *nouvelles* se fait au greffe trois jours au moins avant l'audience, avec mention sur le procès-verbal. On peut obtenir pour causes graves un délai à l'effet de produire d'autres pièces; ce jugement fixe le jour de l'audience sans être levé ni signifié. Le chef qui donne ou refuse un délai n'est susceptible d'aucun recours (*C. pr.* 761).

Page 684, note 18 *a*. L'*appel* n'est recevable que si la *somme contestée* excède celle de 1,500 francs, quel que soit le montant des créances des contestants et des sommes à distribuer (*C. pr.* 762-5°). Effacer note 18 *a* et rectifier page 920.

Ib., note 19. Le jugement est signifié dans les trente jours à avoué seulement.

Ib., obs. 1. L'appel est signifié au domicile de l'*avoué* ou du saisi, faute d'avoué.

Ib., obs. 2. Le délai de dix jours est augmenté d'un jour par cinq myriamètres entre le siége du tribunal et le domicile réel de l'appelant (*C. pr.* 763-4°).

Ib., obs. 3. L'art. 762-2° exclut formellement l'opposition.

Page 685, note 19-5°. L'omission des griefs *annulle* l'appel, d'après 762-4°.

Ib., obs. 6. La signification à avoué fait courir le délai d'appel contre toutes les parties, à l'égard les unes des autres (*C. pr.* 762-3°).

Ib., note 20 et page 920. L'art. 763-1° reproduit l'ancien art. 764, comme si les rédacteurs avaient ignoré les controverses.

Ib., ligne dernière. Le ministère public est entendu. — L'arrêt, qui n'est pas susceptible d'opposition, est signifié dans les quinze jours à avoué seulement. Cette signification fait courir les délais du pourvoi en cassation (*C. pr.* 764).

Page 686, note 21-1°. Le nouvel art. 761 veut que l'affaire soit jugée comme sommaire en première instance. L'opinion de Pigeau est donc encore moins soutenable aujourd'hui.

Ib., note 22. Aujourd'hui, les *dépens des contestations* ne peuvent être pris sur les deniers provenant de l'adjudication. On a considéré les chicanes dirigées contre tel ou tel créancier comme une espèce d'accident personnel dont les autres ne doivent pas souffrir. Celui qui est l'objet d'une mauvaise querelle ou d'un délit ne saurait faire retomber sur autrui le mal qui en résulte. — Toutefois, le créancier dont la collocation, rejetée d'*office*, a été admise par le tribunal sans être contestée par aucun créancier, peut *employer* ses dépens sur le prix au rang de sa créance (*C. pr.* 766-1° et 5°). Donc, si un adversaire s'est approprié la décision du juge-commissaire, c'est contre lui seul que le contesté peut répéter ses dépens. — Du reste, le gagnant, en matière d'ordre, peut être condamné aux dépens, s'il a été négligent à produire. Si le créancier condamné aux dépens est colloqué, le gagnant *prélève* ces dépens sur le montant de la collocation (*C. pr.* 766-4° et 5°).

Ib., ligne 31. Le *délai* dans lequel la *clôture de l'ordre* doit suivre la décision des contestations est aujourd'hui de huit jours, après la fin du délai d'appel ou après la signification de l'arrêt (*C. pr.* 765). Effacer la note 23.

Ib., ligne 36. Les intérêts des créanciers colloqués cessent *à l'égard du saisi*, ajoute aujourd'hui le texte (765-2°). « Ces intérêts, dit le rapport, font place aux intérêts dus par l'adjudicataire ou la caisse des consignations. » Ajouter la mention de la *caisse* dans la note 25.

Page 687, ligne 18. L'ordre ne peut être provoqué, même en cas d'*expropriation forcée*, s'il y a moins de quatre inscrits. L'exception est devenue règle générale (*C. pr.* 773-1°). Aussi aurait-il fallu rejeter 773 après 774. — Du reste, on procède, même dans ce cas, au préliminaire de règlement amiable, selon 751 ; le poursuivant présente à cet effet requête au juge spécial ou au président. Faute de règlement amiable, la distribution est réglée par le *tribunal* comme matière sommaire, sur assignation du plus diligent et conclusions motivées. Le jugement est signifié à avoué seulement ; l'appel est intenté d'après 763 et 764 (*C. pr.* 773).

Ib., ligne 21. Le vendeur volontaire, si son prix est exigible, peut aussi provoquer l'ordre (*C. pr.* 772-2°).

Ib., note 27. L'ordre n'est provoqué qu'après l'accomplissement des formalités requises pour la *purge* (*C. pr.* 772-3°), c'est-à-dire après les notifications nécessaires pour mettre les créanciers en demeure de surenchérir ; autrement l'ordre ne saurait être définitif : une mise en vente en amènerait un nouveau. Le texte ne distingue pas entre les hypothèques occultes et les autres. La commission voulait que l'on distinguât, à cause des frais et de l'inutilité de l'opération, quand il n'existe pas en réalité d'hypothèques légales. D'un autre côté, il est à désirer que » la situation hypothécaire des immeubles soit fixée irrévocablement et complète- » ment. » Comme la loi ne prononce pas de nullité, il a été dit que le juge aurait une sorte de pouvoir discrétionnaire pour dispenser de la purge des hypothèques occultes.

Page 688, note 31-1°. L'art. 834 est abrogé (v. p. 724). La *transcription* du jugement arrête sans doute le cours des inscriptions. Mais les créanciers inscrits auparavant peuvent *après* renouveler leur inscription périmée jusqu'au moment où ils sont déchus de la faculté de produire. Rectifier la note 115-4°, p. 660. Le législateur aurait dû s'expliquer sur ces divers points.

Page 690, ligne 10. Le privilége accordé par l'ancien art. 768 à l'avoué des *contestants* n'a plus d'objet depuis que les dépens des contestations ne se prennent plus sur le prix (766-1°). Mais l'art. 766-3° permet de prélever les frais de l'avoué qui représente les créanciers *postérieurs* en ordre d'hypothèque aux collocations contestées, sur ce qui reste du prix après le payement des créanciers antérieurs. Substituez le mot *jugement* au mot *arrêt* dans la note 36.

Page 691, note 37, obs. 1 a. *Intérêts.* La loi nouvelle n'a rien fait pour éclaircir la difficulté qui résulte du rapprochement de *C. civ.* 2151 et de *C. pr.* 765-2° et 768. V. mes *Notes sur C. civ.*, n° 8717-4°. On peut soutenir que la *demande* en collocation suffit pour produire des intérêts *moratoires* au taux légal (*C. civ.* 1153-3°), alors qu'il n'en avait pas été stipulé du tout ; *a fortiori*, s'il en été stipulé à moins de 5 pour 100 ; *a fortiori* encore, s'il en avait été stipulé au taux légal, mais sans efficacité à cause de *C. civ.* 2151. — La contestation mal fondée accroît dès lors la somme à titre d'intérêts, soit aux *contestés*, soit aux créanciers *postérieurs*, lorsque le juge n'a pas usé de la faculté que lui donne l'art. 758-2° d'arrêter l'ordre en ce qui concerne ces derniers.

Page 693, 4°. *Femmes, mineurs et interdits.* La loi de 1858 (692-2° et 696 et 696, 7° al.) prescrit de les avertir de la poursuite en expropriation. S'ils ne s'inscrivent pas avant l'adjudication, on ne les appelle point à l'ordre (du reste, je crois qu'il n'y aurait point nullité si le poursuivant les appelait) ; mais ils conservent leur droit de *préférence*, pourvu qu'ils se présentent avant la clôture de l'ordre amiable ou avant la fin des quarante jours accordés pour produire dans l'ordre judiciaire sous peine de déchéance (*C. pr.* 717-7°). Ils ont la même faculté si l'ordre suit une aliénation volontaire, pourvu qu'il soit ouvert *dans les trois mois qui* suivent la fin du délai de 2195 (*C. pr.* 772-5°). Effacer la note 42, obs. 1 et 2 à 2 *d*. On a voulu abréger l'incertitude du débiteur et des autres créanciers. Du reste, les incapables ont le droit de presser l'ouverture de l'ordre, si l'on néglige de la requérir dans les trois mois pour se débarrasser de leur concours.

Page 694, note 42, obs. 3. Il faut assimiler aux créanciers chirographaires les créanciers inscrits ou dispensés d'inscription qui ont encouru la *déchéance* pour n'avoir pas produit dans le délai légal (755-1°). Cette déchéance leur interdit de réclamer un rang dans l'ordre, en qualité de créanciers hypothécaires; mais il me paraît impossible que le législateur ait entendu les priver de leur *action* contre le *débiteur*, même par rapport au *prix* de l'immeuble saisi. Donc, toutes les fois que ce prix suffira pour satisfaire les créances utilement colloquées, ils se feront distribuer l'excédant entre eux par contribution; le saisi n'a droit de le percevoir qu'après le payement intégral de ses dettes. — Il en est autrement du *tiers détenteur* d'un immeuble aliéné par le débiteur primitif. Une fois que ceux qui avaient conservé un droit de *suite* sont satisfaits, il garde la portion du prix qu'il n'avait pas promise à son auteur, soit qu'il l'ait offerte spontanément pour contenter les créanciers inscrits, soit qu'il l'ait promise comme adjudicataire sur la mise aux enchères requise par quelqu'un d'entre eux. Le débiteur et ses créanciers ordinaires n'ont droit qu'à l'excédant stipulé par le débiteur lui-même, et n'y ont droit qu'après les créanciers inscrits du chef du tiers détenteur.

Ib., § 2. *Des bordereaux.* Le délai dans lequel ils sont délivrés part du jour où l'ordonnance de clôture *ne peut plus* être attaquée. Ils sont exécutoires contre la caisse des consignations, quand l'acquéreur a consigné. Le greffier délivre, dans le même délai, un extrait de l'ordonnance pour être déposé par l'avoué poursuivant au bureau des hypothèques. Le conservateur, sur le vu de l'extrait, raye les inscriptions inutiles (*C. pr.* 769). — Le bordereau des frais de l'avoué poursuivant n'est délivré que sur la remise des certificats de radiation des inscriptions des créanciers non colloqués, certificats qui sont annexés au procès-verbal (*C. pr.* 770-2°).

Page 695, note 46. Les rédacteurs ont ignoré ou dédaigné la controverse élevée entre les auteurs. L'interprétation de J. B. S. est la plus vraisemblable à cause de l'opposition entre les mots « décharge jusqu'à concurrence » et les mots « est rayée définitivement. » Mais alors comment n'a-t-on pas supprimé cette inversion bizarre « d'office est rayée » qui fait de l'art. 771 une énigme?

Ib., obs. 1. *Radiation anticipée par consignation.* La transcription de l'adjudication purge les hypothèques et éteint le droit de suite. Cependant l'exposé des motifs suppose qu'un adjudicataire peut se trouver gêné dans son désir de disposer ou d'améliorer (c.-à-d. sans doute d'emprunter sur hypothèque) par l'existence des inscriptions. En conséquence, le législateur a cru devoir organiser une procédure spéciale pour faciliter la radiation *avant la clôture* de l'ordre, à charge de consignation, mais avec *dispense d'offres* réelles préalables. Le projet allait plus loin et rendait la consignation obligatoire (comme le voulait le Code hypothécaire du 9 messidor an III, art. 158). La commission, craignant de refroidir les enchérisseurs, a fait rejeter cette mesure, qui aurait eu l'avantage de restreindre les achats imprudents et d'assurer plus tôt le payement des créanciers. Quoi qu'il en soit, voici la marche autorisée par les art. 777 et 778 :

Cas d'expropriation forcée. L'adjudicataire consigne le prix et les intérêts, *sans offres* (777-1°). — 1° Si l'ordre *n'est pas ouvert*, il requiert l'ouverture après la huitaine de la transcription. Il dépose le récépissé de la caisse et déclare qu'il entend faire prononcer la validité de la consignation et la radiation (777-2°). — Dans les huit jours après la fin du délai pour produire, il somme le saisi, par acte d'avoué (ou par exploit, faute d'avoué), de contester. Faute de contestation dans la quinzaine, le juge, sur le procès-verbal, déclare la consignation valable et prononce la radiation (les créanciers conservent leurs droits sur le prix, 777-3°). — 2° Si l'ordre *est ouvert :* on procède de même; seulement la déclaration de l'adjudicataire se fait sur le procès-verbal par un dire signé de son avoué (777-4°).

Cas d'aliénation volontaire. Après les formalités pour la purge, l'acquéreur somme le vendeur (ou l'auteur quelconque sans doute) de lui rapporter, dans la quinzaine, mainlevée des inscriptions et lui indique le montant de la consignation qu'il effectue après la quinzaine. Dans les trois jours après la consignation, l'acquéreur ou l'adjudicataire requiert l'ouverture de l'ordre, en déposant le récépissé de la caisse (777-5°).

Cas de contestation. Toute contestation relative à la consignation du prix est formée sur le procès-verbal par dire motivé, à peine de nullité; le juge renvoie au tribunal. L'audience est poursuivie par simple acte, suivi de conclusions motivées. On procède au surplus selon 761-63-64 (778-1° et 2°). — Comme le texte ne distingue pas, la validité de la consignation pourra être contestée, non-seulement par le saisi ou par le vendeur, comme le suppose le rapport, mais aussi par les *créanciers*, dont l'intérêt sera souvent plus réel que celui du saisi. — L'art. 778-3° autorise à prélever les frais des contestations sur le prix au profit de l'acquéreur. Ceci est rationnel; quand tous les créanciers colloqués utilement ont contesté, il est également équitable d'appliquer ici l'art. 766-5°. Dans les autres cas, l'usage que feront les juges de la faculté qu'on leur laisse ira contre l'esprit de l'art. 766-1°, en faisant tourner une chicane au détriment de créanciers qui n'y ont point participé.

Ib., obs. 3. Si l'immeuble est revendu sur *folle enchère* pendant la procédure d'ordre, cette procédure n'est point recommencée. Le juge modifie l'état de collocation suivant les résultats de l'adjudication (c.-à-d. sans doute, dans le cas où elle se fait à un prix plus élevé que la précédente, ce qui permet de colloquer un plus grand nombre de créanciers; si le prix est inférieur, il n'y pas lieu à réduire la collocation, puisque l'adjudicataire répond de la différence; v. cependant le rapport de M. Riché). Le juge rend les bordereaux exécutoires contre le nouvel adjudicataire (*C. pr.* 779).

CORRÉLATION des *nouveaux* articles du titre de l'ORDRE avec les *anciens*. (Ceux-ci sont désignés par des chiffres plus petits; la lettre *m* indique une modification).

749 = o; v. 751.	760 = 760.	770-1° = 771 *m*.
750-1° = o.	761 = 761 *m*.	770-2° = o.
750-2° = 750.	762-1° à 3° = 762 *m*.	771-1° = 772-73.
750-3° = 751.	762-4° = 763 *m*.	771-2° = 774.
751 = o; v. 749.	762-5° = o.	772-1° et 3° = 775.
752 = 752 *m*; v. 750.	763 = 764-65.	772-4° = 776.
753-1° = 753 *m*.	764 = 766 *m*.	772-2° et 5° = o.
753-2° à 4° = o.	765 = 767 *m*.	773-1° = 775 *m*.
754 = 754 *m*.	766-1° et 2° = o.	773-2° à 4° = o.
755 = 755 *m*.	766-3° = 768-69.	774 = 777.
756 = 756 *m*.	766-4° et 5° = o.	775 = 778.
757 = o.	767 = o.	776-1° = 779 *m*.
758 = 758 *m*.	768 = 770.	776-2° et 3° = o.
759 = 759 *m*.	769 = o; v. 771.	777 à 779 = o.

Page 726, ligne 19. *Adjudication sur surenchère en cas de purge.* Les effets sont assimilés à ceux d'une adjudication sur expropriation. Donc les hypothèques sont purgées et le droit des créanciers concentré sur le prix (717-7°; loi de 1858). Mais ceci ne s'applique aux hypothèques des incapables qu'autant qu'on a observé les formes prescrites pour les *purger* par 2194 (838-8°; loi de 1858). Bien plus, lors même qu'elles n'ont pas été inscrites dans le délai de 2 mois (art. 2195-1°), si l'ordre est ouvert *dans les 3 mois* qui suivent ce même délai, les incapables conservent un droit de préférence jusqu'à la clôture de l'ordre amiable, ou jusqu'à la fin des 40 jours accordés pour produire dans l'ordre judiciaire, sous peine de déchéance. — Il était plus simple d'astreindre les acquéreurs à purger à la fois hypothèques inscrites et hypothèques occultes, au moins dans le cas où celles-ci leur sont connues d'après leur titre (692-2°). V. les mesures que j'ai proposées dans la *Revue de législation* (juin 1856) pour faciliter la découverte des hypothèques occultes.

a craint qu'un simple procès-verbal ne suffit pas pour avertir le défaillant condamné (art. 586) ; en sens inverse, il ne fallait pas exposer le gagnant à parcourir en pure perte la longue série des actes de la saisie immobilière.

Page 449 *ib*. Le *mode* d'opposition varie selon qu'il y a eu défaut de constitution d'avoué, ou défaut de conclusions. Dans le premier cas, le défaillant est peut-être surpris à l'improviste par l'huissier ; on lui permet d'arrêter l'exécution par déclaration sur le procès-verbal de l'officier ministériel ; mais il doit la réitérer par requête d'avoué ; autrement, on aurait sujet de croire qu'elle est un pur moyen de gagner du temps et de jouer l'adversaire. Si le défaillant avait un avoué, rien ne l'empêche de former une requête. L'assignation est inutile, parce qu'il s'agit moins d'introduire une instance nouvelle que de continuer l'ancienne.

Page 454. APPEL *incident*. Parfois les deux parties succombent respectivement sur certains chefs. L'appelant attaque les chefs qui lui font préjudice ; l'intimé en profite pour attaquer les autres. Le même chef préjudicie aux deux parties lorsqu'il adjuge les conclusions de l'une d'elles, mais pour une valeur moindre qu'elle ne le demandait.

Ib., note 1. Le livre III du Code s'applique à tous les tribunaux qui jugent en second ressort ; aussi son intitulé primitif et véritable (*des tribunaux d'appel*), modifié en 1816 au profit des Cours *royales*, a été rétabli par l'ordonnance du 8 octobre 1842. Quelques éditeurs ou auteurs, entre autres MM. Teulet et Rogron, conservent à tort l'intitulé de 1816.

Page 459. Le jugement *interlocutoire* est celui qui *préjuge le fond*. Préjuger, c'est annoncer un jugement d'avance. Préjuger le fond, c'est indiquer une condition dont l'accomplissement amènera la solution du procès. Le jugement qui autorise une partie malgré l'autre à prouver le fait litigieux par témoins préjuge le fond ; car il annonce assez clairement que, si la preuve est faite, on adjugera les conclusions de la partie qui a demandé l'enquête. Si les deux parties sont d'accord, l'indication est beaucoup plus obscure, et l'on peut disputer au jugement la qualification d'interlocutoire.

Page 466, n. 40. Le délai d'appel est de trente jours à l'égard des décisions des juges de paix, depuis la loi du 25 mai 1838, 13.

A partir de quand peut-on appeler ? En principe, du jour du jugement ; néanmoins la loi défend de le tirer dans les huit jours (trois jours en justice de paix), de peur que le perdant ne cède à un premier mouvement de dépit (art. 449, *loi* 25 *mai* 1838, 13) ; si le jugement est exécutoire par provision, le principe reprend son empire, afin que le perdant ait un moyen de réparer le dommage. La huitaine expirée, l'appel devient possible pour les jugements ordinaires quand même le jugement n'a pas été signifié. L'art. 443 ne fixe que le *dies ad quem* et non le *dies a quo*. Il est vrai que l'exécution d'un jugement est impossible avant qu'il n'ait été signifié ; or, dira-t-on, point d'intérêt, point d'action. Mais le perdant est intéressé à sortir d'incertitude, à consolider son crédit, ébranlé peut-être par la perte du procès, à faire usage de ses preuves avant que le temps ne les ait fait disparaître.

Page 475. Autrefois l'*acte d'appel* se distinguait de l'assignation par laquelle on *relevait* l'appel (p. 473, n° 64). Aujourd'hui l'acte d'appel et l'assignation sont réunis dans un même exploit. (V. *Bigot-Préam*.)

Les *griefs* sont les torts causés à l'appelant par le jugement de première instance (v. la définition de l'appel par Pothier), ou, si l'on veut, les sujets de plainte que lui fournit ce jugement. Le mot *griefs* peut aussi désigner les plaintes ou imputations dirigées par l'appelant contre la sentence. — Dans l'instruction de l'appel, l'appelant signifie le premier ses moyens dans la huitaine ; l'intimé répond dans la huitaine qui suit la signification des griefs (art. 462). Au contraire, en première instance, c'est le défendeur qui signifie le premier ses écritures, et cela dans la quinzaine. L'abréviation de délai s'explique par l'existence d'une première instruction; l'interversion des rôles, par cette circonstance que le défendeur, dans le nouveau procès, est protégé par un jugement. Du reste, c'est l'appelant qui conclut et plaide le premier, dans le silence de la loi.

Page 483. L'art. 464 autorise à former en appel une demande en *compensation*, sans distinguer si la créance prétendue est plus ou moins considérable que la créance déjà débattue en première instance. Il peut arriver ainsi que la décision du tribunal d'appel confirme la première sentence, et pourtant condamne l'intimé. — Le texte n'exige pas qu'on soit dans les cas où la compensation s'opère de plein droit; on pourra donc (quoi qu'en dise M. Bonnier) l'opposer à raison d'une créance non liquide. — Il est malaisé de trouver des exemples de *demandes* qui soient des *défenses* à l'action principale; on ne peut guère indiquer que des moyens susceptibles d'être présentés à l'appui d'une demande ou d'une défense, selon que la partie au profit de laquelle ils existent prend ou non l'offensive; telles sont les rescisions ou nullités. Cependant on peut citer les cas où la partie revendique un droit dont l'existence implique l'injustice de la réclamation en dommages-intérêts présentée par l'adversaire. (V. *note* 101-6°.)

Page 500. *Tierce-opposition.* Le tiers qu'on veut faire condamner en se fondant sur un jugement auquel il n'a pas été appelé peut se faire renvoyer de la demande au moyen de l'axiome *res inter alios judicata aliis non nocet*. Veut-il prendre l'offensive? Il est libre d'exercer son action devant le tribunal de première instance, selon le droit commun; et, si le défendeur oppose le jugement qu'il a obtenu dans une autre instance, il réplique par l'axiome *res inter alios.* Donc il n'est pas obligé d'invoquer la tierce-opposition. Mais ne lui serait-elle d'aucune utilité? Il en pourra tirer deux avantages : 1° d'après l'art. 478-2°, il aura la chance d'obtenir une suspension d'exécution en matière mobilière; 2° il écartera un degré de juridiction, s'il agit devant un tribunal qui juge en dernier ressort. Avouons toutefois que ce sont là des avantages accidentels qui ne justifient pas d'une manière générale l'admission de la tierce-opposition. — Il est un cas où cette voie paraît indispensable, c'est l'hypothèse où un débiteur collude avec son adversaire, et se laisse condamner en fraude de ses créanciers par un jugement qui devient inattaquable par les voies ordinaires. Les créanciers n'ont plus l'opposition ni l'appel de son chef (*C. civ.*, 1166). Il semble difficile de leur accorder la requête civile pour dol personnel (art. 480-1°). D'un autre côté, il serait contraire aux principes de la hiérarchie judiciaire de leur permettre d'exercer l'action Paulienne ou révocatoire devant un tribunal autre que celui dont émane le jugement, et peut-être inférieur. Donc ils doivent procéder devant celui qui a déjà statué et, puisqu'ils n'ont pas été parties, la tierce-opposition est la seule voie qui leur soit ouverte. L'art. 873 est décisif en faveur de ce système, au moins quand il s'agit d'un jugement de séparation de biens.

Page 520. La *requête civile* tend à annuler le jugement, à le rescinder; donc on peut nommer *rescindant*, soit le jugement qui rétracte ou rescinde la décision attaquée, soit l'instance qui a pour but de l'obtenir. Le premier jugement une fois rescindé, les parties se retrouvent dans leur état de contestation primitif; le procès revit et doit être jugé. Le jugement qui le termine définitivement se nomme *rescisoire*, ainsi que l'instance qui amène ce jugement. Le mot *rescisoire* a le dernier sens dans l'art. 503.

Page 523. La *prise à partie* est une action personnelle en dommages-intérêts intentée contre un *juge* coupable de prévarication ou de déni de justice. Le Code la place à tort sous la rubrique des « voies pour attaquer les *jugements* ». La sentence rendue par le juge prévaricateur subsiste et doit être exécutée.

Page 526, note 14-3°. La *haute cour* dont parle l'art. 509 était établie par le sénatus-consulte du 28 floréal an XII. La Cour des pairs avait hérité de ses principales attributions, mais non de celle-là (Charte de 1814, 33, 34, 55). On en avait conclu que la Cour de cassation, investie par la Constitution de l'an VIII, 65, du droit de juger les prises à partie contre un tribunal entier, en était ressaisie de nouveau. Les Constit. de 1848 et de 1852 ont pourtant rétabli une haute cour pareille à celle de l'an XII; mais elles n'ont pas reproduit la décision de l'article 101-7° du sénat.-cons. On peut donc soutenir que la haute cour actuelle n'est pas compétente.

Page 542, note 37 a. L'admission du *pourvoi en cassation* par la section des requêtes prouve qu'il a au moins des apparences de justice, et qu'il n'est pas destitué de tout fondement. Donc elle devrait entraîner la restitution de l'*amende.* Bien loin de là, le demandeur qui succombe ensuite devant la section civile paye une amende nouvelle, bien que la section des requêtes l'ait en quelque sorte encouragé à continuer ses poursuites, en les déclarant dignes d'un examen plus approfondi !

Page 546, ligne 1. La *saisie* est un acte par lequel un créancier, avec l'intermédiaire de la justice, prend possession du bien de son débiteur, pour lui en enlever la disposition et le faire vendre. Pothier et après lui quelques modernes (Carré, M. Colmet) disent que le saisissant met les biens *sous la main de justice,* ce qui est une figure de rhétorique et n'explique rien. La plupart ne définissent pas du tout le mot *saisie.*

Page 551, n. 12-2°. La caution judiciaire est-elle sujette à la contrainte par corps sans stipulation? V. mes *Notes sur C. civ.,* n° 8205.

Page 559. *Reddition de* COMPTE. Le jugement qui *condamne* à rendre compte (art. 530) produit-il hypothèque? Non, selon Pigeau, MM. Troplong et Colmet-Daage, parce que le comptable peut se trouver ne rien devoir ou même être créancier en fin de compte. Mais toutes les créances sont susceptibles d'extinction, et cela ne les empêche pas d'être susceptibles de garantie hypothécaire. Il est vrai qu'il s'agit d'une obligation de faire; mais celle-là aussi peut être assurée par une hypothèque, et l'art. 2123 ne distingue pas. M. Troplong en convient à peu près; seulement il ajoute que l'hypothèque devrait disparaître avec la reddition. Pourquoi cela? L'obligation de rendre le compte renferme celle de payer le reliquat possible, autrement elle ne servirait à rien; le tribunal reconnaît dès à présent qu'il y a eu gestion et qu'il y a obligation, incertaine plutôt que conditionnelle, de faire raison des produits, sauf à vérifier. Le reliquat doit se présumer alors qu'il a fallu une condamnation pour amener le comptable à s'expliquer. Autrement l'*oyant* pourrait être victime de la déconfiture survenue entre le jugement de l'article 530 et celui de l'art. 534.

Page 564, n. 25. Les demandes en *révision de compte* sont prohibées (art. 541), en ce sens qu'on ne peut demander que l'ensemble du compte soit refait; mais on peut demander la rectification ou le redressement de *tels et tels* articles du compte, soit qu'il y ait erreur de chiffres, soit que le rendant ait oublié de mentionner une recette ou une dépense, soit qu'il ait porté en ligne de compte un article rejeté; soit qu'il ait porté plusieurs fois le même. — Peut-on appeler du jugement rendu sur le compte? Pour la négative, on argumente de ce que l'ordonn. de 1667 permettait expressément d'appeler de la clôture du compte, pour rectifier les erreurs, omissions, faux ou doubles emplois, phrase qui a disparu; mais l'art. 528-2° suppose formellement l'affirmative, plus conforme d'ailleurs aux principes de la jurisdiction. L'art. 541, dans ce système, n'est que l'application de C. civ., 1351 et 1134; si l'on a cru devoir prohiber la révision des comptes, c'est précisément parce que l'expérience démontre l'impossibilité d'éviter les erreurs de calcul; on a été obligé d'admettre l'action en redressement d'un article déterminé; et l'on a dû se contenter d'exclure l'action en reddition itérative (v. C. civ., 2058). — Du reste l'action en redressement est inutile si la voie de l'appel est encore ouverte; et, en sens inverse, elle est inadmissible si elle tend à faire débattre de nouveau un point déjà spécialement décidé par un jugement inattaquable.

Page 566. *Exécution forcée.* Est-il rationnel de placer à la suite des jugements un ordre du pouvoir exécutif? V. mon *Droit constit.* n°s 1198, 1212. La fin de l'art. 146 a été mal à propos changée en 1816. V. mon *Comm. sur la ch.,* p. 342.

Page 567. V., sur cette grande question, mes *Notes sur le C. civ.* n° 8572.

Page 573. VI. La sentence oblige le condamné à exécuter l'ordre qu'elle renferme (*judicatum facere oportere*, Gaïus, III, 180); or, les obligations durent trente ans, de droit commun (*C. civ.* 2262). Il y a exception pour les jugements rendus faute de constitution d'avoué; l'obligation de les exécuter ne dure que six mois (art. 156).

Page 576, note 6-3°. Les SAISIES-ARRÊTS de deniers dus par l'État doivent être faites entre les mains de l'agent chargé de payer : à Paris, du conservateur des oppositions (*loi 9 juill.* 1836, 13). Ainsi, une saisie faite à Paris n'empêcherait pas la validité du payement fait par un préposé départemental. — De plus, ces sortes de saisies-arrêts ne durent que cinq ans (*ib.* 14).

Page 577, note 7, n° 1 *a*, Les deniers de la liste civile créée par l'art. 9 du S.-c. du *vingt-cinq* déc. 1852 sont insaisissables, d'après l'art. 23 du S.-c. du *douze* déc., porté treize jours auparavant!! — *Ib.* n° 2. V., sur la question curieuse et difficile de savoir si la créance saisie-arrêtée pour une somme moindre demeure cessible avec efficacité pour le surplus, mes *Notes sur le C. civ.*, n° 6752 A².

Ib. note 8. La portion saisissable des traitements est du cinquième, pour les premiers mille francs; du quart, pour les cinq mille francs suivants, et du tiers pour la portion excédant six mille francs. *Loi du 21 ventôse an* IX.

Ib. n° 2. Les pensions civiles ne peuvent être saisies que jusqu'à concurrence d'un cinquième pour débet envers l'État, ou pour des créances ayant un privilège général, et d'un tiers pour créances alimentaires. *Loi du 9 juin* 1853, 26. — *Quid* si l'État concourt avec un privilégié général? Il paraît difficile de payer l'État le premier, quoique le texte de la loi le mentionne en première ligne. Ils seront donc payés proportionnellement selon le principe (art. 2097). — La difficulté augmente s'il y a plusieurs privilégiés généraux de différents ordres. M. Duvergier propose de diviser le cinquième proportionnellement entre la créance de l'État et la *somme* des créances privilégiées, sauf à payer celles-ci selon 2101. Ce système est très-favorable au privilégié du premier ordre, qui profite de la présence du privilégié du deuxième ordre, en s'attribuant une part de son dividende. Mais, d'un autre côté, l'État ne doit pas profiter de la suprématie accordée à l'un de ses concurrents sur l'autre. — *Quid* s'il y a en outre des créanciers alimentaires? M. Duvergier propose d'attribuer à ceux-ci leur tiers, pendant que les autres prennent leur cinquième, ce qui dépasse peut-être les prévisions législatives. En somme, l'art. 26 de la loi de 1853 est mal rédigé.

Ib. n° 4. Il y a encore des majorats, même depuis la loi du 7 mai 1849, s'il existe des appelés conçus avant sa promulgation. Les biens deviendront libres du moment où les appelés auront recueilli, ou seront décédés sans avoir recueilli.

Page 580, note 20. On tient compte, dans le calcul des *délais pour dénoncer* la saisie et la demande en validité (art. 563, 564), de la double distance qui sépare les domiciles du tiers-saisi, du saisissant et du saisi. En effet, la nouvelle de la saisie doit revenir du tiers-saisi au saisissant, pour qu'il la dénonce au saisi; et, en sens inverse, la nouvelle de la demande en validité doit revenir du saisi au saisissant, pour qu'il la dénonce au tiers-saisi.

Page 584, note 31. V. mes *Notes sur le C. civ.*, n° 4655-2° A².

Ib. n° 3. Le jugement *de validité* produit-il *novation* au profit du saisissant? Non, selon Grenoble, 29 déc. 1818, Paris, 30 juin 1826; et M. Roger, n° 642, s. Oui, selon cass. 14 juin 1826, Paris, 23 nov. 1826, etc. Observez qu'il peut seulement être question de novation et non de translation de propriété, malgré l'usage vicieux qui fait parler dans la pratique de propriété des créances. Aussi devrait-on décider autrement s'il s'agissait de corps certains mobiliers; le jugement ne peut qu'en autoriser la vente, laquelle n'empêche point les oppositions des autres créanciers.

Page 594. II. *Saisie-exécution*. La faculté de convenir d'un dépositaire des deniers saisis n'est point supprimée par l'ordonnance du 3 juill. 1816, quoi qu'en dise M. Colmet-Daage. Il est vrai qu'elle fixe un délai de trois jours à partir du procès-verbal. Sous ce rapport, elle est peu conforme au Code, et, partant, d'une légalité fort douteuse. Mais si une opposition survient dans les trois jours, rien n'empêche la convention autorisée par l'art. 590.

Page 598, note 47-2°. Pothier enseigne (partie IV, ch. ij, sect. II, art. vj, § 2), comme Rodier et Jousse, que les oppositions subsistent avec la saisie régulière, bien que le saisissant ait été déclaré mal fondé. Je ne sais donc pourquoi M. Chauveau, et après lui M. Colmet-Daage, imputent à Pothier un troisième système plus rigoureux que ceux de Rodier et de Pigeau. Au surplus, le système de Pigeau est éminemment équitable, car il évite au saisi et aux autres créanciers les frais et les embarras d'une multiplication de saisies frustratoires; aussi devrait-il prévaloir en législation. Les opposants s'associent en quelque sorte à la poursuite, et leur créance sert de base à la saisie; il conviendrait de les admettre à en réparer les vices après coup. V. art. 833 (*loi de* 1841).

Page 602, n° 3. Les huissiers sont contraignables par corps, ainsi que les commissaires-priseurs, pour la restitution du prix de la vente. *C. civ.*, 2060-7°; *Loi* 13 *déc.* 1848, 3.

Page 604. La *saisie-brandon* a pour but, comme toutes les autres, malgré le silence des textes et des auteurs qui la définissent, d'enlever au débiteur la libre disposition des choses saisies. Donc la vente antérieure est valable, en principe, quoi que semblent dire MM. Chauveau et Bonnier; seulement, elle peut être annulée pour fraude (*C. civ.* 1167), et la fraude se supposera d'autant plus facilement, que la vente sera plus proche du délai de six semaines laissé aux créanciers pour saisir (art. 626).

Page 607. SAISIE DES RENTES. La loi du 24 mai 1842 a modifié les art. 636 à 655. Toutefois, je n'ai pas jugé nécessaire de refondre les pages 607 à 613, à cause du peu d'utilité pratique de la saisie des rentes, sur laquelle la jurisprudence des Cours d'appel ne fournit aucun document depuis la promulgation du Code. L'avenir, quoi qu'en ait dit le rapporteur, M. Pascalis, n'en multipliera guère les applications, car les particuliers ne placent plus leur argent sous forme de constitution de rente, depuis que la révolution de 1789 leur a permis enfin de stipuler l'exigibilité des capitaux prêtés à intérêt. — La saisie de la rente la frappe d'indisponibilité entre les mains du saisi crédi-rentier; par suite, le débi-rentier ne peut plus valablement rembourser le capital ni payer les arrérages au saisi (art. 640).

Le mot *rente* désigne dans ce titre un *droit*; celui d'exiger les arrérages aux époques fixées, de recevoir le remboursement du capital offert par le débiteur, et même de l'exiger dans certains cas prévus par la loi. Ce droit de créance est mobilier, d'après l'art. 529 du Code civil, même quand la rente a été constituée pour prix d'un immeuble.

L'art. 636 permet de saisir les rentes foncières et les rentes *viagères* : il tranche ainsi la controverse exposée p. 613, note 35, n° 2.

Mais il ne règle que la saisie des *rentes*; donc les autres créances restent soumises à la saisie-arrêt ou à la demande en subrogation judiciaire directement exercée en vertu de l'art. 1166 du Code civil. Il faut excepter les créances établies sous la forme de titres au porteur, tels que les billets de banque, les actions d'une foule de sociétés anonymes, parmi lesquelles se comptent la plupart des compagnies de chemin de fer. Ces titres ressemblent à de l'argent, et peuvent être saisis par la voie de la saisie-exécution.

Page 608, note 9. Il est incroyable que les rédacteurs de la loi nouvelle, entre autres M. Pascalis, n'aient pas profité de la critique dirigée contre l'art. 637, en tant qu'il exige l'énonciation d'un titre, souvent inconnu. Le biais, indiqué par Pigeau, d'une saisie-arrêt préalable, est encore utile, et suffit du reste, selon moi, pour empêcher la cession de la rente (v. *C. civ.*, art. 1690), quoi qu'en dise M. Chauveau. La saisie-arrêt n'impose pas sans doute au débi-rentier l'*obligation* de rembourser le capital; mais elle lui en retire la *faculté* (v. *C. civ.*, 1911).

Page 609, note 16. L'art. 641-2°, qui remplace l'ancien art. 642, dit : *de l'échéance de la citation au* TIERS-SAISI, ce qui tranche la difficulté dans le sens de la note et la rend inutile.

Page 610. *Moyens de nullité.* Le saisi doit les proposer, sous peine de déchéance, un jour au moins avant la publication du cahier des charges, et, pour la procédure ultérieure, un jour avant l'adjudication. C-pr. 650; v. *p.* 668 *et* 728.

Cahier des charges. Le dépôt s'en fait dix jours au plus tôt, quinze jours au plus tard après la dénonciation, outre le délai des distances. Il indique le jour de la publication. Il se remet au greffe du tribunal devant lequel se poursuit la vente. *C-pr.* 642. (Effacez la note 22.)

Page 611. *Annonces.* On ne les place plus dans l'auditoire; les notes 26 et 27 doivent disparaître avec l'ancien art. 644. Il n'est plus besoin, en général, de répéter les annonces, puisqu'il n'y a plus d'adjudication préparatoire; l'ancien art. 650 est abrogé. Elles se font *après la publication*, et huit jours au moins avant l'adjudication, dont elles indiquent le lieu. La peine de nullité sanctionne ces formalités. V. l'art. 655, qui rend sans objet le n° 2 de la note 30. A l'égard des journaux, v. *p.* 648.

Page 612. *Publication.* Elle se fait à l'audience, dix jours au plus tôt, vingt. jours au plus tard, après le dépôt du cahier des charges (art. 643; effacez la note 31). Le tribunal statue sur les dires insérés au cahier, et fixe l'heure de l'adjudication, dix jours au moins, vingt jours au plus, après la lecture (art. 644). La loi nouvelle supprime la deuxième et la troisième publication, ainsi que la faculté de prononcer une adjudication préparatoire (v. *anc. art.* 648 à 650; effacez la mention des publications et adjudications multiples, p. 608, l. 5; p. 609, l. 27; p. 610, ll. 10 à 12, 19 et 20, note 21, alin. 2; p. 612, ll. 13, 15 à 20, et toute la note 32).

Adjudication. Elle se fait suivant les mêmes règles, ou peu s'en faut, que celle sur saisie immobilière (art. 648). Il y a une exception pour le cas de folle enchère (art. 649; rectifiez, sous ce rapport, la note 34). — L'adjudication ne peut être prononcée qu'après l'extinction de trois feux sans enchères (art. 648, 705, 706); et cela, probablement, à peine de nullité (art. 715); du moins dans l'intention des rédacteurs. Mais ils auraient mieux fait de s'en expliquer, à cause du principe qui défend d'étendre les déchéances. Le rapporteur, M. Pascalis, nous laisse sans lumière sur ce point; il semble même avoir ignoré la controverse indiquée par la note 33, et cru qu'il s'agissait simplement de reproduire la loi ancienne. Quoi qu'il en soit, la nullité est encore aujourd'hui fort contestable. *Arg. a contrario de c. pr.* 655.

En cette matière, les jugements par défaut ne sont pas susceptibles d'opposition (V. p. 675, note 173). L'appel n'est pas admis contre les jugements qui donnent acte de la lecture du cahier, qui prononcent l'adjudication ou statuent sur des nullités postérieures à la lecture. Dans les autres cas, le délai de l'appel est *réduit à* huit jours (art. 651, 652). *V.* p. 675 *et* 676.

Page 614. La DISTRIBUTION *par contribution* est la détermination de la somme qui revient à chaque créancier dans le prix des biens du débiteur. On l'appelle aussi *contribution* pour abréger (V. art. 658). Elle est faite par décision du juge, ou jugement du tribunal, en cas de contestation, ou par la convention des parties (art. 656).

Page 616, note 7. Une somme d'*argent* est facilement divisible entre plusieurs ayants droit; il n'en est pas de même, à beaucoup près, des autres *biens*, meubles ou immeubles, dont la valeur est variable, et qu'il serait trop malaisé de fractionner proportionnellement aux diverses créances. Aussi la loi prohibe-t-elle le payement en nature, par voie d'exécution forcée.

Page 617, note 13. Il n'est pas besoin que la convention de distribution soit rédigée *par écrit*, comme semblent l'exiger Pigeau et M. Dalloz.

Page 618. La *collocation* est l'attribution à un créancier d'une certaine somme sur le prix des biens du débiteur (de *cum* et *locus*; il est placé avec d'autres sur la liste de ceux qui doivent être payés).

Le Code a oublié de parler des créanciers qui n'ont pas formé opposition dans le délai d'un mois et huit jours. S'ensuit-il qu'ils soient exclus, comme le veulent Pigeau et Thomine-D.? Non : le Code civil (2092-93) met tous les créanciers sur la même ligne, et n'admet pas le privilége accordé autrefois au premier saisissant. Un oubli du Code de procédure n'équivaut pas à une déchéance formelle. Bien plus, on ne peut objecter aux créanciers qui n'ont pas dû être sommés de produire, d'après l'art. 659, l'expiration d'un mois à partir des trente-huit jours de la vente ; il suffit qu'ils produisent avant que le juge n'ait commencé son état provisoire. L'argument *a fortiori* que M. Chauveau tire contre eux de l'art. 660 n'est pas solide, puisque cet article s'occupe uniquement des créanciers avertis, et fait d'ailleurs courir le délai fatal de la *sommation* à eux adressée. V. cepend. *Metz*, 17 *juill.* 1848.

Le Code a encore oublié de parler des créanciers qui n'ont pas de *titres* (comparez art. 660 et 558).

Page 620, note 25 *a*. Quand certaines créances portent *intérêt*, cas bien fréquent, il est impossible que le juge se borne à déclarer définitif son état provisoire. Il faut qu'il calcule les intérêts échus depuis, et qu'il refasse en conséquence sa distribution proportionnelle.

Ib. note 29. Le Code (art. 667) aurait dû appeler l'avoué le plus ancien des *produisants*. V. ci-dessus la note sur la page 618.

Page 621, n. 34. Les rédacteurs de l'art. 661 n'avaient pas assez étudié la classification des priviléges. Il est clair que celui du *bailleur* ne saurait être colloqué le premier, d'une manière absolue. — La décision du commissaire, sur *référé* du bailleur, est simplement provisoire. *Arg.* de l'art. 809; v. p. 911.

Page 623. L'art. 672 ne règle pas les rapports des créanciers entre eux, comme le dit M. Colmet-D.; en effet, il s'occupe des sommes *admises en distribution*, et pour le payement desquelles le greffier délivre des mandements (art. 671). Les rédacteurs n'ont pas voulu que le *débiteur* souffrît de la négligence du créancier à toucher (Favard); du reste, ils auraient dû prendre pour point de départ la remise du mandement. Quant aux portions de créances non payées, il est clair qu'elles continuent de produire intérêt, et l'on ne voit pas dans quel but la loi s'y serait opposée; le motif de l'art. 443 du Code de com. ne se rencontre pas ici. C'est par pure méprise que l'art. 672 fixe trois points de départ différents; pourquoi substituer la signification du jugement à la clôture du procès-verbal? pourquoi accorder quinze jours d'intérêts en cas d'appel, et seulement en cas d'appel? — La caisse des consignations paye 3 pour 100 d'intérêts au bout de soixante jours. Si le créancier perçoit quelque chose à ce titre, il me semble qu'il doit compte au débiteur de la portion d'intérêts qui a couru depuis le soixante et unième jour de la consignation jusqu'au jour où l'art. 672 a suspendu le cours des intérêts conventionnels ou moratoires.

Page 624 à 676. La refonte du titre de la *saisie immobilière* a rendu inexacts plusieurs renvois. P. 21, note 15, lisez 107 au lieu de 86. — P. 25, ajoutez 718 au n° 14. — P. 70, note 4, effacez le n° 4 et la partie du n° 9 relative aux *ventes*; au n° 8 lisez 734 pour 738. — P. 71, note 5, 2°, effacez 726 et lisez 732 pour 734, 736. — P. 74, ligne 3, effacez les saisies. — P. 97, note 85, *in f.*, lisez 23 pour 16. — P. 115, ligne 5, ajoutez note 12. — P. 154, note 10, lisez 686 pour 692. — P. 155, effacez le renvoi de la ligne 1. — P. 156, note 12, lisez 93 pour 83. — P. 161, 8 *a*, 2°, effacez l'exemple de la surenchère. — P. 163, n° 10, 3°, lisez dix jours pour quinze. — P. 164, 13-5°, lisez 679 pour 678; 39 pour 32. — P. 167, note 21, effacez les n°ˢ 1 et 3; rectifiez le n° 2 par *c. pr.* 677 et 691. — P. 178, note 5, effacez 710. — P. 179, ligne 4, lisez 732 pour 736. — P. 234, note 14, lisez 21 pour 14; p. 235, n° 19-1°, *idem*. — P. 242, 7 *a*, rectifiez par note 147. — P. 258, n° 48 *in f.*, lisez 113 pour 94; p. 260, 57 *in f.*, *idem*. — P. 288, 10-2°, rectif. par notes 173, 174. — P. 290, ligne 14, lisez 10 pour 12. — P. 422, n° 16, effacez le n° 4. — P. 445, ligne 42, lisez § 8 pour § 3. — P. 472, n° 63; effacez le n° 2 et rectifiez le n° 5 par *c. pr.* 731. — P. 474, n° 68; effacez le n° 1. — P. 530, note 4 *in f.*, v. *c. pr.* 728, 729. — P. 570, note 15; effacez le 2° alin. — P. 574, ligne 6, lisez 40 pour 33. — P. 588, n° 2 *in f.*, lisez 24-1° pour 86. — P. 608, effacez les lignes 5 à 10. — P. 610, note 21, rectif. par *c. pr.* 728, 729. — P. 611, note 30-1°, lisez 696 et 699 pour 683 et 685. — P. 688, note 29; lisez 103 pour 92. — P. 689, ligne 1, lisez 109 pour 88. — P. 693, note 42, n° 1, lisez 692 pour 683; 2 *a*, lisez 109 pour 88. — P. 695, ligne 23, lisez 105 pour 91; ligne 24, lisez 153 pour 124. — P. 718, ligne 29, lisez : note 24 pour 17. — P. 727, note 11, lisez 104 pour 89. — P. 730, ligne 15, lisez : *v.* ancien art. 675. — P. 747, ligne 2, lisez : *v.* ancien art. 682. — P. 878, effacez les lignes 21 à 31. — P. 880, ligne 43, lisez : note 162, pour note 124. — Effacez la mention de l'adjudication préparatoire partout où elle se trouve, mais en tenant compte de l'observat. de la p. 654, note 95.

Page 678, note 4-1°. ORDRE. Le nouvel art. 716 prescrit de ne signifier qu'au *saisi* le jugement d'adjudication, ce qui tranche la controverse dans un sens contraire aux deux opinions qui divisaient l'école et le palais.

Ib. 2°. Pigeau et Carré veulent que l'*ordre amiable* soit fait par la voie peu économique de l'acte notarié. Mais cela n'est nécessaire que pour obtenir la radiation des inscriptions; or, le saisi et l'acquéreur peuvent ne pas y attacher d'importance, surtout si elles sont anciennes (*v. c. civ.* 2154, 2180-1°). — Cela est évident si l'on fait homologuer par le juge (*ib.* 2157).

Page 680, note 8. On *somme* en outre *de produire :* l'adjudicataire, auquel un jugement donne privilége pour frais extraordinaires de poursuite (art. 714); les créanciers chirographaires opposants (*v.* art. 657, 660). A l'égard des autres, *v. page* 919, *note sur p.* 618.

Page 681, note 12-1° (*v. p.* 683, n° 16). La question de savoir comment on peut recourir contre l'ordonnance qui *clôt l'ordre* est fort délicate et mérite une décision législative. On peut soutenir plusieurs systèmes : 1° il n'y a aucune espèce de recours possible (*arg.* de 758-59-67-71); 2° on peut former opposition, puisqu'on n'a pas été entendu par le juge-commissaire; 3° on peut appeler; *arg. a pari* de l'art. 809 ; 4° on peut appeler, mais seulement dans les cas de violation des formes prescrites ou d'excès de pouvoir; 5° on peut procéder par action ordinaire devant le tribunal de première instance, sauf l'appel; en effet, il ne s'agit pas d'un jugement ordinaire ; et la décision n'étant pas légalement rendue, par hypothèse, n'a porté aucune atteinte aux droits du créancier lésé.

Page 684, note 18 *a*. Le système qui prend la somme à distribuer pour base de la fixation du premier ou du dernier *ressort,* est inexact quand la contestation porte sur l'existence ou la qualité de la créance, et non pas seulement sur le rang qu'elle doit occuper dans l'ordre. L'objet de l'action personnelle soumise au juge est bien alors l'objet tout entier de la créance, et rien que cela.

Page 685, note 20. L'art. 764 est fort obscur, et surtout difficile à concilier avec l'art. 760. S'il peut *n'y avoir pas lieu* d'intimer l'avoué du dernier colloqué, l'art. 760 a eu tort d'exiger son intervention d'une manière absolue en première instance (et en effet, la dispute d'un certain rang entre deux créanciers dont la créance n'est pas en question est bien indifférente aux créanciers ultérieurs). Si les créanciers ultérieurs doivent toujours être représentés en première instance, *il y a toujours lieu* de les intimer en appel. Et remarquez qu'on a oublié de répéter dans l'art. 764 la faculté de choisir un avoué autre que celui du dernier colloqué. — Peut-être a-t-on voulu dire que si l'avoué des créanciers ultérieurs a conclu en faveur de la collocation du perdant, il n'y a pas lieu de l'intimer sur l'appel.

PROCÉDURE DE SAISIE IMMOBILIÈRE (Loi de 1841).

TABLEAU CHRONOLOGIQUE DES ACTES.

Jours d'intervalle.		Code de procédure. Articles.

Jours d'intervalle.

Commandement au saisi avec *élection de domicile* .... 673 **N.**
30 à 90.   (Dans le jour) *Visa* par le maire. .... *ib.*

Procès-verbal de SAISIE avec *constitution d'avoué* .... { 674 **N.** { 675 **N.**
0 ? à 14. 1 par 5 myr.).   *Visa* par les maires .... 676 **N.**
(*Loi 22 frim.* VIII, 20, 34, **N.**)

Dénonciation au saisi .... 677 **N.**
0 à 14.   (Dans le jour) *Visa* par le maire .... *ib.* **N.**

Transcription aux bureaux des hypothèques, de la *saisie* et de la *dénonciation* .... 678 **N.**
0 à 19.

Dépôt au greffe, du CAHIER DES CHARGES (conditions, mise à prix). .... 690 **N.**
0 ? à 7 (plus 1 par 5 myr.) pour le saisi.

30 à 40 ? **Sommation** { au *saisi* .... } de lire, contredire le cahier .... 691 **N.** { aux *créanciers inscrits* } et d'entendre la lecture à telle heure. . 692 **N.**
0 ? à 7 (à partir de la date du dernier exploit.)

Mention de cette sommation, en marge de la transcription .... 693 **N.**
Insertion des dires modificatifs du saisi et des créanciers inscrits. .... 694-2° **N.**
3 au moins *avant*

Lecture du cahier .... 694-1° **N.**
Jugement des dires ; *fixation de l'heure de l'adjudication* 695
[MESURES DE PUBLICITÉ.]
30 à 60.   40 à 20 *avant* **Insertion** d'extrait dans les journaux .... 696 **N, 697.**
Légalisation de la signature de l'imprimeur par le maire. .... 698 **N.**
Affiches d'extrait imprimé aux portes du saisi, des bâtim. saisis et des tribun. 699 **N, 700.**
Procès-verbal d'apposition. .... 699-8° **N.**
Visa par les maires. .... 699-9° **N.**
[REMISE ÉVENTUELLE DE L'ADJUDICATION.]

Délais éventuels.   **Jugement** qui fixe le nouveau jour 703
Mesures de publicité .... 704 **N.**
15 à 60   8 au moins *avant*   **Insertion.** *Légalisation ?* **Affiches.** *Procès-verbal d'apposition. Visa* par les maires.

Annonce de la taxe, *demande d'adjudication, ouverture des enchères* 701
A D J U D I C A T I O N 702
0 à 2   0 ? à 7

Déclaration de l'adjudicataire par l'avoué. 707
[SURENCHÈRE ÉVENTUELLE DU SIXIÈME.] 708
Déclaration au greffe par avoué. .... 709-1° **N.**
0 à 2   3 à 5   *Indication du jour par (†)* **Insertion.** *Légalisation ?* **Affiches.**
Dénonciation avec avenir.   *Dénonciation* subsid. par créanc. ou saisi.   *Proc.-v. d'appos. Visa des maires.* .... 709-2°, 709-4° **N.**

Délais éventuels .... 15 ? plus intervalle avant l'audience suivante.   15 ? plus intervalle avant l'audience.   8 ?? *ou* 0 ? *avant* .... 709-3° **N.**

Ouverture des enchères. 710
A D J U D I C A T I O N   D É F I N I T I V E. .... 710-2°
0 à 2
Déclaration de l'adjudicataire par l'avoué dernier enchérisseur. [707]

	Sans remise ni surenchère.	Avec surenchère.	Avec remise.	Avec remise et surenchère.
um . .	94	110	110	126
um . .	259	289+?	320	350+?

indiquent un chiffre douteux.

J. B. S. P. *Cours de procéd.*, après la p. 924, avant le tableau selon la loi de 1806.

ESSAI

D'UN TABLEAU CHRONOLOGIQUE DES ACTES D'UNE PROCÉDURE DE SAISIE-IMMOBILIÈRE.

OBSERVATIONS. — 1. La 1ʳᵉ colonne indique les jours les plus approchés auxquels les actes peuvent être faits, d'après les délais indiqués dans la 5ᵉ. Il est toutefois quelques-uns de ces actes qu'on a supposés faits à un jour d'intervalle, quoique rigoureusement ils eussent pu l'être le même jour (c'est-à-dire aussitôt après eux dont ils sont précédés). C'est qu'on a dû indiquer les intervalles qu'ils exigent le plus souvent dans la pratique, entre autres à cause des distances à parcourir.

2. Les intervalles les plus longs sont indiqués dans la 2ᵉ colonne; mais par divers motifs, notamment par celui de la note b, on a choisi des termes beaucoup plus rapprochés pour les actes à l'égard desquels la loi ne fixe pas de délai quant au maximum.

3. La lettre N désigne (v. note b, p. 64?) les articles dont l'observation est prescrite sous peine de nullité.

4. Au surplus, nous ne présentons ce tableau que comme un essai, parce qu'il est susceptible de perfectionnement et de développement.

ACTES. DATES		NATURE ET PRINCIPALES FORMES DES ACTES.	CODE de PROCÉDURE. Articles.	DÉLAIS FIXÉS PAR LE CODE POUR CES ACTES.	ACTES. DATES		NATURE ET PRINCIPALES FORMES DES ACTES.	CODE de PROCÉDURE. Articles.	DÉLAIS FIXÉS PAR LE CODE POUR CES ACTES.	ACTES. DATES		NATURE ET PRINCIPALES FORMES DES ACTES.	CODE de PROCÉDURE. Articles.	DÉLAIS FIXÉS PAR LE CODE POUR CES ACTES.
au minim.	au maxim.				au minim.	au maxim.				au minim.	au maxim.